JN301573

株式会社法大系

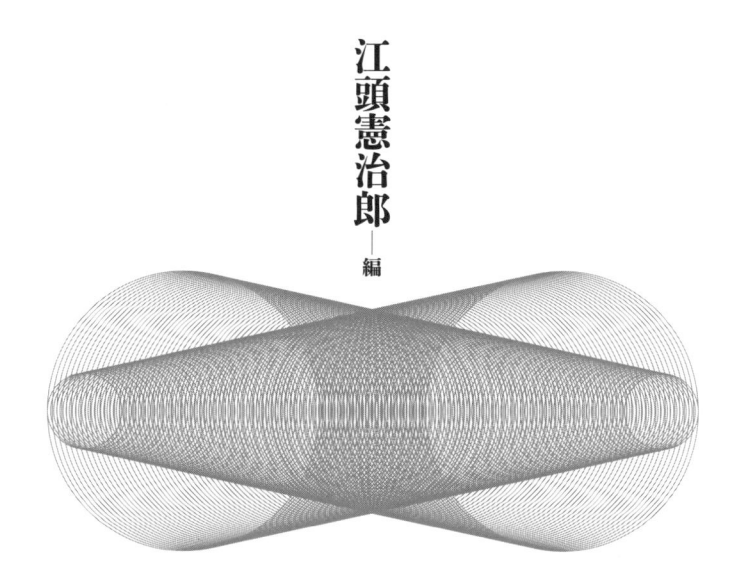

江頭憲治郎 編

有斐閣

はしがき

　平成17年の新会社法制定の前後あるいはその何年か前から，会社法学には，研究の対象についても，方法についても，そして論文の執筆者についても，大きな変化が現れているように思われる。

　例えば，対象の点では，企業買収が研究の一大中心分野になった。すなわち，従来は組織再編手続の側面のみが会社法の片隅で論じられていたこの領域が，手法・契約条項・関係者の義務等を含めて詳細に論じられるようになり，発表される論文の数も，会社の機関の領域と並ぶまでになっている。会社訴訟に関しては，金融商品取引法上の開示書類の虚偽記載等を理由とする投資者による証券訴訟が大きな数を占めるに至った。また，会社法は商法の中で比較的ドメスティックな分野と考えられてきたが，IFRS（国際財務報告基準）のように，直接に国際的影響に曝される問題も現れている。

　方法という点では，CAPM（資本資産評価モデル）とかオプション評価モデルといったファイナンス理論の初歩が分からなければ，株式・新株予約権の評価に関する裁判例の判旨が理解できない状況が生じている。また，法の経済学的分析（法と経済学）が，理論モデルの構築および実証研究の両面において着実に浸透してきていることは疑いない。それらにも増して重要な変化は，IT技術の進歩が論文執筆のための資料・文献の収集に及ぼした影響であって，統計資料へのアクセスが格段に容易になったし，また内外の法律雑誌の電子ジャーナル化によって，特に外国文献に関し，入手できないため参考にできなかったという言い訳がまったく通用しない事態になった。

　論文の執筆者という点では，大手法律事務所の弁護士を中心とした法曹実務家には，学者を凌駕する質・量の会社法論文を発表している実力者が，今や少なくない。

　会社法学の分野には，体系的に整序された各テーマを執筆者が分担して論文の形で掘り下げるいわゆる講座タイプの書籍として，1950年代後半に刊行された田中耕太郎編『株式会社法講座』全5巻（有斐閣）以来，優れた内容のものが多く出版されてきた。しかし，上記のような現在の会社法学の変化を十分

に反映したものは，まだ少ないように思われる。この『株式会社法大系』は，第一線で活躍中の油の乗り切った年代の学者および実務家を執筆者の中核にすえることによって，会社法学の変化を鮮明に示し，かつこの分野の法学の発展に寄与することを目的に企画された。各論文の執筆時期は，法制審議会・会社法制部会において会社法制の見直しの審議が行われ，「会社法制の見直しに関する要綱」の公表に至った時期である。各執筆者は，多大の時間とエネルギーを投入され，各論点を深く掘り下げる力作をお寄せくださった。執筆者の皆さんには，心から謝意を表したい。

　本書が，現在の会社法学の水準を示す必読文献としての地位を獲得することを期待している。

　最後に，本書の刊行に多大の配慮を頂いた有斐閣書籍編集第一部の藤本依子氏および佐藤文子氏に，厚く御礼申し上げたい。

　2013年6月

江　頭　憲　治　郎

目　次

第Ⅰ部　総　論

上場会社の株主 ───── 江頭憲治郎　3
　Ⅰ　問題の所在　3
　Ⅱ　株主はなぜ行動しないのか　4
　Ⅲ　機関投資家の実態　6
　Ⅳ　非安定大口株主の「エイジェンシー問題」　16

CSRと会社法 ───── 野田　博　27
　Ⅰ　はじめに　27
　Ⅱ　企業の社会的責任と社会貢献──CSRの捉え方についての近時の展開の理解のために　30
　Ⅲ　会社と環境問題　39
　Ⅳ　会社の政治活動　53
　Ⅴ　結　び　55

親子会社とグループ経営 ───── 神作裕之　57
　はじめに──本章の対象と構成　57
　Ⅰ　企業グループの意義と多様性　58
　Ⅱ　結合企業法制のアプローチと親子会社等の定義　64
　Ⅲ　子会社の少数派株主および債権者の保護　70
　Ⅳ　親会社株主の保護　92
　Ⅴ　企業グループ経営に係る親会社・親会社取締役等の行為規範──「企業グループ」レベルの内部統制体制整備義務を中心にして　97
　Ⅵ　開　示　103

ベンチャー企業とベンチャー・キャピタル ───── 宍戸善一　107
　Ⅰ　はじめに　107
　Ⅱ　プライベート・エクイティ・ファイナンスにおける二段階の動機付け交渉　108

Ⅲ　ベンチャー・キャピタルの資金調達とベンチャー・キャピタル・ファンドの構造　110
　Ⅳ　ベンチャー企業の資金調達とベンチャー・キャピタル投資契約　113
　Ⅴ　ベンチャー・キャピタル投資のエグジット　118
　Ⅵ　ベンチャー投資とそれをめぐる法規制の日米比較　121
　Ⅶ　おわりに　128

第Ⅱ部　株　式

種類株式　　　　　　　　　　　　　　　　　　　　　森田　果　133

　Ⅰ　はじめに　133
　Ⅱ　一株一議決権をめぐる理論的な問題　134
　Ⅲ　上場制度と会社法　146
　Ⅳ　閉鎖会社における種類株式の活用　149
　Ⅴ　種類株式をめぐる税制上の問題　156

振替株式制度　　　　　　　　　　　　　　　　　　　神田秀樹　163

　Ⅰ　制度の経緯と概要　163
　Ⅱ　制度の適用範囲　165
　Ⅲ　権利の発生および消滅　166
　Ⅳ　権利の流通　168
　Ⅴ　会社に対する権利行使　175
　Ⅵ　国際的な動向と示唆　180

反対株主の株式買取請求権　　　　　　　　　　　　川島いづみ　187

　Ⅰ　はじめに　187
　Ⅱ　制度趣旨――「公正な価格」への変更の趣旨　189
　Ⅲ　買取価格の算定――「公正な価格」　192
　Ⅳ　その他の解釈上の論点　204
　Ⅴ　立法論上の課題　213

第Ⅲ部　機　関

株 主 総 会 ——————————————————— 中 西 敏 和　219

Ⅰ　はじめに　219
Ⅱ　株主総会の機能と意義　222
Ⅲ　株主総会の招集手続と開示機能　226
Ⅳ　株主総会の議決権とその行使　237

監査役会と三委員会と監査・監督委員会 ——————— 前 田 雅 弘　253

Ⅰ　序　説　253
Ⅱ　監査役会設置会社　258
Ⅲ　委員会設置会社　267
Ⅳ　監査・監督委員会設置会社　270
Ⅴ　おわりに　275

役員の報酬 ———————————————————— 伊 藤 靖 史　277

Ⅰ　はじめに　277
Ⅱ　役員報酬の実態　278
Ⅲ　会社法361条の解釈　283
Ⅳ　業績連動型報酬　289
Ⅴ　役員報酬の開示　293
Ⅵ　役員の報酬の確保　302

役員の責任 ———————————————————— 大 杉 謙 一　307
　　——経営判断原則の意義とその射程

Ⅰ　はじめに　307
Ⅱ　経営判断原則の存在意義と司法審査のあり方　308
Ⅲ　経営判断原則の射程（周辺の問題）　315
Ⅳ　小規模閉鎖会社について　332
Ⅴ　対第三者責任について　333
Ⅵ　結びに代えて　335

第Ⅳ部 会　　計

IFRSと会社法会計 ───────── 秋葉賢一　341

　Ⅰ　はじめに　341
　Ⅱ　IFRSの導入　342
　Ⅲ　IFRSのアドプションと個別財務諸表の取扱い　344
　Ⅳ　IFRSと一般に公正妥当と認められる企業会計の慣行　353
　Ⅴ　IFRSと分配規制　357

会計監査・内部統制監査 ───────── 弥永真生　369

　Ⅰ　わが国の会社法上の監査の特異性　369
　Ⅱ　会計監査人と監査役（監査委員会）との関係　370
　Ⅲ　会計監査人との監査契約・監査報酬　382
　Ⅳ　金融商品取引法上の監査・内部統制監査と監査役・監査委員会　389
　Ⅴ　わが国の会計監査制度の問題点　397

第Ⅴ部 資 金 調 達

募集株式の発行等 ───────── 中東正文　403

　Ⅰ　序　論　403
　Ⅱ　募集株式の発行等の現況　405
　Ⅲ　第三者割当てに関する取引所の規制　411
　Ⅳ　有利発行規制　413
　Ⅴ　支配権の異動　421
　Ⅵ　新株発行の無効　425
　Ⅶ　結　語　428

資金調達方法の多様化 ───────── 大崎貞和　429

　Ⅰ　資金調達方法多様化の流れ　429
　Ⅱ　種類株式の多様化　434
　Ⅲ　新株予約権の活用　441
　Ⅳ　拡がりを欠く普通社債　451
　Ⅴ　まとめ　457

第VI部　M&A

M&Aにおける契約法理の現状と諸課題 ── 武井一浩　461
── M&A法制と諸裁判例の動向を踏まえて

- I　はじめに　461
- II　M&A契約で規定される主な条項　465
- III　M&Aの契約法理に対する法制的修正　470
- IV　買収対価をめぐるM&A契約上の諸論点　478
- V　買収価格（契約自由）に対する法制的修正　484
- VI　M&Aの契約法理に関する司法審査の現状と論点　490
- VII　結びとして──M&Aの契約法理における法制的修正と司法審査のありかたについて　500

M&Aに関する少数株主と会社債権者の保護 ── 山本爲三郎　503

- I　はじめに　503
- II　キャッシュ・アウトと少数株主の保護　504
- III　濫用的会社分割と会社債権者の保護　518

公開買付規制の理論問題と政策問題 ── 黒沼悦郎　527

- I　はじめに　527
- II　市場外買付けの強圧性とただ乗り　531
- III　相対取引・市場取引への公開買付規制の適用　545
- IV　退出権の保障と少数株主保護　551

敵対的企業買収と防衛策 ── 松井秀征　555

- I　課題の設定　555
- II　敵対的企業買収の機能と理論　559
- III　敵対的企業買収にかかる情報開示規制　565
- IV　買収者に対する行為規制　574
- V　対象企業関係者に対する行為規制　579
- VI　日本法に対する評価　586

第Ⅶ部　持分会社・法人格のない企業形態

新しい企業形態 ─────────────────── 棚橋　元　613
　　──合同会社・有限責任事業組合・投資事業有限責任組合
    Ⅰ　はじめに　613
    Ⅱ　各制度制定の背景と利用実態　615
    Ⅲ　各組織形態の共通点・特質　626
    Ⅳ　各組織形態の利用の促進への提言　646
    Ⅴ　さいごに　653

事項索引　655

文 献 略 語

江　頭	江頭憲治郎・株式会社法（有斐閣・第4版・2011）
河　本	河本一郎・現代会社法（商事法務・新訂第9版・2004）
神　田	神田秀樹・会社法（弘文堂・第15版・2013）
北　沢	北沢正啓・会社法（青林書院・第6版・2001）
近　藤	近藤光男・最新株式会社法（中央経済社・第6版・2011）
柴　田	柴田和史・会社法詳解（商事法務・2009）
関	関俊彦・会社法概論（商事法務・全訂第2版・2009）
龍　田	龍田節・会社法大要（有斐閣・2007）
永　井	永井和之・会社法（有斐閣・第3版・2001）
前　田	前田庸・会社法入門（有斐閣・第12版・2009）
宮　島	宮島司・新会社法エッセンス（弘文堂・第3版補正版・2010）
森　田	森田章・上場会社法入門（有斐閣・第2版・2010）
森　本	森本滋・会社法（有信堂高文社・第2版・1995）
弥　永	弥永真生・リーガルマインド会社法（有斐閣・第13版・2012）
伊藤＝大杉ほか	伊藤靖史＝大杉謙一＝田中亘＝松井秀征・会社法（有斐閣・第2版・2011）
大隅＝今井（上）（中）（下）	大隅健一郎＝今井宏・会社法論（上）（中）（下Ⅱ）（有斐閣・第3版・1991～92）
大隅＝今井＝小林	大隅健一郎＝今井宏＝小林量・新会社法概説（有斐閣・第2版・2010）
鈴木＝竹内	鈴木竹雄＝竹内昭夫・会社法（有斐閣・第3版・1994）
大系（1）～（4）	江頭憲治郎＝門口正人編集代表・会社法大系（1）～（4）（青林書院・2008）
コンメン（1）～	会社法コンメンタール（1）～（商事法務・2008～）
逐条解説（1）～	酒巻俊雄＝龍田節編集代表・逐条解説会社法（1）～（中央経済社・2008～）
注釈会社（1）～（15）・補巻（1）～（4）	上柳克郎＝鴻常夫＝竹内昭夫編集代表・新版注釈会社法（1）～（15）・補巻（1）～（4）（有斐閣・1985～2000）

最判解民事篇平成〇年度	最高裁判所判例解説民事篇平成〇年度（法曹会）
平成〇年度重判解	平成〇年度重要判例解説（ジュリスト臨時増刊）
商　判	山下友信＝神田秀樹編・商法判例集（有斐閣・第5版・2012）
百　選	江頭憲治郎＝岩原紳作＝神作裕之＝藤田友敬編・会社法判例百選（有斐閣・第2版・2011）
争　点	浜田道代＝岩原紳作編・会社法の争点（有斐閣・2009）
商法争点Ⅰ・Ⅱ	北沢正啓＝浜田道代編・商法の争点ⅠⅡ（有斐閣・1993）

執筆者紹介（執筆順）

　　　　　　　　　　　　　　　　　　　　　＊編　者

*江頭憲治郎（えがしら　けんじろう）　早稲田大学教授
　野田　博（のだ　ひろし）　一橋大学教授
　神作　裕之（かんさく　ひろゆき）　東京大学教授
　宍戸　善一（ししど　ぜんいち）　一橋大学教授
　森田　果（もりた　はつる）　東北大学准教授
　神田　秀樹（かんだ　ひでき）　東京大学教授
　川島いづみ（かわしま　いづみ）　早稲田大学教授
　中西　敏和（なかにし　としかず）　同志社大学教授
　前田　雅弘（まえだ　まさひろ）　京都大学教授
　伊藤　靖史（いとう　やすし）　同志社大学教授
　大杉　謙一（おおすぎ　けんいち）　中央大学教授
　秋葉　賢一（あきば　けんいち）　早稲田大学教授
　弥永　真生（やなが　まさお）　筑波大学教授
　中東　正文（なかひがし　まさふみ）　名古屋大学教授
　大崎　貞和（おおさき　さだかず）　野村総合研究所主席研究員
　武井　一浩（たけい　かずひろ）　弁護士
　山本爲三郎（やまもと　ためさぶろう）　慶應義塾大学教授
　黒沼　悦郎（くろぬま　えつろう）　早稲田大学教授
　松井　秀征（まつい　ひでゆき）　立教大学教授
　棚橋　元（たなはし　はじめ）　弁護士

本書のコピー，スキャン，デジタル化等の無断複製は著作権法上での例外を除き禁じられています。本書を代行業者等の第三者に依頼してスキャンやデジタル化することは，たとえ個人や家庭内での利用でも著作権法違反です。

# 第I部

総論

株式会社法大系

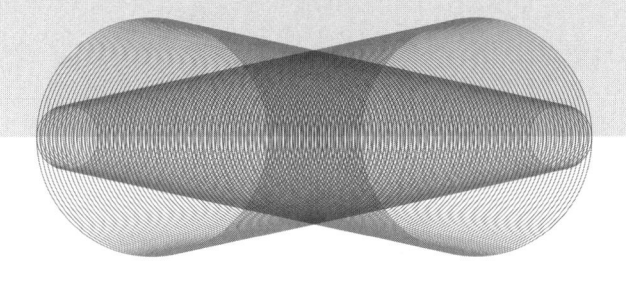

上場会社の株主

 I　問題の所在
 II　株主はなぜ行動しないのか
 III　機関投資家の実態
 IV　非安定大口株主の「エイジェンシー問題」

江頭憲治郎

I　問題の所在

　2012（平成24）年8月1日に「会社法制の見直しに関する要綱案」を公表した法制審議会・会社法制部会における審議の過程では，結果として実現しなかったものの，金融商品取引法の適用会社等への1人以上の社外（独立）取締役の選任の義務づけ[1]，あるいは，会計監査人の報酬の決定に関するいわゆる「インセンティブの捩れ」の解消[2]などが議論された。それらを法令により強制すべきであるとの主張が存在した背景には，「それらの株主の利益になることが経営者の妨害により実現しないので，法令により強制する必要がある」との認識があったものと推測される。

　しかし，今日の米英では，経営者が株主をコントロールできるという「経営者支配」[3]（management control）の語は，死語となっている。公的年金をはじ

---

  1)　「会社法制の見直しに関する中間試案」（2011年12月）第1部第1-1のA案・B案。
  2)　前掲注1）の試案・第1部第2-1のA案。
  3)　バーリー＝ミーンズ（北島忠男訳）・近代株式会社と私有財産（文雅堂銀行研究社，1958）105頁。

めとする大口株主（機関投資家）のアクティビズムが経営者支配の動きを掣肘するに至っているからであり，株主は経営者を支配しているわけではないが，経営者に支配されてもいない，というのが米英の現状認識であろう[4]。

　日本でも，東証第1部の売買高の約60パーセントを外国人投資家が占める等の状況が生じていることを考えると，上記の会社法制部会における主張が前提としていたほど，株主は弱い存在なのだろうか。逆に，本当に株主が弱く，社外（独立）取締役や会計監査人への株主のサポートが期待できないのであれば，法令で社外（独立）取締役の選任等を義務づけてみても，結局それらは機能しないのではないか[5]。いずれにせよ，法令による強制を論ずる前に，日本の上場会社の株主の実態につき，事実を検証してみる必要があるのではないか。それが本稿の目的である。

　もちろん，日本の上場会社の株主構成，株主総会における議決権行使等については，これまでも資料が公表されて来ている。しかし，各資料は，精査すると不明な点も多い。本稿は，それらの資料の作成者等へのインタビュー，独自の統計資料の付加等を行うことにより，上場会社の株主の実態をいくらかでも明らかにすることを試みる。

II　株主はなぜ行動しないのか

1　*仮説1*　「株主は，現在の会社の経営実績等に満足している」

　日本の上場会社の株主に，米英の場合のようなアクティビズムが見られないとすると，その理由は，いくつか考えられる。

　仮説の第1は，株主が「現在の会社の経営実績等に満足している」というものである。しかし，その可能性はないといってよかろう。1990（平成2）年まで

---

[4]　Allen, Kraakman & Subramanian, *Commentaries and Cases on the Law of Business Organization* 155 (4th ed. 2012).
[5]　昭和49年商法改正以来の度重なる監査役制度の改正が功を奏さなかった理由を，これに求める見解もあろう。

のバブル経済の時期に3000ポイントに近づいた東証株価指数（TOPIX）は，その後20年以上の間，2000ポイントを上回ることはなく，2012（平成24）年7月27日現在，726.44ポイントという惨状である。株主が満足しているはずがない。

2 *仮説2* 「株主は，社外（独立）取締役の導入等の措置は，業績向上・株価上昇につながらない（無関係）と考えている」

仮説の第2は，株主は，「社外取締役または独立取締役[6]の導入等の措置は，業績向上・株価上昇につながらない（無関係である）」と考えているというものである。

筆者は，この仮説が真実である可能性は相当高いのではないかと考えている。たとえば，私的年金の代表的存在であるばかりでなく，一時は機関投資家のオピニオン・リーダー的な存在であった企業年金連合会は，2010（平成22）年11月，同会の「株主議決権行使基準」を簡素化して，取締役選任議案における役員の独立性基準等を廃止する，「企業買収防衛策に対する株主議決権行使基準」を廃止する等の措置をとった[7]ばかりでなく，議決権行使の担当者の数を削減する人事異動を行ったようである。同会は，その理由を明示していないが，株主総会の議決権行使にコストをかけるのはムダと考え始めた結果であろうと，関係者間では受け取られている。

しかし，他方，上場会社が社外取締役を導入すると，企業業績が実体的に向上するか否かはともかく，Tobin's Qは上昇する[8]とする実証研究はある[9]。

---

6) 要綱案では見直しが行われることになったが（「会社法制の見直しに関する要綱案」第1部・第1-2 (1)），現行法では，「社外取締役」の要件は，親会社の取締役・使用人等でも満たされ（会社2条15号），それによって一般株主の利益保護が必ずしも図られるわけでもないことから，東京証券取引所の上場会社に対しては，上場規則により，より要件が厳しい「独立役員」（独立取締役または独立監査役）を1名以上確保すべきことが義務づけられている（東証・有価証券上場規程436条の2）。

7) 依馬直義「機関投資家による議決権行使の状況——2011年株主総会の検証」商事1946号（2011）17頁。

8) Tobin's Qは，企業の金融市場における評価価値（株式時価総額と債務総額との和）を資本ストックの再取得価格で除した値であり，本文の実証研究は，要するに，社外取締役を導入すると株価は上昇するという見解である。

9) 内田交謹「取締役会構成変化の決定要因と企業パフォーマンスへの影響」商事1874号

株価の上昇が期待できるのであれば，なぜ株主はそれを要求しないのであろうか[10]。

III 機関投資家の実態

1 上場会社全体の株主構成

(1) 現　　状

米英で「経営者支配」を掣肘するものが大口株主（機関投資家）のアクティビズムであるとすると，日本の状況の説明として出てくる可能性があるのは，次の仮説である。

仮説3　「不満はあっても，機関投資家の持株比率が低いので，『ウォール・ストリート・ルール』による解決以外とれない」

では，日本の上場会社の株主構成は，米英の場合とそれほど違うのであろうか。

有価証券報告書には，「所有者別状況」として，有価証券の発行者である会社の株主の持株比率が，「政府及び地方公共団体」，「金融機関」，「証券会社」，「その他の法人」，「外国法人等」，「個人その他」に分けて開示される。この資料が調査に用いるのに不都合な点は，「金融機関」の中には，①都銀・地銀等の発行者の主取引銀行，②生命保険会社・損害保険会社，③信託銀行（委託者は，投資信託，公的年金，私的年金，企業等の投資顧問付特金，財形給付金信託等の指定単など，機関投資家または企業の売買目的有価証券が主）といった性格が異なるも

(2009) 21頁。
10)　会社の業績向上に直結するガバナンス事項は，社外（独立）取締役の導入ではなく，社長等の最高経営責任者の選定であろう。機関投資家等の大口株主は，たとえば委員会設置会社制度が採用される等の形で，最高経営責任者選定権限を掌握できる可能性があれば，アクティビズムに転ずるのであろうか。この点についても，現下の日本で支配的な最高経営責任者の社外からの招聘を前提としない（内部昇格を前提とする）システムの下では，大口株主が取締役の過半数または指名委員会を掌握したところで，実質的な最高経営責任者の選定能力をもつわけではないと指摘する意見もある。すなわち，コーポレート・ガバナンスについては，「労働市場」のもつ意味が無視できない。

のが含まれているにもかかわらず，そうした内訳が明らかでないことである。

東京証券取引所は，全国の証券取引所に上場している内国会社の株主名簿管理人から提供されたデータに基づき，毎年，全社通算の株主属性別の持株比率調査結果（時価総額ベース）を公表している[11]。この資料には，有価証券報告書の「所有者別状況」では判明しない「金融機関」の内訳が記載されている[12]。そこで，従来の株主構成に関する実証研究では，この資料を用いる例が多い[13]。

しかし，この資料から判明しない重要事項に，公的年金（年金積立金管理運用独立行政法人）および従業員持株会の持株比率がある。もっとも，両者の所有株式時価は，他の資料[14]に掲載されているので，両者の持株比率は，計算可能である。その計算を行い，東京証券取引所の資料を修正する形で2010年度（2011年3月末）における株主属性別の持株比率を表にしたものが，表1である。

表1 「上場株式の持株比率」（単位：％，株式時価総額：約310兆円）

政府・地方公共団体	都銀・地銀等	投資信託	公的年金	私的年金	ファンド等	生命保険会社
0.3	3.7	4.4	4.3	3.2	6.6	4.5

損害保険会社	その他の金融機関	証券会社	事業法人等	外国法人等	従業員持株会	個人等
1.9	1.0	1.8	21.2	26.7	0.9	19.5

11) 矢田通典「平成22年度株式分布状況調査結果の概要」商事1943号（2011）47頁。
12) 「金融機関」が，「都銀・地銀等」，「信託銀行」，「生命保険会社」，「損害保険会社」，「その他の金融機関」に細分されて表示される。また，「都銀・地銀等」および「信託銀行」の数字のうち「投資信託」および「年金信託（公的年金を含まず）」の比率が細目表示されている。
13) たとえば，宮島英昭＝新田敬祐「株式所有構造の多様化とその帰結」宮島英昭編・日本の企業統治（東洋経済新報社，2011）105頁。
14) 東証の資料の「年金信託」には，公的年金は含まれていない。しかし，年金積立金管理運用独立行政法人が実質的に保有する国内株式は，web上に掲載された「管理運用方針」によると，信託業務を営む銀行を受託者とする指定単または投資顧問付の特定金銭信託の形をとっているとされ，かつ受託者の名称・金額も公開されているので，それが東証の資料中の「都銀・地銀等」および「信託銀行」にそれぞれいくら含まれているかは，計算可能である。筆者の計算によれば，年金積立金管理運用独立行政法人が保有する国内株式の時価総額13兆4000億円は，上場株式時価総額の4.3パーセントに当たり，東証の資料の「都銀・地銀等」の側に0.4パーセント，「信託銀行」の側に3.9パーセント入っている。また，従業員持株会の保有分は，東証の資料では「個人・その他」に含まれており，その金額は，東証が毎年公表する「従業員持株会状況調査」によると2兆8000億円，すなわち上場株式時価総額の0.9パーセントである。

表1によると，上場会社の経営者に対して友好的な[15]大口株主（都銀・地銀等，生保，損保，その他の金融機関，事業法人等，従業員持株会）の持株比率は，33.2パーセントである。都銀・地銀等の持株比率は，1998（平成10）年度には13.5パーセントであったものが，その年を境に年々急激に減少を続け，現在に至っている。これには，バーゼル規制（1997年末に「バーゼルⅠ」の適用開始）の影響が大きいと思われる[16]。

一方，「アクティビズム」によって経営者に要求を突き付けかねない大口株主（投資信託，公的年金，私的年金，ファンド等，外国法人等）の持株比率は，45.2パーセントである。こうした「非安定大口株主」の株主名簿上の名義は，信託銀行になっているものが多いと推測される。信託銀行名義のものの中から，有価証券報告書の作成等の際に株主名簿管理人が「外国法人等」の持株であることをいかなる方法で認定するのかという点は，剰余金の配当への源泉徴収の税率が租税条約により軽減されている場合[17]に，受託者から株主名簿管理人に対しその申請書が提出されることから，または，外国人株主の受託者のほとんどは外資系信託銀行であることから，推測するとのことである。

(2) 米英との比較

日本のこの持株比率の状況を，米英と比較してみよう。米国の場合，2004年の時点で，上場会社株式全体に対する「機関投資家」の持株比率（時価総額ベース）は51パーセント，「外国人」の持株比率は12パーセントで，合計63パーセントである[18]。「機関投資家」の中から生命保険会社および損害保険会社を除外すると，合計は56パーセントになる。後者の数字は，日本の対比すべき数字（45.2パーセント）と比較して，約10パーセント高い。

---

[15] いいかえると，株主総会を通じて独立取締役を送り込む等の手段をとらなくても，経営者と意思疎通を図ることができる大口株主である。

[16] 生命保険会社の持株比率も，1998年には9.9パーセントであったものが，その半分以下に減少している。

[17] 租税条約の実施に伴う所得税法，法人税法及び地方税法の特例に関する法律3条の2参照。

[18] Armour & Skeel, Who Writes the Rules for Hostile Takeovers, and Why?—The Peculiar Divergence of U.S. and U.K. Takeover Regulation, 95 *Georgetown L. J.* 1727, at 1768 (2007).

英国の場合，生命保険会社および損害保険会社を除いた数字はわからないが，2004年の時点で，「機関投資家」が48パーセント，「外国人」が33パーセントで，合計81パーセントである[19]。すなわち，英国の「機関投資家」および「外国人」の持株比率は，日本はもちろん，米国と比較しても相当に高い。英国の株式市場がそうした状況になった主な理由は，第二次世界大戦の終結時から1979年までの間，個人の投資収益に対しては禁止的な高税率が課され，他方，集団投資スキームの配当収入には，優遇的な低税率が課されたことであるといわれる[20]。

　日本の「非安定大口株主」の持株比率は，英国との比較はともかく，米国と比較して，低いであろうか。約10パーセントの差を大きいと見るか小さいと見るかという問題であるが，日本の当該持株比率も，「持株比率の低いことが『ウォール・ストリート・ルール』による解決以外とれない理由である」といえるほど，低くはないのではなかろうか。

　もっとも，日本の「非安定大口株主」の持株比率が米英より多少なりとも低いことも間違いない。それが低い原因は，第1に，「事業法人等」の持株比率が高いこと[21]，第2に，「投資信託」が少ないこと，第3に，「公的年金」・「私的年金」の株式への投資比率が低いこと，第4に，個人の上場株式への投資が税制上優遇されている[22]ことから，「個人等」の比率が高いこと[23]等によると思われる。

---

[19]　Armour & Skeel, *supra* note *18*, at 1769.
[20]　Armour & Skeel, *supra* note *18*, at 1768-1769.
[21]　東証の資料上，「事業法人等」に分類されているものは，たとい当事会社間の文字通りの「持合い」ではなくても，純粋投資目的以外の株式所有であると考えられる。
[22]　個人の上場株式の譲渡益に対する申告分離課税の税率は，所得税・住民税合計で10パーセントである（平成20法23号43条2項）。個人が受け取る上場株式の配当は，大口株主の場合を除き申告を要せず（源泉徴収のみで足りる），税率は10パーセントである（平成20法23号32条1項）。
[23]　個人株主には，「ウォール・ストリート・ルール」に基づく行動以外は期待しがたい。なお，個人株主の株主総会における議決権行使比率は，37パーセント程度といわれる（依馬・前掲注7）19頁）。

2 会社の規模と株主構成との相関

(1) 前　説

*1*で述べた「上場会社全体の株主構成」の調査からは，十分に認識できない重要な点がある。それは，一口に上場会社といっても，各会社の規模には相当の格差があり，かつ会社の規模により，「非安定大口株主」の持株比率にも顕著な差異がある点である。一口でいえば，会社の規模が大きいほど「非安定大口株主」の持株比率が高く，小さいほど安定株主の持株比率が高い傾向があるとの認識が，よく示される。

しかし，その点を統計上正確に示すことは，案外難しい。なぜなら，各上場会社の「外国法人等」の持株比率は，有価証券報告書に表示されるが，それ以外の各上場会社の「非安定大口株主」（投資信託，公的年金，私的年金，ファンド等）の持株比率を公表する資料がないからである。

ただ，有価証券報告書には，上位10人の大株主の名称は表示される。そして，「非安定大口株主」は，信託銀行名義で株式を保有している可能性が高い。そこで，10大株主として表示された信託銀行（外資系信託銀行を除く）[24]と「外国法人等」との合計の持株比率を「非安定大口株主」の持株比率であると仮定し，当該持株比率と会社の規模との相関を調査してみることにする。11位以下の国内・非安定大口株主が含まれない点で正確性には欠けるが[25]，傾向を知

---

[24] 前述したように（Ⅲ*1*(1)），外資系信託銀行の委託者は「外国法人等」であると推定される。したがって，これを計算に含めると，「外国法人等」に含まれる数字と二重計算になるからである。10大株主として表示された日本の信託銀行は，ほとんどが資産管理型信託銀行（信託銀行に資産運用権限がないタイプ）である。なお，「会社四季報」の10大株主欄には，当該信託銀行名義株式の委託者が誰であるかが記載されている場合があり，その記載から，委託者が非安定大口株主でない者（都銀・地銀等，生命保険会社，事業法人等など）であることが明らかな場合は，計算から除外した。

[25] 東洋経済新報社が毎年オン・デマンド出版の形で公刊している「大株主総覧」という出版物がある。これは，同社が決算期ごとに全上場会社に対し郵送による調査依頼を行い，その回答に基づき上位30位までの大株主名，所有持株数，持株比率等を記載したものである。この出版物を用いると，当該調査依頼に応じた会社については，有価証券報告書からは明らかでない11位から30位までの信託銀行名義の持株数が判明する。しかし，調査依頼に応じない会社については，当然のことながら情報は記載されておらず，大規模な有名会社に，調査依頼に応じていない会社が多い。そこで，この出版物の情報を用いることは断念した。

るためには，さほど支障ないであろう。

会社の規模の指標としては，連結売上高をとる。もっとも，連結売上高は，業種によって相当異なりうる。また，全上場会社を対象としての調査は，労力の点でも筆者の手に余る。そこで，ここでは，製造業のうち，日本経済新聞の株価欄で「化学」，「電気機器」，「機械」の3業種に分類されている会社（東証第1部・第2部の上場会社）につき，分析を試みることにした。時点は，2010（平成22）年度の各社の決算期（2011年3月が大半）現在である。

(2) 化学業界

表2は，「化学」に分類される190社の連結売上高および「非安定大口株主」（(1)の方法による判明分）の持株比率の表である。この190社の連結売上高の大きさと当該持株比率の高さとの相関係数は0.4928で，これは1パーセント水準で有意である。

表2

	会社名	連結売上高（単位10億円）	非安定大口株主比率（%）	独立取締役（あり=1，なし=0）		会社名	連結売上高（単位10億円）	非安定大口株主比率（%）	独立取締役（あり=1，なし=0）
1	三菱ケミHD	3167	32.8	0	20	日立化	497	29.3	1
2	富士フィルム	2217	52.3	1	21	太陽日酸	484	21.3	0
3	住友化	1982	40	0	22	エアウォータ	472	35.6	0
4	旭化成	1598	36.3	1	23	カネカ	454	37.6	1
5	武田	1419	37.3	1	24	菱ガス化	451	38.6	0
6	三井化学	1392	43.8	1	25	田辺三菱	410	25.8	1
7	花王	1187	57.3	1	26	大日本住友	380	14.4	0
8	大塚HD	1090	17.5	0	27	ユニチャム	377	31.6	0
9	信越化	1058	57.5	1	28	中外薬	374	79.4	1
10	第一三共	967	41.2	1	29	クラレ	363	56.4	1
11	アステラス	954	56.1	1	30	電化	358	43.2	1
12	積水化	915	42.3	1	31	ダイセル	354	41.4	1
13	昭電工	854	32.9	1	32	協和キリン	344	19.5	1
14	DIC	779	37.2	1	33	JSR	341	39.1	1
15	エーザイ	769	29.3	1	34	ライオン	328	12.7	1
16	東ソー	684	33	0	35	トクヤマ	290	29.3	0
17	資生堂	671	37.1	1	36	日触媒	288	28.8	1
18	日東電	639	54.4	1	37	塩野義	282	43.3	1
19	宇部興	616	50.7	1	38	ゼオン	270	25.4	1

	会社名	連結売上高（単位10億円）	非安定大口株主比率（％）	独立取締役（あり=1、なし=0）		会社名	連結売上高（単位10億円）	非安定大口株主比率（％）	独立取締役（あり=1、なし=0）
39	大正薬HD	268	12.1	1	77	アキレス	87	8.3	0
40	洋インキHD	246	17.8	0	78	大倉工	86	6.6	0
41	関西ペ	237	33	0	79	科研薬	86	25.9	0
42	日本ペ	227	34.5	0	80	ダイソー	81	6.7	0
43	住友ベ	191	34.1	0	81	パーカライ	80	27.6	0
44	ADEKA	178	38.1	1	82	東応化	80	42	1
45	コーセー	171	21.3	0	83	東リ	80	9.1	0
46	ポーラHD	167	23.8	0	84	持田薬	79	5.4	1
47	セ硝子	160	37.4	1	85	日医工	78	28.4	0
48	大日精	159	14.5	0	86	藤森工業	78	13.1	0
49	日産化	154	38.8	0	87	リケンテクノ	73	4.1	0
50	日油	154	17.7	1	88	大日塗	71	6.3	1
51	東合成	153	29.3	0	89	信越ポリ	70	17.7	0
52	日化薬	149	34.3	0	90	高圧ガス	68	12.9	0
53	エフピコ	141	22.1	0	91	タキロン	67	9.7	1
54	久光薬	137	26.6	0	92	荒川化	66	16.2	0
55	三洋化	136	16.9	1	93	住友精化	64	13.8	0
56	小野薬	135	35.5	0	94	日新薬	64	30	0
57	クレハ	132	30.6	1	95	キッセイ	64	18.6	0
58	小林製薬	131	25.3	1	96	沢井製薬	64	49.1	0
59	日曹達	123	42.7	0	97	積水樹	58	25.3	1
60	ニフコ	121	55	0	98	マンダム	57	36.5	1
61	サカタINX	118	19.9	0	99	カーバイド	53	9.7	0
62	ロート	115	38.3	0	100	藤倉化	53	29.2	0
63	高砂香	115	28	0	101	天馬	53	27.5	0
64	参天薬	111	57.9	1	102	一工薬	51	8.6	0
65	アース製薬	111	9.8	0	103	ゼリア新薬	49	5.3	0
66	キョーリン	104	22.2	0	104	ノエビアHD	49	1.2	1
67	積化成	101	11.7	1	105	扶桑薬	47	6.6	0
68	コニシ	101	13.9	0	106	東インキ	47	3.4	0
69	石原産	99	16.6	1	107	T&K	47	35.1	0
70	中国塗	97	37	0	108	あすか薬	46	18.2	1
71	ツムラ	95	46.9	0	109	東和薬品	46	25.7	0
72	ファンケル	94	20.7	1	110	鳥居薬	45	17.9	0
73	JSP	92	24.8	0	111	エステー	44	1.7	1
74	日合成	91	23.3	0	112	長谷川香料	44	29.2	0
75	アイカ	89	31.1	0	113	四国化	42	3.7	1
76	堺化学	87	37.9	0	114	クミアイ化	42	13.2	0

	会社名	連結売上高（単位10億円）	非安定大口株主比率（％）	独立取締役（あり=1,なし=0）		会社名	連結売上高（単位10億円）	非安定大口株主比率（％）	独立取締役（あり=1,なし=0）
115	日本化	41	14.1	0	153	寺岡製	23	12.6	0
116	ハリマ化成	41	9.3	0	154	フマキラ	23	2.3	0
117	北興化	41	0.7	0	155	レック	22	16.1	0
118	関電化	40	22.9	0	156	富士製薬	22	12.7	1
119	太陽HD	40	21.3	0	157	コープケミ	21	1.5	1
120	日農薬	40	16	0	158	ミルボン	21	28.9	0
121	日化成	39	2	0	159	ソフト	21	7.2	0
122	ニチバン	39	9.9	0	160	天昇電	21	0	0
123	ピグメント	38	4.8	0	161	チッカリン	20	4.9	1
124	東邦化	38	0	0	162	前沢化成	20	27.6	0
125	有沢製	37	15.4	1	163	セメダイン	20	0	0
126	バルカー	37	14.3	0	164	大成ラミック	19	18.2	1
127	Dr.シーラボ	36	19.5	0	165	児玉化	18	4.8	0
128	戸田工	35	18.1	0	166	日東エフシー	17	3.5	0
129	保土谷	33	10.8	0	167	本州化	17	12.2	0
130	旭有機	33	8.3	0	168	ロンシール	17	1.2	0
131	テイカ	32	6.8	0	169	川崎化	16	3.1	0
132	日特塗	32	15.7	0	170	トウペ	15	0.6	0
133	アセチレン	32	0.7	0	171	伊勢化	14	4	0
134	カーリット	31	6.2	0	172	石原薬品	14	3	0
135	共和レ	28	2.8	0	173	日本ケミカル	14	26.7	0
136	ステラケミ	28	22.7	0	174	日水薬	13	8.5	1
137	タイガポリ	28	4.8	0	175	JCU	12	12.6	0
138	栄研化	28	24.2	1	176	ミライアル	12	22.7	0
139	新田ゼラチン	28	0	0	177	ニイタカ	12	2.2	0
140	ケミファ	27	10.7	1	178	ヤスハラケミ	12	0.3	0
141	生化学	27	13.5	1	179	日本高純度	11	16.1	1
142	イハラケミ	26	16.4	0	180	SDSバイオ	11	0	0
143	日化産	26	6.9	0	181	アグロカネシ	11	2.3	0
144	パーカー	26	9.7	0	182	わかもと	10	0.6	0
145	ダイト	25	13.3	0	183	マナック	10	0	0
146	KIMOTO	25	10.1	0	184	有機薬	9	2.8	0
147	ラサ工	24	9.4	0	185	仁丹	8	2.3	0
148	日精化	24	4.4	1	186	メック	7	25.4	1
149	稀元素	24	17.8	0	187	川口化	7	0	0
150	大有機	23	6.3	1	188	昭和化	7	0	0
151	群栄化	23	6.2	0	189	チタン	6	12.9	0
152	星光PMC	23	1.6	0	190	大幸薬品	5	5.8	0

非安定大口株主の持株比率は，連結売上高規模のいずれかのレベルで大きく変わるであろうか。この190社につき，連結売上高の上位から30社刻みで持株比率の平均を算出すると，表3のようになる。（Ⅰ）から（Ⅵ）までのグループごとの平均値の差の検定（t検定）を行うと，（Ⅰ）と（Ⅱ）との間（連結売上高・約3500億円のレベル）および（Ⅳ）と（Ⅴ）との間（連結売上高・約400億円）が1パーセント水準で有意であり，（Ⅱ）と（Ⅲ）との間（連結売上高・約1200億円）が5パーセント水準で有意である。連結売上高・3500億円および400億円辺りに，非安定大口株主の関心対象になる会社か否かに関する大きな境界線があるといえようか。

表3 化学業界における会社規模別の非安定大口株主の持株比率

連結売上高による順位	非安定大口株主の持株比率の平均（％）
（Ⅰ）　1位－30位	40.08（標準偏差　13.44）
（Ⅱ）　31位－60位	29.35（標準偏差　10.21）
（Ⅲ）　61位－90位	21.80（標準偏差　13.50）
（Ⅳ）　91位－120位	17.32（標準偏差　11.75）
（Ⅴ）　121位－150位	10.18（標準偏差　6.49）
（Ⅵ）　151位－190位	7.84（標準偏差　8.64）

(3) 電気機器業界

紙面の関係で会社のリストは掲載しないが，「電気機器」に分類される188社につき，連結売上高の大きさと同社における非安定大口株主（(1)の方法による判明分）の持株比率の高さとの相関係数を算出すると，0.3456となり，やはり1パーセント水準で有意である。

この188社につき，連結売上高の上位から30社刻みで非安定大口株主の持株比率を表にしたものが表4である。(2)と同じく，（ア）から（カ）までのグループごとの平均値の差の検定を行うと，（イ）と（ウ）との間（連結売上高・約1100億円のレベル）が1パーセント水準で有意，（ウ）と（エ）との間（連結売上高・約600億円）が5パーセント水準で有意である。

表4 電気機器業界における会社規模別の非安定大口株主の持株比率

連結売上高による順位	非安定大口株主の持株比率の平均（％）
（ア）　1位－30位	40.42（標準偏差　13.56）
（イ）　31位－60位	34.61（標準偏差　12.79）
（ウ）　61位－90位	21.72（標準偏差　13.26）
（エ）　91位－120位	15.37（標準偏差　11.44）
（オ）　121位－150位	12.58（標準偏差　9.61）
（カ）　151位－188位	8.45（標準偏差　11.56）

(4) 機械業界

会社のリストは掲載しないが，「機械」に分類される150社につき，連結売上高の大きさと同社における非安定大口株主（(1)の方法による判明分）の持株比率の高さとの相関係数を算出すると，0.3919となり，1パーセント水準で有意である。

表5 機械業界における会社規模別の非安定大口株主の持株比率

連結売上高による順位	非安定大口株主の持株比率の平均（％）
（a）　1位－30位	35.55（標準偏差　12.94）
（b）　31位－60位	23.51（標準偏差　9.49）
（c）　61位－90位	15.45（標準偏差　11.84）
（d）　91位－120位	9.17（標準偏差　8.34）
（e）　121位－150位	6.14（標準偏差　8.29）

この150社につき，連結売上高が上位のものから30社刻みで非安定大口株主の持株比率を表にしたものが表5である。(a)から(e)までのグループごとの平均値の差の検定を行うと，(a)と(b)との間（連結売上高・約1200億円のレベル）および(b)と(c)との間（連結売上高・約500億円のレベル）が1パーセント水準で有意，(c)と(d)との間（連結売上高・約260億円）が5パーセント水準で

(5) 小　　括

　化学，電気機器および機械の3業種を見る限り，連結売上高を基準とする会社の規模の大小と同社の非安定大口株主の持株比率との間には，高い相関がある。また，業種により差異があるものの，連結売上高が1200億円の辺り，および，500億円の辺りに，非安定大口株主の関心の対象になる会社か否かに関する2つの大きな境界線があるように見受けられる。

Ⅳ　非安定大口株主の「エイジェンシー問題」

1　機関投資家の議決権行使の実態

(1) 前　　説

　表3―表5に示した非安定大口株主の持株比率は，国内株主については上位10大株主しか含まない数字なので，3業種の大規模上場会社（たとえば連結売上高1200億円以上の会社）における非安定大口株主の実際の持株比率はわからない[26]。しかし，全上場会社における平均が45.2パーセントであるから，Ⅲ*2*の

---

26) ちなみに，国内の非安定大口株主を，上位10大株主までではなく上位30大株主まで入れると，どの程度数字が変わるか。化学業界の場合，連結売上高による順位10位以内の会社で前掲注 *25*) の調査依頼に応じたのは4社のみであるが，その非安定大口株主比率は，**表2**から次のように変わる。

	表2の数字	30大株主まで調査した場合の非安定大口株主比率（％）
富士フィルム	52.3	55.9
旭化成	36.3	41.6
三井化学	43.8	49.0
花　王	57.3	61.6

また，連結売上高による順位121位から130位までの会社で前掲注 *25*) の調査依頼に応じた5社の場合，非安定大口株主比率は，次のように変わる。

検討結果から，大規模上場会社における非安定大口株主の持株比率は，非常に高いと推測される。それらの会社でも，本当に経営者は株主からの圧力に曝されていないのであろうか。

そうした会社でも依然として経営者に対する株主の圧力は弱いと考える立場の論拠として，次の仮説がありえよう。

仮説4 「非安定大口株主に『エイジェンシー問題』があるから，当該株主は行動を起こさない」

すなわち，非安定大口株主であっても，資金拠出者と利益相反の関係があって経営者と癒着しているとか，コストをかけてまで行動するインセンティブに欠けるため，依然として経営者支配が残存しているとする主張である。

そうした仮説が成り立つか否かを検討するため，まず，株主総会における議決権行使の状況を見よう。非安定大口株主を含む機関投資家の議決権行使には，近時注目が集まり始め，いろいろな資料が公表されている。しかし，それらの資料では必ずしも明らかにされていない点もあるので，以下の記述は，関係者へのインタビュー等により補った点が少なくない。

(2) 信託銀行名義株式の実質的な議決権行使者

株主名簿上信託銀行名義になっている株式のうち，投資信託[27]および特定金銭信託[28]については，委託者が議決権行使の指図を行っていることは明らかである。問題は，指定単であるものにつき，委託者・受託者のいずれが実質

	表2の数字	30大株主まで調査した場合の非安定大口株主比率（%）
日化成	2.0	2.7
ピグメント	4.8	7.9
有沢製	15.4	20.1
戸田工	18.1	20.8
旭有機	8.3	11.4

27) 委託者指図型投資信託においては，投資信託委託会社が議決権行使の指図を行う（投信10条1項）。
28) 10大株主から受託している信託銀行は，ほとんどが資産管理型信託銀行であるから（前掲注24)），契約は，特定金銭信託である。

的な議決権行使者になっているかという点であるが，これは，契約ごとにまちまちのようである[29]。受託者が実質的な議決権行使者である株式が特定の会社の総株主の議決権の5パーセントを超える場合には，独占禁止法上，公正取引委員会の認可が必要となるが[30]，当該認可を取得することは，信託銀行の日常的業務であるといわれる。

公的年金（年金積立金管理運用独立行政法人）の保有株式が指定単の形をとる場合のように，受託者となろうとする者から議決権行使に関する方針を提出させ，その上で委託者が受託者を決定する仕組みをとるものがある。この場合，委託者・受託者のいずれを実質的な議決権行使者と見るかという問題があるが，当該ケースでは，委託者は，投資パフォーマンス以外の理由で運用先を変えることはしていないのが実態であり，したがって，その議決権行使は，もっぱら受託者の意思で行われていると考えてよいようである。

(3) 各機関投資家の反対行使率

(a) 信託銀行　公表された資料によると，国内信託銀行5社[31]の2011（平成23）年株主総会における会社提案議案（全体）に対する反対の議決権行使率は，18.1パーセントである[32]。当該資料には明示されていないが，この数字は，当該信託銀行名義になっている株式全部の議決権行使に関する比率ではなく，受託者である当該信託銀行が議決権行使の実質的判断権限を有している株式の議決権行使に関するものである。すなわち，特定金銭信託部分および指定単で委託者が議決権行使の判断を行っているものは，含まれていない。

上記5行には，自行の議決権行使方針（議決権行使ガイドライン）を公表している銀行と，していない銀行とがある。しかし，各行とも，各議案に対する賛否は，あらかじめ定められた方針（基準）に従い決する方法で行っていると推

---

29) たとえば，確定給付企業年金法に基づく積立金の運用が指定単の形で行われる場合（確定給付65条1項1号），委託者である事業者は，積立金の運用に関し指図することが禁じられており（確定給付69条2項2号），株主総会における議決権行使も，当該禁止の範囲に含まれると解されているようである。しかし，議決権行使につき法的規制のない指定単については，信託契約の定め方次第である。
30) 独禁11条1項3号・11条2項。
31) 住友信託，りそな，三菱UFJ信託，みずほ信託，中央三井アセット信託の5行である。
32) 依馬・前掲注7) 20頁。

測される。

　年金から受託するためには，議決権行使に関する方針を有する必要があり（(2)参照），当該方針が会社提案に対し全部賛成となるような内容では委託者から低評価されるのではないかとの懸念から，厳しめの内容になっているとする観察もある[33]。

　(b)　投資顧問会社　　投資顧問会社は，機関投資家から投資一任契約を受託する業務と投資信託の委託業務とを兼営している例が多い。(a)と同じ資料によると，外資系を含む国内31社の2011年株主総会における会社提案議案（全体）に対する反対の議決権行使率は，18.2パーセントである[34]。

　日本証券投資顧問業協会は，会員に対し，投資一任契約に係る議決権行使指図の判断基準を設けるよう求めており，投資顧問会社は，自社の当該基準を公表していることが多い。また，投資一任契約を受託している投資顧問会社の56パーセントは，議決権行使に関し助言機関（プロクシー・アドバイザー）を利用しており，助言機関の助言内容と異なる判断を行わなかったケースが60パーセントあるとされる[35]。

　投資信託の委託者による議決権行使指図については，それにコストをかけている委託者もあれば，そうでない委託者もあり，ばらつきが大きいとの評価がある。

　(c)　私的年金　　この代表的存在である企業年金連合会の議決権行使に関する方針転換については，前述した（II 2参照）。

　(d)　外国法人等　　外国法人等の議決権行使については，米英の投資家の議決権行使率はきわめて高く，70－80パーセントに達するとされる。それに対し，欧州大陸諸国の投資家は30パーセント強，中東・アジア・オセアニア

---

33)　石田猛彦「2011年ISS議決権行使助言方針について」会報（東京株式懇話会）714号（2011）17頁。
34)　依馬・前掲注7）21-22頁。
35)　関孝哉「株主総会議決権行使を取り巻く環境変化と議決権行使助言会社」商事1947号（2011）11頁。議決権行使に関する助言機関の助言方針につき，たとえば，石田・前掲注33)参照。米国の株主総会では，行使される議決権の20パーセント程度は助言機関の勧告に沿って行使されているといわれるが（関・前掲7頁），日本では，助言機関の影響力は，そこまで大きくはない。

等は20パーセント弱であるとされ，議決権行使率には，投資家の国籍により顕著な差異がある[36]。

　(e) 生命保険会社　生命保険会社は，機関投資家の中で，経営者に対し友好的なグループに通常分類されてきた。もっとも，生命保険会社の中には，自社の議決権行使方針を公表している会社もあり，そこに会社提案に対し反対する基準が記載されている例も少なくない。しかし，それらの内容は，投資顧問会社のもの等と比較すると抽象的であり，会社提案に対する反対比率が低いであろうことは，容易に推測される。会社が団体生命保険の保険契約者であるという利益相反の問題もさることながら，生命保険会社は，年金の資金運用をほとんど受託していないため，そちらからの圧力（Ⅳ1 (3) (a)参照）も存在しないことが，その1つの原因のようである。

　(f) 損害保険会社　損害保険会社も，経営者に対し友好的な機関投資家と考えられてきた。自社の議決権行使方針を公表している会社も少ない。もちろん，議決権行使方針は作成しているようであるが，その内容は抽象的であると漏れ聞いている。

　(g) 小　括　機関投資家の株主総会における議決権行使は，現在，大きな岐路にある。

　第1に，一部の機関投資家の間には，詳細な議決権行使方針を定め，形式的にそれに反する会社提案には反対する実務が定着しているので，議案によっては相当の反対票が出る状況が生じている。

　第2に，議決権行使は，業績向上・株価上昇に結びつかず，それにコストをかけてもムダとの考えも，一方にはある（Ⅱ2参照）。

　第3に，生命保険会社，損害保険会社，一部の投資信託等の議決権行使に関する認識は，昔からあまり変わっていないように見受けられる。米国では，1988年に退職年金基金の運用者を規制するエリサ法（The Employee Retirement Income Security Act）を主管する労働省が，年金基金の運用者が年金受給者に対して負う忠実義務の範囲は議決権行使にも及ぶとの解釈を示したことが，そ

---

36) 依馬・前掲注7) 19頁。中東・アジア等の国籍の株主の議決権行使率が低い理由には，政府系ファンドが多いことがあるとされる。

の後の年金基金のアクティビズムにつながったが，日本の金融庁には，上記の機関投資家の議決権行使の変革を行う気はないのか。

2 非安定大口株主の持株比率と独立取締役の存在との相関

　経営者と友好的な関係にある大口株主であれ，非安定大口株主であれ，大口株主は，株主総会において議決権を行使する方法以外にも，経営者に対して自己の意思・要望を伝える手段・機会をいろいろ有している。経営者がそのようにして伝えられた大口株主の意思・要望に配慮するケースは，当然にあろう。

　経営者が非安定大口株主に対する配慮として行う可能性が高い事項として，「独立取締役」の選任があるのではないか。2010（平成 22）年 3 月 1 日以後に終了する事業年度に係る定時株主総会後，上場会社は，金融商品取引所の上場規程に基づき，「独立役員」すなわち独立取締役または独立監査役のいずれかを 1 名以上確保することが義務づけられた[37]。当該上場規程の趣旨は，上場会社は，一般に監査役会設置会社または委員会設置会社であるから，会社法上，社外監査役または社外取締役の選任が要求されているものの（会社 335 条 3 項・400 条 3 項），社外監査役または社外取締役の資格は，親会社の業務執行取締役，主要取引先の関係者等であっても満たされるので（会社 2 条 15 号・16 号），それらの者と一般株主との間で利益相反が生ずるおそれなしとしない。そこで，上場規程により，より資格要件の厳しい「独立役員」1 名以上の選任を義務づけたとされている[38]。

　したがって，上場会社は，最低限，独立取締役または独立監査役 1 名を選任しなければならないが，上場会社の大多数を占める監査役会設置会社にとって，独立取締役を選任することは，独立監査役を選任することに比べて負担が大きい[39]。しかし，社外取締役の選任が Tobin's Q の上昇につながるのであれば（Ⅱ2 参照），独立取締役の選任は，より大きく非安定大口株主の好感を得ると

---

37) 前掲注 6) 参照。
38) 佐々木元哉「独立役員届出書の提出状況」商事 1898 号（2010）28 頁。
39) 会社法上，社外監査役を 2 名以上選任する必要があるので，当該社外監査役のうち 1 名以上を「独立監査役」の資格を満たす者にする方が簡単である。

思われる。いいかえれば，非安定大口株主に対する配慮を重要と考える監査役会設置会社の経営者ほど，独立取締役を選任しようとするのではないか。

そこで，東京証券取引所の web 上で開示されている資料から，Ⅲと同じ「化学」，「電気機器」，「機械」3業種に属する東証第1部・第2部の会社について，独立取締役が置かれているか否かを調査した。化学業界190社については，**表2**に，会社ごとの独立取締役の有無を記載している。

化学業界190社の場合，連結売上高上位50社（50番目の会社の連結売上高・約1500億円）中，32社で独立取締役が選任されている。他方，連結売上高がそれより少ない会社においては，独立取締役の存在は，目に見えて少なくなる。Ⅲで見たように，連結売上高と非安定大口株主の持株比率との間には高い相関がある。そこで，同業界190社における「非安定大口株主の持株比率」の高さと「独立取締役」の存在との相関係数を算出すると，0.35で，これは1パーセント水準で有意である。

紙面の関係で会社のリストは掲載しないが，電気機器業界188社の場合，連結売上高上位50社（50番目の会社の連結売上高・約1500億円）中，33社において独立取締役が置かれている。また，同業界188社における「非安定大口株主の持株比率」の高さと「独立取締役」の存在との相関係数は，0.30であり，これは1パーセント水準で有意である。

機械業界の会社は，連結売上高を基準にすると，化学・電気機器の2業界より規模が小さいので，当該2業界の上位50社にほぼ相当する規模の上位25社（25番目の会社の連結売上高・約1600億円）をとることにするが，その13社に独立取締役が置かれている。機械業界150社における「非安定大口株主の持株比率」の高さと「独立取締役」の存在との相関係数は，0.26で，これは1パーセント水準で有意である。

こうして見ると，「化学」・「電気機器」・「機械」3業界のいずれにおいても，「非安定大口株主の持株比率」の高さと「独立取締役」の存在との間には，高い相関がある。そして，連結売上高・約1500億円辺りを境界にして，それより上の会社には独立取締役が置かれている例が多く，それより下の会社では，置かれている例は少ない。

ここから出て来る結論は，Ⅲ2 (5) でも述べたように，連結売上高・約

1200億円－1500億円辺りに，非安定大口株主の関心の対象になる上場会社であるか否かに関する1つの境界線があり，それより上の会社の経営者は，非安定大口株主からの圧力を感じ，独立取締役1名以上を選任しようと考えているということではないか。

　付随的にいうと，第1に，日本経団連の会長を出す会社，旧財閥系の会社等の超有名会社に，社外（独立）取締役のいない例が多いことから，日本の巨大会社には社外（独立）取締役を置かない傾向が支配的であると考えるのは誤解である。連結売上高が1500億円程度を超えれば，業界によっては3分の2以上の会社，少ない業界でも過半数の会社には，独立取締役が存在する。

　第2に，非安定大口株主の経営者に対する圧力は，せいぜい少数の独立取締役を選任させるにとどまる。すなわち，経営者に委員会設置会社の形態を選択させるまでには至らない。いいかえると，経営者は，単に独立取締役を選任するだけであれば，たいした抵抗は感じないのである。

　第3に，上場会社でも小規模な会社の場合，独立取締役を置く会社が顕著に少ない理由は何であろうか。非安定大口株主の持株比率が少ないので，経営者に対し独立取締役を選任せよという圧力が乏しいのか。あるいは，独立取締役を選任したくても，就任してくれる人がいないのか。

　第1から第3のことを前提とすると，法制審議会・会社法部会に存在した，法令により金融商品取引法の適用会社等に対し社外（独立）取締役の選任を義務づけるべきであるとする立法論には，疑問を感じざるをえない。一定規模以上の会社の場合，すでに独立取締役がいる例が多く，かつ，1名以上の独立取締役選任を強制しても当該会社を「構成員の過半数が独立取締役から成る取締役会」とか委員会設置会社の採用に導く保証はまったくない。そこで，当該立法論の実質は，金融商品取引法の適用会社等のうち小規模なものに対し法令で強制を加えようというに等しい。しかし，上場会社であっても小規模な会社は，創業者等が支配株式を有している例も多く，非安定大口株主からの圧力もないから，社外（独立）取締役が選任されても機能する可能性は低く，それだけに，良い人材が就任する可能性も低いと思われる。そのような立法に意味があるのだろうか。

3 付論：業績が悪いことと独立取締役の存否との相関

学説の中には，社外取締役の導入と企業業績向上との間に相関があると主張するものがある[40]。もっとも，その主張は，10パーセント水準で有意であるとの主張にすぎないことから，社外取締役の導入の「明確な改善効果（は）観察されない」と，否定的にとらえる見解もある[41]。

上記の問題は，「上場会社の株主」という本稿の主題を超えるものであるが，Ⅳ2で独立取締役につき言及したこととの関連で，企業業績と独立取締役の選任との相関についても，若干検討してみよう。

企業業績の良否の基準として，2010（平成22）年度の事業年度末（2011年3月が大半）に係る剰余金の配当の有無をとる。米国等では，成長性がきわめて高い会社の中にまったく剰余金の配当を行わないものもあるので，無配であることが必ずしも企業業績が悪いことの指標とはならない。しかし，日本の上場会社においては，無配は，深刻な現在の悪業績・将来見通しであることの指標と見て間違いない。そこで，「化学」・「電気機器」・「機械」の3業種の東証第1部・第2部の会社につき，「当該事業年度末に無配であること」と「当該会社に独立取締役が選任されていること」との間に相関（おそらく「負の相関」）があるか否かを検討した。

無配の会社は，上記3業種の528社中の61社と，数が多くないので，業種別ではなく，全体で算出したが，「無配であること」と「当該会社に独立取締役が選任されていること」との相関係数は，528社でマイナス0.0670と，負の相関の数字は出る。しかし，これは10パーセント水準でも有意ではない。もっとも，10パーセント水準に近い数字（12.4パーセント）ではある[42]。

---

[40] 齊藤卓爾「日本企業による社外取締役の導入の決定要因とその効果」宮島英昭編・日本の企業統治（東洋経済新報社，2011）206頁。この研究における「社外取締役」の定義は，会社法の定義（会社2条15号）によっているから（同・181頁注1)），必ずしも「独立取締役」を意味していない。しかし，社外取締役に親会社関係者等は必ずしも多くないとの認識を前提としているようである（同・189頁）。

[41] 内田・前掲注9) 21頁。

[42] Ⅳ2で見たように，企業規模（連結売上高）の大きさと独立取締役の存在との間に相関があるので，10パーセント水準に近いということは，企業規模の大きな会社に無配の

独立取締役の存在が企業業績と相関するかにつき見解が分かれる理由は，相関があるとの仮説につき，10パーセント水準で有意かまたはそれに近い統計上微妙な数字が出る例が多いからであろうか。

会社が少ないということではないかと思われる方があろう。しかし，3業種のいずれについても，連結売上高の大きさと無配の会社でないこととの間には，有意な相関はない。

CSR と会社法

I　はじめに
II　企業の社会的責任と社会貢献
　　——CSR の捉え方についての近時の展開の理解のために
III　会社と環境問題
IV　会社の政治活動
V　結　び

野　田　　　博

I　はじめに

　企業の社会的責任（Corporate Social Responsibility: CSR）の歴史[1]の中で，近年ほどの急速な展開は，過去に例をみないほどである[2]。最近も，2010 年 11 月に組織の社会的責任の任意の国際規格である ISO 26000「社会的責任に関する手引（Guidance on social responsibility）」が発行され，2011 年 10 月には，欧

---

1) CSR の歴史を簡潔に記述するものとして，たとえば Lars Moratis and Timo Cochius, ISO 26000, pp. 12-14（Greenleaf Publishing, 2011）。日本では，1960 年代後半から消費者被害（商品の買占め・売り惜しみ，便乗値上げ），公害等の問題について，アメリカの議論の影響を受けながら，企業の社会的責任が論じられた。竹内昭夫・会社法の理論 III（有斐閣，1990）67 頁，神作裕之「ソフトローの『企業の社会的責任（CSR）』論への拡張？」中山信弘編集代表 = 神田秀樹編・市場取引とソフトロー（有斐閣，2009）193 頁等参照。なお，アメリカでは，1960 年代から 70 年代において，自主的な行動規範，社会監査，株主提案，社会的投資ファンド，企業の社会業績や環境業績の評価と格付け等，CSR の慣行の推進について今日でもみられる戦略の多くが発達したとされる。デービッド・ボーゲル（小松由紀子 = 村上美智子 = 田村勝省訳）・企業の社会的責任（CSR）の徹底研究（一灯舎，2007）10 頁〔原著：David Vogel, The Market for Virtue: The Potential and Limits of Corporate Social Responsibility（2005）〕。

2) Moratis and Cochius, supra note 1, p. 12.

州委員会が，EU の新 CSR 戦略をまとめた文書（以下「EU・新 CSR 戦略」と呼ぶ)[3]を公表する等，重要な動きがみられる。わが国でも，ISO 26000 の発行に合わせる形で，日本経団連の企業行動憲章および実行の手引きの改定が2010（平成 22）年 9 月に行われている[4]。

近年における CSR への関心の増大の背景として，グローバル化や規制緩和・規制改革の進展による企業の活動領域の飛躍的拡大に伴う負の影響，すなわち，人権，環境，社会問題における悪影響の深刻化への懸念，および市民社会の成熟化による従業員意識や消費者・顧客意識の変化・高まり[5]がしばしば指摘される。これらに加え，さまざまな社会問題の解決において，政府の限界が強く認識されるようになったことも，とりわけヨーロッパを中心とした近年の CSR の動きを理解する上で，重要である[6]。さらに，今般の国際金融危機およびその後の不況は社会的弱者に影響し，公衆の視線を企業の社会的および倫理的パフォーマンスに向けさせている[7]。

CSR への関心の増大とともに，新たな側面に焦点が当たる等，その対象も拡大している。たとえば，経済協力開発機構（OECD）の「多国籍企業行動ガイドライン（Guidelines for Multinational Enterprises）」，「国連グローバル・コンパクト（United Nations Global Compact）」の 10 原則，ISO 26000 規格，国際労働機関（ILO）の「多国籍企業及び社会政策に関する原則の三者宣言（Tri-par-

---

[3] Communication from the Commission to the European Parliament, the Council, the European Economic, and Social Committee and the Committee of the Regions — A renewed EU strategy 2011-14 for Corporate Social Responsibility (Brussels, 25.10.2011), COM (2011) 681 final.

[4] ISO 26000 の内容を憲章本文および実行の手引きに反映させ，グローバルな行動規範としての性格を強めることを目指したとされる。関正雄・ISO 26000 を読む（日科技連出版社，2011）145-146 頁。

[5] 情報技術の進展により，地球規模でのコミュニケーションや公表が容易化していることにも留意。それは，企業が一層圧力にさらされやすくなっていることを意味する。

[6] 藤井敏彦＝新谷大輔・アジアの CSR と日本の CSR（日科技連出版社，2008）2-6 頁。財政難のみならず，規制での対応が困難である等，政府の対応能力では解決が困難な場合の処方箋として，CSR に着眼されたとされる。なお，Jeremy Moon, Government as a Driver of Corporate Social Responsibility: No. 20-2004 ICCSR Research Paper Series — ISSN 1479-5124 も参照。

[7] ISO 26000 3.2 参照。また，EU・新 CSR 戦略 1.2 でも，雇用喪失を含む現在の経済危機の社会的影響の緩和に貢献することは，企業の社会的責任に含まれるとされている。

tite Declaration of Principles Concerning Multinational Enterprises and Social Policy）」，および「国連・ビジネスと人権に関する指導原則（United Nations Guiding Principles on Business and Human Rights）」等は，国際的に受け入れられた中核的な原則ないしガイドラインとして，今日のグローバルな CSR の枠組みを提示するが，それらによると，CSR は少なくとも，人権，労働・雇用慣行（職業訓練，多様性，男女の平等，ならびに従業員の健康および福利等），環境（生物多様性，気候変動，資源効率性，ライフサイクル・アセスメント，汚染の防止等），および汚職防止を含む。また，地域共同体（コミュニティー）への参画，身体障害者の統合，およびプライバシーを含む消費者の利益も，CSR の検討事項に含まれつつある。サプライチェーンを通じての社会ないし環境上の責任の促進，および非財務的情報の開示も，重要な横断的問題として認識されている[8]。

このようにますます多くのトピックが CSR の下で論じられる一方で，CSR とは何かということも問われ続けている。法令遵守（コンプライアンス）も CSR に含まれるかということは，しばしば論じられてきた[9]。また，近年 CSR は当該企業が行っている主たる事業との関連で論じられる傾向にあるが，その関係で，企業が付随的に行う社会貢献活動（フィランソロピー等）の捉え方をめぐって議論の展開がみられる。

本論文では，まずⅡにおいて，CSR における社会貢献活動の位置づけを中心として，CSR の定義・意味内容における近時の展開を検討し，また，そのような展開を視野に入れつつ，CSR と会社法との関わり合いについての若干の整理を試みる。それに続いて，CSR の具体的項目の中から対象をしぼり，Ⅲで環境問題，Ⅳでは政治活動を採り上げる。環境問題は，日本企業が CSR の取組みの中でも最も重視してきた領域であり[10]，Ⅲにおいては，環境問題と CSR との結びつき，環境責任にとってのビジネス・ケース，環境関係 CSR の実践を支援・促進する方策の進展，の項目立ての下で，検討を行う。上記項目

---

[8] EU・新 CSR 戦略 3.2-3.3 参照。
[9] この問題については，野田博「社会的責任を意識した企業活動の拡大・支援と法」川村退職・会社法・金融法の新展開（中央経済社，2009）355 頁，360-361 頁等参照。
[10] 松本恒雄＝杉浦保友編・EU スタディーズ 4　企業の社会的責任（勁草書房，2007）vi 頁。その傾向は，とくに大規模会社ほど高い。神作・前掲注 1）204 頁。

のうち後二者は，CSR 規範の遵守ないし実効性に関わる問題を扱うものであり，人権，労働慣行等，環境以外の領域での CSR の取組みにも通用する部分が少なくないと考えられる。他方，会社の政治活動は，公的政策への関与により，通常の企業行動よりも広範な社会的影響をもたらす可能性もありうる。従来，会社法の分野でも，会社のなす政治献金が議論されてきたが，Ⅳでは，それに限らず，責任ある政治的関与という点につき，ISO 26000 規格を中心に，若干の検討を行う。

Ⅱ 企業の社会的責任と社会貢献
―― CSR の捉え方についての近時の展開の理解のために

1 問題の所在

社会貢献活動と CSR の関係が問題にされる場合において，「社会貢献活動」の語は，概ね慈善活動と同義で用いられ，助成，寄付，ボランティア等を指す[11]。多くの企業がそのような意味での社会貢献活動を通じ教育，医療その他さまざまな分野で貢献を行っている。このような活動が社会に正の影響をもたらしていることは，疑いないであろう。初期の社会的責任の観念は慈善活動が中心であり，アメリカでは，今日でも CSR の主流をなす[12]。しかし他方で，そのような社会貢献活動を CSR の範疇に含めるべきでないという主張もみられる[13]。この一見奇妙とも思える主張は，何に根差すものか。その主張の背景についての考察を深めることは，CSR の捉え方についての近時の展開，とりわけヨーロッパに端を発する，社会的責任を事業に統合するという視点を理解する上で重要であることはもちろん，その他，CSR の諸課題のいくつかを考える手がかりにもなると思われる。

---

[11] 藤井＝新谷・前掲注6) 14 頁，ISO 26000 6.8.9.1 参照。
[12] 藤井敏彦・ヨーロッパの CSR と日本の CSR（日科技連出版社，2005) 40 頁，藤井＝新谷・前掲注6) 5 頁。
[13] 後掲注 27) 参照。

Ⅱ　企業の社会的責任と社会貢献　31

2　社会的責任の事業への統合という視点
――近時の CSR の定義と社会貢献活動の位置

(1)　CSR の定義の動向

　まず，ヨーロッパにおける CSR の定義をみる。2004 年の企業の社会的責任に関する欧州多数利害関係者フォーラム最終報告書[14]は，「CSR とは，法的要請や契約上の義務を超えて，環境面および社会面での考慮を自主的に業務に統合することである。CSR は法律上，契約上の要請以上のことを行うことであるから，これらに置き代わるものでも，また，これらを避けるためのものでもない」と定義した[15]。その後，2011 年に公表された前述の EU・新 CSR 戦略では，CSR を「企業の社会への影響に対する責任（the responsibility of enterprises for their impacts on society)」であるとして，新たな定義づけをしている。法律や契約の尊重はその責任を満たすための前提条件と位置づけられている。そして，企業は，自社の社会的責任を完全に満たすためには，社会，環境，倫理，人権，および消費者の関心事を，ステークホルダーとの緊密な連携の下に，事業運営および中核的戦略に組み込むプロセスを整備すべきであり，その際の目的は，所有者（株主）およびその他のステークホルダー，ならびに社会全体に対する「共通価値の創造（creation of shared value: CSV)」[16]の最大化と，ありうる負の影響を突き止め，回避，緩和することであるとする[17]。その定義は，CSR が社会，環境等への負の影響を最小にし，正の影響を最大化することを目指すものであり，また，中核的な事業目的や戦略に関わることを明らかにしている。CSR が事業活動と社会両方に同時に利益をもたらしうるものであるという立場に立つことも，明瞭にみてとれる[18]。

---

[14]　European Multi-Stakeholder Forum on CSR: Final results & recommendations, 29 June 2004.
[15]　邦訳につき，松本＝杉浦・前掲注 10) ⅲ頁を参照。
[16]　CSV は，マイケル・E・ポーターが 2011 年 1 月に提唱した概念であり（Michael E. Porter and Mark R. Kramer, Creating Shared Value, Harvard Business Review Jan/Feb 2011, pp. 62-77.)，欧州委員会がそれを反映させたことは，注目されている。
[17]　EU・新 CSR 戦略 3.1。
[18]　ボーゲルは，このような立場について，企業の社会的責任は利益を上げることにある

このような事業への統合という視点は，ヨーロッパ以外でも広がりをみせている。たとえばISO 26000におけるCSRの定義をみると，法令遵守（コンプライアンス）の扱いにおける相違点もあるが，事業への統合という視点は，やはり本質的な要素を構成している。すなわち，ISO 26000は，持続的発展（環境に限定されない），ステークホルダーの配慮，法令遵守，組織活動への統合の4つをキーワードとして[19]，CSRを以下のように定義している（ISO 26000 2.18）：

「組織の決定及び活動（本定義による注記：活動は，製品，サービス及びプロセスを含む）が社会及び環境に及ぼす影響に対して，次のような透明かつ倫理的な行動を通じて組織が担う責任：
―健康及び社会の繁栄を含む持続可能な開発への貢献
―ステークホルダーの期待への配慮
―関連法令の順守及び国際行動規範の尊重
―組織全体で取り入れられ，組織の関係の中で実践される行動」

上記の定義において，「組織全体で取り入れられ，組織の関係の中で実践される行動」が組織活動への統合を表していることは，いうまでもない。なお，後段で「組織の関係の中で実践される行動」とされており，これは，サプライチェーンにある取引先をはじめ，影響力の範囲の関係者に対しても，社会的責任を果たすように求めることが必要であることを意味する[20]。このISO 26000の発行に合わせる形で日本経団連の企業行動憲章および実行の手引きの改定が行われたことは前述したが，事業への統合という概念については，実行の手引き（第6版）第1章の「背景」の改定において，事業活動を通じたCSRの重要

――経営者は株主に還元すべき資金をより広範な社会的利益のために支出する権限を有せず，配当として還元された資金の使い道は，本来株主個人の選択に委ねられるべきものである――とのミルトン・フリードマンの立場（Milton Friedman, The Social Responsibility of Business Is to Increase Its Profits, The New York Times Magazine, 13 Sep. 1970., pp. 32-33.）を暗黙裡に受け入れ，その上で，それに一ひねり加え，企業がその責任を果たすためには，今や社会的に責任のある行動をしなければならないとするものとも捉えられるとしている。ボーゲル・前掲注1) 48頁。

19) 松本恒雄「CSRの潮流とこれからの企業行動」月刊世界の労働60巻11号（2010）2頁，4頁。

20) 松本・前掲注19) 4頁，関・前掲注4) 57頁。なお，「関係」とは組織の「影響力の範囲（ISO 26000 2.19参照）」内の活動を指すと，同定義に注記されている。

性の高まりに配慮した記載がされている。

(2) 社会的責任の事業への統合とは

(1) では，CSR の定義において，事業への統合という概念が，ヨーロッパにとどまらず広まってきていることをみた。この概念と社会貢献活動との違いは明らかであろう。後者が業務と切り離された形の貢献であるのに対し，前者は業務に社会問題や環境問題の解決方法を統合する——したがって，従来の事業や仕事のやり方を変更することを伴う——形での貢献である。その意味で，社会的責任の事業への統合は，「本業を通じた CSR」と言い換えられることもある。しかし，この概念の理解には，社会貢献活動との違い以外に，通常の事業活動の結果としてもたらされる社会的有用性との区別の必要性も指摘されている[21]。

さて，企業は，商品の生産と流通，サービスの提供の大半を担い，また雇用，稼得した利益の各方面への分配（納税，借入金や社債等に対する利子の支払，株主に対する剰余金配当），投資等を行う。これらは，社会における企業の機能として指摘される諸点である[22]。そして，企業が利益を上げるために行うさまざまな組織的努力および技術革新は，社会全体の資源配分を効率的なものにする。生産性が向上すると，余剰資源を他の用途に振り向けることもできる。企業の事業活動は，これらの積み重ねを通じて，社会に正の影響をもたらす。しかし，それらがいかに社会的に有用であっても，その社会的有用性の多くは，通常の事業活動の結果としてもたらされたものである。それらをも CSR で語るとすると，CSR をことさら論じる意味は希薄なものとなろう[23]。

そのような問題意識の下では，社会的責任が統合された事業活動に該当する例として，次のような場合があるとされる。まず，企業活動が社会に与える負の影響を削減ないし是正しようとするとき，そのような自主的で意識的な取組みは，CSR の領域にほぼ重なる。また，企業が事業活動や製品・サービスに，公共政策的要請に応えるための要素を織り込みつつ，かつ商業合理性を失わな

---

21) 藤井＝新谷・前掲注6) 9頁以下。
22) 竹内・前掲注1) 48-61頁，351-352頁。
23) 社会的責任への意識的な取組みを進展させるという着想は，ISO 26000 でも述べられている（ISO 26000 3.3.1 および 3.3.4 参照）。

い形で事業を進行し，製品・サービスを提供する場合も「統合」の要請に適う[24]。

ただし，CSR の実践と通常の企業決定との線引きは，必ずしも容易な場合ばかりではない。とくにⅢで検討する環境面での取組みについては，そのような場合が多いとされる。環境に対する取り組みに関わる改善の多くは，後述するように，コストの削減や新市場の創出につながる可能性も有しており[25]，その場合，当然の企業慣行を意味するとの評価もできるためである[26]。このように，企業がCSR の名の下で行っていることの中にも，CSR に関わる新たなイニシアティブとはいえないものもありうることには，留意を要する。

(3) 社会貢献活動の位置

上記のような意味での事業への統合という視点が重要になっている CSR の近時の動向の下で，寄付等，業務と切り離された形での貢献である社会貢献活動の位置づけが問題になりうる。ISO 26000 の作業部会では，国際 NGO の一部から，社会貢献に一切言及すべきでないとの主張がなされたとのことである[27]。

しかし，社会貢献活動を CSR から排除するまでの必要はないと思われる。寄付やボランティアは，社会にプラスの影響を与えることができる。そして，それがもたらす社会への正の影響は，公共政策的課題の解決に向けての取組みの拡大に主眼を置く立場であっても，通常の事業活動が結果的にもたらす正の影響と異なり，CSR の範疇の外に置く必要はないと思われる。ISO 26000 も，コミュニティへの参画およびコミュニティの発展の課題として，社会的投資[28]を取り上げる箇所で，「社会的投資は，慈善活動……を排除するものではない」

---

[24] 藤井＝新谷・前掲注6) 18-22 頁。一例として，再生材料の使用やリサイクル設計について，そのような環境要素はコスト増につながることが多く，その一方で消費者が敏感に反応することはあまりないが，しかしそれでも再生材料を使うように設計されたとすれば，それは CSR の統合の要請に適うとされている。

[25] この点で，途上国の下請け業者に関する労働条件の変更とは異なる。労働条件の変更は，通常，コストの押し上げとなり，追加的な市場の創出につながることは稀である。

[26] ボーゲル・前掲注 1) 206 頁。

[27] 関・前掲注 4) 113 頁。

[28] コミュニティの生活の社会的側面を改善するためのイニシアティブおよびプログラムに自らの資源を投資するとき，それを社会的投資と呼ぶ。

(ISO 26000 6.8.9.1) としている。

　ただし，社会貢献活動を CSR の範疇に含めることは否定されるべきでないとしても，社会貢献活動的アプローチの限界や留意点を認識しておくことは重要である。ISO 26000 もただし書を付し，組織は慈善活動を，その組織への社会的責任の統合に代わるものとして利用すべきでないとしている（ISO 26000 3.3.4)。

　社会貢献活動的アプローチの限界として，継続性の欠如が大きな問題として挙げられる。この関係で，善意の寄付で最貧国につくられた学校の中には運営費の不足のため行き詰まり，数年で機能を停止するケースも少なくないことが例示される[29]。また，寄付等は，会社の事業活動の生む利益に依存することにならざるをえないことにも留意が必要である。このような社会貢献活動的アプローチの限界に照らして，事業への統合という視点は，事業とともに公共政策課題の解決が反復されることに大きな意義を見出すものと考えられる。その他，慈善活動を含めるべきでないとの主張が問題にする点としては，それをもって社会的責任を十分果たしていると考える企業が少なくないことも挙げられる。特に事業活動によって社会に与える負の影響への対処を放置しつつ，関係のない分野でなされる慈善活動に対しては，厳しい批判の目が向けられる[30]。上記のように社会貢献をもって社会的責任の統合に完全に代替できないとされているのは，このような社会貢献活動的アプローチの留意事項を踏まえるものと考えられる。

3 CSR 実践と会社法——会社法は CSR の制約とならないか

　CSR について，それに従事することにはビジネスのうえで相当の理由（ビジネス・ケース）が存在し，会社の収益ないし競争力にも寄与するということを前面に出して，正当化しようとする主張がしばしばみられる。前述した EU・

---

29) 藤井＝新谷・前掲注6) 10 頁。公共政策課題の大半は一時の善意で解決されるものではないことを示すものである。
30) 関・前掲注4) 115-116 頁。

新CSR戦略は，その典型である。しかし，CSRと企業の収益・競争力との関係は単純ではなく，会社の利益と社会的責任とが矛盾対立する場合が存在することも否定できない[31]。特に，CSRの定義との関係でみたように，社会に正の影響をもたらすが，市場の競争を通じて自ずと誘発される行動とは区別されるものとしてCSRを捉えるときは，一層そのようにいえそうである。CSRは，会社が自発的に取り組む事項であることが基本であるところ，会社や株主の利益最大化にはならないとしても，CSRの考慮を事業活動に組み込み，またはその他の社会貢献活動をしようとすることも考えられる。そのような決定をする場合に，会社法がその制約になることはあるだろうか。

　取締役等が社会的責任に配慮して上記のような行為をする場合，それは原則として経営判断の問題であり，通常は，善管注意義務・忠実義務違反を生じないとされる[32]。この関係で，わが国で法的議論の対象とされることが多かったのは，株式会社の行う寄付についてであった。最高裁は，株式会社のなす寄付が社会通念上期待・要請されるものである限り，社会を構成する実在としてこれにこたえることは当然なしうべきであり，その金額が会社の規模，経営実績，相手方等を考慮し合理的な範囲のものである限り，取締役に義務違反の責任が否定される旨を述べている（最大判昭和45・6・24民集24巻6号625頁）。これは，政治献金という特殊な寄付に関してなされたものであるが，寄付一般を通じて適用される法理と解される[33]。その裁量の幅は広く，事業経営上の効果（信用・評判の維持向上等）を度外視して，社会的配慮に基づく寄付その他の会社の資源利用行為を目立たない形でなすことも否定されないとみる見解が支配的である。教育事業や慈善事業等は多様に行われることが望ましいという観点が，そのような見解を支えるものとして重要であると思われる[34]。もちろん，取締

---

31) 神作・前掲注1) 202頁。
32) コンメン (1) 87-88頁〔江頭憲治郎〕。また，近藤光男「最近の株主代表訴訟をめぐる動向〔下〕」商事1929号 (2011) 44-45頁。
33) 江頭21頁，23頁。
34) 龍田節「会社の目的と行為」証券取引法研究会国際部会訳編・コーポレート・ガバナンス——アメリカ法律協会「コーポレート・ガバナンスの原理：分析と勧告」の研究（日本証券経済研究所，1994) 113-114頁，江頭23頁参照。そのような支出を認めないとすれば，学術その他地味な各分野は置き去りにされ，それは多様な展開が望ましいという考え方に沿わない。

役等は他人の金を扱うのであるから、上記判例もいうように、そのような支出は合理的な範囲内にとどまらなければならない[35]。

　次に、事業に統合する形でCSRを実践する場合を考える。CSRの事業への統合は、会社が利益を得る方法に関わる事項であり、経営者の本業に対する場合と同様の基準で善管注意義務が適用されることになると解されている[36]。ただ、その場合も、以下にみるように、その裁量の幅は広いと考えられる。

　会社経営者は、株主価値の最大化を行動原理としなければならないとされるのが通常である[37]。しかし、まず、その場合に株主価値の最大化といっても、それは必ずしも目先の利益を優先させるべきというものではなく、長期的な利益であると解される。まして、「あらゆる取引から会社が1ペニーでも多くの利益を引き出さなければならない」といったことを意味するものでもない[38]。会社が自己の事業活動の環境や社会への負の影響を考慮し、事業活動や製品・サービスにおいてその負の部分を小さくするための決定を自主的になすことは、企業活動の社会的影響の大きさに照らし、現在では広く認められるものと思われる。そして、そのような決定は、たとえ短期的にコストを伴うとしても、評判の毀損とそれによる市場占有率の減少という潜在的コストを最小にすることに資する等として、長期的利益に還元される場合が少なくないと考えられる。この関係で、リスク管理は、CSR活動に関わる企業のためのビジネス・ケースの強力な一部分になるともいわれている[39]。長期的利益に関してもちだされるCSRの利点については、環境面の取組みとの関係においてであるが、Ⅲでより詳しく述べる。なお、そのような活動の中には、長期的利益の計測が困難

---

35) 合理的な枠内の制約の他の観点からの説明につき、龍田・前掲注34) 114頁。
36) 神作・前掲注1) 206頁。
37) 落合誠一「企業法の目的——株主利益最大化原則の検討」現代の法7・企業と法（岩波書店、1998）23頁。
38) 龍田・前掲注34) 102頁、103頁。
39) なお、神作・前掲注1) 206頁では、「CSRについての対応を誤ることにより、企業の評判が下がりブランド価値が大幅に毀損することもある。会社としては、少なくとも当該会社の存立に重大な影響を与え得る性質の当該企業に固有の『社会的責任』については、内部統制体制・リスク管理体制を通じて組織的に対応する必要がある」と述べられる。これは、ここで論じている、法的に「そうできるか」という観点ではなく、「そうしなければならない」という観点から論じなければならない場合もあることを示唆している。

であるものも少なくないが，それを特定できないからといって，善管注意義務を尽くしたことの妨げにならないであろう[40]。以上に対し，たとえ長期的な利益で説明できない場合であっても，少なくとも，寄付の場合より裁量の幅が狭いことはないと考えられる。営業推進のためだけにするものではない慈善事業等への寄付を認めることは，CSRの事業への統合を間接的に認めるものといえる。一方でそういう寄付をしてよいとしながら，他方で事業活動にCSRの配慮を組み込んではならないというのは，理屈の立たないことであるし[41]，また寄付に関して，その支出の合理性の判断において，支出額が大きいほど，支出目的と会社事業とのつながりが強くなければならないとの考え方もみられるところ[42]，それは，事業に統合する形でのCSRの実践の裁量をより広くする可能性を示唆するともいえるからである。

　CSRにつき会社法がなしうることは，主にそれを果たしやすいように基盤整備をはかることにあると指摘されることがある[43]。取締役等の善管注意義務・忠実義務違反の法的リスクの緩和もその一環を成し，間接的にCSRを促進することに資すると考えられる。上記分析は，かかる法的障害の除去ないし緩和という側面に着眼して，若干の考察を行ったものである。そのような視点での法制面での取組みとしては，いずれも取締役は株主利益を優先して行動すべきという伝統的な考えに立脚するものであるが，株主利益を向上させるために，取締役に従業員の利益やその他より広範な利益を考慮することを義務づけるもの[44]，またはそのように行動することが法的に許されうることを明確にするもの[45]等も存在している。わが国でも，上記のようにみると，取締役等に

---

40) 龍田・前掲注34) 103頁は，アメリカ法の下での議論であるが，企業の評判，従業員の士気と帰属意識，および政府規制への対応を例示しつつ，そのように指摘する。
41) この関係で，龍田・前掲注34) 109頁も参照。
42) 龍田・前掲注34) 114頁。
43) 竹内・前掲注1) 72頁以下。
44) 英国2006年会社法172条1項。なお，同規定は従前の法に実質的な変更をもたらすものでないとの評価もみられる。たとえば，Elaine Lynch, *Section 172: A ground-breaking reform of directors' duties, or the Emperor's New Clothes?*, (2012) 33 The Company Lawyer 196. 同規定が挙げるステークホルダーはエンフォースの手段を欠くこと等に基づく評価である。同規定について，後掲注73) も参照。
45) たとえば，アメリカ法律協会「コーポレート・ガバナンスの原理」では，会社の目的は会社の利潤および株主の利益の増進にあることを前提にしつつも，道徳律や慈善目的等に

認められる裁量の点でCSR実践の妨げになることは，あまり考えられないであろう。もちろん，広い裁量が認められるといっても，恣意的・独善的な企業行動まで適法とするものではない。CSRに関する国際的な規格等の進展は，そのような行動を抑える点でも，一定の意義が認められるように思われる。なお，上記の基盤整備に関しては，情報開示等も重要であるが，それについては，Ⅲ，Ⅳでの検討との関係で言及する。

Ⅲ　会社と環境問題

1　環境問題とCSRとの結びつき

　環境問題は，人類の存続のために，先進国・開発途上国にとっての共通の課題であるという認識は，広く国際社会に定着してきている[46]。その環境問題を考える上で重要なものに，国連に設置された「環境と発展に関する世界委員会：ブルントラント委員会 (the World Commission on Environment and Development: the Brundtland Commission)」が1987年に公刊した報告書「我ら共有の未来 (Our Common Future)」において示された「持続可能な発展」という概念がある。同報告書は，世界が，人口過剰，歯止めなき資源消費，生息地の破壊，生物多様性の減少，および貧困問題を通じて直面している危険を挙げるとともに，その事態の改善は，経済発展および社会の問題から切り離しては達成されえないであろうとした。貧困に示される経済発展の欠如がそれに特有な環境上の緊張を生み出すとされるのであり，それは，貧しく飢えた人々は，しばしば生き延びるために近隣の環境を破壊すると考えられるためである。その一方，

　　かなった行動は，たといそのために利潤が犠牲にされるときでも許されるとされる (American Law Institute, Principles of Corporate Governance, 2.01 (a)(b))。なお，道徳律や慈善目的等に配慮してよいことを定めるだけで，それにどの程度のウェイトを置くべきかは，注意義務および経営判断原則の問題になる。

46) ISO 26000 6.5.1.2 は，「環境に関する責任は，人類の存続及び繁栄のための前提条件である」と述べる。

裕福な人の生活水準の向上に合致するように駆り立てられた経済発展は，資源需要や汚染等によって環境に負の影響を与える。社会的，経済的および環境的な目標は，相互に依存しあうのである。「持続可能な発展」は，次世代の人々のニーズを満たす可能性を危険にさらすことなく，現世代のニーズ――貧困層のニーズ（貧困の根絶）も含まれる――を満たすような発展を社会が追求するように促す概念として生み出された。そして，このような持続可能な発展および環境の保護という地球規模の目的実現のために企業に期待される役割も，当然のことながら大きい[47]。その際，企業は環境の改善と悪化両面における影響力を不可避的に有する存在であること（企業活動の二面性）への着眼が重要である。

　ブルントラント委員会の1987年の報告書に至る前の段階も，またその後の国際的な取組みにも，膨大な事象が存在している。たとえば，1960年代および1970年代は，社会運動としての環境主義が世界規模で相当の勢いを得た時期であった[48]。そしてその結果として，世界的に，汚染および廃棄物を統制し，自然資源および野生生物を保護することを企図した数多くの法が制定された。この時期は，環境の悪化への伝統的な「指揮統制」アプローチを通じる対処によって特徴づけられるともされている[49]。

　国際的な取組みとしては，まず1972年にストックホルムで「国連人間環境会議（United Nations Conference on the Human Environment）」が開催されている。初めて国連として環境問題全般について取り組んだこの会議では，人間環境宣言が採択され，環境悪化の問題を人類に対する脅威ととらえ，国際的に取り組

---

47) Marcelle Shoop, *Corporate Social Responsibility and The Environment: Our Common Future*, in: Ramon Mullerat (ed.), Corporate Social Responsibility: The Corporate Governance of the 21st Century (Wolters Kluwer, 2011) 177, p.178.

48) レイチェル・カーソン（Rachel Carson）が「沈黙の春（Silent Spring）」を出版したのは，1962年であった。また，地球環境保全のための日として「アースデイ（Earth Day）：4月22日」が誕生したのは1970年であった。なお，この時期には，イギリスや中欧からの酸性雨の飛来が北欧諸国に大きな被害を与えていたことが突き止められ，後述の「国連人間環境会議」の開催の一因となった。石弘之・名作の中の地球環境史（岩波書店，2011）160-161頁，ジョン・マコーミック（石弘之＝山口裕司訳）・地球環境運動全史（岩波書店，1998）108頁〔原著：John McCormick, The Global Environmental Movement, the second edition (John Wiley & Sons, 1995)〕。

49) Shoop, *supra* note 47, p.179.

む必要性について合意をみた。また，この会議は，国連環境計画（United Nations Environment Programme: UNEP）を設立する契機となり，そのUNEP特別理事会が1982年に設置したのが，前述のブルントラント委員会である。そして，1987年のブルントラント報告書は，1992年にリオ・デ・ジャネイロで開催された最初の地球サミット，「環境と開発に関する国連会議（United Nations Conference on Environment and Development: UNCED）の触媒の働きをした[50]。この会議において「持続可能な発展」が中心的な考え方とされ，「環境と開発に関するリオ宣言」，「アジェンダ21」に具体化された[51]。リオ宣言では，環境と発展に関する国際的な議論の主要な論点が集約され，その後の国際環境条約や各国の環境政策に大きな影響を有する考え方として，「共通だが差異のある責任」（第七原則）や「予防原則」（第一五原則）等も採択されている。リオ宣言は，アジェンダ21によって支えられる。アジェンダ21は，持続可能な発展を実現するためのグローバルな協力体制のための包括的な行動計画である。その主要な構成要素には，社会的・経済的要素（人口，貧困等），具体的な問題についてのプログラム（大気保全，森林，砂漠化，生物多様性，海洋保護，淡水資源等）のほか，開発資源の保護と管理，この行動を実践する主要グループの役割，および当該行動の実施手段（財源，技術等）がある。本稿の関心事との関係で，企業にとっての環境上の責任にとどめるが，そこでは，持続可能性およびより大きな環境責任を果たすために，伝統的な指揮統制アプローチよりもむしろ，事前的な環境マネジメントや自主規制を重視する傾向がみられると指摘される[52]。この地球サミットに関連して，1995年に35か国から170社が集まり，「持続可能な発展のための世界経済人会議（World Business Council for Sustainable Development: WBCSD）」が設立されている。なお，リオ宣言で合意をみた「予防原則」も国際機関と政府に対して示された政策方針であったが，現在で

---

50) *Id.* p. 180.
51) この会議では，他に森林原則声明が合意されている。
52) Shoop, *supra* note 47, p. 183-184. アジェンダ21は，企業の環境責任は「健康，安全および環境面からみて，製品および生産過程について責任のある，かつ倫理的な経営である。この目的に向けて，企業および産業界は，事業計画および意思決定のすべての要素に統合された適切なコード，憲章およびイニシアティブ，ならびに透明性および従業員や公衆との対話の促進を通じて，自主規制を増大すべきである」とする。

は，企業の行動指針としても受け入れられてきている[53]。

　前述の地球サミットの会議の期間中には，環境上重要な意義をもつ「生物多様性条約（Convention on Biological Diversity）」および「気候変動枠組条約（United Nations Framework Convention on Climate Change: UNFCCC）」の署名もなされている。また，アジェンダ21に基づき，地球サミットのフォローアップのための組織として，「持続可能な開発委員会（UN-CSD）」が設けられた。その後の取組みについても，若干のものを挙げると，2000年には国連ミレニアム・サミットが開催されている。そこで採択された国連ミレニアム宣言（Millennium Declaration）は，前述した主要な国際会議やサミットで合意された国際開発についての目標を包括し，また2015年までに達成すべき具体的かつ測定可能な数値目標（ミレニアム開発目標：MDGs）を定める。MDGsの目標7に，環境の持続可能性を確保することが定められており，その目標達成には，企業等民間部門の寄与も織り込まれている[54]。また，地球サミットから10年後の2002年に，ヨハネスブルクにおいて持続可能な発展についてのサミット（ヨハネスブルク・サミット）が開催された。同会議の目的は，アジェンダ21の実施にかかる進捗状況の吟味等にあり，「持続可能な発展に関するヨハネスブルグ宣言」および「実施計画」が採択された。なお，UN-CSDは，14年間の作業計画（2003-2017）を通じ実施計画について進捗を吟味するプログラムに乗り出しており，2009年の国連総会の決定に基づき，2012年には，ブラジルで国連の持続可能な開発会議（リオ＋20）が開催されている。

　以上，当初は国際機関や各国政府に対して示された政策方針が企業の行動指針としても受け入れられるようになってきていること，および伝統的な指揮統

---

53) たとえば「国連グローバル・コンパクト」原則7。なお，グローバル・コンパクトの目的として，「企業に集団行動を通じて責任ある企業市民として向上することを求め，それによってグローバリゼーションの挑戦に対する解決策の一翼を担うことができる」ことが挙げられ，グローバルに活動する企業のための規範の制定を通じて，企業と協力していくという方向性が示される。ISO 26000でも，民間組織にこの原則の尊重を求める（ISO 26000 6.5.2.1）。

54) 企業等民間部門は，政府を含む他のステークホルダーと協働すること，技術の提供・普及，雇用機会の創出，その他開発目標を支援するよう機能することにより，当該目標を満たすように寄与しうるとの認識が存在する。Shoop, *supra* note 47, p. 181.

制アプローチよりもむしろ事前的な環境マネジメントや自主規制を重視する傾向がみられることにも着眼しながら，環境問題への国際的取組みの一端を示してきた。もちろんそのような傾向は，伝統的な「指揮統制」の規制システムの意義を否定することを意味するものではない。法規制は，体系性，公平性，事業活動にとっての平等な場の提供等の点で優れている[55]。しかし，企業の自主的な取組みが重視されてきていることにも，次の点で大きな意味を見出すことができる。まず，企業が，事業を営んでいる地域の如何にかかわらず，たとえその地域の法によって要求されないとしても，一貫した高い環境基準の実施をなすことを期待しうる[56]。また，法によって取組みを強制することが適切ではない領域も少なくないと考えられる[57]。

2 環境責任にとってのビジネス・ケース
―― 環境面での CSR の促進要因と障害

　企業の環境に対する取組みは，コストの削減・生産効率向上や新市場の創出にもつながる可能性がある。たとえば，職場において一定の化学物質の使用をやめることや製造工程を変更することは，廃棄物の発生を抑え，その処理費用を相当に減少しうる。エネルギー効率の改善は，エネルギーコストの削減につながる。汚染物質等の排出または放出の回避や管理は，清浄コストを減少させる。また，環境に配慮した新技術や新製品の開発は，新市場の創出につながる可能性がある。さらに，規制を見越して取組みを開始することが，競争上有利になることも考えられる[58]。CSR の中で環境保護ほど産業界が強い関心をも

---

55) 神作・前掲注 1) 212 頁。
56) Shoop, *supra* note 47, p. 184.
57) 藤井＝新谷・前掲注 6) 5 頁。
58) 京都議定書を批准せず，温暖化対策には後ろ向きとみられがちなアメリカで，議会や政府のはるか先を行くような炭素排出削減に関する企業の取組みがみられることについて，生産効率向上のためだけでなく，炭素排出に関する規則をアメリカが採用することへの国際的な圧力の高まりに照らして，かりにそのような規則が実施された場合には，すでに炭素排出規制を開始している企業が排出権取引スキーム等において有利な立場に立ちうることがその推進力になっているとの指摘もなされる。ボーゲル・前掲注 1) 241 頁。

っている問題はないといわれることもあるが[59]，企業の自主的取組みの継続性にとって，上記のようなビジネス・ケースの成否は，欠かすことのできない観点の1つであると思われる。もっとも，CSRの推進論では，CSRが企業にとって利益となることのみが強調されがちである。ここでは，環境面での取組みに即して，ビジネス・ケースの可能性と限界について，限られた範囲においてではあるが，検討する。

　持続可能な環境に責任を果たすことの企業にとっての利点として，上記のコストの削減等以外にも，さまざまなものが挙げられる。企業の評判，資金調達，および有為な従業員の獲得・士気の向上等である。これらはCSRの取組み一般に共通して挙げられるものであるが，環境実践に即して述べると，評判については，責任をもって環境上の影響を特定し管理することについて評判のよい会社は，新しい地域への進出や現在の事業の拡張についての承認を得やすくなり，また，ボイコット・販売低下を回避できることによって直接的に財務の結果に影響しうると指摘される[60]。資金調達上の便宜に関しては，社会的責任投資（SRI）のほか，金融機関が環境・社会への影響のリスクを評価・管理する傾向を強めてきていること[61]等が指摘される。

　環境面での取組みの企業にとっての利点として挙げられるもののいくつかを以上に示したが，そのうちコスト削減のような場合には，その取組みは，しばしばCSRとはいわれているものの，当然の企業慣行を意味するにすぎないとの，Ⅱ2(2)で述べた指摘が妥当しやすい場合であると思われる。なお，そのような取組みも，「低いところにぶら下がっている果物」（実行が容易なこと）が取り尽くされた場合には，採算が合わなくなる可能性がある[62]。

---

59) 一例として，国際商業会議所（ICC）「持続可能な開発のための事業憲章（Business Charter for Sustainable Development）」では，環境経営の確立を会社の最上位の優先順位に位置づける。ボーゲル・前掲注1) 247頁も参照。
60) Shoop, *supra* note 47, p. 185.
61) 金融業界独自の行動原則として「赤道原則（Equator Principles）」が設定されており，2011年12月の時点で，28か国72の金融機関が同原則を採択している。プロジェクトファイナンス案件において，その基準に沿った環境・社会への配慮が行われるようにプロジェクト実施者と協議し，基準を遵守しない案件への融資は行わないとされている。赤道原則の有効性に関する最近の研究として，Jennifer Pollex, Right on Course or Stranded?: An Analysis of the Equator Principles' Effectiveness (Nomos, 2012).
62) ボーゲル・前掲注1) 232頁，304頁。

環境上責任のある行動が，目先の収益ではなく長期的な成果として現れる事項である場合や，企業への利点の抽象度が高い場合，短期的な収益への圧力が存在し，またCSR向けに支出できる経営資源に重要な制約がある経営環境の下では，一定の緊張関係が生み出されうる。責任をもって製造された製品への消費者の需要，消費者の不買運動の実行やその怖れ・企業の評判に対するNGOの圧力，社会的責任投資家からの圧力等のCSRの推進力とされる諸要素は，そのような場合においても有効であろうか。まず，上記の推進力との関係で，一般的には，顧客，従業員，投資家を引きつけて囲い込む戦略の一環にCSRを取り入れている企業や，活動家の標的にされてきた目立つグローバル企業において，責任のある行動は採算が合うという傾向が高い。しかし，そのいずれの範疇にも入らない企業が大多数であることも事実である[63]。そして，かりに責任のある取組みによって成功している企業があるとしても，他の企業が同様の責任を果たしたからといって，収益が増加するとは限らない。責任を果たしている企業がそれにより利益を獲得している市場は限られているので，利益が逓減する可能性があるし，また全企業が責任のある活動をすれば，競業他社との差別化により得ていた利益は，少なくともその一部は消滅する[64]。

　また，CSRの推進力として挙げられる個々の要素ごとにその有効性や影響力をみた場合も，それぞれに制約要因が存在している。CSRを重視する消費者市場の影響力については，そのような市場が成長してきていることは事実であるが，価格よりもCSRを重視する消費者の規模は，安全性が問題になる場合を除き，小さいともみられる。消費する商品に関わる環境上の外部性を進んで内部化しようとする消費者の規模が小さいことは，企業の環境に対する業績の自主的改善についての重要な制約要因となる[65]。

　消費者の不買運動や企業の評判に対するNGOの圧力については，かかる活動の対象は限られており，必然的に一貫性を欠いた影響力の行使になる。その影響力の行使が功を奏して他のブランドが消費者に選択されることになっても，

---

[63] ボーゲル・前掲注1) 26頁。
[64] ボーゲル・前掲注1) 62頁。
[65] 消費者の責任ある行動の重要性に着眼されてきていることは，この制約要因の反映であろう。

その選択された他のブランドの詳細が吟味されていない場合も考えられ，CSR の観点からより良い結果になるとは限らない。また，企業の評判にとって CSR はその一部を構成するにすぎないとともに，評判の重要性も企業や業種ごとに異なる。多面的な CSR 課題について，常に首尾一貫した行動を期待しうるわけでもない。さらに，CSR に関するよい評判には，逆に標的にされる可能性を高めるというマイナスの面も指摘される。その他，NGO や消費者の圧力には根拠薄弱な懸念に左右されるものもみられ，それらに対応してなされた決定の中には，かえって環境破壊の程度を増やす結果になった事例も知られている[66]。

　投資家の圧力の影響力についても，留意すべき点が少なくない。たとえば CSR 報告の信頼性には，報告書の質と包括性におけるばらつき，監査を受けている非財務報告書は必ずしも多くはないこと，報告書は徐々に長くなり，報告書の有用性を低下させる一因になっていること等の克服すべき問題が残され[67]，また，SRI の規模は過大視されていないか，SRI ファンドは評価の対象となる会社の実践をどの程度綿密に調査しているかといったことも，この関係で問題になる。

　以上のほか，環境に責任のある行動は複雑かつ多元的であり，そのことが問題を難しくしていることも，さまざまに指摘されてきている。ある理念の社会的認知度の差異が，企業の対応の差異となって現れることは，その一例である[68]。

　CSR は割に合うという考え方は魅力的であり，そのようなことが妥当するケースもあると考えられるが，上記の検討は，より責任ある行動をとることがすべての企業にとって利益になるほど，「美徳の市場」の規模は大きいものと

---

66) ボーゲル・前掲注1) 9-10 頁。
67) ボーゲル・前掲注1) 129 頁は，企業の社会・環境に関する業績の測定・監査の困難さ，殊にこの面の業績を企業相互間で比較することの困難さを指摘する。この関係では，Charlotte Villiers, Corporate Reporting and Company Law, pp. 6, 228-229 (Cambridge U. P., 2006) も参照。
68) 藤井＝新谷・前掲注6) 161 頁参照。その他，「フード・マイル (food miles)」とフェアトレード購入を通じての発展途上国の支援との矛盾対立等，CSR の取組みが相互に矛盾を来たす例につき，野田・前掲注9) 369 頁。

はいえないことを示している。また，CSR を推進する諸要因についても，検討したようなさまざまな制約から，個別的で，一貫性を欠く対応にとどまらざるをえないという評価が少なくない。以下では，これらを踏まえて，会社等の組織が CSR の問題に注意を払う方向への市場の圧力を支援し，強化することを模索するさまざまな動きについて述べていく。

3 環境関係 CSR の実践を支援・促進する方策の進展

(1) 社会的責任の基準：任意の原則，ガイドライン等

　企業における CSR の取組みは，その成果が期待される会社行動や組織内部での枠組みを明らかにする規範を策定し，それを実施するという形をとることが多い。規範の策定や中核的価値の設定は最終的には各企業の決定に委ねられるが，その関係で注目されることとして，社会的および環境的パフォーマンスを改善する方向に会社行動を導くことを企図した任意の原則，ガイドライン等の発展を挙げることができる。すでに言及した国連グローバル・コンパクト，OECD「多国籍企業ガイドライン」，ISO 26000 規格，ICC「持続可能な開発のための事業憲章」のほか，環境に責任をもつ経済のための連合 (Coalition for Environmentally Responsible Economies: CERES) の原則等は，国際的に広く受け入れられている。そして，企業はこれらの任意の原則等を重視する傾向があり，それらの1つまたは複数への支持を宣言することによって，そのコミットメントを表わすことも多いとされる[69]。もっとも，それらの原則等により示された環境面のすべての課題があらゆる企業と関連性をもつわけではなく，各企業は，上記のような任意の原則等に影響を受けるとしても，当該企業の状況に適合した取組みを選択的に行うことが期待されている[70]。

---

[69] Shoop, *supra* note 47, p. 187, EU・新 CSR 戦略 3.4 等。たとえば国連グローバル・コンパクトには，約135か国で7100団体（うち約5100が企業）が署名しており（2009年12月末時点），また，世界の多国籍企業のうち約40%が自らのコミットメントの基礎としてOECD のガイドラインを用いている。Moratis and Cochius, *supra* note *1*, p. 68.

[70] EU・新 CSR 戦略 3.4。どの課題が当該企業にとって重要な課題になるかを特定するという課題につき，たとえば ISO 26000 5.1 参照（持続可能な発展への影響およびステークホルダーへの影響の2つの観点が重要）。

(2) 開示およびステークホルダーとの関係構築，環境面でのリスク管理等

　CSR の取組みについて，その透明性を高め，責任ある企業行動のための市場のインセンティブを生み出す等のための規制は，CSR を間接的に促進する補完的規制と位置づけられる。CSR の推進について法または政府等が一定の役割を果たすとすれば，それは，このような間接的，後方支援的役割が中心になる[71]。まず，開示の手段を通じた間接的な規制を採り上げる[72]。

　社会的および環境的な業績に関する報告の歴史は比較的浅く，その枠組みの多くは自発的であるが，強制的な報告要求も増えてきている。英国の 2006 年会社法はそのよく知られた立法例であり，上場会社については，取締役報告書の記載事項として，会社事業の発展・成果や状況の理解に必要な限りで，会社事業の環境に与えるインパクトを含む環境事項，会社従業員，および社会・地域問題に関する情報，ならびに会社の事業にとって重要な契約その他の協定を結んでいる関係者の情報について必要な範囲で開示しなければならない[73]。わが国では，2005（平成 17）年 4 月から施行されている「環境保護促進法」が，大企業者（中小企業者以外の事業者をいい，特定事業者を除く）は環境報告書の公表に努めるものとすると規定する（11 条 1 項。なお 9 条〔特定事業者に対し環境報告書の作成と公表の義務づけ〕）。

　規制上の報告要求以前から，環境に関する業績の詳細を公衆に自発的に報告することへの関心も高まっており，それを受けて，報告書作成のための基準の

---

71) EU・新 CSR 戦略 3.4 は，CSR の発展は企業の自主的取組みによるべきとしつつ，公的規制機関はこのような役割を果たすべきであるとする。
72) 開示要求には投資家に対するものもあるが（野田・前掲注 9）372 頁参照），ここでは，企業に向けた開示要求に限る。
73) 2006 年英国会社法 417 条 5 項（b）(c)。この開示要求は，取締役は株主利益を優先して行動すべきとの伝統的な考え方に立脚しつつも，株主利益を向上させるためには，従業員の利益その他より広範な利益を考慮しなければならないとするアプローチ（「包括主義的〔inclusive〕アプローチ」と呼ばれる）を基礎として規定された同法 172 条の取締役の義務の履行を適切に評価することに資する規定であり，CSR における「ビジネス・ケース」を受け入れるものでもある。野田・前掲注 9）373-376 頁参照。なお，EU 計算指令において，企業に環境および従業員に関する情報を事業報告において開示することが要求される（EU Accounting Modernisation Directive 2003/51/EC, OJL 178, 17.7.2003, pp. 16-22, Article 1 paragraph 14. 構成国はすべて，中小規模の会社にはこの要求の免除を選択）。

整備も 1990 年代以降進展している。GRI（Global Reporting Initiative）の「持続可能性報告書ガイドライン」は，その代表的なものの 1 つである[74]。持続可能性報告書ガイドライン第 3 版（G3）[75]は，「組織の社会面，環境面，および経済面のパフォーマンスについて報告することのための一般に受け入れられた枠組み」として役立つことが企図され，パフォーマンス指標および他の開示側面からなる標準開示，報告内容を確定するための原則を含む[76]。指標は，ある組織の業績についての時系列で比較可能な「質的，または数量的な情報」である。環境面での指標についてみると，原料の投入，エネルギーおよび水の使用，排気，排水および廃液，生物多様性および生息地へのインパクト，製品およびサービスの環境へのインパクト等の主題を，関連する輸送インパクトとともに，包摂している。

　ところで，透明性の要請にこたえ，説明義務を果たすことは，ステークホルダー（株主，従業員，供給者，顧客，規制者，地方共同体および近隣の居住者等）と情報を共有し，その声に耳を傾けることが含まれ，そこに大きな意義があるといわれる。上記 G3 では，組織がステークホルダーを特定し，ステークホルダーの合理的な期待および利益にいかに対応したかを説明することが要求されている[77]。

　また，財務面，社会面，および環境面のパフォーマンスについての統合された報告への強制的な要求は，会社がどのようにリスク管理をしているかを開示することに結び付けられる。そのような意味で，開示要求には，会社経営者に対し，開示の過程で集約された情報を利用して CSR にかかるリスク管理体制を整備し，CSR にかかる意思決定をすることを促す効果も期待されている[78]。

---

[74] その他，CERES の環境原則，AccountAbility AA1000 シリーズ，環境省の「環境報告書ガイドライン」等。

[75] Sustainability Reporting Guidelines, Version 3.0. *See* https://www.globalreporting.org/Pages/default.aspx なお，2011 年 3 月には，第 3 版をアップデートする第 3.1 版が公表されている。

[76] なお，開示を推奨する各指標ごとの指標プロトコル（設定手順）とセクターサプルメント（業種別補足文書）も設けられている。

[77] Shoop, *supra* note 47, p. 192.

[78] 神作・前掲注 1）208 頁。

リスク管理へのアプローチに関し，環境面での CSR に特徴的な着眼点としては，①現在進行中，または検討中の企業の行動による人間の健康または環境へのリスクを評価し管理すること，および，②より広く，環境問題と結びついた企業リスクを評価し管理すること，の2つがあるとされる[79]。①の着眼点との関係で，検討中または進行中の活動やプロジェクト等の潜在的な環境および人間の健康への影響を突き止め，評価することには，基準となる環境条件および特定の活動または組織の影響の範囲についての理解が必要になる。②の着眼点，すなわち，より広く環境問題と結びついた企業リスクもまた管理する全般的なリスク管理は，①の着眼点からのリスク管理システムを実施することを構成要素として含むとともに，それ自体，「企業リスク管理（enterprise risk management: ERM）」として言及されることのある，より広範なリスク管理に包摂される。ERM は，その企業全体にわたり，保険でカバーできる，またはできないリスクを突き止め，測定し，優先順位を定め，そして管理するというシステム的な過程を指すものである[80]。気候変動が企業にもたらしうる潜在的なリスクおよびインパクトは，そのようなリスク管理の重要な焦点になっており，たとえば，2010年1月に米国 SEC は，気候に関する事業リスクを開示することについて会社に指示するガイダンスを承認している[81]。その場合を例にとると，その考えられるリスクとして，政策変更から生じるかもしれない財務上の効果の程度，温室効果ガス排出と関連付けられた税，燃料・エネルギー価格の高騰，消費傾向の変化，評判上の影響および機会の喪失等を，気候条件の変化による事業運営や市場への影響とともに評価，分析し（石油会社，自動車製造業者または石炭産出業者のような一定の企業では，それらの製品のライフサイクルの各段階のインパクトと結びついた当該事業への長期のリスクも評価），それを通じて資産および資源を保護するとともに，事業上のチャンスを見出し，価値を実現

---

79) Shoop, *supra* note 47, p. 194.
80) *Id.* p. 195.
81) 当該ガイダンスは新たな法的義務を生み出すものではなく，その狙いは現行連邦証券諸法および諸規制のもとで開示文書を用意する際，気候変動の会社への影響を考慮すべき責務につき会社に注意を喚起することにある。Securities and Exchange Commission Guidance Regarding Disclosure Related to Climate Change; Final Rule, 75 F. R. 6290 at 6297 (8 Feb. 2010).

することに役立てることが考えられる。かかるリスク管理は，長期的な株主価値の確保のための事業上の意思決定とも密接に関連する[82]。

(3) その他

開示要求以外の手法として，ここでは「持続可能な消費（sustainable consumption）」という概念および調達条件に CSR を採用することを通じての責任ある事業行動の伝播を採り上げる。いずれも，環境面での企業の取組みが報われるようにするという視点を含む。

持続可能な消費とは，持続可能な発展に即した速度で，製品および資源を消費することをいい（ISO 26000 6.7.5.1），環境と開発に関するリオ宣言8でも提起されている。特に，それが，単に政府の政策や企業の努力だけでなく，選択および購買に際しての消費者の責任ある行動の重要性にも着眼する点で注目される（ISO 26000 6.7.5.1）。割高な価格を支払う必要のほか，認識の不足や情報に基づいた選択をするのに必要な情報への容易なアクセスの欠如等，障害も少なくないが[83]，消費者がより持続可能な選択をなすことを支援する企業の例がみられ，また消費者団体による消費者自らの責任についての啓発普及活動等もみられるようになっている。

次に，後者の取組みに関して，企業（とくに大企業）においては，自ら採用した CSR の行動規範（労働条件や環境保護等に関する基準および方針）を自らの子会社に及ぼすだけでなく，調達条件にそれらを含めることにより外部の納入業者等にも及ぼすことが行われ，また国や地方政府等においても，その調達契約において CSR に関する義務を定めること（グリーン調達：環境負荷の低減に資する製品・サービスの調達）が行われている。大企業におけるサプライチェーン・マネジメントは，当初は衣料品産業や農業等の分野において，労働条件や人権対応等に関し必要性が認識されたが[84]，今日では，供給業者の環境パフォーマンスも強調されるようになっている[85]。

---

82) Shoop, *supra* note 47, p.196. また，前掲注 39) 参照。
83) EU・新 CSR 戦略 4.4.1。
84) サプライチェーンでの児童労働が問題にされた 1990 年代のナイキのケースを想起。
85) Shoop, *supra* note 47, p.203. 一例として，業界共通の枠組みの基礎にもなったソニーのグリーン調達プログラムにつき，藤井敏彦＝海野みづえ編・グローバル CSR 調達（日

調達条件に一定の環境基準への合致を含めることは，サプライチェーンへの影響力行使として，「契約」という手法を活用するものといえる[86]。ただし，「契約」といっても，契約上の義務や方針は大筋で定められ，その後にサプライチェーンの中枢企業による納入業者等への非公式の説明や監査を伴うという仕組みがとられることが多く，また，条件の不遵守が直ちに取引関係の断絶や法的手続等といった制裁に結びつけられるのではなく，対話や支援を通じ時間をかけて納入業者等に遵守させるようにする手法が通常用いられる。サプライチェーンの中枢企業と納入業者等との協調の意義が重視されているのであり，納入業者等にも，問題の解決・改善方法等についての助言や手助けを受けられるといった便益が認められる[87]。

　CSR推進のすそ野を広げ，途上国や中小企業にまで取組みを浸透させる上で，このような取組みの意義は大きいと思われる[88]。ただし，この手法もまだ緒についたばかりであり，その実施上の困難な問題も少なくない。たとえば，サプライチェーンの何層目までが管理の対象となるか[89]，他組織に影響を及ぼす責任は，その責任が社会的意味合いのものであるにせよ，自組織内部でのコントロールと完全に同列に扱うことができるか[90]等の問題である。

　　科技連出版社，2006) 106-108頁参照。
86) なお，多様な影響力行使の方法につき，ISO 26000 の 7.3.3.2 参照。
87) Doreen McBarnet and Marina Kurkchiyan, *Corporate social responsibility through contractual control? Global supply chains and 'other-regulation'*, in: McBarnet, Voiculescu and Campbell (eds.), The New Corporate Accountability (Cambridge U. P., 2007), pp. 68-81.
88) 関・前掲注4) 46頁。
89) 関・前掲注4) 48頁，藤井＝海野・前掲注85) 237-239頁等。
90) ISO 26000 6.5.5.2.1は，「自らのコントロールの範囲で，直接的および間接的なGHG（温室効果ガス）排出を徐々に削減し最小化する最適な対策を実施し，自らの影響力の範囲で同様の行動を促進する」として，両者を書き分ける。

IV　会社の政治活動

1　問題の所在

　会社の政治活動に関して，これまで会社法との関わりで議論されてきたのは，主に政治献金についてである。判例は，会社が行う政党への献金も，社会的責任を果たす行為と認め，会社の能力外の行為，または公序良俗違反の行為とする主張を退けてきた（最大判昭和45・6・24前掲）。その一方で，判例は，強制加入団体である税理士会が政治資金規正法上の政治団体に対し金員を寄付することを税理士会の目的の範囲外の行為としている（最判平成8・3・19民集50巻3号615頁）。しかし，問題の本質は，会社の費用負担において行われる政治活動には，富が政治を歪曲すべきでないという視点からいかなる限界が設けられるべきかにあり，それは，上記のような会社が任意加入団体であることに着眼した接近方法では十分とらえきれないと考えられる[91]。会社の政治活動に関する問題の把握につき，ISO 26000 も，それを公正な事業慣行の主題の下で扱い，とりわけ公的領域への責任ある関与に関わる問題と位置づける（ISO 26000 6.6.1.1）。こうした社会的責任分野での試みは，定款所定の目的の範囲如何とか公序良俗違反の有無という枠組みでの従前の接近方法の問題点を補う一定の可能性を認めることができるように思われる。

2　責任ある政治的関与──ISO 26000 を中心として

　ISO 26000 は，組織の政治的関与自体を否定しない。すなわち，組織が「公的な政治プロセスを支援し，社会全体の利益になる公共政策の策定を促すこと」を明示的に肯定する。問題にするのは，過度の影響力の行使，および公的な政治プロセスを阻害する可能性のある不正操作，脅迫，強制などの行為であ

---

91) コンメン (1) 89頁〔江頭〕。

り，それらは禁止ないし回避されるべきであるとする（ISO 26000 6.6.4.1）。そして，具体的な行動として，①責任ある政治的関与および貢献への対処方法についての自らの従業員および代表の教育・意識の向上，②ロビー活動，政治献金および政治的関与に関連する方針および活動に関する透明性の確保，③その組織の代表として意見を述べることを職務として雇用される者の活動を管理するための方針および指針の設定・実施，④特定の立場に有利になるように，政治家または政策立案者を誘導することを目的とした政治献金，または政治家もしくは政策立案者に不当な影響力を及ぼすと認識される可能性のある政治献金の回避，等が挙げられている（ISO 26000 6.6.4.2）。

　今日のCSRの議論において，企業が持続可能な社会の実現における重要な担い手として位置づけられていることは，Ⅱ，Ⅲでの検討からも明らかである。そしてそれには，優先事項やその解決策の提案等，政策決定やルール作りに積極的な役割を果たすことも含まれる[92]。たとえば，ロビー活動を通じて企業が正確な情報を政策決定者に伝えることは，ロビー活動についてのルールに則る限り，民主的政策決定に資するものとして，肯定的に捉えられてよい[93]。上記のように，企業が公的な政治プロセスを支援し，社会全体の利益になる公共政策の策定を促すことができるとされていることも，こうした観点から理解できる。活動の透明性確保，過度の影響力の行使や不当な影響力の行使の禁止，公正な政治プロセスを阻害する不正操作等の回避が，具体的な行動として求められていることに関しては，そのような取組みの進展がある一方[94]，会社の経済的および政治的影響力への公衆の不信感が大きいこと[95]にも留意が必要であ

---

92) 関・前掲注 4) 154 頁。
93) 藤井敏彦・競争戦略としてのグローバルルール（東洋経済新報社，2012）25 頁。EU におけるロビー活動に関するルール整備につき，同 26 頁。
94) 日本 IBM 社や Procter & Gamble 社等が例示される。前者につき，松本恒雄監・ISO 26000 実践ガイド（中央経済社，2011）112 頁，後者につき，Moratis and Cochius, *supra* note 1, p. 128.
95) その一例として，ビジネス・ウィーク誌が 2000 年 9 月に公表した世論調査によると，「企業は，アメリカ人の生活のあまりにも多くの側面にわたってあまりにも多くの影響力を獲得している」ことに，調査対象者の 72%（2000 年 4 月調査分：「強く賛成」が 40%，「ある程度賛成」が 32%）ないし 82%（同年 6 月調査分：「強く賛成」が 52%，「ある程度賛成」が 30%）が賛成した。また，巨大たばこ会社，巨大石油会社，巨大公害企業，製薬会社および健康管理組織（HMOs）を含む大規模会社に対する当時の副大統領アル・

なお，企業が公的政策に与える影響力の側面については，社会的責任の分野でも十分光があてられてきたとはいえない。企業の政治活動がもたらす広範な社会的影響の可能性に照らすと，この領域に残された課題は大きいと考えられる[96]。

V　結　び

　社会や環境の問題の解決・緩和に向けて企業の果たす役割への期待は大きく，個々の企業による自発的な取組みはもちろん，そのような取組みを促し，支援する方策もさまざまに展開されていることを述べてきた[97]。そのような中で，会社法が占めている部分は必ずしも大きなものではなく，各企業の自発的取組みを行いやすくするという基盤整備の面（取締役に認められる広範な裁量等）にほぼ限られる。会社法が公共の利益に関してどのような役割を果たすべきかについては，株式会社（特に大規模会社）のあり方についての考え方に依存する面もあるが，少なくともこれまでは，会社法が公益の実現に寄与するとしても，それは，企業の営利の追求に資することを通じる形であるとみる考え方が主流を占めてきたように思われる。ただ，そのような考え方を前提としても，強制的な社会的開示の問題は，会社法による基盤整備として着眼されてきた事項である。そのような開示を求めることが会社の統治とも無関係でないことは言及したとおりであり，また，それがもたらす社会的便益も当然考えられる。ただ，

　　ゴア（Al Gore）の批判に，74％が賛成（「強く」が39％，「ある程度」が35％）している。さらに，巨大会社は，政府の政策，政治家およびワシントンの政策策定者に対してあまりにも多くの影響力を有するということに，74％（1999年の調査）ないし82％（2000年の調査）が賛成した。Business Week/Harris Poll: How Business Rates: By the Nambers (September 11, 2000 ISSUE).

96) ボーゲル・前掲注 *1*) 315 頁参照。
97) 環境面の取組みについては幾分詳しく述べたが，それでも環境をめぐる問題とその改善のための努力は極めて多様であり，非常に選別的な採り上げ方にならざるをえなかったことをお断りする。

その導入に関して考慮しておくべきさまざまな要素があるのももちろんであり，最後にそれを記しておく[98]。まず，上記のような便益の実現は，企業の社会・環境に関する測定・監査の困難さとの関わりで，不明確さが否めない。また，見込まれる便益と比較考量されるべきコストも無視できない。開示要求遵守のコストはもちろんであるが，特にどの情報を開示の対象とするかの決定には，CSRの中心的課題の明確化・合意の形成に関わる困難な課題[99]が含まれることに留意が必要であろう。それが適切になされないと，それに基づいて行動する株主や経営者が，どこに社会的利益が存在するか等の判断を誤る可能性も生じうるのである[100]。

---

[98] Ian B. Lee, *The role of the public interest in corporate Law*, in: Ciaire A. Hill and Brett H. McDonnell (eds.), Research Handbook on the Economics of Corporate Law (Edward Elgar, 2012), 106, p. 127 参照。

[99] 野田・前掲注9) 378-380頁参照。

[100] なお，このような開示要求には，規範を練り上げるための「公共広場」を提供するという観点からの分析が可能かもしれない。規範の発展のプロセスの中に位置づける考え方であり，そのようなアプローチは，規範が確立しておらず，社会的期待も漠然としており，価値が共有されていない状況下において，有益でありうる（Björn Fasterling, Development of Norms Through Compliance Disclosure, J. Bus. Ethics, Volume 106, Issue 1, 73, pp. 75, 79 [2012]）。しかし，そのようなアプローチには，そのねらいどおり機能するかどうかについての検討がなお課題となろうし，本文に示した問題点に十分留意する必要性もあると思われる。

親子会社とグループ経営

はじめに——本章の対象と構成
Ⅰ　企業グループの意義と多様性
Ⅱ　結合企業法制のアプローチと親子会社等の定義
Ⅲ　子会社の少数派株主および債権者の保護
Ⅳ　親会社株主の保護
Ⅴ　企業グループ経営に係る親会社・親会社取締役等の行為規範
　　——「企業グループ」レベルの内部統制体制整備義務を中心にして
Ⅵ　開　　示

神作裕之

はじめに——本章の対象と構成

　本章は，親子会社とグループ経営に関する会社法上の問題を概観する。はじめに，企業グループの意義と多様性について述べる（Ⅰ）。企業グループに対する規制もしくは規律のアプローチには大別して「企業グループ」アプローチと「メンバー企業」アプローチがあることを指摘した上で，会社法の観点から企業グループを規律する必要性とそれに合目的的な親子会社等の定義を現行会社法に即して述べる（Ⅱ）。続いて，企業グループについて会社法上規律をすべき2つの重要な課題，すなわち子会社の少数派株主および債権者の保護のあり方（Ⅲ），並びに親会社の株主保護のあり方について（Ⅳ），法制審議会会社法制部会の議論等を織り込みながら検討する。その後，「企業グループ」に関連した内部統制体制の整備義務を中心に，企業グループ経営に係る親会社・親会社取締役の行為規範について判例・学説および立法の動向を概観し（Ⅴ），最後に「企業グループ」に関連する開示規制について触れる（Ⅵ）。

I 企業グループの意義と多様性

1 企業グループの意義
――内部組織と市場取引の中間形態としての企業グループ

　現代の企業経営において，国際的に事業展開しているグローバル企業はもちろん，中小企業においても子会社などのメンバー企業から構成されるグループ経営が広く浸透している。たとえば，東証第一部上場企業の平均連結子会社数は，1990（平成2）年度は 18.0 社であったが，2000（平成 12）年度には 34.0 社とほぼ倍増し，その後 2005（平成 17）年度には 35.9 社と安定的に推移している[1]。経済産業省が従業者 50 人以上かつ資本金額又は出資金額 3,000 万円以上の会社を対象に行った企業活動基本調査によれば[2]，2011（平成 23）年度現在で，子会社を保有する企業は 12,613 社であり，子会社保有企業比率は 43.2% である。国内に子会社を保有する企業数は 10,783 社で国内子会社数は 50,068 社，1 企業当たりの平均保有数は 4.6 社となる。これに対し，海外子会社を有する企業数は 5,287 社で海外子会社数は 36,354 社，1 企業当たりの平均保有数は 6.9 社である。

　日本の企業グループの事業ポートフォリオは，専業型又は本業に関連した業務分野への多角化を進める関連多角化型が中心であった。ところが，1990 年代初頭のバブル崩壊後，大企業では多角化が進展するとともに海外展開による事業のグローバル化が進展した。1997（平成 9）年の銀行危機以降の日本企業は，多角化により生じた非効率性等の見直しのために事業ポートフォリオを再編成するとともに企業の内部組織の再検討を進めた結果，銀行危機の前後から

---

[1] 宮島英昭編著・日本の企業統治（東洋経済新報社，2011）257 頁図 6-3。
[2] 経済産業省企業活動基本調査「平成 24 年企業活動基本調査速報――平成 23 年度実績」概況 14-15 頁（2012〔平成 24〕年 12 月 26 日）。この調査は，事業所を有する企業のうち，従業者 50 人以上かつ資本金額又は出資金額 3,000 万円以上の会社 37,876 社を対象とし，85.8% に当たる 30,459 社からの回答に基づくものである。http://www.meti.go.jp/statistics/tyo/kikatu/result-2/h24sokuho/pdf/24sokugaiyou.pdf

各子会社の社長に付与される戦略的意思決定に関する自由裁量の度合いが引き上げられ，グループ化，とりわけ持株会社グループ化が進んだと指摘されている[3]。

親子会社関係を中心とする企業グループが形成される理由は様々であろう。法的観点からは，親会社は複数の子会社に事業を配分することにより自己が負うべき責任のエクスポージャーを減少させるとともに，子会社各社を他の子会社の事業活動に基づくリスクから遮断できるというメリットが重要である。その結果，親会社は子会社に対する監視コストを減少させることが可能となり，法域や業態を超えて事業を多角化することができるのである。しかし，このことは同時に，企業グループ内部における株主有限責任制度の利用が，債権者，とりわけ不法行為債権者に対して適切な補償を伴わずにコストだけを転嫁しているのではないかという疑義や批判を招きうる[4]。

市場と組織の境界という観点からは，理論的には，市場取引を通じて生産手段を調達する場合に係る取引費用が，企業を内部組織化又はグループ化することにより内生化する費用よりも高くつくのであれば[5]，企業は内部組織化又はグループ化を選択するものと考えられる。そして，企業を内部組織化して1つの企業体とするのか，それとも企業グループ化するのかは，次のような観点から選択されるであろう[6]。すなわち，企業グループ化する場合には，親会社

---

[3] 宮島・前掲注 *1*) 17-18 頁，281-282 頁。分権度の定義および代表的な傘下子会社を念頭においたアンケート調査に基づく結果である点につき，同書 264 頁参照。

[4] 企業グループの内部的所有関係においては，非自発的な債権者である不法行為債権者に対する株主有限責任制度の適用を制限すべきであるとする有名な主張がある。Henry Hansmann & Reinier Kraakman, Toward Unlimited Shareholder Liability for Corporate Torts, 100 Yale L. J. 1879 (1991) 参照。アメリカでは同論文を軸に現在に至るまで活発な議論が継続している。近時の議論の状況として，Robert J. Rhee, Bonding Limited Liability, 51 Wm. & Mary L. Rev. 1417 (2010) 参照。

[5] Ronald H. Coase, The Nature of the Firm, 4 ECONOMICA 386, 393 (1937); Oliver E. Williamson, THE ECONOMIC INSTITUTIONS OF CAPITALISM: Firms, Markets, Relational Contracting, The Free Press, New York (1985). 日本における議論として，平井宜雄「いわゆる継続的契約に関する一考察——『『市場と組織』の法理論」の観点から」星野古稀・日本民法学の形成と課題（下）（有斐閣，1996）697 頁，藤田友敬「『企業の本質』と法律学」伊丹敬之他編・リーディングケース 日本の企業システム 第Ⅱ期 第2巻 企業とガバナンス（有斐閣，2005）61 頁以下，同「契約・組織の経済学と法律学」北大法学論集 52 巻 5 号（2002）455 頁等参照。

[6] 高橋英治・ドイツと日本における株式会社法の改革——コーポレート・ガバナンスと企

が子会社から生産要素を購入するかどうか，購入するとしてどのような条件で購入するかは，子会社との交渉に委ねられ，場合によっては市場において独立した当事者と取引するなど，親会社の選択肢が広がる。他方，子会社は，市場の競争圧力を受けながらも，グループの統一的指揮又は緩やかな連合の下で事業を行うことにより，取引費用を節減し効率的な経営を行いうる。具体的には，企業グループによる経営には，当該企業が1つの内部組織である場合と比較すると，賃金体系の弾力的な運用による労務コストの削減，顧客市場への迅速な対応を含む意思決定の迅速化，経営トップのインセンティブ機能の向上等のメリットがあるとされる[7]。

企業グループが1つの内部組織であると仮定した場合の企業価値よりも，個々のメンバー企業の価値の総和の方が大きい場合には，企業グループ化が選択されることになろう。そして，企業グループのブランド価値などを通じてグループ全体の生産性が個々のメンバー企業の生産性の総和を上回る場合，すなわちシナジー効果が発生しうるならば，企業グループ化が維持されることになろう。

このように，「市場」および「内部組織」と比較すると，企業グループ内の活動は，市場取引としての側面と，単一の組織内における指揮命令による内部調達の側面とを有する。企業グループは「市場」と「内部組織」の両者の性格をもつ両義的な存在であるといえる。そして，企業グループにおいて統一的な指揮がどの程度強力になされているのか，メンバー企業の自主性がどこまで認められるかは，企業グループの運営の仕方にかかっており，多様かつ柔軟である。親会社による集権的な支配をどの程度残し，子会社に分権的な自治をどの程度認めるかは，無限のグラデーションがあり，その最適な組み合わせにより洗練された柔軟なグループ経営が可能になるのである[8]。

このような企業グループの両義性と多様性こそが，企業グループの規律のあ

業結合法制（商事法務，2007）47-52頁。
[7) 宮島・前掲注 1) 266-268 頁参照。
[8) Report of the Reflection Group On the Future of EU Company Law, 5 April 2011, at 59. http://ec.europa.eu/internal_market/company/docs/modern/reflectiongroup_report_en.pdf

り方を複雑で難しいものとしている原因の1つであると考えられる。

2　企業グループの多様性

　企業グループをどのように定義するかが議論の出発点となる。企業グループは，多様な目的の下，様々な手段によって形成し運営されているから[9]，どのような目的のために企業グループを定義するかが重要である。企業グループに係る会社法上の課題として，伝統的に支配企業に従属している従属子会社における少数派株主および債権者の保護が問題となってきた。子会社の少数派株主および債権者の利益が親会社の支配により害される危険が定型的に認められるからである。さらに，平成9年改正独禁法により純粋持株会社が解禁され，持株会社グループ形態が広く普及してきたことに伴い[10]，親会社における株主保護の問題が指摘されるようになってきた。なぜ子会社を支配しうる立場にある親会社の株主保護を図る必要があるのかが問題となるが，投資家である親会社株主はグループ企業全体に投資しているのが経済実態であるためと思われる。このような問題意識の下で企業グループを定義するとしたら，たとえば，次の3つの基準が考えられる。

　第1は，議決権を有する株式・持分の所有――被所有の関係に着目した企業グループの定義である。会社法において企業グループを規律しようとする場合

---

[9]　Gunther Teubner, Unitas Multiplex: Corporate Governance in Group Enterprises, in David Sugarman & Gunther Teubner (eds.), Regulating Corporate Groups in Europe, 1990, at 67, 82-85.

[10]　持株会社形態を採用している企業グループにおいて，分権化を進める政策をとることも集権化を強める政策をとることも可能であり，政策の転換も自由である。さらに，持株会社は複数のメンバー企業の一部については手綱を緩め，一部についてはそれを締めることも可能である。純粋持株会社形態は，環境の変化に迅速に対応しつつ企業グループを運営するのに適した柔軟性と機動性を内包しているとされる。純粋持株会社化を可能にする株式交換・株式移転制度には，事業譲渡や合併と異なり雇用関係，取引関係および監督法上の関係等について変更を生ずることなく企業グループを形成できる等のメリットもある。1997（平成9）年の改正独禁法による純粋持株会社の解禁後，純粋持株会社の数は着実に増加し，2005（平成17）年には150社を超え，2010（平成22）年には400社を超えた。足立龍生＝山崎直＝宇垣浩彰「純粋持株会社体制におけるグループ経営上の落とし穴」Mizuho Industry Focus, Vol. 89（2010）3頁［図表1］参照。http://www.mizuhocbk.co.jp/fin_info/industry/sangyou/pdf/mif_89.pdf

には，この基準は最も合目的的であろう。

　第2は，企業間の契約関係に着目した定義である。契約関係に基づき企業グループを観念しうる場合は，さらに3つの類型に大別できる。第1は，たとえばフランチャイズや販売店・特約店のように販売チャネルを通じて企業グループが形成される場合である。第2は，ジョイント・ベンチャーや企業提携のように協調・協力関係を通じて企業グループが形成される場合である。第3は，経営委任契約や利益移転契約など端的に会社の支配や利益分配に係る契約を締結する場合である[11]。この企業グループの定義は，株式・持分の所有－被所有関係を伴わずに契約関係だけに基づいても企業グループを形成しうる点に着目するものである。

　第3に，*1*に述べた市場との境界という観点から企業グループを定義するならば，市場取引とは独立当事者間取引であるという前提に立った上で，株式・持分の所有－被所有の関係や契約関係をもって企業グループを定義するのではなく，経済実質に着目して独立当事者間取引がなされているかどうかを基準にすることが理論的であるとも考えられる。というのは，独立当事者間取引がなされていないということは，株式・持分の所有関係や契約関係にとどまらず何らかの関係に基づいて，一方の企業が他方の企業に対し，又は相互に影響力を及ぼし合う場合を包含できると推察されるからである。メンバー企業が事業体であって血縁関係や姻族関係が問題にならないと仮定すると，独立当事者間取引がなされていない企業間には支配・従属関係があるとみなしうると考えられる。このような定義の下では，いわゆる系列などが企業グループの定義に含まれることになろう[12]。

---

　11) 会社法は，事業の全部又は一部の譲渡，事業の全部の賃貸，事業の全部の経営の委任，他人と事業上の損益の全部を共通にする契約その他これらに準ずる契約の締結，変更又は解約を「事業譲渡等」と定義した上で（会社468条1項），株主総会の特別決議を要するものとし，反対株主に株式買取請求権を付与するなど，企業グループの形成および解消に関連する行為について株主保護のための規律を置いている半面（会社467条1項5号・309条2項5号），会社債権者保護のための特段の規律は設けてはいない。経営委任契約等と不利益指図を含む指図権確保の可能性と限界については，舩津浩司「グループ経営」の義務と責任（商事法務，2010）279-283頁参照。なお，不利益補償のための事前かつ書面による契約の締結を条件として不利益指図を許容すべきであるとする立法論として，高橋英治・従属会社における少数派株主の保護（有斐閣，1998）138頁参照。

企業グループの定義は，企業グループを会社法上観念する目的が何か，それによりどのような事柄を規律しようとしているのかという問題と深く関わる。競争秩序の観点からは，販売代理店や系列等において不公正な条件で取引が行われる場合には，独禁法上の「不公正な取引方法」として規制の対象となりうる[13]。前述したように，完全親子会社関係[14]を一方の極とする結合企業と，市場取引がなされる独立当事者同志の関係との間には，会社法に由来する議決権や流通形態・支配に係る契約等のほか，取引関係等に基づく事実上の影響力の行使により独立当事者間取引ではない取引がなされる可能性がある当事者間の多様な関係性が認められる。しかし，議決権およびそれを背景とする影響力行使から少数派株主や会社債権者を保護するとともに，支配株主やその経営者の行為規範を明らかにするためには，会社法としては，議決権に基づく支配・従属関係を中心としつつ，兼任取締役や事業経営上の統一的指揮に係る契約な

---

12) 本文に述べた以外にも，たとえば，ある会社が他の会社の株式を1株でも所有している状態を「企業結合状況」と定義する見解がある。この見解は，他の会社の株式価値の増大を通じて自社の利益を増大する義務から，他の会社の株式を保有する会社の経営者の保有先の会社に対する経営管理義務を導く（舩津・前掲注11）とくに26-31頁参照）。もっとも，その具体的内容については支配的影響力を有する場合とそうでない場合に分けて論じられている（同書177-204頁）。なお，同書は，保有先の会社に対する経営管理義務から，当該義務を適切に履践できないときは，少数派株主を排除したり当該株式を売却したりする等の措置を講ずべき義務が導かれるとし（同書296頁，343-344頁），注目される。
13) 独禁法は，自己の取引上の地位が相手方に優越していることを利用して，正常な商慣習に照らして不当に相手方に不利益となるように取引の条件を設定すること等を「不公正な取引方法」と定義し，事業者に対し「不公正な取引方法」を用いることを禁じている（独禁2条9項・19条）。課徴金の対象とはされていないものの，公正な競争を害するおそれがあるもののうち，「自己又は自己が株主若しくは役員である会社と国内において競争関係にある会社の株主又は役員に対し，株主権の行使，株式の譲渡，秘密の漏えいその他いかなる方法をもつてするかを問わず，その会社の不利益となる行為をするように，不当に誘引し，そそのかし，又は強制すること」が「不公正な取引方法」として公正取引委員会に指定されている（独禁2条9項6号ヘ，公正取引委員会告示18号15項）。このように，「不公正な取引方法」には「株主権の行使」による場合も含まれており，この限りでは会社法上の結合企業規制と重なりうる。しかし，独禁法上の規制目的は公正な競争秩序の確保であって，本文に述べた会社法における結合企業法の目的とは異なる。
14) 完全親子会社関係を創設するための制度である株式交換および株式移転制度が，平成11年改正商法により実現した。同制度について，中東正文・企業結合法制の理論（信山社，2008）第3章参照。2005（平成17）年に公布された現行会社法により導入された企業再編対価の柔軟化や全部取得条項付種類株式制度なども，完全親子会社関係の創設のために利用できる。後掲注46）に対応する本文の記述参照。

ども含む形で，支配・従属関係に焦点を当てた規律を整備してゆくことが理論的であると考えられる。

会社法において企業グループ経営を規律する場合には，Ⅱ2に述べるように，議決権を有する株式・持分等のエクイティに基づく所有－被所有の関係を中心に親子会社や企業グループを捕捉しているが，会社法上は，議決権こそが支配・従属関係を確保するための最も基本的な法的手段であるためである。もっとも，このように議決権を有する株式・持分の所有－被所有関係に基づく支配・従属関係に着目して前述した結合企業法の目的を達成しようとする場合には，当該企業グループにおける最終的な親会社もしくは指揮統括部門のように企業グループの業務執行機関に相当するものを観念しそれを指定することになると思われる。ところが，企業グループには無限の多様性がありうるため，たとえば権限がメンバー企業間において分散化していたり，中心が複数存在している企業グループについては[15]，そのような形で企業グループの業務執行機関に相当するものを指定すること自体が実態に合致しないケースが生じざるをえない。会社法において企業グループを規律することが難しいもう1つの原因は，この点にあると考えられる。

Ⅱ 結合企業法制のアプローチと親子会社等の定義

1 結合企業法制に対するアプローチ

企業グループに関する会社法上の規律のあり方を検討する際には，企業グループを構成する個々のメンバー企業の法人格に着目するアプローチ（以下「メンバー企業」アプローチという）と，グループ全体を企業としてとらえるアプローチ（以下「企業グループ」アプローチという）が考えられる[16]。この2つのアプ

---

[15] 実証研究によると，近年の多くの多国籍企業グループは，必ずしも単一の決定部門や最終親会社のような伝統的なヒエラルキー構造をとらず，アメーバ型の組織を構築しているものが多い。たとえば，Birkinshaw & Morrison, Configurations & Strategy & Structure in Subsidiaries of Multinational Corporations, 26 Int'L Bus. Stud. 729（1995）参照。

Ⅱ　結合企業法制のアプローチと親子会社等の定義　65

ローチは必ずしも矛盾排斥する関係にあるわけではなく，ドイツ株式法 (Aktiengesetz) のように1つの会社法が両者を併用することもありうる[17]。

「メンバー企業」アプローチは，企業グループを構成する各メンバー企業は，法的に独立した存在であるが故に自立して経営されることを前提に，独立かつ自立的な経営が支配企業の支配権又は支配的影響力の行使により歪められる場合に，メンバー企業が経済的にも独立した会社であるかのように行動することを確保することを目指す[18]。「メンバー企業」アプローチから出発する場合には，グループ内の法人格が重視され，法人格否認の法理や事実上の取締役の理論あるいは一般的な不法行為責任などが適用されて親会社等の責任が問われることはあるものの，原則としてメンバー企業は株主有限責任の原則を享受できる。メンバー企業が結果的に株主有限責任原則を超えて責任を問われる場合もありうるが，主として親子会社関係のように垂直的な支配・従属関係がある場合において親会社の責任が問われるケースが大半であり，水平的グループにおけるメンバー企業の責任が問われる例は少ないことが知られている[19]。このこ

---

16)　Phillip I. Blumberg, The Multinational Challenge to Corporation Law: The Search for a New Corporate Personality (1993), at 65, 89-90. そもそも，1つの会社自体を利害関係人の「契約の結び目」ととらえる考え方がある。近時の邦語文献として，清水円香「グループ内取引におけるグループ利益の追求と取締役の義務・責任」森本滋暦・企業法の課題と展望（商事法務，2009）251頁以下参照。

17)　体系的なコンツェルン法を有するドイツ株式法は，「企業グループ」アプローチと「メンバー企業」アプローチを併用する。「企業グループ」アプローチによるのが契約コンツェルン法である。すなわち，支配契約に基づき形成された企業グループについては，あたかもそれが1つの内部組織を有する企業であると仮定した場合に類する規律を適用する。具体的には，契約コンツェルンにおいては，支配企業に対し従属会社を統一的に指揮する権限を付与する一方，従属会社に生じた年次決算における欠損額のてん補義務および配当保証義務を課す。また，契約コンツェルンにおける従属会社の株主には，相当の対価を得て従属企業から退出する権利が認められる。その実質は，従属会社の少数派株主の地位を剰余権者としての地位から社債権者又は支配会社の剰余権者の地位に変更しようとするものであると指摘される（江頭憲治郎・結合企業法の立法と解釈〔有斐閣，1995〕15頁）。これに対し，事実上のコンツェルンについては，「メンバー企業」アプローチが採用されている。すなわち，事実上のコンツェルンにおいては，支配企業は支配的影響力の行使により従属会社に「不利益となる法律行為又はその他の措置」を仕向けた場合には，当該不利益を年度末までに補償しなければならず，それを怠ると支配企業に損害賠償責任が発生する。契約コンツェルン制度の意義等について，川濱昇「企業結合と法」岩村正彦ほか編・岩波講座現代の法7企業と法（岩波書店，1998）98頁以下参照。

18)　江頭・前掲注17) 15-17頁。

19)　日本では，解散した完全子会社の雇用契約上の責任が問題となったケースにおいて，

とは，法人格を超えて責任を問われる実質的根拠の1つは，親会社による支配権や支配的影響力の行使であることを示していると考えられる。

　メンバー企業に対して権利を帰属させ，義務を配分すべきであるということになれば，法的には，「メンバー企業」アプローチから出発せざるをえない。他方で，「メンバー企業」アプローチの下では，組織がもつ協働的な側面であるとか集団的な側面を体系的に考慮しづらいという問題点がある[20]。このことは，「メンバー企業」アプローチから出発する場合にも，グループを構成する個々のメンバー企業相互の関係やグループ企業に属していることから生ずる利益等についても精査することが望ましい場合がありうることを示唆している。たとえば，メンバー企業が企業グループに属することに基づく利益を考慮して行動することが，メンバー企業の経営者に認められるべき裁量の範囲に含まれるかどうかといった問題である。

　これに対し「企業グループ」アプローチは，とりわけグループ全体を指揮する管理部門が存在する場合には，企業の総体を適切にとらえることができる半面，グループ内の個々のメンバー企業同士のダイナミズムが過小評価されるという問題点がある[21]。「企業グループ」アプローチは，独禁法や租税法，あるいは銀行法などの監督法の分野では，会社法におけるよりも広く採用されている[22]。その理由は，たとえば監督法を例にとると，企業グループ自体の法人性やアイデンティティーを証明することなく，当該規制を企業グループ全体にまで及ぼす例が見受けられるが，そのように取り扱うことが監督法の規制目的をより良く実現するために必要と考えられるからであろう[23]。これに対し，会社

　　　当該会社の事業を実質的に承継した同一の企業グループにおける姉妹会社の責任が認められた例がある（大阪地判平成18・5・31判夕1252号223頁）。なお，会社法人格否認の法理が水平的局面ではきわめて制限的にしか適用されないことにつき，Stephen M. Bainbridge, Abolishing Veil Piercing, 26 J. Corp. L. 479（2001）参照。

20） 直接には「契約の結び目」理論に対する批判であるが，Teubner, supra note 9, at 71.
21） Teubner, supra note 9, at 88-89.
22） 「メンバー企業」アプローチによるよりも「企業グループ」アプローチを採用することによって，それぞれの法目的をより効率的に実現できるためである（Blumberg, supra note 16, at 230）。なお，会社法においても，個々の規制目的を実効的に実現するために，子会社等をその規制の対象に加える場合がある。後掲注25）参照。
23） Virginia Harper Ho, Theories of Corporate Groups: Corporate Identity Reconceived, 42 Seton Hall L. Rev. 879, at 905（2012）.

法において企業グループを規制することは，その利用自体の抑制に直結することになりうるという自己否定的な側面をもつと同時に，Ⅰに述べた理由によりその規制が容易ではないことを反映して規律が複雑になりすぎて法的安定性を欠くおそれが大きいという問題がある。したがって，会社法が「企業グループ」アプローチを採用することはより困難であると思われる。

2 「親会社」「子会社」「関連会社」および「関係会社」の意義

　企業グループを法的に把握する際は，Ⅰ1に述べた理由から，企業グループの境界は流動的でダイナミックであることに留意すべきである[24]。このことを踏まえて，Ⅰ2で述べた企業グループに係る会社法上の規制目的に照らして，企業グループおよびそれを構成するメンバー企業をどのように定義するかが検討されることになる。会社法は，平成17年改正前商法および廃止前商法特例法の立場と異なり，「子会社」と「子法人等」の概念を区別せず，「子会社」概念に統合した[25]。

　会社法上，子会社は，「会社がその総株主の議決権の過半数を有する株式会社その他の当該会社がその経営を支配している法人として法務省令で定めるもの」と定義されている（会社2条3号）[26]。会社法施行規則では，「会社が他の会社等の財務及び事業の方針の決定を支配している場合における当該他の会社等」を子会社と定めている（会社則3条1項）。親会社は，「株式会社を子会社とする会社その他の当該株式会社の経営を支配している法人として法務省令で

---

24) Frank H. Easterbrook & Daniel R. Fischel, The Economic Structure of Corporate Law, at 13 (1991).
25) 実質的基準で子会社の範囲を画することが適当であるとともに，法律上の概念をできる限り整理するためであると説明される。会社法制定前法のように「子会社」と「子法人等」の概念を区別しないことの問題点については，弥永真生「子会社と関連会社」前田喜寿・企業法の変遷（有斐閣，2009）464頁以下参照。
26) アメリカ法の下でも，多くの裁判例は，財務上，事業遂行上又は経営上統合されているとの証拠により「支配」が認定された場合に限って経済的な一体性が認定されているとされる。Phillip Blumberg, The Increasing Recognition of Enterprise Principles in Determining Parent and Subsidiary Corporation Liabilities, 28 Conn. L. Rev. 295, 300-301 (1996).

定めるもの」と定義されている（会社2条4号）。会社法施行規則では，当該「株式会社の財務及び事業の方針の決定を支配している場合における当該会社等」と定められている（会社則3条2項）。「会社等」とは，国内外の会社，組合その他これらに準ずる事業体を意味する（会社則2条3項2号）。

会社計算規則上も，「子会社」および「親会社」の定義は会社法2条に規定する「子会社」「親会社」と同義である（会社計算2条1項）。

会社法施行規則は，「財務及び事業の方針の決定を支配している場合」について，当該他の会社等の議決権総数に対する当該会社およびその子会社等（以下，両者を併せて「自己」という）の計算等において所有している議決権割合が過半数であることを軸になる基準としながら，過半数基準に達しない場合であっても，一定の基準を超えるときは，①緊密な関係があることにより自己の意思と同一内容の議決権を行使すると認められる者および同一内容の議決権行使に同意している者が所有している議決権，②当該他の会社等の取締役会その他これに準ずる機関の構成員の総数に対する自己の役員・業務執行社員・使用人等の占める割合，③自己が当該他の会社等の重要な財務および事業の方針の決定を支配する契約等の存在，④当該他の会社等の資金調達額の総額に対する自己が行う融資の額の割合，⑤自己が当該他の会社等の財務および事業の方針の決定を支配していることが推測される事実を勘案し，実質的に判断するものとしている（会社則3条3項）。このように，「子会社」かどうかは，自己又は自己と一定の関係にある者が所有している議決権の保有割合を中心として（上記①），それ以外の種々の徴表を併せ考慮することにより（上記②～⑤），「会社が他の会社等の財務及び事業の方針の決定を支配している」かどうかを判断することとしている。

これに対し，「関連会社」の定義は，議決権比率が必ずしも決定的な要素ではない（会社則2条3項21号，会社計算2条3項18号）。関連会社に対しては，企業グループのメンバー企業に準ずる者として，計算・開示に係る規制が適用される。会社計算規則は，「会社が他の会社等の財務及び事業の方針の決定に対して重要な影響を与えることができる場合における当該他の会社等（子会社を除く。）」を「関連会社」（会社計算2条3項18号・4項）と定義し，影響力基準を採用する。「財務及び事業の方針の決定に対して重要な影響を与えることが

できる場合」とは，他の会社等の議決権総数に対する当該会社およびその子会社（以下，両者を併せて「自己」という）の計算で所有している議決権割合が20％以上であることを軸としつつ，その基準に達しない場合であっても，一定の基準を超えるときは，①役員の兼任関係や融資関係等の諸事実を考慮する一方，「子会社」基準と異なり議決権を有しない場合であっても，②自己と自己から独立した者との間の契約その他これに準ずるものに基づきこれらの者が他の会社等を共同で支配している場合を含めている（会社計算2条4項）。

なお，「財務上又は事業上の関係からみて他の会社等の財務又は事業の方針の決定」を支配していないことが明らかと認められる場合，およびそれに対して重要な影響を与えることができないことが明らかと認められる場合には，それぞれ子会社・関連会社から除外される（会社則3条3項括弧書・会社計算2条4項括弧書）。

さらに会社計算規則は，「当該株式会社の親会社，子会社及び関連会社並びに当該株式会社が他の会社等の関連会社である場合における当該他の会社等」を「関係会社」と定義した上で（会社計算2条3項22号），後述する開示規制の対象としている。

会社法が，「親会社」「子会社」「関連会社」および「関係会社」に付与している法的効果は様々である。親子会社に関する会社法上の規律には，ある規律の実効性を確保しその効率性を高めるために子会社も規制の対象に含めるタイプのものがある[27]。その他，企業グループに固有の規律として，内部統制体制と開示規制に係る規定が重要であるが，これについては後述する（Ⅴ・Ⅵ参照）。

27） たとえば，役員の兼任禁止規制（会社335条・400条4項），社外役員の要件（会社2条15号・16号），自己株式の取得禁止や株主権の行使に関する利益供与の禁止等である（会社135条1項・120条1項括弧書等）。

III 子会社の少数派株主および債権者の保護

1 緒　論

　親子会社に関する規律のあり方は，持株会社を解禁した 1997（平成 9）年の改正独占禁止法以来，国会の附帯決議において複数回検討が求められてきた。法務省民事局参事官室が 1998（平成 10）年 7 月 8 日に公表した「親子会社法制等に関する問題点」において，親子会社法制の立法論的課題が体系的に整理された[28]。現行会社法の成立に際しても，2005（平成 17）年 5 月および 6 月にそれぞれ衆参両院の法務委員会で附帯決議がなされた。学界においても結合企業法は蓄積の厚いテーマであり，多くの比較法的研究や立法論的提言がなされている。

　親子会社法制に関する伝統的な論点は，子会社の少数派株主および債権者の保護であった。その理由は，親会社は子会社に対し，議決権を基礎とする法律上の権限に加えて事実上の影響力を行使することにより子会社に不利益を与えるおそれがあるためである。定型的・類型的に親会社の影響力行使によって害されるおそれがある子会社をどのように保護するかが，親子会社に関する規律の中心的問題として論じられてきたのである。少数派株主の保護法制が企業利益にプラスの影響を与えているという実証研究も存在する[29]。

　従属会社における少数派株主および債権者の保護を検討するに際しては，支配・従属関係の形成から解消に至るまでのプロセスに着目すべきであるとの方法論が共有されるようになってきた[30]。このことは，理論的には，会社法の観点から結合企業をとらえる場合には，議決権を中心とする支配権の所在が問題

---

[28]　法務省民事局参事官室「親子会社法制等に関する問題点」（商事 1497 号〔1998〕18 頁以下に所収）第 1 編第 2 章。

[29]　Betzer/Schüssler, Corporate Governance, Aktionärsstruktur und Unternehmensperformance in Europa, in: Tschochohei/Zimmermann (Hrsg.), Governance und Marktdesign, Auf der Suche nach dem besten „Spielregeln"-Perspektiven aus Wissenschaft, Praxis und Politik, S. 309-334 (2009).

[30]　江頭・前掲注 *17*）20 頁。

であり，その変動および支配権の行使・不行使について検討がなされるべきことを示している。すなわち，結合企業関係の形成と解消に際しては支配権の変動に関してだれに対しどのような権利が付与され義務が課されるか，支配・従属関係にある間は支配株主による支配権の行使又は不行使について関係者にどのような権利が付与され義務が課されるかが会社法上の主要な検討課題となる。

2 支配権の喪失の段階

(a) 株主および会社債権者の保護法制　　事業に対する支配権を失う側の株主保護のあり方が問題となる。支配権の喪失は，第三者による株式取得，第三者割当てによる募集株式の発行等，事業譲渡，合併・会社分割・株式交換・株式移転等の組織再編行為によるほか，経営委任契約や利益共通契約等の締結によって形成される。

　会社法は，支配権を失う側については，事業の全部又は一部の譲渡や経営全部の委任契約の締結等により支配権を取得させる場合には，株主総会の特別決議を要求し，反対株主の株式買取請求権を認めるなど，株主保護を図っている。株式買取請求における買取価格の決定における「公正な価格」の判断枠組みは，支配・従属関係の形成の場合には，独立当事者間の取引と評価されるかどうかがポイントになろう（すでに形成された支配・従属関係の少数派株主の締出しによる解消については，*4*参照）。判例は，独立当事者間の交渉による結果は特段の事情がない限り公正とみているからである[31]。

　これに対し，株式取得や募集株式の発行等によりある企業の支配下に入る場合には，原則として株主総会の関与は必要ないが，有利発行に該当する場合には株主総会の特別決議を要する。ところが，2012（平成24）年9月7日に法制審議会が決定した「会社法制の見直しに関する要綱（以下，「要綱」という）」は，

---

31)　相互に特別の資本関係がない会社間において株主の判断の基礎となる情報が適切に開示された上で適法に株主総会の承認決議を得るなど一般に公正と認められる手続により株式移転の効力が発生した場合には，株主の合理的判断が妨げられたと認めるに足りる特段の事情がない限り組織再編行為の条件は公正なものとみられると判示する最決平成24・2・29判時2148号3頁参照。

支配権の変動をもたらす第三者割当増資について，総株主の議決権の10分の1以上の議決権を有する株主が反対の意思を会社に通知した場合には株主総会の普通決議を要する旨を提案し，一定の場合には株主総会の関与を求める方向性を打ち出している[32]。

合併・会社分割や株式交換等の企業再編行為により事業に対する支配権を失う場合にも，原則として株主総会の特別決議を要求しつつ簡易組織再編および略式組織再編制度を設けている。組織再編法制においては，債権者異議手続や会社の組織に関する訴えにより関係者の保護が図られている点が「事業譲渡等」に係る法制とは大きく異なる。このように，会社法は，事業に対する支配権を喪失する結果となる事業譲渡等については，株主保護の観点から，また合併・会社分割や株式交換等の組織再編行為については株主および会社債権者の保護のために一定の規律を提供している。

(b) 事業に対する支配権を失う側の会社役員の行為規範　第1に，支配権に係る取引をする企業主体の業務執行機関に着目すると，典型的には両当事会社を同一の代表取締役が代表する場合など，取締役と会社の利益相反規制が業務執行者のレベルで適用される場合がある[33]。しかし，アメリカ法に比較すると，兼任取締役に係る会社法上の規律は乏しい[34]。

[32] 「会社法制の見直しに関する要綱及び附帯決議（以下，前者を「要綱」，後者を「附帯決議」という）」（2012〔平成24〕年9月7日）第1部第3の1 (1)。http://www.moj.go.jp/content/000102013.pdf．もっとも，当該公開会社の財産の状況が著しく悪化している場合において，当該公開会社の存立を維持するために必要があるときは，総会決議を不要とすることが提案されている。本提案の経緯と趣旨につき，岩原紳作『「会社法制の見直しに関する要綱案」の解説 [Ⅱ]』（以下，岩原・同論文 [Ⅰ] ～ [Ⅵ・完] を「解説」と略する）商事1976号（2012）6-9頁参照。

[33] 兼任取締役が存在する会社間における利益相反取引規制の適用については解釈論上対立がある。判例の状況については，江頭・前掲注 17）138頁以下注 (12)，江頭413頁および414頁注 (2) 参照。実質的支配の概念を用いてその範囲を画する見解も登場してきているが，会社法の規制の構造および支配的な見解からアメリカ法に比べると一般に制限的かつ形式的に判断してきたといえよう。最近の研究として，清水円香「兼任取締役を有する会社間の取引（一）～（三・完）」法学論叢158巻2号107頁，同巻4号112頁，159巻1号96頁〔2005～2006〕参照。

[34] 兼任取締役の規制の日米英の比較については，砂田太士・兼任取締役と忠実義務（法律文化社，1994）参照。なお，開示規制として，株主総会参考書類や事業報告において，当該事業年度に係る当該株式会社の会社役員の重要な兼職の状況（会社則74条2項2号・76条2項2号・121条7号）や，社外役員である兼任取締役については兼職先の法人

第2に，M&Aの活発化の中で，買収対象会社の地位にある取締役等役員の行為規範が問題になる。具体例として，敵対的企業買収における防衛策をめぐる役員の行為規範が挙げられる。伝統的には，企業買収防衛策としての第三者割当てによる新株又は新株予約権の発行の違法性に係る判断枠組みの中で，その主要な目的が支配権の維持にあるかどうかを基準とする主要目的ルールが適用されてきた。支配権争奪の局面で買収対象会社の経営陣が買収防衛策を講ずるときは，経営陣の地位に係る一種の利益相反的な状況，会社法の権限分配秩序あるいは株主平等原則の趣旨等に基づき一定の行為規範に服するが，判例により「必要性」と「相当性」を満たす場合には特段の事情が認められうるとする判断枠組みが確立してきたと考えられる[35]。さらに，友好的な買収であっても，被買収側の取締役の今後の地位や報酬の取扱いなどをめぐり利益相反的状況が生じているといえ，一定の行為規範に服する余地もありうることが指摘されている[36]。

　(c) 公開買付規制との関係　　金融商品取引法上，市場外における一定の株式取得について公開買付けが強制される場合がある。とりわけ，上場会社については公開買付規制の改正により，いわゆる3分の1ルールが導入され，その後全部勧誘・取得義務が導入されるに至った。これら一連の改正により，公開買付制度の位置付け自体が変化し，公開買付規制が少数派株主保護という目的を有していること，少なくともそのような機能を果たしていることは否定し難い[37]。すなわち，支配・従属関係の形成の段階では，3分の1ルールや全部

　　　　等と当該株式会社との関係が開示事項とされている（同124条1号・2号）。
 35)　株主総会においてほとんどの既存株主が賛成して導入・行使された，買収者の行使条件のみを差別的に取扱う内容の新株予約権の無償割当てを用いた買収防衛策について，必要性と相当性の枠組みを提示した上で，株主共同の利益が害されることとなる場合には必要性を満たし差別的に取扱うことを許容する余地が生ずると判示した最決平成19・8・7民集61巻5号2215頁参照。敵対的買収と防衛策の解釈論および立法論については，田中亘・企業買収と防衛策（商事法務，2012）参照。敵対的買収と対象会社の役員の利益相反と独立委員会等による勧告に対する役員の信頼については，同書151頁以下および380頁以下参照。
 36)　アメリカ法の下では，友好的な買収においても被買収事業の側の経営陣に認知バイアスに基づく深刻な利益相反問題があり，判例法は，そのことを前提に敵対的買収における取締役の行為規範と類似の基準を採用しているとされる。詳細は，白井正和・友好的買収の場面における取締役に対する規律（商事法務，2012）参照。
 37)　もっとも，市場買付けには原則として強制公開買付規制の適用がなく，買付数の上限

勧誘・取得義務に係る公開買付規制は，その機能においてのみならず目的においても会社法上の結合企業規制と密接な関係にあるのである。金商法の公開買付けに係る少数派株主の保護と会社法による少数派株主保護のあり方について，資本市場法と会社法の関係を含むより広い視点から検討することが求められている[38]。

3 完全子会社の上場等──支配・従属関係の形式の一局面

支配・従属関係がいったん形成され，しかもその関係が完全親子会社関係となった後，完全親会社がその所有する完全子会社の株式の一部を譲渡とりわけ公開することによって多数の少数派株主が生じうる[39]。メンバー企業間の利益移転や競争範囲の調整の問題は，子会社又は従属会社の少数派株主が一般投資家でありその数が多いほど深刻になる。反対に，親会社が100％の株式・持分等を取得する完全子会社には，少数派株主が存在しないため子会社少数派株主の保護という観点からは問題が生じない。なお，連結納税制度が原則として完全親子会社関係に限って認められていることとあいまって（法税4条の2），メンバー企業として完全子会社を含むケースが少なくないと思われる。他方，公開子会社の場合は，株主は持株を売却して会社から退出するという選択肢がある点に留意すべきである[40]。

を付した部分公開買付けにより支配権を取得できることから，日本の公開買付規制の基本構造に変わりはないという評価がある（田中・前掲注35）17-18頁）。
38) 株主に対し買収に応じるような圧力を加えるいわゆる「強圧性」を排除するために，一定の場合の買取方法を公開買付けに限定した上で，それに従った買収に対しては防衛策を行使できないものとすること，具体的には，金融商品取引市場における株券等の買付け等も強制公開買付規制の対象に含めた上で，買付け後の公開買付者の株券保有割合が3分の1を超えるような部分的公開買付けを行う場合には，対象会社の株主に対し，当該公開買付けに応募するかどうかの意思表示とは独立に公開買付け自体を承認するかどうかの意思表示を行わせ，そこで議決権の過半数に当たる株主が公開買付けを承認することを部分公開買付け成立の条件とするべきであるとの立法論的主張があり（田中・前掲注35）325頁以下参照），注目される。
39) 江頭・前掲注17）207頁以下。
40) 江頭・前掲注17）21頁。なお，江頭教授は，従属会社株式の上場は，従属会社が支配会社から経済的に独立するための大きな方法であり，国民経済的には資金の効率的配分，証券市場にとっては市場の活性化につながるというメリットがあることを指摘される（江

日本では，子会社が上場されていることが多く，しかも親子会社が同時に上場にしているケースが少なくない点に特色があると指摘されている[41]。2010（平成22）年9月10日現在で，東京証券取引所の上場会社のうち財務諸表規則8条3項にいう親会社を有する会社は265社であり，全上場会社の11.6%を占め，そのうち88.8%（全体の10.3%）については親会社が上場会社である[42]。なお，親会社の多くが上場会社である理由としては，1996（平成8）年1月1日までは親会社等が東証上場会社であることが子会社の新規上場の要件とされていたこと，および東証の有価証券上場規程において非上場の親会社等についても上場会社類似の開示を行うことが求められていたことなど非上場の親会社等にとっては子会社を上場させることの負担が重いことが理由の1つとして挙げられている。

　1990年代後半以降，完全子会社化により親子上場を解消する動きがある一方，ITやサービス産業を中心に子会社の新規上場や買収による上場企業グループの形成が進展した[43]。親子同時上場に対しては，上場子会社の少数派株主である一般投資家にとって利益になっていないという批判があるものの，少なくともマイナスに評価することはないという見解も有力である[44]。企業グループの多様性・柔軟性からすれば，親子同時上場にはむしろメリットがあるが，5(2)および(3)に述べるような親会社による子会社の搾取や不当な競争範囲の調整の問題などが公正かつ適切に規律されていないとすると，子会社の利害関係者の利益ひいては市場の信頼を損なうおそれがある。「メンバー企業」アプローチに立ちメンバー企業が支配企業から独立して行動する結果を確保す

頭・同212頁）。
41) 江頭・前掲注17) 1-2頁。
42) 東京証券取引所「東証上場会社　コーポレート・ガバナンス白書　2011」10頁。http://www.tse.or.jp/rules/cg/white-paper/b7gje60000005ob1-att/b7gje60000037hvr.pdf
43) 宮島・前掲注1) 300頁。
44) 前掲注40) 参照。アメリカにおいても子会社の上場により，①親会社は資本市場における子会社に対する評価を利用してモニタリングできる，②子会社経営者に子会社株式の価額に連動した報酬体系を提供するなど子会社経営者のインセンティブを引き出せる，③子会社株式の譲渡が容易になる，④企業グループのシナジーを享受しうる，⑤事業の複雑性に伴う市場ディスカウントなど負のシグナリングを回避しうるといったメリットがあるとの指摘がある。Ronald J. Gilson & Jeffrey Gordon, Controlling Controlling Shareholders, 152 U. Pa. L. Rev. 785, at 791 (2003).

ることを目的とする以上，それを貫徹しうるような法的手当てがなされていることが望まれる[45]。

4 小数派株主の締出しによる支配・従属関係の解消

支配・従属関係の解消の段階では，合併により内部組織化することが考えられる。さらに，対価を柔軟化した上で合併するなど，少数派株主を締め出す（スクイーズ・アウト）法的手段とそれに係る法制等が問題になる。支配・従属関係の解消の場合においても，基本的には，そのために選択された法形式に応じて，株主に意思決定の機会が与えられるべきか，与えられるとしたらどのような形で与えられるべきか，公正な対価を得て会社から退出する権利（株式買取請求権や全部取得条項付種類株式の買取価格決定の申立権等）に係る制度設計および解釈論が問題となる。

支配・従属関係の解消の局面における中心的な論点は，全部取得条項付種類株式や株式併合，現金等を対価とする企業再編行為により少数派株主をスクイーズ・アウトする場合における少数派株主の保護のあり方である。会社法は，前述した会社法上の諸制度を利用して締出しを行う場合において，略式組織再編による場合を除き株主総会の特別決議を要求している点では共通しているが，たとえば「正当な事業目的」を要するなどの要件を定めておらず，むしろ株式併合については目的による制限を撤廃してきた経緯があることから，締出しの目的を絞るのではなく，締出しに際して公正な対価を得て退出する権利を付与することによって少数派株主を保護する方向で会社法を見直すべきことについてコンセンサスが形成されてきた[46]。

この点につき，「要綱」は，第1に，株主総会の特別決議を要しないキャッ

---

[45] 宮島・前掲注1)第7章は，親会社による子会社搾取のリスクは，株式市場では懸念された可能性があるもののディスカウント率は大きくなく，搾取による子会社の会計業績の劣化は確認されないとしながらも，子会社取締役会による利益相反的要素を含む広義の利益相反取引の手続および開示の強化，並びに支配株主の忠実義務の導入を主張する（同333-334頁参照）。

[46] 少数派株主保護のため権利濫用法理の適用の余地はありうる（久保寛展「少数株主の締出しの正当性と権利濫用」森本還暦・前掲注16) 123頁以下参照）。

シュ・アウトのための専用の制度である特別支配株主の株式等売渡請求制度の導入を提案している[47]。これは、すでに強固な支配権を確立している特別支配会社が株主総会決議を経ることなく少数派株主を締め出すことのできるように特別支配会社に株式等の売渡請求権を認めるとともに、手続を整備し当事会社の取締役会を関与させるほか、差止請求権、売買価格決定の申立権を付与し、かつ売渡株式の取得無効の訴え制度を設けることにより少数派株主を保護しようとするものである。

第2に、対価の柔軟化を利用した企業再編行為により締出しを行う場合よりも全部取得条項付種類株式および株式併合を用いて締出す場合の少数派株主保護のレベルが低いという批判が強かったことから、情報開示の充実を図るとともに、株式併合により端数を有することになる株主に対しては、差止請求権および株式買取請求権を付与することなどにより株主保護の充実を図るための法改正が提案されている[48]。なお、「要綱」が少数派株主に特別支配株主に対する株式買取請求権を付与するセル・アウト制度の導入を見送った点に対しては、批判が強い[49]。

第3に、MBOにおいて他の株主から当該会社の株式を取得しようとしている取締役の行為規範が問題となる。MBOに関与する経営陣の行為規範につい

---

[47] 「要綱」・前掲注 32) 第 2 部第 2 の 1。「特別支配株主」とは、ある株式会社の総株主の議決権の 10 分の 9 (これを上回る割合を当該株式会社の定款で定めた場合にあっては、その割合) 以上をある者および当該者が発行済株式の全部を有する株式会社その他これに準ずるものとして法務省令で定める法人が有している場合における当該者をいう。株主総会決議取消訴訟によりキャッシュ・アウトの適法性について争う余地がなくなる半面、差止請求および売渡株式の取得無効の訴え制度を設けることが提案されている。提案の経緯および趣旨につき、岩原・「解説 [Ⅳ]」商事 1978 号 (2012) 39-48 頁参照。

[48] 「要綱」・前掲注 32) 第 2 部第 2 の 2 (全部取得条項付種類株式) および 3 (株式併合) 参照。提案の経緯と趣旨等につき、岩原・「解説 [Ⅳ]」商事 1978 号 (2012) 48-52 頁参照。

[49] セル・アウト制度の不採用に対する批判として、大証金融商品取引法研究会「会社法制の見直しに関する中間試案について——親子会社関係」35 頁〔黒沼悦郎発言〕、37 頁〔龍田節発言〕および 38 頁〔森本滋発言〕、証券経済研究所金融商品取引法研究会『キャッシュ・アウト法制』金融商品取引法研究会研究記録第 38 号 (2012) 19-20 頁〔中東正文報告〕等参照。支配会社の影響力行使により従属会社が繰り返し損害を被り、かつ、株主保護のために合理的に必要と認められることを要件として、従属会社株主に支配会社に対する株式買取請求権を形成権として認める立法提案として、江頭・前掲注 17) 317 頁以下参照。

ては,株主と経営陣との取引に係るものであり,役員の会社に対する善管注意義務等が適用されるのかどうか明確でないのに対し,①会社支配に係る取引である,②売買当事者間に情報格差が著しい,および③株主に対する強圧性[50]が生じうる等の特徴がある。実務においては2007(平成19)年に経済産業省が公表したいわゆるMBO指針[51]がソフトローとして機能していると考えられるが,買付者側の取締役が株主の共同利益を損なうようなMBOを実施した場合には,企業価値の向上を通じて株主の共同利益に配慮すべき取締役の一般的な義務に違反すると判示する下級審裁判例が出されるに至っており[52],理論的にも大きなインパクトを与えている。第2点に述べた特別支配株主による株式取得請求に関与する取締役の行為規範のあり方と併せて,今後さらに議論が深められてゆくであろう。

5 支配・従属関係の存続中

(1) 緒論

支配・従属関係の存続中は,同一の企業グループに属するメンバー企業間の取引や支配会社による従属会社に対する不利益指図等から従属会社をどのように保護するか,そのような局面におけるメンバー企業の役員の行為規範が問題となる。とくに,メンバー企業間の取引等を通じて,従属会社から支配会社その他のメンバー企業に利益が移転したり,得べかりし利益が失われしまうおそれ等があり,従属会社の少数派株主や債権者の利益を保護する必要性が大きい。以下では,親子会社間の日常的な取引((2))と基礎的変更に関わる取引や事業範囲の決定など((3))に係るメンバー企業の取締役および親会社自身の行為規範について若干の検討を試みた上で,立法的対応の必要性を指摘する((4))。関連する開示および計算・監査に係る規律を一瞥し((5)),最後に子会

---

50) 前掲注 38)参照。
51) 経済産業省「企業価値の向上及び公正な手続確保のための経営者による企業買収(MBO)に関する指針」(2007〔平成19〕年9月4日)。http://www.meti.go.jp/policy/economy/keiei_innovation/keizaihousei/pdf/MBOshishin2.pdf
52) 東京地判平成23・2・18金判1363号48頁。

社債権者保護についてふれる（(6)）。

(2) 親子会社間の日常的な取引等

(a) 親会社およびその経営者の行為規範——法的根拠　会社法は，「メンバー企業」アプローチを採用していると考えられる。このアプローチの下では，従属会社であっても独立した会社と同様に運営されるように確保することが目指されるべきである。体系的な結合企業法や一般民事法としての信認法が確立していない日本においては，親会社およびその経営者の行為規範がどのような法的根拠に基づき，どのような内容の規範として形作られるのかという問題から検討を始める必要がある。

　学説上は，親会社との不公正な取引により損害を受けた従属会社の保護は，詐害行為取消権や否認権を用いた解決のほか，①出資返還禁止の原則違反に基づく公正な取引条件による価格との差額返還請求，②利益供与の禁止違反に基づく供与利益額の弁済責任および返還義務，③親会社の誠実義務又は信認義務違反に基づく損害賠償請求，④親会社を事実上の取締役とみて取締役の義務・責任に係る規定を準用[53]，⑤従属会社取締役の忠実義務違反に加功したことによる債権侵害に基づく不法行為責任などの法律構成により図られてきた[54]。企業グループレベルにおける内部統制体制整備義務違反を根拠に，子会社が親会社役員の対第三者責任を追及する可能性も考えられる[55]。

---

53) 「事実上の取締役」に対し会社法429条を準用することにより，第三者に対する損害賠償責任を認めうる（神田244頁）。自然人を「事実上の取締役」と認定しその責任を肯定した下級審の裁判例はあるが（東京地判平成2・9・3判時1376号110頁，京都地判平成4・2・5判時1436号115頁，名古屋地判平成22・5・14判時2112号66頁，東京地判平成23・6・2判タ1364号200頁），親会社等が「事実上の取締役」とされた例はないようである。もっとも，Aの不法行為がB社の事実上の代表取締役としての職務を行うについてなされたとして，会社法350条によりB社の損害賠償責任が認められる余地があろう。また，取締役の地位にない者が「事実上の主宰者」であるとして，「事実上の主宰者」に対して取締役の義務および責任を準用する裁判例がある（競業避止義務違反を認めた東京地判昭和56・3・26判時1015号27頁参照）。

54) 江頭・前掲注17) 21，101-102頁。下位会社の少数派株主の保護に係る解釈論及び立法論についての詳細な紹介および検討として，舩津・前掲注11) 83頁以下参照。

55) 本文に述べたほか，法人格否認の法理により，個々の事案毎に支配会社の株主有限責任原則を否定し，子会社との法律関係について親会社責任が認められることがある。アメリカ法の下における企業グループのレベルにおける法人格否認の法理について，Kurt A. Strasser, Piercing the Veil in Corporate Groups, 37 Conn. L. Rev. 637 (2005); Robert

①に対しては日本法において出資返還禁止の原則が存在するのか疑わしいとされる。③～⑤に共通して、会社取締役は会社が親会社と取引する際にどのような法的根拠に基づいてどのような内容の行為規範に服するかが問題になる[56]。

(b) 問題の所在――「独立当事者間取引」基準　　学説においては、支配・従属会社間の取引は少なくとも立法論としては「独立当事者間取引（アームズレングス・トランザクション）」基準すなわち「独立した会社間でもそのような取引が行われうるか否か」という基準によるべきであるとする見解が有力であり、今日では「独立当事者間取引」基準が世界的原則とされる[57]。ところが、「独立当事者間取引」基準自体が様々であり、とりわけ企業グループ内の取引については、市場において独立当事者間で行われる同種の取引をみつけることが困難な場合も少なくないという問題点がある[58]。

支配株主の信認義務が確立しているアメリカ法の下においてすら、親子会社間の取引について「独立当事者間取引」基準が採用されるのが一般的であるとはいえないとされる。すなわち、デラウエア州判例法理によれば、個別具体的な取引との関係で支配株主が子会社に影響力を行使して子会社の取締役などの役割を奪った場合において、子会社少数派株主を除外し、かつ親会社が子会社から何らかの利益を得る方法で子会社に行動させる「自己取引」に限り、内在的公正（intrinsic fairness）の基準に従って信認義務違反の有無が判断されるという[59]。企業グループに「独立当事者間取引」基準を適用する場合の問題点と

B. Thompson, Piercing the Veil Within Corporate Groups: Corporate Shareholders as Mere Investors, 13 Conn. J. Int'l L. 379 (1999) 参照。

56)　江頭教授は、従属会社取締役の違法行為に連動してしか支配会社の責任が発生しないのでは支配会社に対する規制としては不十分であるとし、支配会社との非通例的な取引により従属会社が損害を被ったときは支配会社に無過失の損害賠償責任を課すこと、および支配的影響力の行使によって損害を与えたときは過失責任としての損害賠償責任を課すことを立法論として提案される（江頭・前掲注17）103-104頁）。

57)　江頭・前掲注17）39, 93-94頁。ただし、江頭教授は、メンバー企業間の取引が公正かどうかの判断はデリケートであり、「独立当事者間取引」基準自体も幅のある基準であることから、立法提案において「独立当事者間取引」基準を明示することには否定的である。後掲注61）参照。

58)　「独立当事者間取引」基準の問題点およびそれを克服するために租税法上の移転価格税制において発展した基準を参考にしうることにつき、江頭・前掲注17）46頁以下。

59)　加藤貴仁「グループ企業の規制方法に関する一考察（3）」法協129巻10号（2012）50頁以下参照。同判決の背景には、デラウエア州会社法の考え方によれば、「利益相反取引」

して，①親子会社間の取引の中にはその適用が困難な類型が存在する，②基準の内容自体に不明瞭さがある，③親子会社の間に存在する複雑な関係が考慮されないといった点が指摘されている[60]。

したがって，親子会社間の取引に係る行為基準について，「独立当事者間取引」基準のみで解決することには限界があろう。親会社の取締役は，子会社との間で不公正な条件によって取引をすることにより当該子会社に損害を与えてはならないという一般的・抽象的な法規範が解釈論としても定立されるべきであると思われる[61]。この規範の実質的根拠は，子会社の定義から明らかなように，議決権を後ろ盾として会社等の財務および事業の方針の決定を支配していることに求められよう。そのような支配力を有する親会社は，親子会社間の取引を通じて子会社に不当な不利益を与えるべきではなく，場合によっては取引自体を差し控えるべきであると考えられる。

ところが，日本の現行会社法および民事法の体系からそのような法規範を解釈論として導くことは，必ずしも容易でない。現行会社法の解釈論としては，親子会社間の取引を通じた利益の移転が株主権の行使に関する利益供与となりうるほか，子会社取締役の作為・不作為が当該会社に対する債務不履行になることを前提にそれを認識しながら教唆又は通謀したような場合においては，債権侵害による不法行為に基づき指図をした親会社およびその役員の責任を問うことにより，部分的にカバーされることになろう。なお，最近，キャッシュ・マネジメント・システムへの参加が株主権の行使に関する利益供与又は子会社役員の善管注意義務・忠実義務違反等に該当するとして，当該システムへの参加の差止めを求めた事案において，低利で安定的に資金を調達できるなど，参加会社である子会社にとっても利益となり実際にもそのような利益を収受していた時期があったと認定し，利益供与も役員の義務違反も存在しないと判示し

とされるのは，ある取引によって株主がそれに平等に参加することのできない経済的な利益を受認者が個人的に取得する場合であるとする限定的な考え方があるものと思われる（LNR Prop. Corp. S'holders Litig., 896 A. 2d 169, 175 (Del. Ch. 2005))。

60) 加藤・前掲注59) 62-64頁参照。
61) 具体的な立法提案として，江頭・前掲注17) 103頁以下，高橋英治・従属会社における少数派株主の保護（有斐閣，1998) 129頁以下参照。

た裁判例がある[62]。

　なお，公開会社および会計監査人設置会社においては，親子会社や関連会社等の関連当事者との取引のうち重要な取引（間接取引を含む）を個別注記表に注記しなければならないところ（会社計算98条1項15号・2項1号・112条1項・4項)，「当該取引に係る条件につき市場価格その他当該取引に係る公正な価格を勘案して一般の取引の条件と同様のものを決定していることが明白な場合」には注記を要しないものとされている（会社計算112条2項3号）。ここでは，市場価格その他当該取引に係る公正な価格を勘案して「一般の取引の条件」と同様であるかどうかが問題とされている。独立当事者間の取引の結果がすなわち公正な価格であるとすれば[63]，会社計算規則もまた，開示基準として「独立当事者間取引」基準を基礎としながらも，その他の事情をも考慮しつつ「一般の取引の条件」と同様といえるかどうかを判断すべきものとしており，それに該当する取引であれば注記表への開示義務を免除している。

　そこで次に，取引条件が公正かどうか，あるいは「一般の取引の条件」と同様であるかどうかを判断する際に，市場価格以外にどのような要素を考慮すべきかについて検討する。検討にあたり，ドイツの事実上のコンツェルン規制における「不利益」の意義をめぐる議論を参考にする。

　(c)　「メンバー企業」アプローチの下で諸般の事情を考慮する基準　　ドイツ法の下では，事実上のコンツェルン関係が認められるときは，支配企業は支配的影響力の行使により従属会社に「不利益（Nachteile）となる法律行為又はその他の措置」を仕向けた場合には，当該不利益を年度末までに補償しなければならず，それを怠ると支配企業に損害賠償責任が発生する[64]。ここでは，支配企業による支配的影響力の行使により仕向けられた法律行為等が従属企業に「不利益」を与えるものであるかどうかが問題とされる。「不利益」とは，従属性に基づいて従属会社の財産・収益状態に消極的な影響が生ずることをいい，当該従属企業が「通常かつ専門的知識を有する業務執行者であれば同様の

---

62) 横浜地判平成24・2・28・LEX/DB 判例データベース事件番号25480452。
63) 江頭・前掲注 *17*) 93-94頁，川浜・前掲注 *17*) 105頁。
64) 事実上のコンツェルンに関するドイツ株式法の規律については，前掲注 *17*) 参照。

具体的条件の下では行わなかった」かどうかという基準で判断されると解されている[65]。

「不利益」かどうかの判断においては，当該従属企業が事実上のコンツェルンに組み込まれているという事実を捨象してはならず，諸般の事情を考慮することなく当該法律行為だけを取り出して「不利益」かどうかを判断すべきではないとされる[66]。さらに，この基準の下では経営判断原則の適用もあると解されている[67]。このような判断基準は，「独立当事者間取引」基準の代表例である「独立価格比準法」とは，アプローチの仕方が異なるように思われる。というのは，コンツェルン法における「不利益」の判断基準は，コンツェルン法上の従属関係だけがなかった場合を想定し，その他の事実上および法的条件は同一であると仮定して判断するものだからである。すなわち，コンツェルン法上の支配・従属関係がなくても経済的従属関係にある当事者間であれば，結局のところ経済的に支配している企業からの仕向けに従わざるをえないとしたら，それは「不利益」とは判断されないのである[68]。これに対し，「独立価格比準法」の下では，特殊の関係にない売手と買手が，同種の資産を当該取引と取引段階，取引数量その他が同様の状況の下で売買した取引の対価の額に相当する金額によるものとされ（租税特別措置法 68 条の 88 第 2 項 1 号イ），法的な従属関係以外の関係からもたらされる従属関係も「特殊の関係」として捨象されることになると考えられるからである。

ドイツの事実上のコンツェルン法における「不利益」基準は，あくまで「メンバー企業」アプローチに立つものであり，ある法律行為が当該メンバー企業に対して与える不利益と影響を考慮するものであって，コンツェルン全体について考慮するものでない。「不利益」に該当するためには，当該従属企業の財産・収益状態を具体的に毀損するおそれがなければならず[69]，たとえばコンツ

---

65) 判例として，BGHZ 175, 365, 学説として，Habersack in Emmerich/Habersack, Aktien- und GmbH-Konzernrecht, 6. Aufl., 2010, §311 Rn. 40 参照。
66) Habersack, supra note 65, §311 Rn. 41.
67) Vetter in K. Schmidt/Lutter (Hrsg.), AktG, 2. Aufl. 2010, §311 Rz. 40.
68) Habersack, supra note 65, §311 Rn. 41.
69) Hüffer, AktG, §311 Rn. 25.

ェルン全体に生じた利益を当該従属企業に分配しないことは「不利益」には当たらないとされる[70]。もっとも，このようにして従属企業の財産状態又は売上げを具体的に毀損するおそれがある「不利益」となる法律行為その他の措置が何らかの利益を伴う場合には，そのことも考慮に入れて「不利益」が生じているかどうかを総合的に判断することができると解されている[71]。要するに，取締役が注意義務を尽くした上で生ずる一般的な事業リスクを超えた「特別なリスク」が生じているかどうかという観点から，当該法律行為の時点で「不利益」に該当するかが判断されるのである[72]。「特別なリスク」が生じたと判断される場合には，当該法律行為によってコンツェルン全体に生じる利益が当該従属会社との間の契約条件に適切に反映されていない限り，「不利益」でないとはいえない[73]。

　他方，補てんがなされる以上，従属企業の経営者は支配企業からの指図に従ってよいとされるが，当該指図が当該従属会社の存立を破壊する場合はこの限りではない。すなわち，当該指図が従属会社の財産を侵害しその存立を危険にさらす場合のみならず，市場において自立した企業として存在していたとすれば基本的に要求されるはずの企業としての最低限の機能を損なう場合には，「不利益」があるとされる[74]。

　ドイツにおける事実上のコンツェルン規制は，従属会社の自立した存立を損わない限りにおいて，「不利益」の有無および「補てん」がなされたかどうかの判断において，企業グループに属することから得られる利益を勘案するものといえる。このような利益を考慮する点においても，「独立価格比準法」とは異なる。

　(d)　「企業グループ」アプローチの下で「企業グループの利益」を考慮する基準　現実の企業グループにおいては，キャッシュ・マネジメント・シス

---

70) Vetter/Stadler, Haftungsrisiken beim konzernweiten Cash Pooling, Schriftenreihe der Gesellschaftsrechtlichen Vereinigung (Hrsg.), Bd. 7, 2003, Rn. 164 auf S. 94.
71) Vetter/Stadler, supra note 70, Rn. 103 auf S. 59.
72) Vetter, supra note 67, §311 Rz. 40.
73) Habersack, supra note 65, §311 Rn. 48 u. 49.
74) Koppensteiner, in Kölner Kommentar zum AktG, 3 Aufl. Bd. 6, 2004, vor §311 Rn. 4.

テムを構築するなどグループ内で決済や信用供与を行い，経営資源の分配や経営方針についてメンバー企業を超えた統一的な意思決定を行っている場合があろう。経営者や従業員のレベルでも，メンバー企業の枠を超えて独自のグループ全体としてのアイデンティティーや企業文化を生成し発展させる契機があると考えられる。企業グループのブランド価値などは，その典型であろう。しかし，法律論のレベルになると，企業グループに属する各メンバー企業に対して権利および義務を割り当てるべき場合が生じ，企業グループ関係が垂直的な場合は適合的であるが水平的な場合や協働的な意思決定が行われている場合には適切ではないという問題が生ずる[75]。多くの国において「企業グループ」アプローチが採用されていない理由の1つは，この点にあると思われる。

これに対し，「企業グループの利益」という概念を積極的に導入する方向性を打ち出してきているのが EU である。2011 年 4 月に公表された「EU 会社法の将来に関する検討グループの報告書」は，グループ経営の柔軟性を促進するために，「企業グループの利益」という概念を導入し，個々のメンバー企業の取締役が当該会社の利益を促進しなければならないのと同様に，親会社はグループおよびそのメンバー企業をグループ全体の利益になるように経営する権利を有し義務を負いうるものとすることを提言している[76]。もっとも，親会社の取締役会がグループ全体の利益になるように経営する義務を負うのはそのことを会社が選択した場合に限るかどうか，子会社の経営者はグループの利益を考慮することが許されるもののそれを強制されるものではないとすべきかどうか，グループ全体の利益を考慮することができる場合やその前提は何か，開示の要否等については，今後の検討課題とされている。そして，「企業グループの利益」を認める最大のメリットは，子会社の取締役が承認することのできる取引や業務の範囲をより明確化できる点にあるとされる。このような規律の意義は，特定の会社の利益になるかどうか疑義があるもののグループの利益になる行為

---

75) I 2 参照。さらに，Davied Sugarman, Corporate Groups in Europe: Governance, Industrial Organisation, and Effiviency in a Post-Modern World, in David Sugarman & Gunther (eds.), Regulating Corporate Groups in Europe, 1990, at 20 参照。

76) 以下の記述につき，Report of the Reflection Group On the Future of EU Company Law, supra note 8, at 60 参照。

を親会社が指図したような場合に，グループ全体の利益を考慮してなされたものであるならば，親子会社双方の取締役を民刑事責任から解放するセーフ・ハーバー・ルールを設ける点にある。

このような EU の動向は，ヨーロッパ結合企業法フォーラムおよびウィンター報告書[77] 等の影響を受けた 2003 年の EU 行動計画[78] がすでに明確に打ち出していた方向性に沿うものである[79]。すなわち，同行動計画は，メンバー企業の経営に関して，当該メンバー企業の債権者が実効的に保護され，かつ当該債権者の負担と利益が長期的にみて公正なバランスのとれたものである場合には，企業グループが統合されたグループ全体の経営方針を決定しそれを実行することを可能とする結合企業法の枠組みを提案していた。同検討グループの提案によれば，メンバー企業の経営者がグループ全体の利益に沿った経営方針に従って行った経営判断が，自律的な会社の経営判断を超えるものであったとしても，企業グループがバランスを考慮してしっかりと組織化されており，メンバー企業が首尾一貫したグループ全体の経営方針に順応している場合であって，かつメンバー企業の経営者が当該企業グループに属することによる不利益が利益によって近い将来埋め合わされると信じることが合理的である限りにおいて，メンバー企業の経営者の義務違反は問わないものとされる。前述したドイツの事実上のコンツェルン規制のように個々の措置について不利益と補てんを問題とするのではなく，企業グループ全体の構造を分析・評価し，当該企業グループにおけるメンバー企業の利益を観念しつつ，メンバー企業相互間およびグループの利益との間で個々のメンバー企業がバランスのとれた公正・衡平な利益分配に預かっているのかどうかを問題にするアプローチである[80]。

---

77) Report of the High Level Group of Company Law Experts on a Modern Regulatory Framework for Company Law in Europe, 4 November 2002, at 94-100. http://ec.europa.eu/internal_market/company/docs/modern/report_en.pdf
78) Communication from the Commission to the Council and the European Parliament - Modernising Company Law and Enhancing Corporate Governance in the European Union - A Plan to Move Forward, COM/2003/0284 final.
79) EU における企業グループ規制の動向については，早川勝「素描・EU における企業結合（会社グループ）規制構想の変遷」同志社法学 60 巻 3 号（2008）174 頁以下参照。
80) フランスの Rozenblum 判決の考え方に基づくものとされる。同提案（ドイツ語版）は，Forum Europaeum Konzernrecht, Konzernrecht für Europa, ZGR 1998, S. 672ff. に掲載

(e) 会社法制部会における議論と「公正」ないし「不利益がないかどうか」の判断基準のあり方　会社法制部会において，親子会社間取引について興味深い議論がなされた。最終的には「要綱」には盛り込まれなかったものの，審議の過程で「当該取引により，当該取引がなかったと仮定した場合と比較して当該株式会社が不利益を受けた場合には，当該親会社は，当該株式会社に対して，当該不利益に相当する額を支払う義務を負うものとする」ことが提案された[81]。「独立当事者間取引」基準ではなく，当該取引が行われなかったと仮定した場合と比較して株式会社が不利益を受けたかどうかという基準を採用した上で，不利益が発生していれば，親会社によって具体的にどのような影響力が子会社に対して行使されたのか，その態様等について，具体的に特定・立証を要することなく，かつ，親会社の故意，過失を問わずに，親会社に法定の特別の塡補責任を課す点が注目される[82]。この不利益の有無および程度は，「当該取引の条件のほか，当該株式会社と当該親会社の間における当該取引以外の取引の条件その他一切の事情を考慮して判断される」ものとされていた[83]。不利益が生じたかどうか，および不利益の程度については，当該取引以外の取引の条件その他一切の事情を考慮して判断することが提案されていたのである。

さらに，具体的に，不利益かどうかを判断する考慮要素として，次の4つが

されており，邦訳として早川勝「ヨーロッパ・コンツェルン法（一）〜（三・完）」同志社法学 53 巻 8 号 195 頁，54 巻 1 号 401 頁，55 巻 3 号 351 頁〔2002〜2003〕がある。EU 企業グループ法に大きな影響を与えてきた Rozenblum 判決については，清水・前掲注 16) 267 頁以下に詳しい。同論文によると，Rozenblum 判決は，会社財産濫用罪に関する刑事判決であるが，①活動の補完性が認められる企業グループの存在，②グループ政策に基づく会社財産の利用，③補償または関連メンバー企業間の負担の均衡，および④負担を受ける会社の財政能力を超えないことという要件の下で，財産の移転をもたらすグループ取引の違法性が阻却される。Rosenblum 原則がドイツの事実上のコンツェルン規制と異なる点は，ドイツではメンバー企業が被った不利益を具体的な利益によって個別に補償する必要があるのに対し，グループへの帰属から生ずる利益による補償を認める点にあるとされる（清水・同 303 頁）。

81)　法務省民事局参事官室「会社法制の見直しに関する中間試案（以下「中間試案」という）」（2011〔平成 23〕年 12 月）第 2 部第 2 の 1 [A 案] ①。http://www.moj.go.jp/content/000082647.pdf

82)　法務省民事局参事官室「会社法制の見直しに関する中間試案の補足説明」（2011〔平成 23〕年 12 月）38-39 頁。

83)　「中間試案」・前掲注 81) 第 2 部第 2 の 1 [A 案] ②。

挙げられていた[84]。第1は「株式会社による当該取引の条件に関する検討及び交渉の態様」，第2は「株式会社と親会社等の間における当該取引以外の取引の条件」，第3は「株式会社が親会社及びその子会社から成る企業集団に属することによって享受する利益」および第4は「その他一切の事情」である。当該子会社が，ある企業グループに属していることによって享受する利益までをも考慮して，不利益が生じているかどうかを判断することが想定されていたのである。これは，グループ全体の利益までは観念しないけれども，グループに属する個々の会社については，グループに属することによる利益を反映して良いという考え方に立つものであり，「メンバー企業」アプローチを基礎としながらも「企業グループ」アプローチを加味し，企業グループに属することによる利益を考慮することを許容する興味深い提案であった。もっとも，不利益があったのかどうかを誰が何についてどのように主張・立証するのか不明である，法定の厳格責任とすることには疑問がある等の反対が強く，最終的には「要綱」には盛り込まれなかった。(d)に述べたEUの検討グループが提案するように，①事業活動に補完性が認められるなどバランスのとれた企業グループであること，②グループ全体の経営方針が決定されておりメンバー企業がそれに順応していること，③補償または関連メンバー企業間の負担が均衡していること等，所定の要件が充足されており，かつ④子会社の存立が危険にさらされない限度においてのみ，企業グループに属することによる利益を考慮することができる等の枠組みが確立して初めて，企業グループに属することによる利益等を考慮することが可能になると考えられる。それまでは，「メンバー企業」アプローチに基づき，補償やメンバー企業間の負担の均衡等の要素を考慮することなく，個別の取引について「独立当事者間取引」基準を中心に，当該取引が公正な条件で行われたかどうかを判断せざるをえないであろう[85]。具体的には，「財務及び事業の方針の決定を支配している」関係にない当事者間であれば，それ以外はすべて同一の当該状況の下でどのような条件で取引が行われるのが

---

[84] 会社法制部会資料18「親子会社に関する規律に関する個別論点の検討(1)」(2012〔平成24〕年2月) 第2の1 (1) ③。http://www.moj.go.jp/content/000095491.pdf
[85] 舩津・前掲注11) 164-166頁。

通例であるかという観点から，給付と反対給付の均衡を中心に判断されるべきであると思われる。

(3) 子会社の構造を変更する非日常的な取引・意思決定

子会社が行う非日常的な取引や意思決定が，当該会社の財産状態や収益力に重大な影響を与える場合が問題となる。たとえば，子会社が，重要な事業部門を他のメンバー企業に譲渡したり，企業グループの経営戦略に基づき新規商品や新規事業の開発を停止・中止する決定を行う場合などが考えられる。子会社が重要な事業部門を他のメンバー企業に譲渡する場合を例にとると，会社法上，子会社における株主総会の特別決議が必要とされるが，親会社により株主総会が支配されている場合には，子会社にとって不公正な条件で事業譲渡がなされる危険性がある。一般に独立当事者間においては理念的には交渉を通じて公正な条件の下で合意が形成されるのに対し[86]，グループ内再編の場合にはメンバー企業との間の関係当事者間取引になるため，意思決定にバイアスがかかり，公正な条件とは法的に評価されない取引が行われうるからである。たとえば特別利害関係人の議決権行使により著しく不当な内容の決議がなされたことにより決議取消訴訟が提起されるなど条件の公正性が争点となる場合には，基本的には (2)(b) に述べた「独立当事者間取引」基準に基づき審査されることになろう。

これに対し，事業範囲の確定に係る意思決定に対しては，「独立当事者間取引」基準を適用することはおよそ困難である。「独立当事者間取引」基準のアナロジーによれば，支配・従属関係のない取締役会において当該状況の下でどのような判断がなされたのかを想定することになるが，実体的な基準としては有効に機能するのは困難であるように思われる。

(4) 立法の必要性

現行会社法の下では，メンバー企業間の取引や企業グループの経営戦略に従った意思決定の公正性を争う法的根拠は必ずしも明らかでない。一般的に支配株主が少数派株主に対して忠実義務を負うことを肯定すれば，忠実義務の解釈

---

[86] 前掲注 31) およびそれに対応する本文の記述参照。

によりある程度機能しうる基準を定立できるであろうが、そもそも判例は支配株主の忠実義務を肯定することに消極的である。したがって、公正性を問題にする法定根拠、適用範囲、従属会社に与えられる法的救済の要件・効果を立法により明らかにすることが強く望まれるところである[87]。しかしながら、「要綱」に含まれるには至らなかった[88]。

(5) 開示および監査——「要綱」の提案

公開会社および会計監査人設置会社の個別注記表には、関連当事者との重要な取引が注記され、開示および監査の対象となる（会社計算98条1項15号・2項）。親会社・子会社・姉妹会社等とともに、関連会社およびその子会社、その他の関係会社（当該株式会社が他の会社の関連会社である場合における当該他の会社）とその親子会社、主要株主等が「関連当事者」と定義されている（会社計算112条4項）。監査役監査基準では、親会社又は子会社若しくは株主等との取引のうち、「通例的でない取引」を監査役の重点的な監視検証事項としている（監査役監査基準23条1項4号）。

「要綱」は、子会社の少数株主保護の観点から、個別注記表等に表示された親会社等との利益相反取引に関し、①株式会社の利益を害さないように留意した事項、②当該取引が株式会社の利益を害さないかどうかについての取締役（会）の判断およびその理由を事業報告の内容とするとともに、③事業報告の内容とされる事項についての意見を監査役（会）又は監査委員会の監査報告の内容にすることを提案する[89]。グループ内取引についての開示を充実させ、とりわけ子会社の利益が害されたかどうかを判断する際の資料となりうる情報を提供させる趣旨である。

この提案の下で、「子会社の利益を害さないかどうか」に関する取締役（会）の判断およびその理由を、監査役（会）がどのような基準により監査し監査報告において意見表明すべきかが問題になる。「子会社の利益を害さないかどうか」は、前述したように、「財務及び事業の方針の決定を支配している」状況

---

87) 立法論として、江頭・前掲注 17) 186 頁以下、205 頁参照。
88) 経緯につき、岩原・「解説［Ⅲ］」商事 1977 号（2012）11-12 頁参照。
89) 「要綱」・前掲注 32) 第 2 部第 1 の後注。

にない当事者がその点以外は同一の当該状況の下でどのような条件で取引を行うのが通例であるかという観点から判断されるべきであり，当該不利益が補償やメンバー企業間の負担の均衡によってカバーされているかどうかを考慮する余地はないように思われる（(2)(e)）。子会社に不利益が発生しているかどうかの資料として，場合によっては，メンバー企業やグループ全体の利益を損なう企業秘密に属する情報が開示されるおそれが生ずる[90]。ドイツには，従属会社の取締役に対し，①支配企業又はその結合企業とのすべての法律行為や仕向けに基づく措置若しくはこれらの企業のためになされたその他の措置，②前者の法律行為については給付と反対給付，③後者の措置については会社にとっての利害得失，④不利益に対し補償がなされた場合には当該補償についての記載を義務付ける従属報告書制度があるが，その開示は制限されている。従属報告書制度に係る規律や議論も参考に[91]，合理的かつ実行可能な監査基準が形成されていくことが望まれる。

(6) 子会社債権者の保護

子会社債権者の保護は，とくに子会社が破たんに瀕する場合に問題となる。EUでは，「企業グループの利益」を考慮しうるとする考え方に立つ場合であっても，子会社の存立が脅かされるときは「メンバー企業」アプローチが優先

---

[90] もっとも，現行法の下では，子会社の監査役に親会社に対する情報請求権が認められていないので，本文の監査を適切に行うために必要な情報をそもそも確保できるかという問題がある。支配会社・姉妹会社に対する報告聴取権および裁判所の許可を条件に業務財産状況調査権を子会社監査役に付与すべきであるとの立法論として，江頭・前掲注17) 128-130頁参照。

[91] ドイツのコンツェルン法における従属報告書は（ドイツ株式法312条1項），開示書類ではない。取締役が作成し，守秘義務を負っている監査役と会計監査人は閲覧できるけれども，一般の株主等には開示しないタイプの限定された情報提供制度である。企業グループの機密情報等の漏えいを防止する趣旨である（Habersack, supra note 65, §312 Rn. 2)。この点については，立法論的批判も強く，株主が損害賠償請求をするための資料にならないため実効性を欠くという批判がある一方，開示はされなくても従属会社の利益を害するような影響力の行使を抑止する効果があると評価する見解も有力である。もっとも，対価の相当性や不利益措置がなかったことに関する総括的な表示は状況報告書に記載されて開示されるほか（ドイツ商法264条1項・289条)，従属報告書は監査役会および決算監査人による監査の対象となる。さらに，破産管財人や株主の請求により選任された検査役も従属報告書を閲覧できる。このような制度なども参考にしながら，開示されるべきではない情報を適切に保護しつつ，メンバー企業間の取引や支配企業による措置が公正になされるべきであるとの法規範が実効性をもちうるような制度設計がなされることが望まれる。

すると考えられているようである（(5)(d)）。

子会社債権者は，子会社から他のメンバー企業に対する資産移転が詐害行為取消しや否認の要件を満たす場合には，これらの一般法上の権利を行使して会社財産を回復できるほか，法人格否認の法理により親会社に対し救済を求めることができる場合もあろう。

また，子会社が親会社に対して有する請求権を子会社債権者が代位することも可能である。子会社の親会社に対する請求権としては，子会社役員の子会社に対する債務不履行に加担したことによる債権侵害に基づく損害賠償請求権などが考えられるが，立法的解決が望ましいことは(4)に述べた通りである。さらに，子会社の親会社に対する請求権を子会社取締役が行使することを懈怠する可能性は，親会社取締役が子会社取締役の責任を追及する場合よりも大きいと考えられ，子会社の少数派株主も含め子会社債権者による代位行使を容易にするための立法のあり方について引き続き検討がなされるべきである[92]。親会社役員の親会社に対する任務懈怠により子会社債権者に生じた損害について，子会社債権者が会社法429条に基づいて損害賠償を請求する場合については後述する（V参照）。

IV 親会社株主の保護

1 問題の所在──「株主権の縮減」

株式移転により純粋持株会社グループが形成される場合を想定すると，株式移転前であれば完全子会社となる会社の株主は，その基礎的変更について株主総会決議を通じてコントロールを及ぼすことが可能であったところ，株式移転により完全親会社の株主になると完全子会社の基礎的変更について株主権を行

---

[92] 米英独法の詳細な比較法的研究を踏まえた子会社債権者の保護に関する重要な研究として，齊藤真紀「子会社の管理と親会社の責任（一）～（五・完）」法学論叢149巻1号1頁，同巻3号1頁，同巻5号1頁，150巻3号1頁および同巻5号1頁以下〔2001～2002〕参照。

使することができなくなり，当該権限は純粋持株会社の経営陣が行使することになる。このことは，メンバー企業の業務執行に対するコントロールという観点からみれば，投資家や市場によるコーポレート・ガバナンスが実効的に働きづらくなることを意味する。この現象は「株主権の縮減」と呼ばれ問題視されてきたが[93]，このような問題意識は「企業グループ」アプローチによった場合に初めて生ずるものであると考えられる。

　日本においても，グループ経営とりわけ持株会社グループ形態による企業経営が相当に普及している[94]。そのような状況の下で，持株会社とりわけ純粋持株会社に投資している株主は，経済的・実質的にはメンバー企業あるいは当該企業グループ全体に投資しているのにもかかわらず，たとえば子会社役員が任務を懈怠し子会社に重大な損害を与え，その結果親会社の企業価値が毀損した場合であっても，会社法に特段の規定がない限り，子会社役員を相手にその責任を追及する訴訟を提起することは認められないというのが判例の立場である。持株会社の投資家からみると，経済的・実質的にはグループ企業全体，とりわけ子会社に投資しているのに，判例の立場によれば，当該子会社の株主総会に参加することができないのはもちろんのこと，株主代表訴訟の提訴権などの監督是正権も認められない。企業グループ経営のメリットを減殺しないように留意しつつ，親会社株主の保護を図るためにどのように対処すべきかが問題の中心となる。

2　現行会社法における立法的対応

　「株主権の縮減」の問題に対して，現行会社法は，親会社の役員・株主の情報請求権を子会社についてまで拡大するほか，すでに提訴されていた株主代表訴訟の継続に関する特則を設けている。

---

93)　「株主権の縮減」に関する，米英独仏の比較法的研究を踏まえた詳細な分析・検討として，加藤・前掲注59）に掲げた同論文（1）法協129巻8号（2012）7頁以下，同論文（2）法協129巻9号（2012）1頁以下，前掲注59）2-46頁参照。邦語文献については，舩津・前掲注11）9頁注（26）に掲げられた文献を参照。

94)　前掲注10）参照。

第1は，情報請求権の親会社関係者への拡張である。すなわち，親会社の監査役や監査委員会が選定した監査委員は子会社に対する調査権等を有する[95]。子会社を利用して粉飾決算等の違法行為を行う場合があること，および親会社が純粋持株会社であるときはとくに，子会社を適切にコントロールするためには子会社の情報が不可欠であること等から認められたものである[96]。また，親会社株主は，裁判所の許可を得て，子会社に対し，取締役会議事録や会計帳簿等の閲覧等を請求する権利を有する[97]。親会社取締役が子会社を利用して違法行為を行った場合において，親会社株主が親会社役員の責任を追及する訴えを提起するために必要な調査を行う場合などに利用することが想定される。

第2は，株主代表訴訟の原告適格の拡張である。すでに株主代表訴訟を提起した株主等が，株式交換・株式移転により完全親会社の株主になり，又は合併により設立会社・存続会社若しくはその完全親会社の株主になることにより当該訴訟の係属中に株主でなくなった場合には，同様の行為の繰返しによりさらに当該完全親会社等の株主たる地位を失った場合を含めて，当該株主はすでに提起した株主代表訴訟を追行できるものとされている（会社851条）。この規律は，株式移転等により完全親会社の株主となった者が当該株式移転等の後に株主代表訴訟を提起した場合には適用されないとする裁判例があり[98]，学説からは批判されていた。そこで「要綱」は，前述したような場合において，株式移転等の効力発生時においては株主代表訴訟を提起していなかった場合であっても，株式交換等がその効力を生じたときまでにその原因となった事実が生じたものに係る責任追及等の訴えについて，一定の要件の下で提起する権利を認めることを提案している[99]。

---

95) 会社法381条3項・389条5項・405条2項。
96) 江頭491頁。
97) 会社法31条3項・81条4項・82条4項・125条4項・252条4項・318条5項・319条4項・371条5項・378条3項・394条3項・413条4項・433条3項・442条4項・496条3項・684条4項。
98) 東京地判平成19・9・27判時1992号134頁等。
99) 「要綱」・前掲注32)第2部第1の2。

3 多重代表訴訟

　「株主権の縮減」への1つの対応として，多重代表訴訟制度がある[100]。子会社役員の任務懈怠に基づく責任が追及されずに終わる可能性は，通常の会社が同僚の役員の責任追求を懈怠する場合と異ならず，かつ，親会社株主は実質的・経済的には当該投資先の会社を通じて子会社に投資しており企業グループのレベルにおけるガバナンスに強い利害関係を有している。とくに完全子会社等では，実質的に株主がいるのは持株会社の方だけであるため，実際に業務上の問題が起きている子会社の経営に対する株主からのチェックが働かない[101]。
　もっとも，多重代表訴訟制度に対しては，批判も強い。第1に，親子会社関係にある場合には，同一の法人格である場合に比べて株主の経済的利害関係が希釈化しており，濫訴の危険が高まる。第2に，子会社の役員については，多重代表訴訟によらなくても，親会社の役員が子会社の役員の責任を追及しないことを親会社に対する任務懈怠とみるなど他の法的手段が存在し，企業グループ経営に係る責任について法の欠缺は認められない。第3に，グループ経営を萎縮させる。第4に，親会社の部長クラスの者が親会社に命じられて子会社役員として出向する場合が多く，そのような場合に多重代表訴訟のターゲットになるのでは不合理である。第5に，親会社の経営者のグループ管理に関する裁量権を不当に制約する。つまり，親会社としては，子会社の役員に対するサンクションとして責任追及以外にもたとえば給与のカットや人事面での処遇等様々な方法がありうるところ，それらによりサンクションを下しているのに，頭越しに多重代表訴訟を提訴されてしまうと，グループ管理についての親会社の経営陣の裁量権が不当に制約される等の批判がある。
　そこで「要綱」は，多重代表訴訟制度の前述したような利害得失を踏まえ，次のような内容の多重代表訴訟制度を提案する[102]。すなわち，ある会社の完

---

　　100) 多重代表訴訟に係る文献については，岩原・「解説［Ⅲ］」商事 1977 号（2012）12 頁以下（注四）に掲げられた文献を参照。
　　101) 岩原・「解説［Ⅲ］」商事 1977 号（2012）5 頁。
　　102) 「要綱」・前掲注 *32*）第 2 部第 1 の 1。提案の経緯および趣旨等につき，岩原・「解説［Ⅲ］」商事 1977 号（2012）4-11 頁参照。

全親会社であって完全親会社を有しない最終完全親会社の株主が，当該子会社に対しその取締役等の責任を追及する訴えの提起を請求し，当該請求の日から60日以内に当該子会社が訴えを提起しないときは，当該請求をした親会社株主は多重代表訴訟を提起することができるものとする。

　多重代表訴訟を提訴できる親会社の株主は，6カ月前から引き続き当該親会社の株式を有する株主であって，総株主の議決権の100分の1以上の議決権又は発行済株式の100分の1以上の数の株式を有する株主に限る。通常の役員等の責任を追及する訴えの提訴権が単独株主権であるのと異なり，少数株主権とされている。

　被告を完全子会社の取締役等に限るのは，大きく次の2つの理由による。第1に，完全子会社でない場合を仮定すると，親会社株主が子会社に対して持っている経済的な持分割合は，親会社の子会社に対する持株比率の低下に伴い実質的に希釈化し，子会社の企業価値に対する親会社株主の経済的な関連性が低下する。このことは，子会社に対する持株比率が下がるにつれて，濫用的な多重代表訴訟が提訴される危険性が高まることを意味する。完全親子会社関係に限定するならば，経済的には強固な一体性を認めることができる。第2に，子会社に親会社以外の少数派株主が存在する場合には，当該少数派株主は役員の責任を追及する訴えを提起できる。したがって，完全子会社でなければ，定型的に提訴懈怠可能性があるとはいえない。仮に，子会社の少数派株主が何らかの理由で役員の責任を追及する訴えを提起しない場合に，親会社株主に多重代表訴訟を許すとしたら，結局のところ子会社の少数派株主の意思に親会社株主の意思が優先することになる。完全親子会社関係に限れば，このような問題が生ずる余地はない。

　また，完全親子会社関係にあれば，すべての完全子会社の役員等に対し多重代表訴訟を提訴しうるというわけではない。株式会社の取締役等の責任原因である事実が生じた日において，親会社が有する当該株式会社の株式の帳簿価額が当該親会社の総資産額の5分の1を超える場合に限られる。完全子会社であっても，グループ全体としてみれば，重要性を有しない子会社もありうるところ，そのような会社についてまで多重代表訴訟を認めると，濫訴の危険性が増大する。そこで，親会社株主にとって重要な完全子会社に限るという趣旨から，

子会社株式の帳簿価額が親会社の総資産額の20%超とすることにより，重要性の基準を具体化する趣旨である。

4 重要な子会社株式の譲渡

「要綱」は，重要な子会社株式の譲渡について親会社の株主総会の特別決議を要するものとすることを提案する[103]。「重要な子会社株式」とは，当該譲渡により譲り渡す株式の帳簿価額が当該株式会社の総資産額として法務省令で定める方法により算定される額の5分の1（これを下回る割合を定款で定めた場合にあっては，その割合）を超える株式と定義されている。ただし，当該株式会社が当該譲渡の効力発生日に，当該子会社の議決権総数の過半数の議決権を有する場合は，除かれる。依然として，当該子会社はグループ内にとどまっているからである。子会社の事業に対する支配を失うことになる場合には，事業譲渡と実質異ならない影響が親会社に及ぶことから，事業譲渡に類する規律を適用する趣旨である[104]。

V 企業グループ経営に係る親会社・親会社取締役等の行為規範
──「企業グループ」レベルの内部統制体制整備義務を中心にして

親会社および親会社取締役等が，企業グループの経営に関してどのような行為規範に服するかを検討する場合，親会社の子会社経営に対する関与の質や程度は多様であるから，その境界は決して明確なものではないものの，次の3つの局面に分けることが有用であると思われる。第1は，子会社において違法行為が行われるなどして直接又は間接に親会社の企業価値が毀損する状況である。とくに持株会社グループ企業が形成される場合には，Ⅳ *1* に述べたように，親会社以外の株主による子会社の業務執行に対するコントロールが実際上機能

---

103) 「要綱」・前掲注 32) 第2部第1の3。
104) 岩原・「解説 [Ⅲ]」商事1977号（2012）11頁。

せず一般株主が害される危険が小さくない。子会社経営に対する親会社の監督が問題となる。第2は，Ⅲ5で検討したように，親会社が子会社との間で不公正な条件で取引を行い，又は子会社に対して不利益指図をする局面である。これらの取引や指図により当該子会社を害した場合には，親会社が責任を負う可能性がある。親会社自身の法令遵守・コンプライアンスの問題ともなりうる。第3は，折衷的な局面として，親会社が子会社の業務に対しある程度の関与をしており，子会社がそのことを前提に第三者との間で行った取引が違法であったり，子会社取締役の善管注意義務に違反する取引であったような局面である。

はじめに，子会社の経営に関する親会社および親会社取締役の行為規範に関する裁判例を概観する[105]。東京地裁平成13年1月25日判決は[106]，ニューヨーク証券取引所の会員であったA銀行の完全孫会社であるB社がSEC規則違反に基づき同取引所から課徴金を課された事案において，A銀行の株主XがB社の損害はA銀行の損害にほかならないと主張してA銀行の取締役Yらを被告に提起した株主代表訴訟である。判旨は，「親会社の取締役は，特段の事情のない限り，子会社の取締役の業務執行の結果子会社に損害が生じ，さらに親会社に損害を与えた場合であっても，直ちに親会社に対し任務懈怠の責任を負うものではない。もっとも，親会社と子会社の特殊な資本関係に鑑み，親会社の取締役が子会社に指図するなど，実質的に子会社の意思決定を支配したと評価しうる場合であって，かつ，親会社の取締役の右指図が親会社に対する善管注意義務や法令に違反するような場合には，右特段の事情があるとして，親会社について生じた損害について，親会社の取締役に損害賠償責任が肯定されると解される」との一般論を述べた後，本件ではSEC規則違反についてYらがB社に指図した事実はないとして，Yの責任を否定した。

東京高裁平成17年1月18日判決は[107]，破たんした子会社の株主が親会社の責任を追及した事案において，「株主は，株主総会を通じて取締役および監

---

105) 持株会社の代表取締役らが子会社役員の責任を追及しない責任が問われた事案として，大阪地判平成15・9・24判時1848号134頁がある〔そもそも子会社の取締役に善管注意義務違反及び忠実義務違反となるべき任務懈怠を否定している〕。
106) 東京地判平成13・1・25判時1760号144頁。
107) 東京高判平成17・1・18金判1209号10頁。

査役の選任をするなどして会社の基本的な意思決定を行うにとどまり，具体的な業務執行に関与するものではない。そうすると，支配株主が取締役等に違法な働きかけをした結果，当該取締役等が違法な業務の執行をするなどした場合に初めて支配株主の不法行為責任が生じることになる」と判示した。「違法な働きかけ」の意義は明確でないが，それにより支配株主に不法行為責任が生ずることを認めている。

　これらの裁判例は，親会社および親会社取締役は，善管注意義務や法令に違反する指図をしたり，違法な働きかけをする等の特段の事情がある場合を除き，子会社の経営について監督責任を負わないと判示するものと解される。冒頭に述べた第二の局面すなわち子会社と不公正な条件で取引を行ったり子会社に対して不利益指図をした親会社と親会社取締役は，当該行為が違法であれば子会社に対し責任を負うことになる。もっとも，そのような取引や不利益指図の違法性が，どのような法的根拠に基づいてどのような基準で判断されるべきかが必ずしも明確でないのである（Ⅲ 5 (2)～(4)参照）。

　親会社取締役の子会社の業務に係る善管注意義務について，かなり詳細な判断を示した裁判例も存在する。完全子会社による工場用不動産の取得がグループ全体に大きな利害関係を及ぼすとして，親会社の代表取締役についても，当該子会社が契約主体となった当該不動産の購入に先立つ調査について善管注意義務が問題になりうるとする裁判例がある[108]。「企業グループ」アプローチの発想に立つものと思われ，注目される。また，完全子会社が，仕入業者から預かり期間内に売却できなかった在庫商品をいったん買い取った上で，当該仕入業者又は他の仕入業者に対し一定の預かり期間内に売却できなければ期間満了時に買い取る旨の約束をして当該商品を売却し，その後，買主が同期間内に売却できなかった場合には同様の取引を繰り返す「ぐるぐる回し取引」により不良在庫を抱えた結果，親会社が子会社の債務につき連帯保証契約を締結し，子会社に対し多額の融資をする結果となった事案において，遅くとも，在庫の増加について公認会計士から指摘を受けた時点において自らあるいは親会社の取

---

[108]　東京地判平成 23・11・24 判時 2153 号 109 頁〔結論としては，善管注意義務違反はなかったと判示〕。

締役会を通じ，さらには当該子会社の取締役等に働きかけるなどして，個別の契約書面等の確認，在庫の検品や担当者からの聴き取り等のより具体的かつ詳細な調査をし，又はこれを命ずべき義務があったとして，親会社取締役の義務違反を認定した裁判例がある[109]。これらの裁判例は，いずれも完全子会社に関する事案であり，かつ，親会社が子会社の当該取引に実質的に相当程度関与していた場合であったと見られ[110]，親会社の（代表）取締役に対し子会社の業務執行に関する一定の行為規範が認められたものであるように思われる[111]。冒頭に述べた第三の局面に相当するケースであると考えられる。

これに対し，親会社が一見すると子会社に有利な取引や行為をした場合における親会社取締役の行為規範が問題となるケースがある。親会社が子会社に対する貸付けを放棄したり，子会社に対する出捐等を含む再建計画を策定し実行した場合等において親会社取締役の責任が問われたケースでは，一般に経営判断の原則が適用され，親会社取締役の責任が肯定されることはほとんどない[112]。

法的には「メンバー企業」アプローチによる以上，子会社の役員等は子会社

---

[109] 福岡地判平成 23・1・26 金判 1367 号 41 頁〔親会社取締役の子会社等を監視する義務の違反については，損害額を確定できないとして損害賠償請求を棄却。子会社債務に係る連帯保証契約および子会社に対する貸付けについては，任務懈怠に基づく損害賠償責任を認容〕。控訴審判決も，原判決を引用しつつ，控訴を棄却した（福岡高判平成 24・4・13 金判 1399 号 24 頁）。

[110] 「ぐるぐる回し取引」の事案においては，それについての親会社又は子会社の会計処理の適法性や妥当性が疑われるとしたら，それぞれの法人レベルにおけるコンプライアンス体制の問題であったとも思われる。

[111] 大阪地判平成 23・10・31 判時 2135 号 121 頁は，「事実上の取締役」と認定された大株主である自然人が，役員および従業員による過当営業行為を防止するための社内体制の構築その他適切な措置を講ずべき義務があったにもかかわらず，その任務を懈怠したとして平成 17 年改正前商法 266 条ノ 3 第 1 項（現行会社法 429 条）の類推適用により会社の取引相手に対する責任を肯定した。前掲注 53) 参照。

[112] 親会社の代表取締役らが子会社に救済融資を行い債権放棄により親会社に損失をもたらした責任が問われた事案として，大阪地判平成 14・1・30 判タ 1108 号 248 頁がある〔経営判断の原則を適用し，融資および債権放棄等については，これを実行するという経営判断を行った時点において，その前提となった事実の認識に重要かつ不注意な誤りがあったとは認められず，その意思決定の過程，内容が企業経営者として特に不合理，不適切なものであったともいえないとして責任を否定〕。他にグループ企業への貸付債権等の破産手続における債権届出を取り下げた代表取締役の責任を否定した東京地判平成 7・10・26 判時 1549 号 125 頁および東京高判平成 8・12・11 金判 1105 号 23 頁等参照。

のために善管注意義務および忠実義務に則りその業務の適法性・健全性を確保しつつ企業価値の最大化を図るべきであり，それをもって足りると考えられる。しかし，本節（Ⅴ）の冒頭に述べた第一の局面のうち子会社において違法行為が行われていたこと，又はその可能性が高い場合には，親会社および親会社取締役としては，そのことを知っていたか知りうるべきであったときは，調査や指図等の義務が生じうるであろう。さらに学説上，「メンバー企業」アプローチを前提としてもなお，親会社の定款に子会社支配目的を明示することにより，子会社を適切に管理および支配することが親会社取締役の親会社に対する重要な職務になるとする説[113]や，親会社取締役には親会社の財産である子会社株式の価値を維持・向上させる義務があり，相当の範囲で子会社の業務を監督しその財産価値ひいては親会社の企業価値を維持・向上させなければならないと唱える説がある[114]。

親会社が自己を含め企業グループに属するメンバー企業の業務が適法かつ健全に行われるよう企業グループレベルで内部統制体制を構築し運用することは，侵害されやすい地位にある子会社の少数派株主および債権者の利益になることはもちろん，子会社の破たんや企業価値の毀損を抑制することにつながれば親会社ひいてはその株主・債権者の利益となる。他方，企業グループが形成される理由の1つとして，独立性・自律性の高い経営を子会社に行わせることが挙げられていたように，親会社による子会社に対するコントロールが十分になされないおそれが定型的に存在する。

親会社の取締役会は，子会社について，当該株式会社およびその子会社から成る企業集団における重要性，株式の所有の態様，子会社の業務に対する影響力や指図の有無および程度，子会社で行われる行為の性質等に応じて，その業務を監督しなければならないという一般的規範が認められるべきであると解される[115]。特に純粋持株会社グループのように，親会社株主は実質的・経済的には子会社に投資しているケースにおいては，子会社役員の任務懈怠によって

---

[113] 森本滋「親子会社法制をめぐる諸問題」商事1500号（1998）52頁。
[114] 舩津・前掲注11) 253頁以下。
[115] 会社法制部会資料23「親子会社に関する規律に関する残された論点の検討」2012（平成24）年5月，第1の1②参照。

子会社が損害を被ると，親会社株主も大きく害されるという関係が認められる。とりわけ，企業グループにおいてある子会社が大きな重要性を占める場合や，親会社の定款に「子会社株式の保有を通じて甲事業を営む」旨の規定が置かれている場合には，当該親会社の株主は，親会社の経営陣が子会社の事業に対して一定の実効的なコントロールを行うことを当然に期待していると思われる。

　ここにいう「監督」とは，基本的には企業グループのレベルにおける内部統制体制，リスク管理体制を通じたコントロールがその中心的な方法になると解される。そして，企業グループに関連する内部統制体制の整備に際しては，親会社が違法な指図をしたり，子会社が違法な業務を行っているような場合を除き，基本的には経営判断の原則が適用されるものと思われる。会社法施行規則は，大会社の取締役会に対し，「当該株式会社並びにその親会社及び子会社から成る企業集団における業務の適正を確保するための体制」の整備に関する事項を決定すべき義務を課している[116]。メンバー企業の自律性が強く分権化が進んだ企業グループにおいては，投資者と経営者間のエージェンシー問題に加えて，経営者と事業組織のトップとの間のエージェンシー問題が重要な課題とされ[117]，親会社の子会社経営に対する監督義務や企業グループにおける内部統制体制の整備に係る議論が活発になされるようになってきた。

　企業グループのレベルにおける内部統制体制の整備に係る義務のほか，たとえば任務懈怠により子会社に損害を与えた子会社の役員に対してどのようなサンクションを選択し課すべきかなど個別的・具体的な局面における行為規範が問題となる場合がある。子会社の監督のあり方とその実行について，親会社には適正な裁量の余地が認められる必要があるから，どのようにしてバランスのとれた解決を図るかが重要な課題となる。

　なお，「要綱」は，株式会社の業務の適正を確保するために必要なものとして法務省令で定める体制（会社362条4項6号等）として，すでに当該株式会社およびその子会社から成る企業集団における業務の適正を確保するための体制

---

[116] 会社法348条3項4号・4項・362条4項6号・5項，会社法施行規則98条1項5号・100条1項5号。
[117] 宮島・前掲注1）57頁。

が含まれているところ，その旨を会社法施行規則ではなく会社法に定めることを提案する[118]。もっとも，現行法では，「当該株式会社並びにその親会社及び子会社から成る企業集団」と規定されているのに対し，「当該株式会社及びその子会社から成る企業集団」と改められており，企業グループのレベルにおける「下から上」への内部統制体制には言及していない。すなわち垂直的な統合のうち「上から下」への内部統制体制のみを対象にする趣旨と解される。さらに，関連会社等も取り込むためには，取締役の一般的な善管注意義務に基づく内部統制体制整備義務がクローズ・アップされる可能性がある。

「要綱」は，内部統制体制の運用の状況を事業報告の新たな記載事項とすることを提案している[119]。それにより，親会社株主保護の文脈においても，親子会社に関する規律の実効性を確保するための重要な情報提供のツールになることが期待されるからである。この開示は，子会社債権者の保護にも資する可能性がある[120]。

監査役は，子会社および重要な関連会社については，取締役の子会社管理に関する職務執行の状況を監査し検証するものとされている（監査役監査基準22条1項）。そして，監査役は，子会社等において生じる不祥事等が会社に与える損害の重大性の程度を考慮して，内部統制システムが会社および子会社等において適切に構築・運用されているかに留意してその職務を執行するとともに，企業集団全体における監査の整備にも努めるものとされる（同条2項）。

VI 開 示

会社法は，II 2で述べた「親会社」「子会社」「関連会社」および「関係会

---

[118] 「要綱」・前掲注32）第2部第1の1（1の後注）。本後掲注の経緯につき，岩原・「解説 [III]」商事1977号（2012）11頁以下参照。
[119] 「要綱」・前掲注32）第1部第1（第1の後注）。
[120] 企業グループに係る内部統制体制整備義務の違反により子会社債権者が害された場合には，当該債権者は会社法429条の「第三者」であると主張して同条による救済を受ける余地がある。

社」に対して，次のような開示および計算並びに監査に係る法的効果を付与している。

　単体レベルでは，第1に，公開会社の事業報告において重要な親会社および子会社の状況を記載しなければならない（会社則120条1項7号）。第2に，貸借対照表において関係会社株式等の項目で関係会社の株式又は出資金を別に表示すべきものとされる（会社計算82条1項）。第3に，関係会社に対する金銭債権又は金銭債務および関係会社との営業取引による取引高の総額と営業取引以外の取引による取引高の総額等も注記表の記載事項とされる（会社計算98条1項7号・8号・103条6号・104条）。第4に，関連当事者との取引が注記表の記載事項とされているが，これについては前述した（Ⅲ5(5)参照）。第5に，連結計算書を作成しない会計監査人設置会社は，個別注記表に持分法損益等に関する注記を含めなければならない（会社計算98条1項15号・2項・111条1項1号・2項）。

　子会社も含めた企業グループの財務および事業の実態を明らかにするために，連結計算書類制度がある。事業年度の末日において大会社である有価証券報告書提出会社は，当該事業年度に係る連結計算書類の作成を義務付けられる（会社444条3項）。会計監査人設置会社は，法務省令で定めるところにより連結計算書類を作成することができる（会社444条1項）。連結計算書類においては，原則としてそのすべての子会社が連結の範囲に含まれる（会社444条1項括弧書，会社計算63条）。また，非連結子会社および関連会社に対する投資については，原則として持分法により計算する価額で連結貸借対照表に計上しなければならない（会社計算69条）。

　連結計算書類を作成している株式会社であって，分配可能額の算定につき連結貸借対照表上の株主資本等の額が個別貸借対照表上のそれを下回る場合には，その差額を控除する等の処理をしたものを分配可能額とすることをある事業年度の計算書類の作成に際して定めた会社は，そのような特別な分配可能額規制に服する（会社461条2項6号，会社計算158条4号・2条3項51号）。直接的には連結配当規制適用会社の債権者を保護する趣旨である。この規律の適用範囲は限定されたものであるが，連結配当規制適用会社の分配可能額について連結計算書による制約を課すものであり，連結計算書類に基づく配当規制という発想

に近づく制度として，注目される。

　　＊本研究は，平成25年度科学研究費助成事業（科学研究費補助金）基盤研究（B）「会社法と資本市場法の交錯――株主の属性と行動パターンによる類型的考察」の成果の一部である。

ベンチャー企業とベンチャー・キャピタル

I　はじめに
II　プライベート・エクイティ・ファイナンスにおける二段階の動機付け交渉
III　ベンチャー・キャピタルの資金調達とベンチャー・キャピタル・ファンドの構造
IV　ベンチャー企業の資金調達とベンチャー・キャピタル投資契約
V　ベンチャー・キャピタル投資のエグジット
VI　ベンチャー投資とそれをめぐる法規制の日米比較
VII　おわりに

宍　戸　善　一

I　は じ め に

　本稿の目的は，ベンチャー企業およびベンチャー・キャピタルに対する法規制の日米比較を通して，法制度が日本のベンチャー投資（ベンチャー・キャピタルの資金調達およびベンチャー企業への投資）の実務にどのような影響を与えているかを明らかにすることである。とくに，法制度がいかに物的資本の拠出者と人的資本の拠出者の動機付け交渉に影響を与えるかに焦点を当てて考察する。

　本稿の考察は，企業は，物的資本の拠出者と人的資本の拠出者の動機付けの仕組であり，企業活動に必須の資源の拠出者は，それぞれ自らの利得（ペイオフ）を最大化するために，自らが資源を拠出するにあたり抱く不安を低減するよう努力するだけでなく，他の資源の拠出者の不安をも低減するよう，相互に動機付け交渉を行うが，法制度は，そのような動機付け交渉のインフラとして，市場や社会規範と補完的に動機付け交渉のあり様に影響するという分析枠組に基づいて行われる[1]。法制度も，個々の法が独立して動機付け交渉に影響する

---

[1]　宍戸善一・動機付けの仕組としての企業──インセンティブ・システムの法制度論（有

のではなく，当事者のインセンティブに影響を及ぼす様々な分野の法が補完的に作用するため，本稿では，会社法だけでなく，税法，労働法，不正競争防止法，金融商品取引法にも言及する。

Ⅱでは，ベンチャー・キャピタル投資がプライベート・エクイティ・ファイナンスの一つであり，その特色は，物的資本の拠出者と人的資本の拠出者の動機付け交渉が二段階で行われることであるとして，その全体像を示す。Ⅲでは，その第一段階の投資家とベンチャー・キャピタルの動機付け交渉と，その交渉結果を法的に定着させる仕組としての有限責任投資事業組合契約に関して解説する。Ⅳでは，第二段階のベンチャー・キャピタルと起業家の動機付け交渉の特色が二チーム間交渉における双方向のエージェンシー問題の解決であることを示し，具体的なベンチャー・キャピタル投資契約の内容を，支配の分配交渉と果実の分配交渉の補完性の観点から解説する。Ⅴでは，市場の実態を背景とした人的資本の退出の選択肢および物的資本の退出の選択肢が，それぞれ，各国のベンチャー・キャピタル投資の手法と補完的な関係にあることを示し，日本のベンチャー・キャピタル（物的資本の拠出者）の退出の選択肢の問題点を指摘する。Ⅵでは，前節までに概観した，日米のベンチャー投資実務の違いに対して，日米の法制度の違いがいかに影響しているかに関し，いくつかの仮説を提示する。Ⅶは結論である。

Ⅱ プライベート・エクイティ・ファイナンスにおける二段階の動機付け交渉

ベンチャー・キャピタルは投資家から資金を調達して，ベンチャー・キャピタル・ファンドを組成し，複数のベンチャー企業に投資する。これは，プライベート・エクイティ・ファイナンスの典型である[2]。プライベート・エクイテ

斐閣，2006）2-12頁（以下，「動機付け」），宍戸善一「企業における動機付け交渉と法制度の役割」宍戸編・「企業法」改革の論理——インセンティブ・システムの制度設計（日本経済新聞出版社，2011）1頁以下（以下，「企業法」）参照。

[2] プライベート・エクイティ・ファイナンスには，そのほかに，事業再生案件やMBO

ィ・ファイナンスは，一般に，資金の出し手と資金の受け手の間に，仲介者（多くの場合，投資ファンド）が介在して，プライベート・エクイティに投資するリスクを引き下げ，非上場株式への投資が機能する仕組をとっている。

　プライベート・エクイティ・ファイナンス全体の仕組の特徴は，物的資本の拠出者と人的資本の拠出者の関係が二層になっていることである。すなわち，第一段階として，物的資本の拠出者である資金の出し手（機関投資家等）と，人的資本の拠出者である仲介者（プライベート・エクイティ・ファンド）のファンド・マネージャーの関係があり，第二段階として，物的資本の拠出者であるプライベート・エクイティ・ファンドと人的資本の拠出者である資金の受け手（起業家等）の関係がある。

　組織法的に見ると，第一の関係は，有限責任組合（LPS）[3]の有限責任組合員（LP）と無限責任組合員（GP）の関係であり[4]，第二の関係は，株式会社の株主と経営者の関係になる。いずれの関係においても，物的資本の拠出者のチームと人的資本の拠出者のチームとの間で相互に動機付け交渉が行われ[5]，物的資本の拠出者が，人的資本の拠出者に対して，その金銭出資の額に比して多くの果実の取分を維持することを認めることによって，人的資本を拠出する高いインセンティブを引き出そうとしている点に特色がある[6]。

　ただし，日本のベンチャー・キャピタルが行うプライベート・エクイティ・ファイナンスの動機付けの仕組は，以下に見るように，シリコン・バレーに見られるような純粋な二段階・二チーム間交渉にはなっていない。

　　（マネジメント・バイアウト）案件に投資するものがある。
 3) 日本では，投資事業有限責任組合（投資事業有限責任組合契約に関する法律）が主として用いられている。末岡晶子＝東陽介「ベンチャー・キャピタルの構造」宍戸善一＝ベンチャー・ロー・フォーラム（VLF）編・ベンチャー企業の法務・財務戦略（商事法務，2010）133頁以下参照。
 4) 投資家がLPとなり，ファンド・マネージャーがGPとなる。
 5) 宍戸「動機付け」前掲注1) 93頁以下参照。
 6) 末岡＝東・前掲注3) 155頁，164頁，宍戸善一「スウェット・エクイティ」宍戸＝VLF編・前掲注3) 340頁参照。

III ベンチャー・キャピタルの資金調達とベンチャー・キャピタル・ファンドの構造

ベンチャー・キャピタル投資は，まず，ベンチャー・キャピタルが投資家から資金を調達して，ベンチャー・キャピタル・ファンドを組成するところから始まる。機関投資家等の資金の出し手が，投資事業有限責任組合（LPS）[7]の有限責任組合員（LP）として出資し，無限責任組合員（GP）であるベンチャー・キャピタリストが，資金の受け手であるベンチャー企業を選定し，ハンズオン[8]で事業を育成して，比較的短期間におけるIPO（新規株式公開）ないしM&A（企業買収・合併）によるエグジットを目指す[9]。

ベンチャー・キャピタル・ファンドの受け皿となる組織形態は，第一に，投資家の有限責任の担保，第二に，ファンド運営の自由度の確保，および，第三に，構成員課税（パススルー課税）の適用，の三要素が備わっていることが重要である[10]。1998年の投資事業有限責任組合契約に関する法律の施行まで，日本では三要素を全て備えた組織形態が存在せず，やむを得ず，第一の要素が備わっていない民法上の組合を利用したり，デラウェア州LPSとしてファンドを組成したりしていたが，今日では，ほとんどのベンチャー・キャピタル・ファンドが投資事業有限責任組合を利用している[11]。

[7) 投資事業有限責任組合契約に関する法律（1998〔平成10〕年）に基づく。アメリカでは，デラウェア州のリミティッド・パートナーシップが最も多く用いられている。末岡＝東・前掲注3) 158頁参照。

8) ハンズオン投資とは，ベンチャー・キャピタルが，単なる物的資本の拠出者にとどまらず，経営者に対する様々なアドバイス等，付加価値を高める活動を行う，ベンチャー企業に対する投資形態を指す。宍戸善一「序論」宍戸＝VLF編・前掲注3) 10頁参照。

9) ただし，日本では，少数の独立系ベンチャー・キャピタルを除き，GPには，ベンチャー・キャピタル株式会社が就き，その親会社の金融機関等と親会社と関係の深い事業会社がLPとなる例が多く，ベンチャー・キャピタリストは，ベンチャー・キャピタル株式会社の従業員で，個人として成功報酬を得ることは一般的でない。また，ハンズオンも必ずしも一般的に行われているわけではない。長谷川博和「ベンチャー・キャピタルの現状」宍戸＝VLF編・前掲注3) 64頁参照。

10) 末岡＝東・前掲注3) 136頁参照。

11) 投資事業有限責任組合は，民法上の組合と基本的に同じ性格を有し，法人格はなく，また，事業範囲が限定されているが，ベンチャー・キャピタル・ファンドの受け皿として

ベンチャー・キャピタル・ファンドを組成する段階ですでに，物的資本の拠出者と人的資本の拠出者の動機付け交渉が始まっており，物的資本の拠出者である機関投資家等のLPは，人的資本の拠出者であるベンチャー・キャピタリスト（GP）が，良い投資案件を発掘し，投資先ベンチャー企業に対するハンズオンをより熱心に行うインセンティブを与えるために，1％程度しか現金出資を行わないGPに20％の成功報酬（キャリード・インタレスト）を与えるのが普通である[12]。

LPの物的資本の拠出に関しては，ファンドの組成時に一括して払い込む方式（一括払込方式）のほかに，出資約束金額の枠内で必要に応じて払い込ませるキャピタル・コール方式がある。ファンドの組成後一定期間が経過したにも関わらず，投資総額が出資約束金額の一定割合を下回る場合には，出資約束金額を減額できる旨の規定を組合契約に設ける場合もある[13]。

ファンドの運用は，基本的にGPに委ねられるものであるが，LPもファンドの運用をモニタリングする一定の権限を要求し，LP関与の仕組が組合契約の中に規定される。すなわち，投資ガイドラインの設定，投資委員会へのオブザーバー参加，キーマン条項，会計帳簿，会計記録および財務諸表等の閲覧・謄写請求権，ファンドの業務執行状況についての監査権限，および，ファンドの財産状況・業務執行状況についての質問権等である。さらに，組合員集会における意見陳述，GPに対する組合財産の運用に関する意見陳述，および既存投資先事業者に対する追加出資に関する意見陳述等がLPの権利として契約に規定されることが多い[14]。

支障はない。有限責任組合員の有限責任性を第三者に対して対抗できるものとするために登記が必要とされている（投資有限組合4条1項）。また，債権者が自らの引き当てとなる財産の範囲を把握できるよう，無限責任組合員に対し，財務諸表等の作成およびこれについて公認会計士または監査法人による監査を受けることを義務付けている（投資有限組合8条1項・2項）。末岡＝東・前掲注3) 139-141頁参照。有限責任投資事業組合がベンチャー・キャピタル・ファンドとして利用される場合の金融商品取引法上の規制については，後掲Ⅵ 4参照。

12) GPは成功報酬以外にも出資約束金額の一定割合の管理報酬を受け取る契約がなされ，また，成功報酬の発生時期等についても細部にわたる契約がなされる。末岡＝東・前掲注3) 155頁，164頁参照。

13) 末岡＝東・前掲注3) 143頁参照。

14) LPの一定の関与は，ファンドの業務を執行する権限を有する組合員であると誤認させ

GPはLPに対して民法上の善良な管理者の注意義務および一般的な忠実義務を負うと考えられ，さらに，GPが投資運用業者である場合には，金商法上，LPに対する忠実義務および善管注意義務が課せられている（金商42条）。GPは，ファンドとの間の取引，複数ファンドを運用する場合の投資機会や退出機会の分配，自己勘定取引，ハンズオン支援に対する報酬受領等に関して利益相反に陥ることが予想され，そのような問題に対して予め契約による対処をしておく必要がある[15]。

　日本のベンチャー・キャピタル・ファンドの有限責任組合員（投資家）は，ベンチャー・キャピタル会社の親会社である金融機関とその持合株主である事業会社であることが多い。有限責任組合員は純粋な投資家ではなく，「付き合い」ないし「市場調査目的」で投資しており，人的資本の拠出者，すなわちベンチャー・キャピタリストをモニタリングするインセンティブに乏しい。シリコン・バレーにおける主要な投資家である年金基金等の機関投資家がベンチャー・キャピタル・ファンドに投資することは稀で，ベンチャー・キャピタリストは，多くの場合，ベンチャー・キャピタル会社の従業員であって，エクイティのインセンティブを有していない。日本のベンチャー・キャピタル・ファンドの投資利回りの悪さの原因はこのようなファンド自体のガバナンス問題にあるとの指摘もある[16]。

　　　る行為（投資有限組合9条3項）に当たらないよう注意する必要があると同時に，LPSが税務上構成員課税を受けられるための「共同事業性」の要件を充たすために必要でもある。また，LPが海外投資家である場合は，日本国内に恒久的施設（PE）を有すると認められないために，「業務の執行」に当たらないよう留意する必要がある。末岡＝東・前掲注3）145-147頁参照。

　15) 末岡＝東・前掲注3）147-151頁参照。
　16) 長谷川博和・決定版ベンチャー・キャピタリストの実務（東洋経済新報社，2007）75頁，長谷川・前掲注9）74頁参照。

Ⅳ　ベンチャー企業の資金調達とベンチャー・キャピタル投資契約

1　動機付け交渉の特色と双方向のエージェンシー問題の解決

　ベンチャー企業は，外部資本を受け入れて早期に IPO ないし M&A によるエグジットを目指す新興企業であり，非上場企業ながら[17]，人的資本の拠出者（創業者グループ）と物的資本の拠出者（ベンチャー・キャピタル）が分離して，相互に動機付け交渉を行っている[18]。さらに，上場企業に比して，人的資本の拠出者も物的資本の拠出者も，それぞれの内部で連携して，チームを構成・維持しやすく，少なくともシリコンバレー・モデルにおいては，二チーム間で，それぞれの代表者（創業者とリード・ベンチャー・キャピタル）を通じて，動機付け交渉が行われている[19]。

　創業者グループとベンチャー・キャピタルとの間には，双方向のエージェンシー問題（ダブル・モラルハザード）が存在する。創業者グループも，ベンチャー・キャピタルも，相手方が機会主義的行動に出るリスクが高いと[20]，それぞれの有する資本を拠出することを躊躇してしまうため，双方とも各自の利得を

---

[17]　代表的な非上場企業には，ベンチャー企業のほかに，同族企業のような閉鎖会社とジョイント・ベンチャー（合弁会社）がある。同族企業は，一般に，所有と経営が分離しておらず，過半数の株式を有するオーナーが経営を行い，同族や従業員以外の外部者に株式を持たせることは稀である。ジョイント・ベンチャーは独立した企業同士の共同事業であり，株主間契約で資本多数決の原則を修正するところはベンチャー企業に似ているが，各株主（パートナー企業）が人的資本の拠出者と物的資本の拠出者を兼ねており，そのため，いわば「インセンティブのねじれ」が生じる。物的資本の拠出者としての果実の取り分と人的資本の拠出者としての貢献の乖離が生じ，このような「ねじれ」の調整がうまくいかないと，人的資本の拠出を行うインセンティブが阻害される。宍戸「動機付け」前掲注*1*）72頁，127頁参照。

[18]　宍戸「動機付け」前掲注*1*）99頁参照。

[19]　これは，典型的な「二チーム間交渉イメージ」の動機付けパターンであり，日本の1960年代から1970年代までに絶頂期を迎えたメインバンク制度と共通点がある。宍戸「動機付け」前掲注*1*）142頁参照。

[20]　起業家は私的利益（private benefit）を追求したり，ベンチャー・キャピタルの利益となる IPO 提案や M&A 取引を拒絶するかもしれない。ベンチャー・キャピタルは起業家を締出そうとしたり，起業家にとって不利なタイミングで退出しようとするかもしれない。

最大化するためには，自らが負うリスクを引き下げるだけでなく，相手方の負うリスクをも低下させる必要がある。そのために，支配の分配交渉と果実の分配交渉が行われる。

双方向のエージェンシー問題を解決するために，シリコン・バレーで用いられる典型的な手法は，創業者がベンチャー・キャピタルに対して会社支配を譲り渡す代わりに，「スウェット・エクイティ」の手法により[21]，物的資本の拠出に比してはるかに大きい持分を創業者が維持することをベンチャー・キャピタルが認めるものである[22]。

ところが，日本のベンチャー投資では，創業者がベンチャー・キャピタルに会社支配を譲り渡すことは稀である。スウェット・エクイティもほとんど用いられていない。同一ラウンドに投資するベンチャー・キャピタルがシンジケートを結んで同一のベンチャー・キャピタル投資契約を締結することも未だスタンダードな実務ではない。すなわち，物的資本の拠出者がチームを構成せずに，各自ばらばらに創業者と交渉している。支配の分配交渉と果実の分配交渉が補完的になされることもない。その結果，双方向のエージェンシー問題は未解決の状態にある。

2 ベンチャー・キャピタル投資契約

ベンチャー・キャピタリストは，機関投資家等から集めたベンチャー・キャピタル・ファンドの資金を，ベンチャー企業が発行する非公開株式に投資する。

---

21) シリコンバレーにおけるベンチャー・キャピタル投資契約の基本書とされている『ベンチャー・キャピタルおよび株式公開交渉』には，会社設立に際し創業者グループが1株10セントで普通株式を引き受け，4ヵ月後にベンチャー・キャピタルが1株2ドルで，一定の条件を満たす IPO 時に普通株式1株へ強制転換される議決権付優先株式を引き受ける例が，典型的な増資プロセスとしてあげられている。なお，ベンチャー・キャピタルが引き受ける優先株式には，M&A を清算とみなす残余財産優先分配権のほか，一定数の取締役選任権や一定の重要事項に対する拒否権等が付されている。See MICHAEL HALLORAN, ET AL., VENTURE CAPITAL AND PUBLIC OFFERING NEGOTIATION §6-12 (3rd ed., Supp. 2009). 宍戸・前掲注6) 342頁参照。

22) See Zenichi Shishido, Why Japanese Entrepreneurs Don't Give Up Control to Venture Capitalists (Working Paper for Business Law and Innovation Conference at Columbia Law School, 2008).

Ⅳ ベンチャー企業の資金調達とベンチャー・キャピタル投資契約　115

プライベート・エクイティ・ファイナンスの典型であるが、基本的に、少数株式に対する投資である点において、バイアウト・ファンドによる MBO ないし事業再生への投資と異なり、締出し（スクイーズ・アウト）[23]のリスクにも対応する必要がある。それゆえ、一般の個人投資家が非公開企業の少数株式に投資するのは合理的な選択とはいえない。

　非公開企業の少数株式に投資するためには、株主間契約や種類株式を用いて資本多数決原則を修正し、締出されるリスクを引き下げる必要がある。そのためには、支配株主に対する交渉力と契約技術が必要であり、それは、ベンチャー・キャピタリスト等のプロが行うのが通常である。また、プライベート・エクイティ・ファイナンスが機能するインフラとして、そのような株主間契約や種類株式の利用形態を自由に設計でき、その効力が確保されるような会社法が必須である[24]。

　ベンチャー・キャピタルによるベンチャー投資に際しては、ベンチャー・キャピタル投資契約が締結されるが、そのポイントは、果実の分配交渉と支配の分配交渉の2点に集約される[25]。

　ベンチャー・キャピタル・ファンドの組成においては人的資本の拠出者であったベンチャー・キャピタリストは、この段階で、物的資本の拠出者となり、

---

[23]　一般的に、非公開企業の少数株式に投資するリスクは、締出しリスクである。株式会社法の資本多数決原則の下では、過半数の議決権を有する者が、すべての役員を独占でき、原則として自由に経営を行うことができる。仮に、会社に利益が出ていたとしても、そのほとんどを内部留保にまわされたとすれば、少数株主は配当を受け取ることができず、流動性のある株式市場が存在しないので、内部留保分が持分の価値に反映されることはない。もっとも、成長性の高いベンチャー企業においては、利益は再投資にまわされ、一般に配当は支払われないが、将来のIPOの可能性を前提とすれば、それは、少数株主の利益にもかなうことである。しかし、ベンチャー企業においても、少数株主が退出の途を閉ざされる危険はある。持株を売却して、退出しようとしても、唯一可能性のある買い手は支配株主であるから、弱みに付け込まれて、安く買い叩かれる危険が高い。See F. HODGE O'NEAL & ROBERT B.THOMPSON, O'NEAL'S OPPRESSION OF MINORITY SHAREHOLDERS (Rev. 2nd ed. 2005).

[24]　かつて、日本の会社法は、定款自治が十分に認められておらず、また、種類株式も限定的な利用しか認められていなかったが、2005（平成17）年会社法において、定款自治が原則となり、種類株式のほぼ完全な自由化が認められた。宍戸善一「定款自治の範囲の拡大と明確化——株主の選択」商事1775号（2006）17頁参照。

[25]　宍戸「動機付け」前掲注 1) 109頁以下参照。

人的資本の拠出者である創業者グループに対して，早期のIPOを目指すインセンティブを与えようとする。現金出資ベースだけで換算すると，創業者の持分は数％程度になってしまう場合が多く，それでは，経営者のインセンティブがオーナー経営者のインセンティブというよりも，自らが出資者ではないサラリーマン経営者のそれに近くなり，IPOを目指す熱意が薄れてしまう危険があるため，種類株式を利用して，現金換算ベースよりも多くの持分を創業者グループに残すことによって，エクイティのインセンティブを与える工夫がなされている（スウェット・エクイティ）[26]。また，経営者や従業員に対して，有利な権利行使価格を設定した新株予約権を割り当てることも行われている（ストック・オプション）[27]。

　ベンチャー企業は，IPOないしM&Aが実現するまでに，数回の増資を行うことが普通であるが，少なくとも初期の増資の段階では，創業者グループが過半数の持分を維持することが多く，また，各ベンチャー・キャピタルが単独で過半数の持分を取得することは，IPO直前でもほとんど見られない[28]。すなわち，ベンチャー・キャピタルは，非公開の少数株式に投資することになり，締出しリスクに対処するため，また，ハンズオンを行うために必要な発言権を確保するため，ベンチャー・キャピタル投資契約によって，資本多数決原則を修正し，一定数の取締役の選出権[29]や，重要決議事項に対する拒否権[30]を取

---

[26] スウェット・エクイティは，直訳すれば「汗の取り分」である。会社法上，労務出資がなされるわけではないが，物的資本の拠出者であるベンチャー・キャピタルが，創業者グループの将来にわたる人的資本の拠出を評価した結果と捉えることができる。宍戸・前掲注6) 340頁参照。

[27] 日本では税法上の問題が未だ解決されていないが（宍戸・前掲注6) 340頁，366頁），税制適格ストック・オプションにつき，普通株式と種類株式の価格差が認められることが明らかになったことは大きな前進といえる。未上場企業が発行する種類株式に関する研究会「未上場企業が発行する種類株式に関する研究会報告書」(2011. 11)（経済産業省ウェブサイト：http://www.meti.go.jp/report/downloadfiles/g111202a01j.pdf）参照。

[28] アメリカでは，少なくともIPO直前までには，創業者グループが議決権の過半数を失い，複数のベンチャー・キャピタル側が過半数の持分を有することになるのが通常であるが，日本では，IPO時においても未だ創業者一族が過半数の持分を維持しているケースが半数以上を占める（プロネクサスの新興市場におけるIPO調査による）。高原達広「51％問題」宍戸＝VLF編・前掲注3) 420頁参照。

[29] 日本のベンチャー・キャピタルは，取締役が法的責任を負うリスクを嫌って，取締役を派遣せず，代わりに，オブザーバーを取締役会に出席させる権利を確保する傾向にある

得するのが一般である。ここでも，種類株式がそのような支配の分配交渉の結果を確実に履行させるために有用であるが，日本では未だ一般的ではなく[31]，合意の実効性確保の手段としては，契約違反があった際には，創業者（経営株主）がベンチャー・キャピタル（投資家）の所有する株式を一定の算式により決定される価格で買い取らなければならないというペナルティー条項が広く用いられている[32]。

　ベンチャー・キャピタル投資契約に規定される合意事項には，そのほか，経営情報の開示に関する合意，株式の処分に関する合意，投資家の持分希薄化防止に関する合意，株式公開に関する合意，経営陣を離脱させないための合意等がある[33]。

　ベンチャー・キャピタル投資契約の実質的当事者は，創業者（経営株主），ベンチャー・キャピタル（投資家），およびベンチャー企業（発行会社）の三者となり，合意する事項の性質や合意の当事者によって，発行会社と投資家との間で締結する株式引受契約と，投資家と経営株主との間で締結する株主間契約の

　　といわれている。高原達広「取締役の選任権限の分配と取締役の責任」宍戸＝VLF 編・前掲注 3）405 頁以下参照。

30) 日本のベンチャー・キャピタルは，種類株式契約によって拒否権を確保するよりも，事前承認条項と起業家個人の株式買取義務を組み合わせることによって，実質的な拒否権を握る傾向が強いといわれている。高原達広「拒否権」宍戸＝VLF 編・前掲注 3）415 頁参照。

31) 日本でも，2005 年の会社法制定による種類株式のほぼ完全な自由化後，徐々にその利用が広まっているが，未だ，一般的にはなっていない。ベンチャー・キャピタル等による種類株式を利用した投資は金額ベースで 10％程度とあまり伸びていない（財団法人ベンチャーエンタープライズセンター（VEC）「2010 年度ベンチャービジネスに関する年次報告」）。日本のベンチャー・キャピタル投資契約において種類株式が急速に普及しない理由は，ベンチャー・キャピタルおよび創業者双方の種類株式を利用するインセンティブが小さいからであろう。ベンチャー・キャピタルにとって，支配の分配に関する合意内容の実効性を確保する上で，また，持分の希薄化を一定程度防ぐ上で，種類株式は極めて有用であるが，M&A の際のみなし清算条項やベンチャー・キャピタル派遣取締役の利益相反問題回避といった，アメリカのベンチャー・キャピタルが種類株式を用いる重要なインセンティブとなっている機能が不完備であり，創業者が種類株式を用いる最大のインセンティブとなる，普通株式と種類株式の価格差の利用が税務取扱の上で大きく制約されている。日本の種類株式の実務に関しては，棚橋＝林宏和「わが国のベンチャー投資における種類株式の活用」宍戸＝VLF 編・前掲注 3）262 頁以下参照。

32) 棚橋元「ベンチャー・ファイナンスにおける投資契約」宍戸＝VLF 編・前掲注 3）238 頁，高原・前掲注 28）415 頁参照。

33) 棚橋・前掲注 32）247-259 頁参照。

二つの契約に分けて規定されることが多い[34]。

V　ベンチャー・キャピタル投資のエグジット

1　人的資本・物的資本のエグジットとベンチャー・キャピタル投資手法の補完性

ベンチャー・キャピタル投資の手法と人的資本および物的資本の退出（エグジット）の選択肢との間には補完関係が見られる。起業家とベンチャー・キャピタルはそれぞれ相手方に対してホールドアップ・リスクを課す関係にあり[35]，起業家の退出の選択肢およびベンチャー・キャピタルの退出の選択肢がそれぞれどの程度利用可能であるかによって，ベンチャー・キャピタル投資契約においてどちらの当事者がより強い保護を必要とするかが決まる[36]。

人的資本の退出の選択肢はベンチャー・キャピタル投資の手法と補完的である。流動的な労働市場の存在はリスク分担を促進し，起業家がベンチャー・キャピタルに会社の支配を譲り渡すことを可能とする。ベンチャー・キャピタルは会社支配を取得することによって，自らのリスクを軽減することができるので，流動的な労働市場は，ベンチャー・キャピタル投資のリスクを起業家からベンチャー・キャピタルに移転させる役割を果たすということができる[37]。

IPO市場やM&A市場といった，物的資本の退出の選択肢もまたベンチャー・キャピタル投資の手法と補完的である。日本において，いくつかのIPO市場が創出されたが，M&A市場は依然として不完全である。IPOに偏った物的資本の退出の選択肢が，日本のベンチャー・キャピタルが，創業者の株式買取義務のような，銀行貸出に似た手法をとる原因となっている可能性が高い[38]。

---

34)　棚橋・前掲注 32) 233-235 頁参照。
35)　具体的には，注 20) 参照。
36)　See Augustin Landier, Start-up Financing: From Banks to Venture Capital (Working Paper 2003).
37)　See id.
38)　See Zenichi Shishido, *The Law and Practice of the Venture Industry in Japan: A Pe-*

2 ベンチャー・キャピタル・ファンドの存続期間とエグジットの選択肢

　ベンチャー・キャピタル・ファンドの存続期間は一般に 10 年で，ベンチャー企業に投資したベンチャー・キャピタリスト（GP）は，ファンドの存続期間の満了時までにエグジット（投下資本の回収）を行い，投資家（LP）に投資活動の成果を分配しなければならない[39]。

　IPO（新規株式公開）は，一般に，すべての利害関係人にとって最も望ましいエグジットである。IPO は，その他のエグジットの手段に比べ，既存株主に対して最も大きな投資利回りをもたらすことが普通であるし，経営者等の人的資本の拠出者にとっては，上場会社という社会的評価を得られる意味は大きく，さらに，シリコンバレー・モデルのように，会社支配を一旦ベンチャー・キャピタルに譲り渡すベンチャー・キャピタル投資の手法においては，経営者にとって，それまで，ベンチャー・キャピタルに抑えられていた会社支配を取り戻すことをも意味する[40]。

　ただし，発行市場における評価が十分に高まる前に IPO をしてしまうと，期待した投資利回りを得られなかったり，IPO 後の株価が長く低迷してしまうことにもなりかねない。逆に，敵対的企業買収のリスクや上場維持コストを嫌って，経営者が IPO を渋るケースもあり，ベンチャー・キャピタリストとしては，そのような場合に備えて，あらかじめ，経営者の解任権限を取得するなり，経営者個人に株式買取義務を課すなどの対策を立てておく必要がある。

　IPO に代わる次善のエグジットとして，M&A（ここでは，大手企業等への売却）がある。IPO ほどの投資利回りは望めないのが普通で，経営者は会社支配を究極的に失うことになるが，買収企業とのシナジー効果によって，事業はかえって発展することもあり得る。とくに，ベンチャー企業がそれなりの成長を

---

　　 riod of Transition, in THE JAPANESE LEGAL SYSTEM: AN ERA of TRANSITION 193, 198（Tom Ginsburg & Harry N. Scheiber eds., 2012）.
39) 本来は，ベンチャー・キャピタルと起業家は同じ目標を共有しているはずであるが，このようなファンドの性格から，エグジットのタイミングをめぐって意見の対立が生じる場合もある。
40) *See* Bernard S. Black & Ronald J. Gilson, *Venture Capital and the Structure of Capital Markets: Banks versus Stock Markets*, 47 J. FIN. ECON. 243（1998）.

果たしたものの，IPO に至るまでには未だ相当の時間がかかると思われる場合や，IPO 市場が冷え込んでいて，当分 IPO の実現は望めない場合などには，M&A の選択肢を考慮する必要がある[41]。

ベンチャー・キャピタルとしては，会社の売却益を，創業者等と株式ベースで平等に分け合ったのでは割に合わないことが多いので，M&A の場合にも，出資額の 1 倍から 3 倍の優先分配権を取得しようとする（残余財産優先分配請求権のみなし清算規定）[42]。みなし清算規定は，ベンチャー・キャピタリストに売却先を探すインセンティブを与えることになるが，創業者等の他の株主との間で利益相反問題を生じさせることになる[43]。日本の会社法上，このような，みなし清算規定の有効性については争いがあるが，定款自治の範囲内であると解すべきである[44]。

M&A に対しては，支配権を失うことになる創業者の抵抗が予想されるため，ベンチャー・キャピタリストとしては，あらかじめ対策を立てておく必要がある。

統計的に，ベンチャー・キャピタル・ファンドの投資先ベンチャー企業のうち，IPO ないし M&A によるエグジットを果たせるのはごく一部で，少なくとも半数以上の投資先は，倒産もしないが，IPO ないし M&A が見込めない，

---

41) 日本では，エグジットとしての M&A が未だ十分に活用されているとはいえない。マイケル・コーバー「エグジットとしての M&A」宍戸＝VLF 編・前掲注 3) 465 頁以下参照。

42) みなし清算規定の経済的意義に関しては，磯崎哲也・起業のファイナンス（2010）300 頁以下参照。

43) *See* Jesse Fried & Mira Ganor, *Agency Costs of Venture Capitalist Control in Start-ups*, 81 N. Y. U. L. REV. 967 (2006).

44) 会社法 108 条 1 項の種類株式の規定が限定列挙の形式をとっているため，定款の規定をもってしても同条同項 2 号の「残余財産の分配」に合併等の組織再編を含めることはできないとの見解があるが，合併で消滅する会社が種類株式を発行している場合には，合併契約において消滅会社の株主に対する株式等対価の割当について株式の種類ごとに異なる取り扱いを行うことを認める会社法の規定（749 条 2 項・753 条 2 項）の趣旨からは，合併等に際し，優先株主に対して残余財産分配の優先額に相当する対価を優先的に交付する旨，予め定款に規定することも可能と解すべきである。平成 17 年会社法が，旧商法に比べ，定款自治の範囲を広げる改正であったことを考えると，旧商法 222 条 11 項に相当する規定が会社法に存在しないことは，むしろ，会社法では当然認められるものと解すべきである。棚橋＝林・前掲注 31) 277 頁，未上場企業が発行する種類株式に関する研究会・前掲注 27) 参照。

ベンチャー・キャピタルから見ると，いわば「リビング・デッド（生ける屍）[45]」になる。このようなリビング・デッド企業の株式を低廉な価格で引き取るのが，セカンダリー・ファンドである。

日本では，セカンダリー市場が未だ発展しておらず，ベンチャー・キャピタルのリビング・デッド企業からのエグジットは，創業者個人による買取によって行われている例が少なくない[46]。

VI ベンチャー投資とそれをめぐる法規制の日米比較

1 会社法

日本の会社法は，平成13（2001）年商法改正以来，急激な規制緩和を進め，平成17（2005）年会社法は，従来の強行法規としての会社法から，定款自治を原則とする任意法規としての会社法へと転換し，シリコンバレー・モデルのベンチャー・キャピタル投資契約を締結する上で障害となっていた会社法上の規制を取り除いた。とくに，ストック・オプションおよび種類株式の自由化は，シリコンバレー型ベンチャー・キャピタル投資契約の普及に大いに貢献することが期待されたが，会社法施行後6年以上が経過した今日においても，旧来型のベンチャー・キャピタル投資契約が大半を占めている。とりわけ，ベンチャー・キャピタルが，議決権および取締役の選出権を通じて会社支配を取得することは稀である。

日本とアメリカの会社法のいくつかの相違点が，そのようなベンチャー・キャピタル投資契約の差異に影響している可能性がある。

---

45) 実務界では，実質債務超過企業を「ゾンビ」企業と呼ぶことがある。「リビング・デッド」企業はそれとは異なり，倒産状態にあるわけではないが，ベンチャー・キャピタルにとっては，貸借対照表から消せない不良資産が残ることになる。

46) ベンチャー企業の創出・成長に関する研究会「ベンチャー企業の創出・成長に関する研究会最終報告書：ベンチャー企業の創出・成長で日本経済のイノベーションを」（2008.4.30.）（経済産業省ウェブサイト：http://www.meti.go.jp/report/downloadfiles/g80509a02j.pdf），VEC・前掲注 *31* ）参照。

日本の会社法は株主による選択の原則（the shareholder choice doctrine）をとるのに対して，アメリカの会社法は取締役による選択の原則（the director choice doctrine）をとっている[47]。日本の株主総会は，会社が直面するほとんど全ての決定事項に関して決議することが可能であり，取締役会の発議の有無を問わず，定款変更を行うことも可能である[48]。これに対して，アメリカの株主総会が，事前の取締役会の承認なしに決議できるのは，取締役の選解任と付属定款の修正のみである[49]。日本では，原則として株主総会決議事項とされている利益配当は，アメリカでは，経営判断事項として，取締役会で決議されなくてはならず，付属定款の修正をもってしても，株主総会で決議することはできない[50]。もっとも，アメリカにおいても，基本定款に規定すれば，株主総会でほとんど全ての事項について決議することは可能であるが，ベンチャー企業は自らを将来の上場企業と目しているので，デフォルト・ルールから大きく乖離した基本定款の規定を置くとは考えがたい。

このことは，日本では，アメリカに比して，株主総会における支配権（資本多数決）の相対的重要性が高く，取締役会における支配権（取締役の頭数多数決）の相対的重要性がより低いことを意味する[51]。このような差異が，日本の起業家が，過半数の持分割合の確保にこだわり，ベンチャー・キャピタルが取締役

---

[47] See STEPHEN BAINBRIDGE, THE NEW CORPORATE GOVERNANCE IN THEORY AND PRACTICE 53 (2008); MITSUHIRO FUKAO, FINANCIAL INTEGRATION, CORPORATE GOVERNANCE, AND THE PERFORMANCE OF MULTINATIONAL COMPANIES 4 (1995); Zenichi Shishido, *Japanese Corporate Governance: The Hidden Problems of Corporate Law and Their Solutions*, 25 DEL. J. CORP. L. 189, 198 (2000).

[48] 会社法295条。江頭296頁参照。

[49] See BAINBRIDGE, *supra* note 47, at 54.

[50] アメリカにおいては，いくつかの経営判断は取締役会で決議されなくてはならず，付属定款の変更によっても株主総会にそのような議決権を委譲することはできない。取締役会は会社の経営をつかさどり，基本定款の変更を提案し，合併のような根本的変更を遂行する。これに対して，株主は，そのような根本的変更が効力を有するための承認を与えるが，自らそれらを提案することはできない。Del. Code Ann. Tit. 8, §141 (a) (2001); Cal. Corp. Code §3000 (a) (West 1990); Rev. Model Bus. Corp. Act §8.01 (1984). See Fried & Ganor, *supra* note 43, at 976. 日本では，株主総会は，利益配当や役員報酬等の，アメリカでは株主の権限の範囲外とされている事項をも決議の対象に含み，株主は，取締役会の承認を得ずに，定款変更や合併の提案を行うことも可能である。会社法295条，466条，783条。

[51] See BAINBRIDGE, *supra* note 47, at 53; Fried & Ganor, *supra* note 43, at 967, 976.

の派遣に執着しないことにつながっている可能性がある[52)]。

　日本の会社法は,「取締役は（中略）株式会社のため忠実にその職務を行われなければならない」(355条)と規定しており,種類株主総会で選出された取締役も,選出母体となった株主に対してではなく,会社に対して忠実義務を負うと解されている[53)]。ベンチャー・キャピタルによって選出された取締役は,増資における企業価値の評価や M&A の判断において,利益相反的立場に立たされる可能性が高いため,忠実義務違反を問われる潜在的リスクがあると考えられる[54)]。

　このような問題に対して,デラウェア州の判例は,種類株主（ベンチャー・キャピタル）が選出する取締役が取締役会の過半数を占める場合には,ベンチャー・キャピタルによって選出された取締役は,会社の利益にかなう限りは,普通株主の不利益において種類株主の利益となる経営判断を行うことができるという,忠実義務の「支配権依存的 (control-contingent)」解釈をとり[55)],ベンチャー・キャピタルに対して,種類株式を用い,かつ取締役会の支配を取得するインセンティブを与えていたが[56)],最近のトラド判決によって,判例の方向性が揺らいでいる[57)]。

　さらに,取締役の対第三者責任に関する日本の会社法の規定が,ベンチャー・キャピタルをして取締役を派遣することを躊躇させている可能性が高い。会社法429条は,「役員等がその職務を行うについて悪意又は重大な過失があったときは,当該役員等は,これによって第三者に生じた損害を賠償する責任を負う」と定めているが,「第三者」には会社債権者が含まれ,債務不履行に

---

52)　*See* Shishido, *supra* note 22.
53)　江頭405頁参照。
54)　高原・前掲注 *29*) 408 頁参照。
55)　*See* Fried & Ganor, *supra* note *41*, at 993; Equity-Linked Investors, L. P. v. Adams, 705 A. 2d 1040 (Del. Ch. 1997); Orban v. Field, No. 12820, 1997 Del. Ch. LEXIS 48 (Apr. 1, 1997).
56)　Fried & Ganor, *supra* note *43*, at 993.
57)　*In re* Trados Incorporated Shareholder Litigation, 2009 Del. Ch. LEXIS 128 (July 24, 2009). 本件は,残余財産分配優先権により,優先株主は5200万ドルを収受するが,普通株主は全く対価を受け取れないことになる合併案を承認した取締役会決議に関して,元株主が取締役の忠実義務違反を理由とするクラスアクションを提起した事件であり,デラウェア衡平法裁判所は,被告の棄却申請 (motion to dismiss) を退けた。

陥った会社の非執行取締役が，実際に監視監督義務違反による損害賠償責任を負わされた事例も少なくない[58]。ベンチャー企業は上場企業に比して一般に倒産リスクが高い会社であると考えられており，かつ，取締役の対第三者責任は事前の責任限定の対象とならないので，ベンチャー企業の取締役に就任することは，潜在的な無限責任のリスクを負うことになる。アメリカには，このような取締役の会社債権者に対する責任を定める規定は存在しない。

2 税　法

前述のとおり，2001（平成13）年から2005（平成15）年にかけての会社法改正によって大幅な規制緩和がなされ，シリコンバレー・モデルのベンチャー・キャピタル投資契約を締結する上での会社法上の障害はほとんど取り払われたが，未だ税法上の障害が残っている。

とくに大きな問題は，シリコンバレーにおける「スウェット・エクイティ」の実務が，日本では，贈与ないし寄付金として課税される可能性があることである。アメリカでは，ベンチャー・キャピタルは起業家に対して，その物的資本の拠出に比してはるかに多くの株式持分を保持することを認めるが，それは，起業家に対してより大きなインセンティブを与えることによって，自らの利得を最大化するためである。アメリカの課税当局（IRS）はこのようなスキームを公認したことはないが，課税上問題としないことが確定した実務とされてきた[59]。これに対して，日本の国税庁は，スウェット・エクイティのスキームによってベンチャー・キャピタルから起業家に対して価値の移転が起きたとして，

---

[58]　江頭472頁参照。

[59]　このような課税実務は，アメリカのベンチャー業界において，「10倍ルール（ten-to-one rule）」と呼び習わされてきた。すなわち，起業家が取得した普通株式価格の少なくとも10倍以内であれば，ベンチャー・キャピタルが優先株式をそれより高い価格で引き受けたとしても課税上の問題は生じないという業界常識である。実際には10倍以上の評価がなされることも少なくないといわれてきた。*See* Ronald Gilson & David Schizer, *Understanding Venture Capital Structure: A Tax Explanation for Convertible Preferred Stock*, 116 HARV. L. REV. 874, 892, 898, 900 (2002-2003). ただし，公正な価格基準を強化する内国歳入法典409A条（IRC§409A）が2009年に発効して以来，不確定要素が増したともいわれている。宍戸・前掲注6) 344頁参照。

贈与ないし寄付金であると認定する可能性がある[60]。国税調査で否認されるリスクそのものが，起業家およびベンチャー・キャピタルがスウェット・エクイティのスキームを用いるインセンティブを阻害している。その結果として，果実の分配と支配の分配の補完関係が成立せず，双方向のエージェンシー問題は未解決のままとなっている[61]。

　ベンチャー・キャピタル側の税法上の問題点は，ベンチャー・キャピタリスト個人が有限責任とパス・スルー課税の両方を得ることができないことである。日本でも，ベンチャー・キャピタル・ファンドの受け皿となる投資事業有限責任組合（LPS）はパス・スルー・エンティティーとして認められているが，ベンチャー・キャピタリスト個人がパス・スルー課税を受けるためには無限責任のリスクをとらなくてはならない。アメリカでは，LPS の無限責任組合員（GP）を LLC（Limited Liability Company）とすることによって，当該 LLC の社員であるベンチャー・キャピタリスト個人は，パス・スルー課税を受けられるだけでなく，有限責任の恩典を享受することができる。このような差異は，ベンチャー・キャピタル・ファンドの無限責任組合員は金融機関の子会社であるベンチャー・キャピタル株式会社であり，実際に投資運用を行うベンチャー・キャピタリストはその従業員であることがほとんどの，日本のベンチャー・キャピタル業界の現状においては大きな問題とはいえないが，シリコンバレー型の独立系ベンチャー・キャピタル参入の阻害要因になっている可能性がある。

　さらに，二つの非中立的税制が，日本の M&A 市場が未発達であることに影響を与えている。第一に，上場株式に比して，未公開株式の売却に対してより高い税率のキャピタル・ゲイン課税がなされる。そのため，創業者は，その

---

60) ベンチャー企業におけるスウェット・エクイティのケースではないが，低い価格での第三者割当増資によって既存株主から新株主へ利益移転が行われたとして，法人税法 22 条 2 項における無償の「資産の譲渡」「その他の取引」であると判断された比較的最近の最高裁判例（最判平成 18・1・24 日集民 219 号 285 頁〔オーブンシャホールディングス事件〕）は，ベンチャー企業におけるスウェット・エクイティの仕組が寄付金・受贈益の問題を惹起する可能性があることを示している。宍戸・前掲注 6) 345 頁参照。

61) See Zenichi Shishido, Sweat Equity as a Gift (Working Paper for the Sho Sato Conference at UC Berkeley Law School, March 9-10, 2009 available at http://www.law.berkeley.edu/files/sho_sato_tax_conf_web_paper--shishido(2).pdf).

支配株式を IPO 前に大企業等に売却するインセンティブを阻害される。第二に，株式交換による M&A における課税繰延措置が外国企業が買収者である場合には適用されないことも，外国企業の参入による M&A 市場の発展を妨げている[62]。

3 労働法および不正競争防止法

　日本において大企業からのスピンオフ・ベンチャーが少ない理由の一つとして，雇用に関する労働法規制の違いとトレード・シークレットの保護に関する法制度の違いをあげることができる。

　雇用に関する法規制は日本とシリコンバレーとで大きく異なっている。アメリカにおける解雇法制は，「アット・ウィル (at will)」ルールと呼ばれており，雇用者は合理的な理由がなくても，被用者をいつでも解雇する権利がある[63]。また，シリコンバレーが位置するカリフォルニア州の労働契約法は，退職後の競業禁止契約 (covenants not to compete) を無効としている[64]。これに対して，日本では，「解雇権濫用法理」に基づく厳格な解雇規制がとられ[65]，また，退職後の競業禁止契約は公序に反しない限り契約自由の範囲とされている[66]。

　トレード・シークレットの保護に関する法律の規定自体は日米で大きな差異はないが[67]，判例および実務的対応が異なっているように思われる。カリフォ

---

[62] コーパー・前掲注 41) 472 頁参照。
[63] ただし，アメリカにおいても，人種差別や性差別による解雇の禁止等，アット・ウィル・ルールの例外となる州法ないしコモン・ロー上の規制の存在を考慮に入れると，雇用者にとって，被用者を解雇する法的リスクは低くない。*See* J. H. Verkerke, *Discharge, in* LABOR AND EMPLOYMENT LAW AND ECONOMICS 447 (Kenneth G. Dau-Schmidt et al. eds., 2009).
[64] *See* Ronald Gilson, *The Legal Infrastructure of High Technology Industrial Districts: Silicon Valley, Route 128, and Covenants not to Compete*, 74 N. Y. U. L. REV. 575 (1992).
[65] 菅野和夫・労働法（弘文堂，第 10 版，2012）552 頁以下。
[66] もっとも，カリフォルニア州以外のアメリカの州法では，競業禁止契約は，日本同様，合理の原則の下に，契約自由の範囲とされている。
[67] 経済産業省「営業秘密に関する法制度の運用実態」(2006) (http://www.meti.go.jp/policy/economy/chizai/chiteki/pdf/08asia/07asia-2.pdf)，経済産業省「営業秘密管理指針」(2003 年 1 月 30 日，2011 年 12 月 1 日改訂) (http://www.meti.go.jp/policy/econo

ルニア州では,スピンオフした元従業員に対するトレード・シークレット訴訟に企業側が勝利するのは困難であると考えられており,そのような訴訟を提起すると企業の評判が下がるといわれている[68]。これに対して,日本においては,一般的に訴訟件数が少ないといわれているにもかかわらず,トレード・シークレット訴訟は相当数提起されているという印象を受ける[69]。

以上のようなスピンオフに関連する法制度の違いが,外部労働市場の流動性の違い,大企業からのスピンオフによってもたらされる情報集積の違いにつながっている可能性がある[70]。

4 金融商品取引法の規制

ベンチャー・キャピタルに対する業規制は,2006（平成 18）年の改正によって規制が強化された[71]。ベンチャー・キャピタル・ファンドを含むプライベート・エクイティ・ファンドの組成,運用,販売を行うためには,原則として,金融商品取引法上の第二種金融商品取引業及び投資運用業の登録を受けることが必要となった[72]。

---

　　my/chizai/chiteki/pdf/111216hontai.pdf）参照。
68) *See* ALAN HYDE, WORKING IN SILICON VALLEY: ECONOMIC AND LEGAL ANALYSIS OF A HIGH-VELOCITY LABOR MARKET 38 (2003).
69) 佐藤公亮「営業秘密保護制度」宍戸＝VLF編・前掲注 3）502 頁以下参照。
70) 日本においては,いわゆる終身雇用制度や会社共同体的社会規範が,このような法制度上の違いと補完的に大企業からのスピンオフ・ベンチャーの増加を妨げていると考えられる。
71) 大崎貞和「ベンチャー・キャピタルの活動をめぐる規制」宍戸＝VLF編・前掲注 3）176 頁参照。
72) 集団投資スキーム持分のように,証券や証書の形で表現されることの有無にかかわらず,金商法上は有価証券として規制の対象となるものは「みなし有価証券」と呼ばれる（金商 2 条 2 項 5 号）。金商法は,みなし有価証券の売買や新たに発行されるみなし有価証券への投資の勧誘（募集,私募）を業として行うことは,金融商品取引業者の業務の種別の一つである第二種金融商品取引業に該当し,内閣総理大臣による登録を受けることが必要だと定めている（金商 28 条 2 項 1 号・29 条）。また,主として有価証券等に対する投資を行う集団投資スキーム持分の保有者から拠出された金銭等の運用を業として行うことは,金融商品取引業者の業務の種別の一つである投資運用業に該当し,やはり金融商品取引業者としての登録を受けることが必要である（金商 28 条 4 項 3 号・29 条）。宍戸善一＝大崎貞和・ゼミナール金融商品取引法（日本経済新聞出版社,2013）106 頁参照。

ただし，ベンチャー・キャピタルに対して厳格な業規制が及ぼされると，ファンドの運営コストが著しく高まるといった批判が強かったこともあり，プロ投資家である適格機関投資家のみ，または適格機関投資家と49名以下の非適格機関投資家のみを対象として集団投資スキーム持分の自己募集と運用を行うだけであれば，適格機関投資家等特例業務とされ，投資運用業の登録を受ける必要はないものとされている（金商63条，施行令17条の12第2項）。金融商品取引法は，そうした業者に対しては金融商品取引業者としての登録義務を課さず，商号や主たる営業所の所在地など一定の事項をあらかじめ届け出るだけで営業することを認めている[73]。

ベンチャー企業の資金調達に関しても，それが公募に該当する場合には，金融商品取引法上の情報開示規制を受けるので注意が必要であるが[74]，一般のベンチャー企業についてはあまり重要な問題とはなっていない。むしろ，2009（平成21）年の改正によって導入された内部統制報告制度（J-SOX）によって，IPO後の情報開示コストが高まり，ベンチャー企業がIPOを躊躇したり，上場企業が私企業化（going private）を行う原因になっていることが問題である[75]。

VII おわりに

シリコンバレーにおけるベンチャー・ファイナンスは，物的資本の拠出者と人的資本の拠出者の動機付け交渉が，二段階に分かれ，かつ，それぞれが二チ

---

73) 内閣総理大臣による登録を受けた金融商品取引業者は，金融庁や証券取引等監視委員会による日常的な監督・検査の対象とされる。これに対して特例業者としての届出を行った者については日常的な監督・検査は及ぼされないが，業務に関する状況を確認するために特に必要がある場合，その必要の限度において，報告や資料の徴求，立入検査などが行われる可能性がある（金商63条7項，8項）。宍戸＝大崎・前掲注72) 107頁参照。
74) 大崎貞和「ベンチャー企業の資金調達をめぐる規制」宍戸＝VLF編・前掲注3) 182-188頁参照。
75) 宍戸善一＝大崎貞和「SOX法・JSOX法の比較とインセンティブ効果」宍戸編・企業法・前掲注1) 369頁以下参照。

ーム間交渉イメージの動機付けパターンになっている。起業家はベンチャー・キャピタルに会社支配を譲り渡し，ベンチャー・キャピタルは起業家にスウェット・エクイティを認める形で，支配の分配交渉と果実の分配交渉が補完的に，双方向のエージェンシー問題の解決に寄与している。しかし，日本のベンチャー・ファイナンスの実務は，必ずしもシリコンバレー・モデルのようにはなっておらず，双方向のエージェンシー問題は未解決の部分が大きい。

このようなベンチャー・ファイナンスの実務の違いは，背景にある資本市場や労働市場の違いや社会規範の違いによるところもあるが，法制度が影響しているところも少なくない。今世紀に入ってからの度重なる会社法改正による規制緩和によって，契約実務上の多くの障害は取り払われたが，税法上の障害が，シリコンバレー型の動機付け交渉を阻んでいる部分が大きい。人的資本のエグジット（外部労働市場）および物的資本のエグジット（IPO市場およびM&A市場）のあり方が，ベンチャー・ファイナンスの手法に補完的に作用するが，雇用保護やトレード・シークレットの保護法制が，外部労働市場の流動化を妨げている側面，会社法や税法がM&A市場の発展を妨げている側面がある。

今後も，ベンチャー・ファイナンスにおいて効率的な動機付け交渉を妨げている原因を一つずつ取り除いていく規制緩和の努力が必要である。

第II部
株 式

株式会社法大系

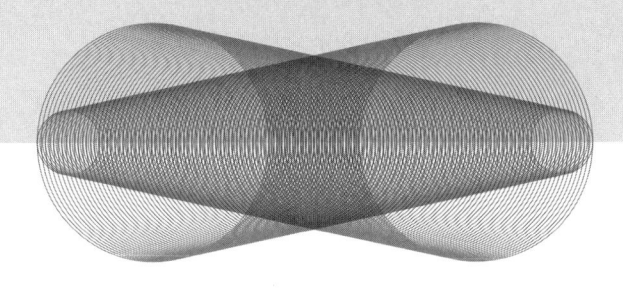

II

法科

種 類 株 式

Ⅰ　はじめに
Ⅱ　一株一議決権をめぐる理論的な問題
Ⅲ　上場制度と会社法
Ⅳ　閉鎖会社における種類株式の活用
Ⅴ　種類株式をめぐる税制上の問題

森　田　果

Ⅰ　はじめに

　本稿は，種類株式に関するこれまでの議論のサーベイと，種類株式をめぐる現在の会社法・上場制度・税制についての簡単な評価を提供することを目的とする。
　種類株式が，閉鎖会社における株主間の多様なニーズに対するアレンジメントの実現のために有用であることは，会社法制定前から主張されてきたし，改正前商法と会社法が種類株式に関する法規整を展開してきたことの1つの大きなモチベーションであった。けれども，会社法制定後は，そのようないわば「古典的」な種類株式の利用以外にも，買収防衛策など上場企業におけるコーポレートガバナンスのツールとしての種類株式の利用についても着目が集まってきた。そこで本稿では，まずⅡにおいて，コーポレートガバナンスのツールとしての種類株式，あるいは，一株一議決権からの逸脱がどのように理論的に位置づけられるのかについてサーベイを行った上で，Ⅲにおいて，現在の会社法および上場制度のあり方について簡単な検討を行う。
　他方で，種類株式の「古典的」な利用の場面においても，会社法制定以後，

いくつかの新たな問題が提起されてきている。そこで，Ⅳにおいてそのような利用場面における問題のいくつかについて検討した上で，Ⅴにおいてそれに伴う税制上の問題について検討を加える。

Ⅱ　一株一議決権をめぐる理論的な問題

　普通株式がコントロール権とキャッシュフローに預かる権利とを持株数に応じて比例的に付与される証券（一株一議決権）であるのに対し，種類株式の大部分[1])は，かかるコントロール権とキャッシュフロー権との一対一の対応を何らかの形で修正する証券である。一株一議決権を修正するメカニズムは種類株式以外にも，さまざまなものが存在するが，そのような一株一議決権の修正が果たして望ましいものなのかどうかについては，理論的にも実証的にも多数の研究がなされてきた。

　EUにおいても，コーポレートガバナンスをめぐる規制の一環として，一株一議決権制度についてEUレベルでどのような規制を設定するかについて詳細な検討がなされた[2])。その過程において，一株一議決権からの逸脱に関する理論研究 (theoretical studies) および実証研究についてのサーベイが公表されている（Burkart and Lee〔2008〕および Adams and Ferreira〔2008〕）ので，本稿は，これらのサーベイを簡単に紹介する。その上で，一株一議決権と類似した構造をもつ問題である，empty voting と株式持合について簡単に言及したい。

---

1) 譲渡制限種類株式は除く。取得請求権・取得条項付種類株式については，一定の事象をトリガーとして会社あるいは株主に請求権を与えるという意味で，コントロール権に関するアレンジメントだと捉えうることについては，森田（2009）第2章を参照。
2) EUにおける最終的な結論は，理論的にも実証的にも，一株一議決権からの逸脱が企業価値・社会厚生に対して及ぼす影響はさまざまであること，および，大企業によるロビー活動の結果，EUレベルでは何らの規制も設定せず，各加盟国の法制度の自由に委ねる形となっている（International Finance Corporation〔2008〕）。

1 一株一議決権をめぐる理論的な分析

　一株一議決権からの逸脱が企業価値や社会厚生に対して何らかの影響を及ぼすチャンネルとしては，支配権の移転の場面，大株主（blockholder）のインセンティヴが問題となる場面，資金調達の場面とがある。それぞれの場面において，一株一議決権とその逸脱がどのような影響を及ぼすのかを見ていこう。なお，ここで Burkart and Lee (2008) が一株一議決権からの逸脱として主に取り上げるのは，株式を，キャッシュフロー権については等しくしたまま，コントロール権についてだけ議決権株式と無議決権株式の2種類に分割した場合（dual class stock）なので，以下でもこれを前提にしている。それ以外の種類株式については後述する。

(1)　支配権の移転の場面での一株一議決権

　支配権の移転といっても，さまざまな状況がある。ここでは，株式保有構造に着目し，米国のように分散保有がなされている場合とドイツやフランスのように支配株主が存在する場合とに分けて見ていこう。なお，この場面での評価基準は，効率的な支配権の移転が実現されるかどうか，である。すなわち，価値を増大させるような支配権の移転を実現させ，価値を減少させるような支配権の移転を実現させないような法制度が望ましいものと評価される。

　(a)　株式が分散保有されている場合　　株式が分散保有されている場合，支配権の移転は株式公開買付けのような形で，多数の株主から株式を買い取る形で行われることになる。この場合については，買収者が1人しか存在せず，この買収者が分散保有している株主に対して株式の提供を呼びかける場合と，複数の買収者の間で競争が行われる場合とで結論が異なってくる。なお，以下の分析については，公開買付けルールのあり方も重要な影響をもってくるが（Burkart and Lee〔2008〕），本稿ではこの点には立ち入らない。

　まず，買収者が1人しか存在しない場合から考えよう。この場合，対象会社株主によるフリーライド問題のために，買収後の企業価値の方が買収前の企業価値より高い場合であっても買収がなされない，という非効率性が発生してしまう。なぜなら，対象会社株主は，買収後の企業価値を予想してそれ以上の価格でしか買収に応じないから（買収者による企業価値の増加分へのフリーライド），

買収に何らかのコストが発生する以上，買収者は買収に乗り出さなくなってしまうからである[3]。そして，このフリーライドの構造は，一株一議決権を貫くか否かによって変わらない。

もっとも，現実には，買収後の企業価値について対象会社株主が事前に情報をもっていることは稀だろう。そこで，買収後の企業価値については買収者の私的情報であり，対象会社株主はその平均値しか知らないという非対称情報の場合を考えると，一株一議決権は意味をもってくる。

かかる非対称情報というより現実的な設定の下でも，対象会社株主が買収後企業価値の平均値以上でしか買付けに応じないとなると，依然としてフリーライド問題は残る。しかし，この場合に種類株式制度が採用されていると，買収者は無議決権株式を購入する必要がなく，議決権株式のみを購入すればよいことになるから，買収者にとって必要な株式数が減り，逆に買収後の企業価値のより多くを取得できることになる。この結果，買収を試みる買収者が増え，それに伴って買収後企業価値に関する市場の信念も低い方へと改訂され，それが再び多くの買収者を生み出す。このように，一株一議決権原則からの逸脱は，フリーライド問題を緩和し，効率性を改善する効果がある。

さらに，企業のコントロール権をもつ者は企業価値から私的価値を抽出することができるという設定も追加してみよう。一見，このような私的価値の抽出は単なる富の移転であって非効率なようにも見える。しかし，種類株式制度の下では，買収者にとって買収に必要なキャッシュフロー権の量が減り（議決権株式のみを買収すればよいから），買収後の私的利益の抽出によって多くの利益を獲得できるから，ここでも種類株式制度はフリーライド問題の緩和に役立つことになる。

以上のように，社会厚生という観点からは，一株一議決権から逸脱する種類株式制度は，フリーライド問題を緩和する限りにおいて効率的なアレンジメントだといえる。しかし，それが対象会社株主の観点から最善のアレンジメントであり，自発的に採用されるものであるかというと，必ずしもそうではない。

---

[3] これを防ぐためには，買収者に対し，買収後の企業価値の一部を分け与えたり，買収前に一定量の株式の取得を認めたりするなどして，一定の利益分配を行う必要がある。

対象会社の株主に発生する費用便益は，潜在的買収者（その私的利益も含む）に発生する費用便益も含めた社会的な費用便益とは一致しないからである（外部性）。このため，買収を過剰に促すアレンジメントが採用される場合もあるし，逆に過剰に抑制するアレンジメントが採用される場合もあることになる。

次に，複数の買収者間で競争が行われる場合についてはどうか（Grossman and Hart〔1988〕）。この場合，競争者間で，自らがもたらす企業価値と私的利益の総和の高い方が競争に勝利する。そうすると，最終的な買収価格は，企業価値に私的利益の一部を加えた形になり，いわゆるコントロールプレミアムの支払がなされることになる。

種類株式制度が採用されていると，企業価値の全て（議決権株式＋無議決権株式）について買付けを行う必要はなく，議決権株式の部分にだけ買付けを行えばよいことになる。そうすると，企業価値の一部しか競争に反映されないから，企業価値と私的利益の総和では上回っていた買収者による買収が成功するとは限らず，私的利益がより大きい側の買収者が勝ってしまう可能性が出てくる。これに対し，一株一議決権の場合には，必ず企業価値と私的利益の総和が大きな買収者が勝つという効率的な結果が実現される。

このように，一株一議決権の方が社会的には望ましい結果をもたらすが，対象会社株主の観点からは，それが必ずしも最善の選択肢であり自発的に選ばれるものだとは限らない。なぜなら，種類株式制度の方が私的利益がより大きく反映されるので，コントロールプレミアムの額が高くなるからだ。この点に着目すると，一株一議決権を強行法規の形で適用することが望ましいともいえそうだ。

他方，前述したように，買収者が1人しか存在しない場合には種類株式制度はフリーライド問題の緩和に役立つ。このため，一株一議決権の強制は，この場合における非効率性をもたらす。したがって，政策決定にあたっては，買収者が1人の場合と複数の場合とでどちらがより現実的なのかを判断しなければならないことになる。

もっとも，ここで注意しなければいけないのは，以上の分析で前提となっている「株式が分散保有されている場合」とは，普通株式だけが分散保有されている状態を指しているのではないことだ。種類株式が発行されている場合，各

種類の株式（特に買収の成否に影響する種類株式）も分散保有されており，買収者がそれを自由に売買できる状態であることが前提になっている。しかし，議決権株式だけをめぐって買収者間の競争が発生するという状況は，少なくとも日本やヨーロッパの現状を考えると，かなり非現実的な想定だろう。むしろ，買収の成否に影響する種類株式を支配株主や持合株主などが保有している状況の方が一般的であると予想され，そのような状況については，次に見る「支配株主が存在する場合」に分類されることになる。

(b) 支配株主が存在する場合　以上に対し，支配株主が存在する場合，その企業の支配権を取得するためには，当該支配株主から持株を買い取らなければならない（そして，それで足りる）。このため，支配権の移転は，買収者と支配株主との間の相対交渉の形をとる。このケースでは，分散保有されている場合と異なり，常に一株一議決権が望ましい。その理由は，分散保有企業で買収者が複数存在する場合と基本的に同じである。

すなわち，種類株式制度が採用されている場合，買収者と支配株主との間の交渉は，支配株主が保有する過半数以上の議決権株式に相当する企業価値部分と私的利益の総和のより大きい方が最終的に支配権を取得する結果になる。支配株主が保有しない残りの議決権株式や無議決権株式は買収交渉のテーブルには載らない。このため，私的利益が交渉結果に影響する度合いがさらに高まり，種類株式制度の下では，非効率な買収であっても成立してしまう蓋然性が高まってしまう。

もっとも，分散保有されている場合と異なり，一株一議決権であれば常に効率的な結果が達成されるとは限らない。議決権株式の全体が買収の対象になるのではなく，支配株主の保有分しか買収の対象にならないので，買収者も支配株主も，支配権の移転が少数派株主に及ぼす影響の全てを内部化しないからである。ただ，非効率な支配権の移転が発生する蓋然性は，議決権株式の占める割合が小さくなればなるほど高まる。とすれば，一株一議決権は，支配株主の保有割合を前提とすれば，議決権株式の割合を大きくすることによって，セカンドベストな支配権の移転をもたらすことになる。

このように一株一議決権が社会的に望ましいとしても，支配株主がこれを採用するインセンティヴをもつとは限らない。分散保有で買収者が複数存在する

場合と同様に，種類株式制度を採用することによって，支配株主はより多くのコントロールプレミアムを取得することができる。このため，支配株主は，非効率な支配権の移転が実現される蓋然性を高めてでも議決権株式の割合を減少させるインセンティヴをもつことになる。とすれば，この場合における一株一議決権の強行法規としての強制は社会厚生を改善することにつながりうる。

このように，株式が分散保有されている場合に種類株式が社会厚生を改善するシナリオがかなり非現実的であることに鑑みれば，支配権の移転の場面においては，一株一議決権の方が種類株式よりも一般的に望ましいといっておおよそ良さそうである。

(2) 大株主のインセンティヴ

続いて，大株主（blockholder）が存在する場合に，種類株式の有無がどのようにそのインセンティヴに影響を与えるのかを見ていく。もっとも，大株主といってもさまざまであり，他の一般株主と同じインセンティヴをもつ大株主もいれば，支配株主，あるいは，支配株主と通謀することによってそれと同じインセンティヴをもつ大株主もいる。そこで以下では，前者のタイプを外部大株主，後者のタイプを内部大株主と呼んで区別して検討する。

(a) 外部大株主のモニタリング　株式会社制度の基本的な分析枠組みの1つは，株主と経営者の間のエージェンシー問題である（Kraakman et al (2009)）。株式が分散保有されている場合には，一人一人の株主は経営者をモニタリングする十分なインセンティヴをもたないが，大株主が存在する場合には，モニタリングが実効的になされる可能性が出てくる。

かかる大株主によるモニタリングのインセンティヴは，大株主がもつキャッシュフロー権が大きくなればなるほど増える。また，コントロール権をより多くもつことで，株主総会での議決権行使などを通じてモニタリングをより実効的に行える蓋然性が高まる。しかるに，より多くの株式を保有することには(機会)費用が発生するから，種類株式制度を導入することによって，より少額の資金でより多くのコントロール権の取得が可能になれば，その分，外部大株主によるモニタリングは強化されることになる。

したがって，ガバナンスにとってより実効的なモニタリングが望ましいのであれば，種類株式制度を導入し，レバレッジのかけられた議決権種類株式を流

通させることによって，大株主のモニタリングを強化できることになる。この限りで，一株一議決権からの逸脱が効率性を改善しうる。もちろん，レバレッジのかけられた議決権種類株式を内部者が保持しているような場合には，この議論はあてはまらない。

(b) 内部大株主による私的利益の抽出　これに対し，内部大株主が存在する場合には話は違ってくる。外部資金調達を行った場合に常に発生する問題であるが，この場合には，内部者が企業価値を私的利益に変換してしまう可能性がある。このような内部者による私的利益の抽出について，株主総会による同意が必要とされるような場合に，一株一議決権からの逸脱の有無が影響を与える。

株主総会による同意が必要な企業行動については，内部株主は，一般株主からの同意を取り付けなければこれを行うことができない。その際に，種類株式制度が導入されていて，内部大株主が議決権にレバレッジのかけられた種類株式を保有していると，内部大株主は，他の一般株主をあまり気にせず私的利益の抽出を実行できることになる。

このように，一株一議決権から逸脱した種類株式制度は，内部大株主がいる場合には，株主間のエージェンシー問題を悪化させてしまう。内部大株主が私的利益を抽出するインセンティヴと能力とを同時に強めてしまうからである。これに対し，一株一議決権は，そのようなインセンティヴも能力も弱めるので，望ましいルールだといえる。

このように，種類株式は一概に良いとも悪いともいうことはできない。外部大株主のモニタリングを強化されるために使われるのであれば望ましいけれども，内部株主による私的利益の抽出のツールとして使われるのであれば望ましくないことになる。

(c) コーポレートガバナンス一般のトレードオフ　そもそも株主と経営者の間のエージェンシー問題を緩和するための手段としては，大まかにいって，大株主によるモニタリングを活用するか，会社支配権市場の規律効果を活用するかの2通りがある[4]。一株一議決権制度は，この2つのメカニズムに対して逆方向に作用する。より多くの株式を保有することは，モニタリングのための経済的インセンティヴを高めると同時に，買収にさらされるリスクを減らすか

らである。ただ，種類株式を導入するとこの点が解決されるかというとそうではない。キャッシュフロー権を多くもちつつコントロール権は少ないという内部者は現実にはほとんど存在せず，現実にはその逆が大部分だからである。

そうすると，現実に存在するガバナンスメカニズムは，分散保有されていて会社支配権市場での規律効果にさらされるものの株主と経営者の間の利害の合致が十分に図られていない状態か，あるいは，会社支配権市場から隔離された大株主が会社をコントロールしている状態かのいずれかになる。では，どちらがより優れたガバナンスメカニズムなのかというと，それは一概にはいえない。前者は株主・経営者間のエージェンシー問題に十分対処できない可能性があるし，後者は株主間のエージェンシー問題を生じさせやすいので，一長一短があるからだ。

とすると，種類株式制度による大株主による集中保有構造の強化を制約し，一株一議決権を強制しようというのであれば，大株主によるモニタリング以外の他のガバナンスメカニズムが経営者を十分に規律するだろうという予測[5]がベースになければならないだろう。実際，大株主によるモニタリング以外のガバナンスメカニズムが弱い国で集中保有構造が普及している傾向に鑑みれば，集中保有構造を弱めるために一株一議決権の強制を行う前に，一般的なガバナンス環境の改善を行っておかなければいけない可能性がある。もちろん，逆の因果関係が働いている可能性もあり，その場合には先に一株一議決権の強制をすることが合理的となる。ともあれ，一株一議決権には費用も便益もあり，その一律の強行法規という形での採用の是非には，ガバナンス環境一般に関する一定の政策判断が前提となることに注意が必要である。

(3) 資金調達手段としての種類株式

ここまでに見てきたようなガバナンスの手段としての種類株式の他，種類株式には，コントロール権とキャッシュフロー権の多様な組み合わせを可能にす

---

[4] これら以外にも，たとえば社外取締役の導入などガバナンスメカニズムを整備することも考えられる。しかし，本文ではそのような法制度的なアプローチ（ソフトローを含む）ではなく，社会制度的なアプローチに焦点を絞っている。たとえ法制度面での整備を進めたとしても，社会制度的なサポートがなければ法制度は実効的に機能しにくいからである。

[5] たとえば，Holmstrom and Kaplan (2001)。

ることで，企業が投資家に対して発行できる証券の種類を多様化する。逆に，一株一議決権の強制は，このような資金調達手段に制約を加えることになるから，企業の資金調達決定，さらには，投資決定に対して歪みを与える可能性がある。

特に，一株一議決権が強制された場合，大株主となるのに必要な資金が，議決権種類株式だけを買い集めればよい種類株式の場合に比べると多額になり，集中所有構造が現れにくくなる。そうすると，買収の脅威にさらされやすくなるから，企業の所有者が IPO をすることをためらう結果になるかもしれない。これに対し，種類株式制度が利用可能であれば，起業家によって IPO が積極的に選択されるようになる可能性がある。種類株式の利用は，それによってガバナンスを弱める（会社支配権市場の規律効果をなくし，株主間利害対立を生じさせる）のではなく，むしろ貧弱なガバナンス環境から生じた内生的な選択結果であると捉えられるのであれば（前述），種類株式の利用を認めることにも一理ある。

なお，資金調達という側面から見ると，種類株式が採用された場合に，支配株主による私的利益抽出の可能性[6]が生まれることは，必ずしもそれが非効率であることを意味しない。合理的な投資家であれば，そのようなリスクを事前に予測し，割り引いて証券を取得するからだ[7]。だとすれば，投資家がリスクをシステマティックに過小評価するような事情がない限り，一株一議決権の強制という形での規制の介入の必要はなさそうである。起業家も，投資家のかかる反応を予測して高い資本コストを織り込んだ上で内生的に証券構造を選択するはずだから，結果として実現した証券構造は最適なものでありそうだ。

ただし，支配株主は，少数派株主の地位を事後的に弱体化することも可能なので，IPO に向かう起業家は，他の株主に対して，そのコントロール権が将来希薄化されないということを十分にコミットできない可能性がある。かかる場合には，種類株式のコントロール権を事後的に弱めるような形で内容変更する

---

6) これが実際に広く観察されることについては，Adams and Ferreira（2008）を参照。
7) たとえば，ソニーの疑似トラッキングストックや伊藤園の無議決権優先株の事例を想起されたい。

ことを認めないか，あるいは，株主の十分な同意を要求することによって，信頼できるコミットメントを回復することができるから，このような形での強行法規の介入は，効率性を改善するものとして合理的である可能性がある[8]。

(4) 小　　括

以上に見てきたように，一株一議決権制度にも，そこから逸脱した種類株式制度にも，コストとベネフィットがあり，どちらかが一般に優れているとは理論的には言い難い——局面を限れば一方が他方より優位であることがあるにしても。さらに，一株一議決権を強行規定として設定することには，より実際的な問題もある。それは，一株一議決権から逸脱する手法は，種類株式制度に限られず，他の手法も多く存在するということだ。複数の企業間でのピラミッド型の株式保有構造や株式持合，さらにはデリバティヴを活用した empty voting によっても，一株一議決権からの逸脱は実現できる。このため，一株一議決権の強制を担保するためには，これらの他の制度までカバーするような包括的なルールを形成しないと実効的ではない。しかしもちろん，そのような法ルールを設計することは相当に困難な作業である。

なお，以上の分析では，種類株式といったときには，議決権株式と無議決権株式の2つのクラスを採用する制度を前提としてきた。しかし，会社法108条に列挙されているように，種類株式には他にもさまざまなものが考えられる。まず，議決権や株式保有に上限を設けるような種類株式は，望ましくない。大株主の出現を抑止することで，大株主によるモニタリングを困難にすると同時に，買収も困難にするので，エージェンシー問題解決のための2つのメカニズムを同時に破壊してしまうからである。また，属人的な種類株式も，買収者による買収利益の実現を困難にして効率的な支配権移転を妨げるので，望ましくない。最後に，拒否権付き種類株式については，拒否権をもつ株主の私的利益の保護に繋がるので，それが社会的に見て効率的な結果をもたらす場合には望ましいといえるだろう。

---

[8] このようなルールは，実際に米国の証券取引所で採用されている。Ferrarini（2006）。

2 一株一議決権をめぐる実証研究

以上に見てきたように，一株一議決権とその逸脱のいずれが優れているのかという点については，理論的にはプラスの場面もあればマイナスの場面もあるので，一概にはいえない。かかる理論的予測が示すとおり，この分野の実証研究の結果も，プラスの結果を報告するものも，マイナスの結果を報告するものも，統計的に有意な差違が観察されないという結果を報告するものもあって，頑強な結論を導き出しがたい（Adams and Ferreira〔2008〕）。

多少なりとも頑強な結果が出てきているのは，種類株式（あるいはそれ以外の一株一議決権からの逸脱）の採用は，企業によって内生的になされているという，証券構造の決定要因に関する分析と，国別比較に基づいた分析によって一株一議決権からの逸脱は株価にマイナスの影響を与えているという分析とくらいである。それ以外の実証研究の結果がばらばらである原因としては，前述した理論的分析から予想されるように，一株一議決権の適否は，その時期の社会環境によって答えが変化しうる性質の問題であることの他にも，次のような推定上のテクニカルな問題があることによる。実証研究を読むにあたっては，これらの点に注意しながらその結果を受け取る必要がある。

まず，企業による，一株一議決権から逸脱するか否かの選択は内生的なものであり，逸脱の効果を測定する際にはこの内生性の問題を克服する必要がある。国別比較の回帰分析を行う際にも，たとえば適切な操作変数を使うなどして内生性に対処する必要があるが，十分に対処できている研究は必ずしも多くはない。同様に，一株一議決権からの逸脱のアナウンスに着目したイベントスタディを行う場合にも，そのようなアナウンスだけの純粋な効果を判別することが難しく，判別に成功していない研究が大部分である[9]。

さらに，一株一議決権からの逸脱の有無をダミー変数として記述することは相対的に容易であるとしても，逸脱の「程度」を数値化して記述することは必

---

9) 内生性についてさらに言うと，ファイナンスの分野では，ほぼ全ての変数が多かれ少なかれ内生的であり，どのような変数をコントロール変数として採用するかによっても，分析結果は変わりうる。

ずしも容易ではない。特に，一株一議決権からの逸脱の態様には，前述したようにさまざまなものがあることを考えると，なおさら難しい。この結果，逸脱の程度をどのように測定するかによって，実証研究の結果も左右されてしまうという事態になってしまっている。

3 補論：代替手段に対する規整のあり方

前述したように，一株一議決権を強行法規として設定しても，それを回避する代替手段はいくつも存在する。たとえば，empty voting[10]については，コントロール権とキャッシュフロー権の一致が崩れて株主利益が害されるとして，情報開示規制や事後規制の導入を提唱するものが多かった[11]。しかし，empty voting によってむしろ，情報をもつ投資家が適切な株主総会決議を導く蓋然性が高まるから株主利益は改善するとか（Christoffersen et al〔2007〕; Kalay and Pant〔2009〕; Brav and Mathews〔2011〕），企業活動の外部性などによって株主利益の最大化が社会厚生の最大化と一致していない場合には empty voting でむしろ社会厚生が改善しうるとか（Barry et al〔2012〕）といった指摘も出てきており，その政策的評価は曖昧になってきている。empty voting に対するどのような規整が望ましいのかについては，今後の理論的・実証的研究のさらなる蓄積が必要だろう。

もっとも，empty voting そのものが日本で問題になっているという事例はあまり耳にしない。実質的に empty voting と同等の機能をもっているアレンジメントが存在するだけである。株式持合解消信託である。empty voting の議論が，外部投資家の行動が問題になっているのに対し，株式持合解消信託は，主に経営者の行動が問題になっているため，empty voting に見られたような情報効率性の改善や株主利益の最大化と社会厚生の最大化の不一致の緩和といったメリットは存在せず，むしろ，株式持合同様の問題点を生じさせることに

---

10) この問題についての最近のサーベイとしては，コーポレート・ガバナンスに関する法律問題研究会（2012）が有用である。
11) 典型例として，Hu and Black（2006, 2007）がある。

なる[12]。

　実際，一株一議決権からの逸脱として日本で重要な位置を占めているのは，empty voting よりもむしろ，株式持合であろう[13]。株式持合の評価についても，重要な研究が公表されているが（得津〔2008-2009〕），株式持合の程度を測定することの難しさ（そしてデータ入手の難しさ）から，株式持合がもたらす効果についての実証研究はこれまで頑強な結果をなかなか報告できていないし，法規整のあり方についてもさまざまな問題点が存在する。この問題についても，さらなる研究成果の蓄積が待たれよう。

III　上場制度と会社法

　前節で見たように，一株一議決権からの逸脱について一律の事前規制を課すことは，必ずしも望ましくないことではない可能性が高い（加藤〔2006〕）。社会環境や企業ごとの違いによって最適な証券構造は異なってきうるからである。その意味で，現行会社法がさまざまな種類株式の利用の道を開いた上で（会社107条・108条），その利用の仕方についてきわめておおざっぱな制約しか設定していない（会社108条1項ただし書・115条）[14]ことには，一定の合理性が認められるかもしれない。

　もっとも，このことは，種類株式の利用を無制限に認めるべきことを直ちに意味しない。種類株式の利用は，前述したように株主間の利害対立というエージェンシー問題を悪化させる。とすれば，このエージェンシー問題を緩和する

---

[12]　株式持合解消信託をめぐる問題点の検討については，コーポレート・ガバナンスに関する法律問題研究会（2012）および白井（2013）を参照。

[13]　その最近の「復活」については，胥＝田中（2009）を参照。

[14]　さらにいえば，単元株制度（会社188条以下）を活用することによって，複数議決権制度を文言上は自由に導入しうるという点も指摘できよう。もっとも，単元株制度の文言解釈と会社法115条とは実質的に矛盾する関係にあるから，前節で述べた理解を前提に，会社法がいずれの立場をとるのかを明確にした方がすっきりするだろう（加藤〔2006〕）。また，会社法115条の規定自体，硬直的に過ぎ，コントロール権とキャッシュフロー権との関係をより直接的に規律した方が望ましいかもしれない（加藤〔2006〕）。

ような事後的な救済策（たとえば会社831条1項3号）が活用できるのであれば，それを積極的に活用することが望ましいであろう。

　それと同時に，株主間の利害対立がより深刻な問題となる上場会社[15]について，よりきめ細かなアレンジメントが可能であれば，証券市場による事前規制（あるいは事後規制も）を活用することも有益だろう。証券構造に関する規制のあり方が市場間で異なっていれば，株式を公開する企業の側で自らに最適な規制を選択できる余地も出てくる。

　ただ，証券市場に委ねるとしても，証券市場が最適なルール設定をするインセンティヴをもつのかどうかは，また別の問題である[16]。証券市場の収入機会は，基本的には，取引参加者である金融商品取引業者等からの売買高等に応じて徴収する手数料や取引参加の負担金，上場会社から時価総額に応じて徴収する年間上場料（さらには上場時の手数料），そして株価情報などの情報利用料からなっている。最後のものの占める割合は少ないと予想されるから，証券市場のインセンティヴ構造は，取引量を最大化すべくより多くの投資家を市場に呼び込むこと，および，できるだけ多くの上場企業を獲得すべく企業にとって魅力的な資金調達機会を提供すること，を目指すものと考えてよいであろう。この2つの目標はときに相対立しうるものなので，証券市場としては，顧客の分布状況を眺めつつ両者の最適なミックスを目指すことになる。それが社会的に最適なルール形成に至るとは必ずしも限らないが，次に見るように，少なくともこれまではかなりうまく機能してきたのではないかと考えられる。

　種類株式をめぐる証券市場の対応としては，まず，東京証券取引所が，2007（平成19）年の「上場制度整備懇談会中間報告」[17]において，一定の指針を示した。そこでは，議決権に関する種類株式は，原則として新規公開時のみ上場を認めること，普通株式を上場しないで優先株式のみの上場を認めることについては検討を継続すること，および，店頭市場（JASDAQ）では種類株式のみ

---

15) 閉鎖会社における少数派株主と異なり，上場会社の少数派株主は分散しているため，支配株主に対して適切なモニタリング・干渉を行うことが難しい。
16) 法ルール形成主体がさまざまなインセンティヴをもちうること，および，それによって法ルールが最適なものから歪められうることについてはたとえば，森田（2012）を参照。
17) http://www.tse.or.jp/listing/seibi/b7gje60000005zc9-att/houkoku.pdf

の上場を認めることを検討すること，が提言されていた。上場制度整備懇談会は，最終的に種類株式に関する論点を落とし，検討は種類株式の上場制度整備に向けた実務者懇談会に引き継がれた。

この懇談会は，2008（平成 20）年 1 月に「議決権種類株式の上場制度に関する報告書」を公表した[18]。そこでは，議決権種類株式は，コーポレートガバナンスに歪みをもたらすので原則として望ましくないが，株主の権利を尊重するスキームなら上場を認めるべきことが提言されている[19]。具体的には，まず，新規公開時以外においては，既上場種類株式よりも議決権にレバレッジのかかった種類株式の上場を認めることについては，既存支配株主が株主の保護の観点から問題があるとして直ちには認めない（検討を継続）こととしている。これは，前述したように，支配株主が少数派株主の地位を事後的に弱体化させることを禁ずる形でコミットメントを可能にしようとするもので，望ましいルールだといえよう。既公開会社については，既公開株式よりも議決権の多い株式の上場を認めないとしている点も，同様の効果を狙ったものだといえる。

その上で，サンセット条項（種類株式の導入の目的が終了した場合等にスキームを解消する条項）やブレークスルー条項（発行済株式総数のうちの一定割合の株式を取得した者が現れた場合にスキームを解消する条項）などが置かれていること，種類株主間の利害が対立する場面における株主保護の方策がとられていること[20]，支配株主の会社の利益相反取引の場面における少数派株主保護の方策がとられていること，新規公開時に議決権レバレッジなしの種類株式のみが上場される場合には，レバレッジつき種類株式の譲渡の際にレバレッジなしの種類株式へ転換する条項が付されていること，が要求されている。

これらの要件のうち，最初のものと最後のものは，前述したような種類株式がそのメリットを発揮する場面に限ってその活用を認め，メリットを発揮しに

---

18) http://www.tse.or.jp/listing/seibi/b7gje60000005zht-att/shurui.pdf
19) ただし，単元株を活用した複数議決権株式について，2 つの種類株式を同時に上場することについてはさらに検討を継続することとしている。
20) 会社法 322 条は多くの場合について種類株主総会決議を要求しているが，実務上は定款の定めによって決議を不要とするのが一般的である。そうすると株主保護の方策がなくなってしまうので，何らかの代替的な方策が求められることになる。

くく，かえってデメリットの方が顕在化しやすい状況になった場合には当該スキームの解消をはかるメカニズムを事前に組み込んでおくことで，できるだけ最適な状況に限って種類株式制度の活用を認めようという趣旨に出たものだと理解できる。また，2つめと3つめのものについては，種類株式の導入によって悪化する株主間のエージェンシー問題を緩和することによって，効率的なアレンジメントを実現しようとする趣旨だと理解できる。

このように，東京証券取引所が進もうとしている方向は，前述した種類株式の理論的な分析と整合的なものであるといえる。少なくとも現在までのところ，証券市場の自主的なルール形成に委ねても，証券市場のインセンティヴの歪みによって社会的に最適なルールからあまりにかけ離れたルールが採用されるという結果にはなっていないといえる。

もっとも，2008（平成20）年にこの報告書が公表されて以後，東京証券取引所においてそれを実行に移す取り組みはさほど積極的には行われてきていないようである。その原因は明らかではないが，おそらく種類株式を上場しようというニーズがさほど存在しないからではないかと推測される[21]。そして，そのようなニーズが低調な理由としては，前述したように，一株一議決権からの逸脱が目指す目的の多くは，株式持合などの他のメカニズムで十分実現できるからであろう[22]。もちろん，多様な資金調達という種類株式の目的の1つは株式持合では実現しえないけれども，その目的についても，種類株式の公募という形で実行するニーズは必ずしも多くはなかった（たとえば負債でもさまざまなアレンジは可能）ということなのだろうか。

IV 閉鎖会社における種類株式の活用

続いて，閉鎖会社における種類株式の活用について見ていきたい。ここでは，いわゆる小規模閉鎖会社と，ヴェンチャー企業など，将来の株式公開あるいは

---

[21] 数少ない具体例である伊藤園の例については，谷川（2009）を参照。
[22] 株式持合が活用されている具体例としてはたとえば，胥＝田中（2009）を参照。

株式売却を目標とすることの多いいわゆる未公開企業とに分けて検討していく。

1 小規模閉鎖会社

小規模閉鎖会社において種類株式を活用する場面としては，効率的な権限分配のためのツールとして活用する場合，事業承継において活用する場合，資金調達の手段として活用する場合，とが考えられる。以下，それぞれについて見ていく。

(a) 効率的な権限分配のためのツール　小規模閉鎖会社においては，会社法の予定した資本多数決（あるいは一株一議決権）にしたがった意思決定ルールが最適であるとは必ずしも限らない。株主一人ひとりの個性が重要であること多いから，持株数にしたがった単純な多数決のみで会社の意思決定を進めていくことは，必ずしも関係当事者の合理的意思に沿わない。そのような場合に，種類株式（特に役員等選任種類株式・会社 108 条 1 項 9 号）を使ってコントロール権・キャッシュフロー権を，当事者の合理的意思に沿うように組み立て直すことは，望ましいアレンジメントであるといえる。

実際，会社法制定後に，実務家向け法律雑誌などにおいて中小企業における種類株式の活用方法を特集する例が散見されるが[23]，実際に中小企業において種類株式が効率的な権限分配のツールとして積極的に活用された事例というのは，あまり報告されていないようである。同じく閉鎖会社でも合弁会社のようなケースでは種類株式が積極的に活用されていると推測されるが，多数の中小企業における種類株式の活用事例があまり報告されないのは，次の 2 つの事情のいずれかがあるのではないかと考えられる。

まず考えられる事情は，小規模閉鎖会社における株主間の関係は，明示的な契約の外の黙示的な社会的関係によって規律されている関係であり[24]，種類株式という形でこの関係を法的な関係として明示的に記述してしまう必要性はな

---

23) たとえば，会社法務 A2Z 2007 年 7 月号～2008 年 11 月号に「『種類株式』『属人的株式』の活用と中小企業の生き残り術」という連載が掲載されている。

24) この状況について詳しくは，森田（2004）を参照。

いし，かえってそうすることによって黙示的な関係が押し出し（crowding out）効果によって弱体化される結果を招いてしまうかもしれない，というものだ[25]。このシナリオが成り立っているのであれば，種類株式によって多様な権限分配を実現するニーズはあまり存在しないということになりそうだ。

　もう一つ考えられるのは，ニーズはあるのだけれども，それを実現するためのコストが高すぎる，という事情である。すなわち，種類株式を使って単純にコントロール権を再配分するだけでは，通常，当事者間の利害調整としては十分ではない。たとえば，取締役のポストを役員等選任種類株式を使って確保したとしても，取締役としての報酬を少額しか支払わず，利益の還元は主に従業員給与部分で行うなどすれば，その取締役を「干してしまう」ことが可能になるなど，さまざまな抜け道がある。本来，このような行為は前述した契約外の黙示の関係によって規律されているが，それを明示的に契約として書き込むことには，かなりのドラフティング技術が必要となる。あるいは，経営責任発生や認知症をトリガーとしてコントロール権を移動させる取得条項付種類株式の活用が提案されることもあるが，これも，トリガリング・イベントを上手に定義しないと，かえって後にその解釈をめぐって紛争を招くだろう。

　このように，企業ごとに，そこに存在する権限分配のニーズをくみ上げてきちんとしたアレンジメントを実現するためには，高度の技能が要求される（合弁契約書が何百ページもの厚さになることを想起されたい）。そのようなサービスを提供できる法律専門家（弁護士や司法書士）がどれほど存在するのか，また，存在したとしても，中小企業にとってリーズナブルな手数料でそのサービスを提供できるのか，と考えるとかなり悲観的にならざるをえないように思われる。

　いずれの（あるいはその他の）シナリオが現実をより適切に説明しているのかは分からない。しかし，このような事情が働いている限り，種類株式の活用が広がらないのは，会社法の使い勝手の悪さにあるのではなく，その外側に問題があるからだということになろう。

　(b) 事業承継　　これに対し，事業承継（あるいは事業承継や企業再建に伴

---

25) このメカニズムについて詳しくは，森田（2008）を参照。

う中小企業のM&A[26]）の場面では種類株式の活用が積極的になされているようである。これはおそらく，事業承継の場合には，特定の相続人がコントロール権を取得できるようにする，という比較的単純な目的が設定されているため，それを実現するためのアレンジメントも単純なもので足り，多くの法律専門家が適切なサービスを合理的な価格で提供できるからではないかと考えられる。さらに，相続という場面は，当事者が交代する（被相続人の死亡）ことによって契約外の黙示的な関係が一端切れてしまう場面であるから，それに頼るわけにはいかないという事情もあろう。

たとえば，これまでに次のような提案がされている[27]。まず，拒否権付種類株式については，さまざまな事項に拒否権のついた種類株式を1株だけ発行し，これを生前の経営者が引き受けておいた上で後継者にこの株式を相続させれば，他の株式が均分相続されても事業承継を実現できる。あるいは逆に，後継者以外の相続人に一定の事項についての拒否権を与えるといったアレンジメントも可能である。また，保有株式を後継者に生前贈与しておきながら[28]，経営者が拒否権付種類株式を保有し続けることによって，生前の経営権を確保することもできる。次に，無議決権株式については，後継者以外に相続させる株式を無議決権株式とするアレンジメントや，取得条項をも付することによって，「後継者が成人したら議決権を復活させる」といった時間差のある相続を仕組むこともできる。さらに，属人的種類株式を使った場合には，事業承継者だけが議決権をもち，それ以外の相続人については議決権がなくなるように仕組むこともできる。

このように，企業ごとのさまざまな事業承継ニーズに応じた多様な対応策が提案されてきている。なお，このように種類株式を活用した際には，その評価[29]および税法上の処理が問題となるが，この点については次節で整理する。

---

26) たとえば（全部）取得条項付種類株式を活用したコントロール権移転の円滑化などが考えられる。中村＝藤原（2007）を参照。
27) たとえば，加藤（2009）を参照。
28) もちろん，このようなアレンジメントをそのまま実行したのでは遺留分に抵触するので，中小企業における経営の承継の円滑化に関する法律上の手続を活用するなどして遺留分の制約を外しておく必要がある。この法律については，神崎ほか（2008）を参照。
29) 種類株式の評価の問題について詳しくは，加藤（2009）を参照。基本的には，従来の

(c) 資金調達　このほか，種類株式は中小企業の資金調達に活用できるという指摘もある。たとえば，中村（2008）は，無議決権種類株式を発行すれば，金利負担がなく，かつ，オーナーの支配権が希釈されない資金調達ができる，と指摘する。しかし，そのような条件で貸出を行ってくれる金融機関が存在するとは考えがたい。仮に，そのようなアレンジによる資金調達が提案されたならば通常の負債以上に高い資本コストを要求するのが合理的な融資者行動であろう。もし，それだけの高い資本コストに見合った投資機会を持っている企業であれば資金調達ツールとして有用であろうが，そうでなければ実用性は低い。

2　未公開企業

未公開企業においては，さまざまな形で種類株式が活用されてきているが[30]，会社法制定後に現行制度の問題点を指摘する「未上場企業が発行する種類株式に関する研究会報告書」が経済産業省から公表されている[31]。そこでここでは，この経産省報告書で指摘されている問題点について簡単な検討を加えたい。

経産省報告書が指摘する，現行種類株式制度の問題点は，次の2つである。第一に，IPOを予定している未上場企業が，普通株式よりも議決権などを強化した種類株式を発行した直後に，IPO後の役員・従業員等のインセンティヴ付与を目指して普通株式をベースとしたストックオプションを発行したいと考えたとする。この場合，直前に発行されている種類株式の価格は，普通株式の価格より高いはずなので，この種類株式の価格が，ストックオプション税制上の適格要件である，権利行使価額が付与契約時の株価相当額以上であるか否か（租特29条の2第1項3号）を判断する際の「売買実例」（所得税基本通達23～35共－9（4）イ）とされるのであれば，普通株式の株価を相当程度超える権利行使価額を設定しないと適格ストックオプションとは認められなくなってしまう，

　非公開株式の評価をめぐる問題と共通するところが多いので，本稿では立ち入らない。
30)　棚橋（2006），棚橋ほか（2010），森田（2009）第2章などを参照。
31)　http://www.meti.go.jp/report/downloadfiles/g111202a01j.pdf

という問題である。この問題点については，その後，経産省が国税庁に，種類株式を発行する未公開会社による種類株式の発行は普通株式についてのストックオプションに関する売買実例に該当しないという確認をとっており，解消されている[32]。

　第二に，最近の株式市場の低迷の影響により，未公開企業のexit戦略がこれまでのIPO中心から合併や株式売却などのM&Aへと移りつつあるところ，米国のヴェンチャー投資実務においては，かかるM&Aの際にも会社清算時の残余財産分配[33]をトリガーしたと見なして，ヴェンチャー・キャピタルなどの出資者に対して対価の優先的分配を実現すること（みなし残余財産優先分配条項）が一般的になっている。ところが，これを定款に記載することが日本の会社法上は認められないのではないかとの懸念があるので，株主間契約や投資契約で行わざるをえなくなり，効力（相対効）も利便性（株主構成変更時の契約改定）も劣る，という問題である。

　しかし，会社法上，このようなアレンジメントを種類株式として定款に記載することができないのかどうかについては，もう少し立ち入って考察してみる必要がある。まず，優先残余財産分配請求権種類株式（会社108条1項2号）として定義することはできないだろうか。

　法文は「残余財産の分配」としか規定していない。確かに組織再編が実質的に会社の（部分的）清算に伴う残余財産の分配を伴う場合もあり（吸収合併における消滅会社・会社分割における分割会社），少なくともその場合については会社法108条1項2号の趣旨を及ぼすことも可能だと考える余地がありそうである。しかし，会社法の組織再編が形式的には組織再編に伴う残余財産分配という規定ぶりを採用していないことを重視する考え方からは，このような解釈は否定されるだろう。加えて，会社の実質的な清算を伴わない組織再編（株式交換など）については，このような解釈を及ぼすことの難易度は増す。

---

32) http://www.meti.go.jp/policy/newbusiness/stock_option/index.html
33) 同報告書（およびそれがベースとしている有限責任監査法人トーマツ『『平成23年度ベンチャー企業における発行種類株の価値算定モデルに関する調査』報告書』（http://www.meti.go.jp/meti_lib/report/2012fy/E002012.pdf））は，liquidationを「流動化事象」と訳しているが（35頁），誤訳であろう。

とすると，残余財産分配優先種類株式というルートではなく，他のルートを活用することで，実質的に同等の目的を達成できるかどうかを検討しておくことも必要になる。そのような代替的なアレンジメントとしてはたとえば，取得請求権付種類株式において，取得請求権をトリガーするイベントとして，組織再編，あるいは，株式売買による買収の場合であれば支配株主の異動を設定しておくことが考えられる。このアレンジメントにおいて問題になりそうなのは，分配可能額規制を超える部分については取得請求ができない（会社166条1項ただし書）点である。M&Aによるexitの場合には，将来の成長可能性を見込んだ高額の企業買収がなされることがあるから，資産の評価替えやのれんの計上がなされない限り分配可能額規制が発動してしまう可能性は十分に考えられる。

　この点を克服する1つのアイデアは，このようなM&Aについて，分配可能額規制を超える取得金額部分についての何らかの補塡がなされない限り，当該種類株式が拒否権をもつように定めておくことである。その補塡は，株式を売却した創業者＝旧支配株主からなされてもいいし，買収者からなされてもいい[34]。後者の場合，買収者はその金額を買収金額から差し引くか，あるいは，当該種類株式自体を優先的に買い取ることによって，買収を実現することになろう。このような拒否権があれば，優先的な投資資金の回収ができない限り当該exitは実現されないことになるから，みなし残余財産優先分配条項の目的は日本の会社法の下でも十分実現できるのではないかと考えられる。

　もう1つ考えられる代替的なアイデアは，定款の任意的記載事項（会社29条参照）を活用することである。定款の任意的記載事項は，会社法の強行規定に関しない限り基本的に広く認められるべきであるが（森田〔2004〕を参照），みなし残余財産優先分配条項は，会社法108条1項2号に規定する残余財産分配に関する種類株式を，残余財産の分配と機能的に同等と見られる場合に拡張するものであるし，組織再編の対価を株式の種類毎に定める（たとえば会社749条2項）ものといえるから，会社法の趣旨に反するものとは考えられず（むしろ立

---

[34]　なお，種類株式なので株主平等原則（会社109条1項）違反の問題は生じないし，会社からの払い出しではなく，株主あるいは買収者からの払い出しなので，不平等な配当あるいは分配可能額規制違反の問題や利益供与（会社120条）の問題も生じない。

法時の文言の不備を補うもの），認められるべきである。

　ただし，会社法108条が種類株式についての規定を置いている趣旨は，発行できる種類株式のクラスに枠をはめることだけにあるのではなく，株主間の利害調整を図るために各種類株式の内容を明確化することもある。とすれば，その内容を規定する際には，会社法108条2項2号と同等の内容を定款に記載することが要求されるだろう。また，会社法108条の種類株式として定款に記載された内容の他に，任意的記載事項を使ってその内容を補充する際には，同条に列挙された事項だけが種類を構成していると予測して定款を参照する株主に不意打ちを与える可能性がある。それを防ぐためには，両者を同一の箇所に記載するなど，投資家（特に株主が交替した場合）の予測を裏切らないようにすることが望ましい。

　なお，実際に未公開会社において種類株式を活用していく際には，株主間契約と比較した場合の，効果の強力さというメリットと，硬直性というデメリットのトレードオフに注意することが必要であろう。

V　種類株式をめぐる税制上の問題

　種類株式が実務においてどれくらい活用されるかには，会社法の規整のあり方以上に，税制も大きな影響を与える（渋谷〔2007〕）。そこで本節では，種類株式をめぐる税制上の扱いについて簡単に概観する[35]。

　(a)　相続税法上の評価　　種類株式の税法上の処理についてまず挙げられるべきは，相続税法上の扱いであろう。前節で見たように中小企業の事業承継に種類株式を活用しようとした場合，種類株式がどのように時価評価されるのかによって，その活用の是非が大きく左右される結果になるからである。この

---

[35]　なお，本文では言及しない細かい論点として，異なる種類株式の無償割当の場合には，取得原価の配分がなされる株式分割の場合と異なって，取得原価がゼロになり（法税令119条1項3号），この場合，自らに租税上有利な方の株式だけを売却することによって納税額の操作が可能になるという問題点がある。無償割当は実質的には株式分割に等しいのだから，取得原価の配分を行うべきであろう。

点については，平成19年度税制改正の内容を先取りする形で経産省（中小企業庁）から国税庁になされた照会に対する文書回答によって明らかになっている（資産評価企画官情報第1号）。

そこでは，種類株式を配当優先無議決権株式・社債類似株式・拒否権付株式の3類型に区分した上で，まず，配当優先無議決権株式については，類似業種比準方式により評価する場合には株式の種類ごとにその株式にかかる配当金によって評価し，純資産価額方式により評価する場合には配当優先の有無にかかわらず，従来どおり財産評価基本通達185（純資産価額）の定めにより評価される。次に，社債類似株式については，財産評価基本通達197-2（3）（非上場利付公社債の評価）に準じて発行価額により評価される。最後に，拒否権付種類株式については，拒否権の有無にかかわらず普通株式と同様に評価される。

ただし，無議決権株式を同族株主が相続または遺贈により取得した場合については，原則として議決権の有無を考慮せずに評価されるが，次の3つの条件を満たした場合には，無議決権株式の評価額から5％を控除した上で，その控除された金額を議決権株式に加算することを選択して申告することもできる。そのための条件とは，第一に，当該会社の株式について，相続税の法定申告期限までに遺産分割協議が確定していること，第二に，当該相続または遺贈により，当該会社の株式を取得した全ての同族株主から，相続税の法定申告期限までに届出書が税務署長に提出されていること，第三に，当該相続税の申告にあたり評価明細書に評価額の算定根拠を適宜の様式に記載していること，である。

このように，相続税法上の種類株式の評価は，キャッシュフロー権に修正を施した種類株式についてはそれに基づいた評価方法を採用するけれども，コントロール権に関する修正については，原則として評価に際して考慮しない（仮に考慮しても5％まで）という立場をとっているものと把握できる。

(b) その他の場面における評価　もっとも，種類株式の税法上の評価が問題となるのは，相続の場合だけではない。通常の譲渡の場合などにも評価は問題になりうるし（所得税・法人税），その場合には，資産評価企画官情報第1号で言及されている3類型以外の種類株式についても考慮しなければならない。この点については，日本公認会計士協会が租税調査会研究資料第1号「種類株式の時価評価に関する検討」（2007年10月22日）を公表している[36]。

そこでは，議決権・拒否権・役員選任権といったコントロール権については，その価値を客観的に数値化することは困難であるとして，原則として普通株式と同様に評価すべきこととされている。ただし，議決権のない株式について議決権のある株式に比べて減額すること，拒否権のない株式については拒否権のある株式に比べて減額すること，役員等選任権のある株式については選任権のない株式に比べて増額することを選択することも可能にすべきとしている。また，配当優先株式や取得請求権・取得条項付種類株式で金銭・社債等が対価となるものについては，その経済的利益部分については数値化が可能なのでそれを組み込んで評価するものとされている。最後に，譲渡制限が付されている場合には減額すべきものとされている。

この考え方は，コントロール権については原則として評価に際して考慮しないとする点，および，株主による選択を認める点で国税庁の相続税法上の評価によく似ているが，例外的な処理の場合に行われる修正の幅に限度を設けていない（国税庁は5%）点で異なっている。

この違いをより強く主張するのが，前述した経産省による「未上場企業が発行する種類株式に関する研究会報告書」である。そこでは，米国における種類株式の評価実務を引用しつつ，種類株式については普通株式と異なる評価をすべきことが積極的に主張されている。しかし，そもそも経産省は，相続税法上の種類株式評価に関しては種類株式を普通株式と同様に評価することを要望していたのだから，ここで異なる評価をすべきことを主張することは税法上のロジックとしては論理一貫していない[37]。それともあるいは，中小企業においても種類株式は普通株式と異なる評価を基準とすべきだという立場に一定の時点から変更したのかもしれない。

ともあれ，種類株式の評価についてどのような考え方を採用すべきであろうか。確かに，会社法上，そして，ファイナンス理論上は，種類株式の価値は普通株式とは異なるし，実際にもそのような価格付けがなされてきている[38]。こ

---

36) http://www.hp.jicpa.or.jp/specialized_field/files/2-2-1-2-20071212.pdf
37) さらに，そもそもストックオプション税制自体，会社法や会計ルールからすれば例外的な扱いを認めているわけだから，非適格ストックオプションに戻ることは本来ありうべき姿に戻るだけだという見方も成り立ちうる。

の意味で，種類株式について普通株式と異なる評価をすることが，会社法およびファイナンス理論的には正しいし，当事者に歪んだインセンティヴを与えないという意味でも望ましい[39]。

ただ，国税庁のスタンスにも一定の合理性がある。日本公認会計士協会の報告書が議論しているように，キャッシュフロー権はともかくとして，コントロール権についての緻密な評価は難しい。特に，コントロール権の価値は，会社ごとのガバナンス環境の程度によっても左右されるから[40]，問題は複雑化する。そうすると，全ての種類株式について「正しい」株式評価を行っていくことは，税の執行コストの著しい増大を招いてしまう。また，国税庁が当事者の行った株式評価方法について十分なチェックを行えないと，当事者による租税回避行動が増えるという問題もある。会社法の視点から望ましい処理と税法の視点から望ましい処理とが食い違うことはしばしばありうるのである[41]。

ただ，国税庁による扱いについては，財産評価とは事実の認定の問題だから選択制を用いる根拠がないし，全ての同族株主からの届出書提出を要求することにも根拠がなく租税法律主義に反する，といった批判もある（渋谷〔2007〕）。確かに執行コストの問題は深刻な問題であるけれども，実例が蓄積していけば，

---

[38] Nenova (2003), Dyck and Zingales (2004), Adams and Ferreira (2008).

[39] たとえば，事業承継の際に後継者に拒否権付株式を承継させることは，当該後継者に他の相続人に比べてより多くの財産を分配していることになるから（会社法上・ファイナンス理論上は），そのような相続財産の分配を認めて良いのかについて，他の相続人の意思を問うことが本来必要であろう。さもなければ，中小企業における経営の承継の円滑化に関する法律を潜脱するルートを認めてしまうことになりかねない。ただし，会社法上，および，税法上，拒否権付種類株式を利用した後継者の単独承継ができたとしても，相続法上の株式評価はまた別の話であるから，他の相続人からの遺留分減殺請求を受ける余地は残されている。

[40] ガバナンス環境の悪い会社では，コントロール権を握った内部者による私的利益抽出のリスクが増えるが，ガバナンス環境が整っている会社では，内部者がコントロール権を握っても，私的利益抽出のリスクは限定的なものになる。

[41] 著名な例として，金子宏＝竹内昭夫論争を想起されたい。
　なお，取得請求権・取得条項付種類株式で対価が株式の場合，会社法上は自己株式取得＋新株発行という形になって2回の売買取引が介在することになるのに対し，税法上は課税の繰り延べが実現されている（所税57条の4第3項・25条1項4号括弧書き，法税61条の2第13項・24条1項4号括弧書き）が，これは会社法と税法との差異ではない。会社法は，改正前商法の転換株式を実質的に改正せずに引き継いでおり，税法はそれを反映しただけだからである。

少なくとも現在の慣行よりも精緻な基準を形成していくことが期待できるのではないか。そうすれば，税法がもたらすインセンティヴの歪みに対してより適切な対応ができるかもしれない[42]。

〔参照文献〕

Adams, Renée, and Daniel Ferreira, 2008, *One Share-One Vote: The Empirical Evidence*, REVIEW OF FINANCE 12 (1): 51-91.

Barry, Jordan M., John William Hatfield, and Scott Duke Kominers, 2012, *Empty Voting and Social Welfare*, WORKING PAPER.

Brav, Alon, and Richmond D. Mathews, 2011, *Empty voting and the efficiency of corporate governance*, JOURNAL OF FINANCIAL ECONOMICS 99: 289-307.

Burkart, Mike, and Samuel Lee, 2008, *One Share-One Vote: the Theory*, REVIEW OF FINANCE 12 (1): 1-49.

Christoffersen, Susan E. K., Christopher C. Geczy, David K. Musto, and Adam V. Reed, 2007, *Vote Trading and Information Aggregation*, THE JOURNAL OF FINANCE 62 (6): 2897-2929.

Dyck, Alexander, and Luigi Zingales, 2004, *Private Benefits of Control: An International Comparison*, THE JOURNAL OF FINANCE 59: 537-600.

Ferrarini, Guido, 2006, *One Share-One Vote: A European Rule?*, ECGI LAW WORKING PAPER No. 058/2006.

Grossman, Sanford J., and Oliver D. Hart, 1980, *Takeover bids, the free-rider problem and the theory of the corporation*, BELL JOURNAL OF ECONOMICS 11: 42-64.

―― and ――, 1988, *One share-one vote and the market for cororate control*, JOURNAL OF FINANCIAL ECONOMICS 20: 175-202.

Holmstrom, Bengt, and Steven N. Kaplan, 2001, *Corporate Governance and Merger Activity in the United States: Making Sense of the 1980s and 1990s*, JOURNAL OF ECONOMIC PERSPECTIVES 15: 121-144.

---

42) なお，後継者が他の相続人から株式を買い取ることには資金調達上の困難があるという議論があるけれども，リファイナンスができないということは，非効率な経営を行っているいわゆるゾンビ企業だということになるから，そもそもその存続を援助すべきかは疑わしい。

Hu, Henry T. C., and Bernard Black, 2006, *The new vote buying: empty voting and hidden (morphable) ownership*, SOUTHERN CALIFORNIA LAW REVIEW 79: 811-908.

――― and ―――, 2007, *Hedge funds, insiders, and the decoupling of economic and voting ownership: Empty voting and hidden (morphable) ownership*, JOURNAL OF CORPORATE FINANCE 13: 343-367.

International Finance Corporation, 2008, *The EU Approach to Corporate Governance: Essentials and Recent Developments - February 2008*.

Kalay, Avner, and Shagun Pant, 2009, *One Share-One Vote is Unenforceable and Sub-optimal*, WORKING PAPER.

Kraakman, Reinier, John Armour, Paul Davies, Luca Enriques, Henry B. Hansmann, Gérard Hertig, Klaus J. Hopt, Hideki Kanda, and Edward B. Rock, 2009, THE ANATOMY OF CORPORATE LAW: A COMPARATIVE AND FUNCTIONAL APPROACH (2nd ed., Oxford UP).

Nenova, Tatiana, 2003, *The value of corporate voting rights and control: A cross-country analysis*, JOURNAL OF FINANCIAL ECONOMICS 68: 325-351.

加藤貴仁，2006，「議決権・支配権に関する種類株式の規制方法」旬刊商事法務 1777 号 4-14 頁。

―――，2009，「事業承継の手段としての種類株式――株式の評価の問題を中心に」 ジュリスト 1377 号 67-75 頁。

神崎忠彦＝柏原智行＝山口徹朗，2008，「中小企業における経営の承継の円滑化に関する法律について」NBL884 号 48-55 頁。

コーポレート・ガバナンスに関する法律問題研究会，2012，「株主利益の観点からの法規整の枠組みの今日的意義」金融研究 31 巻 1 号 1-66 頁。

渋谷雅弘，2007，「種類株式の評価」金子宏編『租税法の基本問題』674-693 頁（有斐閣）。

白井正和，2013，「持合解消信託をめぐる会社法上の問題」法学 76 巻 5 号 491-517 頁。

胥鵬＝田中亘，2009，「買収防衛策イン・ザ・シャドー・オブ株式持合い――事例研究――」旬刊商事法務 1885 号 4-18 頁。

棚橋元，2006，「会社法の下における種類株式の実務〔上〕」旬刊商事法務 1765 号 25-35 頁。

―――＝林宏和＝佐々木ジョン，2010，「種類株式の使い方」『ベンチャー企業の法務・財務戦略』261-323 頁（株式会社商事法務）。

谷川寧彦，2009，「会社法における種類株式設計の柔軟化とそのコスト」商学研究科紀要 68 号 1-13 頁。

得津晶，2008-2009，「持合株式の法的地位——株主たる地位と他の法的地位の併存——（1）（2）（3）（4）（5・完）」法学協会雑誌 125 巻 3 号 455-540 頁，8 号 1753-1801 頁，9 号 2061-2122 頁，126 巻 9 号 1836-1895 頁，10 号 2027-2075 頁。

中村廉平，2008，「中小企業における種類株式の活用——地域密着型金融の活性化の観点から——」金融法務事情 1851 号 36-43 頁。

——＝藤原総一郎，2007，「中小企業の M&A と種類株式を利用した事業承継スキームの検討」金融法務事情 1819 号 26-32 頁。

森田果，2004，「株主間契約（6・完）」法学協会雑誌 121 巻 1 号 1-76 頁。

——，2008，「信頼と法規範」『ソフトロー研究叢書第 1 巻　ソフトローの基礎理論』247-266 頁（有斐閣）。

——，2009，『金融取引における情報と法』（株式会社商事法務）。

——，2012，「消費者法を作る人々——法形成におけるインセンティヴ構造の解明に向けての一試論——」新世代法政策学研究 15 号 259-317 頁。

＊hatsuru@law.tohoku.ac.jp 本稿の執筆にあたっては，浅妻章如，加藤貴仁，胥鵬の各氏および東北大学商法研究会の参加者から有益なコメントをいただいた。深く感謝申し上げる。なお，本稿は，平成 24 年度科学研究費基盤研究（B）22330089 に基づく研究成果の一部である。

振替株式制度

I　制度の経緯と概要
II　制度の適用範囲
III　権利の発生および消滅
IV　権利の流通
V　会社に対する権利行使
VI　国際的な動向と示唆

神 田 秀 樹

I　制度の経緯と概要

1　制度の経緯

いわゆる証券決済法制改革の一環として，まず，2001（平成13）年に「短期社債等の振替に関する法律」（平成13年法律75号）が制定された。これは券面（有価証券）が発行されない短期社債等の保有・流通等の制度を整備したものであり，この法律は当時の社債に関する商法（現在では会社法）の特別法として位置づけられた。次いで，2002（平成14）年にこの法律が改正され，法律の題名が「社債等の振替に関する法律」と改められ，一般の社債や国債等のいわゆる負債証券についてもその電子化を実現し新しい振替制度が創設されるとともに，振替機関と口座管理機関からなる多層構造での保有・流通等の制度が創設された（平成14年法律65号）（なお，社債等登録法は平成20年1月4日に廃止の効力が生じた）。そして，2004（平成16）年にこの法律が改正され，法律の題名がさらに「社債，株式等の振替に関する法律」と改められ，株式等のいわゆる持分証券についても従来の保管振替制度（1984〔昭和59〕年に制定された「株券等の保管及

び振替に関する法律」に基づく制度）から新しい振替制度（新しい階層保有制度を含む）への移行が実現することとなった（平成16年法律88号。2009〔平成21〕年1月5日施行）。

2 制度の概要

「社債，株式等の振替に関する法律」（以下，本稿では「振替法」と略す）に基づく振替制度の概要を株式について述べると，次のとおりである[1]。すなわち，株券不発行会社（ただし株式譲渡制限会社を除く）で振替制度利用に同意した会社の株式（特定の種類の株式でも可）が「振替株式」となる（振替法128条参照）。なお，上場会社についての振替制度への移行は平成16年改正振替法の施行日である2009（平成21）年1月5日に一斉に行われ，対象となる株式について株券提供手続を経ないで株券は無効となった。

このような振替株式については，次のような特別の規律が適用される（振替法の規定は会社法の規定の特別法ということになる）。（ア）その譲渡・質入れは，譲受人・質権者がその口座における保有欄・質権欄に譲渡・質入れ株式数の増加の記載または記録を受けることで，その効力が生じ対抗要件が具備される（振替法140条・141条）。つまり，株主名簿の記載または記録を第三者対抗要件とした株式譲渡の対抗要件・名義書換の手続・質権の対抗要件等の会社法の規定は適用されない。（イ）善意取得も認められるが，その場合には，すべての株主の有する振替株式の総数が振替株式の発行総数を超えることとなる可能性を認め，そうなった場合には，発行会社との関係では株主は按分比例で株主権を有

---

[1] 制度の詳細については，始関正光「株券等不発行制度・電子公告制度の導入」別冊商事法務編集部編・株券不発行制度・電子公告制度（別冊商事286号，2005）3頁以下，高橋康文編著＝尾崎輝宏著・逐条解説 新社債，株式等振替法（金融財政事情研究会，2006），神田秀樹監修＝大野正文ほか著・株券電子化 その実務と移行のすべて（金融財政事情研究会，2008），葉玉匡美＝仁科秀隆監修・著，商事法務編・株券電子化ハンドブック（商事法務，2009）を参照。また，解釈上の諸問題を論じた有益な論稿として，小松岳志「振替法における株式実務上の諸論点」東京株式懇話会会報699号（2009）2頁以下，森下哲朗「振替株式の理論的問題」岩原紳作＝小松岳志編・会社法施行5年 理論と実務の現状と課題（有斐閣，2011）172頁以下。

することとする一方で，一定の口座管理機関と振替機関が超過株式の消却義務を負うほか，損害賠償責任で処理する（振替法 144 条・148 条）。（ウ）以上は，社債の場合も同様であるが，株式の場合については，会社と株主との間の処理は複雑で，振替法には会社法の特別規定が多数定められている。たとえば，後述するように，（ⅰ）振替機関は基準日等における自己および下位口座管理機関の振替口座簿の内容を発行会社に通知しなければならず（総株主通知），発行会社はその通知を受けたときは株主名簿に通知事項等を記載または記録（以下，本稿では「記載または記録」は「記録」で代表させる）しなければならず，それにより名義書換がされたものと取り扱う（振替法 151 条・152 条）（原則として年 2 回行われる），（ⅱ）発行会社は，正当な理由があるときは，振替機関に対し，一定の費用を支払って，一定の日の株主についての通知事項を通知することを請求することができる（振替法 151 条 8 項。なお 277 条），（ⅲ）超過記録に関する義務の不履行により加入者（株主）が会社に対抗できる保有株式が単元未満になった場合には，1 議決権未満の議決権を有する（振替法 153 条），（ⅳ）振替株式についての少数株主権等の行使については，株主名簿に記録がなくても認められるが，所定の手続（いわゆる個別株主通知）が必要である（振替法 154 条）。

Ⅱ　制度の適用範囲

　振替制度の対象となる権利は，振替法上「社債等」として同法 2 条 1 項で列挙されており，金融商品取引法 2 条 1 項に列挙されている権利の多くはカバーされている。

　一点指摘しておきたいのは，外国証券（外国法人が発行する証券）のうちで，外債は振替制度の対象とされているが（振替法 2 条 1 項 11 号），外国株式は対象とされていないことである。その理由として，外国株式については権利義務関係が明らかではなく，権利義務関係が不安定となる可能性があるからであると説明されている[2]。外国株式が振替制度の対象とされていない結果，保管振替

---

2) 高橋ほか・前掲注 1) 38 頁。

機構による外国株式の取扱いは兼業とされており，また，私法上の法律関係も振替法の適用はなく契約に基づくものとされている。しかし，その結果，日本法が適用される場面における法律関係がかえって不明確になっている面がある。したがって，将来は，立法論としては，この点は見直されることが妥当である。やり方としては，一律にすべての外国株式を振替法の対象とするのでなくても，主務大臣が個別に指定するという方法でもよいと思われる。

Ⅲ 権利の発生および消滅

振替法128条1項は，振替株式の「帰属」は，振替口座簿の記録により定まるものとすると定めている。したがって，振替株式にかかる株主権の発生および消滅は，振替法の規定によるのはなく，会社法の規定によることになる[3]。

(1) 権利の発生

たとえば，振替株式を発行している会社（以下，発行会社と呼ぶことがある。また，以下では，記述を簡単にするため，その会社は普通株式だけを発行し，それが振替株式となっている場合を念頭に置く）が，（ア）新株を発行したような場合，新株発行により株主となる者がいつ株主権を取得するかは会社法の規定によって定まる（会社209条）。つまり，振替口座簿に記録されるよりも前にその者は株主となり株主権を取得する。振替口座簿への記録はその後それを反映させるために行われるということとなる（振替法130条。なお，振替法161条・会社132条1項1号参照〔株主名簿への記録〕）。

（イ）株式の分割があった場合には，株主は，会社法の規定に基づき（会社184条1項），株式の分割の効力発生日に分割によって増加する株式を取得するので，振替口座簿への記録は分割の効力発生日に行われる（振替法137条）。

なお，（ウ）自己株式の交付の場合，交付を受ける者はいつ株主権を取得する

---

[3] なお，小松・前掲注1）21頁は，振替法128条1項を実体法上の権利帰属を定める規範であるとするには，あまりに例外が多いので，振替法128条1項は，振替口座簿の記録と権利の帰属をできるだけ一致させるという振替法の基本的な精神を示した精神的規定であると理解すれば足りると思われると述べている。

かという問題がある。この点については，振替法の規定上は，新株発行の場合と異なり，自己株式の交付は譲渡であって，後述するように交付を受ける者の口座に当該自己株式の数が増額記帳された時点でその者は振替株式を取得すると読める（振替法140条参照）一方で，新株発行の場合と同様に会社法が定める時点で（会社209条・128条1項ただし書）自己株式の交付を受けるべき者は振替株式を取得すると解すべきとの見解もある[4]。

(2) 権利の消滅

上述したように，振替株式にかかる株主権の消滅も，振替法の規定によるのはなく，会社法の規定による。ただし，例外が定められている場合がある。たとえば，振替株式の消却があった場合には，消却は減額記帳がされた時点においてその効力が発生するとされている（振替法158条2項）。

(3) 組織再編等の場合

以上の原則に対して，振替法においては，取得請求権付株式，取得条項付株式等，合併等の場合に関する振替の申請等に関する特別規定が定められており（振替法156条・157条・160条），これらの場合における権利の発生や消滅については，さまざまな問題があり，個別に検討する必要がある[5]。

また，振替新株予約権についても，問題点が検討されている[6]。

(4) 特別口座

特別口座とは，発行済株式を振替株式とする新規記録手続が行われる場合（振替法131条2項本文）等において，口座を通知しない株主（または登録質権者。以下同じ）のために発行会社が開設の申出をすることによって開設される口座のことである[7]。特別口座に記録された振替株式については，特別口座の名義人または発行会社の口座以外の口座に対して振替を行うことは認められず，また，発行会社以外の加入者が特別口座に振替をすることも認められない（振替

---

[4] 前者の見解として，葉玉＝仁科・前掲注 1) 375頁，後者の見解も成り立ちうると指摘するのは，小松・前掲注 1) 13頁。

[5] 組織再編の場合について，仁科秀隆＝塚本英巨＝戸倉圭太＝高橋玄「振替株式制度下の組織再編等の手続」商事1846号（2008）16頁以下，小松・前掲注 1)。

[6] 小松・前掲注 1)

[7] 趣旨等は，始関・前掲注 1) 59頁。

法133条1項3項)[8]。

IV 権利の流通

(1) 制度の仕組み

(a) 権利の譲渡　振替法140条は,「振替株式の譲渡は,振替の申請により,譲受人がその口座における保有欄(……)に当該譲渡に係る数の増加の記載又は記録を受けなければ,その効力を生じない」と定めている。このことから,譲受人の口座(の保有欄)への記録がされることが,権利の譲渡の効力要件である。またそれは第三者対抗要件でもある(信託財産の場合の対抗要件については,振替法142条参照)(なお,会社に対する権利行使については,後述する)。

第1に,たとえば口座管理機関甲に口座を有する加入者Aがその株式を口座管理機関乙に口座を有する加入者Bに譲渡する場合,甲と乙の口座を上位口座管理機関丙が管理している場合を想定すると,①Aの口座の減額記帳(なお,正確には株式の場合には数の増減が記録されるので,正確には減数記録とでも呼ぶべきであるが,本稿では,より一般的な表現であると考えられる減額記帳ないし増額記帳という表現を用いる),②丙の管理する甲の口座の減額記帳,③丙の管理する乙の口座の増額記帳,④Bの口座の増額記帳が行われるが,たとえば,③までしか行われていない段階においては,株式のAからBへの譲渡はその効力は生じていない[9]。

第2に,Bの口座の増額記帳は,「振替の申請」によるものであることが必要である(振替法140条)。そして,この場合,譲渡による振替記帳の申請をするのはAである(振替法132条2項)。かりにもし,振替の申請に基づかないで記帳がされたような場合(たとえば口座管理機関のミスにより記帳がされたような場

---

[8] その趣旨および失念株の株主の権利との関係を含めて,始関・前掲注1) 60-61頁参照。
[9] なお,譲渡取引が中央清算機関(CCP)を通じて清算される場合には,清算機関の自己口座への増額記帳と減額記帳がされることとなっているため,自己口座に記帳されている間に清算機関が破綻したような場合には,その振替株式は顧客に属しないとされるリスクがある。

合），譲渡の効力は生じない。

（b）譲渡以外の移転　　振替法140条は振替株式の特定承継の場合の規定であり，相続等による一般承継の場合には適用されない。そこで，相続の場合についていえば，相続により相続人は振替株式を取得することになる[10]。

（c）質入れ　　振替法141条は，「振替株式の質入れは，振替の申請により，質権者がその口座における質権欄に当該質入れに係る数の増加の記載又は記録を受けなければ，その効力を生じない」と定めている。なお，この場合，質権者の口座において記録が継続していることを質権の対抗要件とする規定は設けられていない[11]。

振替制度のもとでは，いわゆる略式質・登録質のいずれも可能であるが，上述した総株主通知の際には，質権者からの申出（振替法151条3項）がないかぎり，質権設定者のみが株主として発行会社に通知され（同条2項2号），株主名簿には質権者に関する事項は反映されないので，その意味では，略式質が制度上の原則とされているということができる。

なお，たとえば加入者Aがある発行会社の株式100株を保有しておりそのうちの40株について質権を設定した場合（40株はAの口座の保有欄から減額記帳され，質権者の口座の質権欄に増額記帳される），これが上記の略式質である場合には，発行会社の株主名簿上はAが100株の株主であることになるが，Aの債権者は100株について差押えができるわけではなく，40株については差押えの対象とはならない[12]。

同じ振替株式について複数の質権者に順位を付けた質権を設定することがで

---

[10]　詳細は，大野晃宏＝小松岳志＝黒田裕＝米山朋宏「株券電子化開始後の解釈上の諸問題」商事1873号（2009）51頁以下，53頁以下参照。

[11]　金子直史「社債等の振替に関する法律の概要」民事月報57巻10号（2002）9頁以下，27頁。

[12]　中西和幸＝松田秀明「振替株式に設定された質権と質権設定者の振替株式に対する差押え」金法1912号（2010）54頁以下参照。また，振替株式に設定された担保権による債権回収について，武智舞子＝長谷場暁＝佐野勝信「株式等の取引に係る決済の合理化を図るための社債等の振替に関する法律等の一部を改正する法律の施行に伴う民事執行規則及び民事保全規則の一部改正の概要（振替社債等に関する強制執行等の手続の概要）」金法1853号（2008）10頁以下，東京地方裁判所民事執行センター「振替社債等に関する強制執行等事件の概況及び留意点」金法1890号（2010）38頁以下，石川梨枝「株券電子化が株主の債権者等に与える影響——振替社債等に対する仮差押えを認めた神戸地決平21・

きるかという問題がある。株券がある場合には，たとえば複数の指図による占有移転をすることでこれが行われてきたが，振替株式の場合には，質権設定には質権者の口座への振替が必要なため，複数の質権者に順位を付けた質権を設定することは困難であると一般に理解されており，その実質を実現するためのさまざまな工夫が検討されている[13]。

　(d)　譲渡担保　　振替株式の譲渡担保も振替法上認められる。振替法151条2項1号は，会社に対する権利行使との関係で口座に株式を保有する加入者以外の加入者による権利行使を認めており（総株主通知において株主と通知される者を口座に株式を保有する加入者以外の加入者〔特別株主と呼ぶ〕とすることが認められる），この規定は，保管振替制度のもとでの取扱いを引き継いだ規定であるが，振替株式の譲渡担保を前提とする規定であると解されている[14]。ただ，この規定によって譲渡担保が可能になるわけでなく，この規定は譲渡担保が認められることを前提とした規定であって，したがって，振替国債や振替社債についても，振替法のもとで譲渡担保が認められると解される。

　振替株式については，上記の規定から，質権の場合と異なり，登録譲渡担保が制度上の原則，略式譲渡担保はその例外とされていることとなる[15]。

　もっとも，株券が発行されているような場合（振替株式でない場合）を含めて，一般論として，譲渡担保が設定された場合に，担保権者は対象となる株式を保有し続ける必要があるのか，対象となる株式の数を超えた範囲で株式を他に譲

　　　1・27を契機として」金法1893号（2010）40頁以下，松井秀樹＝小松岳志＝武田彩香「振替株式に対して設定された担保権による債権回収の留意点――剰余金配当請求権の物上代位による差押えを中心に」金法1912号（2010）46頁以下。
[13]　小林英治「振替債の取引における法的諸問題の検討」金法1848号（2008）49頁以下，金川創「振替制度下での買収ファイナンス」金法1861号（2009）8頁以下，樋口孝夫「振替株式に対する複数の質権設定」岩原＝小松編・前掲注1）189頁以下。
[14]　始関・前掲注1）92頁。
[15]　振替株式の担保提供については，全国銀行協会が指針を定めている。小林悟＝大野正文「株券電子化にかかる株式担保の取扱いの検討状況――『株券電子化後の新振替制度における有価証券担保差入証に係る留意事項』および『株券電子化に伴う株式担保の一斉移行対応（Q&A）（第2版）』の概要」金法1824号（2008）12頁以下，小林悟＝大野正文＝石川裕「『新振替制度における株式担保取引の事務フロー』の概要」金法1857号（2009）6頁以下，大野正文＝佐藤公泰「『新振替制度における担保取引上の留意点（発行会社の移行に伴う対応）』の概要」金法1878号（2009）4頁以下参照。

渡することはできるのか，あるいは，対象となる株式の数の範囲内でもその入れ替えや一時的に不足させるようなことも認められるのかといった問題がある。これを振替株式の場合についていえば，担保権者の口座において記録が継続していることが譲渡担保権の有効要件ないし対抗要件として求められるかという問題である。たとえば，Aが発行会社の株式100株をBに譲渡担保に提供したような場合，Bが一時的に20株を他に譲渡して後日これを買い戻したような場合でも100株についての譲渡担保権はずっと有効か。民法において，種類物の譲渡担保についての議論があるが[16]，こうした問題について振替法がどのような立場をとっているのかは明確ではない。

(e) 振替投資信託における解約金をもってする債権回収　近時，銀行が顧客に投資信託を販売し振替投資信託受益権（振替法121条以下）の口座管理機関となっている状況で，銀行が顧客に貸付債権を有している場合に，銀行が投資信託の解約金をもって貸付債権を回収しようとした紛争が見られる[17]。

---

16) 山田誠一「種類物を用いた担保——担保の多様化についての一視点」金融研究21巻4号（2002）203頁以下参照。

17) 銀行が相殺を主張した事例として，次の判例がある。
①大阪高判平成22・4・9金法1934号98頁　顧客（受益者）の破産管財人が投資信託契約を解約して銀行に解約金の支払いを求めたところ，銀行が受益者に対して破産手続開始当時に有していた貸金債権を自働債権，解約金の支払債務に対応する債権を受働債権として相殺をしたところ，裁判所は，受働債権が条件付請求権であっても，受益者と当該投資信託の口座管理機関である銀行との関係が，解約金について，銀行の知らない間に処分されることがなく，また，その支払いが銀行の預金口座を通じての支払いとなることからして，相殺の対象となると銀行が期待することの相当性を首肯させるなど，条件付請求権による相殺が許されないとする特段の事情が認められない判示の事実関係の下においては，許されると判示した。
②名古屋高判平成24・1・31金法1941号133頁　受益権の購入者である顧客に再生手続が開始された場合において，販売銀行が，顧客の支払停止後に債権者代位権の行使として顧客に代わって投資信託契約を解約して入金を受けた解約金の返還債務を受働債権としてする相殺は，支払停止後に負担した債務を受働債権とするものであるが，その債務負担は投資信託受益権の管理委託契約という支払停止を知ったときより前に生じた原因に基づくものということができ，民事再生法上の相殺禁止規定に触れることなく，相殺は許されると判示した。
以上とは別に，③大阪地判平成23・1・28金法1923号108頁は，顧客に投資信託を販売しその口座管理機関となっている銀行が，顧客の民事再生手続開始後に顧客の了解を得ずに投資信託契約を解約したところ，顧客が債務を履行しないときは銀行が占有している顧客の動産，手形その他有価証券を取立または処分して債権の弁済に充当できる旨の銀行

(2) 善意取得

振替株式については，加入者は，その口座（口座管理機関の口座については自己口座にかぎる）に記録がされた振替株式についての権利を適法に有するものと推定される（振替法143条）。そして，振替法144条は，「振替の申請によりその口座（口座管理機関の口座にあっては，自己口座に限る。）において特定の銘柄の振替株式についての増加の記載又は記録を受けた加入者（機関口座を有する振替機関を含む。）は，当該銘柄の振替株式についての当該増加の記載又は記録に係る権利を取得する。ただし，当該加入者に悪意又は重大な過失があるときは，この限りでない」と定め，善意取得を認めている。

この規定のもとでの善意取得の要件は，振替の申請により口座に増額記帳されたことと，悪意または重過失がなかったことである。

善意取得が生ずる場面は，大別して2つのパターンがあると説明されている[18]。第1は，ある発行会社の振替株式について加入者ABCがそれぞれ100株ずつ保有しているとして，口座管理機関が誤ってAが保有する株式についてAの口座ではなく別の加入者であるDの口座に記帳してしまったような場合である。この場合，当該100株の株式を有するのはAであってDではない（Dは無権利者である）。そして，Dから振替により当該100株がEに譲渡されたような場合，Eは当該100株について善意取得しうることになる。この場合，この100株については，Eが権利を取得し，Aは権利を失う（ケース1）。

第2に，ケース1と同様，ある発行会社の振替株式について加入者ABCがそれぞれ100株ずつ保有しているとして，ABCの口座にはそれぞれ100株ずつの記帳がされていたが，これに加えて，口座管理機関が誤ってDの口座に100株記帳がされてしまっていたような場合である。この場合は，Dは無権利者であるが，記帳の合計は400株となっており，100株分について超過記録（または過大記録）が生じている。そして，Dから振替により100株がEに譲渡

取引約定書4条3項は振替投資信託受益権にも適用ないし準用されるとして，銀行の解約権限（そして弁済充当）を認めた。

以上の判例について，浅田隆ほか「〈座談会〉ペーパーレス証券からの回収の可能性と課題——投信受益権からでんさいまで」金法1963号（2013）6頁以下を参照。

[18] 金子・前掲注11）30頁以下。詳細は，高橋ほか・前掲注1) 179頁以下を参照。

されたような場合，Eはこの100株について善意取得しうることになる。この場合，この100株については，Eが権利を取得するが，権利を失う者はいない（ケース2）。

ケース2の場合には，振替株式の総数が発行済株式総数を超えるという事態が生じうる。そこで，その場合には，超過記録をした振替機関または口座管理機関は，超過記録分（上記の例では100株）の振替株式をどこかから取得したうえで，会社に対してその振替株式について権利を放棄する旨の意思表示をする義務を負う（この意思表示によりその振替株式は消滅し口座簿の記録は抹消する）（振替法145条・146条）（「消却義務」といい，無過失責任）。この義務を負うのは，自己の加入者の口座に過誤の記録をした振替機関または口座管理機関（以下，両者合わせて振替機関等と呼ぶ）だけである（振替法145条1項・146条1項）。

振替機関等が上記の消却義務を履行するまでの間は，当該振替機関等またはその下位口座管理機関の加入者は，超過数のうちで自らの株式数に対応する分だけ株主権を会社に対抗できない（振替法147条1項・148条1項，なお振替法151条4項〔総株主通知の通知事項〕。例外として振替法147条3項・148条3項。なお振替法147条4項・148条4項〔少数株主権等の持株数要件〕）。消却義務の不履行により株主に損害が生じた場合には，消却義務を負う振替機関等は株主に対して損害賠償責任を負う（振替法147条2項・148条2項）（無過失責任）。なお，振替機関等が無資力の場合に備えて加入者保護信託制度が設けられている（振替法51条以下）。

たとえば，上記の例を少し変えて口座管理機関甲に加入者CDだけが口座を有しており，C100株，D300株と口座に記録すべきなのに，甲が誤って100株の超過記録をし，それが甲以外の口座管理機関の加入者Eによって善意取得されたような場合，甲はその100株分について消却義務を負うが，それが履行されない場合には，会社との関係では，超過分の100株については株主権を対抗できない（議決権についての特例として振替法153条）。甲より下位にある振替株式の合計数が400株だとすると，超過分の100株について，Cは25株，Dは75株について，それぞれ発行会社に対抗できないことになる（この制度は消却義務と合わせて「パーティション」方式と呼ばれている）[19]。

もっとも，発行会社以外との関係では，CDはそれぞれ75株・225株ではな

く100株・300株を保有しているので，たとえばCは100株を他に譲渡して振替の申請をすることができる。なお，Cが100株を甲以外の口座管理機関の加入者に譲渡し，振替がされたとすると，その後にDが甲以外の口座管理機関の加入者に譲渡して振替の申請ができるのは200株までということになる。なぜなら，甲の上位機関（乙とする）が管理する甲の顧客口座には当初は400株と記録されていたはずであるが超過記録分の譲渡によりそれは300株になったはずであり，さらにCの譲渡により200株になったはずであり，その数までしかDの振替申請を受けることはできないからである。甲が消却義務を履行した場合には，乙が管理する甲の自己口座が100株減額記帳され顧客口座が100株増額記帳されるので顧客口座は（CやDによる譲渡がないとすると）400株に戻る（振替法146条5項）。

　なお，実際のケースが上述したケース1かケース2のどちらの類型に属するかを判定すれば問題はすべて解決するとはいえない場合があるように思われ，いずれにせよ，問題の解決は具体的事案ごとに検討する必要があるといえそうである。たとえば，上記の例で，ある発行会社の振替株式について加入者ABCがそれぞれ100株ずつ保有しており，ABCの口座にはそれぞれ100株ずつの記帳がされていたとする。Aが100株をDに譲渡しDの口座に振替記帳された。そして，その後，DからEにこの100株が譲渡され，Eの口座に振替記帳されたとする。ところが，AからDへの株式の譲渡はその譲渡契約が無効であったとする。この場合，Dは無権利者であることとなり，Eは善意取得しうることとなる。しかし，この場合，形式的には，Aの口座には記帳がない（Dへの譲渡時に減額記帳された）から，この事例は上記のケース1に該当することになろうが，それで問題が解決するかどうかは，微妙な場合があるように思われる。第1に，かりにもし，何らかの事情により，AからDへの譲渡契約が無効であるとしてAの口座への記録が復活されていたとすれば，超過記録すなわち上記のケース2に該当することになりそうである。第2に，より一般的にいえば，超過記録が生じていない場合であっても，善意取得が生じ

---

19)　山下友信ほか「〈座談会〉株券不発行制度に関する論点と対応」別冊商事法務編集部編・株券不発行制度・電子公告制度（別冊商事286号，2005）217頁以下参照。

た場合に，それに対応する権利を誰が失ったかはわからない場合もありうる。すなわち，たとえば，上記の例でAとBが各100株をDに譲渡し，Dが200株のうち100株をEに譲渡し，それぞれ振替がされたが，AからDへの株式の譲渡はその譲渡契約が無効であったような場合，残ったDの100株についてAは無効を理由に記帳の復活を求めることができるかということが問題となる。

V　会社に対する権利行使

1　制度の概要

　振替制度のもとでも株主名簿制度は存在する。振替制度のもとにおける規律の原則は，次の通りである。すなわち，第1に，基準日が設定される株主権等の一定の権利の行使との関係では，株式の譲渡があった場合には株主名簿上の記録が会社に対する対抗要件である（振替法161条3項・会社130条1項）。しかし，名義書換については，会社法の規律によるのではなく，総株主通知制度が用意されており，原則として年2回，総株主通知が行われ，これに基づいて名義書換が行われる（振替法151条・152条）。

　第2に，他方，基準日が設定される権利等一定の権利以外の株主権である「少数株主権等」の行使については，株主名簿上の記録を対会社対抗要件とする会社法130条1項は適用されず（振替法154条1項），株主は，名義書換をしなくても（株主名簿上の株主でなくても），個別株主通知という手続を踏んで，会社に対して権利を行使することができる（振替法154条）。総株主通知後に株式を取得したため株主名簿に記録されていない株主であってもこれによって権利行使が認められることになる。なお，個別株主通知の場合には，名義書換は行われない。

2　総株主通知制度

(1)　制度の概要

　総株主通知（振替法151条）とは，振替機関から発行会社に対して振替機関およびその下位のすべての口座管理機関の振替口座簿に記録されている一定の時点における発行会社のすべての株主・登録質権者の氏名・住所・保有株式数等（「通知事項」という）（振替法151条1項）を通知するものである。各口座管理機関はその直近上位機関に対して，順次，総株主通知に必要な情報を報告し（151条6項），最終的にすべての情報が振替機関に集められて，発行会社に通知されることとなる。

(2)　発行会社の請求による場合

　総株主通知がされるのは原則として年2回であるので（振替法151条1項4号参照），発行会社が株主を知りたい場合のために，発行会社の請求に基づく総株主通知も認められている。すなわち，発行会社は，正当な理由がある場合には，振替機関に対し，振替機関が定めた費用を支払って，総株主通知をすることを請求することができ，この場合にも総株主通知が行われる（振替法151条8項）。

　また，発行会社が，すべての株主ではなく，特定の加入者が株主かどうか等を知りたい場合に備えて，特定の加入者の直近上位機関に対して，振替口座簿記録事項の提供を請求できる制度が用意されているが，この請求をする場合にも正当な理由が必要である（振替法277条後段）。

　これらの場合における「正当な理由」については，日本証券業協会の証券受渡・決済制度改革懇談会において解釈指針が定められている[20]。

---

[20]　証券受渡・決済制度改革懇談会「総株主通知等の請求・情報提供請求における正当な理由についての解釈指針」（2007〔平成19〕年5月22日了承，2010〔平成22〕年6月29日一部改正，同年7月1日適用）（http://www.jsda.or.jp/katsudou/kaigi/chousa/kessai_kon/files/20100701.pdf）。

3 個別株主通知制度

(1) 制度の概要

株主が少数株主権等（その定義は，振替法147条4項）を行使する場合には，株主名簿に株主として記録されている者であっても，個別株主通知をしてもらわないかぎり，権利を行使することができない。他方，総株主通知がされた後に株主となったために株主名簿に記録されていない株主であっても，個別株主通知をしてもらえば，権利を行使することができる。

個別株主通知（振替法154条）は，振替株式の株主が自己の口座を開設している直近上位機関を経由して振替機関に申出をし，それに基づいて振替機関から発行会社に対して行われる（振替法154条3項～5項）。

株主は，個別株主通知の後，政令で定める機関が経過する日までの期間でなければ，少数株主権等を行使することができない（振替法154条2項，「社債，株式等の振替に関する法律施行令」40条において4週間と定められている）。発行会社の負担が過大にならないようにするためである[21]。なお，個別株主通知がされ，少数株主権等の行使を受けた発行会社は，上述した振替口座簿記録事項提供請求権（振替法277条後段）を行使して，当該個別株主通知をされた者が権利行使時においても株主であるかどうかを確認することができ，株主でない場合にはその権利行使を拒絶することができる[22]。

(2) 個別株主通知の要否・性格・時期

権利行使のために個別株主通知を要する少数株主権等とは何か，個別株主通知は権利行使の効力要件か対抗要件か，それをすべき時期はいつまでか，上述した4週間の権利行使期間内に発行会社の上場廃止等により振替株式でなくなった場合にどう解すべきかについて，近時，2つの最高裁決定が出されている。

(a) 最決平成22年12月7日民集64巻8号2003頁[23]　この決定におい

---

[21] 始関・前掲注1) 94頁。なお，個別株主通知制度については，橡川泰史「個別株主通知」岩原＝小松編・前掲注1) 180頁以下も参照。

[22] 前注箇所。

[23] 本件の詳細は，仁科秀隆「メディアエクスチェンジ株式価格決定申立事件最高裁決定の検討」商事1929号（2011）4頁以下参照。

て，全部取得条項付種類株式の取得に際して株主が価格決定の申立てをする権利（会社172条）について，最高裁は，次のように述べて，少数株主権等に該当すると判示した。

「会社法172条1項所定の価格決定申立権は，その申立期間内である限り，各株主ごとの個別的な権利行使が予定されているものであって，専ら一定の日（基準日）に株主名簿に記載又は記録されている株主をその権利を行使することができる者と定め，これらの者による一斉の権利行使を予定する同法124条1項に規定する権利とは著しく異なるものであるから，上記価格決定申立権が社債等振替法154条1項，147条4項所定の『少数株主権等』に該当することは明らかである」。

このように解しても，個別株主通知は通常は株主が直近上位機関に申出をしてから4営業日後にされるとのことであり[24]，株主に酷ということにはならないと指摘されている[25]。

なお，本件に関連して，基準日が定められて一斉に行使される権利以外の権利で「少数株主権等」に該当せず，したがって個別株主通知を要しない権利があるかどうかが問題となる。この点については，株主総会における議決権と不可分に行使される権利がこれにあたると解されている[26]。

次に，個別株主通知の性格と時期について，最高裁は，次のように判示した。
「個別株主通知は，……振替法上，少数株主権等の行使の場面において株主名簿に代わるものとして位置付けられており（……振替法154条1項），少数株主権等を行使する際に自己が株主であることを会社に対抗するための要件であると解される。そうすると，会社が裁判所における株式価格決定申立て事件の審理において申立人が株主であることを争った場合，その審理終結までの間に個別株主通知がされることを要し，かつ，これをもって足りるというべきである」。

すなわち，最高裁は，個別株主通知は権利行使の効力要件ではなく対抗要件

---

[24] 茂木美樹「株主の権利行使」商事1953号（2011）11頁，13頁。
[25] 伊藤靖史「振替制度と株主名簿に関する課題」法時84巻4号（2012）38頁以下，43頁。
[26] 伊藤・前掲注25) 41頁，浜口厚子「少数株主権等の行使に関する振替法上の諸問題」商事1897号（2010）34頁以下・35頁。

であるとの立場をとることを明らかにし[27]，また価格決定申立権の行使との関係では，審理終結までの間に個別株主通知がされればよいとした。この結果，個別株主通知を欠く状態で価格決定申立てをしても不適法になるのではなく，会社が申立人が株主であることを争った場合には，審理終結までに個別株主通知をすればよいことが明らかになった。

　(b)　最決平成24年3月28日民集66巻5号2344頁[28]　この決定において，最高裁は，振替株式について会社法116条1項に基づく株式買取請求を受けた株式会社が，同法117条2項に基づく価格の決定の申立てに係る事件の審理において，同請求をした者が株主であることを争った場合には，その時点で既に当該株式について振替期間の取扱いが廃止されていたときであっても，その審理終結までの間に振替法154条3項所定の通知がされることを要すると判示した。その理由として，最高裁は「〔この〕場合であっても，〔発行〕会社において個別株主通知以外の方法により同請求の権利行使要件の充足性を判断することは困難であるといえる一方，このように解しても，株式買取請求をする株主は，当該株式が上場廃止となって振替機関の取扱いが廃止されることを予測することができ，速やかに個別株主通知の申出をすれば足りることなどからすれば，同株主に過度の負担を課すことにはならないからである」と述べた[29]。

　なお，株主提案権（会社303条・305条）を行使するためには，株主総会の日の8週間前までに個別株主通知をする必要があることになる（大阪地判平成24年2月8日判時2146号135頁）。

---

[27]　この見解を示していたものとして，大野ほか・前掲注10）51頁以下。

[28]　本件の詳細は，仁科秀隆「株式の価格決定と個別株主通知」商事1976号（2012）27頁以下参照。

[29]　本文の平成24年最高裁決定によれば，株主が定款変更に反対して株式買取請求権を行使した場合（会社116条1項），同請求に係る株式の買取りの効力が生じる代金支払時（会社117条5項参照）までの間に，株式を全部取得条項付種類株式とする旨の定款変更がされ，株式の取得日が到来したときは，株式取得の効果が生じ（会社173条1項），株主は株式を失い，買取価格決定の申立て（会社117条2項）の適格を失う。したがって，不満な株主の救済手段は価格決定申立て（会社172条1項）だけということになる。なお，大阪高決平成24・1・31金判1390号32頁（株式買取請求権に基づく公正な価格を決定）は，この最高裁決定のかぎりで先例的価値を失ったといえるが，そこでの公正な価格の算定は，価格決定申立て（会社172条1項）がされた場合に参考となる。

4 会社法の規定と振替法の規定との関係

会社に対する権利行使に関して，会社法の規定と振替法の規定との関係が問題となる事項がいくつか存在する。その代表的な例として，次の例がある。すなわち，株式交換によって完全子会社となる会社（S社）は，その保有する自己株式に株式交換によって完全親会社となる会社（P社）の株式が割り当てられるのを回避するために，株式交換の効力発生日に先立って，効力発生日において保有している自己株式（S社の反対株主が株式買取請求権を行使したことによって取得することとなる自己株式を含む）をすべて消却する旨の機関決定をしておくという実務が振替法施行前からしばしば行われてきたといわれており，このような決定をした場合には，会社法上は，株式交換の効力発生日の到来と同時に，①反対株主の株式買取請求の対象となった株式の買取り，②S社の自己株式の消却，③株式交換の効力の発生が，順次生ずるものと解されてきた。そこで，振替制度移行後に，株式買取請求権に関する会社法の特例を定めた振替法155条，振替口座簿への記録を効力発生要と定める振替法140条および振替株式についての自己株式の消却についての会社法の特例を定めた振替法158条2項の適用関係および解釈が問題とされてきている[30]。

VI 国際的な動向と示唆

振替株式の保有および譲渡・質入れに関する法制は，国ごとに異なっているが，その規律の実質に大きな違いはないということができる[31]。

---

30) 詳細は，大野ほか・前掲注 *10*) 55 頁以下，仁科秀隆「株式買取請求権に関する手続上の問題点」岩原＝小松編・前掲注 *1*) 140 頁以下，小松・前掲注 *1*) 12 頁・16-27 頁・41 頁参照。

31) フランスの制度について，森田宏樹「有価証券のペーパーレス化の基礎理論」金融研究 25 巻法律特集号（2006）1 頁以下参照。諸外国の制度については，たとえば，森下哲朗「国際証券決済法制の展開と課題」上智法学論集 47 巻 3 号（2004）214 頁以下，コーエンズ久美子「口座振替決済システムにおける証券の特定性——アメリカ法の追及の法理を手がかりとして」名古屋大学法政論集 203 号（2004）1 頁以下，同「証券振替決済シス

私法統一国際協会（ユニドロワ）(UNIDROIT：International Institute for the Unification of Private Law) においては，2002 年から各国法の調整を目的とするプロジェクト（当時の名称は「間接保有証券実質法調整プロジェクト〔Harmonised Substantive Rules regarding Intermediated Securities〕」）が開始し，2002 年 9 月から「スタディ・グループ」の会合が 5 回開催され，その研究成果に基づいて，2005 年 5 月から 4 回の政府専門家委員会（Committee of Governmental Experts）の会合が開催された。その審議の成果を受けて，2008 年 9 月と 2009 年 10 月に外交会議が開催され，2009 年 10 月 9 日に条約が策定された（この条約の正式名称は「UNIDROIT Convention on Substantive Rules for Intermediated Securities」，略称は「Geneva Securities Convention」）[32]。

この条約（以下「ユニドロワ振替証券条約」という）の内容は，基本的には，日本の振替法と整合的なものであると考えられる[33]。また，この間，ユニドロワにおける作業は各国の法制整備に影響を与え，たとえばカナダやスイスでは新しい法制度が整備された[34]。

こうした条約策定や国際的な動向を踏まえると，日本の法制について，次のような課題を指摘できるように思われる[35]。

テムにおける権利の帰属と移転の理論——アメリカ統一商法典第 8 編の再検討を通して」浜田還暦記念・検証会社法（信山社，2007）419 頁以下，嶋拓哉「国債振替決済制度をめぐる実体法上の考察〔Ⅰ〕～〔Ⅲ〕」商事 1692 号 35 頁以下，1693 号 32 頁以下，1694 号 40 頁以下，1695 号 52 頁以下（2004）などを参照。

32) この条約の簡単な紹介として，神田秀樹「振替証券法制に関するユニドロア条約」東京大学法科大学院ローレビュー 5 号（2010）169 頁以下。条約の公式注釈書として，Hideki Kanda et al., Official Commentary on the UNIDROIT Convention on substantive Rules for Intermediated Securities（Oxford University Press, 2012）がある。

33) 神田・前掲注 32) 参照。

34) 神田秀樹「間接保有証券に関するユニドロア条約策定作業の状況」江頭還暦・企業法の理論（下）（商事法務，2007）569 頁以下，592 頁注 (19)，スイスについて，Hans Kuhn, Barbara Graham-Siegenthaler, Luc Thevenoz (eds.), The Federal Intermediated Securities Act (FISA) and the Hague Securities Convention (HSC)（Stämpfli Verlag AG, 2010）参照。

35) 以下は，神田秀樹「振替証券法制に関する若干の課題」金融商品取引法研究会編・金融商品取引法制の現代的課題（公益財団法人日本証券経済研究所，2010）366 頁以下に基づいている。

(1) 最下位の口座名義人から先への物権的アレンジメント

まず，最下位の口座名義人（日本の振替法でいえば「加入者」ということになるが，ここでは国際的に使われる「口座名義人」という概念を使うこととする）から先にさらに物権的なアレンジが可能かという問題がある。アメリカでいえば，日本の振替法の私法的側面に相当するものは，統一商事法典（UCC：Uniform Commercial Code）の第8編と第9編である。そして，アメリカでは，階層構造はいくらでも下へ伸ばしていくことができる。日本でも，いくらでも下へ伸ばしていくことはできるものの，口座管理機関は登録制である。振替法は，私法的なルールとともに公法的な規制ないし監督法制を設けているため，階層の最下位の口座名義人（Aとする）は，さらにその下に他者（Bとする）をぶら下げることはできない。できないという意味は，AとBとの契約によってBをAの下にぶら下げることは可能ではあるが，Bは株主や社債権者にはならないという意味である。あくまでAが株主であり社債権者である。Bを株主や社債権者にしたければ，Aは口座管理機関となりBを口座名義人とする必要がある。Aが最下位の口座名義人である（口座管理機関とならない）かぎり，Bに物権的権利を取得させることはできない。アメリカでは法律構成が異なることもあり，こうした制約はない。だとすれば日本の制度はこの点において不便であるということになりそうである。

この点については，日本の制度のもとで，Aが最下位の口座名義人である場合に，Bに物権的な権利を取得させる方法がまったく存在しないわけではない。たとえば信託を利用すれば，Bに信託受益権を付与することにより目的を達成することが可能である。

(2) 損失補償基金制度のあり方

口座管理機関が倒産したような場合において，口座に記帳した振替証券が実際の証券よりも過大であったような場合には，それによる損失は結局のところ顧客が負担することになる。特別の定めがないかぎり，記帳された数に応じて按分で負担することになる。この点は，現行のアメリカ法でも日本法でも類似しているし，ユニドロワ振替証券条約でも同様のルールを設けている。そして，アメリカでも日本でも，それにより被る顧客の損失について一定の限度で補償するというセーフティーネットが設けられている（日本の振替法のもとでは加入

者保護信託制度と呼ぶ)。

　問題は，何を按分するかということである。日本の制度のもとでは，これは証券ごとということになる。たとえば，口座管理機関が倒産したとして，Aという発行会社の株式が足りないということになったような場合には，A社の株式について，顧客は按分して損失を負担することになる。しかし，アメリカでは，証券会社が破綻した場合には，証券ごとではなく，当該証券会社が保有するすべての証券についてそれらを合計して1つのプールとしたうえで，顧客に按分するという方法がとられている。なお，この方法は，統一商事法典上は採用されておらず，証券会社が破綻した場合における連邦法上の処理としてセーフティーネット制度との関係において定められている[36]。

　ユニドロワ振替証券条約は，基本的には証券ごとと定めているが，アメリカのような処理が否定されるわけではない。この点については，日本では立法論としてアメリカのような方法を採用することが望ましいかということが課題となりうると思われる。

(3) 口座名義人の権利取得の時点

　口座名義人が権利を取得する時点はいつかということは重要な点である。これが深刻な問題となるのは，顧客口座に記帳がなされる前に口座管理機関が倒産したような場合である。たとえば，顧客Aが口座管理機関Pを通じて振替証券を保有しており，それをBに譲渡したとする。Bの口座管理機関はQであるとすると，QがBの口座に記帳する前にQが倒産したらどうなるかという問題である。日本の振替法のもとでは，口座への記帳が譲渡の効力発生要件とされているため，口座に記帳がなされるまではBは権利を取得することはないといわざるをえない。しかし，アメリカの統一商事法典のもとでは，振替証券が顧客の口座に記帳されなくても，たとえば口座管理機関の口座(口座管理機関がその上位の口座管理機関に有する口座)に記帳されれば，その時点で，顧客は当該口座管理機関との関係で，——アメリカ法でいうとセキュリティ・エンタイトルメントと呼ぶが——，日本でいう株式や社債の権利を取得する[37]。

---

[36]　Uniform Commercial Code § 8-503 Official Comment 1 参照。
[37]　Uniform Commercial Code § 8-501 (b) (3) 参照。

そこで，口座管理機関が倒産したような場合には，そのかぎりにおいては，アメリカ法のほうが顧客保護に厚いということができる。この点で日本法は改善に値するのではないかというのが論点である。

この点についても，日本では立法論としてアメリカのようなルールを採用することが望ましいかということが課題となりうると思われる。

(4) 振替機関レベルでの外国証券の保有

振替機関（以下，諸外国での呼称を使って「CSD」という）レベルでの外国証券の保有という問題がある。これは，国際私法にもかかわる論点であるといえるが，日本の制度でいえば，典型的には，アメリカの発行会社によって発行された証券を日本のCSDが保有する場合あるいは日本のCSDを通じて日本の口座管理機関および顧客が保有する場合についての問題である。たとえば，アメリカの会社の発行する株式がアメリカのCSDを頂点とする階層構造のもとで保有されているとする。そして，アメリカのCSDの下にP・Qと2つの口座管理機関が縦にぶら下がり，その下に日本のCSDがぶら下がり，さらにたとえば，その下に日本の証券会社Rそして顧客Sがぶら下がったとする。このような場合に，日本のCSD，証券会社そして顧客は何を保有することになるのかという問題である。アメリカのセキュリティ・エンタイトルメントなのか，それとも日本の制度でいう株式そのものなのか。

この問題は準拠法が何法かにもよるので簡単ではないが，たとえば，日本のCSDまではアメリカ法で規律されるとすると（正確には統一商事法典を採択している州の法というべきであるが，簡単のためアメリカ法と呼んでおく），日本のCSDが保有するものは，Qに対するセキュリティ・エンタイトルメントであることになる。問題はその先である。日本のCSD以下は日本法で規律されるとすると，どうなるのか。そもそも日本法が適用されるとしても振替法が適用されるのかという論点があるが，この点にはここでは立ち入らないこととして，振替法または振替法に準じた規律が適用されるとする。この場合，仮にもしこうしたクロス・ボーダーな状況ではなくて日本の発行会社の株式を日本のCSDを頂点として上記の証券会社である口座管理機関Rそして口座名義人Sが保有するような場合には，CSDやRは株式の権利を何ら保有しない。Sが株式の権利を有し，Sが株主である。ところが，上記のクロス・ボーダーな状況の場

合には，日本の CSD は何も保有しないとはいいにくい。Q に対するセキュリティ・エンタイトルメントを保有するといわざるをえないように思われるからである。しかし，他方，日本法のもとでは，本来であれば，CSD や R は株式の権利を何ら保有しない。ここをどのように解すべきかということが問題である。この点については，基本的な考え方としては，日本の CSD が保有するものが，日本法のもとでは，当該 CSD や R には物権法的には帰属せず，物権法的には S に帰属すると解することができないかと考えられるように思われるが，これも検討課題である。

(5) 口座管理機関の免責問題

口座管理機関の免責という問題が指摘された。これは，アメリカでは 1987 年のいわゆるブラック・マンデーに際して生じた深刻な問題であり，統一商事法典第 8 編の全面改正の契機の 1 つとなった重要な問題である。簡単にいえば，証券会社が倒産した場合に，その顧客が他の証券会社に対して，当該他の証券会社が保有する証券は自分のものであり振替をしたことは違法であると主張する訴訟が頻発したということのようである。日本の制度に則して述べると，善意取得が成立していないような場合に，権利者が証券の振替を行った口座管理機関を訴えるということである。たとえば，A が B に振替証券を譲渡したが，何らかの事情で譲渡が無効であった。その後，当該証券が B から C へ譲渡のための記帳がされた。B は無権利者であるので，C は当該振替証券を善意取得しうる。しかし，善意取得しなかったとする。この場合，A は C に対して，当該振替証券は自分のものであると主張できる状態にあることになる。そういう状態のもとで，C の口座管理機関 Y が C の口座に記帳されている振替証券を D に振り替えた。A は，無権利者である C の証券を振り替えた口座管理機関 Y に対して，Y は A の証券であるはずのものの記帳を C から D に勝手に振り替えたので，A に対して損害賠償責任を負うと主張できるかという問題である。

アメリカでは，改正後の統一商事法典において，口座管理機関は，かりに正当な権利者から訴えられたとしても，記帳をし続けることができるという規定が設けられた[38]。ユニドロワ振替証券条約では，口座管理機関の振替の指図についての規定で対応している（同条約 23 条参照）。

この問題は，日本の制度のもとでは，不法行為責任の問題になるものと考えられる。そして，基本的には，CからDへの振替をした口座管理機関Yに過失があったか否かが決め手となるように思われる。

(6) 「支配」による担保権設定

　最後に，日本の制度のもとでは，振替証券についての担保権設定は，必ず減額記帳と増額記帳という形で振替をしないと，質権の設定をすることができない。これに対して，アメリカでは，担保権設定者・担保権者・口座管理機関の3者間の合意によって担保権を設定することが認められている（支配〔コントロール〕による担保権設定と呼んでいる。第三者対抗要件具備を含む。以下同じ）。

　この点について，アメリカ法の立場からは次の2点が指摘される。第1に，証券口座自体を担保にとるにはこの方法でないとうまくいかないという点である。証券口座を担保にとるという意味は，当該証券口座に日々記帳され変動する振替証券群を担保の目的物とするという意味である。そうした担保を認めたほうがファイナンス取引上は便利であると考えられる。第2に，やや技術的な点であるが，当事者の合意による担保権設定は公示されるわけではないので，一般に動産や債権等の担保権設定に公示（登録）を求める統一商事法典第9編の考え方からすると一貫しないのではないかとの批判がありうることについて，振替証券の場合には，帳簿の振替がなければ譲渡取引はできないのであって，口座管理機関が同意していれば振替は起きないのであり，したがって合意による担保権の設定を認めても問題はないと指摘される。

　この点については，たしかに日本の制度にとって，そうした合意に基づく担保権設定を認めることは立法論として検討に値すると思われる。その場合，上述した意味で証券口座に担保権を設定するということについても併せて検討することが望ましいと思われる。

---

38)　Uniform Commercial Code§8-107；§8-507 参照。

反対株主の株式買取請求権

I　はじめに
II　制度趣旨——「公正な価格」への変更の趣旨
III　買取価格の算定——「公正な価格」
IV　その他の解釈上の論点
V　立法論上の課題

川島いづみ

I　はじめに

　反対株主の株式買取請求権は，1950（昭和25）年の商法改正によって，株主権強化の一環として，アメリカ法の株式買取請求権（appraisal right）を参考に導入された。アメリカの州会社法では，元来株主の全員一致が要求されていた合併等の基礎的変更の決議について，全員一致に代えて多数決原則が導入される過程で，少数派株主が有していた拒否権の代替として株式買取請求権を認め，投下資本を回収して会社から退出することを認めたものであると説明される[1]。当初は，営業譲渡および合併の場合にのみ株式買取請求権が認められていた（旧商〔平成17年改正前商法〕245条ノ2・408条ノ3）が，その後，昭和41年商法改正が定款による株式譲渡制限を認めたことに伴い，譲渡制限の定めを設ける

---

[1]　神田秀樹「資本多数決と株主間の利害調整（5・完）」法協99巻2号（1986）244頁以下，伊藤紀彦「アメリカにおける株式買取請求権の発生と発展」中京法学1巻1号（1966）257頁以下。英米会社法の株式買取請求権にはもう1つの系譜があり，株主間の不和対立や一部株主への抑圧を理由に解散に至るような事態に対処するため，解散に代わる救済として株式買取請求権が認められるに至っている。

ための定款変更の場合（旧商349条）に，1990（平成2）年の商法改正では，有限会社に組織変更する場合（旧有64条ノ2）に，それぞれ反対株主に株式買取請求権が認められた。さらに，1997（平成9）年改正による簡易合併の創設に伴い，簡易合併に反対の意思を会社に通知した株主に（旧商413条ノ3第5項），1999（平成11）年改正による株式交換・株式移転の創設に伴い，株式交換・株式移転に反対する株主（旧商355条・371条2項）および簡易株式交換に反対の意思を会社に通知した株主（旧商358条5項）に，2000（平成12）年の会社分割制度の新設に伴い，新設分割・吸収分割に反対する株主（旧商374条ノ3・374条ノ31第3項）および簡易吸収分割により営業を承継する会社において簡易吸収分割に反対の意思を会社に通知した株主（旧商374条ノ23第5項）に，それぞれ株式買取請求権が認められた。

　2005（平成17）年制定の現行会社法は，従来認められていた反対株主の株式買取請求権に加えて，全部取得条項付種類株式の定めを設けるための定款変更の決議についても，反対株主に株式買取請求権を認め（会社116条1項2号），また，買取請求権が行使された際の買取価格について「公正な価格」へと法文の文言を変更するなどの改正を行い，他方で，吸収合併，吸収分割および株式交換の対価を柔軟化して，株式以外の財産の交付を認めている（会社749条1項2号等）。なお，種類株式についても，種類株式の内容として種類株主総会の決議を不要とする場合にその種類株主に株式買取請求権を認めている（会社116条1項3号）。

　本稿では，主として組織再編（合併，株式交換・株式移転および会社分割を総称して「組織再編」という）における反対株主の株式買取請求権を取り上げ，その制度趣旨（Ⅱ），買取価格の算定（Ⅲ），その他の解釈上の主な論点（Ⅳ）の順に検討を加え，最後に，簡単に立法論上の課題（Ⅴ）にふれて，むすびに代えることにする。買取価格の算定に関連しては，MBOのために全部取得条項付種類株式を使った場合の取得価格の問題にも若干言及する。会社法の施行後，組織再編における株式買取請求権の行使や全部取得条項付種類株式の取得について，買取価格や取得価格に関連する裁判例が増加しており，そうした中で，反対株主の投機的ないし機会主義的行動のおそれが指摘されることも多い。2012（平成24）年9月に法制審議会が法務大臣に答申した「会社法制の見直し

に関する要綱」(以下,「要綱」という)では,組織再編に関する反対株主の株式買取請求権について,こうした株主の投機的な行動を抑制するための改正案などが盛り込まれており,また,新たに組織再編の差止めの制度が提案されている。「要綱」の内容にも,関連する限りで言及する[2]。

II　制度趣旨──「公正な価格」への変更の趣旨

　周知のように会社法は,反対株主の株式買取請求権による買取価格について,従来の「決議ナカリセバ其ノ有スベカリシ公正ナル価格」から「公正な価格」に法文の文言を変更した。これは,組織再編行為から生じるプラスのシナジー(以下,単に「シナジー」という)あるいはシナジー以外の要素によるものも含めた企業価値の増加分の公正な分配をも保障しようとする趣旨であると説明されている[3]。

　旧商法下の株式買取請求権は,組織再編の承認決議に不満のある反対株主(議決権を有する株主に限定)に,決議ナカリセバ,つまり当該組織再編が行われないと仮定した場合の価格で持株を手放して,会社から退出する機会を提供するものであった[4]。従前から,たとえ合併比率に不満であっても,比率の不公正を争い,あるいは,これを是正させることは困難であったということができる[5]。もっとも,合併承認決議の成立が見込まれる状況であっても,多数の反

---

2) 株式買取請求権が生ずる組織再編の範囲についても議論があるが,紙幅の関係もあり取り上げていない。なお,小松岳志「株式買取請求権が発生する組織再編の範囲」岩原紳作＝小松岳志編・会社法施行5年　理論と実務の現状と課題(有斐閣,2011)130頁以下,「要綱」の「第2部第3組織再編における株式買取請求等4①②」参照。
3) 立案担当者の解説として,相澤哲編著・一問一答新・会社法(商事法務,2005)221頁,相澤哲編著・立案担当者による新・会社法解説(別冊商事295号,2006)201頁。神田秀樹「組織再編」ジュリ1295号(2005)130頁,藤田友敬「新会社法における株式買取請求権制度」江頭還暦・企業法の理論(上)(商事法務,2007)264頁,江頭810頁注(3),伊藤＝大杉ほか381頁等。
4) 神田秀樹「株式買取請求権制度の構造」商事1879号(2009)5頁は,組織再編行為を前提とした価格ではない点で,「ナカリセバ」価格を保障するという制度の趣旨は,比喩的には多数株主の忠実義務違反に基づく損害の填補を認めるものである,と表現し,このことは,会社法下でも同様とする。
5) 通説や下級審裁判例(東京高判平成2・1・31資料版商事77号193頁,東京地判平成

対株主から株式買取請求権が行使されるという事態になれば，合併条件や合併自体を再考せざるをえなくなる可能性もあり，株式買取請求権も，間接的には一定程度，不公正な合併を抑制する効果を有していたと考えられる。

会社法の下では，反対株主に対して，「ナカリセバ」価格を保障して退出の機会を与えるという従来の趣旨に加えて，組織再編行為によるシナジー，あるいは企業価値の増加分の適正な分配をも保障する価格で，退出の機会が提供されることになる[6]。これにより，たとえば，不公正な合併比率で合併が行われようとする場合でも，反対株主は，公正な比率で合併によるシナジー等が分配されると想定した場合の価格により，持株を手放すことができる。会社法の下での株式買取請求権は，あるべき企業再編条件を想定し，それから逸脱した企業再編が行われた場合に，反対株主に救済を与えるという性格があり，重要な決定を機に会社からの離脱を保障するに止まらない機能が与えられている，との評価もみられる[7]。近時の最高裁決定も，株式買取請求権の制度趣旨について，「会社組織の基礎に本質的変更をもたらす行為を株主総会の多数決により可能とする反面，それに反対する株主に会社からの退出の機会を与えるとともに，退出を選択した株主には，吸収合併等がされなかったとした場合と経済的に同等の状況を確保し，さらに，吸収合併等によりシナジーその他の企業価値の増加が生ずる場合には，上記株主に対してもこれを適切に分配し得るものとすることにより，上記株主の利益を一定の範囲で保障することにある」(最決平成23・4・19民集65巻3号1311頁。同旨，最決平成24・2・29民集66巻3号1784頁) と判示しており，おおむね前述の制度趣旨と同様の理解である。これが通説的な理解であろうとされている[8]。このように2つの制度趣旨ないしは2つ

6・11・24資料版商事130号89頁) は，合併比率の不当・不公正自体は，合併無効事由にあたらないと解釈していたし，たとえ合併無効が認められても，不公正な合併比率が是正されて合併が行われるわけではない。
6) 江頭809頁，藤田・前掲注3) 282頁，田中亘「『公正な価格』とは何か」法教350号63頁，相澤哲＝葉玉匡美＝郡谷大輔編著・論点解説新・会社法 (商事法務，2006) 682頁等。
7) 藤田・前掲注3) 276頁。
8) 弥永真生［判批］ジュリ1423号 (2011) 67頁，山本真知子［判批］平成23年度重判解101頁。

の機能が反対株主の株式買取請求権にあるとはいえ，反対株主がいずれの趣旨で株式買取請求権を行使するかを明らかにしてこれを行使するという制度設計にはなっていないため，裁判所はいずれか高い方の価格を決定することになる，と説明されている[9]。

　株式買取請求権についてこのような改正が行われたのは，合併条件等の公正を担保する他の制度が強くないため，株式買取請求権を強化する必要が生じたからであると説明される[10]。すなわち，会社法は組織再編の対価を柔軟化するという改正も行っているが，「公正な価格」への変更は，会社法制定前から存在した合併条件等の公正担保の問題，とりわけ，企業再編行為による企業価値の増加分の配分の不公正に対処することを意図するものであり，必ずしも合併等の対価柔軟化によって生ずる問題に対処することを目的とした改正ではないといわれる。合併等の対価が株式であっても，割当比率の不公正により少数派株主が不利益を受けるという事態に変わりはないからである[11]。とはいえ，会社法制定過程において，対価の柔軟化による少数派の締出しが懸念されることとの関連で，この問題が議論されてきた経緯があることも事実であろう[12]。組織再編対価の柔軟化は，たとえば，金銭を対価とする締出し合併（cash-out merger）が可能となるという問題とともに，その際の「公正な価格」とは何かという新たな問題を生んでいる。

---

9)　江頭810頁，田中・前掲注6) 61頁，伊藤＝大杉ほか381頁。
10)　江頭810頁，藤田・前掲注3) 281頁。
11)　藤田・前掲注3) 264頁，277頁。
12)　上村達男「会社の設立・組織再編」商事1687号（2004）13頁，浜田道代「新会社法における組織再編」商事1744号（2005）50-51頁，田中亘「組織再編と対価柔軟化」法教304号（2006）79頁，早川勝「合併対価の柔軟化」新山古稀・会社法学の省察（中央経済社，2012）400頁注（38），鳥山恭一「株式の買取請求と強制取得における『公正な価格』」宮島還暦・企業法の法理（慶應義塾大学出版会，2012）85頁，同「株式買取請求における『公正な価格』」法と政治63巻1号（2012）28-29頁等。

III 買取価格の算定——「公正な価格」

　株式の買取価格は，まず当事者間の協議で決定される（会社798条1項等）が，効力発生日から30日以内に当事者間の協議が整わないときは，反対株主または会社はその後30日以内に裁判所に価格決定の申立てをすることができる（会社798条2項等）。以下，買取価格の算定に関する問題を取り上げるが，算定の基準時の問題はVI2で扱う。

1 「ナカリセバ価格」と「シナジー反映価格」

(1) 概念的な整理

　組織再編について反対株主の株式買取請求権が行使された場合，買取価格とされる「公正な価格」には，前述の最高裁決定の表現を借りれば，組織再編がなされなかったとした場合と「経済的に同等の状況を確保」する買取価格と，組織再編により「シナジーその他の企業価値の増加が生ずる場合に……これを適切に分配」する買取価格[13]とがあることになる。前者は「ナカリセバ価格」，後者は，「シナジー分配価格」，「シナジー適正分配価格」，「シナジー反映価格」等と呼ばれる。本稿では，以下これを「ナカリセバ価格」，「シナジー反映価格」ということにする。対価の柔軟化により，組織再編の対価を金銭とすることで少数派株主の締出しも可能になっているが，以下では，とりあえず，対価が株式であることを前提として検討を進め，対価柔軟化との関係はIII4で扱うことにする。

　当該組織再編が会社の企業価値またはその株主としての価値を毀損したと認められる場合には，株式買取りの「公正な価格」は「ナカリセバ価格」になると説明される[14]。「公正な価格」が「ナカリセバ価格」となる場合には，厳密

---

[13] 石綿学「テクモ株式買取価格決定事件最高裁決定の検討〔上〕」商事1967号（2012）17頁は，最高裁の表現が，シナジー効果以外の企業価値の増加が生じる場合の価格を含むものであることを指摘する。

[14] 江頭779頁。

Ⅲ 買取価格の算定——「公正な価格」 193

にいえば，a-1) 当該組織再編により当事会社の企業価値が毀損されるだけの場合（合併比率等は公正ないしは適切に定められており，いわばマイナスのシナジーが適切に分配されている場合）と，a-2) 企業価値が毀損されたことに加えて，合併比率等が不公正ないしは不適切であるために，企業価値が毀損される範囲を超えて一方の当事会社の株主価値が毀損される場合がある，と考えられる。加えて，組織再編によって企業価値を毀損することもないが，シナジー等の企業価値の増加も生じない場合にも，やはり「ナカリセバ価格」によって，反対株主は退出することになる。このような場合の中には，a-3) 組織再編によって企業価値の毀損も増加も生じないだけの場合と，a-4) 企業価値の毀損も増加も生じないが，たとえば合併比率が不公正であるために，一方の当事会社の株主から他方当事会社の株主に利益移転が生じてしまう場合も含まれよう。a-3) の場合，組織再編の前後で企業価値にも株主価値にも変化がないことからすると，表現としてはしっくりしないが，「公正な価格」は「ナカリセバ価格」となる。他方，a-4) の場合には，合併比率が不公正であるために一方当事会社の株主価値が毀損されているが，当該合併によって企業価値は増加しないので，「ナカリセバ価格」によって持株を売却できれば，合併前の企業価値を基準に合併比率を是正して組織再編を行った場合と同様の価格によって，反対株主は退出できることになると考えられる。

このように，「ナカリセバ価格」によって反対株主の株式買取りが行われる場合であっても，前述のa-2) の類型では，当該組織再編による企業価値の毀損ばかりでなく，不公正・不適切な合併比率等による影響も排除した価格で，会社から離脱することが可能となり，また，a-4) の類型では，不公正・不適切な合併比率等によって生ずる株主間での価値移転を是正した買取価格によって，会社からの離脱が可能となる。「ナカリセバ価格」による株式買取りであっても，このように，一定の範囲では，不公正な比率による株主間の価値移転を是正する機能を果たすものと考えることができ，会社法制定前から反対株主の株式買取請求権には，このような機能があったということができる[15]。ただ

---

15) ちなみに，神田・前掲注4) 4頁は，概念としては「シナジー分配」事例も「ナカリセバ」事例に含めることが可能であるが，2005（平成17）年改正前商法の下でこのような

し，いずれの場合にも，買取価格の算定にあたり，公正な割当比率がどのようなものであるかを判断する必要はなく，当該組織再編行為がなかったとすれば当該株式が有したはずの価格を決定することで足りる。

　他方，組織再編によって生ずるシナジーその他により企業価値が増加する場合にも，b-1) 企業価値の増加した部分が公正ないし適切に分配される場合と，b-2) 企業価値の増加部分が公正ないし適切に分配されない場合とがある。b-1) の場合は，当該組織再編において定められた割当比率等に基づく価格が「公正な価格」であるのに対して，b-2) の場合における株式買取りの「公正な価格」は，シナジー等の企業価値の増加を公正・適切に反映した「シナジー反映価格」である。さらに，可能性としては，b-3) 企業価値の増加分が不公正・不適切に分配されるに止まらず，既存の企業価値についても株主間で利益移転が生じてしまうような割合で，合併比率等が決定される場合もあり得よう。b-3) の場合にも「シナジー反映価格」が「公正な価格」となる[16]が，その場合の「シナジー反映価格」とは，「ナカリセバ価格」に企業価値の増加分を公正に分配した価格をプラスしたものとなる。

(2) 近時の最高裁決定

　近時相次いだ最高裁の決定[17]は，企業価値の増加が生じない場合について，「吸収合併等によりシナジーその他の企業価値の増加が生じない場合には，増加した企業価値の適切な分配を考慮する余地はないから，吸収合併契約等を承認する旨の株主総会の決議がされることがなければその株式が有したであろう価値（以下「ナカリセバ価格」という。）を算定し，これをもって『公正な価格』を定めるべきである」（前掲・最決平成 23・4・19 民集 65 巻 3 号 1315-1316 頁。同旨，最決平成 23・4・26 判時 2120 号 126 頁）とし，また，企業価値が増加する場合については，「シナジー効果その他の企業価値の増加が生じない場合……以外の場合には，株式移転後の企業価値は，株式移転計画において定められる

　　　考え方を述べたものはなさそうである，とする。
[16] 　藤田・前掲注 3) 282 頁。
[17] 　公正な価格に関する総合判例研究として，鳥山・前掲注 12) 企業法，飯田秀総「企業再編・企業買収における株式買取請求・取得価格決定の申立て——株式の評価」法教 384 号（2012）26 頁以下。

株式移転設立完全親会社の株式等の割当てにより株主に分配されるものであること（……）に照らすと，上記の『公正な価格』は，原則として，株式移転計画において定められていた株式移転比率が公正なものであったならば当該株式買取請求がされた日においてその株式が有していると認められる価格をいうものと解するのが相当である」（前掲・最決平成 24・2・29 民集 66 巻 3 号 1789 頁）として，企業価値が増加しない場合には「ナカリセバ価格」，それ以外の場合には「比率が公正なものであったならば……その株式が有していると認められる価格」をいうとの立場を明らかにしている。会社法下の株式買取請求権について，現在の一般的な理解を確認するものということができる。

(3) 譲渡制限株式・全部取得条項付種類株式

その他の場面における反対株主の株式買取請求権について簡単に述べると，譲渡制限株式の定めを設けるための定款変更の場合（会社 116 条 1 項 1 号・2 号）には，株式譲渡制限によって企業価値の増加が生ずる特段の事情がない限り，「公正な価格」は従来通り「ナカリセバ価格」になると考えられる[18]。全部取得条項付種類株式の定めを設ける定款変更の場合（会社 116 条 1 項 2 号）は，同時に会社による株式取得の決議も行われることが通常であるが，定款変更の決議だけが単発的に行われるとすれば，この場合の株式買取請求権の「公正な価格」は，やはり「ナカリセバ価格」となろう。引き続いて会社による全部取得条項付種類株式の取得が決定されれば，株主は取得価格の決定申立て（会社 172 条 1 項）も行うことができる。この場合の取得価格については Ⅲ 4 において簡単にふれる。なお，会社による取得が効力を生ずる時点で，株式買取請求に係る株式は失われるため，株主は株式買取請求に係る価格決定申立て（会社 117 条 2 項）の適格を欠くに至り，価格決定申立ては不適法になるとする最高裁決定（最決平成 24・3・28 民集 66 巻 5 号 2344 頁）が現れている。

---

[18] 藤田・前掲注 3) 302 頁。

2 「公正な価格」の算定枠組み

(1) 判例の立場

近時の下級審裁判例は,「公正な価格」の具体的な算定において,まず当事者間に①特別な資本関係がない場合(いわゆる独立当事者間の場合)と②特別な資本関係がある場合とを区別して,企業価値の毀損の有無や組織再編条件の公正さの認定について難易度を異ならせる判断枠組みをとっているとされている[19]。具体的には,①の場合には,一般に公正と認められる手続によって企業再編(組織再編の他,全部取得条項付種類株式を利用したMBOの場合なども含めて「企業再編」という)の効力が発生したと認められるかを判断した上で,企業再編の条件が公正でないことまたは企業再編自体が企業価値を毀損したことを強く推認させる特段の事情を反対株主が疎明する場合に限り,裁判所が「公正な価格」を判断し,②の場合には,公正性を確保するための措置が充分に講じられたことにより透明性の高い手続によって企業再編が進められたか否かを判断して,これが肯定される場合には,さらに,企業価値の毀損や企業再編条件の不公正を疑わせる事情の存在が疎明されたときに,裁判所が「公正な価格」を判断する,ということのようである[20]。

これに対して,反対株主の株式買取請求権に関する一連の最高裁決定は,まず第一段階として,①企業価値の増加が生じる場合か否かを判断し,次に第二段階として,②-1)企業価値の増加が生じる場合には,増加した企業価値の分配の公正さを判断するという手順を踏んでいるように見受けられる[21]。そして,②-1)企業価値の増加が生じる場合には,シナジー等の分配が公正であるかが問題となるわけであるが,この点については,「相互に特別の資本関係がない会社間において,株主の判断の基礎となる情報が適切に開示された上で適法に

---

[19] 谷川達也「株式買取請求における公正な価格——第三者型」岩原=小松編・前掲注2) 113頁,石綿・前掲注13) 17頁,飯田・前掲注17) 28頁。
[20] 取り上げている事案によるものと思われるが,石綿・前掲注13) 17頁は,このような場合には裁判所は「ナカリセバ価格」を公正な価格とする,と説明している。
[21] 石綿・前掲注13) 17-18頁。ただし,飯田・前掲注17) 31頁は,独立当事者間の組織再編では企業価値の増加の有無について株主・取締役の判断を原則として尊重するという立場を採用している可能性も否定できないとする。

株主総会で承認されるなど一般に公正と認められる手続により株式移転の効力が発生した場合には，当該株主総会における株主の合理的な判断が妨げられたと認めるに足りる特段の事情がない限り，当該株式移転における株式移転比率は公正なものとみるのが相当」（前掲・最決平成 24・2・29 民集 66 巻 3 号 1789-1790 頁）であるとして，独立当事者間の組織再編であって，一般に公正と認められる手続による場合には，特段の事情がない限り，株主総会および取締役の判断を尊重すべきである，との立場をとる。

　他方，②-2）企業価値の増加を生じない場合には，裁判所は「ナカリセバ価格」を公正な価格とすることになり，「企業価値が増加も毀損もしないため，……市場株価は当該吸収合併等による影響を受けるものではなかったとみることができるから，株式買取請求がされた日のナカリセバ価格を算定するに当たって参照すべき市場株価として，同日における市場株価やこれに近接する一定期間の市場株価の平均値を用いること」（前掲・最決平成 23・4・19 民集 65 巻 3 号 1318 頁）により，「裁判所の合理的な裁量の範囲内」で「公正な価格」を決定する旨を判示する。下級審の判断との関係も総合すると，最高裁は，企業価値の増加の有無に関しては裁判所が積極的に判断することを黙示のうちに是認しているのではないかともいわれている[22]。

　このような最高裁決定の算定手順に対しては，まず独立当事者間取引であるか否かを判断し，これが肯定される場合には，当事会社の株主総会や取締役の判断を原則として尊重すべきであるとする立場からの批判も考えられよう[23]。

(2) 学説の状況

　学説の状況をみると，有力説ないし多数説は独立当事者間での交渉の上で合意される企業再編の条件をもって「公正な価格」の基準としている，と説明される[24]。まず，第一の見解として，独立当事者間の関係にある場合とそうでな

---

22) 飯田・前掲注 17) 29 頁。
23) 伊藤靖史〔判批〕判評 647 号（判時 2166 号，2013）31 頁。全部取得条項付種類株式の取得価格決定事件に関するものであるが，太田洋「サイバードホールディングス事件東京高裁決定の検討」商事 1921 号（2011）27 頁以下。
24) 加藤貴仁「レックス・ホールディングス事件最高裁決定の検討〔中〕――『公正な価格』の算定における裁判所の役割」商事 1876 号（2009）5 頁，石綿・前掲注 13) 17 頁。

い場合（親子会社間の組織再編やMBOなど）[25]とを区別し，独立当事者間の組織再編ないしは企業再編においては，その条件が公正でないことまたは企業再編自体が企業価値を毀損したことを強く推認させる特段の事情を反対株主が疎明しない限り，裁判所は組織再編は公正にかつ企業価値を毀損せずに行われたという前提に立って「公正な価格」を決定してよい，とする立場がある[26]。そして，前述の特段の事情を認めるには，株価の下落だけでなく，組織再編を行った当事会社自身の判断に信頼が置けないことを示す何らかの付加的事情を要すると解している[27]。

次に第二の見解として，組織再編により企業価値の増加を生じる場合については，組織再編の当事会社が，互いに独立した会社である場合には，取引のプロセスに不適切な点があったのでない限り，当事会社が交渉の上で実際に決めた組織再編の条件が，シナジーを適正に分配する条件であると認めてよく，法が介入すべきケースは，多数株主・少数株主間に構造的な利害対立が存在する状況が存在する中で，資本多数決によって多数株主の意向に沿った決定がなされるようなケースであるとしつつ，他方で，「ナカリセバ価格」による救済が求められる場面については，裁判所は従来通り常にその価格を独自に算定することになるとする見解がある[28]。

第三の可能性としては，独立当事者間における組織再編であるか否かによって，裁判所の介入手順や審査に相違を設けるべきではない，という見解もありえよう[29]。

---

[25] 敵対的企業買収の標的会社がホワイト・ナイトと企業再編を行う場合なども含まれよう。

[26] 神田・前掲注4) 6-7頁，田中・前掲注6) 65-67頁，伊藤＝大杉ほか382-383頁，加藤貴仁「レックス・ホールディングス事件最高裁決定の検討〔下〕——『公正な価格』の算定における裁判所の役割」商事1877号 (2009) 25頁，松中学「組織再編における株式買取請求権と公正な価格」法教362号 (2010) 37頁。

[27] 伊藤＝大杉ほか383頁。

[28] 藤田・前掲注3) 290-292頁。独立当事者間取引の場合には当事会社の判断を尊重すべきことを説く文献は他にもあるが，そこでは企業価値の増加する組織再編の場合，つまりシナジーの公正な分配の問題を想定した書きぶりとなっており（たとえば，松尾健一「株式買取請求権」ジュリ1346号〔2007〕54頁），「ナカリセバ価格」の場合についてどのように考えられているのか，必ずしも明らかでない。

[29] たとえば，和田宗久〔判批〕新・判例解説Watch商法No.50 (2012) 4頁，藤原俊

(3) 検　　討

　確かに，独立当事者間で行われる組織再編については，当事会社間の真摯な交渉の上で合意された取引条件や組織再編比率を基本的に公正なものと考えてよいということはできよう。組織再編の取引条件等が公正か否かの判断に困難を伴うことは事実であり，とりわけ，組織再編によって生じたシナジーその他の企業価値の増加分をどのように当事会社間で分配すべきかについては，明確な方法は確立されていない状況にある[30]。しかしながら，組織再編行為による企業価値の増加の有無と，組織再編条件等の公正さは，また別のものであるように思われる。Ⅲ1(1)で整理したように，組織再編比率が不公正でないとしても，企業価値の増加を伴わない組織再編は行われ，その場合（a-1)・a-3)）にも反対株主は株式買取請求権を行使することができるとされている[31]。また，企業価値の増加を伴わない場合（a-1)～a-4)）には，裁判所は公正な組織再編の条件や公正な組織再編比率等がどのようなものであるべきかを決定する必要はなく，ただ，当該組織再編の承認決議がなかったとすれば株式が有したであろう価格を決定するだけで足りる。企業価値の増加があるかどうかの事後的な評価は，企業価値の増加分の公正な分配を決定することと比較すれば，相対的に容易であるといわれているし，非訟事件手続法の改正によって裁判所の審査能力は従来と比べて向上している[32]。会社法の定める反対株主の株式買取請求権は，会社法によって，組織再編による企業価値の増加分の適正な分配を

　　雄〔判批〕金判1409号（2013）10頁以下は，前掲最決平成24・2・29が当事会社の判断を尊重することに批判的である。阿南剛「MBO事例における『公正な価格』の再考─大阪地判平成24年4月13日決定を契機として」商事1976号（2012）53頁以下は，MBOに関する論考であるが，手続的措置の実施状況から価格の公正性を判断しようとする枠組みを批判する。

30)　企業価値の増加分を分配する基準につき，内田修平「『公正な価値』の理論的検討」商事1887号（2010）106頁。

31)　ただし，a-3)の場合には，「ナカリセバ価格」は基本的には当事会社の定めた組織再編比率にしたがって算出される価格と同額になるはずであり，「ナカリセバ価格」という表現にはそぐわない。

32)　非訟事件手続において文書提出命令の申立てや専門委員制度の利用が可能となるなどの改正が行われている。岡崎克彦＝橋爪信「非訟事件手続法の施行後の株式価格決定申立事件について」NBL993号（2013）29頁以下，松田亭「新しい非訟事件手続法の施行にあたって」金判1407号（2013）1頁。

も保障する価格で反対株主に退出の機会を提供する機能を併せ持つものに拡大されたが，「ナカリセバ価格」を保障して退出の機会を提供するという従来の趣旨も維持されているという理解が一般的である。

3 具体的な価格の算定方法

株式買取価格の具体的な算定方法について，会社法には何ら規定が設けられていないため，価格決定申立てにおいて，制度趣旨にしたがい「公正な価格」を形成することは，裁判所の合理的な裁量の範囲内にあると考えられる（前掲・最決平成23・4・19）。上場会社であれば，市場価格が株式の客観的価値を反映していないと認められる特段の事情がない限り，市場価格を参考にして価格を算定する方法がとられる。非上場会社の場合には，株価の算定自体に難しさがある[33]。

以下，上場会社の場合をみると，まず「ナカリセバ価格」については，組織再編の影響を排除した価格を算定しなければならないので，裁判例には，組織再編計画の公表直前の株価または公表前の一定期間の株価平均により「ナカリセバ価格」を算定するものも多かった[34]。これに対しては，計画公表から基準時までの市場全体や業界全体の相場変動を反映した「補正」を行うことが必要であると主張されている[35]。企業価値の毀損を認定したインテリジェンス事件

---

[33] 判例は，上場会社については，市場株価を参考とする方法をとっており，通常，市場価格は支配権プレミアムを含まない価格であると考えられるので，上場会社については支配権プレミアムを勘案しない価格を「公正な価格」としていると捉えることができる。支配権プレミアム等と評価方法との関係につき，江頭憲治郎「支配権プレミアムとマイノリティ・ディスカウント」関古稀・変革期の企業法（商事法務，2011）115頁以下。典型的な非上場会社に関する事件ではないが，東京高決平成22・5・24金判1345号12頁は，営業譲渡に反対する株主の株式買取請求における「公正な価格」について，マイノリティ・ディスカウントや非流動性ディスカウントを否定している。取引相場のない株式の評価については，江頭憲治郎・百選44-45頁およびそこに掲載の文献を参照。

[34] 東京地決昭和58・2・10判時1068号110頁，東京地決昭和58・10・11判タ515号159頁，東京地決昭和60・11・21判時1174号144頁等。

[35] 藤田・前掲注3) 293頁，神田・前掲注4) 12頁，田中・前掲注6) 69頁等。これに対する反論として，弥永真生「反対株主の株式買取請求権をめぐる若干の問題」商事1867号（2009）4頁, 10頁。

の東京高裁決定（東京高決平成 22・10・19 判タ 1341 号 186 頁）では，株式交換の計画公表前の株価を参照しつつ，回帰分析的手法により補正を加え，基準日における「ナカリセバ価格」を算定しており，回帰分析的手法を用いた初めての裁判例といわれている[36]。最高裁（前掲・最決平成 23・4・26）も「当該吸収合併等以外の市場の一般的な価格変動要因により，当該株式の市場株価が変動している場合に，これを踏まえて参照した株価に補正を加えるなどして」基準日のナカリセバ価格を算定することは，裁判所の合理的な裁量の範囲内にある旨を判示している。また，企業価値の毀損も増加も生じない場合にも，公正な価格は「ナカリセバ価格」となるが，その場合には，市場株価は当該組織再編による影響を受けなかったとみることができるので，基準日における「ナカリセバ価格」の算定にあたって参照すべき市場株価として，最高裁（前掲・最決平成 23・4・19）は，基準「日における市場株価やこれに近接する一定期間の市場株価の平均値を用いることも，当該事案に係る事情を踏まえた裁判所の合理的な裁量の範囲内にあるものというべきである」としている。

　他方，「シナジー反映価格」については，基準時において，企業価値の増加分が公正に分配されていたとすれば有したであろう株式の価値を算定しなければならない。親子会社関係にあるなど独立当事者間とはいえず，あるいは，当事会社の取締役や株主総会の判断を尊重できない事情があれば，裁判所が当該組織再編における公正な割当比率等を決定して「シナジー反映価格」を算出する必要がある[37]。しかしながら，裁判所が適正ないしは公正な分配比率を決定することはなかなか困難であろうと思われる[38]ので，当該組織再編前の各当事会社の企業価値を算出し，原則として，それらに応じて比率を定めることでシナジーの公正な分配比率とし，これに対する反証を許す，というような方法をとることも一案であろう[39]。

---

36) 弥永真生・百選 181 頁。後述の価格算定基準時に関する最決平成 23・4・19 の理由づけ（iii）は，「補正」が行われることを前提とするもののようである。
37) 目下のところ，組織再編についての株式買取請求に関する価格決定申立事件において，企業価値が増加し且つ組織再編条件等が不公正であると認定されたものは，公表裁判例には存在しないようである。弥永真生「企業価値が増加する場合の株式買取価格の決定〔上〕」商事 1967 号（2012）8 頁参照。
38) 公正なシナジー反映価格の決定方法について，内田・前掲注 30) 106 頁以下。

4　MBOにおける「公正な価格」

(1)　全部取得条項付種類株式の取得価格

　近年の上場会社におけるMBOでは，株式公開買付けの後に全部取得条項付種類株式を利用して残存株主を会社から排除することが一般的である。会社が全部取得条項付種類株式の取得を総会で決議する場合，株主は裁判所に対して取得価格の決定申立てを行うことができるが（会社172条1項），当該総会で議決権を行使できる株主には，これに反対する旨の会社への通知と当該総会における反対が要求される（会社172条1項1号）など，反対株主の株式買取請求権と類似の制度設計がなされている。そこで，取得価格に関連する限りで，株式買取請求権における場合との異同について，簡単に言及しておく。

　全部取得条項付種類株式の取得価格決定申立制度は，これを株主総会の多数決により決定する場合に不当な取得対価が決定されるおそれがあることに対する救済方法として認められるものとされる[40]。厳密にいえば反対株主の株式買取請求権とは後述のようにその趣旨を若干異にするが，裁判所が決定すべき価格は「公正な価格」であると解するのが学説および裁判例の一般的な立場であり[41]，また，公正な価格の決定は裁判所の合理的な裁量に委ねられていると解することができる[42]。ただし，価格決定の基準時となるのは，制度設計からも取得日であると解釈される[43]。

　そして，裁判所が決定する「公正な価格」の算定枠組みについて，当初の下級審裁判例では，①取得日における当該株式の客観的価値に加えて，②株式を強制取得されることで失われる今後の株価上昇に対する期待権を評価した額から成る，などと表現し，②を①の20％程度とする例が多かった[44]。これに対

---

39)　神田・前掲注4) 6頁，内田・前掲注30) 108頁。
40)　相澤編著・前掲注3) 立案担当者43頁，コンメン (4) 105頁〔山下友信〕。
41)　伊藤＝大杉ほか384頁，コンメン (4) 105頁〔山下〕，行澤一人「全部取得条項付種類株式を利用した少数株主締出しと企業再編」法教378号 (2012) 119頁。
42)　コンメン (4) 107頁〔山下〕。
43)　弥永真生「反対株主の株式買取請求と全部取得条項付種類株式の取得価格決定〔上〕」商事1921号 (2011) 10頁，飯田・前掲注17) 36頁。
44)　東京地決平成19・12・19判時2001号109頁，大阪地決平成20・9・11金判1326号27頁等。近時の裁判例には，「MBOの実施によって増大が期待される価値」を算出し，

して，学説においては，この場合の算定枠組みを反対株主の株式買取請求権の場合とパラレルに理解して，①MBOが行われなかったとすれば実現する当該株式の客観的価値に，②MBOによって実現が期待される企業価値の増加分の公正な分配分を加えた額が取得価額になる，とする見解が有力である[45]。これは経済産業省が2007（平成19）年に公表した「企業価値の向上及び公正な手続確保のための経営者による企業買収（MBO）に関する指針」とも整合的であり，レックス・ホールディングス事件最高裁決定（最決平成21・5・29金商1326号35頁）の田原裁判官補足意見もほぼ同様の理解を示している。

このように「公正な価格」の算定枠組みを捉えることは，確かに取引の実質が金銭を対価とする組織再編と異ならないことからすれば，両者の統一的な理解に資するということができる。ただし，反対株主の株式買取請求権との相違にも留意する必要があろう。株式買取請求権においては，企業価値が増加しない組織再編の場合には「ナカリセバ価格」により退出する機会が，また企業価値が増加する場合には増加分の公正な分配分を加味した「シナジー反映価格」で退出する機会が反対株主に提供される。他方，MBOにおける残存株主には，退出するか否かの選択の余地はなく，裁判所は，常に①に②を加えた額を決定する必要があり，MBOのナカリセバ価格だけを決定することはない。その点で，裁判所が常にMBOによって生ずる企業価値の増加分の公正な分配を決定しなければならないとすれば，株式買取請求権の場合以上に技術的な困難さを伴うということもできる[46]。そこで，裁判所は，MBOの手続の公正さについて，交渉等における独立性の確保，情報開示等の透明性の確保，利益相反性や公開買付けの強圧性の解消に配慮した措置がとられているかなどを慎重に審査し，MBOが公正な手続によって行われたと判断するときは，「公正な価格」

　これを原則として，1対1の割合で買取者と反対株主に分配する，という判断を示すものが現れている（大阪地決平成24・4・13金判1391号52頁，東京地決平成25・1・30商事1990号47頁）。

45)　伊藤＝大杉ほか384頁，加藤・前掲注24）5頁。

46)　もっとも，②を①の20％もしくは他の事例の平均値とし，①＋②と公開買付価格のいずれか高額の方を取得価額とすることを原則として反証を許す，といった方法はありえよう。MBOにおける企業価値の増大部分について，北川徹「MBOにおける価格決定申立事件再考〔下〕」商事1890号（2010）7頁以下。

は公開買付価格と同額であると判断できる，と考える見解が有力である[47]。MBO手続の公正さに関する裁判所の審査は，慎重に行われることが強く求められよう。そのような裁判所の姿勢がMBOの公正な実務の発展を促すことを期待したい。

また，価格の点でも，反対株主の株式買取請求権における「公正な価格」（組織再編対価が株式等の場合）は，上場会社については市場価格を参考に決定され，支配権プレミアムを含まない扱いであるのに対し，MBOにおける②の部分には，支配権プレミアムの一部を含むと解釈できるのではないかと考えられる。

(2) 組織再編対価の柔軟化を利用する場合

組織再編の対価を金銭とすることなどにより，MBOにおいて株式公開買付けに応じなかった残存株主を，排除することも可能である。この場合も，反対株主は株式買取請求権を行使して，「公正な価格」の支払を請求することができる。残存株主の排除だけを目的に当該組織再編が行われるとすれば，組織再編自体による企業価値の増加は生じないことになろうが，残存株主の排除によって生ずる利益，すなわちMBOによって実現が期待される企業価値の増加分があるので，株式買取りの「公正な価格」は，このような増加分を適切に反映した価格となる。公開買付けの強圧性を勘案すれば，この場合も，公開買付価格を下回ることは，一般的には，認めるべきではないと考えられる。

IV その他の解釈上の論点

1 反対株主の範囲

会社法は，「反対株主」とは，（一）組織再編をするために株主総会決議を要する場合には，（イ）総会に先立って反対する旨を会社に通知し，かつ，当該総

---

47) 伊藤＝大杉ほか383-384頁。これを批判する見解として，阿南・前掲注29) 57頁以下。

会で反対した株主（議決権を行使できるものに限定）と、（ロ）当該総会において議決権を行使できない株主とし、（二）組織再編をするために総会決議を要しない場合には、すべての株主、と定めている（会社785条2項等）。旧商法は、合併等における株式買取請求権について、総会に先立って反対を会社に通知しかつ総会で反対することをその行使要件としており（旧商法408条ノ3第1項等）、会社法785条2項等の1号ロは、会社法によって追加されたものである。このような定義規定からして、「反対株主」の中に、株主総会の基準日前に株式を取得したが名義書換をしていない株主や、総会の基準日後に株式（以下、特に限定を付さない限り、通常の議決権付株式を指す）を取得した株主（以下、「基準日後の株主」という）も含まれるのかが、問題とされている。また、組織再編計画の公表後にこれを知って株式を取得した株主について、扱いに差異を設けるべきかについても議論がある。

(1) 組織再編計画の公表後に株式を取得した株主

旧商法下の学説には、株主総会の基準日株主であっても、組織再編計画の公表後に株式を取得した株主については、株式買取請求権を認めるべきでないとする見解があった。株式取得当初から会社に株式を買い取らせることを目的とするのは不誠実であること、投機的行為を防止する必要があることなどを根拠としていた[48]。しかしながら、再編計画を知って株式を取得したとしても、組織再編を阻止するために株主となることもありうるので、このような株主にも一律に株式買取請求権を認めるべきである、または認めざるをえない、と解釈するのがおそらく現在でも多数説であろう[49]。会社法下の株式買取請求権が、組織再編自体への反対だけでなく、組織再編条件に対する不満の救済としての性格も有することから、組織再編計画の存在を知って取得した、という事実だ

---

[48] 他に、定款等に対する株主の信頼保護という買取請求権の法的根拠からして保護の必要がないことも理由とされた。西島彌太郎「株式買取請求権」田中耕太郎編・株式会社法講座（3）（有斐閣、1956）1002頁以下、石井照久・会社法（上）（勁草書房、1967）296頁以下等。

[49] 旧商法下では、鈴木＝竹内・254頁、上柳克郎「合併」会社法・手形法論集（有斐閣、1980）229頁、注釈会社（5）287頁〔宍戸善一〕。会社法下では、江頭（第3版、2009）768頁注(8)、神田・前掲注4）7頁以下、藤田・前掲注3）295頁、伊藤＝大杉ほか（初版、2009）378頁。

けから買取請求を否定することには一層無理があるともいわれており[50]，肯定説が妥当であろう。

さらに，係る株主に買取請求権を認めるとしても，濫用防止のために，計画公表後の取得であることを考慮して買取価格を決定すべきであるとする見解がある[51]。裁判例も，東京地裁昭和58年10月11日決定（判タ515号159頁)[52]は，合併発表後株価が下落した事案において申請人が名義書換請求をした日の市場価格平均値により買取価格を決定している[53]。しかしながら，買取請求権の経営者に対するチェック機能を重視するなどから，これを価格決定にあたって考慮すべきでないと考える見解が有力である[54]。

(2) 名義書換未了の株主

次に，株主総会の基準日前に株式を取得しながら名義書換をしていなかった株主（株式買取請求権の行使期間には名義書換を完了したもの）に，株式買取請求権を認めるかであるが，旧商法下では，「反対株主」は株主総会で議決権を行使できる株主に限られると解釈されており，これを否定する見解が一般的であった[55]。会社法の下では，このような名義書換未了株主が「1号ロの株主」（会社785条2項1号ロ等）として，「反対株主」に含まれるかが問題となる。なお，振替株式制度の実施以降，振替株式（社債，株式等の振替に関する法律128条以下）については株主による名義書換は不要とされているため，上場会社等の振替株式制度採用会社においては，名義書換未了株主の問題は解消している。

(a) 学説の状況と立法趣旨　学説には，次のような理由で，名義書換未了株主も「反対株主」に含まれると解する見解がある。すなわち，1号ロの「当該総会において議決権を行使することができない株主」という条文の文言上，

---

[50] 藤田・前掲注3) 295頁。
[51] 宍戸・前掲注49) 287頁，弥永・前掲注35) 10頁以下は，裁判所は株主がどの時点で株式を取得したかを考慮して価格を決定すべきとする。
[52] 事案および議論の詳細は，弥永真生・百選（初版，2006) 190頁参照。
[53] 東京地決平成21・3・31判タ1296号118頁でも，取得の時期に応じて株主ごとに買取価格が異なることを認めることが示唆されたともいわれる。ただし，コンメン (18) 100頁〔柳明昌〕は，これは買取請求権の対象が権利者の保有する株式のどの範囲に及ぶかという対象株式の確定の問題として述べたものと解する余地があるとする。他に，東京地決昭和60・11・21前掲注34)。
[54] 江頭（第3版，2009) 768頁注(8)，神田・前掲注4) 8-9頁，藤田・前掲注3) 308頁。
[55] 宍戸・前掲注49) 286頁。

議決権を行使できない理由について何ら制限が付されていないこと，基準日と総会会日の間の期間が長い場合，名義書換未了の実質株主が基準日時点では総会の議題・議案（組織再編の内容）を知らないことがありうるから，基準日後に名義書換した株式について株主がすべてリスクを負うべきであるとはいえないこと[56]，議決権制限株式の株主との扱いに均衡を図るべきであること，等である[57]。また，会社法は，総会で議決権を行使できる株主であると否とを問わず株式買取請求権を行使できるものとした，あるいは，株式買取請求権と議決権との関係が完全に分離されたと理解する見解[58]があり，この立場からも，名義書換未了株主を「反対株主」に含めることが肯定されよう。

立案担当者の解説をみると，(i) 会社の基礎に変更を生ずる場合に，その変更が自らの意に沿わない株主に投下資本を回収して経済的救済をうる途を与えるという株式買取請求権の趣旨に照らせば，必ずしもこれを議決権を前提とする権利として規律する必要はないことと，(ii) 議決権制限株式の株主に株式買取請求権を認めないものとすると，当該種類の個々の株主には意に沿わない組織再編行為に対抗する有効な手段がないことになることなどに鑑み，議決権制限株式の株主にも株式買取請求権を認めることにしている，と解説している[59]。(i) の理由づけを強調すれば，総会で議決権を行使できる株主であると否とを問わず株式買取請求権を行使できるものとする改正であった，との理解が成り立ちうるのかもしれない。しかしながら，2003（平成 15）年公表の法務省民事局参事官室「会社法制の現代化に関する要綱試案」（第四部第三 8 (3) 議決権制限株主の買取請求権）の構成と法務省民事局参事官室によるその解説からは，この改正がもっぱら議決権制限株主に買取請求権を認めるためのものであったことが読み取れる[60]。

学説の多数説は，改正の趣旨は議決権制限株式の株主にも株式買取請求権を

---

56) 特に，基準日後であるが組織再編公表前の株主に付いて，田中・前掲注 12) 80 頁。
57) 弥永・前掲注 35) 8 頁。なお，朱翹楚〔判批〕ジュリ 1418 号（2011）130 頁。
58) 田中・前掲注 12) 80 頁，中東正文「株式買取請求権と非訟事件手続」法政論集 223 号（2008）240 頁。ただし，そこで想定されているのは基準日後の株主である。
59) 相澤編著・前掲注 3) 一問一答 221 頁，相澤編著・前掲注 3) 立案担当者 200 頁。
60) 商事法務編集部編・会社法制の現代化に関する要綱試案の論点（別冊商事 271 号，2004）165 頁。

認めるところにあり，議決権株式については旧商法下における解釈が維持されていると解釈しているので[61]，名義書換未了株主（いわゆる失念株主）を「反対株主」に含めることは否定されることになろう[62]。また，会社への反対の通知を要求することには，株式買取請求権の行使状況を予測して組織再編の条件等を見直すことを会社に促す効果もあると考えられることも，理由に加えられる。

　(b)　裁判例の状況　旧商法下の裁判例（東京地決昭和46・4・19下民集22巻3・4号446頁）はこれを否定し，会社法下の裁判例（東京地決平成21年10月19日金商1329号30頁）も，会社法785条2項1号ロについて「上記の『当該株主総会において議決権を行使することができない株主』（同号ロ）には，当該株主総会の基準日以前に議決権を有する株式を取得しながら名義書換を怠って株主名簿上の株主でなかった者は含まないと解するのが相当」であるとしている。理由は，会社法785条2項1号ロの株主に「反対株主」（同条1項）の株式買取請求権を認めることとしたのは，旧商法上，反対株主の株式買取請求権の要件として，総会における反対の議決権行使が明文化されていたため，議決権を有しない株式の株主に買取請求権が認められるか否かについて解釈上の争いがあったところ，議決権制限株式の株主にもこれを認めるのが相当であるとの改正趣旨を踏まえたものであること，旧商法上，名義書換を怠って株主名簿上の株主でなかった者には反対株主の株式買取請求権は認められないと解されていたこと，そもそも名義書換を怠る株主を保護する必要はなく，仮にこれを保護するとすれば，会社に対してどの程度の株式買取請求をされる可能性があるかを認識させ，議案の提出前に再考する余地を与えている法の趣旨が没却されることであり，多数説の見解と基本的に同様である。

(3)　基準日後の株主による株式買取請求の可否

　株式を株主総会の基準日後に取得した株主は，当該総会において議決権を行使することができないが（ただし，会社124条4項），同様に「1号ロ」の「議決

---

　61)　コンメン(12)115頁〔柳明昌〕，郡谷大輔「組織再編における反対株主買取請求権の実務対応」ビジネス法務9巻1号（2009）60頁，葉玉匡美「略式株式交換における株式買取請求権」商事1878号（2009）42頁，柳・前掲注53）99頁，大隅＝今井＝小林131-132頁注（63）等。
　62)　否定説として，松中・前掲注26）36頁，齊藤真紀〔判批〕商事1973号（2012）119頁。

権を行使できない株主」に含まれるのかが問題となる。学説の対立状況は，Ⅳ 1 (2) の場合とほぼ同様である。これを肯定する見解[63]は，条文上，議決権を行使できない理由について限定を付していないこと，これを否定すると基準日後に譲渡された株式について買取請求権を行使できるものが不在になるため，基準日後に株式を取得した者にも株式買取請求権を認めて差し支えない，または認めるべきであること，会社法の下では，株式買取価格の決定について審問・裁判の併合が要求されていないため，裁判所は株主がどの時点で株式を取得したのか等を考慮して価格を決定すればよいこと，議決権制限株式の株主との均衡，会社法の下では，株式買取請求権と議決権との関係が完全に切断されたと解されること，基準日と総会会日の間の期間が長い場合，株主になろうとする者は基準日時点では総会の議題・議案（組織再編の内容）を知らないことがありうるので，基準日後に取得した株式について株主がすべてリスクを負うべきであるとはいえないこと等を，その理由として主張する。

これに対して，学説の多数説は，基準日後の株主を「反対株主」に含めることを否定している[64]。その根拠も基本的にはⅣ 1 (2) の場合と同様である[65]。制度趣旨からする現行法の解釈としては，多数説が妥当であろう。もっとも，基準日株主が基準日後に買い増した株式については，買取りの対象とされるべきである[66]。

なお，総会決議後に株式が取得された場合についても，総会決議の結果を知って株式を取得しており，株式買取りの対象にはならないと解するのが一般的である[67]。

---

63) 田中・前掲注 12) 80 頁，中東・前掲注 58) 241 頁，弥永・前掲注 35) 7 頁，大系 (2) 103 頁〔河和哲雄＝深山徹〕。松中・前掲注 26) 36 頁は，ここでは肯定説をとる。

64) 神田・前掲注 4) 7 頁，柳・前掲注 61) 115 頁，郡谷・前掲注 61) 60-61 頁，葉玉・前掲注 61) 42 頁，柳・前掲注 53) 99 頁，大隅＝今井＝小林 131-132 頁注 (63)，齊藤・前掲 62) 119 頁等。

65) いうまでもなく，名義書換を怠る株主を保護する必要はない，という理由は妥当しない。

66) 大隅＝今井＝小林 132 頁注 (63)。

67) 江頭 776 頁，大隅＝今井＝小林 131 頁注 (63)，逐条解説 (2) 141 頁〔岡田昌浩〕，齊藤・前掲注 62) 123 頁。

2 買取価格算定の基準時

(1) 基準時に関する諸説

　反対株主の株式買取請求権における買取価格算定の基準時（または基準日）は，旧商法の下では，当該組織再編行為の承認決議のときであると解するのが一般的であった[68]。買取価格を「決議ナカリセバ其ノ有スベカリシ」価格と定めていたこと，また株式買取を請求できる期間が承認決議の日から20日間とされていたことによると考えられる[69]。会社法は，買取価格を単に「公正な価格」とし，また，株式買取請求権の行使期間を組織再編の効力発生日の20日前から効力発生日の前日までとしたため[70]，従来と同様に承認決議のときを基準時と解すべき必然性は後退した。

　そのため，会社法の下において，算定の基準時がいつになるかについて，学説および下級審裁判例は，①組織再編行為の公表時とする説，②承認決議時とする説，③買取請求の日を基準とする説（買取請求時説），④買取請求期間満了時説，⑤組織再編の効力発生時説，などの諸説に分かれている[71]。⑥「シナジー反映価格」と「ナカリセバ価格」とで基準時が異なるとする説もあり，「シナジー反映価格」については投機の弊害を理由に承認決議時よりも遅い時期を基準とすべきであるとする一方で，「ナカリセバ価格」については承認決議時とする説[72]や，「ナカリセバ価格」については公表時，「シナジー反映価格」については効力発生時以降に設定すべきとする説[73]がある。⑦企業価値の毀損を生ずる場合と企業価値の毀損も増加も生じない場合とを区別する見解もある[74]。

---

68) 裁判例としては，東京高決昭和47・4・15判タ279号338頁，東京地決昭和58・10・11前掲注 *34*），東京地決昭和60・11・21前掲注 *34*）。
69) 北村雅史「楽天対TBS株式買取価格決定事件最高裁決定と公正な価格の算定基準時」商事1941号（2011）8頁。
70) 制度的な批判として，稲葉威雄・会社法の解明（中央経済社，2010）677頁以下。
71) 各説の詳細は，北村・前掲注69) 8-11頁。
72) 藤田・前掲注 *3*) 293-294頁。
73) 弥永・前掲注 *43*) 8-9頁。
74) 小出篤〔判批〕私法判例リマークス44号（2012〔上〕）97頁。

このように説が分かれているのは、制度的な整合性をどのように考えるかとともに、上場会社において、反対株主の投機的な行動の抑制をどの程度考慮すべきか、また、反対株主に株価変動リスクを負担させるべきではないと考えるべきか、といった点について、考え方に温度差があるためといえよう。一般的には、時期的に早い時点が基準時となれば、その時点の「ナカリセバ価格」や「シナジー反映価格」で持株を売却する権利を確保したまま、反対株主は、その後の株価の推移をみながら買取請求権の行使期間満了の直前まで、買取請求権を行使するか、持株を市場で売却するかを選択できることになり、この間の株価変動リスクを回避することができる。この結果、株主としては、とりあえず組織再編の決議に反対しておいた方が有利であると考えて、反対するインセンティブが強まるのではないか、と危惧されている。他方、時期的に遅い時点、例えば組織再編の効力発生時を基準時として「ナカリセバ価格」を算定するとすれば、価格の算定について組織再編の影響が排除されるとしても、承認決議の時点から効力発生時までの間に生ずる組織再編以外の要因による株価下落のリスクを反対株主に負担させることになってしまう。また、③買取請求時説をとると、反対株主ごとに基準時が異なる、という問題が生ずる。

(2) 判　例

前述のように、下級審裁判例の立場も分かれていたが、近時の最高裁決定は、「ナカリセバ価格」（シナジーその他の企業価値の増加が生じない場合）についても（前掲・最決平成23・4・19、前掲・最決平成23・4・26）、また、「シナジー反映価格」（企業価値の増加が生ずる場合）についても（前掲・最決平成24・2・29）、③買取請求時説をとることを明らかにした。その理由として、最高裁は、(i) 買取請求をした時点で、反対株主と消滅会社等との間に売買契約が成立したのと同様の法律関係が生じること、(ii) 株主が会社から退出する意思を表明した時点であること、(iii) 買取請求期間満了時や効力発生時を基準とすると、買取請求を撤回できないのに請求後に生ずる市場の一般的な価格変動要因による市場株価への影響等、株価変動リスクを反対株主が負担することになり相当でないこと、(iv) 承認決議時とすると効力発生日の20日前からその前日までが権利行使期間であるため決議の日から買取請求がされるまでに相当の期間が生じうるにもかかわらず、決議の日以降に生じた当該吸収合併等以外の要因による

株価変動リスクを反対株主は一切負担しないことになり相当でないこと，を挙げている（前掲・最決平成23・4・19）。

理由（i）に対しては，売買契約類似の関係の成立時点とその対象物の価格をどの時点を基準に決定するかは，理論的に次元の異なる話である[75]，当事者の合理的な意思に合致するわけでもない[76]，といった指摘があり，おそらく実質的な理由は，(iii)と(iv)であろうといわれている。このような最高裁の立場に対する主要な批判は，反対株主間で買取価格が異なることになり，反対株主が不平等感を感じることと，会社の事務処理上も負担となることであろう[77]。これに対して，株主の平等取扱いの観点からは，買取価格を一律にすることはそれほど強い要請ではない，あるいは株主平等に反しないとする見解もある[78]。

(3) 会社法制の見直しに関する「要綱」

「要綱」の「第2部第3 組織再編における株式買取請求等」の「2 株式等の買取りの効力が生ずる時」では，①において，「……存続株式会社等，吸収分割株式会社又は新設分割株式会社に対する株式買取請求について，当該請求に係る株式の買取りは，これらの行為がその効力を生ずる日に，その効力を生ずるものとする」との案が示されており，改正法は，効力発生時説をとることとされている。他方で，同「1 買取口座の創設」において，株式買取請求に係る振替株式の振替を行うための口座（「買取口座」）を開設し，株式買取請求をしようとする株主は買取口座を振替先口座とする振替申請をし（第3. 1①③），組織再編等の効力が生ずる日までは買取口座に記載・記録された振替株式について，自己の口座を振替先口座とする振替申請をできないものとすること（同④）が提案されている。これにより，組織再編に反対した株主が，株式買取請求権の行使可能性を留保しつつ，株価の推移を勘案して，組織再編が効力を生

---

75) 石綿学〔判批〕金判1368号（2011）1頁，小出・前掲注74）96頁。
76) 久保田安彦〔判批〕判評638号（判時2139号，2012）34頁。
77) たとえば，田中・前掲注6）65頁，石綿・前掲注75）1頁，十市崇＝山澤奏子〔判批〕判タ1370号（2012）14頁。
78) 鳥山恭一〔判批〕金判1358号（2011）17頁，北村・前掲注69）11頁。会社実務・裁判実務の煩雑さよりも株主保護を優先すべきとする見解として，藤原・前掲注29）13頁。

ずる前に持株を市場で売却することは，株式買取請求の撤回を会社が承諾しない限り（同⑤），現実的にもできないことになる[79]。さらに，現在は，価格決定の申立てがなされた場合，効力発生日から60日を経過した日以降，買取代金支払のときまでの遅延利息年6％を会社が負担しなければならないところ（会社470条4項等），「要綱」は，価格決定前の支払制度を設けて，会社の金利負担を軽減することも提案している（第3. 3）。この6％の遅延利息も，反対株主の投機的ないしは濫用的な株式買取請求権の利用を助長すると，従来指摘されてきた問題であり[80]，その解決が図られている[81]。

　「要綱」の内容が会社法の改正によりどこまで実現するかは未だ定かでないが，提案通りの法改正が実現すれば，組織再編の効力発生時が買取価格算定の基準時とされる一方で，反対株主の投機的な行動はそれなりに抑制されることが期待される。これによれば，企業価値の毀損を生ずる組織再編の場合，これに反対する株主は，当該組織再編の公表・承認決議の成立を受けて株価が下落していく中で，組織再編の影響が排除されるとはいえ，権利行使期間満了日の翌日である効力発生時を基準時として算定される価格による株式買取を請求し，この間の株価変動リスクを負担するか，あるいは，市場において下落した株価で早々に持株を売却するかの選択を迫られることになる。

V　立法論上の課題

　反対株主の株式買取請求権に対しては，立法論ないし制度論的観点からの批判が，次のような2つの方向から存在する。1つは，組織再編等の決議が行われた場合に常に株式買取請求権による保護を提供する必要があるのか，という

---

79)　従来も，撤回には会社の承諾が必要であったが，反対株主による市場での持ち株売却を阻止できなかった。
80)　たとえば，木俣由美「反対株主の株式買取請求権」争点38頁。
81)　岩原紳作「『会社法制の見直しに関する要綱案』の解説」別冊商事法務編集部編・会社法制の見直しに関する要綱の概要（別冊商事372号，2012）43頁以下，中間試案段階の解説として，野村修也「組織再編——株式買取請求・差止請求」ジュリ1439号（2012）58頁以下。

観点からのもので，公開会社における利用局面を明確化すべきではないかといった主張[82]に結びつく。独立当事者間の組織再編について反対株主に株式買取請求権を提供する必要がどれだけあるのか，という近時の有力説の疑問[83]にも，相通ずるものがあるといえる。もう1つの方向からの批判は，株式買取請求権は会社から離脱する株主への経済的保障の制度であって，離脱を望まずただ不公正な合併を是正しようとする株主の保護には役立たない，という従来からの批判である[84]。会社法の下で「公正な価格」による買取りが認められるようになっても，離脱を望まない株主保護の要請がなくなったとはいえない[85]。いずれの方向からも問題とならざるをえないのは，少数派株主の救済，あるいは不公正な組織再編の是正を，株式買取請求制度に大きく依存するわが国の組織再編法制ないしは会社法制の現状であろう。

　会社法によって株式買取請求制度は2つの機能を併せ持つことになった。第一に，組織再編がシナジーその他の企業価値の増加を生じない場合に，組織再編が行われなかった場合と同様の経済的状態での会社からの離脱を反対株主に保障する機能，第二に，組織再編によってシナジーその他の企業価値の増加を生ずる場合に，その増加分の適正な分配を反対株主に保障する機能である。このように二重の機能を担わせることは，株主の機会主義的行動を招くとの懸念から，第二の機能を株式買取請求権に盛り込むべきではなく，異なる2つの権利に分化させる方が望ましいとする見解が，近時主張されている。すなわち，株式買取請求権は旧商法下のままとし，シナジーの再分配については，ドイツ法の現金代償制度[86]を参考に，企業再編対価の追加請求権の形で規定すると

---

82) 野田耕志「株式買取請求権の利用局面の再検討——アメリカ法における最近の理論状況について」法学64巻4号（2000）90頁以下。なお，アメリカ法上の市場性株式の適用除外規則（market out exception rule）については，木俣由美「株式買取請求権の現代的意義と少数派株主の保護（1）」法学論叢141巻4号（1997）41頁以下も参照。

83) 田中・前掲注6) 71頁。

84) 龍田節「合併の公正維持」法学論叢82巻2・3・4号（1968）283頁。なお，株式買取請求権のスクリーニング機能に着目する近時の研究として，飯田秀総「株式買取請求権の構造と買取価格算定の考慮要素（5・完）」法協129巻7号（2012）1481頁以下。

85) 大隅＝今井＝小林477頁。

86) ドイツ法における現金代償制度は，合併・分割一般に採用されているものではない。同制度については，島田志帆「株式買取請求権制度の意義の再検討—ドイツ組織変更法上の現金代償制度を参考に」法学政治学論究62号（2004）101頁，松尾健一「合併におけ

いうものである[87]。傾聴すべき見解であるが，2つの制度が提供するいずれの権利を行使すべきかについて株主が充分な情報を入手できる制度を整えるなど，制度設計上，併せて検討すべき課題があるといえよう。従来から指摘のあるように，合併等の比率の公正確保のために検査役またはこれに類する制度を導入すること[88]，あるいはこれに代替しうる制度を構想することが，やはり，必要になるのではないであろうか。

いずれにしても，株式買取請求権による救済は事後的なものであるし，手続的負担や情報の偏在，費用の問題など，株主救済としては一定の限界がある。株式買取請求権自体の見直しもさることながら，不公正な企業再編に対する脆弱な事前規制の改善も重要であろう。「要綱」が提案する組織再編等の差止請求権（第2部第4）は，「会社法制の見直しに関する中間試案」第2部第5のA案（注1）が採用されず，差止請求権を行使できる場合が限定されてしまった点で残念ではある[89]が，その立法化により，不公正な組織再編に対する事前規制として抑止的な効果を発揮することを期待したい。

　　る種類株主総会決議の要否――ドイツ法を参考に」同志社法学303号（2005）132頁，141頁。
87)　藤田・前掲注3) 287頁注48，松尾健一「株式買取請求権」ジュリ1346号（2007）57頁，木俣・前掲注80) 39頁。
88)　中村健「合併比率の公正確保」竹内昭夫編・特別講義商法Ⅰ 303頁以下（有斐閣，1995），早川勝「商法からみた会社分割立法のあり方」ジュリ1165号（1999）12頁等。
89)　岩原・前掲注81) 47-48頁，太田洋＝安井桂大「組織再編等の差止請求制度とその論点」商事1988号（2013）15頁以下。

第III部
機関

株式会社法大系

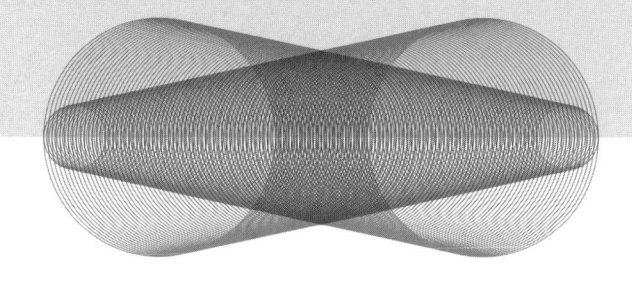

株主総会

I　はじめに
II　株主総会の機能と意義
III　株主総会の招集手続と開示機能
IV　株主総会の議決権とその行使

中 西 敏 和

I　はじめに

　株主総会は，出資者である株主を構成員とする機関であり，その決議によって会社の意思を決定する。株主総会は会議体の機関であり，業務の執行は他の機関に委ねられる[1]。また，株主の状況によって，執行はもとより，他の機能についても他の機関に委ねる方が株主の利益につながることが考えられる。そこで，会社法は定款の定めに基づき取締役会・監査役等の機関の設置を認めており，自由な機関設計の選択を認めている。もっとも，一定の株式会社については一定の機関の設置を強制しており，その基準は株主の状況について公開・非公開の別，他の機関との関係について取締役会設置の有無，規模については大会社か否かであり，公開会社でない会社について取締役会を設置しないことを認めている。
　これに対し，平成17年改正前商法は，1950（昭和25）年の商法改正（法律

---

[1]　大隅＝今井（中）2頁。

167号)以来一貫して取締役会の設置を義務付け,株主総会の権限を「総会ハ本法又ハ定款ニ定ムル事項ニ限リ決議ヲ為スコトヲ得」(旧商法230条ノ2。その後昭和56年法律74号により230条ノ10に移動)と定めていた。そして,その時々の時代を反映するかたちで,規制緩和の名の下に権限を縮小してきた。株式会社における株主総会の機能を考える上で,株主総会の決議事項または決議要件をどのように定めるかは重要な問題であり[2],便宜的に改正されることには批判的な見解もあるが[3],経営の機動性の向上につながったことは否定できない。

平成17年改正によって制度を改め,取締役会を設置しない会社を認めた背景には,有限会社を株式会社として会社法に取り込むことによって小規模閉鎖株式会社と有限会社との不均衡を是正するねらいがあったと説明されているが[4],会社法の規整の方法については批判的な見方もある[5]。

会社法は,取締役会を設置しない会社の株主総会の権限を「この法律に規定する事項及び株式会社の組織,運営,管理その他株式会社に関する一切の事項について決議をすることができる」(295条1項)と定め,その例外として,取締役会を設置している会社については,従前通り「株主総会は,この法律に規定する事項及び定款で定めた事項に限り,決議することができる」(同条2項)と定めた。株式会社らしい公開会社は,取締役会設置が義務付けられ,例外として取扱われる。実態としても,現状,取締役会設置会社が多数を占めており,会社法をわかりづらいものにしている[6]。

会社法は公開会社を「その発行する全部又は一部の株式の内容として譲渡による当該株式の取得について会社の承認を要する旨の定款の定めを設けていない株式会社」(2条5号)と定め,全株譲渡制限会社の反対概念と定義づける。これについても,わかりづらいとの指摘がある[7]。「株式の公開」(going public)

---

2) 森本滋「株式会社における機関権限分配法理」争点94-97頁および掲げられた文献。
3) 宮島司「株式会社における『機関権限分配法理』」倉澤古稀・商法の歴史と論理(新青出版,2005)817頁は,近時の改正について,制度の基本理念に基づかない付け焼刃的な改正として批判的な見解を述べている。
4) 相澤哲編著・立案担当者による新・会社法の解説(別冊商事法務295号,2006)8頁。
5) 稲葉威雄・会社法の解明(中央経済社,2010)62頁。
6) 岩原紳作「新会社法の意義と問題点」商事1775号(2006)10頁。
7) 稲葉・前掲注5)120頁。

I はじめに

という言葉で象徴されるとおり，上場会社を中心とする証券市場で株式が流通する会社のことを「公開会社」と称していたからであり，今でもこの概念は重要な意味を持つ[8]。本稿においても，上場会社等株式の流通性の高い会社を「公開型タイプの会社」として「公開会社」と使い分けることとする。

公開型タイプの株式会社においては，従来，経営者支配[9]という問題が指摘されてきた。本来は支配株主による支配というべきところかも知れないが，わが国においては，取締役会の意思決定のもとに他社と株式を相互に保有することにより経営者が実質的に多数を支配したためである。今日，相互保有が崩壊し，安定株主比率が低下したといわれているが，否決の危険にさらされる例は少ない。受託者責任を担う機関投資家を除き，大半の株主は今でも株主総会に対する関心は薄く，適切な情報開示と時代にあった議決権行使の環境を整える必要がある[10]。

公開型タイプの会社においては，近時，安定株主比率が低下したことに伴い，敵対的買収の懸念とともに，投資ファンド等からの株主提案権の行使と委任状争奪戦が問題となっている。議決権行使結果の開示が義務付けられたことにより，相手方株主はより戦略を立てやすくなったともいえる。支配権の争奪それ自体は株主総会本来の機能であるが，適法な行使が前提である。

これに対し，閉鎖型タイプの会社においては，このような問題はほとんど伝えられていない。ただ，閉鎖型タイプの会社といっても多様な会社が含まれ，典型的なタイプとして，人的色彩の強い零細的な中小会社と大企業間の合弁会社を典型とする大規模会社とがある[11]。いずれの場合も，株主が比較的少数で関係が緊密であるところから，平成17年改正前の株式会社の経営の仕組みだけでは実態にそぐわない面があったことは否定できない。現行会社法は，これに応えるかたちで種類株式の多様化をはかり，さらに株主総会と取締役だけの

---

8) たとえば「公開型のタイプ」（江頭289頁），「大規模開放会社」（稲葉・前掲注5) 144頁）。
9) 江頭289頁。
10) 平成21・6・17金融審議会金融分科会我が国金融・資本市場の国際化に関するスタディグループ報告，平成21・6・17経済産業省企業統治研究会報告書等。
11) 江頭290頁。

会社をベースに多様な経営の仕組みを選択できるようにしている。しかし，中小会社の中にはいまだ株主総会が開かれた形跡すらなく，登記関係書類として株主総会議事録を作成するためにだけ株主総会が開かれる会社も存在するといわれている。また，株主間契約というかたちで合意を行いその内容を経営に反映させている例もある。もちろん，最低限の法規制は必要であり，平成17年会社法により，株主総会の開催もより容易になったはずであるから，経営者・株主の意識改革と関係者のアドバイスが求められるところである。ただ，軽微な手続的不備をあげつらうかたちで，実態を反映しないような法的紛争に発展するのも得策ではない。会社法も，実態と法規制との不整合の原因を検証し，取り除く努力が必要である。

II 株主総会の機能と意義

会社法の原則が，株主総会の権限を「この法律に規定する事項及び株式会社の組織，運営，管理その他株式会社に関する一切の事項について決議をすることができる」（会社295条1項）と定めるのに対し，取締役会設置会社においては，「株主総会は，この法律〔会社法〕に規定する事項及び定款で定めた事項に限り，決議をすることができる」（会社295条2項）としている。株主総会の機能を考える上で決議事項と決議要件は重要な要素である[12]。また，このような権限分配とは別に，株主の所有状況によっても株主総会の機能は異なる。上場会社など公開型タイプの会社にあっては株主の分散化の程度によって株主総会の内容はさらに異なるものとなる。

1 株主総会の権限

会社法には，大別すると，(ア)会社の基礎に根本的変動を生じる事項（定款変更，合併，会社分割，株式交換・株式移転，事業譲渡，資本金の額の減少等），(イ)

---

12) 宮島・前掲注3) 817頁。

機関等(取締役,会計参与,監査役,会計監査人等)の選任・解任に関する事項,(ウ)計算に関する事項(計算書類の承認等),(エ)株主の重要な利益に関する事項(剰余金の処分・損失の処理,公開会社における第三者に対する特に有利な払込金額による募集株式の発行等),(オ)取締役等の専横の危険のある事項(取締役の報酬等の決定,事後設立等)といった事項が株主総会の決議事項として定められている[13]。

　取締役会を設置しない会社においては,上記のほか,株式会社に関する一切の事項について決議することができる(会社295条1項)。これに対し,取締役会設置会社においては,株主は経営者と異なることを前提に権限配分がなされるため,これ以外の事項を権限とするには定款の定めが必要である(同条2項)。しかし,公開型タイプの会社はもちろんそれ以外の会社も取締役会自らが定款を変更し決議事項を拡張することは通常考えられないとされてきた。しかし,最近では上場会社において支配株主が変動するような第三者割当を行う際に東京証券取引所は株主総会決議等,株主の意思確認を行うことを求めており(有価証券上場規程432条2号),事前警告型の敵対的企業買収に対する防衛策を決定する場合に,その決定権限は取締役会にあるにもかかわらず,株主の意思確認の手続を取る方が好ましいとして,定款にその旨定め,株主総会の決議をもって採用を決定する例が多数生じている。なお,閉鎖型タイプの会社においては定款変更それ自体容易であるが,定款の定めよりも株主間契約によることが多い。

　これらに対し,株主総会の権限と定められた事項を他の機関に委ねる定款の定めは無効である(295条3項)。株主総会の権限を法が限定した趣旨が,多数に分散した株主自らが経営判断を行うよりも,専門家に委ねた方が効率的であるということにあるのであれば,立法論として,株主自らの意思で,より多くの事項を専門家に委ねるという権限分配の仕方を認めることも考えられるが,かえって関係者の混乱を招き,株主の不意打ち的な不利益を招くという弊害も指摘されている[14]。

---

[13] 江頭296頁。
[14] 中村直人・新会社法(商事法務,第2版,2006)84頁。

株主の側からも，株主総会の権限の縮小につながる事項についてそれが適法であっても反対の意思表示が行われる場合がある。たとえば，現行会社法は，監査役会設置会社についても，一定の要件のもとに，定款の定めにより，剰余金の配当等を取締役会決議により行うことができることとしたが（会社459条1項）[15]，監査役会設置会社の採用については海外機関投資家を中心に対応が厳しい[16]。

2　決議機関としての株主総会の機能

上場会社等公開型タイプの会社においては，決議機関としての株主総会の機能を考えた場合，決議の結果は，総会前に行使される書面投票制度又は電子投票制度によって決せられるのが一般的であり，この傾向は安定株主比率が低下し，機関投資家の議決権行使比率が高まった現状でも変わりない。委任状合戦等が行われ，賛否の議決権数が伯仲した場合以外は，総会場で決議が争われることは少なく，機関投資家も基本的に総会場には出席しない。その意味では実態は明らかではないが，閉鎖的な会社においてもさほど変わりはないように思われる。たまたま総会の機会を利用することはあっても，義務的に開かれる総会の場で討議する必然性に乏しいからである。

したがって，実際に開催される株主総会は，決議との関係ではほとんどセレモニーと化している場合が少なくない。しかし，公開型タイプの会社において株主総会は重要な行事となっており，株主総会という会議を開催しないわけにはいかない。決議機関としての株主総会とは別に，会議体としての株主総会の機能を考える必要がある[17]。所有と経営の分離を前提とする株式会社においては，会社の業務の状況を株主に報告・説明することは欠かせないからである。

---

15) 認めた理由として，委員会設置会社との間で，企業統治のあり方に差異があると考えることや，異なる制度を適用することとする合理的な理由は存しないこと等をかかげている。相澤編著・前掲注4）132頁。

16) ISS・2013年日本向け議決権行使基準（概要）12頁（http://www.issgovernance.com/files/2013ISSJapanGuidelinesSummaryJapanese.pdf）。

17) 吉川純「会社法上の機関としての総会と実開催の会議体としての総会」資料版商事法務339号（2012）186頁。

3 会議体としての株主総会

　法が株主総会に期待している機能として，決議機関としての機能の外，会議体を通じての取締役等に対するモニタリング機能がある。

　上場会社のように株主が分散化すると，各株主の所有株数は減少し，決議に対する影響力も小さくなる。したがって一般的な株主は，株主総会に出席しないばかりか，議決権についても行使しなくなることが考えられる。このような状況が進むと，現経営者（またはこれを支持する株主）に対抗しうる株主が存在しなければ，経営者支配に陥ることになり，株主総会は無機能化することが考えられる。

　1981（昭和56）年の商法改正は，このような状況を是正するため，株主提案権制度や取締役の説明義務を明記する等により，株主の参加意欲を高め，株主総会から株主の足を遠のかせる元凶ともいうべき「総会屋」の排除を行った。その結果，現状，株主総会には多くの株主が出席し，さらに増加する傾向すらうかがえる。ただ，現実に株主総会に出席する株主の多くは決議に重要な影響を及ぼさない個人株主といわれており，質問内容についても，建設的な意見はほとんど期待できない状況にある。これを持って一般株主のモニタリング機能に懐疑的な見解があるが[18]，評価する見方もある[19]。社外の株主が総会に多数参加することにより，株主総会のビジュアル化というかたちでの工夫が進み，想定問答や総会リハーサルといった準備を行って総会に臨むといった姿勢が定着したことは，1つのモニタリング機能ととらえるべきである[20]。経営者の株主への報告・説明は，機関としての株主総会の重要な機能の1つであり，定時株主総会の主たる目的でもある（会社296条1項・437・438条）。

---

[18]　宍戸善一「コーポレートガバナンスにおける株主総会の意義」商事1444号（1996）4頁。

[19]　宮島司「株主そして株主総会の復権」商事1547号（1999）5頁。

[20]　商事法務研究会編「株主総会白書2012年版」商事1983号（2012）47頁図表32, 33頁図表14。

Ⅲ　株主総会の招集手続と開示機能

　会社法は，株主総会の権限について，取締役会の設置の有無を基準に区分したのに対し，招集手続については，取締役会設置の有無に加え，公開会社かどうか，書面投票制度・電子投票制度採用会社かどうかという基準を設けて手続に差異を設けている。

　株主総会を招集する場合，公開会社にあっては，取締役は会日の2週間前（発信日と会日との間が丸2週間あるという意味）までに，議決権ある株主に対して招集通知を発しなければならない（会社299条1項）。また，公開会社は取締役会設置会社でもあるため，この通知は書面により行わなければならない（同条2項2号）。さらに，書面投票制度または電子投票制度を採用する場合には，招集通知の送付の際に，参考書類・議決権行使書面等を交付しなければならない（会社301条）。なお，議決権を行使できる株主が1000人以上いる場合は，書面投票制度の採用が義務付けられている（会社298条2項）。

　逆に，公開会社でない会社は，招集通知は，1週間前までに発すればよく，さらに取締役会非設置会社の場合は定款の定めによる当該期間の短縮と書面によらない通知方法が認められている（会社299条1項かっこ書）。ただし，書面によることを要しない会社がどのような方法によるべきかについては特に定めはなく，電話，回覧，掲示等適宜の方法によることができるが，通知洩れは決議取消事由に該当するところから，通知した事実を証明する手立ては講じておくことが必要である。また，書面投票制度または電子投票制度を採用しない限り，参考書類および議決権行使書の交付義務もなく，株主全員の同意があるときは，招集手続を省略することもできる（会社300条）。公開会社でない会社は，すべての株式に譲渡制限を定めていることを前提とするところから，会社・株主間および株主相互の間で，意思疎通が行われているであろうことを前提にしている。

1 参考書類の意義と招集通知の開示機能

　議決権が行使できる株主数1,000人以上の会社については，書面投票制度の採用が義務付けられている（会社298条1項3号・2項）。このような会社を含め書面投票制度採用会社および電子投票制度採用会社については，株主に対し，招集通知の送付の際に，議決権の行使について参考となるべき事項を記載した書類（参考書類）を議決権行使書面とともに交付し，またはこれに代えて，これらの書類を記載すべき事項を電磁的方法により提供しなければならない（会社301条・302条）。参考書類は，1981（昭和56）年の商法改正によって定められた書類であり，そのねらいは経営に参画していない一般株主が，議決権を行使するにあたってその判断の参考となるべき情報を提供することにあるとされたが[21]，現行法のもとでも基本的に変わらない。書面投票制度と密接不可分の関係にあり，総会に出席できない株主を前提に記載されるところから，それ自体自己完結的である。会社法施行規則は，参考書類の記載事項について，①役員の選任，②役員の解任等，③役員の報酬等，④計算関係書類の承認，⑤合併契約等の承認について個別に定め，これ以外に⑥通則と⑦株主提案の場合における記載事項，⑧株主総会参考書類の記載の特則の計8項目に分けて定めているが，最近では，コーポレート・ガバナンスへの関心の高まりを受けて，公開会社における取締役等選任議案，社外取締役等の選任議案について記載事項が拡充されている。

　参考書類の開示機能はこれにとどまらない。機関投資家を中心に株主側からも参考書類の記載事項の充実に対する要請が強く，金融商品取引所もこのような動きを受けて，会社法施行規則に定められていない「独立役員に関する情報及び社外役員の独立性に関する情報を株主総会における議決権行使に資する方法により株主に提供するよう努める」ようルール改正を行った[22]。これ以外にも顔写真の掲示，社外役員の独立性基準等を任意に記載する会社もある。

---

21)　稲葉威雄・改正会社法（金融財政事情研究会，1982）147頁。
22)　東京証券取引所「証券市場の信頼回復のためのコーポレート・ガバナンスに関する有価証券上場規程等の一部改正について」（2012〔平成24〕年5月8日）。

2 事業報告の開示機能

定時株主総会においては,取締役は,招集通知の送付の際に,計算書類・事業報告(監査役設置会社にあっては監査報告,会計監査人設置会社にあっては会計監査人報告を含む)を提供しなければならない(437条)。これら書類のうち事業報告は,会社の状況を説明する書類であり,他の書類と異なり業種,会社間の違いが明確に表れているが,アナリスト説明会等で用いられる資料や同じ会社が発行している年次報告書や,金融商品取引法で求められる有価証券報告書との隔たりは依然として大きい。今では,有価証券報告書の記載事項について総会場で質問された際,これに対する回答を頑なに拒否する例は少なくなったが,開示レベルを合わせるところまでには至っていないように思われる。総会にほとんどの株主が出席しないことを前提に考えるならば,総会の事前準備に費用をかけるべきとの意見もある。参考書類のところで述べたとおり,独立役員等に関する情報等の議案に参考となる事項を記載すべき書類として,事業報告と参考書類が並列的に取り扱われているが,総会の開示機能を考えるとき,事業報告の役割は以前にもまして重要であり,少なくとも,他の書類に記載した事項については自主的に記載すべきものと考える。

3 株主総会における電子化の状況

株主総会における電子化は,2002(平成14)年4月1日に施行された改正商法(平成13年法律129号)により,「高度情報化社会における会社運営の電子化」として,①総会議事録等の会社関係書類の電子化,②計算書類等の公告の電子化とともに,③総会招集通知等の電子化と④電子投票制度が立法化された。さらに,平成17年会社法によって,計算書類等の電磁的方法による開示による招集通知への記載の省略(会社計算133条4項~7項・134条4項~7項,会社則94条・133条3項~6項。以下「ウェブ開示」という)と,参考書類等に修正が生じた場合の周知方法としての電磁的方法の利用(会社則65条3項・133条6項。以下「ウェブ修正」)が追加された。

(1) 総会招集通知等の電子化

　総会の招集通知の電子化すなわち電磁的方法による招集通知の発信は，採用率は一貫して低調であり，最近のアンケートの調査結果を見ても採用会社は48社で回答会社全体に占める割合も2.6%にすぎない[23]。最大の原因は招集通知の発信を電磁的方法によることについて株主の同意が必要であるからと思われる。居ながらにして送付されてくる情報をあえて電磁的方法に変更することの必然性は乏しく，当面，同意は期待できそうにない。会社側にとっても，仮に一部の株主から同意が得られたとしても，印刷コスト，郵送コストの低減につながらず，むしろ当該株主の分を取り除く手間や，別にメールで通知する分，負担が増す。これに対し，ウェブ開示についてはここ数年増加傾向を見せている。招集通知の電子化と異なり，定款の定めがあれば，株主の同意を要せず，画一的な取扱いが可能な点が増加につながっているものと思われる。省略できる対象は，本来，連結計算書類や事業報告，参考書類の一部と広がりがあるが，今のところ，個別注記表と連結注記表が中心である。コスト削減策という点では，招集通知を従来通り発送しなければならないという点でメリットは薄いが，参考書類や事業報告の記載事項の拡大や株主の開示要請に伴って膨大化した招集通知書類を，サイズや重さを変更せずに見やすくするという点では，それなりの効果が期待できる。何よりも，株主のインターネットに対する違和感を解消することへの期待が大きい。なお，上場会社については，すでに招集通知は電磁的方法（通常はPDFファイル）で証券取引所に提出することが求められており，発信日に合わせて各社の招集通知が各証券取引所のホームページに掲載されている。会社にとっては，それを自社ホームページにするだけの話であり，取りつきやすい。今後は記載の省略をどの程度拡大していくかが問題と思われる。とりわけ有価証券報告書記載事項の事業報告への取組みや株主からの幅広い開示要請に対応していくためには，これらが任意開示事項であることを逆に利用し，ウェブに掲載する招集通知書類にのみ取り込み，紙の招集通知では割愛するといったことも考えられる。なお，ウェブ修正については，招集通知に，

---

23) 商事法務研究会編・前掲注20) 136頁図表151。

その旨および自社ホームページのアドレスを記載する以外,特別の手続を要しないところから,すっかり定着している。

(2) 議決権行使の電子化(電子投票制度)

議決権行使の電子化は,通常,株主宛に送付された招集通知または議決権行使書面に記載されたID,パスワードを用いて各社の議決権行使サイト(現実には株主名簿管理人のホームページに設けられた各社別議決権行使サイト)にアクセスし,その画像の指示にしたがって入力し議決権を行使する仕組みがとられている[24]。招集通知の電子化が進まないため,今のところ,電子投票制度を採用したからといって書面投票制度は廃止せず,併用しているものと思われるので,コスト負担につながるものとは考えられない。しかし,電子投票制度採用会社は着実に増加しており,上場会社を対象とした最近のアンケートの調査結果では,491社が採用したと回答しており,回答会社全体の26.6%を占めるに至っている[25]。その結果を示す表に付されたコメントによれば,会社の規模の大小と強い相関関係が見られ,資本金規模の大きい会社程採用割合が高く,これは議決権行使書等の返送率を高める方策や外国人株主の議決権行使促進策の実施状況とも共通する傾向であり,電磁的方法による議決権行使を採用する動機が,電磁的方法による招集通知と異なり,コスト削減ではなく議決権行使促進策の一環としてとらえられていることを示すものといえる。その背景には機関投資家の存在がうかがえるとしている。採用した会社の議決権行使の状況についても,電子投票制度を利用した議決権行使の割合が議決権行使全体に占める割合について「30%以上」が201社(同51.1%)となっており,行使比率は高まる傾向にある。

電子投票制度の利用を考える上で,欠かせないのは東京証券取引所の関係会社である株式会社ICJが運営する「機関投資家向け議決権電子行使プラットフォーム」の存在である。機関投資家は,外国人投資家を中心に株主名簿上その名義を明らかにせず,管理先であるグローバルカストディアン名義で株主名簿に登録されている。しかも複数の機関投資家が同一のグローバルカストディア

---

[24] 詳細は中西敏和「株主総会のIT化と実務の対応」商事1625号(2002)31頁。
[25] 商事法務研究会編・前掲注20) 137頁図表152。

ンを利用しているため，その実態は明らかではない。何よりも議決権行使に際しての情報伝達がグローバルカストディアン[26]を経由することになるため，その分，日数もかかることになる。また，これら機関投資家の議決権行使に対する関心は薄かった。それでも会社にとって決議に及ぼす影響が小さい間は良かったが，すでに述べたとおりバブルの崩壊を契機として株式持合構造が崩れた後は，その議決権は無視できぬ規模となり，また機関投資家にとっても議決権行使が受託者責任の一環として位置づけられたことで，議決権行使のあり方に対する関心が高まった。このような事情を背景に2004（平成16）年に立ち上げられた制度である。議決権行使プラットフォームの役割は，グローバルカストディアンおよびサブカストディアンから情報提供を受け，各機関投資家の口座をプラットフォームに開設し，機関投資家がその口座を通じて情報を入手し，議決権行使を行うことができるようにすることにある。機関投資家がそれぞれの口座を通じて行使した結果は，毎日，名義株主ごとに集約して会社に伝達される[27]。会社は個々の機関投資家を特定することはできないが，情報を即時に機関投資家に伝えることができ，行使結果も，名義株主を経由せずICJからの情報で知ることができるというメリットは享受できる。議決権行使プラットフォームとの相関関係は強く，前述のアンケートの調査結果によれば，ICJ の議決権行使プラットフォーム採用会社354社は電子投票制度採用会社491社の72.1%を占めている。なお，ICJ の議決権行使プラットフォームにより行使された議決権数の総議決権数に占める割合を見ると「30%以上」が177社（同60.4%，同5.0ポイント増）と過半数を占め，インターネットによる議決権行使比率と同様，全体的に行使比率は高まる傾向にある。

(3) インターネットの総会への利用と電子株主総会

招集通知の電子化，議決権行使の電子化は，それぞれインターネット環境を

---

[26] グローバルカストディアンが海外に存する場合はさらに日本市場における証券の保管・受渡・権利行使のためにサブカストディアンを設置している場合が多く，会社とグローバルカストディアンとの間にさらにサブカストディアンが介在し，これを経由することになる。

[27] 仕組みと現状については，坂東照雄「議決権電子行使プラットフォームの現状と課題」商事1911号（2010）47頁。

利用した総会運営ということができるが，いわゆるインターネット環境を仮想場所としていない点で電子株主総会とは異なる[28]。しかし，総会後の動画配信や中継会場でのライブ中継はもちろん，中継会場（東京）の株主にも本会場（大阪）に居る株主と同様に，質問や賛否等の株主権行使を認める例も登場している。さらに，あらかじめ株主にIDとパスワードを与えて，それによって総会のライブ中継を見ることを認め，さらに同じIDとパスワードを使って総会前一定の期限を示してインターネットによる意見・質問を受け付ける例も登場している。実施に当たっては，それなりのコスト負担が生じるが，1981（昭和56）年改正当時は，営業報告書の記載事項や参考書類の充実というかたちでしか，株主に対する参加意欲の向上がはかれなかったのが，いまでは，IT技術の進展とインターネット環境の整備によってこと情報伝達という面では大きく前進した[29]。今でも出席株主の増加による株主総会の大型化という壁に直面しているが，視点を代えて，インターネット環境を用いた会場の分散化や，ひいてはインターネット上の仮想場所を利用した電子株主総会が認められれば，解決の糸口は思いのほか簡単に見つかるかも知れない。

しかし，インターネットの利用環境が進展する一方で法規制は十分とはいえない。とりわけ懸念されるのは，会社以外の第三者がインターネット環境に入り込んで情報の伝達を阻害したり誤った情報を流すことへの対応である。後述するとおり，委任状合戦に対する法整備が不十分であることが懸念されているが，インターネット環境を利用した勧誘についてどのような規制を設けるかは今後の課題である。

4 株主提案権の現代的機能

(1) 株主提案権の利用状況

厳密な意味では性格は異なるかも知れないが，株主提案権の開示機能としての役割を見落とすことはできない。株主提案権は，昭和56年改正によって導

---

[28] 岩村充＝神田秀樹編・電子株主総会の研究（弘文堂，2003）30頁。
[29] 川村正幸「コーポレート・ガバナンス論と株主総会の役割」商事1478号（1997）3頁。

入された制度であり，株主意思の総会への反映手段として認められた。零細株主の疎外感を払拭し，経営者と株主あるいは株主相互間のコミュニケーションを良くして，開かれた株式会社を実現しようとするものであり，当初から実際に決議として成立するという効果はほとんど期待されていなかった[30]。したがって，少数株主権としての要件も100分の1以上という割合的な基準に加えて300株以上という比較的低い数の絶対数基準が加えられ（会社303条2項）[31]，提案内容についてもあまり厳格な規制は設けられなかった[32]。具体的には，現行法にも引き継がれている，法令や定款に違反する場合又は実質的に同一の場合には10分の1以上の賛成が得られないときは3年間同一の議案が提案できない（会社304条）という条項があるに過ぎない。当初は，総会屋とおぼしき株主が連続して提案権を行使したり，会社が取扱いに困るような提案を行い，困った会社が株主提案議題を改めたことを不服とする決議取消請求の訴えが提起されたり（大阪地判平成元・4・5資料版商事法務61号15頁）[33]，競馬場の建設に反対する住民運動型株主が，定款変更（重要な業務執行権限を総会の決議事項とする）とこれを条件とする「場外馬券場を設置しない」という業務執行に関する提案がなされたことで物議をかもしたことはあったが[34]，結局，大きな議論を呼ぶことはなかったように思われる。その後は，小規模会社における経営権の争奪と電力会社における原発反対運動株主による定款変更等を中心とする提案が繰り返されるかたちでほぼ終息した[35]。

しかし，2007（平成19）年にいわゆる外資系の投資ファンドを中心に活発な提案が行われ，委任状合戦に発展したところから実務上の問題として改めて議

---

30) 稲葉・前掲注21）131頁。
31) 竹内昭夫・改正会社法解説（有斐閣，新版，1983）100頁。
32) 規制の仕方としては提案内容と持株要件の2通りあるが，国によって規制の仕方は異なる（江頭310頁注(3)）。
33) 「取締役退任の件」および「監査役退任要求の件」を議題とする提案を会社が勧告的提案となることを避けるために「取締役解任の件」と改めたことを不服とする訴えにつき，会社側勝訴。
34) 河本一郎ほか「〈座談会〉株主提案権の行使をめぐる諸問題」商事1021号（1984）21頁〔多田晶彦発言〕。
35) この間の推移については，中西敏和「株主提案権制度の変化と総会実務への影響」資料版商事法務338号（2012）14頁。

論が沸き起こるかたちとなった[36]。しかし，これらは表題にもあるとおり，委任状勧誘の前提としての株主提案権に主眼が置かれている。そこでは，もっぱら委任状や議決権行使書の取扱いとの関係で問題となる事項，たとえば剰余金の配当や取締役の選任議案ついて行われた株主提案が，会社提案の追加と考えるべきか択一的な関係に立つのかといった問題が議論の対象となったように思われる[37]。その後，投資ファンド等の活発な提案は沈静化したが，株主提案は引き続き活発に行われており，その過程で新たな問題が生じたように思われる。

(2) 株主提案権の問題点

現行法の下でも，公開会社たる取締役会設置会社にあっては，総議決権数の100分の1以上又は議決権数300個以上を6か月継続して保有していること（会社303条2項）を要件そのままに，①一定の事項（当該株主が議決権を行使できる事項）を株主総会の目的とすることを請求する権利（議題提案権。304条1項），②株主総会の目的事項につき当該株主が議案を提出する権利（議案提案権。304条）および③当該株主が提案しようとする議案を株主に通知することを請求する権利（議案の通知請求権。305条）を認めている。

株主が提案できる議題は，株主総会の決議事項に限られるが，株主総会の決議事項は定款の定めによって拡大することができるため，定款変更に関する提案が可決されることを条件とする提案は有効と解することができる[38]。また，定款変更を条件としない場合は，不適法な提案となるが，いわゆる勧告的提案として取り上げるかどうかについては議論が分かれる[39]。

要件を充たした株主からの提案議題を株主総会の目的としなかった場合，取締役は過料の制裁の対象となるが（会社976条10号），当該議題が目的となっていない以上当該決議取消しの問題は生じないとされている[40]（東京地判昭和

---

[36] 太田洋「株主提案と委任状勧誘に関する実務上の諸問題」商事1801号（2007）25頁，三浦亮太他・株主提案と委任状勧誘（商事法務，2008）3頁，松山遙・敵対的株主提案とプロキシーファイト（商事法務，第2版，2012・初版，2007）1頁。

[37] 江頭憲治郎＝中村直人編著「論点体系会社法2」（第一法規，2012）451-454頁。

[38] 注釈会社（5）26頁〔江頭憲治郎〕。

[39] 久保大作「社会的目的による株主提案権の行使——試論」江頭還暦・企業法の理論（上）（商事法務，2007）504頁。

[40] 江頭310頁。

60・10・29金判734号23頁)。これに関連して，株主から提案された議題を株主総会の目的としなかった場合に他の議題に関する決議との関係に影響を及ぼすかが問題となる。これについて，原則として当該決議取消しの事由に当たらないとしながらも，①取り上げられなかった株主提案が他の株主総会の目的である事項と密接な関連性があり，当該目的事項に関し可決された議案を審議する上で，株主が請求した事項についても株主総会において検討，考慮することが必要，かつ，有益であり，②上記の関連性のある事項を株主総会の目的として取り上げると現経営陣に不都合なため，会社が現経営陣の都合のよいように議事を進行させることを企図して当該事項を株主総会において取り上げなかったといった特段の事情が存在する場合には，決議取消事由（会社831条1項1号）に掲げる場合に該当すると解するのが相当とした判例がある（東京高判平成23・9・27資料版商事法務333号39頁)。また同じ会社の総会で，翌年，会社側が株主提案を議題に掲載しなかったところ，株主側から仮処分申立てがなされた。申立ては退けられたが（東京高決平成24・5・28資料版商事法務340号30頁)，被保全権利の一部の疎明は認められており，実務に及ぼす影響は大きい[41]。会社の動機および措置がどの程度まで行くと決議取消事由に該当するのかは，必ずしも明確ではないが，会社としては注意が必要である。

(3) 株主提案権の濫用と防止策

株主は，株主総会の議題について，議案を提出することができる（会社304条)。総会における修正動議というかたちでの提案は従来から認められていたが，平成17年会社法成立の際，旧商法232条ノ2を議案提出権と議案通知請求権とに整理したものであり，上場会社にあっては，事前の書面投票等で決議の成否がほぼ決するところから，次の議案の通知請求と一体となってはじめて意味をもつことになる。泡沫提案防止の観点から定められた「総株主の議決権の10分の1以上の賛成を得られなかった提案」の取扱いについては，議案として取り上げられず，次の通知請求においても対象としないことになる。

株主は，議案の要領を株主に通知することを請求でき，請求に際し，併せて提案理由についても通知するよう請求できる（会社305条，会社則93条)。適法

---

[41] 澤口実「株主提案権の今」資料版商事法務340号 (2012) 23頁。

な請求があった場合，会社は，請求に基づき招集通知に記載する必要があり（305条，会社則93条），請求を無視してなされた当該議題の決議は取消の対象となり得る（会社831条1項1号）[42]。株主が会社の費用負担で総会前に会社提案とともに自己の議案が他の株主に知悉される点に意義があるとされており，立法の趣旨でもある[43]。委任状勧誘が行われる場合はともかくそうでない場合は，決議に影響しないとの判断のもとに，事務的な煩雑さを除けば，会社も比較的鷹揚に構えていられたのかもしれない。しかし，最近の例として，株主1名が多数の株主提案を行う事例や定款変更の形式をとりつつその内容が定款記載事項としてふさわしくない事例が紹介されており，本来の趣旨を逸脱したものとして，問題提起がなされている[44]。

　株主提案権を考えるとき，制度創設当時と現在の総会環境の違いも考慮に入れる必要がある。制度創設当時は，多くの総会屋が存在し，会社側も時にこれを利用するかたちで総会運営を行ったため，一般の株主は発言の機会すら与えられなかった。また，株式相互保有が今日以上に徹底され，経営者支配が進んでいたため，経営者に対するガバナンスが機能不全に陥っていた。今日の総会の状況をこれと比較すると，総会屋はほとんど姿を消し，株主は少なくとも自由に発言の機会が与えられている。また，株式相互保有の崩壊を機に会社も株主の発言に耳を傾け丁寧な対応を行う姿勢を示している。したがって株主提案権とりわけ招集通知への記載請求権も，このような状況に即して適正に行使されるべきであり，これに向けての規制が必要と思われる。規制の試みの一つとして，株主権濫用論からのアプローチが検討されており[45]，また，立法当時からの投資単位の変化に基づく行使要件の見直しや招集通知記載に要する会社の費用との関連で除外事由の設置を示唆する見解もある[46]。いずれにせよ，株主提案権は共益権であり，適正に行使されてこそガバナンス機能を果たすものと考える[47]。

---

[42] 江頭312頁。
[43] 稲葉・前掲注21) 131頁。
[44] 澤口・前掲注41) 18頁。
[45] 久保・前掲注39) 512頁。ただし，結論は，社会的目的による株主提案権の行使は，ほぼ無制限に行われ得るとしている（同519頁）。
[46] 澤口・前掲注41) 26頁。

Ⅳ　株主総会の議決権とその行使

　株主が，会社の所有者として有する権利の象徴といえるのが株主総会における議決権である。株主は，原則として株主総会において，その有する株式1株につき1個の議決権を有する。定款で単元株式数を定めている場合には，その有する1単元の株式につき1個の議決権が与えられることになるが，単元未満部分を除き，所有株数に見合った議決権が与えられることに変わりはない[48]。

1　議決権の制限

　株主の基本的な権利ともいえる株主総会の議決権について，株式の種類，属性等から一定の制限が加えられる場合がある。
　株式の種類として，定款の定めにより一定の事項について議決権を制限した株式の発行が認められている（会社108条1項3号・2項3号）。すべての決議事項について議決権を制限することも可能であり（会社108条2項3号イ），この場合は無議決権株式となる。なお，公開会社においては，発行済株式総数の2分の1が限度であり，これを超えたときは直ちに2分の1以下にするための必要な措置を講じることが必要となる（会社115条）。また，すべての株式について譲渡制限を定めている会社においては，取締役又は監査役の選任について株式の種類ごとに議決権を定める株式の発行が認められており（会社108条1項9号），株主総会の議決権について，株主ごとに異なる取扱いをすることが認められている（会社109条2項）。
　株主の属性から議決権が認められない株式がある。会社自らが保有している株式（会社308条2項・325条），相互保有に該当する株式（会社308条1項かっこ書）であり，これら株式については，決議の際における定足数，賛成割合の

---

[47]　武井一浩「株主提案権の重要性と適正行使」商事1973号（2012）52頁。最近の不適正行使事例を踏まえた論点整理が行われている。
[48]　株主平等原則のなお，議決権については，自己株式，相互保有株式といった保有者の属性や議決権制限株式といった株式の種類によって議決権が制限される場合がある。

算定にあたって母数には加算されない（会社309条1項）。また，単元株制度採用会社において，1単元未満の株式についても議決権を行使できない株式と同様の取扱いとなる。以上の株主には招集通知は送付されず，出席権，質問権等を含め一切の総会参与権はないと解されており，単元未満株しか保有しない株主も同様である[49]。

　株主総会の議決権については，議題との関係で議決権を行使できない場合がある。かつて議題との関係で特別利害関係人に該当する場合には議決権が行使できないとする一般的な規定が設けられていたが（昭和56年改正前239条5項），現在は自己株式の取得決議における取得対象の株主（会社140条3項・160条4項・175条2項）を規定するのみで，一般的にこれを制限する規定はなく，株主総会等の決議について特別の利害関係を有する者が議決権を行使したことによって，著しく不当な決議がされたときについて，決議取消しの原因と定めるに止まる（会社831条1項3号）。

2　議決権拘束契約

　閉鎖型の同族会社や合弁会社（ジョイントベンチャー）では，株主間または株主と第三者との間で，株主の議決権行使を拘束する契約が締結される場合がある[50]。

　特に合弁会社においては，親会社等の事情で株式の保有割合については他方が過半数を支配するといったことを認めながら，経営の平等性は保つために取締役を割り振るといった要請が実務においても強い。また，出資の割合に見合った権限と責任を取締役および監査役の配分というかたちで契約の上で明らかにしておくといった要請が行われる場合もある[51]。このような場合に備え，取締役および監査役の選任等を中心に，あらかじめ株主間で合意し，契約を締結

---

49)　江頭314頁。
50)　江頭317頁，318頁注(1)～注(3)およびそこに掲げられた文献。
51)　公益性の強い企業が合弁会社の一方の株主となる場合，親会社に対する規制との関係で株式の保有比率に制限が加えられることがあり，外国会社である場合も当該国の法規制との関係で制限に服する場合がある。

するものである。その結果，議決権が拘束されるところから，このような契約を議決権拘束契約と呼ぶ場合もある。このような契約については，かつては契約無効説が有力に唱えられていたが[52]，近時は，少なくとも契約当事者間の債権契約としては有効と解されている。ただし，契約に違反して議決権が行使された場合の効果については，契約の相手方に対して損害賠償責任を負うことはあり得るが，会社（他株主）との関係では議決権行使の有効性に影響を及ぼすものではないとする判例があり（名古屋地判平成19・11・12金判1319号50頁），学説もこれまでこの考え方が有力であった[53]。

　これに対して，合弁契約のように株主全員が当事者である場合にまで，議決権行使の有効性に影響を及ぼさないことについて疑問を唱える有力な見解があり，「①総会の議長が契約に違反する議決権行使を目論む株主の提案を総会に付議しないことは適法であり，②契約違反の議決権行使により成立した決議は定款違反と同視して取消しの対象となり，③契約に従った議決権行使をしない株主がいる場合に他の契約当事者が意思表示に代わる判決を求めることは契約内容が明確であれば可能である，と解すべき」とされる[54]。合弁契約の特殊性等を考慮すると，この見解には合理性があり，これについて解釈論を展開し支持する見解もある[55]。

　そもそも，効力それだけが問題なのであれば，会社法の規制緩和の流れの中で，定款で定めることによって対応可能なものが少なくないように思われる。取締役，監査役の株主間での自由な割り振りにこだわるのであれば，取締役等選任に関する種類株式（会社108条1項9号）を発行することによって対応が可能と思われるし，議決権制限種類株式（会社108条1項3号）により，株主によって議決権の行使できる内容に違いを設けることによって，ある程度可能かと思われるし，特定の案件に関し権限を留保するのであれば拒否権付種類株式を付与することによっても可能である。さらに，過半数を支配する株主が取締役

---

52) 松田二郎・会社法概論（岩波書店，1968）138頁。
53) 菱田政宏・株主の議決権行使と会社支配（酒井書店，1960）158頁，青竹正一「株主の契約」菅原古稀・現代企業法の理論（信山社，1999）22頁。
54) 江頭318頁注(2)およびそこに記載された文献。
55) 森田果「議決権拘束契約・議決権信託の効力」争点102頁。

選任議案を含めた基本的な権限を支配することを是正するだけであれば，累積投票制度を認めることによってもある程度可能である．にもかかわらず，法律をある程度理解していると思われる大企業間においても広く活用される理由は，①会社設立段階のプロセスとして組み込むことができること，②定款と異なり，合意内容の有効性について細かな議論をする必要がないこと，③その変更が定款変更という手続を経ずに当事者間の合意により可能であること，④内容が当事者間の秘密のままにしておけること，⑤種類株式にくらべてアレンジしやすいことが考えられる[56]．とりわけ，合弁会社設立の際には，それぞれに他に競争相手が存在することが考えられ，取締役・監査役の割り振りはもとより，役付取締役の構成をどのようにするかといったことは，利益の還元，親会社との取引条件とともに企業としては秘匿しておきたい事項の1つであり，他の株主を加えずに弾力的に対応できる点が大いに魅力的であると思われる．これに対して，中小企業の経営者間は当事者間の口約束を書面にしたためたという者が少なくなく，種類株式等で代替できるものが少なくない．契約当事者によって，その契約について違反が生じた場合も，別個の観点から検討すべきものと考えられる[57]．

議決権拘束契約の実効性をより高めるために，議決権を信託するという場合がある．わが国においては議決権のみの信託は認められないが，信託財産として所有権を移転させ，その際に議決権を留保せず，信託銀行に行使を委ねることも可能である．そして，委託者が株式および果実の処分に関する権限を自ら留保または信託銀行以外の第三者（運用機関）に委ねれば，実質的に議決権を信託したことに他ならない．受託者を業法の制約を受ける信託銀行以外の者とし，株主間契約の当事者となるべき者それぞれが共同して当該受託者に信託し，信託契約の内容として議決権に関する特約を記載できれば，同様の効果を生み出すことは理論上不可能とはいえないと思われる．この場合も，受託者が一部委託者と結託して信託契約に反する議決権を行使するといったことは考えられないわけではない．しかし，脱法的に使われない限り，認めることに合理

---

56) 森田・前掲注 55) 102 頁．
57) 森田果「株主間契約（一）」法協 118 巻 3 号（2001）402 頁．

性はある。

3 株主総会の議決権の行使とその結果

(1) 議決権行使の方法と採決

　株主は，その有する議決権を自らまたは代理人を通じて行使することができる（310条）。

代理人による議決権行使については，公開型タイプの会社においては，むしろ代理行使をしようとする者からの勧誘に応じて行われることが想定されるところから，上場株式については，金融商品取引法194条および上場株式の議決権の代理行使の勧誘に関する内閣府令で規制を設けている。さらに，本人または代理人が株主総会に出席できない株主については，書面投票制度または電子投票制度による方法が認められている。採用するかどうかはあくまで会社の任意であるが，議決権を行使することができる株主の数が1,000人以上の会社については，書面投票制度の採用が義務付けられている（会社298条2項）。このことからも明らかなとおり，この制度は，もっぱら上場会社を対象とした制度ということができ，上場会社については，議決権を行使できる株主全員に上記の金融商品取引法194条に基づく議決権代理行使を加入することをもって，書面投票制度に代えることができる（会社298条2項ただし書，会社則64条）。

　現在，上場会社については，強制されない会社も含めて，ほとんどが書面投票制度を採用しており，委任状を利用している会社は例外的ともいえる[58]。株主の分散化が進んでいる上場会社においては，議決権行使書がもっとも一般的な議決権行使方法となっている[59]。

　株主総会は会議体の機関であり，その決定は決議によって行われる。会社法は株主総会の決議を要する事項について，一定の議決権を有する株主が出席し（以下「定足数要件」という），出席した株主の議決権の一定割合を上回る多数（以下「決議要件」という）をもって行うこととしている。決議の成立要件は，

---

[58] 商事法務研究会編・前掲注*20*) 62頁図表50。
[59] 商事法務研究会編・前掲注*20*) 64頁図表54。

定足数要件を議決権の過半数とし,決議要件を出席株主の議決権の過半数とする,いわゆる普通決議を原則とし(309条1項),普通決議以外の決議事項については,別に決議要件を定めている(309条2項〜4項)。

決議をどのような方法で行うかについては,議事の整理と同様議長に委ねられているが,議決権の行使方法によって実際の取扱いは異なる。すでに述べたとおり,株主総会で行使される議決権の過半は書面投票によって行われており,書面の会社への返送期限は原則として株主総会前日の営業時間終了時までと定められているため(会社311条,会社則69条),総会前には集計を終えているのが一般的である[60]。また,電子投票制度を採用する会社があるが,これについても,書面投票制度と同様の取扱いを定めており,総会開始前には集計を終えている。また,会社自らが金融商品取引法に基づいて代理人行使の勧誘を行う場合も,書面投票制度に代わるものであることが認識されており,委任状に記載された内容に基づき総会前に集計が可能である。

総会場でどのような方法で採決を行うかについては,会社法に特段の定めはなく,このような実態を踏まえて合理的な方法を選択することになる。委任状については,出席した代理人の意思確認が必要となるが,書面投票や電子投票はそれすら必要ない。これについて,従来から,挙手・起立・発声・拍手・投票等,出席者の意思確認方法のうち,適宜の方法によることができるものと解されており[61],どの方法によるかは議長の合理的な裁量に委ねられているとしている[62]。さらに,討議を通じて議案に対する各株主の賛否の態度が明らかとなり,議案の成立に必要な議決権数を有する株主の賛成が明らかとなれば,特に採決行為がなくとも決議は成立するものと解されている[63]。実務においても,通常は,行使期限までに到着した議決権行使書や電子投票や,会社に提出された委任状等により,議案の成立に必要な賛成の議決権数が確認されているとこ

---

60) 会社は一定の要件で別に特定の時を定めることができるが(会社則63条3号ロ),特定の時を定める会社は少なく,ずらす場合も営業時間の前後1から時間程度の範囲内である。
61) 注釈会社(5)176頁〔菱田政宏〕。
62) 東京地判平成14・2・21判時1789号157頁。
63) 最判昭和42・7・25民集21巻6号1669頁。

ろから，総会場では形式的に出席株主の拍手等の意思表示を求めるものの，実質的に出席株主すべてについて賛否の態度を確認することなく，決議結果を宣言することが行われる。この際，決議に影響を及ぼす大株主や委任状を持参した代理人については，議長が定めた方法で意思表示が行われることが必要なこと当然である。なお，株主提案について，実質的に同一の議案が再提案されるのを封じるためには，議決権の10分の1以上の賛成が得られなかったことを明らかにする必要があるが，あくまで会社側の事情によるものであり，特段の事情がなければ，賛否の数を確定することは要しないものと考えられる[64]。

しかし，事前の集計等では賛否の帰趨が明らかでなく，総会に出席している大株主の賛否を加えてもなお帰趨が容易に判断できない場合は，出席株主すべての議決権数について賛否を問うべきであり，場合によっては事後の紛争に備えて総会検査役（会社306条）を選任し，その立会いのもとに決議の結果を明認できるような手立てを講じる必要がある。実務においても，過去にいくつかの会社で行われたが，それぞれ長時間を要しており，中には継続会に持ち越した例もある。このように，公開型タイプの会社が投票という方法をとるには相当の時間を要することは明らかであり，現実的ではないところから，討議の過程を通じて議案に対する各株主の賛否の態度が明白となり議案の成立に必要な議決権数を有する株主が決議に賛成することが明らかになれば，採決行為がなくても決議は成立するという判例（最判昭和42・7・25民集21巻6号1669頁），学説[65]に基づき，実務的は依然として拍手を中心に行われている[66]。

(2) 議決権行使結果の開示

このような状況のもとで，会社法の規制とは別に，金融商品取引法の規制により，投票を含む採決結果の確認が改めて問題とされることになった。金融商品取引所上場会社等，金融商品取引法に基づき有価証券報告書を提出しなければならない会社は，臨時報告書に議決権行使結果を開示することが義務付けられたからである（金商24条の5第4項，企業開示令19条2項9号の2）。機関投資

---

64) 前掲注62) 東京地判平成14・2・21。
65) 大隅＝今井（中）98頁。
66) 商事法務研究会編・前掲注20) 95頁図表95。

家をはじめとする株主の議決権行使によるガバナンス強化の要請に沿ったものであり，記載内容は，①総会日，②決議事項の内容，③決議事項に対する賛成，反対および棄権の意思表示に係る議決権数，当該決議事項の決議要件ならびに当該決議の結果のほか，④議決権の数に株主総会に出席した株主の議決権数の一部を加算しなかった理由となっている。

　加算しなかった理由とあるように，理由を記載すれば，株主総会に出席した株主の議決権数の一部を加算しないことが認められている。その背景としては，省令公布に先立って行われたパブリックコメント手続においては，多くのコメントが寄せられたため，これを受けてパブリック「コメントの概要及びコメントに対する金融庁の考え方」が公表された。その中で特に実務上問題にされたのは，賛成，反対の議決権数を正確に記載するために投票等の議決権確認手段をとる必要があるか，ということと，取締役および監査役選任議案については，候補者ごとに賛否の議決権数等の記載を行う必要があるか，ということであった。これらのうち，賛否の結果については，上記のとおり，株主総会に出席した株主の議決権数の一部を加算しない理由を記載する代わりに，加算しないということが認められ，その結果，大半の会社が出席株主を対象とする投票等を実施せず，確認が容易な大株主又は役員の議決権数のみ加算する方法をとることで現在に至っている。投票によるメリットはあるが，多数の出席株主が予想される場合には相当の負担を強いるところから[67]，今のところ投票を実施する会社は10％にも満たないのが実情である[68]。もちろん，この背景には，議決権行使書等であらかじめ，賛成多数が確認されているという前提が必要である。他方，取締役および監査役の選任議案については，各候補者別に賛否の議決権数を記載することが求められたため，従来あまり問題視されなかった取締役，監査役に対する賛成票の差に微妙な違いがあることが明らかになった。もちろん，否決には至らないが，一部取締役が他の取締役よりも少なかったりする場合があることが明らかとなった。特に目立つのは，会社トップが少ない場合とともに，社外取締役（の候補者）が少ないことが目立つ点である。おそらく，

[67) 詳細は，中西敏和・株主総会と投票の実務（商事法務，2009）第1章，第3章を参照。
[68) 商事法務研究会編・前掲注20) 127頁図表138。

その経歴等から独立性の観点から反対票が投じられたものと思われるが，気になるところではある。今後独立役員に関する開示が進むにつれて，決議結果にも影響が出るかもしれない。

　会社法は，現状，株主総会の決議について，決議要件を満たしたかどうかについてしか問題にしておらず，株主総会における発表はもちろん，総会議事録や会社が任意に株主に送付している決議通知にも記載されることはない。累積投票制度をほとんどすべての会社において排除しているため，過半数を制する等，その会社の決議を制する株式を有する株主とそれ以外の株主とでは，絶対的な差が表示され，相対的な違いがあるところから，この点は株主側からもあまり問題にされなかったものと思われる[69]。

　しかし，議決権行使助言会社の中には，トップの再選に反対するかたちで経営問題に反対の意を示すよう助言したり，少数株主にとって望ましいと判断される株主提案が，定款変更に関する定款のように過半数の指示を得たにもかかわらず，提案内容を実行しないあるいは類似の内容を翌年の株主総会で会社側提案として提案しない場合，経営トップの再選に反対を推奨するといった基準を定め，それをオープンにしているものもある[70]。何よりも，賛成割合が明らかにされたことにより，買収防衛策等，株主の賛成票が取締役に対する信任票というかたちで数値化されたことが大きい。

4　議決権の代理行使と委任状合戦

(1)　議決権の代理行使と委任状勧誘制度

　株主は，その有する議決権を行使するかどうかを含めて，各自の裁量に委ねられている。わが国ではあまり例をみないが，委任状に権利を託して売買することも行われており，理論上は可能かもしれない。閉鎖型の会社では，総会に代わるコミュニケーション手段が講じられている場合があり，議決権を行使す

---

[69]　例外的に株主オンブズマンはソニーに対して賛否の議決権数の開示を求め，応じないのに対して自らが積極的にマスコミ等に報じた。

[70]　ISS・前掲注 16) 6 頁。

ることもなく目的が達せられることが多いところから，総会が開催されないという事態も生じる。経営者の意識と法律知識の問題であり，合弁会社等によっては行われることはないが，同族的な企業においては，登記といった法令に定められた手続に必要がなければ，紛争でも生じない限り意識されることもないままに終わることがないともいえない。

　株主の分散が進んでいる上場会社においても，支配に関係しない株主にとっては，影響力が乏しいところから，必然的に総会への参加意欲が薄れ，株主総会の形骸化が進むことになる。このために，株主分散度が高いと思われる議決権を行使できる株主数1,000人以上を有する会社については，書面投票制度の採用が義務付けられている。この制度により，株主は総会に出向くことなく，総会に必要な議案情報が参考書類というかたちで総会招集通知とともに送付され，そこに記載された情報をもとに，送付されて議決権行使書を返送することにより決議に参加することができる。議決権行使書は，通常，返信用はがきスタイルがとられ，かつ送付されてくる書類の宛名を兼ねる形で，株主自らの氏名，住所，所有議決権数等が記載されているため，特に会社提案に異論がなければそのまま，異論がある場合には議案ごとに設けられた賛否の表示欄に○×等を付して郵便ポストに投函すれば，それで完結する。しかし，返送率は必ずしも芳しいとはいえない状況にある。電子投票制度を採用した場合でも，パソコン上の操作を必要とするところから，書面投票制度以上の行使はおよそ期待できないものと思われる。

　書面投票制度は昭和56年改正によって導入された制度であるが，それ以前から，会社自らを代理人として委任状を送付することが行われていた。議決権の代理行使の勧誘が会社によって行われる場合，株主は，総会に出席せずに，送付された委任状用紙を通じて自己の意思を総会決議に反映させる制度となるところから，書面投票制度に近いものとなる[71]。

　その結果，本来，別個の制度であるはずの書面投票制度と議決権代理行使の

---

[71] 発生史的には，会社による委任状の勧誘が書面投票に近づいたのを踏まえたものと説明されている。(浜田道代「委任状と書面投票」河本還暦・証券取引法大系〔商事法務研究会，1986〕249頁)。

勧誘制度は限りなく近いものとなり，逆に会社以外の株主が議決権の代理行使の勧誘を行う際には実態と法規制との不適合が生ずることが問題とされている。

わが国の上場株式の議決権の代理行使の勧誘に関する規制は，発生史的には1950（昭和25）年の商法改正と並行するかたちで，アメリカにおける委任状規制をもとに導入された制度であり，アメリカにならって，商法ではなく，1948（昭和23）年に制定された証券取引法194条として制定され，1950（昭和25）年の商法改正に伴い所要の改正がなされた。もっぱらどのような利用のされ方をしたのかは，すでに述べたとおり，分散化した株主に委任状を送付することにより，その返送を通じて定足数等を確保することが目的であり，必要がない場合は送付されないこともあった。委任状の用紙および勧誘のための参考書類については，制定当初から証券取引法194条および上場株式の議決権の代理行使の勧誘に関する規則（委任状勧誘規則）によって規制がなされていた。

書面投票制度は，以上の委任状勧誘の実態を踏まえて制定されたものであり，書面投票制度制定に際して委任状の選択が認められたのはこのような背景によるところが大きい。したがって制度面の違いはあるものの[72]基本的な機能にあまり大きな違いはない[73]。書面投票制度は2年を経ずして浸透し，大半の会社がこの制度を選択し，平成13年商法改正により，議決権を行使できる株主数が1000人に満たない会社も任意採用が認められたため，委任状勧誘を実施する会社はほとんど見られなくなり，いわゆる実務書からもほとんどその姿を消すことになった。

2003（平成15）年に委任状勧誘制度がようやく整備されたが，その説明においてもそれまでほとんど規則改正が行われなかった理由として上記事情が記載されている[74]。この時点における規則等の改正の主な目的と内容は，①参考書類規則のレベルに合わせるかたちでの委任状勧誘参考書類の記載の充実，②総

---

72) 稲葉・前掲注21) 161頁。
73) 改正当初は，このような違いがあることを背景に書面投票制度の選択を懸念する会社が大半を占めたため，違いがないことがより強調された。特に委任状勧誘で認められていた白紙委任の取扱いが問題となり，決議については，「賛否の記載がない場合の取扱い」をあらかじめ議決権行使書面に記載することで対応が図られたが，総会場での動議に対応できない点は当初から書面投票制度の弱点として指摘されていた。
74) 一松旬「委任状勧誘制度の整備の概要」商事1662号（2003）54頁。

会運営のIT化を盛り込んだ商法改正に合わせるかたちでのIT化対応のための規則整備であり，委任状勧誘を書面投票制度に合わせるための改正ととれなくもない。

(2) 委任状の有効性

2007 (平成19) 年2月の東京製鐵株式会社の株主総会で，大阪製鐵株式会社を完全親会社とする株式交換契約の承認議案が，イチゴジャパンファンドエーという投資ファンドによる委任状勧誘の結果，否決され，続いて2008 (平成20) 年1月の株式会社CFSコーポレーションの株主総会で，株式会社アインファーマシーズとの株式移転計画の承認議案が，イオン株式会社による委任状勧誘の結果否決された。すでに，投資ファンドによる株主提案が数多く会社に対して行われ，その中には委任状勧誘が含まれていたため，まったく予想されなかったわけではないが，異なるタイプの否決事例が相次いだことにより，わが国委任状勧誘制度に対する問題点が浮上した[75]。

委任状勧誘制度は，昭和56年改正によって書面投票制度が創設されることに伴い，会社が行う例は極端に少なくなったため，利用自体が少なく，ほとんど顧みられることはなかった。上場会社がこの制度を利用するのはもっぱら書面投票制度に代えてであり，株主側との攻防を意図したものではなかった。かつてアンケートの調査項目の中に，「否」の表示がなされた委任状の取扱いという項目があったが，「否」については行使しないという回答が少なからずみられた[76]。これが書面投票制度採用に至る一因ともなっている。

会社または会社の役員以外の者が代理行使の勧誘を行う場合，まず，会社法の定めにしたがって，株主総会ごとに代理権を証する書面 (委任状) を会社に提出しなければならない。会社が委任状勧誘を行う場合，株主名簿の記載に基づいて，株主の届出住所地に宛てて委任状等必要書類を同封し，会社宛に返送することを求めるが，会社以外の第三者が行う場合には，まず，株主名簿の閲覧・謄写請求により住所地を知り，かつ所定の準備作業を行った上で送付しな

---

[75] 太田・前掲注36) 25頁，三浦ほか・前掲注36) 25頁，松山・前掲注36) 43頁。

[76] 否の意思表示のあった委任状があった会社338社のうち42%が取り扱わなかったと回答している (商事法務研究会編「株主総会白書2001年版」商事1613号 (2001) 68頁図表63。

ければならない。

　次に会社が委任状勧誘を行う場合，委任状の有効性について，住所地に宛てた委任状が会社宛に返送されたという事実をもって有効と認められてきたが（神戸地判昭和31・2・1判時72号20頁），第三者が勧誘する場合，とりわけ議決権の数を争っている場合は，会社宛に返送させるということはおよそありえないから，その有効性をどのように証明するかが問題となる。上場会社は，振替株式制度への移行に伴い，届出印制度が廃止されたことにより，会社，勧誘者双方とも，これをもとに争うことはできない（東京地判平成22・7・29資料版商事法務317号191頁）。会社は定款または取締役会決議で代理権を証明する方法を定めることが認められており（会社則63条5号），この場合，これによる。一般的には，委任状に議決権行使書が添付されていて，委任状に記載された住所，氏名と議決権行使書の住所，氏名が一致することをもって確認することが，総会場における本人確認との整合性の関係で一般的と考えられるが，自動車運転免許証その他一般的な本人確認法方法によることも考えられる[77]。いずれにせよ，紛争の種であり，総会場での紛糾を避ける意味から，事前にルール化し合意しておくことが望ましい。

　また，委任状には，会社，会社以外の者を問わず，議案ごとに表示ができる用紙を用意する必要があるが（金商194条，金商令36条の3，上場株式の議決権の代理行使の勧誘に関する内閣府令44条），これとともに，委任状勧誘規則に基づき参考書類を交付しなければならない。しかし，委任状合戦が行われる場合，委任状勧誘を行う提案株主に対して厳格にこの規制の順守を徹底すると不利益が生じることが懸念されている[78]。会社が議案の要領を一般の株主に先立って開示する義務はなく，提案株主は最悪の場合，会社が招集通知を発送するのを待たなければ委任状を完成させることができないからである。このような状況の下で，提案株主が集めた委任状に株主提案に係る取締役候補者に対する賛否の欄だけしか設けられていなかったことを理由に委任状の無効を主張した会社に対して，その有効性を主張して争った事件について，有効性を認めた判例があ

---

77) 相澤哲＝郡谷大輔「会社法施行規則の総論等」商事1759号（2006）13頁。
78) 松山・前掲注36) 66頁。

る(東京地判平成19・12・6判タ1258号69頁)。

委任状用紙については,賛否の意思表示の欄が設けてあることが必要であるが,株主が賛否の意思表示をせずに返送した場合,又は異なる形で意思表示をしてきた場合,これを白紙委任として一律に取扱ってよいかどうかが問題となる。白紙の場合には白紙委任と取扱うべきと考えるが[79],他事記載については判断に迷うところである。記載の趣旨が賛否に関するもので賛否の意思が明らかなものについては賛成と取扱えるし,議案に関しない事項についてであれば,その部分を無視して白紙委任として取扱うことができると考える[80]。

(3) 委任状合戦をめぐる問題点

委任状合戦が行われる場合には,会社,株主双方ともに株主の議決権を確保するための活動がなされることもある。公開型タイプの会社においては,安定比率の低下に伴い,定足数確保という観点から議決権行使の促進策が講じられる場合があり,最近では議決権行使結果の開示や機関投資家対策という観点から従来以上に関心が高まっている。促進策として議決権行使の返送に関する依頼文言を招集通知に追記したり,葉書で督促するといった方法が一般に行われているが,その一環として,議決権行使書を返送した株主に粗品を進呈することを約束することも考えられる。これについては,外観上は株主に対する利益供与に該当するが,より多くの株主に議決権行使をしてもらうという正当な目的の下に,返送した株主に一律軽微な額の「粗品」を贈呈することについては許容範囲内であると考えられる[81]。しかし,これはあくまで平時の話であり,委任状争奪戦が行われている状況の下で,議決権行使書を提出した株主に対しクオカードを進呈するという議決権行使促進策を実施したことが,株主に対する利益供与に該当するとして,決議取消しを認めた裁判例(東京地判平成19・12・6判タ1258号69頁)がある。委任状争奪戦が行われている場合には,結果的に議決権行使書の回収が会社側に有利に働くこともあるところから,正当な目的とは認められないリスクがあり,行うべきでない。以上のように,会社は

---

79) 松山・前掲注36) 56頁。
80) 田中亘「株主総会における議決権行使・委任状勧誘」岩原紳作=小松岳志編・会社法施行5年 理論と実務の現状と課題(有斐閣,2011年)5頁。
81) 河本一郎=今井宏・鑑定意見 会社法・証券取引法(商事法務,2005)66頁。

委任状合戦における議決権行使の勧誘について利益供与との関係で消極的な対応を余儀なくされる。これに対し，利益供与は会社と株主との株主権とを規律しているところから，株主が委任状獲得のために金銭又は便益を供与したとしても，基本的に規律する法規制がない。もちろん，公序良俗に反する場合は効力自体が問題となるが，金銭または便益を供与しただけでは決議の効力に影響を及ぼさないものと考えられる。わが国の委任状勧誘に関しては，委任状勧誘規則に違反する勧誘行為が行われたことが総会決議取消事由に該当するかどうかという問題をはじめ，多数の問題が生じている。今後生ずる事例の過程でもいろいろな問題点が生じることと思われ，これを踏まえた検討が必要である。

監査役会と三委員会と監査・監督委員会

I　序　説
II　監査役会設置会社
III　委員会設置会社
IV　監査・監督委員会設置会社
V　おわりに

前 田 雅 弘

I　序　説

1　3つの機関形態

　2005（平成17）年に制定された会社法は，機関設計に関する規律を柔軟化し，株式会社が選択することのできる機関設計の範囲を拡大したが，株式会社のうち，大会社である公開会社については，機関設計の規律の柔軟化を行わず，会社法制定前と同様，監査役会を設置するか，または三委員会（指名委員会・監査委員会・報酬委員会）を設置しなければならないこととした。次期会社法改正により，これらの類型に加え，大会社である公開会社は，第3の選択肢として，監査・監督委員会設置会社の機関形態をとることができることとなる見込みである。
　上場会社を典型とする現代の大企業は，一般に大会社かつ公開会社たる株式会社であるところ，次期会社法改正により，大企業のほとんどは，監査役会設置会社，委員会設置会社，または監査・監督委員会設置会社のいずれかの機関形態をとるべきこととなる。

大会社である公開会社についての機関形態の規律は，2002（平成14）年の商法改正によって委員会等設置会社の制度が導入されたことを契機として，監査役制度の扱いに関して，異なる方向の2つの系統に分岐して進化しつつある。一方は，監査役制度に見切りをつけ，取締役会の監督機能をモニタリング・モデルに近づけていこうとする道筋であり，他方は，監査役制度になお期待をし，これをさらに強化していこうとする道筋である。この進化の方向性は，2005（平成17）年制定の会社法に引き継がれ，予定された次期会社法改正でも維持されており[1]，近い将来に大きく変わることはないであろう。

本稿では，大会社である公開会社を対象とし，監査役会設置会社，委員会設置会社，および監査・監督委員会設置会社という3つの機関形態の基本的な仕組みを，主要な長所・短所に焦点を当てながら改めて考察するとともに，若干の問題について検討してみたい。

2 「監督」と「監査」

会社法は，業務執行担当者（代表取締役および代表取締役以外の業務執行取締役。委員会設置会社では執行役。以下同じ）に対する監視について，「監督」と「監査」という文言を使い分けている。

取締役会が行うのは，取締役（委員会設置会社では執行役および取締役）の職務執行の「監督」である（会社362条2項2号・416条1項2号，「要綱」第一部第一1(6) ①イ[2]）。取締役会による監督は，取締役会への出席など，取締役が取締役会の構成員として行う職務の執行をも対象とするが，その主たる対象は，業務執行担当者の行う業務執行（業務執行の実行面）であり，監査役による監査とは異なり，違法な業務執行の監督是正をするにとどまらず，業務執行の妥当性にまで及ぶ。取締役会による監督は，取締役会の有する意思決定権限と表裏一体

---

[1] 監査・監督委員会設置会社はモニタリング・モデルを志向する機関形態であり（後記3参照），前者の系統に属するが，監査・監督委員を株主総会決議で選任する等の点は監査役制度に倣ったものであり，実質的には後者の系統に近い面も備えている。

[2] 「会社法制の見直しに関する要綱」（2012〔平成24〕年9月7日・法制審議会総会）を単に「要綱」と表記する。

のものとして，適宜，意思決定を業務執行担当者に委ねることなく自ら決定をし，または業務執行担当者に必要な指示や注意を与えるなどの方法で行われ，さらに，業務執行担当者が違法または不当な業務執行をするときには，これらの者を解職することによって行われる[3]。

他方，監査役，監査委員会および監査・監督委員会が行うのは，取締役（監査委員会については執行役および取締役）の職務執行の「監査」である（会社381条前段・404条2項1号，「要綱」第一部第一1 (4) ①ア）。監査は，業務執行担当者の業務執行はもとより，業務執行権限を有しない取締役の職務の遂行や取締役会決議をもその対象として，調査・報告をし，必要ならば是正を図ることによって行われる。監査役による監査は，原則として，取締役の職務執行の適法性の監査にとどまる（後記Ⅱ3 (2)参照）。

このように会社法は，業務執行担当者に対する監視のうち，取締役会が行うものを「監督」，監査役，監査委員会および監査・監督委員会が行うものを「監査」と呼んで，文言を使い分けているが，取締役会，ならびに監査役，監査委員会および監査・監督委員会のいずれも，業務執行担当者の業務執行を監視する機能を果たしていることに変わりはない。会社法は，人事権の行使等を伴う監視を「監督」，それを伴わない監視を「監査」と呼んでいるものと理解することができるが[4]，これらの文言の使い分けに重要な意味があるとは思われない[5]。

次期会社法改正により導入される予定の監査・監督委員会設置会社の制度における「監査・監督委員会」という名称は，同委員会が，委員会設置会社における監査委員会の権限に相当する権限を有するにとどまらず，人事と報酬にまで干渉する機能，すなわち，監査・監督委員以外の取締役の選解任および報酬

---

3) 大隅＝今井（中）189頁。
4) 逐条解説 (5) 71頁〔西山芳喜〕参照。業務執行担当者自身が主体となるかどうかで監督と監査を区別する説明がなされることもあるが（浜辺陽一郎「監査役のアイデンティティの再検証〔上〕」商事1967号〔2012〕22頁），この説明では，取締役会が行えば監督，監査役等が行えば監査という，現行法の状態を描写する以上の意味は得られない。
5) 神作裕之＝武井一浩「監査役・監査役会の新たな英文呼称」商事1978号（2012）58頁，武井一浩「解禁される監査監督委員会設置会社と企業戦略上の意義」企業会計64巻11号（2012）35頁参照。

についての株主総会における意見陳述権を通じ，委員会設置会社における指名委員会・報酬委員会に準じた機能まで有すること（後記Ⅳ1 (1) 参照）を考慮して，付せられたものであろう。

3 監督のあり方

　取締役会による「監督」には，いろいろな行われ方がある。いわゆるモニタリング・モデルにおいて，取締役会は，業務執行担当者の個別的な業務執行を審査するのでなく，業務執行担当者の策定した戦略計画に照らし，業務執行の成果の総体的評価を行う[6]。これは，取締役会による効率性の監督の行われ方の1つの完成型であり，委員会設置会社において想定されている取締役会の監督のあり方である。

　モニタリング・モデルにおける取締役会は，意思決定のほとんどを業務執行担当者に委ね，自らはほぼ監督機関に徹することとなるが，そのためには，社外取締役を中心に取締役会が強力な監督機能を果たすことが必要条件となる。実効的な監督を伴わずに業務執行担当者の権限だけが大きくなった経営管理機構が，企業統治の実効性確保という目的からすれば，最も不都合な状況だからである[7]。委員会設置会社は，まさしくこのような観点から，社外取締役を中心とする3つの委員会によって，取締役会の監督機能を強化した機関形態である。

　しかし，すべての株式会社について，モニタリング・モデルの形で取締役会が監督機能を果たすよう求めることは現実には困難であり，わが国の会社法は，取締役会による監督の行われ方を，純然たるモニタリング・モデルだけに絞ることはしていない[8]。すなわち，2002（平成14）年の商法改正において，委員

---

[6] 川濱昇「取締役会の監督機能」森本滋ほか編・企業の健全性確保と取締役の責任（有斐閣，1997）28頁。

[7] 前田雅弘「経営管理機構の改革」商事1671号（2003）28頁。

[8] ただし立法論として，モニタリング・モデルを実現できるよう，機関形態の選択を定款自治に委ねるのでなく，会社法が機関形態のあり方を明確に定めるべき旨が有力に主張されている。落合誠一「会社法制見直しの基本問題」商事1897号（2010）6頁。

会設置会社（当時は「委員会等設置会社」）の制度が導入されたとき，この制度を採用するかどうかは各会社の定款自治に委ねられ，委員会設置会社と監査役会設置会社は，制度としては対等のものとして扱われ，この考え方は，2005（平成17）年制定の会社法に引き継がれている。すなわち，会社法の下では，取締役会による監督の行われ方として，純粋の（または純粋に近い）モニタリング・モデルとともに，業務執行担当者の個別的な業務執行の決定または審査に比重を置いたやり方も対等のものと位置づけられているのであって，監査役会設置会社において想定されているのは，このような監督のあり方にほかならない[9]。

　監査役会設置会社における取締役会の法定の決議事項（会社362条4項）の多さが経営機構改革の制約となっており，取締役会が決議すべき事項について会社の自治をより広く認めるべきである旨の見解が主張されているが[10]，法定の決議事項を減らすのであれば，それに見合うだけ取締役会の監督機能を強化する必要がある。

　次期会社法改正により導入される予定の監査・監督委員会設置会社の制度における取締役会は，モニタリング・モデルを志向するものではあるが，指名委員会・報酬委員会を欠いており，取締役会の監督機能が委員会設置会社ほどには強化されないことから，純粋なモニタリング・モデルによる監督の行われ方は期待できない。他方で，監査・監督委員会に指名委員会・報酬委員会に準じる機能を与え，また監査・監督委員以外の取締役の任期を1年にすることで，監査・監督委員会設置会社における取締役会は，監査役会設置会社における取締役会よりは監督機能が強化されている（後記IV1(1)参照）。そこで，監査・監督委員会設置会社においては，原則として監査役会設置会社と同様に重要事項の決定は取締役会自らが行わなければならないこととした上で，一定の要件を満たせば，委員会設置会社と同様に業務執行担当者への大幅な意思決定の委

---

9) 取締役会の行う「監督」が監査とは異なることを強調し，「監督」とはモニタリング・モデルにおける監督だけを意味すると説く見解がある。大杉謙一「取締役会の監督機能の強化」商事1941号（2011）18頁。しかし，取締役会を「監督」機関とする機関形態として，会社法が委員会設置会社と並んで監査役会設置会社を存続させたことを考慮すると，「監督」の意味をこのように限定的に解釈することには無理があるのではなかろうか。

10) 齊藤真紀「監査役設置会社における取締役会」森本還暦・企業法の課題と展望（商事法務，2009）161頁。

任を認めることとされた[11]。監査・監督委員会設置会社の制度設計においても，モニタリング・モデルの徹底の度合いと，個別的な業務執行の審査の必要性との微妙なバランスが考慮されていることがわかる。

4 制度としての対等性

監査役会設置会社，委員会設置会社，および監査・監督委員会設置会社という3つの機関形態の間に制度として優劣はなく，いずれも業務執行担当者に対する規律づけの仕組みとして対等である。業務執行担当者に対する規律づけの仕組みとして決定的に優れた制度は存在しないので，会社法は，機関形態として3つの選択肢を用意し，その選択を会社の定款自治に委ねているのである[12]。

これら3つの機関形態を比較するとき，これらの共通項となっている機関を除き，監査役会，三委員会，および監査・監督委員会だけを切り出して比較をしてみても意味は乏しい。これら3つの機関形態では，それぞれ取締役会の果たすべき機能が大きく異なるからである。以下では，3つの機関形態それぞれについて，業務執行担当者に対する規律づけの全体的な仕組みについて，主な長所と短所に触れながら検討してみたい。

II 監査役会設置会社

1 二重の監視

監査役会設置会社においては，取締役会による監督と，監査役による監査とで，二重に監督・監査が行われ，取締役会だけによる監督よりも一見強力な監視を期待できそうにも見える。しかし，二重の監視とはいっても，取締役会に

---

11) 岩原紳作「『会社法制の見直しに関する要綱案』の解説〔Ⅰ〕」商事 1975 号（2012）9 頁参照。

12) 委員会設置会社と監査役会設置会社との選択に関する，江頭 512 頁参照。

よる監督も監査役による監査も，かねて指摘されているように，それぞれ次に見るような問題を抱えており，全体として，必ずしも実効的な監視を実現できる仕組みにはなっていない。

2 取締役会による監督と意思決定

(1) 独立性の欠如

　監査役会設置会社においては，取締役会を業務執行担当者から独立させるための制度的な手当てがなされておらず，取締役会による監督機能は，一般に脆弱である。現行法の下でも，会社は任意に，取締役の多数が独立性の高い者によって占められるような運用をすることは，もとより可能である。しかし，取締役会の独立性を確保すべきことが法的に強制されていないため，実態としては[13]，監査役会設置会社における取締役の全部または大部分は，自ら業務執行を担当し（代表取締役・業務担当取締役），または業務執行担当者の指揮命令を受けて業務執行に従事する者（使用人兼務取締役）であって，これらの者は，業務執行の最高責任者たる代表取締役を頂点とする階層に組み込まれている。業務執行の監督をすべき取締役会の構成員のほとんどすべてが自ら業務執行の実行面にかかわるため，取締役会による監督は不可避的に自己監査の問題を孕み，また，独立した監督権限の行使は困難となる。こうして，取締役会の監督機能は形骸化せざるを得ない[14]。

　監督という面において，株主総会と業務執行担当者の間に入るべき取締役会の存在意義が乏しいため，実態としては，株主総会が直接に業務執行担当者を選解任しているのに近い状況が生じていると見ることもできる[15]。

---

[13]「東証上場会社：コーポレート・ガバナンス白書2013」（2013年2月・東京証券取引所）21頁によると，東京証券取引所に上場する監査役会設置会社のうち，任意に社外取締役を選任している会社は53.7％にまで増加してきたが，1社当たりの社外取締役の人数は平均でなお0.94人にとどまっている（http://www.tse.or.jp/rules/cg/white-paper/b7gje60000005ob1-att/white-paper13.pdf）。

[14] 江頭358頁。

[15] 江頭憲治郎「コーポレート・ガバナンスに関する諸課題」生命保険論集143号（2003）9頁。

(2) 決議事項の多さ

このように，監査役会設置会社においては，業務執行担当者からの取締役会の独立性が確保されていないため，取締役会が業務執行担当者の全体的な業績を評価し，解職権限を背景に強力な監督をすることは期待できない。強力な監督ができない以上，業務執行担当者に大幅な意思決定権限を付与するわけにはいかず，取締役会による規律づけは，個別の業務執行を意思決定段階で個々に審査するという形をとらざるを得ない。取締役会に多くの法定の決議事項（会社362条4項等）が設けられているのはそのためであるが，このことは，会社の意思決定の機動性を害するおそれがある。

(3) 意思決定の形骸化

さらに，使用人兼務取締役は，業務執行担当者の指揮命令を受けて日常業務にかかわるところ，このような立場にある者が会社全体の重要な業務執行の決定にあたり，大局的かつ的確な判断を行うことは期待しにくい。取締役会の意思決定は，実態として，代表取締役を中心に少数の取締役により構成される常務会等の合議体でなされた決定を，形式的に追認するにすぎないという状況が生まれる。こうして，取締役会は，監督機関としてのみならず，意思決定機関としても形骸化するおそれがある[16]。

(4) 改 善 策

以上のように，取締役会を業務執行担当者から独立させるための制度的な手当てを欠くがために，取締役会が監督機関としても意思決定機関としても形骸化しうることが，監査役会設置会社の抱える最大の短所である。

業務執行担当者からの取締役会の独立性を高めるため，立法論としては，かねて監査役会設置会社において社外取締役の選任を義務づけるべき旨の提言がなされてきた。

次期会社法改正によって[17]，公開会社でありかつ大会社である監査役会設置

---

[16] 森本滋「コーポレート・ガバナンス関連立法の最近の動向（下）——委員会等設置会社制度を中心に」取締役の法務99号（2002）18頁。

[17] 社外取締役の選任を強制するかどうか，また強制するとして会社法で義務づけるべきかどうかは，改正時の最も大きな論点の1つであった。本稿ではこの問題に立ち入らないが，改正時の議論について，岩原・前掲注 *11* 10頁，神作裕之「取締役会の監督機能の強化」

会社であって，株式についての有価証券報告書提出会社は，社外取締役が存しない場合には，社外取締役を置くことが相当でない理由を事業報告の内容としなければならないこととなる予定である（「要綱」第一部第一2（前注））。この改正は，社外取締役の選任を義務づけるものではないが，選任しない場合に事業報告での開示を要求することにより，社外取締役の選任を促進することを意図したものである。さらに同改正により，社外取締役の社外性の要件が厳格化され，親会社の関係者等は社外取締役になることができないものとされる予定である（「要綱」第一部第一2(1)）。これらの措置は，取締役会の独立性を高め，その監督機能を強化するのに相当の効果があると期待される。

また，東京証券取引所は，2009（平成21）年に有価証券上場規程等の改正を行い，上場会社のコーポレート・ガバナンスの向上に向けた環境整備の一環として，一般株主保護のため，上場会社に対して1名以上の「独立役員」の確保を求めた[18]。独立役員は，社外取締役または社外監査役である必要があることに加え，一定の資格要件を満たす必要があり，この資格要件は，取引関係などの要素も考慮して，きめ細かく厳格に定められており，実質的な独立性が確保されるよう配慮されている[19]。

取締役会の監督機能を強化するため，取引所が会社法よりも高い水準で独立性を備えた社外取締役の確保を求めることは，会社法の制度趣旨をより徹底する合理的措置である。そして，取締役の独立性に関する種々の要素は，もしこれを会社法に資格要件として定めるとすると，当該法定の要件を欠く場合には取締役会決議の効力に影響してくると解さざるを得ないため，法的安定性を考慮すると，結局は，きめ細かな要件を設けることは断念せざるを得なくなる。

ジュリ1439号（2012）21頁参照。

[18] 有価証券上場規程436条の2，有価証券上場規程施行規則436条の2，上場管理等に関するガイドラインⅢ5(3)の2。大阪証券取引所等も同様の措置をとった。大阪証券取引所の有価証券上場規程12条の3，企業行動規範に関する規則7条等。

[19] 次期会社法改正のための要綱案（前掲注2）参照）のとりまとめに際し，法制審議会会社法制部会は，上場会社が独立役員を特に社外取締役の中から選任する努力義務を負うよう，取引所が規則を設けるべき旨の付帯決議を行った。これを受けて東京証券取引所は，上場会社に宛て，独立した社外取締役の確保に努めるよう依頼するための通知を行った（http://www.tse.or.jp/news/09/b7gje6000002qhqb-att/20120802_a.pdf）。

高い水準で独立性を確保するためのきめ細かな要件は，取引所の規則で定めるのがふさわしい[20]。

3 監査役による監査

(1) 独立性の確保

　監査役会設置会社においては，以上のように取締役会が実効的に機能するための制度的手当てを欠くため，その短所を是正すべく，監査役の制度に期待がかかる[21]。会社法は，次のように，監査役をできるだけ業務執行担当者から独立した存在とし，業務執行機関の外部から取締役の職務執行を監査すべきこととしている。独立した者による外からの監査ということが，監査役による監査の最大の特徴であり，長所であるといってよい。

　第1に，監査役は自らは，業務執行の意思決定に参加せず（会社362条2項1号参照），またその執行をすることもない（会社363条1項参照）。すなわち監査役は業務執行機関の外部から，取締役の職務執行を監査する（会社381条）。

　第2に，監査役と取締役・使用人等との兼任は禁止される（会社335条2項）。これによって会社法は，監査役の業務執行機関からの独立性を確保し，さらに監査する者と監査される者が同一になるという自己監査の問題を回避しようとしている。さらに監査役の半数以上は社外監査役（会社2条16号）として，過去においても取締役・使用人等になったことがない者としなければならない（会社335条3項）。

　第3に，監査役の選任の場面での独立性を確保するため，取締役が株主総会に提出する監査役選任議案について監査役会の同意が必要とされ（会社343条1項・3項），また監査役選任について監査役会に議題・議案の提案権が付与されている（会社343条2項・3項）。監査役の選任・解任・辞任について，監査役に

---

[20] 前田雅弘「独立役員の確保と会社法」監査役570号（2010）1頁。次期会社法改正による社外取締役の社外性要件の厳格化においても，重要な取引先の関係者であるという要素を社外性の要件とすることは断念された。岩原・前掲注*11* 14頁。

[21] 片木晴彦「わが国の監査役制度の改正――課題と問題点（上）」監査役437号（2001）12頁。

は株主総会での意見陳述権も保障される（会社345条4項・1項）。監査役の報酬等の決定の場面でも，定款または株主総会において総額しか定めていない場合には，その総額の範囲内で各監査役の受ける配分額は，取締役が決定することはできず，監査役の協議により決定しなければならない（会社387条2項）。

このように，監査役の監査は，業務執行機関から独立した者による外からの監査であり，このことは，前記のように長所であるといえるが，しかし同時に，次のような短所を有する。

(2) 適法性の監査

監査役は，業務執行の意思決定に参加しないことから，監査役の監査は原則として業務執行の適法性の監査に限られる[22]。この点において，監査役の監査は，監査委員または監査・監督委員による監査が業務執行担当者の職務執行の妥当性の監査にも及ぶのと異なる。

もっとも，取締役の職務執行の不当性が一定限度を超えると善管注意義務違反として違法となるので，監査役としては，取締役の職務執行が妥当かどうかを監査の出発点とせざるを得ない[23]。したがって，内部統制システムを当然には利用しないという監査の方法の違いはあるにしても（後記 (5) 参照），実態として，監査役が実際になすべきことが，監査委員または監査・監督委員と決定的に異なるというわけではない[24]。

監査役の権限が原則として適法性監査に限定され，取締役の職務の執行が違法なレベルに達しなければ口出しできないことは，監査役による監査の短所であり，特に，業務執行担当者を解職する権限を有しないことは，監査役の監査

---

[22] 監査役の権限が妥当性の監査にも及ぶかどうかは，古くから争いのある問題である。しかし，監査役の個々の権限については会社法がそれぞれ具体的な定めを置いているのであるから，この問題は，監査役の権限を全体的に評価したときの評価の差にすぎないと考えるのが正当であろう。岩原紳作「監査役制度の見直し」前田喜寿・企業法の変遷（有斐閣，2009) 14 頁。会社法の規定からは監査役の権限の範囲が必ずしも明らかでない問題（たとえば，取締役会において妥当性についてまで意見を述べることができるかという問題）についても，監査役の権限が適法性の監査に限定されるかどうかから結論を導くのではなく，問題となる会社法の規定（たとえば383条1項）の解釈として，その場面で監査役が妥当性についてまで口出しをするのが適切かどうかという問題を立て，そこから結論を導くべきである。

[23] 江頭489頁。

[24] 神田223頁注 (1) 参照。

の決定的な弱点である。

(3) 改善策

この弱点を解消するため，立法論としては，代表取締役の選定・解職に関する取締役会決議において，監査役に議決権行使をさせる案が検討されたことがある。しかし，監査役制度は，業務執行機関から分離された機関が監査を行うところに本質的意義があるのであって，取締役会における監査役の議決権行使を認めることは，監査役制度の本質に反する。監査役に相当する機関に取締役会での議決権行使を認める制度設計は，立法論として検討に値するが，それは現在の監査役制度の改善というよりは，むしろ監査役とは異なる新たな機関設計の問題と見るべきものであろう[25]。同様に，監査役制度を改善する立法論として，監査役と業務執行を担当しない取締役との兼任を認めるという見解も提唱されているが[26]，取締役との兼任を認めてしまうことは，実質的には監査役制度を否定するのに等しく，この立法論についてもまた，監査役制度の改善としてではなく，新たな機関設計についての問題提起と見るのがよい。監査・監督委員会設置会社の制度は，これらの立法論と類似の発想に基づく制度であると見ることができる。

(4) 情報収集の困難

監査役は業務執行機関の外部に位置づけられることから，業務執行に関する情報収集が困難となるおそれがある[27]。もっとも，会社法は，この問題に対処するために，すでに一定の手当てをしている。

すなわち，監査役会という合議体は，まさしく監査役間の情報の共有を可能にすることをねらいの1つとして導入された制度である。また，次に見るように（後記 (5) 参照），監査役は，会社の費用で自らスタッフを雇用して調査等に当たらせることが制度上認められるとともに，業務執行機関の策定する内部統制システムを利用することができる。これらの手当てが活用されれば，情報

---

[25] 法制審議会会社法制部会第4回会議（2010〔平成22〕年8月25日）議事録3頁以下参照。
[26] 大杉謙一「監査役制度改造論」商事1796号（2007）4頁。
[27] 業務執行担当者からの独立性を高めるほど，情報収集は困難になるという矛盾した関係がある。片木晴彦「監査役制度の行方 (1)」民商120巻2号（1999）236頁。

収集の面において，監査役が監査委員会または監査・監督委員会よりも制度的に大きく劣ることはないと考えられる。

(5) 内部統制システムとの関係

業務執行担当者の行為は会社の業務全般に及ぶため，監督であれ監査であれ，従業員の行為も含め会社の事業全体を実効的に監視するためには，大規模な会社では，内部統制システムの構築が不可欠となってくる。会社法は，大会社である監査役会設置会社については，内部統制システムの整備を義務づけており（会社362条5項），整備すべき内部統制システムの中には，監査役の監査の実効性を確保するための体制も含まれる（会社則100条3項）。会社法は，内部統制システムの外に，監査役が独自にスタッフを雇用する等して監査のシステムを構築し，その費用を会社の負担とすることを認めているが（会社388条），このような二重のシステムは会社にとって負担であり[28]，実効的な監査のためには，監査役が内部統制システムを利用できることが重要であろう。すなわち，実効的な監査ができるかどうかは，監査のための内部統制システムの如何によるところが少なくないと考えられるが，監査役と内部統制システムの構築・運用との関係については，次のような問題を指摘することができる。

第1に，内部統制システムの構築は業務執行の一環であり，その整備についての決定は取締役会で行われ（会社362条5項），監査役はその内容の決定に参加することができないという問題がある。しかし，監査役（会）は，内部統制システムの整備についての取締役会決議の内容が相当でないと認めるときは，監査報告にその旨およびその理由を記載しなければならず（会社則129条1項5号・130条2項2号），このことによって，間接的に，監査のための内部統制システムの相当性が確保される。また，監査役は，取締役の職務執行を監査する権限を有するので，内部統制システムの内容が著しく不合理であって取締役の善管注意義務違反になると判断する場合には，それを指摘し，是正を求めることができる[29]。監査役が内部統制システムの構築に直接参加できないことは，

---

[28] 片木晴彦「監査役と監査委員会」民商126巻4＝5号（2002）562頁。
[29] 日本監査役協会が制定した「監査役監査基準」は，監査役は，監査の結果，必要があれば内部統制システムの改善を助言または勧告しなければならない旨規定する（同基準21条3項。同条4項・5項も参照）。

決定的な短所とまではいえない。

　第2に，監査役が内部統制システムを利用することについて，監査役が独任制の機関とされていることとの関係が問題となる。しかし，独任制とは，各監査役が単独でその権限を行使することができ，監査役会の決定によって各監査役の権限の行使を妨げることができないことを意味するにすぎない（会社390条2項ただし書）。独任制だからといって，監査の方法まで，当然に実査，すなわち自ら会社の業務・財産の調査等をしなければならないというわけではなく，内部統制部門を通じて調査等を行うことは禁じられない。むしろ実効的な監査のためには，監査役が内部統制部門と連携して組織的な調査等を行うことが有益であろう[30]。

　かつては，監査役の兼任禁止規定（会社335条2項）との関係から，監査役が内部統制部門を直接に指揮できないのではないかという疑念も存在したが，監査役が内部統制部門と緊密に連携することは，監査の実効性を高めこそすれ低下させることは考えにくいのであって，現在ではこれを肯定することにほぼ異論はないと思われる[31]。監査役が内部統制システムを積極的に活用するとき，その監査は，適法性の観点からのみ行われるという違いはあるにせよ（前記(2)参照），その方法は，監査委員会または監査・監督委員会による監査と実質的に大差ないこととなる[32]。

(6) 国際的に見たわかりにくさ

　業務執行担当者の監視を行うべき者が，業務執行担当者を選定・解職する権

---

[30] 「監査役監査基準」において，監査役は，内部監査部門等と緊密な連係を保ち，組織的かつ効率的な監査を実施するよう努めるべき旨の規定が設けられている（同基準34条1項）。次期会社法改正においても，監査役と内部統制システムとの連携を強化する観点から，内部統制システムの運用状況の概要を事業報告の内容に追加することが予定されている。「要綱」第一部第一の後注，「会社法制の見直しに関する中間試案の補足説明」（2011〔平成23〕年12月7日・法務省民事局参事官室）（以下「補足説明」という）第一部第二2(3)参照。

[31] 前田・前掲注7) 31頁参照。

[32] 監査役会設置会社では，内部統制システムの利用は当然には想定されておらず，常勤監査役を設置しなければならないものとされているが（390条3項），委員会設置会社においても任意に常勤の監査委員を設置することが多いようであり（高橋均「監査・監督委員会設置会社と企業統治」商事1936号〔2011〕15頁），常勤者の有無の点でも，実態においては，監査役会設置会社と委員会設置会社とで大差はないということができる。

限を持たず，原則として業務執行の適法性だけを監視するという制度は，国際的に見て特異な制度であり，このような制度を外国の機関投資家等が理解することは相当に困難である[33]。このことは，監査役会設置会社の抱える重大な短所である[34]。

III 委員会設置会社

1 監督と意思決定

委員会設置会社においては，社外取締役を中心とした3つの委員会によって取締役会の監督機能が強化されている。すなわち，過半数の社外取締役から構成される指名委員会および報酬委員会によって，取締役会全体が人事と報酬の両面で業務執行担当者（執行役）から独立した存在となることが制度的に手当てされている。監査委員会の構成員は，取締役として会社の基本的・戦略的意思決定に自ら参加することで，経営についての十分な情報を入手するとともに，やはりその過半数が社外取締役であって，執行役から独立して実効的な監査を行うことが期待される。こうして独立性の高められた取締役会が，監査委員会からの報告を基礎に，執行役に対する解職権限を背景として，業務執行の妥当性をも含め，強力な監督を行うことが制度上可能となっている。

また，実効的な監督がなされるためには，内部統制システムの構築・運用のあり方が重要であるところ（前記II 3 (5) 参照），委員会設置会社の取締役会による監督は，制度上，内部統制システムを利用し組織的に行われることが想定されている（会社416条1項1号ロ・ホ，会社則112条）。

---

[33] 大杉・前掲注26) 5頁。
[34] 企業統治のあり方は，内外の投資家等の十分な理解を得て，国際的なレベルでの信認を確保できるものであることが求められることについて，「上場会社等のコーポレート・ガバナンスの強化に向けて」（金融審議会金融分科会・我が国金融・資本市場の国際化に関するスタディグループ報告，2009〔平成21〕年6月17日）I，「企業統治研究会報告書」（経済産業省，2009〔平成21〕年6月17日）1参照。

以上のような取締役会による強力な監督を前提に，取締役会の意思決定権限は大幅に執行役に委任することが認められる（会社416条4項）。これにより業務執行の意思決定を機動的に行うことが可能となる。
　以上のように，取締役会が強力な監督機能を有すること，およびそれを前提に機動的な意思決定を行いうることが，委員会設置会社の最大の長所である。このような仕組みが国際的に見てわかりやすい制度であることもまた，利点の1つである。
　もっとも，実態としては，大幅な意思決定の委任は行われていないといわれており[35]，委員会設置会社の最大の長所を活用しないのであれば，この機関形態を選択する意味は乏しい。

2 問　題　点

(1)　自己監査とお手盛り

　他方，委員会設置会社は，次のような短所を抱える。まず，監査委員による監査はいわば業務執行機関の内側から，執行役だけでなく取締役の職務執行をも監査することになる。取締役会による業務執行の決定には監査委員も参加しており，その決定を監査することは，自己監査の問題を生じさせる。
　しかし，ここでの自己監査の問題を重く見るのは適切でない。なぜなら，監査委員会による監査の主たる対象は，業務執行の実行面，すなわち執行役の職務の執行であって，取締役会による意思決定ではない。監査委員は，取締役会の意思決定に参加することで業務執行の決定を個別に審査し，これがまさに実質的な監視となっているのであって，これと別に当該意思決定が適正かどうかをさらに監査することは重要でない。監査を行うべき者が自ら業務執行の実行面にかかわる場合に問題となる自己監査（前記 II *2* (1) 参照）とは，状況が異なるのである。そしてそもそも委員会設置会社では，取締役会が意思決定をする場面が制度上限定されることが想定されている。自らが取締役として参加し

---

[35]　神作裕之「取締役会の実態とコーポレート・ガバナンスのあり方」商事1873号（2009）19頁。

た決定を監査するという問題は，いわゆる横滑り監査役についても生じる問題であって[36]，これをもって，監査委員会による監査が監査役会による監査よりも著しく劣ると評価するのは，失当である。

　また，報酬委員会が取締役報酬を決定することは，お手盛りの危険を生じさせるという批判もある[37]。しかし，委員会設置会社の取締役は，執行役を兼任する場合等を除き，業務を執行することはできない（会社415条）。もし業務執行担当者でもない者に過大の報酬を付与する決定をすれば，そのような決定をした報酬委員会の構成員に対する責任追及は，さほど困難ではないであろう。したがって，取締役として受ける報酬が過大となる危険は大きくはないと考えてよい[38]。仮にお手盛りの危険を重く見て，監査役会設置会社のように，定款で定めない限り株主総会決議で取締役報酬を定めるべきこととすると，株主総会に提出する議案を作成し，または株主総会で決定された総額の範囲内で取締役への配分を決定する際に，結局は執行役が関与することとなって，報酬面での取締役の独立性が損なわれる。お手盛り防止よりは取締役の独立性確保を重視すべき場面であって，報酬委員会が取締役報酬を決定する現行法の仕組みには合理性がある。

(2) 指名委員会・報酬委員会への抵抗感

　委員会設置会社における取締役会の監督機能の強化は，指名委員会と報酬委員会とによって人事と報酬の両面で取締役会を執行役から独立させることが基礎となっているところ，このような監督機能の強化のゆえに，業務執行担当者はこの制度の利用に抵抗感を有することがつとに指摘されてきた[39]。特に指名委員会の過半数が社外取締役によって占められるため，いったん社外取締役が代表執行役を中心とする経営陣と対立する事態になると，指名委員会による選任議案決定に基づいて選任された取締役を構成員とする取締役会によって，執行役は解職に追い込まれるおそれがある。このことが，経営陣が委員会設置会社の機関形態を選択することを躊躇する大きな要因の1つであろう。

---

36) 江頭525頁注 (1)。
37) 浜田道代「取締役会制度の改革②（委員会等設置会社）」金判1160号 (2003) 148頁。
38) 江頭529頁注 (1)。
39) 「補足説明」第一部第一2 (1) ア。

企業統治の実効性確保の観点から委員会設置会社がいかに優れた機関形態であるとしても，現実に利用されなければ，制度が設けられている意味は乏しい[40]。委員会設置会社の致命的な短所である。

Ⅳ 監査・監督委員会設置会社

1 監督と意思決定

(1) 監督機能

次期会社法改正により導入される予定の監査・監督委員会設置会社の制度においては，過半数の社外取締役から構成される監査・監督委員会によって（「要綱」第一1(3)②），取締役会の監督機能は，監査役会設置会社より強化されているが，指名委員会・報酬委員会を欠くため，委員会設置会社ほどには強化されていない[41]。

もっとも，監査・監督委員会の指名する監査・監督委員は，株主総会において，監査・監督委員である取締役以外の取締役の選解任および報酬について監査・監督委員会としての意見を述べることができるものとされ（「要綱」第一1(4)⑦⑧），監査・監督委員会には，指名委員会・報酬委員会に準じた機能が与えられている。また，監査・監督委員以外の取締役の任期は1年である（「要綱」第一1(2)⑦）。これらの措置により，取締役会が，委員会設置会社の取締役会ほどでないにせよ，業務執行担当者から独立性を確保できるよう配慮されている。

---

40) 日本監査役協会の行った調査によれば，2013年3月18日時点で，委員会設置会社の数は，わずか89社にとどまる（http://www.kansa.or.jp/support/iinkai-list1303.pdf）。
41) 任意に「指名委員会」「報酬委員会」という名称の委員会を設け，たとえば，「指名委員会」に取締役候補者の推薦だけを行わせ，「報酬委員会」に株主総会決議で定めた報酬総額の最高限度額の範囲内で具体的配分額の決定だけを行わせることは差し支えないが（太田洋「監査・監督委員会設置会社の設計と活用」商事1979号〔2012〕31頁），このような委員会を設けても，人事面と報酬面における業務執行担当者からの取締役の独立性確保は，委員会設置会社ほどには実現できない。

また，実効的な監督がなされるよう，委員会設置会社におけるのと同様，取締役会による監督は，制度上，内部統制システムを利用し組織的に行われることが想定されている（「要綱」第一1 (6) ①ア（イ）（ウ）・②）。

このように，取締役会が相当程度に強力な監督機能を果たしうることが，監査役会設置会社に比べ，監査・監督委員会設置会社が有する長所である。

(2) 法定の決議事項

このように，取締役会による監督機能が相当程度に強化されることを前提として，監査・監督委員会設置会社の取締役会は，相当に広い範囲で，業務執行担当者に決定権限を委任することが認められる（「要綱」第一1 (6) ④～⑥）。すなわち，取締役会の法定の決議事項の範囲は，原則としては監査役会設置会社と同様であるが，一定の要件を満たす場合には，委員会設置会社と同様の意思決定の委任が認められる（後記2 (2) 参照）。

このように，取締役会が相当程度に意思決定を業務執行担当者に委任することができ，相当程度に機動的な意思決定を行いうることが，監査役会設置会社に比べて監査・監督委員会設置会社が有する長所である。このような仕組みが国際的に見てわかりやすい制度であることもまた，大きな利点となる。

(3) 利用のしやすさ

監査・監督委員会設置会社は，経営陣にとって利用しやすい機関形態であるといえる。

第1に，委員会設置会社の制度の利用が指名委員会・報酬委員会の存在のゆえに経営陣から敬遠されていること（前記Ⅲ2 (2) 参照）を考慮し，監査・監督委員会設置会社においては，指名委員会・報酬委員会は設置されず，代表取締役を中心とする経営陣にとって利用しやすい機関形態となっている。現実の利用可能性に配慮し，利用のしやすい機関形態として設計されたことは，委員会設置会社に比べ，監査・監督委員会設置会社が有する長所である。

第2に，監査役会設置会社の制度の側から見ると，社外取締役の選任自体が法的に義務づけられるわけではないが，次期会社法改正に基づく開示規制または取引所の上場規則を通じて，今後は，監査役会設置会社においても，社外取締役の選任に向けた動きが加速していく可能性が高い（前記Ⅱ2 (4) 参照）。そのとき，監査役会設置会社のままで社外取締役を選任すると，社外監査役との

重複が生じ，社外役員を重ねて設けることの負担を避けることができない。監査・監督委員会設置会社においては，監査役は設置されず，社外取締役を設置しようと考える監査役会設置会社にとって，利用しやすい機関形態となっている。

2 問 題 点

(1) 自己監査

取締役会による業務執行の決定には監査・監督委員も参加しており，その決定を監査することは，自己監査の問題を生じさせる。

しかし，委員会設置会社におけるのと同様（前記Ⅲ *2* (1) 参照），監査・監督委員会よる監査の主たる対象は，業務執行の実行面，すなわち業務執行担当者による職務の執行であって，取締役会による意思決定ではない。また，監査・監督委員会設置会社では，委員会設置会社と実質的に同等の決定権限の委譲が認められ（後記 (2) 参照），そもそも取締役会が意思決定をする場面も通常は限定される。委員会設置会社におけるのと同様，この場面での自己監査の問題を重く見るのは適切でない[42]。

(2) 決定権限の委譲が認められる範囲

監査・監督委員会設置会社は，監査役会設置会社と委員会設置会社の機関形態の中間に存する，第三の機関形態であると位置づけることができるところ[43]，監査役会設置会社・委員会設置会社との理論的な整合性について，次のような問題を指摘することができる。

まず，取締役会の決定権限の委譲が認められる範囲について，監査役会設置会社・委員会設置会社との整合性がとれているかという問題がある。

第1に，監査・監督委員会設置会社においては，取締役の過半数が社外取締役であるという要件を満たせば，委員会設置会社と同様の範囲で，取締役会は

---

[42] 前田雅弘「会社法制の見直しに関する中間試案について――企業統治関係」大証金融商品取引法研究会9号（2012）77頁〔前田発言〕参照。
[43] 岩原・前掲注*11*）8頁。

その意思決定を業務執行担当者に委任することが認められるところ（「要綱」第一1 (6) ⑤），このような要件を満たす会社は，委員会設置会社よりも取締役会の監督機能が強化されているのであるから，このような規律自体には合理性がある。しかし，それならば，監査役会設置会社についても，取締役の過半数が社外取締役であるという要件を満たすのであれば，同様の範囲で権限の委譲が認められてよいはずであろう[44]。

　第2に，監査・監督委員会設置会社においては，定款に定めがある場合には，やはり委員会設置会社と同様の範囲で，取締役会はその意思決定を業務執行担当者に委任することが認められるところ（「要綱」第一1 (6) ⑥），このような定款の定めは，通常は監査・監督委員会を設置する旨の定款の定めと同時に設けられるであろうから，実質的には，監査・監督委員会設置会社は，委員会設置会社と同等に決定権限の委譲が認められることとなる。しかし，委員会設置会社において業務執行担当者への大幅な決定権限の委譲が認められたのは，3つの委員会によって取締役会全体の監督機能が強化されることが前提となっていたところ[45]，監査・監督委員会設置会社は，指名委員会と報酬委員会を欠くため，人事と報酬の両面から取締役会全体を業務執行担当者から独立させ，取締役会が解職権を背景に強力な監督をすることを期待できない。監査・監督委員会設置会社においても，監査・監督委員会に指名委員会・報酬委員会に準じた機能を与えること等によって，できるだけ監督機能が委員会設置会社に近づくよう配慮がなされてはいるが（前記 1 (1) 参照），取締役会の監督機能が委員会設置会社と同等であるとまで評価するのは無理であろう。

　以上のような問題があるにもかかわらず，監査・監督委員会設置会社において決定権限の委譲が広く認められたのは，監査役会設置会社・委員会設置会社との理論的な整合性を若干犠牲にしてでも，この制度が現実に利用されるよう，経営陣にとって魅力のある制度とすべきことが重視された結果であると見るほかない。

---

44) 結論同旨，石井裕介＝河島勇太「コーポレート・ガバナンスに関する規律の見直し」商事1956号（2012）28頁。
45) 始関正光「平成14年改正商法の解説〔V〕」商事1641号（2002）20頁。

(3) 利益相反取引における任務懈怠の推定規定の適用除外

　監査・監督委員会設置会社においては，監査・監督委員たる取締役以外の取締役と会社との間の利益相反取引について，監査・監督委員会の事前承認があれば，取締役の任務懈怠の推定規定（会社423条3項）の適用がないものとされている（「要綱」第一1 (4) ⑨）。たしかに社外取締役には利益相反の監督機能を期待することができるが[46]，それは社外取締役が利益相反の相手方から独立していることが前提である。たとえば親会社との取引が利益相反取引に当たる場合であれば，社外性の要件として親会社からの独立性も考慮されることになったため（「要綱」第一部第一2 (1)），社外取締役に利益相反の監督を期待することができるが，他方，たとえば監査・監督委員の全員が特別利害関係人にまでは当たらないものの利益相反取引の相手方会社の関係者（相手方会社の平取締役または使用人など）である場合には，監査・監督委員会は利益相反取引の審査にはまったく適していない。

　また，監査・監督委員会設置会社について，任務懈怠の推定規定の適用除外を認めるのであれば，取締役の過半数が社外取締役である会社において取締役会の承認がある場合，または委員会設置会社において監査委員会の承認がある場合についても，同様の適用除外を認めなければ整合性を欠くという批判を免れないであろう[47]。

　以上のような問題があるにもかかわらず，監査・監督委員会設置会社についてだけ任務懈怠の推定規定の適用除外が認められたのは，推定規定の適用除外を認めるだけであれば，裁判所が監査・監督委員会の有しうる利害関係も含め，その判断の信頼性を考慮して適切に任務懈怠の有無を判断すると期待されたことと併せ，ここでもまた，理論的な整合性について若干の無理はあるにせよ，監査・監督委員会設置会社の制度の利用促進のため，経営陣にとって魅力のある制度とすべきことが重視されたものと考えられる[48]。

---

　　46) 川濱・前掲注6) 25頁，「補足説明」第一部第一1 (1) ②。
　　47) 法制審議会会社法制部会第19回会議（2012〔平成24〕年4月18日）議事録14頁（田中亘幹事発言）参照。
　　48) 岩原・前掲注11) 8頁参照。

V おわりに

　以上において，監査役会設置会社，委員会設置会社，および監査・監督委員会設置会社という3つの機関形態について，その主要な長所・短所を考察しながら基本的な仕組みを概観するとともに，若干の問題について検討を試みた。

　本稿で改めて確認したように，いずれの機関形態にも一長一短あって決定的に優れた1つの機関形態は存在しない。また，制度上は仕組みが随分異なるよう設計されていても，実態としてはさほどの違いはないと考えられる部分もある。

　3つの機関形態について，それぞれさらなる改善の余地がないか，今後も継続的に検証が行われていく必要がある。監査・監督委員会設置会社については，委員会設置会社が利用されなかった反省を踏まえ，現実に利用しやすい制度となるよう随分工夫がなされた。3つの機関形態の間で真に制度間競争が生じ，その緊張を通じて，それぞれの機関形態が制度面でも運用面でも，改善に向けて進化していくことに期待したい[49]。

---

[49] 委員会設置会社と監査役会設置会社との間の制度間競争に関する，江頭512頁参照。

役員の報酬

  I はじめに
  II 役員報酬の実態
  III 会社法 361 条の解釈
  IV 業績連動型報酬
  V 役員報酬の開示
  VI 役員の報酬の確保

伊 藤 靖 史

I　はじめに

　本稿では，役員の報酬について，会社法上の問題点を中心に検討する。役員のうちでも，業務執行を職務とする者，すなわち，取締役と，委員会設置会社の執行役の報酬（とりわけ前者）を，検討の対象とする。業務執行の監査・監督を職務とする役員，すなわち，監査役と，委員会設置会社の取締役の報酬をどのように定めるかは，監査・監督職務の遂行にどのようなインセンティブを与えるかという点で重要であるが[1]，紙幅の制約から，検討の対象とはしない。
　以下，IIでは，法規制について検討をする前提として，わが国の役員報酬の

---

1)　伊藤靖史「米国における役員報酬をめぐる近年の動向——1990 年代の役員報酬額の増加と 2000 年代初頭の不祥事の後で」同志社法学 58 巻 3 号（2006）1 頁，60 頁注（159）およびそれに対応する本文を参照。
　もっとも，監査役の報酬に関する会社法 387 条は，監査役の取締役からの独立性を確保することを主な目的としており（江頭 500 頁），監査役の報酬についても主にそのような観点から議論されてきた。委員会設置会社において報酬委員会が執行役だけでなく取締役の報酬を決定する権限を有すること（会社 404 条 3 項）の趣旨も，会社法 378 条と同様に説明される。近藤光男 = 志谷匡史・改正株式会社法 II（弘文堂，2002）310 頁。

実態について確認する。Ⅲでは，役員報酬に関する会社法の基本的なルールである 361 条について，その解釈論上の問題点を検討する。Ⅳでは，役員報酬の形態のうち，業績連動型報酬について特に問題になる点を検討する。Ⅴでは，役員報酬に関して会社法と金融商品取引法（以下では金商法という）が要求する開示の内容について検討する。以上のⅡからⅤでは，主に，上場会社を念頭に置く。検討の主な視点は，現行の会社法・金商法のルールが，業務執行機関と会社の利益相反を防止し，また，業務執行の監督・業務執行機関へのインセンティブ付与が適切に行われるために十分か，というものになる。

これに対して，Ⅵでは，役員報酬の確保の問題を扱う。会社法 361 条によれば取締役の報酬は定款または株主総会決議によって定められなければならないが，そのような定めがないときに，それにもかかわらず取締役は会社に何らかの法的構成によって報酬の支払を請求することができないかという問題である。これは，上場会社においても問題になりうるが，これまで主に紛争が生じてきたのは，非上場会社においてである。

Ⅱ 役員報酬の実態

1 代表的な報酬形態

1997（平成 9）年の商法改正[2] によってストック・オプションの付与が可能になるまで，わが国の取締役の報酬の形態としては，主に，基本報酬（俸給，固定報酬，月例報酬等と呼ばれることもある），賞与，退職慰労金が用いられてきた。

基本報酬は，一定額の金銭を，通常は月ごとに支給するものである。基本報酬の金額は役職（社長，副社長，専務等）等に応じて異なることが通常だが，基本報酬と取締役の業績が直接に連動しているわけではない。

---

2) 平成 9 年法律第 56 号。

賞与は，会社法制定前には，会社が利益処分として取締役に支給していた報酬である。会社法の下では剰余金の処分としてこれを行うことはできないが[3]，賞与と呼ばれる報酬がなくなったわけではない。

退職慰労金は，退任した取締役に支給される報酬である。死亡による退任の場合は「弔慰金」という名称で支給されるが，その性質は退職慰労金と同様である[4]。退職慰労金制度を有する上場会社は，一般的に，退職慰労金の金額を算定する基準を内規として有している。そのような基準には，取締役の退任時の基本報酬額や在任期間等をもとに一定の数式に当てはめて計算された金額に，在任中の特別の功労を一定限度まで加味して，退職慰労金額を決定するという内容のものが多い。

より最近になって，業績に連動するよう設計された報酬（業績連動型報酬）も用いられるようになっている。

そのような報酬として主に用いられるのは，ストック・オプションである。これは，取締役の職務執行の対価として新株予約権を付与するものである。この場合の新株予約権の行使時の払込金額（権利行使価格）としてどのような金額を定めるかで，ストック・オプションの有する機能も変わってくる。付与時の株式の時価に近い金額が定められる場合，ストック・オプションを付与された取締役には，会社の株価をさらに上昇させるインセンティブ（動機づけ）が与えられることになる。これに対して，権利行使価格が1円と定められる場合もあり，そのようなストック・オプションを株式報酬型ストック・オプションと呼ぶことがある。この場合，その他の条件の定め方によって，さまざまな性格をもたせることができるが，わが国では，在任中には権利行使ができないように定めたものを，退職慰労金制度を廃止する代わりに付与することが多い[5]。

その他に，取締役の賞与総額を会社の税引前当期純利益の一定割合とし，取締役間でのその配分比率も事前に定めておくといった形式の報酬が用いられる

[3) 後述Ⅲ2参照。
[4) 味村治＝品川芳宣・役員報酬の法律と実務（商事法務研究会，新訂第2版，2001）131頁。
[5) 高田剛著＝タワーズペリン経営者報酬コンサルティング部門編・経営者報酬の法律と実務（別冊商事285号，2005）49-54頁，107頁。

こともある[6]。

　なお，使用人兼務取締役には，以上のような取締役としての報酬に加えて，使用人分給与が支給される。金額としては，一般的に前者よりも後者の方が大きい[7]。また，親会社の従業員が子会社の取締役を兼務している場合には，子会社の取締役としての報酬は支給されないこともある[8]。

2　報酬の構成（体系）

　かつてわが国の取締役の報酬の構成（どのような形態の報酬をどのように組み合わせて支給するか。報酬の「体系」といわれることもある）は，在任中の取締役には基本報酬と賞与が支給され，かつ，支給される報酬の大部分を基本報酬が占めるというものであった[9]。

　これに対して，近年の取締役の報酬をめぐる動向は，報酬と業績の連動をはかる会社が増え，報酬形態が多様化しているとまとめることができる。1997（平成9）年の商法改正以降，ストック・オプションを取締役に付与する会社が徐々に増加している[10]。また，取締役の退職慰労金を廃止する会社が増加して

---

[6]　産労総合研究所が2010（平成22）年に行った調査によれば，回答会社（上場会社1500社と非上場会社2000社のうち，回答があった会社）151社のうち，役員賞与を支給していると回答した会社が79社あり，そのうち，賞与を利益連動給与として支給していると回答した会社が29.1％であった。産労総合研究所「2010年役員報酬の実態に関する調査」賃金事情2600号（2011）16頁，27頁。

[7]　産労総合研究所が2010（平成22）年に行った調査によれば，回答会社（上場会社1500社と非上場会社2000社のうち，回答があった会社）32社の使用人兼務取締役の取締役としての年間報酬（基本報酬＋賞与）の平均額が409.0万円，回答会社33社の使用人兼務取締役の従業員としての年間報酬の平均額が972.8万円であった。産労総合研究所・前掲注6）35頁。

[8]　阿部一正ほか・役員報酬の現状と課題（別冊商事192号，1997）49頁〔阿部一正〕。

[9]　労務行政研究所が1997年（平成9年。商法改正によってストック・オプションが解禁された年）に行った調査によれば，「主要企業」と区分された回答会社（上場会社2301社と，資本金5億円以上かつ従業員500人以上の非上場会社352社のうち，回答があった会社）96社の社長の年間報酬（基本報酬＋賞与）平均額のうち，賞与が占める割合は，11.0％であった。労務行政研究所「役員報酬・賞与，定年制——大手・中小別の実態」労政時報3305号（1997）2頁，5頁。

[10]　1997（平成9）年から2006（平成18）年までの，東京証券取引所上場会社のストック・オプション新規導入会社数・導入件数の推移と，ストック・オプション導入会社における付与されたストック・オプションの価値と役員報酬額の比率等について，花崎正晴＝

おり，そのような会社では，退職慰労金に代えて，基本報酬の増額や，株式報酬型ストック・オプションの付与が行われている[11]。さらに，賞与の支給を行う会社も減少しているとの指摘もある[12]。もっとも，現在においてもなお，日本の取締役の報酬の構成要素のうちでは，基本報酬の占める割合が多い[13]。

松下佳菜子「ストックオプションと企業パフォーマンス」経営経済研究（日本政策投資銀行設備投資研究所）30 巻 4 号（2010）8-10 頁，15-19 頁。
　2010（平成 22）年 9 月 10 日現在に東京証券取引所上場会社が提出したコーポレート・ガバナンスに関する報告書の記載にもとづく調査によれば，東証上場会社全体の 31.4% にあたる会社が，ストック・オプション制度を導入している（市場区分別に見ると，東証第 1 部上場会社のうち 29.4%，東証第 2 部上場会社のうち 19.0%，東証マザーズ上場会社のうち 80.2%）。東京証券取引所・東証上場会社コーポレート・ガバナンス白書 2011（東京証券取引所，2011）54 頁。
　また，住友信託銀行証券代行部の 2011（平成 23）年の調査によれば，対象会社 1897 社のうち，有価証券報告書に記載された取締役の報酬に「ストック・オプション」について金額の開示がある会社は全体の 13.3% であった。住友信託銀行証券代行部編・有価証券報告書における役員報酬開示の傾向——平成 22 年・23 年の事例分析（別冊商事 362 号，2011）8 頁。

11)　商事法務研究会の 2010（平成 22）年の調査によれば，回答会社（新興市場を除く証券取引所の上場会社 2451 社のうち回答があった会社）1868 社のうち，退職慰労金制度を「すでに廃止している」と回答した会社が 57.8%，「廃止の予定はない」と回答した会社が 32.2% であった。また，退職慰労金廃止に伴う代替措置について回答した 1183 社のうち，「定例報酬の見直し」と回答した会社が 46.7%，「業績連動型報酬体系を採用」と回答した会社が 25.5%，「株式報酬型ストック・オプションを採用」と回答した会社が 14.8% であった。商事法務研究会編・株主総会白書 2010 年版（商事 1916 号，2010）131-133 頁。

12)　茂木美樹「役員報酬議案に係る実務上の留意点」商事 1893 号（2010）4 頁，5 頁。

13)　木村祐基「コーポレート・ガバナンスに係る情報開示充実の検証（中）」商事 1965 号（2012）78 頁。84 頁図表 8 によれば，TOPIX コア 30 構成会社の社内取締役の報酬額の報酬区分（「基本報酬」「賞与」「ストック・オプション」「退職慰労金」）別構成比率は，それぞれ，72.8%，15.0%，10.3%，1.9% であった。また，住友信託銀行証券代行部の 2011（平成 23）年の調査によれば，対象会社の取締役の報酬として上記の報酬区分に記載された金額の構成比の総平均は，それぞれ，84.4%，7.9%，1.6%，6.2% であった。住友信託銀行証券代行部編・前掲注 10）8 頁。
　他方で，プライスウォーターハウスクーパースの 2010（平成 22）年の調査によれば，対象会社（上場会社・非上場会社合わせて 103 社。上場会社はこのうち 75%）の社長の固定報酬の平均額が 4296 万円であるのに対して，社長にストック・オプションを付与した会社において，社長に付与されたストック・オプションの評価額の平均は 1547 万円であった。白井正人ほか「2010 年度役員報酬の実態と今後の動向」賃金事情 2612 号（2011）24 頁，27 頁，29 頁。ストック・オプションについては，それを用いる会社においてはある程度の評価額になるストック・オプションが取締役に付与されているが，ストック・オプションを用いる会社の割合がそもそも小さいため（住友信託銀行証券代行部の調査によれば，対象会社の 13.3%），ストック・オプションを用いない会社を含めた数字で見ると，付与されるストック・オプションの額は小さいものになるということがわかる。

3 水　準

わが国の上場会社の経営者の報酬についてしばしば指摘されるのは，欧米に比べて報酬額が低いということである[14]。むしろ，わが国の会社の従業員から社長までの報酬額を比べれば，会社内での地位の上昇に伴って報酬額も上昇していき，取締役になった後の報酬額の上昇は次第に急にはなるが，なお従業員の報酬額との間に連続性が保たれていると指摘される。もちろん，そのような報酬額の定め方の前提には，取締役の多くが同じ会社の従業員から昇進した者であるという事情がある[15]。

経営者の報酬に関する実証研究は，経営者の報酬が会社の業績と連動している度合いを計測しようとする。これは，所有と経営の分離した株式会社において，株主と経営者の利害が対立する（株主と経営者の間のエージェンシー問題）ことを前提に，報酬を通じて経営者に与えられる金銭的なインセンティブが，そのような問題への対処策になるという認識を前提とする[16]。米国での実証研究には，1980年代以降，報酬を通じて経営者に与えられる金銭的なインセンティブが増加傾向にあるとするものがある。これに対して，東京・大阪・名古屋証券取引所上場会社1818社の1991（平成3）年から2003（平成5）年までのデータをもとにした実証研究によれば，わが国の経営者の報酬と株主価値（時価総額および株式投資収益率）の相関関係について，次の結果が示されている[17]。①経営者のボーナスは会社の時価総額の変化と有意に相関しているが，相関の度合いは小さい。これに対して，基本給と時価総額の変化との間に有意な関係はない。②経営者の基本給・ボーナスは会社の株式投資収益率の変化と有意に

---

[14] 櫛笥隆亮「役員報酬開示規制への対応と報酬制度の在り方」労政時報3801号（2011）66頁，77頁。もう少し古いデータになるが，次の文献も参照。Minoru Nakazato, J. Mark Ramseyer and Eric B. Rasmusen, Executive Compensation in Japan: Estimating Levels and Determinants from Tax Records (December 2006) at 10-14. Harvard Law and Economics Discussion Paper No. 567. Available at SSRN: http://ssrn.com/abstract = 950265 (last visited on August 20, 2012).

[15] 稲上毅「日本企業の経営者報酬のあり方」賃金事情2479号（2005）18頁，21頁。

[16] 久保克行＝齋藤卓爾「日本の経営者は株価を最大化するインセンティブを持っているか」宮島英昭編著・企業統治分析のフロンティア（日本評論社，2008）44頁，44-47頁。

[17] 久保＝齋藤・前掲注16）49-57頁。

相関しているが，相関の度合いは小さい。③経営者が保有する会社の株式の価値の変化を合わせた経営者の資産の変化と株主価値の変化との関係は，研究の対象となった期間の間，むしろ減少傾向にあった[18]。

III 会社法361条の解釈

1 旧商法269条に関する解釈論

平成14年改正前商法269条は，「取締役ガ受クベキ報酬ハ定款ニ其ノ額ヲ定メザリシトキハ株主総会ノ決議ヲ以テ之ヲ定ム」と定めており，明治時代の旧商法の制定時から改正がされたことはなかった。同条は一般に，取締役の報酬を取締役会や代表取締役が自由に決定することによる「お手盛り」の弊害を防止するための手続的規制であるとされていた。他方で，報酬の相当性については株主総会の自主的判断に委ねられ，裁判所は報酬の相当性について審査をしないと考えられていた[19]。同条をめぐる解釈論も，以上の理解を前提に，主に，報酬の形態ごとに，それが同条の適用を受けるかどうか，同条の適用を受けるとしてどのような内容の株主総会決議が行われれば同条との関係で適法と評価されるかという点に集中してきた[20]。

たとえば，基本報酬については，取締役全員分の最高限度額が株主総会で決議されればよく，一旦最高限度額が決議されれば，それに変更がない限り毎年決議をする必要はないとするのが通説であった[21]。また，賞与について，かつ

---

[18] 対象会社はより少ないが（1996〔平成8〕年の日経225指数構成会社のうち115社），より長期について（1977〔昭和52〕年から2000〔平成12〕年）の同様の実証研究でも，同様の結果が示されている。また，その研究は，わが国の経営者の報酬と業績の連動性が，1990年代以降に低下していることを示す。Katsuyuki Kubo & Takuji Saito, The Relationship between Financial Incentives for Company Presidents and Firm Performance in Japan, The Japanese Economic Review, Vol. 59, No. 4 (2008) pp. 401-418.

[19] 注釈会社（6）386頁〔浜田道代〕。

[20] 伊藤靖史「取締役・執行役の報酬に関する規制のあり方について——経営者の監督・インセンティブ付与手段という観点からの問題点」同志社法学55巻1号（2003）1頁，43頁。

[21] 最高限度額は余裕を持って設定されるのが通常であり，かつては，最高限度額の改定

ては同条が適用される「報酬」に含まれないとするのが通説であったが，むしろ，賞与もそのような「報酬」に含まれるが，賞与の支給を利益の処分として株主総会で決議する限り，「報酬」としての決議を別に行う必要がないという理解が一般的になった。退職慰労金については，株主総会では最高限度額も定められず，金額・支給時期・方法等を取締役会に一任する旨を決議することが一般的であるが，そのような決議も，株主がそれを知りうる状態にある一定の基準に従って，具体的な金額・支給時期・方法等の決定を取締役会に委任する趣旨であれば適法だとされた。さらに，使用人兼務取締役の従業員としての給与・退職金については，明確に定められた従業員としての給与・退職金についての規程に従ってそれが支給されることを実質的な理由として，同条が適用される「報酬」に含まれないと考えられていた。以上の解釈論で決め手とされたのは，いずれについても，どのような解釈をとれば「お手盛り」の防止という規定の趣旨が達成されるのかということであった[22]。

2 会社法361条の下での維持・変容

旧商法269条の文言は，平成14年商法改正によって，次のように変更された。すなわち，Ⅱ2に述べたような報酬の多様化を受けて，総会で決議をする内容を明確化するため[23]，「取締役ガ受クベキ報酬」が，「額ガ確定シタルモノ」「額ガ確定セザルモノ」「金銭ニ非ザルモノ」の3つに区分され，それぞれ，定款または株主総会に定めるべき事項は，「其ノ額」「其ノ具体的ナル算定方法」「其ノ具体的ナル内容」とされた（旧商269条1項）。そして，不確定額の報酬・金銭でない報酬については，その新設または改定に関する議案を提出した取締役は，株主総会において，その報酬を相当とする理由を開示することを要するものとされた（旧商269条2項）。

を5年以上行わない会社も多かった。中西敏和「資料から見る株主総会の変遷（5）役員報酬体系と開示の変遷」資料版商事法務332号（2011）13頁，15頁，18頁参照。
22) 平成14年改正前商法269条に関する解釈論を概観するものとして，注釈会社（6）390-403頁〔浜田道代〕。
23) 始関正光「平成14年改正商法の解説（Ⅳ）」商事1640号（2002）4頁，10頁。

会社法361条は，このような規定を受け継ぎつつ，同条が適用される対象を「取締役の報酬，賞与その他の職務執行の対価として株式会社から受ける財産上の利益」とし，これを「報酬等」と呼ぶ（361条1項柱書）。また，会社法452条括弧書によって，株式会社が株主総会決議によってすることができる「剰余金の処分」から「剰余金の配当その他株式会社の財産を処分するもの」が除かれ，かつ，剰余金の配当以外の「株式会社の財産を処分するもの」についてこれを許容する規定が会社法に置かれていない。このことから，賞与については，「剰余金の処分」として支給することができなくなり，会社法361条所定の決議にもとづいて支給しなければならないことになった[24]。さらに，ストック・オプションは，旧商法では取締役の「報酬」として株主総会決議を要するものとはされていなかったが，会社法361条の下では，ストック・オプションも職務執行の対価として取締役が会社から受ける財産上の利益である以上，「報酬等」に含まれて同条の適用を受けるものとされる[25]。もっとも，旧商法の下でも，取締役の「報酬」を定義しようとすれば，「職務執行の対価として取締役が会社から受ける財産上の利益」と定義することになったはずであり（会社がそれを「報酬」と呼ぶかどうかで旧商269条・会社361条の適用の有無が決まるものではない），会社法の文言が「報酬等」と改められたことは，上に述べた賞与とストック・オプションに関する点を除いて，実質的なルールの変更とはいえないだろう。

　III 1 に述べた旧商法269条に関する解釈論は，賞与とストック・オプションに関するものを除けば，会社法361条の下でも維持されている[26]。また，平成14年改正以降，確定額の報酬についてはその「額」を定めなければならない

---

24) 相澤哲編著・立案担当者による新・会社法の解説（別冊商事295号，2006）105頁，130頁。
　　会社法の下で「賞与」について株主総会で決議する方法としては，各期の定時株主総会で基本報酬とは区別して支給額（総額）を決議する方法と，取締役全員分の報酬の最高限度額（報酬枠）に基本報酬とともに賞与を含める方法があるが，後者をとる会社が多いようである。また，後者をとる場合，月額として定めていた報酬枠を年額に改める会社が多い。「役員賞与の取扱いに関する事例分析」資料版商事法務275号（2007）6頁。
25) 相澤哲ほか編著・論点解説新・会社法（商事法務，2006）312-313頁。これについて，後述IV 2 も参照。
26) コンメン(8)158-163頁〔田中亘〕。

とされるが,Ⅲ1に述べた退職慰労金に関する解釈論は維持されている。退職慰労金については,株主総会で「額」は決議されないが,一定の支給基準に従って具体的な退職慰労金額等を決定することを取締役会に委任する旨を決議する場合,取締役に支払われる退職慰労金の上限が画されることから,株主総会において間接的に「額」を定めていると考えることになるのだろう[27]。

3 個別の報酬額の決定

判例によれば,株主総会で決議された取締役全員分の最高限度額の範囲内で,取締役の個人別の報酬の内容を決定するのは,取締役会か[28],取締役会からその決定を一任された取締役である[29]。上場会社の実務においても,従来から,取締役会の全員一致によって取締役の個人別の報酬の内容の決定が代表取締役(社長)に一任されるのが通常であった[30]。もっとも,その場合にも,社長・副社長といった役位別の支給額の基準があり,取締役会でそのような基準が示されることはないものの,そのような基準に従って算定された個人別の報酬が定められるようである[31]。学説では,そのような代表取締役(社長)への一任が許容されるか,および,許容されるとしてその要件が議論されるが,一任自体は許容する見解が多数を占める[32]。

多数説が取締役会から代表取締役(社長)への一任が許容されるとする根拠として一般にいわれるのは,「各取締役への配分は会社の利害に関わらない」「限度額が株主総会で決まっている以上は会社を害するおそれはない」といっ

---

[27] コンメン (8) 172頁〔田中亘〕。

[28] 最判昭和60・3・26判時1159号150頁。なお,この取締役会決議について,一般に,各取締役は特別利害関係を有する取締役にあたらないとされる。コンメン (8) 166頁〔田中亘〕参照。

[29] 名古屋高金沢支判昭和29・11・22下民集5巻11号1902頁。なお,この判決は,一任について取締役全員の同意があったことを認定するが,一任のために取締役全員の同意が必要かどうかについては特に述べていない。

[30] 鴻常夫ほか・改正会社法セミナー (3) (有斐閣,1984) 59頁〔佐土井滋発言〕,阿部ほか・前掲注8) 54頁〔阿部一正,豊泉貫太郎発言〕。

[31] 鴻ほか・前掲注30) 63頁,71-72頁〔佐土井滋発言〕,阿部ほか・前掲注30) 54頁〔阿部一正発言〕。

[32] 注釈会社 (6) 391頁〔浜田道代〕,コンメン (8) 167頁〔田中亘〕参照。

III 会社法361条の解釈　287

たことである[33]。これに対しては,「取締役会に選任され監督される代表取締役に配分を無条件に一任することは,現行会社法の取締役会制度の立法趣旨に合わないこと」を理由に,そのような一任は許容されないとする見解が,少数説ながら存在した[34]。多数説が旧商法269条・会社法361条との関係でのみこの問題を見ており,同条の趣旨である「お手盛りの防止」が確保されればそれでよいと考えていることは,明らかだろう。これに対して少数説は,取締役の個人別の報酬の内容の決定を代表取締役（社長）に一任することが,取締役会による代表取締役の監督を阻害するものと考えている。しかし,ストック・オプション等の業績連動型報酬が用いられず,取締役報酬が固定額の報酬であったというかつての状況の下では,そのような少数説の問題意識自体が,理解されにくいものであった[35]。

　取締役の報酬の決定は,業務執行の監督・業務執行機関へのインセンティブ付与という性質を有する。それにもかかわらず,取締役の報酬の決定を代表取締役（社長）に一任するということは,たとえそれが社長・副社長といった役位別の支給額の基準に沿った決定を一任することであっても,取締役の報酬の決定が有する上に述べたような機能を害するものである。自らの報酬の決定を代表取締役（社長）に委ねた取締役に,代表取締役の効果的な監視・監督（会社362条2項2号）を期待することもできない。取締役の報酬の相当性が裁判所によって審査されると考えれば,そのような一任を法的に全く許容できないと解する必要もないのかもしれないが[36],そのような一任は,望ましい実務からは遠いといえるだろう。

---

33) 江頭423頁注（6），コンメン（8）167頁〔田中亘〕参照。
34) 阪埜光男「判批」金判197号（1970）5頁，田中誠二・会社法詳論（上）（勁草書房，3全訂，1993）573頁，注釈会社（6）391頁〔浜田道代〕。
35) たとえば，鴻ほか・前掲注30）57-73頁では，代表取締役への一任について議論され，米国の報酬委員会制度や，代表取締役に対するコントロール機能といった議論が行われているが，代表取締役への一任自体は許容されるというのが議論の大勢であった。
36) コンメン（8）167頁〔田中亘〕。

4 報酬の相当性の審査

Ⅲ1 に述べたように，旧商法 269 条について，報酬の相当性については株主総会の自主的判断に委ねられ，裁判所は報酬の相当性について審査をしないと考えられていた[37]。取締役に支払われた報酬が相当でないことを理由に会社が報酬の返還を請求することはできないし，相当でない報酬の決定をした取締役の任務懈怠責任（会社 423 条）は問題にならないとされたわけである。このように考えられたのは，取締役の報酬について規律する規定が旧商法 269 条だけであり，かつ，同条の趣旨が「お手盛り」の弊害の防止にあるとされていたことから，一旦そのような「お手盛り」が防止される形で株主総会によって取締役の報酬額が定められれば，具体的に定められる個々の取締役の報酬額の相当性は，会社法の規制のあずかり知るところではないと考えられたことによるのであろう。

しかし，取締役の報酬の決定は，（「お手盛り」の弊害と表現されてきた）取締役と会社の利益衝突（取締役・会社間の取引の一事例）としての性質のみならず，業務執行の監督・業務執行者へのインセンティブの付与という性質をも有する。委員会設置会社の執行役の報酬については，それが執行役の監督・執行役へのインセンティブ付与の手段としての機能を有することを前提に，執行役の報酬の決定が報酬委員会の権限とされている。したがって，そのような観点からして相当でない報酬が決定された場合，報酬委員会構成員の任務懈怠責任が問題となる。そして，このような考慮は，委員会設置会社でない取締役会設置会社の取締役の報酬についても，同様に妥当するはずである。そのような会社においても，業務執行を担当する取締役の報酬の決定は，監督・インセンティブ付与の手段としての機能を有しているといえ，そのような観点からして相当でない報酬が決定された場合，取締役会構成員の任務懈怠責任が問題となるのである[38]。

---

37) 注釈会社（6）386 頁〔浜田道代〕。
38) 伊藤靖史「取締役・執行役の報酬の相当性に関する審査について」同志社法学 58 巻 5 号（2006）55 頁，65-73 頁，伊藤靖史「取締役報酬規制の問題点——東京地裁平成 19 年 6 月 14 日判決を素材として」商事 1829 号（2008）4 頁，10-12 頁。このような見解を支

もっとも，取締役報酬の相当性が裁判所によって審査されるとしても，審査の基準は緩やかなものにならざるをえない。それぞれの会社が業績に見合った取締役報酬を決定するよう促すことは，むしろ，報酬の開示や，社外取締役を中心とした報酬決定手続を整備することを通じて，行われるべきである[39]。

IV 業績連動型報酬

1 業績連動型報酬の問題点

II2に述べたように，わが国において，近年，業績連動型報酬を取締役に付与することが増えている。一方で，業績連動型報酬によって，取締役と株主の利害の一致がはかられ，その限りで，取締役と株主の間のエージェンシー問題の緩和が期待される。他方で，業績連動型報酬，とりわけ，ストック・オプションには，問題点もある。ストック・オプションは，会社の株価の上昇に応じて，取締役に利益を与えるものである。しかし，株価は取締役の努力以外の要因で上昇することもあり，株価が上昇したとしてどれだけの部分が取締役個人の努力によるのかは，必ずしも明らかではない。株価が会社の価値を正確に反映するとも限らない。また，ストック・オプションは，取締役をリスクに晒すものといえ，取締役にリスクを負わせるためには，相応の対価（リスク・プレミアム）を固定額の報酬に含める必要が生じる。

II2に述べたように，わが国では，ストック・オプションが取締役の報酬の大部分を占めるには至っておらず，基本報酬が占める割合がなお多い。これに対して，米国では，1990年代にストック・オプションが上場会社の経営者の報酬の大半を占めるようになり[40]，その問題点が意識されるようになった。経営者の報酬の大半がストック・オプションで占められれば，経営者は，会計情

持するものとして，コンメン(8) 165-166頁〔田中亘〕。
39) 伊藤・前掲注38)「相当性」119-125頁，伊藤・前掲注38)「問題点」12-13頁。
40) 伊藤・前掲注1) 10-12頁。

報等を操作して短期的に会社の株価を上昇させるインセンティブを有するようになる。その結果，経営者は，たとえば，会社の利益等の操作について目をつぶるよう公認会計士に圧力をかける可能性がある。また，公認会計士の側にも，収益の多くを監査業務ではなくコンサルティング業務から得ていたため，経営者の圧力に抵抗しにくいという事情もあった。このように，本来は証券市場で株価が正確に示されるためのゲート・キーパーとしての役割を果たすべき公認会計士が十分に機能していなかったことが，2000年代初頭のエンロン等の企業不祥事の根本的な要因の一つであるとも議論される[41]。

2 会社法361条の解釈

　ストック・オプションは，役員の報酬として，新株予約権を付与するものである。そのことから，ストック・オプションについては，一方で，新株予約権の発行に関する規制が適用される。ストック・オプションを役員に付与する場合には，新株予約権が発行されるその他の場合と同様に，新株予約権としての内容や，それと引換えに行われる払込みに関する事項などが決定されなければならない（会社238条）。他方で，ストック・オプションについては，取締役の報酬に関する規制の適用が問題になる。

　会社法制定前に，ストック・オプションは，取締役の「報酬」として会社法の規制の適用を受けることはないとされていた。ストック・オプションの付与は常に新株予約権の有利発行とされ[42]，株主総会の特別決議を要したため，それに加えて「報酬」として株主総会決議を経させる必要もなかったからである[43]。

　これに対して，会社法の下では，ストック・オプションの付与が新株予約権

---

[41] John C. Coffee, Jr., Gatekeepers 62-67 (2006).
[42] 役務を対価として新株予約権を発行するという考え方が認められていなかったため，ストック・オプションとして新株予約権を発行することは常に無償の発行（したがって有利発行）だと考えられたからである。原田晃治「平成13年改正商法（11月改正）の解説〔Ⅲ〕——株式制度の改善・会社関係書類の電子化等」商事1638号 (2002) 32頁，36頁。
[43] 始関・前掲注23) 10頁注 (56)。

の有利発行にならない（したがって株主総会の特別決議を要しない）場合がある[44]。
そのため，ストック・オプションも「報酬」として，会社法361条所定の株主総会決議によって定めなければならないものとされた[45]。そして，そのような決議の方法には，いくつかのものがありうる。まず，新株予約権そのものを報酬として付与する場合，同決議の方法として，次のものがある。

　(a)　現在多くの会社でとられている方法は，ストック・オプションを，確定額の報酬（会社361条1項1号）かつ金銭でない報酬（同項3号）と構成するものである。確定額の報酬として株主総会で決議される「額」は，付与されるストック・オプションの公正価値の最高限度額であり，その他の報酬とは別個に決議されることが多い[46]。これに加えて，金銭でない報酬として，具体的な内容が決議されなければならず，通常は，付与される新株予約権の概要（ストック・オプション行使によって発行される株式数の上限，新株予約権譲渡の可否，権利行使価格，行使条件等）が決議される[47]。ストック・オプションの付与を相当とする理由も開示されなければならない（会社361条2項）。

　(b)　以上の方法ではなく，ストック・オプションを不確定額の報酬（会社361条1項2号）かつ金銭でない報酬（同項3号）として付与することもできる[48]。この場合にも，ストック・オプションの公正価値を算定できるのであれば，付与時においてその公正価値が報酬額として確定することになる。

　(c)　ストック・オプションの公正価値を算定することが難しい場合（株式

---

44)　会社法では，役務を対価として新株予約権を発行することもできることを前提に，会社が取締役による役務の提供（職務執行）の対価と認められる範囲内で新株予約権を発行すれば，それは有利発行にはならないと考えられている。このことは，たとえ金銭の払込みを要しない新株予約権の発行であっても有利発行にならない場合があることを示す条文（238条3項1号）から明らかになる。「役務の提供の対価」と認められるかどうかは，新株予約権の公正価値が，株主総会決議によって取締役に支払うことが決議された報酬の額の範囲内かどうかで決まる。江頭憲治郎「子会社の役員等へのストック・オプションの付与」商事1863号（2009）4頁，4-5頁。

45)　相澤編著・前掲注24) 105頁。

46)　「役員に対するストック・オプション報酬議案の事例分析（取締役・監査役対象）——平成19年6月総会」資料版商事法務289号（2008）6頁，8頁。

47)　相澤ほか編著・前掲注25) 316頁。

48)　実際にこの方法で付与をする会社も少なからず存在する。「役員に対するストック・オプション報酬議案の事例分析（取締役・監査役対象）——平成23年6月総会1,895社」資料版商事法務332号（2011）165頁，167頁。

が市場で流通していない会社)には,報酬額がストック・オプションの行使時に確定するものと構成することが考えられる。この場合には,不確定額の報酬かつ金銭でない報酬としての株主総会決議(会社361条1項2号3号。2項の開示も)を要する。

この場合について問題とされるのが,新株予約権の有利発行としての特別決議を要しないかどうかである。特別決議を要しないとすると,次の不都合が生じる。すなわち,取締役の責任の一部免除の限度額を算定する際の最低責任限度額の規制において,脱法防止のために,付与された新株予約権を取締役が行使または譲渡する際には株主総会の承認を要するものとされる(会社425条4項)。ところが,この規制は,この場合にストック・オプションの付与が新株予約権の有利発行として特別決議を要しないとすれば,適用されないことになる(会社425条1項2号括弧書)。また,付与時の報酬額が最低責任限度額に含められることもない[49]。このようなことから,ストック・オプション付与時に公正価値を確定した上でその額を報酬等として与えたのでなければ,ストック・オプションの付与には有利発行として特別決議を要求すべきであろう[50]。

以上に対して,取締役には金銭報酬を支給し,それと(ストック・オプションとしての)新株予約権についての(取締役による)払込みとを相殺すると構成することも可能である。この場合には,確定額の報酬としての決議(会社361条1項1号)だけを要すると考えられるが[51],実質的に取締役に与えられるものは新株予約権であるから,新株予約権の概要を株主総会で明らかにすることが,望ましい実務といえる[52]。

---

49) 付与時には報酬額が確定しないからである。付与時の公正価値が報酬額として確定すれば(上記 (a)(b) の場合),会社法425条1項1号の金額に含められる。
50) コンメン (8) 182-183頁〔田中亘〕。
51) 相澤ほか編著・前掲注25) 314頁。
52) コンメン (8) 181頁〔田中亘〕。

V 役員報酬の開示

1 事業報告における開示

　公開会社（会社2条5号）は，会社役員（当該会社の取締役・会計参与・監査役・執行役。会社則2条3項4号）に関する事項を，事業報告の内容に含めなければならない（会社則119条2号）。そこには，当該事業年度に係る会社役員の報酬等についての事項が含まれる（会社則121条3号）。当該事業年度において受け，または，受ける見込みの額が明らかとなった会社役員の報酬等についても同様である（会社則121条4号）。さらに，会社が，各会社役員の報酬等の額またはその算定方法に係る決定に関する方針を定めているときには，当該方針の決定の方法およびその方針の内容の概要も，事業報告の内容に含めなければならない（会社則121条5号）。社外役員（会社則2条3項5号）が存在する場合には，その報酬を区分して開示しなければならない（会社則124条6号・7号）。

　上記の当該事業年度に係る会社役員の報酬等についての事項は，(イ)会社役員の全部につき，取締役・会計参与・監査役・執行役ごとの報酬等の総額と，員数を記載するか，(ロ)当該会社役員ごとの報酬等の額を記載するか，(ハ)会社役員の一部については上記(ロ)・その他の者については上記(イ)の記載をするかの，いずれかの方法で開示しなければならない（会社則121条3号）[53]。最低限の方法としては上記(イ)の総額の開示で足りるが，個別の報酬額を開示する方法がありうることが明確化されているわけである。報酬の内訳（基本報

---

53) (イ)(ハ)の場合に役職ごとの報酬等の総額を開示する場合には，会社役員の「員数」を開示しなければならない。会社法施行規則121条1号により氏名が開示される会社役員は，直前の定時株主総会の終結の日の翌日以降に在任していた者に限るが（会社則121条1号括弧書），報酬の開示を要求される「会社役員」はこれに限らないため，両者の人数に違いが生じうるからである。また，事業報告における役員報酬等の開示の趣旨が役員に対して支給する報酬等の額の適正さを株主が判断するための材料を与えることにあることから，ここでいう「員数」には，無報酬の役員は含まれないとされる。松本真＝小松岳志「会社法施行規則及び会社計算規則の一部を改正する省令の解説——平成20年法務省令第12号」商事1828号（2008）4頁，6頁。

酬,賞与等々)の開示は,会社法施行規則の文言上,要求されていない。しかし,株主への情報開示という観点からは内訳を開示することが望ましく[54],実際に内訳を開示する会社も多い[55]。

会社法施行規則121条3号によって開示が要求されるのは,「当該事業年度に係る」会社役員の報酬等であり,これは,当該事業年度に対応する報酬等の額を開示するという趣旨である[56]。このことから,2008(平成20)年の規則改正[57]の以前は,当該事業年度との対応関係が必ずしもない退職慰労金について,事業報告における開示が要求されないのではないかということが問題にされた。2008(平成20)年の規則改正は,会社法施行規則121条4号(改正時は5号)を新設し,「当該事業年度に係る」ものでなくとも,「当該事業年度において受け,又は受ける見込みの額が明らかとなった」報酬等についても開示を要求することで,この問題を解決した。これによって,退職慰労金のうち,当該事業年度において現に支給されたもの,および,支給される予定の額が当該事業年度中に明らかになったものについて,開示が要求されることになったわけである[58]。

会社法施行規則にいう「報酬等」とは,会社法361条にいう「報酬等」と同じ意味であり(会社則2条2項50号),後者の「報酬等」には使用人兼務取締役の使用人分給与は含まれないため[59],これについては事業報告においても「報酬等」としての開示は要求されていないことになる。もっとも,使用人分給与

---

54) 石井祐介ほか編著・新しい事業報告・計算書類――日本経団連ひな型を参考に(商事法務,第4版,2012)120頁。
55) 三菱UFJ信託銀行証券代行部編・事業報告記載事項の分析――平成23年6月総会会社の事例分析(別冊商事367号,2012)191頁。
56) 松本=小松・前掲注53)5頁。当該事業年度に対応するとは,当該事業年度の職務執行の対価であるということである。澤口実「事業報告における役員報酬等の額の開示の考え方――経団連『株式会社の各種書類のひな型』などを参考に」ビジネス法務7巻6号(2007)69頁,70頁。
57) 平成20年法務省令第12号。
58) 松本=小松・前掲注53)5-6頁。
59) 会社法制定前には,解釈論として,使用人分給与を会社法の取締役報酬規制の適用範囲に含めるべきかどうかが議論されていたが,会社法361条は「報酬等」を「取締役……の職務執行の対価」としており,この文言上,使用人分給与はそこには含まれないと考えるほかないだろう。相澤ほか編著・前掲注25)319頁参照。

が「会社役員に関する重要な事項」である場合には、事業報告における開示が要求される（会社則121条9号）。使用人分給与が多額である場合がこれにあたるとされる[60]。

2 有価証券報告書における開示

有価証券報告書では、提出会社のコーポレート・ガバナンスの状況が開示されなければならず、その中で、役員報酬の内容が開示事項とされる[61]。金融審議会金融分科会「我が国金融・資本市場の国際化に関するスタディグループ報告——上場会社等のコーポレート・ガバナンスの強化に向けて」（2009〔平成21〕年6月17日）は、そのような開示について、開示が明確に義務付けられておらず、任意に記載する場合でも、その記載方法が法令上明確に規定されていないため、多くの場合、報酬の種類別内訳や役員報酬の決定方針について開示されていないとし、開示の充実を求めた[62]。これを受けて、2010（平成22）年の企業内容等の開示に関する内閣府令等の一部を改正する内閣府令[63]は、役員報酬の開示について、その役員区分ごと・種類別の総額の開示と、一部の役員についての個別の報酬の開示、さらに、役員報酬の決定方針の開示を、明確に義務付けた。具体的には、以下の事項の開示が要求される（企業内容等の開示に関する内閣府令第3号様式記載上の注意37・第2号様式記載上の注意57a(d)）。

(a) 提出会社の役員[64]の報酬等[65]について、取締役（社外取締役を除

---

60) 相澤哲編著・立案担当者による新会社法関係法務省令の解説（別冊商事300号、2006）47頁。会社法制定以前は、使用人分給与についても、営業報告書・附属明細書において開示が要求されていたが、この限りで、会社法の制定に伴って規制が縮小したことになる。そのような規制範囲の縮小に合理的な理由がないことについて、コンメン(8) 190頁〔田中亘〕参照。
61) 有価証券届出書についても同様の開示事項が定められるが、本稿では、有価証券報告書についてだけ述べる。
62) 同報告書13頁。
63) 平成22年内閣府令第12号。
64) 取締役、監査役および執行役をいい、最近事業年度の末日までに退任した者を含む。(b)〜(d) においても同様。
65) 報酬、賞与その他その職務執行の対価としてその会社から受ける財産上の利益であって、最近事業年度に係るものおよび最近事業年度において受け、または受ける見込みの額

く)・監査役(社外監査役を除く)・執行役・社外役員の区分ごとに，報酬等の総額，報酬等の種類別(基本報酬，ストック・オプション，賞与，退職慰労金等の区分)の総額，および，役員の員数を記載しなければならない。

(b) 提出会社の役員のうち，その報酬等(主要な連結子会社の役員としての報酬等を含む)の総額(連結報酬等の総額)が1億円以上である者については，役員ごとに，氏名，役員区分，連結報酬等の総額，および，種類別の額について，提出会社と主要な連結子会社に区分して記載しなければならない。

(c) 使用人兼務役員の使用人給与のうち重要なものがある場合には，その総額，対象となる役員の員数，および，その内容を記載しなければならない。

(d) 提出会社の役員の報酬等の額またはその算定方法の決定に関する方針を定めている場合には，当該方針の内容および決定方法を記載しなければならない。決定方針を定めていない場合には，その旨を記載しなければならない。

II 3 に述べたように，わが国の経営者の報酬は，欧米に比べて高額なものではない。また，役員の個別の報酬額を任意に開示する会社はほとんどない。そのため，このような開示ルールによって，実際に役員の個別の報酬額が開示されることも多くはない[66]。

3 ストック・オプションについての開示

V1 に述べたように，会社法施行規則にいう「報酬等」とは会社法361条にいう「報酬等」と同じ意味であるため，そこにはストック・オプションも含まれる。そのため，V1 に述べた会社法施行規則121条3号によってその総額等の開示が要求される「報酬等」には，ストック・オプションも含まれる。したがって，役員に付与されたストック・オプションの価値のうち，当該事業年度の報酬分に相当するもの(ストック・オプションに関する会計基準によって当該事業年度において費用計上される額)が，「報酬等」に含められなければならない[67]。

が明らかとなったものをいう。(b)～(d) においても同様。
[66] 住友信託銀行証券代行部・前掲注10) 参照。2011年に連結報酬等の総額が1億円以上である役員について個別開示をした会社は170社であった。木村・前掲注13) 84頁。
[67] 相澤編著・前掲注60) 48頁，石井ほか編著・前掲注54) 115頁。

公開会社の事業報告では，さらに，株式会社の新株予約権に関する事項が開示されなければならない（会社則119条4号）。その中心は，役員に付与されたストック・オプションに関する事項である。すなわち，当該事業年度の末日において在任している会社役員が，職務執行の対価として当該会社が交付した新株予約権等を有しているときは，取締役（社外役員を除き，執行役を含む）・社外取締役・取締役（執行役を含む）以外の会社役員の区分ごとに，当該新株予約権の内容の概要と新株予約権等を有する人数を記載しなければならない（会社則123条1号）。「内容の概要」としては，新株予約権の目的である株式の種類・数，発行価額，行使の条件，権利行使期間等，新株予約権の経済的価値をおおむね把握することが可能になる程度の事項が記載されなければならないと考えるべきであり，複数回にわたって新株予約権が付与された場合には，共通する事項以外は各回について記載することになる[68]。

有価証券報告書においては，「新株予約権等の状況」として，新株予約権の数，新株予約権のうち自己新株予約権の数，目的となる株式の種類および株式数，行使時の払込金額，行使期間，行使により株式を発行する場合の株式の発行価格および資本組入額，行使の条件，譲渡に関する事項等が記載されなければならない（企業内容等の開示に関する内閣府令第3号様式記載上の注意21)[69]。また，「ストック・オプション制度の内容」として，取締役に新株予約権証券を付与する決議がされている場合には，当該決議に係る決議年月日，付与対象者の区分，対象者数を決議ごとに記載しなければならず（企業内容等の開示に関する内閣府令第3号様式記載上の注意27・第2号様式記載上の注意47a），当該決議により新株予約権証券を付与する，または，付与している場合には，新株予約権の目的となる株式の種類（内容を含む）および株式数，新株予約権の行使時の払込金額，行使期間，行使の条件，譲渡に関する事項等を記載しなければならない。もっとも，上記の「新株予約権等の状況」において新株予約権の内容を記載している場合には，その旨だけを記載してもよい（企業内容等の開示に関する

---

[68] 石井ほか編著・前掲注54) 78-79頁。
[69] 開示の実例として，有限責任監査法人トーマツ＝トーマツテクニカルセンター編・有価証券報告書・四半期報告書の記載事例分析——平成23年版（別冊商事352号，2010) 71-75頁参照。

内閣府令第3号様式記載上の注意27・第2号様式記載上の注意47b)[70]。

さらに，財務諸表規則・連結財務諸表規則により，ストック・オプションについて，次の注記が要求される。ストック・オプションを付与している場合，当該事業年度における費用計上額・科目名，権利不行使による失効が生じた場合の利益計上額を注記しなければならない（財務規8条の14，連結財務規15条の9）。そのほか，ストック・オプションの内容，規模，および，その変動状況として，次のような事項が注記されなければならない（財務規8条の15第1項4項，連結財務規15条の10）。すなわち，付与対象者の役員・従業員などの区分ごとの人数，株式の種類別のストック・オプションの数（付与数のほか，当事業年度における権利不確定による失効数，当事業年度における権利確定数，前事業年度末・当事業年度末における権利未確定残数，当事業年度における権利行使数，当事業年度における権利不行使による失効数，前事業年度末・当事業年度末における権利確定後の未行使残数），付与日，権利確定条件（これが付されていない場合はその旨），対象勤務期間（その定めがない場合はその旨），権利行使期間，権利行使価格，付与日における公正な評価単価（その見積もり方法として使用した算定技法と，使用した主な基礎数値・見積方法も），当事業年度において権利行使されたストック・オプションの権利行使時の株価の平均値が記載されなければならない[71]。

4　現行の開示規制の評価

V2に述べたように，有価証券報告書において個別の役員の報酬額の開示が要求されることがあるが，それ以外の場合，個人別の開示は要求されない。取締役の報酬の開示について，報酬を決定する株主総会決議が最高限度額について行われればよいことから，開示も総額の形で行えばよいといわれたこともある[72]。仮にそのように解するのであれば，その開示の目的は，取締役の報酬が実際に株主総会決議の範囲内で決定されたかどうかを株主に示すものと捉える

---

70)　開示の実例として，トーマツ＝トーマツテクニカルセンター編・前掲注69) 88-90頁参照。

71)　開示の実例として，トーマツ＝トーマツテクニカルセンター編・前掲注69) 218-225頁参照。

ことになるが，この捉え方が適切なものとは考えられない。総額の開示でよいとされてきたのは，個人別の報酬が知られることを嫌う実務の感覚，および，開示の目的についての検討が十分に行われず会社法が要求する株主総会決議と同様の形で開示を行えばよいと漠然と考えられてきたことによるというべきであろう。

他方で，1962（昭和37）年の商法改正によって取締役の報酬を附属明細書に記載すべき旨が商法に初めて規定された当時から[73]，株主総会での決議の方法と附属明細書の記載とは連動するものではないと指摘されており[74]，附属明細書には個人別の報酬額を記載しなければならないとする見解も存在した[75]。この見解は，附属明細書における取締役の報酬の開示の目的を，取締役に実際に支払われた報酬額を株主に開示し，取締役の職務執行の適否・責任や会社の運営状況を判断する材料を与えることだとしていた[76]。また，取締役の報酬の決定について業務執行の監督・インセンティブ付与手段としての機能を重視するのであれば，取締役の報酬の開示は，取締役報酬の決定がそのような意味で適切に行われているかどうかを判断するための情報を株主に与えるものでなければならず，総額の開示では十分とはいえない。

役員報酬の開示が総額の開示で足りるとする議論の問題点は，委員会設置会社の執行役・取締役の報酬の開示について見れば，より明らかとなる。委員会設置会社において，執行役・取締役の報酬を決定するのは，株主総会でなく報酬委員会である。報酬委員会による取締役の報酬の決定は，お手盛りという性質を有するため[77]，取締役の報酬の開示は，そのような観点からして報酬が過

---

72) 上田明信・改正会社法と計算規則（商事法務研究会，1964）120頁，商事法務研究会編・附属明細書ハンドブック（商事法務研究会，新訂版，1994）15頁。
73) 昭和37年法律第82号。
74) シンポジウム「計算規定の改正」私法25号（1963）143頁〔矢沢惇〕。
75) 田中誠二＝久保欣哉・新株式会社会計法（中央経済社，1964）107頁（ただし，同書の改訂版には，このような記述は見られない），石井照久・会社法（下）（勁草書房，1967）240頁，龍田節「役員報酬」続判例展望（別冊ジュリ39号，1973）171頁，178頁。
76) 田中＝久保・前掲注75) 106頁以下。龍田・前掲注75) 178頁において，株主が個々の取締役の能力・貢献度に応じた報酬が決定されることについても関心を有することが指摘されるのも，同様の認識によるものであろう。
77) 近藤光男ほか「株式会社における経営監督のあり方（下）」商事1612号（2001）24頁，27頁。

大に決定されていないかどうかを判断するための情報を株主に与えるものとも考えられる。これに対して，執行役の報酬は，執行役の監督・インセンティブ付与という観点から，個々の執行役の業績が報酬に反映するよう配慮しつつ，報酬委員会によって決定される。執行役の報酬の開示の目的は，このような報酬委員会による執行役の報酬の決定が適切になされているかどうかを判断するための情報を株主に与えるものと考えるべきであろう。そうであるとすれば，執行役の報酬等の総額では，このような判断のために十分な情報とはいえない。

　以上に述べたことをまとめれば，役員報酬の決定が業務執行の監督・インセンティブ付与手段という観点から適切に行われているかどうかを判断するための情報を株主に与えることを役員報酬の開示の目的と考えるべきであり，そのような目的は，役員の個人別の報酬が開示されなければ達成されないということである。現在のところ，そのような個人別の開示が要求されるのは，有価証券報告書だけであり，しかも，連結報酬等の総額が1億円を超える役員に限られている。有価証券報告書における役員報酬の開示は，「役員報酬についてのより具体的な情報は，会社または個々の役員の業績に見合ったものとなっているのか，個々の役員に対するインセンティブとして適切か，会社のガバナンスがゆがんでいないかなどの観点から，会社のガバナンスを評価し，投資判断を行う上で重要な情報であると考えられる」ことから要求されるものと説明され，1億円という基準は，「日本に比べて高額な役員報酬が支払われていると考えられる米国における上場会社の CEO の報酬額等を考慮したものである」とされる[78]。しかし，そこで述べられる開示の目的（その意味は，上にまとめたものと違わない）は，報酬の絶対額が大きな役員についてだけ個人別の報酬を開示すれば達成されるものとはいえない。むしろ，米国と同様に[79]，各会社について，たとえば，社長に加えて報酬額上位数名の役員等について，個人別の報酬の開示を要求すべきではないだろうか。

---

[78] 谷口義幸「上場会社のコーポレート・ガバナンスに関する開示の充実等のための内閣府令等の改正」商事1898号（2010）21頁，22-23頁。

[79] 米国における役員報酬の開示については，伊藤靖史「米国における経営者の報酬等の開示に関する近時の改正」同志社法学58巻7号（2007）133頁参照。

役員の報酬等の決定に関する方針については，現行の規制が事業報告・有価証券報告書においてその開示を要求することは合理的であるといえる。むしろ問題は，各会社がどこまで意味のある開示を実際に行うかというところにある[80]。

ストック・オプションに関する開示には，株式の状況についての開示と，報酬についての開示という2つの側面がある[81]。ストック・オプションについての開示は，一方で，ストック・オプション行使による株式の価値の希釈化の可能性についての情報を与える。しかし，それと同時に，ストック・オプションが適切なインセンティブを付与するものかを判断するため，さらに，取締役・執行役の固定給の妥当性や取締役・執行役の業績を評価する上でも重要な情報を与えるという意味もある[82]。このうち，株式の状況の開示という側面だけに着目すれば，ストック・オプションの付与内容の開示は，授権決議ごとに行えばよいことになるだろう。株式価値の希釈化の可能性を見るためなら，それで十分だからである。しかし，ストック・オプションが業務執行の監督・インセンティブ付与手段として適切に機能しているかどうかについて株主が判断するためには，被付与者ごとに付与内容の開示が行われる必要があるのではないだろうか。

かつて，役員に対するストック・オプションの付与状況については，営業報告書において，被付与者ごとに，氏名，付与された新株予約権の数，新株予約権の目的となる株式の種類・数，発行価額，行使条件等の記載が要求されていた（平成17年改正前商法施行規則103条2項2号）。ところが，会社法制定に伴い，

---

[80] TOPIX500構成会社について2011（平成23）年10月までの1年間に提出された有価証券報告書における役員報酬の決定方針・決定方法等の開示の状況の検証結果として，報酬の内容について算式や数値を用いるなどにより詳細に記載しており，かつ，報酬の決定過程についても詳細な記載がある会社は7％程度，また，具体的な算式などは示していないが報酬の内容や決定過程についてある程度詳しい記載がある会社は10％程度であるとされる。また，報酬の決定方針または決定方法が存在しない旨を記載する会社が5％，そのような方針・方法の有無が明確でない会社が10％あったとされる。木村・前掲注13）83頁。

[81] 龍田節「ストック・オプションの制度・計画そして契約」神戸学院法学28巻2号（1998）143頁，172頁。

[82] 黒沼悦郎「ストック・オプション制度と株主の利益」インベストメント50巻6号（1997）2頁，8頁。

ストック・オプションも役員の報酬の支払方法の一つにすぎないため，それだけについて個別開示を要求することには合理性がないという理由から，付与ごと・役員区分ごとの開示でよいことになった[83]。しかし，公開会社の事業報告に一般的に要求される記載事項の定めについてはそのように考えるとしても，少なくとも有価証券報告書においては，被付与者ごとの付与内容・行使状況の開示を要求すべきではないだろうか。

いずれにしても，役員の報酬等についての開示規制は，現在では大幅に拡充されている。かつては，役員の報酬等は事業報告ではなく附属明細書で開示されるものとされており，また，有価証券報告書においては，役員の報酬等についての一般的な開示が要求されていなかった[84]。

VI 役員の報酬の確保

1 取締役による報酬の支払請求等

取締役の報酬についての具体的な請求権は，株主総会決議が定めた最高限度額の範囲内で，具体的な額を定める取締役会決議ないし代表取締役の決定によって発生する[85]。退職慰労金についても，株主総会の一任を受けた取締役会またはさらに一任を受けた代表取締役が，支給基準に従いつつ，具体的な金額等を定めたときに，（元）取締役の具体的な請求権が発生する[86]。具体的な請求権が発生しない限り，取締役は，会社に対して報酬の支払請求をすることはできないはずである。しかし，その場合にも，取締役が会社に対して報酬の支払請求をし，また，他の取締役や会社に対して損害賠償を請求することがある。このことは主に退職慰労金について問題になり，そのような請求を認める裁判

---

83) 相澤編著・前掲注60) 53頁。
84) そのような時期の開示規制の問題点を検討するものとして，伊藤・前掲注20) 65-75頁。
85) 味村＝品川・前掲注4) 32-35頁。
86) 味村＝品川・前掲注4) 192頁。

例もある。学説においても，何らかの法的構成によってそのような請求を認めることはできないかという観点から，この問題について議論されることが多い。

退職慰労金について株主総会で一任決議がなされたが，取締役会が，退職慰労金の具体的な額を支給基準が定めるよりも低く定めた場合，または，具体的な額を定める取締役会決議が行われなかった場合について，裁判例では，元取締役による会社に対する退職慰労金の支払請求，あるいは，会社ないし他の取締役に対する損害賠償請求（会社 350 条・429 条，民 709 条を根拠とする）の，少なくとも一部が認容されることが多い[87]。しかし，そのような請求を認めることは，結局は，株主総会の一任決議の時点で具体的な退職慰労金請求権が発生すると考えることに等しい。そして，これを退職慰労金についての一任決議の趣旨から根拠づけることには無理があり，また，そのように考えることは，会社法 361 条が株主総会決議を報酬の支払の効力要件とすることと矛盾するように思われる[88]。

退職慰労金の支給について株主総会決議がない場合，元取締役からの退職慰労金の支払請求は，原則として認められない[89]。ただし，そのような場合にも，請求を認める裁判例が存在する。それらの裁判例が請求を認めた根拠は，（ア）実質的に全株主の同意があったこと，または，（イ）会社法所定の意思決定手続が遵守されていない会社で，現実にとられていた意思決定手続に従って報酬額が決定されたことである[90]。学説では，（ア）（イ）の事情が存在する場合に限らず，より一般的に，元取締役からの退職慰労金の支払請求を認めるための法的構成が，いくつか主張されてきた。しかし，それらの法的構成は，実定法上の根拠が不明確であり，また，保護の対象を，それらの学説が念頭に置いている「中小企業や閉鎖会社のオーナー経営者ではない取締役」に限定することができるものにもなっていない[91]。

---

[87] 伊藤靖史「取締役報酬の『不支給・低額決定』について」森本還暦・企業法の課題と展望（商事法務，2009）305 頁，313-316 頁。
[88] 伊藤・前掲注 87) 316-324 頁。
[89] 最判昭和 56・5・11 判時 1009 号 124 頁。
[90] 伊藤・前掲注 87) 326-328 頁。最高裁判所の判例も，（ア）を理由として退職慰労金の支払請求が認められることを否定しない。最判平成 15・2・21 金判 1180 号 29 頁。
[91] 伊藤・前掲注 87) 329-332 頁。

2 役員の報酬の確保についての議論のあり方

以上の問題については，むしろまず，「なぜそのような請求を認める必要があるのか」「退職慰労金への期待はそもそも保護されるべきものなのか」を検討すべきであろう。そして，その際に考慮すべきなのは，元取締役が実質的には従業員（労働者）であったと評価できるのであれば，従業員としての退職金請求が認められることがあるということである。

ある者が労働者性を有するかどうかは，「取締役」という肩書きではなく，勤務の実態から判断される。代表取締役についても，従業員としての退職金請求を行った場合には，その労働者性が裁判所によって実質的に審査される[92]。そして，その者の労働者性が認められれば，従業員としての退職金請求が認められる可能性がある。実際，取締役であってもその職務が一般従業員としての実態を有している場合に，その者の従業員としての退職金請求を認めた裁判例が存在する[93]。また，実態として取締役であった者でも，使用人兼務取締役であれば，従業員としての職務に応じた退職金の請求は認められる[94]。

以上のように，（元）取締役が従業員としての賃金・退職金を請求するのであれば，労働者性の有無と，退職金については支給基準等の存在によって，そのような請求の可否が決まる。従業員としての賃金・退職金請求の可否と，取締役としての報酬・退職慰労金請求の可否とは，明確に区別されるべきであり，前者について考える際には，会社法上の考慮を含めるべきではない[95]。もちろん，株主総会決議やその範囲内での取締役会決議の有無といった事情も，従業

---

[92] 結果として代表取締役の労働者性は否定されたが，たとえば，次の裁判例がある。東京地判平成11・12・24労働判例777号20頁，東京地判平成8・3・25労働経済判例速報1618号12頁。

[93] 東京地判平成5・9・10労働判例643号52頁，東京地判平成3・12・17労働判例602号22頁。

[94] 千葉地判平成元・6・30判時1326号150頁。

[95] たとえば，監査役の報酬についても，同様に従業員としての賃金・退職金請求の可否と，監査役としての報酬・退職慰労金請求の可否が問題になる。その場合，監査役が従業員を兼務することが会社法上認められないこと（会社335条2項）は，監査役の労働者性を判断するときに考慮されるべきではない。これについて，伊藤靖史「判批」商事1559号（2000）87頁参照。

員としての賃金・退職金請求の可否を判断する際には，考慮されない[96]。

---

[96] 注釈会社 (6) 402-403 頁〔浜田道代〕。

役員の責任——経営判断原則の意義とその射程

  I　はじめに
  II　経営判断原則の存在意義と司法審査のあり方
  III　経営判断原則の射程（周辺の問題）
  IV　小規模閉鎖会社について
  V　対第三者責任について
  VI　結びに代えて

大　杉　謙　一

I　はじめに

　株式会社の役員等は，その任務を怠ったときは，会社に対して，これによって生じた損害を賠償する責任を負う（会社423条1項）。それでは，具体的事案において，任務懈怠の有無を裁判所はどのように評価すべきであろうか。
　本稿では，株式保有が分散している公開企業の取締役を念頭に置いて，経営判断原則およびその周辺の問題について検討を加えるものである。
　経営判断原則はこれを定めた法規定が存在せず，法適用において同原則の内容・位置づけが明らかでないから，1つの事件で，下級審と上級審が経営判断原則について同様の一般論を述べつつ取締役の責任について両者の結論が異なることがあるように，経営判断原則の具体的な適用は容易ではない。また，要件事実論においては，取締役の会社に対する損害賠償責任の請求原因事実は任務懈怠・損害・因果関係，抗弁事実は帰責事由のないことであるが，経営判断原則は任務懈怠・帰責事由のいずれに関するものであるかが明らかでない。さらに，一定の場合（具体的法令違反など）には経営判断原則は適用されないと説かれることが多いが，その意味は必ずしも明確ではない。

本稿では次の順序でこれらの問題を検討する。最初に，経営判断原則のあり方について検討する（Ⅱ）。次に，経営判断原則の射程と関連する問題，たとえば，法令違反行為，利益相反行為，監視義務，内部統制システムの構築義務における取締役の賠償責任の司法審査について検討する（Ⅲ）。監査役の対会社責任は監視義務の箇所で論じる。

そして，以上の議論が小規模閉鎖会社についても妥当するのか（Ⅳ），対第三者責任（Ⅴ）についても，簡単にコメントする。最後に，簡単な結びを置く（Ⅵ）。

なお，以下では混乱を避けるため，取締役の思考を「（経営）判断」，裁判官の思考を「評価」「（司法）審査」と呼んで，両者を区別することがある。そして，経営判断原則の定式（フォーミュラ）は裁判例・学説において微妙に異なるが，本稿ではその最大公約数を取って，「判断の過程」（情報収集とその分析・検討）および「判断の内容」を区別することとし[1)]，定式化について論じるよりも実際の司法審査のあり方に重点を置いて検討を進めることとする。

Ⅱ　経営判断原則の存在意義と司法審査のあり方

1　問題の所在

経営判断原則は，アメリカの法理が日本の判例・学説によって受容されたものである。もっとも，アメリカにおける経営判断原則とわが国におけるそれとは，内容が同じではないことは以前より指摘されてきた。

具体的には[2)]，アメリカでは，判断の内容の合理性を裁判所が審査すること

---

1) 澤口実編・新しい役員責任の実務（商事法務，第2版，2012）48頁以下では，これまでの主要な裁判例が示した経営判断原則の言い回しを要約・比較されているが，そこでの「（推論）過程」の語は，判断内容を指すこともあれば判断手続を指すこともある（同54頁以下）。本稿では，議論をなるべく単純化するため，「過程」の語を手続を指すものとして用いる。最高裁の判決（後掲・注13）もこの趣旨であると思われる（田中亘〔判批〕ジュリ1442号〔2012〕101頁，103頁）。

はほぼなく，審査されるのは主として判断の過程である[3]。そして，結論として取締役の損害賠償責任を認めた事例は，取締役・会社間に利益相反関係が存在するものを除いては，極めて少数である（もっとも，銀行・金融機関の取締役についてはそうではない[4]）。そして，アメリカの学説は，このような司法審査のあり方に対しておおむね肯定的である。これに対して，わが国では司法審査は

2) 宮本航平「取締役の経営判断に関する注意義務違反の責任 (1) (2・完)」法学新報（中央大学）115巻5＝6号 (2008) 37頁，115巻7＝8号 (2009) 49頁を参照。
　宮本・前掲「(1)」の3-27頁がわが国の裁判例・学説の発展をまとめているが，そこで伝統的裁判例として紹介されている日本サンライズ事件（東京地判平成5・9・21判時1480号154頁）について，ここで同判決と当時の学説が次の問題点を抱えていることを指摘しておきたい。この判決は，わが国の裁判例で経営判断原則の考え方を明確に述べたものとしてよく引用される東京地判平成5・9・16民集54巻6号1798頁（野村證券損失補てん株主代表訴訟事件。結論として取締役の賠償責任を否定）と同時期のものであるが，日本サンライズ事件東京地裁判決は，経営判断原則の一般論を述べることなく取締役の対会社責任を認めたものである。
　判旨は次のように述べる。「株価の変動によって〔会社〕に損失が生じ，同社の経営が危機的状況に陥る可能性を当然予測し得たにもかかわらず，……株価が下落する可能性及び損失を生ずる可能性を軽視し，専門家である投資顧問業者に任せれば株式取引によって利益が上げられるものと軽信して，多額の借入金を株式取引に投資し，結局，〔会社〕に本業である本件建物の賃貸業の存続を危うくするほどの損失を生じさせたものと認められる。……したがって，〔被告〕は，取締役としての善管注意義務を怠ったものと言わざるを得ない」。しかし，被告の判断を「軽視」「軽信」と評価する前提となる事実は判決文には示されていない（すなわち，判決文には，事実から裁判所の評価を導く過程は示されず，結論だけが示されている）。ところが，同時期に出されたこの判決に対する論評の多くは，この点を問題として指摘することなく，判決に賛成している。
　このことは，（判決の結論の当否は別として）この判決の当時，わが国の実務家・研究者の間で経営判断の原則が生きたものとして理解されていなかったことを示しているのではないだろうか。
3) メルビン・A・アイゼンバーグ（松尾健一訳）「アメリカ会社法における注意義務〔II〕」商事1713号 (2004) 4頁，5頁以下は，アメリカ法では，判断の内容は（緩やかな）相当性の基準で審査され，判断の過程は（より厳格な）合理性の基準で審査されるという。もっとも，現在ではほとんどの上場会社が定款で取締役の注意義務違反の責任を排除しているため，定款で免除しえない誠実義務の違反が主として問題となっている（つまり，取締役が賠償責任を負う可能性は，かつてよりもさらに低下している）。小林一郎「経営責任判断原則の日米比較に見るコーポレート・ガバナンスの在り方」金法1945号 (2012) 21頁，23頁。柴田和史「経営判断の原則・研究序説」柴田＝野田博編・会社法の実践的課題（法政大学出版局，2011) 57頁，64頁以下もあわせて参照。
4) アメリカでも，金融機関の破綻事例では，破綻を招いた取締役に民事責任・刑事責任が課される事例，監視義務を怠った取締役に損害賠償責任が認められる事例が多数存在する。山田剛志・金融自由化の法的構造（信山社，2002年）107頁以下，笠原武朗「監視・監督義務違反に基づく取締役の会社に対する責任について (3) (4)」法政研究（九州大学）70巻2号 (2003) 23頁，50頁以下，70巻3号 (2003) 27頁，28頁以下，特に45頁。

判断の過程だけでなく内容にも及び[5]、結論として取締役の損害賠償責任を認めた裁判例は稀ではない。「裁判官が一般的に『経営者の判断を尊重』しているわけではない」[6]といわれる所以である。そして、わが国の学説は、一般的にはこのような司法審査の在り方について否定的ではない。

このような日米の違いについては、わが国で経営判断原則と呼ばれるものは政策的考慮に基づくものではなく、専門家の賠償責任の一領域に過ぎないこと、つまり善管注意義務についての当事者の訴訟活動や裁判所の評価からたまたま発生してきたものに過ぎないとの指摘（仮説）がある[7]。

わが国において、取締役に賠償責任の脅威を与えることの意義をどう考えるのか、裏からいえば、アメリカでは共有されている政策的考慮をどう考えるのかがここでの問題である。

2 政策的考慮

アメリカでは、取締役に注意義務違反の責任が課されることはごく稀であり、賠償責任の脅威はほとんど存在しないが、学説は一般的に次の理由を挙げてこのような司法審査のあり方を肯定している。

すなわち、（A）取締役に賠償責任の脅威を与えることは、取締役の意思決定を歪め（リスク回避のインセンティブを与える）、また（B）意思決定に余計な費用（情報収集費用、時間）を生じさせる。（C）取締役の経営判断には結果的に利益を生み出すものと失敗するものとがあり、そのうち失敗の場合のリスクだけを取締役に負わせることは適切ではなく、上方・下方の両リスクを株主に負担さ

---

[5] わが国の裁判例が経営判断の内容についても詳細な事実認定を行った上で、その内容の合理性について踏み込んだ審査をしている理由として、松山昇平＝門口正人「取締役の会社に対する責任」江頭憲治郎ほか編・会社法大系3（青林書院、2008）230頁、233頁以下では、「日本の訴訟において、当事者双方は背景事情を含めた詳細な事実経過を主張立証すべきであって、裁判所は、その主張立証の結果として認定できるすべての事実を総合的に考慮して判断することによってバランスのとれた結論に至るという信念のようなものがあることが影響していると思われる」と述べている。

[6] 澤口編・前掲注1）47頁。

[7] 森田果「わが国に経営判断原則は存在していたのか」商事1858号（2009）4頁。

せるべきである（株主は分散投資の機会を有している）。（D）取締役（経営者・社外取締役の両方）は，法的責任の脅威以外にも，製品市場，資本市場，経営者の労働市場（および経営者個人の道徳観，経営者・弁護士の共同体における評判メカニズム），インセンティブ報酬契約，委任状争奪戦，会社支配権市場（敵対的企業買収）などによる規律を受けている[8]。

もっとも，（D）については，賠償責任の脅威を不要とするほど他の規律が機能しているかについて，少数ながら異論もある[9]。

わが国でも，（D）取締役に対する法的責任以外の規律付けの制度が機能しているかどうかとの兼ね合いで賠償責任の制度を位置づけるべきであるが，アメリカと比べると，その他の規律付けは弱いとの議論が一般的である[10][11]。他方，わが国でも，専門家の賠償責任の一般論とは異なる政策的考慮に基づくものとしての経営判断原則を認めるべきであるとの見解も主張されている[12]。

3　検討(1)——審査基準

アパマンショップHD株主代表訴訟事件最高裁判決[13]は，次のように述べる。「経営上の専門的判断にゆだねられ〔た事項の決定においては〕……，その

---

[8]　宮本・前掲注2)（下）50頁以下。森田・前掲注7) 5頁以下もほぼ同旨。
[9]　もっとも，アメリカにおいては，賠償責任の脅威が必要であるとする論者も，責任額が過大なものとならないような提言を行うことが少なくない。宮本・前掲注2)（下）59頁，77頁を参照。
[10]　森田・前掲注7) 11頁など。
　　宮本・前掲注2)（下）は，日本では社外取締役による規律（解任など）が現実に存在する企業は少なく，またメインバンクなどによる規律付けは弱体化しているため，賠償責任の脅威を与えることは正当化されるが，コストを低減させるように司法審査の制度を設計すべきであると論じ（78頁以下），具体的には，裁判所は，取締役による経営判断が合理的根拠にもとづくものであるかを審査すべきであるとする（92頁）。
[11]　日本の会社法および関連領域のルールは，欧米諸国と比較して，経営者の規律付けとして，社外（独立）取締役の強化よりも，賠償責任の脅威に重点を置いている。大杉謙一「会社法制の見直しに関する要綱案の概要」ビジネス法務12巻11号（2012）18頁，21頁以下。賠償責任に過度に依拠することが，わが国で独立取締役を導入することの障害となっているとの指摘がある。小林・前掲注3) 28頁以下。
[12]　落合誠一・会社法要説（有斐閣，2010）92頁以下，97頁以下。
[13]　最判平成22・7・15判時2091号90頁。

決定の過程，内容に著しく不合理な点がない限り，取締役としての善管注意義務に違反するものではない」。もっとも，同判決は事案への当てはめにおいて，「〔株式の〕買取価格を1株当たり5万円と決定したことが著しく不合理であるとはいい難い。…その決定過程にも，何ら不合理な点は見当たらない」（傍点は筆者が付加）と述べている。そして，従来の下級審裁判例は，経営判断の過程（手続）を通常の司法審査基準により，経営判断の内容を緩和された審査基準により審査してきたという分析も存在することから[14]，前記最高裁判決の下でも，判断の過程と内容に対しては異なる審査基準が用いられることになる（べきである）との議論も有力である。

しかし，筆者は，司法審査に当たっては，判断の過程と判断の内容のいずれに対しても，著しく不合理か否かという審査基準を用いることが原則として妥当であり，最高裁はその旨を判示したものと解する[15]。その理由は，以下のとおりである。

第1に，2で挙げた政策的考慮のうち，(D)他の規律の存否については，たしかにわが国では賠償責任の脅威以外の規律が欧米諸国に比べて弱く，そのため取締役を規律する上で賠償責任に依拠する度合いが若干大きくならざるを得ないといえるものの，(A)取締役にリスク・テイクを促すことが会社・社会にとって有益であること，(C)リスクを株主に負担させることが合理的であること，の2点はわが国でも妥当するというべきである。わが国の上場会社の経営者は，他国の企業経営者と比較して——英米のみならず，独仏の経営者と比較してもなお——特にリスク回避的である[16]。賠償責任の脅威がその原因の一部に過ぎないとしても，賠償責任の脅威を強調することで経営者のリスク回避傾向を強めることは合理的ではない。

第2に，通常，企業の経営者は限られた時間で多くの事柄を同時並行的に処

---

[14] 澤口編・前掲注1）51頁以下，54頁以下。
[15] 田中・前掲注1）104頁も同旨。
[16] 米英独仏日の5か国の大企業のROE・ROAの中間値とそのばらつきは，独仏日は米英よりも利益率の水準は低めであるが，ばらつきも小さく，日本企業は独仏と比較してもさらに利益率の水準が低くばらつきも小さい。中野誠「利益率格差構造の国際比較研究」一橋ビジネスレビュー55巻4号（2008）78頁，82頁以下。

理し，意思決定していかなければならない。しかし，裁判官は（商法学者も）一般的に企業経営に関する経験・感覚を有していないため，経営判断の内容だけでなく，経営判断の過程（手続）についても，その妥当性を審査するための十分な能力を有していない。前述のとおり，(B)裁判所が審査を行えば，意思決定に余計な費用を生じさせるのである。

以上を踏まえれば，――専門家の賠償責任の一般論と異なるか否かの議論はさておき[17]――裁判官は経営判断が特に不当であるという疑いを抱くのでなければ緩やかな司法審査を行うべきであり，特に不当であるという疑いを抱く場合にのみ，その過程と内容についていくぶん肌理の細かな審査を及ぼすのが妥当である。

4 検討(2)――審査の手法（切り取られた事実を見ることの危険性）

甲の保有する乙社の株式には1株につき1万円前後の価値しかないことを認識しながら，丙社の取締役丁がそれを5万円で買い取ることには，どのような場合であろうか。

丁は経営の専門家であり，平均的な裁判官（商法学者も）よりもはるかに丙社の経営に詳しく，高い判断能力を持っている。そのような丁が不合理な判断を行うのは，①丁と丙社の金銭的利害が対立していて，丁が自分自身の利益を優先する場合，②丁が保身等の心理的動機から丙社の利益を犠牲にする場合，③当該判断に限り丁が（特に理由なく）おかしな判断をする場合が考えられる。他方，④当該判断には正しい理由があり，これによって丙社の利益は損なわれていない場合もあろう。

企業の経営者は短時間に多くの意思決定を迫られることが少なくないが，訴

---

[17] 経営判断原則が専門家の賠償責任の一般論と異なるものか否かは，筆者はあまり意味のない議論だと考えている。専門家の賠償責任の一般論の内容がそもそも明らかでなく，その内容が裁判例の積み重ねによって変化しうるものである以上，専門家の賠償責任の一般論との比較で経営判断原則を論じることはあまり生産的ではない。また，筆者は専門家の賠償責任の一般論について詳しいわけではないので，比較を論じるだけの知見を持たない。

訟のプロセスにおいて，裁判官が被告取締役が意思決定当時に置かれていた状況を追体験することは困難である。そのため，「1株につき1万円前後の価値しかないことを認識しながら，5万円で買い取る」という切り取られた事実を見れば，裁判官は③おかしな判断を「異常な判断」と評価してしまうかもしれない[18]。しかし，もしも追体験が可能であるならば，裁判官はこの③を「普通の判断」（あるいは偶発的な失敗），場合によっては④正しい判断と評価する場合も少なくないであろう。

このように問題をとらえるならば（また先の2，3の議論を踏まえれば），上記の場合のうち，③偶発的な失敗の場合には丙に賠償責任を課すべきでない。裁判官は③と④を区別できない場合があるし，区別できる場合でも，③の丙に賠償責任を課すことは，一般的に取締役の経営判断を萎縮させる危険が大きく，丙社（ひいては株主）にとって益よりも害が大きいからである。すなわち，賠償責任を課すことに理由があるのは，①金銭的利害の対立，②保身動機の場合に限られる。

もっとも，原告や裁判官にとって目の前の事例が①②に該当するか否かは必ずしも明らかでないこともあろう。わが国では，アメリカのようにディスカバリー（開示手続）がないため，①②の該当性を要証命題として訴訟を運営することは困難である。そうであれば，裁判所が，特に不当であるという疑いを抱く場合に限って経営判断の過程と内容についていくぶん肌理の細かな審査を及ぼすことにも理由がある。

そして，従来の裁判例の多くは，そのような審査をしたものと推測される。すなわち，裁判例の中には，①取締役が広義の個人的利益を追求した場合に経営判断原則に言及せずに善管注意義務の違反を認めたり[19]，②追加融資やグループ会社等に対する支援行為（債権放棄・資金提供・融資・出資）の事例で，判断内容の合理性について詳細な検討を加える（支援行為により得られる親会社の信用低下の回避などの利益を，適正に評価しようとする等）もの[20]がある。これは，

---

[18] アパマンショップHD事件の原審判決（東京高判平成20・10・29金判1304号28頁）は，表面的には判断の過程の不合理性を問題としているように見えるが，司法審査の実態は本文で述べたようなものであったのではないだろうか。

[19] 澤口編・前掲注1) 56頁。

取締役の行為から生じる会社の利益がはっきりとしない場合には，取締役に広い裁量は認められず，裁判所による審査は厳格になされるべきであるとする学説[21]とも符合する。

　近時の実証研究で，日本企業の経営者は株主価値の最大化ではなくステークホルダー（株主を含む）が企業から受け取る有形・無形の利益の合計の最大化を目指して行動していることを示すものがある[22]。筆者は，企業経営者がそのような価値観を持って行動すること自体は問題ではないと考えるが，「ステークホルダーの利益の最大化」の内容はあいまいであり，日本のように幹部従業員と経営陣との精神的結びつきの強い環境においては，しばしばステークホルダーは「会社共同体」に読み替えられ，その地位の保全の論理へと変質する危険があるのではないかとも思う。

　そうであれば，①②の疑いのある事例[23]において，そのことを端緒として裁判所が司法審査の密度を調節することには合理性が認められる。

Ⅲ　経営判断原則の射程（周辺の問題）

　具体的法令違反行為などについて，経営判断原則は適用されないと論じられることが一般的である。しかし，事案の解決にとって重要なのは，経営判断原則の適用範囲を画することではなく，具体的法令違反行為などにおいてどのような司法審査の基準・手法が用いられるべきかを明らかにすることである。そ

---

20)　東京地方裁判所商事研究会編・類型別会社訴訟Ⅰ（判例タイムズ社，第3版，2011）242頁以下，澤口編・前掲注1) 60頁以下，86頁以下。
21)　近藤光男「会社の寄付と取締役の善管注意義務（下）」商事1663号（2003）13頁，19頁。
22)　広田真一・株主主権を超えて──ステークホルダー型企業の理論と実証（東洋経済新報社，2012）。同書については，大杉謙一〔書評〕証券経済研究80号（2012）97頁を参照。
23)　アパマンショップ事件（前掲注13)）においては，①金銭的利害の対立，②保身動機により取締役の判断が歪められたという外見は存在しなかった。そのため，被告取締役は経営判断に当たり，会社が子会社の株式をその株主から任意で円滑に買い取ることのメリット（子会社株主であったフランチャイジーとの円滑な関係の維持）を金銭的に評価し，これを高値で買い取ることの費用と比較するというプロセスを経ていないとしても，そのことを特に疑問視しなかった最高裁の司法審査は適切であった。

して，以下で論じるように，具体的法令違反行為などの場合にも，経営判断原則に類似した司法審査の基準・手法は用いられるべき場合がある。

1 具体的法令違反行為

(1) 問題の所在

判例・学説は，具体的な法令違反があった場合には経営判断原則は適用されないが，具体的法令違反の認識を欠いたことについて過失がない場合には取締役は責任を免れると解している[24]。もっとも，立証責任の分配と，法令違反か否かが必ずしも明確でない場合の取扱いについて，学説は分かれている。

学説は任務懈怠（423条1項）と帰責事由（428条1項）の関係につき一元説と二元説とに分かれるが，論者により一元説・二元説の用語法には違いがある。学説分類には立ち入らずに，問題の所在だけを示せば，次のようになる。すなわち，①善管注意義務を尽くして職務を執行することは手段債務であり，原告が証明すべき本旨不履行（任務懈怠）と被告が反対証明すべき帰責事由は実質上重なり合う。これに対して，②利益供与に関する責任（120条4項），財源規制に反する剰余金の配当等に関する責任（462条）においては，利益供与をしない・違法配当をしないという結果債務が問題となっており，原告はこの義務の違反を立証すれば足り，被告が「その職務を行うについて注意を怠らなかったこと」の証明責任を負っている。そして，③具体的法令違反行為について，①と同様に扱うか，②と同様に扱うかが争われている。重要なのは一元説と二元説のいずれを採用するかではなく，立証責任と，法令違反が不明確な場合の取扱いである[25]。

---

[24] 最判平成12・7・7民集54巻6号1767頁。
[25] 吉原和志「会社法の下での対会社責任」江頭還暦・企業法の理論（上）（商事法務，2007）521頁，525-529頁の議論を参考にした。また，北村雅史「競業取引・利益相反取引と取締役の任務懈怠責任」森本還暦・企業法の課題と展望（商事法務，2009）193頁，209頁以下にも同様の議論がある（もっとも，同204頁では，本文②のルールは法定責任を定めたものであり，債務不履行責任の特則ではないとも論じられている）。
　近時の民法の解釈論・立法論の進展に伴い，会社法学界でも任務懈怠と帰責事由を一元的に把握しようとする見解が有力になってきているが，このような立場に対しては，立証

(2) 検　　討

　立証責任の分配から順次検討すると，まず，(A)取締役が自ら法令違反行為をした場合には，原告はそのことを立証すれば足り，法令違反の認識を欠いたことについて過失がないことの立証責任は被告取締役に課すべきである。過失の有無に関わる事情，すなわち取締役が経営判断の際に，その適法性を確保するためにどのような体制を組み，どのような措置を講じていたか等は，ほとんどが取締役の関与する領域内にあるからである[26]。

　他方，(B)法令違反行為をしたのが取締役ではなく（たとえば）従業員であるという場合はどうか。取締役が従業員に当該行為を指示していた場合，あるいは従業員の当該行為を事前に承認（黙認を含む）していた場合は，同様に扱うべきであろう。この場合は，原告は従業員の違法行為を立証することに加えて，取締役の指示または承認を立証する責任を負うと解される。従業員が法令違反行為をした場合に，取締役が当然にそれを指示していた，または承認していたと推定することはできないからである。たしかに，原告が取締役の指示・承認を立証する責任を負うと解するならば原告の立証の負担は小さなものではなくなるが，この点は指示・承認を推認させる事実の積み重ねによって対処するしかない。この証明ができない場合は，監視義務の問題（3で後述）として扱うべきである。

　次に，(C)法令違反か否かが行為時に必ずしも明確でない場合については，どのように考えるべきか。法令の解釈につき学説が分かれていたり，未知の法律問題であり当局の法令解釈を予測することが難しい場合に，取締役が，専門家の意見を聴取するなどして法的リスクを確認し，法令違反のリスクを取ることによる予想されるメリットが予想されるデメリットを上回る場合に法令違反のリスクを取ることは，許容されるべきである（もっとも，この費用便益分析において，会社に生じる損害を事後的に違法と評価される可能性でディスカウントするこ

　　責任の分配の観点から両者を区分することがなお可能であり，また有益であることが指摘されている。得津晶「取締役法令遵守義務違反責任の帰責構造──最高裁判決，会社法，そして債権法改正」北大法学論集61巻6号（2011）1945頁。
[26]　田中亘「利益相反取引と取締役の責任（下）」商事（2006）1764号4頁，8頁，吉原・前掲注25）533頁。

とは許されるが，発覚確率でディスカウントすることは許されない)[27]。さもなければ，社会や技術の発展は著しく阻害されよう。

問題は，取締役が法的リスクを認識し，このリスクについて，費用便益分析に基づいてリスクを取ったが，事後的に裁判所ないし当局により当該行為が違法であると評価された場合を，「具体的法令違反の認識を欠いたことについて過失がない場合」と表現することの座りの悪さである[28]。ここでの「過失」の内容は，(1)で前述の②の結果債務よりも，①の手段債務に類似している。そのため，この類型を①の枠組みで処理する（法令違反が善管注意義務違反と評価される場合に任務懈怠になると構成する）こと[29]にも理由がないではない。

しかしながら，この問題については次のように考えるべきである。取締役が適切に法的リスクを確認し，適切な費用便益分析を行ったか否かについての事情は，取締役の関与領域内にあるため，この点の立証責任は被告取締役に負わせるべきである。そこで，任務懈怠と帰責事由をもっぱら立証責任の所在から区別すると整理し，先の（A）と同様に，原告は，取締役が自ら法令違反行為をしたこと（任務懈怠）を立証し，被告は法的リスクの確認，費用便益分析において善管注意義務を果たしたことを証明（帰責事由の反対証明）すると法律構成することが適切であるが，帰責事由の有無については経営判断原則が妥当し，取締役の判断に裁量の幅があることを肯定すべきである。

2 利益相反取引

(1) 問題の所在

利益相反取引に関与した取締役の負う損害賠償責任について，平成17年会社法は，改正前商法266条1項3号・4号および同条2項のルールを変更し

---

27) 田中・前掲注26) 10頁注52以下，伊藤靖史ほか・事例で考える会社法（有斐閣，2011）151頁，166頁以下〔伊藤〕。
28) 吉原・前掲注25) 533頁以下は，この場合には「予見可能性があったことになり，過失を否定することは難しいのではないか」と述べ，この点が一元説と二元説についての検討事項であるとしている。
29) 森本滋「法令違反行為と利益相反取引に係る取締役の責任」金法1849号（2008年）24頁，27頁。

た[30]。

会社法は，利益相反取引に関与した取締役に任務懈怠を推定する（423条3項）とともに，自己のためにする直接取引の場合を除けば，取締役は帰責事由のなかったことを証明すれば責任を免れる（428条1項の反対解釈）旨を定めている。ここでの任務懈怠・帰責事由の内容につき学説には争いがある（もっとも，利益相反取引について取締役の損害賠償責任が争われた裁判例は少数にとどまる）。

(2) アメリカ法

ここでは，日本法の解釈を (3) で論じる準備作業として，簡単にアメリカ法に触れる。

アメリカ法では，会社と取締役の間の利益相反取引は，取引の効力をめぐって争われることが多いようであるが[31]，取締役の義務については次のように考えられている。

利益相反関係のある取引には経営判断原則は適用されず，①取締役が信認義務を果たしたか否かは，取締役が取引が公正であることを立証できるか否かによって評価されるのが原則である。

しかし，このルールには例外があり，その内容は州により異なるが，デラウェア州等においては，②利害関係のない取締役会が取引を事前に承認した場合には，利益相反関係がない状態で判断したのと同視され，立証責任は原告側が負い，司法審査基準は経営判断原則とされ，③利害関係のない取締役会が取引を事後に承認した場合には，立証責任は原告側に移転されるが，司法審査基準は公正基準のままである（原告側が，当該取引の不公正さを立証しなければならない）。また，④利害関係のない株主が取引を承認した場合には，立証責任は原

---

30) 改正前後のルールの比較について，田中亘「利益相反取引と取締役の責任（上）」商事1763号4頁以下，吉原・前掲注25) 539頁以下を参照。

31) カーティス・J・ミルハウプト編・米国会社法（有斐閣，2009）84頁以下，アーサー・R・ピント＝ダグラス・M・ブランソン著（米田保晴監訳）・アメリカ会社法（レクシスネクシス・ジャパン，2010）305頁以下を参照。もっとも，信任義務違反の行為により会社に損害が生じた場合には，取締役・執行役は会社に対する賠償責任を負い，また取締役らおよびその近親者（生計を同一にする者等）がそれにより得た利益の返還を為す義務を負うと考えられていることも確かである。American Law Institute, Principles of Corporate Governance: Analysis and Recommendations §7.18 (a) (1992).

告側に移転されるが,司法審査基準は公正基準のままであるとされる[32]。

そして,公正か否かは,(手続面での)公正な取扱いと(経済的な対価である)公正な価格の両方の事情を総合的に勘案して評価される。公正か否かは,取引時点を基準に評価される[33]。

(3) 利益相反取締役——取引の承認についての証明

ここで,日本法の解釈に戻る。原告は,被告取締役が利益相反取引に関与したことを立証すれば,取締役に任務懈怠が推定される(423条3項)。原告は,当該取引が株主総会・取締役会の承認を受けたものであったか否かを立証する必要はない。では,被告取締役は何を証明すれば賠償責任を免れることができるか。

まず直接取引・間接取引をしようとする取締役(356条1項2号・3号,423条3項1号。以下,「利益相反取締役」という)について検討すると,同人は,(イ)株主総会(取締役会設置会社においては取締役会)において,当該取引につき重要な事実を開示し,その承認を受けなければならない(356条1項柱書・365条2項)。よって,取締役が承認を得なかった場合,または承認を得たものの重要な事実を開示していなかった場合には,具体的法令違反が存在する。そこで,1 (1)の議論をここに当てはめれば,次のようになる。利益相反取締役が取締役会等に重要事実を開示しその承認を得たことを証明できない場合には,被告取締役はこの点について任務懈怠の反対証明をすることができない。この場合に,同人が責任を免れるためには,法令違反[34]の認識を欠いたことについて過失がないことを立証するか,法令違反の可能性を認識したが,法的リスクの確認,

---

32) ミルハウプト・前掲注31) 84頁以下。もっとも,アメリカ法の内容は複雑かつ雑多であり,このような要約は過剰な単純化のおそれもある。詳細は,松中学「取締役の利益相反取引とその承認(1)(2・完)——アメリカ法における利害関係なき取締役による承認」阪大法学57巻1号(2007)75頁,2号(2007) 237頁を参照。

33) ミルハウプト・前掲注31) 185頁。ALI, supra note 31, Comment to §5.02 (a)(2)(A).

34) どのような場合が利益相反取引(356条1項2号3号)に該当するかについては,学説の争いがあり,また判例の立場は必ずしも明確ではない。たとえば,前田雅弘「取締役の自己取引」森本滋ほか編・企業の健全性確保と取締役の責任(有斐閣,1997) 291頁,特に304頁以下を参照。もちろん,冒険的な法解釈を優遇することは妥当ではないが,取締役が利益相反取引でないと考えたことを非難できない場合も存在するだろう。この問題についての実務書として,野口葉子・実務家のための取締役の競業取引・利益相反取引規制(商事法務,2013)がある。

費用便益分析において善管注意義務を果たしたことを証明するか，のいずれかによって帰責事由の反対証明をするしかない。そして，自己取引においては，帰責事由の反対証明は許されない（428条1項）。この結論は不当ではないだろう[35]。

もっとも，取締役が情報の開示・承認を証明できないが帰責事由の反対証明をなしうるという場合にも，取締役はこれだけで責任を免れるわけではない。次の (4) についても任務懈怠もしくは帰責事由が欠けることについての証明責任を果たして，初めて責任を免れることになる（図を参照）。

図 利益相反取引における任務
任務
(イ) 情報の開示・承認 → これらがなければ 帰責事由の反対証明
　　　　　　　　　　　　成功した場合 ←
　　((ロ) 取引の公正についての義務
　　　　（客観的に公正な条件・内容の取引を行うこと）
　　 (ハ) 相手方の不履行のおそれについて注意を尽くすこと

　※ 被告は(イ)(ロ)(ハ)の任務を負っている（(イ)(ロ)は結果債務，(ハ)は手段債務）。被告は(イ)から(ハ)のそれぞれについて，任務の懈怠がなかったことを証明するか，帰責事由のなかったことを証明しなければ，賠償責任を免れない。つまり，(イ)について任務の懈怠があったことについて，被告が帰責事由がなかったことを証明しても，(ロ)(ハ)について任務懈怠の推定効がまだ残っているので，これらの点について任務の懈怠がなかったことを証明するか，帰責事由のなかったことを証明する必要がある。

(4) 取引の公正についての証明

利益相反取締役が取締役会等に重要事実を開示しその承認を得たことを証明できる場合には，被告取締役は任務懈怠について反対証明をすることができる。この場合に，利益相反取締役が負う任務は，(ロ)取引の公正についての義務と，(ハ)取引相手方の不履行のおそれについて注意を尽くすことと考えられる[36]。そして，(ロ)の内容については，(a)「取引が公正なものであることについて善

---

35) 以上につき，ほぼ同旨，吉原・前掲注25) 542頁以下。
36) 吉原・前掲注25) 541頁。

管注意義務を尽くすこと」であるか[37]、それとも(b)「客観的に見て公正な条件・内容の取引を行うこと」であるかが争われている。

　(a)は、先の *1* (1) の分類でいうと、利益相反取引における任務懈怠を、①善管注意義務を尽くして職務を執行すること（手段債務）の不履行と理解するのに対して、(b)は、ここでの任務懈怠を②③具体的法令の違反行為（結果債務の不履行）に類似するものとしてとらえる[38]。(b)は、利益相反取引が、取引が行われた時点における諸事情に照らして公正であったことを証明すれば、任務懈怠が欠けるが、取引は客観的に見れば公正ではなかったが、取締役は公正な取引が行われるように善管注意義務を尽くした場合には、帰責事由が欠けるとして、両者を区別する[39]。すなわち、利益相反取締役以外の取締役はこのことを立証して責任を免れることができるが、利益相反取締役はこれをなしえない(428条1項)ことになる。

　以上の(a)と(b)の証明は、一部分重複する。裁判で取引の公正を証明する具体的方法は、取引の種類によって異なるだろう。市場価格のある有価証券を売買したという場合には取引時における株価が最重要要素となろう。それ以外の財産の取引では、取締役は、専門家の意見（不動産鑑定士の鑑定書など）を徴取したことや、(M&A取引では)利益相反取締役からの十分な独立性のある者が適切な手続き（交渉など）を踏んだことを援用しようとするだろう。一般論としては、(1)のアメリカ法と同様に、公正か否かは、手続と価格の両者を総合的に勘案して評価され、そうであれば、(a)のいう取引の公正について善管注意義務を尽くすことの証明と、(b)のいう公正な内容の取引を行ったことの証明は、かなりの程度重なることになる。

　もっとも、自己取引をした利益相反取締役は、任務懈怠の反対証明はなしうるが帰責事由の反対証明はなしえないと定められている以上、任務懈怠と帰責事由を区別する必要があり、その区別は(b)の主張以外には考えにくいことから、(b)を支持すべきであろう（また、そこから導かれる帰結も妥当と思われる）[40]。この

---

37) 吉原・前掲注 25) 541 頁。
38) 田中・前掲注 26) 8 頁以下。
39) 田中・前掲注 30) 9 頁、前掲注 26) 4 頁以下。
40) 本文の(a)の見解は、この場合の任務懈怠と帰責事由は事実上重なるとし、また取引条

とき，帰責事由の有無については経営判断原則が妥当し，取締役の判断に裁量の幅が認められる。

　そして，428条1項の趣旨が，利益相反取締役が無過失を理由に利益相反取引から得た利益を保持し続けることがおかしいという点にあることに照らすと，自己取引（自己のためにする直接取引）の場合に限らず，自己の計算により会社と取引をした取締役（間接取引における利益相反取締役）にも同項は類推適用され，同人は帰責事由のないことを抗弁とすることは許されないと解すべきである[41]。

(5) その他の取締役

　以上の (3) (4) の記述は直接取引・間接取引をしようとする取締役（利益相反取締役）を念頭に置いたものであったが，そこでの記述の骨子は，利益相反取引を決定した取締役（423条3項2号）（会社を代理・代表した取締役と解される），利益相反取引を承認する取締役会決議に賛成した取締役（同項3号）にも妥当する。

　すなわち，利益相反取引を決定した取締役は，(1)利益相反取締役が取締役会等に重要事実を開示しその承認を得たことを証明できない場合には，任務懈怠について反対証明をすることができないが，法令違反の認識を欠いたことについて過失がないことを立証するか，法令違反の可能性を認識したが法的リスクの確認・費用便益分析において善管注意義務を果たしたことを証明するか，のいずれかによって帰責事由の反対証明をすることができる。他方，(2)重要事実の開示・承認を証明できた場合（または，これを証明できないがその点についての

　　件の公正の問題は損害額の算定とその基準時の問題として対処できると主張している。吉原・前掲注25）541頁，545頁以下。おそらく，本文(b)と(a)とを区別せずに，両者を（任務懈怠ではなく）帰責事由の問題として取り扱い，自己取引については被告に反対証明を許さないとの趣旨であろう。しかし，自己取引であっても，取引の内容が公正であれば，（損害額の算定と基準時の問題として扱うのではなく）任務懈怠がないと考えるのが適切である。また，監査・監督委員会の特例についても，本文 (6) で見るように後者の見解がより妥当な結論を導けるように思われる。

　　なお，本文で紹介した(a)と(b)の中間的な見解として，利益相反取引に関与した取締役一般についてではなく，直接取引における利益相反取締役についてのみ公正な取引を行うという結果債務を課すものがある。北村・前掲注25）239頁以下。

41) 田中・前掲注30）12頁注11, 前掲注26）11頁注58がこの解釈を主張する。

帰責事由の反対証明をなし得た場合）には，公正な内容の取引を行ったことの証明と，取引相手方の不履行のおそれについて注意を尽くしたことを証明すれば任務懈怠が欠け，また取引の公正・不履行のおそれについて善管注意義務を尽くしたことを証明すれば帰責事由が欠け，いずれによっても責任を免れることができる。

　承認決議に賛成した取締役については，(1)重要事実の開示を証明できない場合には任務懈怠があったことになり，法令違反の認識についての無過失か，法的リスクの確認等において善管注意義務を果たしたことを証明して，帰責事由の反対証明をなしうる。(2)重要事実の開示を証明できた場合（または，これを証明できないがその点についての帰責事由の反対証明をなしえた場合）には，公正取引の証明と，相手方の不履行について注意を尽くしたことを証明すれば任務懈怠が欠け，また取引の公正・不履行のおそれについて善管注意義務を尽くしたことを証明すれば帰責事由が欠け，いずれかにより責任を免れる。

　上記のいずれ（423条3項各号）にも該当しない取締役の責任は，監視義務の問題として処理される。

(6) 監査・監督委員会の特例

　ところで，法制審議会の「会社法制の見直しに関する要綱」（平成24年9月7日）の第1部第1の1（監査・監督委員会設置会社制度）(4)⑨は，「取締役（監査・監督委員である取締役を除く。）との利益相反取引について，監査・監督委員会が事前に承認した場合には，取締役の任務懈怠の推定規定（第423条第3項）を適用しないものとする」としている。

　法改正によりこのルールが導入されたときには，先の (3) から (5) の考え方を当てはめると次のようになる。原告は，利益相反取締役が取締役会の承認を得なかったこと，または取締役会に重要な事実を開示していなかったことを証明すれば，あるいは取引の条件・内容が公正でなかったことを証明すれば，取締役に任務の懈怠が認められる。他方，この場合にも，取締役はこれらの点につき注意を尽くしたことを証明すれば帰責事由なしとして賠償責任を免れる。

3 監視義務

(1) 序

取締役が他の取締役の職務執行（委任を受けた従業員によって行われるものを含む）を監視する義務（監視義務）を負うことは広く認められているが，その根拠については争いがあり，またその内容は必ずしも明らかではない。

まず，用語法については，他の役員を監視する場合を監視義務，従業員の活動を監督する義務を監督義務，として区別することが少なくないようであるが[42]，本稿では特に区別せず両者を合わせて「監視義務」と呼ぶことにする。

監視義務の根拠については，取締役会の構成員であることに求める立場もあるが[43]，その場合もそれと別に，善管注意義務から生じる監視の義務が認められるし[44]，そうであれば両者を区別することには意味がない。監視義務は善管

---

42) 澤口編・前掲注 1) 122 頁。
43) 判例・学説を概観するものとして，中川和彦「取締役の監視義務と取締役会の監督権限」商法争点 I 138 頁を参照。
44) 少なくとも，非取締役会設置会社においても取締役が他の取締役の職務執行を監視する義務を負うことに争いはない。この点でも，監視義務の発生根拠を細分化する議論には実益がない。
　これに対して，松本伸也「取締役の監視義務〔上〕」商事 1971 号（2012）34 頁，35 頁は，監視義務の内容が曖昧で過剰となることを回避するという問題意識から，各取締役が負う監視義務は，取締役会が負う監督義務（会社 362 条 2 項 2 号）を個人に分配したものと解する。しかし，松本氏も自身の定義する監視義務とは別に，取締役が取締役会の外部で違法行為の是正に向けて行為する善管注意義務，および取締役が業務執行者として下位者を監督する義務を負うことを肯定している（同 36 頁，38 頁）。また，法人格を持たない「取締役会」が監督義務を負うという議論は実定法的には意味がない。この点について，松本伸也「取締役の監視義務〔下〕」商事 1972 号（2012）36 頁，41 頁以下は，この「取締役会の監督義務」に意味を持たせようとするが，この議論は成功していないように思われる（たとえば，同論文 42 頁は，取締役会が監督義務に違反すれば会社が損害賠償責任を負うと論じているが，誰に対して義務を負うのか，「監督義務」は第三者に対する義務なのか，この義務が取締役の監視義務〔会社に対して負う義務である〕に分配されると考えることは果たして論理的なのか，等の疑問がある）。
　もっとも，監視義務の範囲を無制限に拡大させないという問題意識は正当であり，そのために監視義務の内容を論じることが重要である。
　会社法 362 条 2 項 2 号については，同号は取締役会の運営を通じて取締役の職務の執行の適正が果されるべきこと（監督機能）を宣明した規定であり，各取締役はそれぞれの立場に応じてこの監督機能が発揮されるよう努める義務を（善管注意義務の一内容として）負うが，監督機能は損害賠償責任を通じてエンフォースされる義務というよりも，会社実務の中で自律的に実現される（self-enforcing な）行為規範であると解するのが妥当であ

注意義務（会社330条，民644条）の一部をなすものととらえた上で，それが無制限に拡大することを防ぐために[45] その内容を論じることが重要である。

次に監視義務の内容については，会社の業務執行の状況を把握する義務と，業務執行が違法・不当となる危険があるときにこれを是正する措置をとる義務からなると解されている[46]。しかし，事案の解決という観点からは，把握する義務と是正する義務を区別するよりも，取締役が①違法・不当な業務執行を知っていた場合，②その兆候を把握していた場合と，③そうでない場合を区別するほうが実際的であろう[47]。

(2) 検 討

具体的には，①取締役が違法・不当な業務執行を知っていた場合には，適切な是正措置をとる義務が生じる。もっとも，この場合にも無制限の是正義務が課せられるわけではなく，費用対効果の面で違法行為・損害の防止にとって効率的な措置しか取締役に要求することはできないし，その意味で効率的な措置が存在したとしても，当該取締役が置かれた状況に照らしてその措置を講じることが通常期待されるのでなければ，取締役に是正義務の違反を認めるべきではない。言い換えると，取締役が違法・不当な業務執行を知っていた場合であっても，その場合にどのような措置をとるべきかについて取締役には一定の裁量が認められる。

そうであれば，知っていたのに措置をとらなかった，あるいは不十分な措置しかとらなかったと疑われる事案においても，そのような取締役の判断の妥当性を審査するときには経営判断原則と類似の配慮が必要となるはずである（後知恵で「こうすれば損害を防げたはずである」と評価することには慎重でなければなら

ろう。

[45] 飯田秀総「取締役の監視義務の損害賠償責任による動機付けの問題点」民商146巻1号（2012）33頁は，賠償責任の恐怖によって取締役のモニタリング機能を動機付けることの問題点を指摘するとともに，監視義務を履行して取締役会に嫌疑を手紙で知らせて辞任した取締役に報奨（退職慰労金）を支給するルールの導入を提案している。

[46] 神崎克郎・取締役制度論（中央経済社，1981）110頁，126頁。アメリカ法でも同様の議論がなされているようである。山田純子「取締役の監視義務」森本ほか編・前掲注34）221頁，226頁以下。

[47] ほぼ同旨，笠原武朗「監視・監督義務違反に基づく取締役の会社に対する責任について（2）」法政研究（九州大学）70巻1号（2003）101頁，137頁以下。

ない)。もっとも，Ⅱ4での議論をここに当てはめると，知っていたのに措置をとらなかった，あるいは不十分な措置しかとらなかったことが，当該取締役が自己の利益を優先したと疑われる場合(特に保身動機による不作為)もあろう。そうであれば，この場合にも，裁判所は判断の内容の合理性について審査をすべきである。

次に，②取締役が違法・不当な業務執行を知っていなかったものの，その兆候を把握していた場合はどうか。この場合には，当該取締役は，違法・不当な業務執行の存在を疑い，適切な調査を行う義務を負う。そして，この調査義務の司法審査においても，先の①と同様に経営判断原則と類似の配慮が必要であるが，特に不作為が保身動機等によると疑われる場合には，裁判所は判断の内容の合理性についてもある程度の審査をすることになる。

最後に，③取締役は違法・不当な業務執行を知らず，またその兆候を把握していなかった場合についてはどうか。取締役は，不正の兆候を把握していなくても，能動的に業務執行の状況を把握しようとする義務を負う場合がある。たとえば，(業務執行)取締役は，自身に割り当てられた業務を遂行する中で他の取締役・従業員の不正行為に気付くきっかけを得られることがある(この場合，②の「兆候」と③の「きっかけ」は紙一重であり，②と③は連続している)。また，会社が具体的法令(特に業法・安全基準等)に違反することのないように努力する義務も認められよう。監査役については[48]，違法・不当な業務執行を知らず，

---

[48] この点に関連して，農業協同組合の監事について，組合の代表理事が補助金を受領できる見込みのないままなし崩し的に大型事業を実施に移して組合に損害を与えたという事案において，監事は代表理事に対し，当該事業に関する資料の提出を求めるなど，調査，確認する義務があったのにこれを怠ったとして，監事の任務懈怠・損害賠償責任を肯定した最高裁判例がある(最判平成 21・11・27 判時 2067 号 136 頁)。農協の幹事は，株式会社の(定款規定による監査範囲の限定[会社389条]をしていない)監査役と同等の権限を与えられているため，この判決は株式会社の監査役についても一定の意義を有する。

この判決は，「監事の……職責は，たとえ組合において，その代表理事が理事会の一任を取り付けて業務執行を決定し，他の理事らがかかる代表理事の業務執行に深く関与せず，また，監事も理事らの業務執行の監査を逐一行わないという慣行が存在したとしても，そのような慣行自体適正なものとはいえないから，これによって軽減されるものではない」と述べており，名目的取締役・名目的監査役の責任を認めることに消極的な下級審裁判例の傾向とは一線を画すものと見ることもできる(この事件では，第 1・2 審判決は監事の賠償責任を否定していた)。しかし，判旨の事実認定が，「〔代表理事〕の一連の言動は，同人に明らかな善管注意義務違反があることをうかがわせるに十分なものである」として

その兆候を把握していない場合でも,「問題なし」とする監査報告を作成するためには一定水準の調査活動を行うことが必要である。

　もっとも,この③の義務も無制限のものではない。義務の内容・違反の有無は,(これは①②にも共通するが)当該会社における職務分掌(会社・取締役間の任用契約の内容となっている)を踏まえて,各取締役が,その置かれた状況に照らして通常期待される水準の注意を尽くしたか否かによって評価(審査)される。ここでも,取締役にはその取るべき行動について一定の裁量が認められ,その判断の妥当性を審査するときには経営判断原則と同様の配慮が必要となる。換言すれば,取締役の監視義務違反を積極的に認定しようとする一部の学説には問題がある[49]。

いることに照らすと,この事案は本文②の(違法・不当な業務執行の兆候を把握していた)場合に該当し,不作為から直ちに任務懈怠を導いた判決ではないことに留意すべきである。

　もっとも,本文で述べたように,監査役については,③違法・不当な業務執行を知らず,その兆候を把握していない場合でも,一定の調査活動を行うことが必要と解される。

[49] 従来の学説には,(イ)いわゆる名目的(ないし非常勤の)取締役が会社の業務執行の状況を把握するための相当な調査をしたことを認定せずに監視義務違反を否定する下級審裁判例を批判し,あるいは,(ロ)合理的に信頼しうる内部統制システムが確立されている場合には取締役はその機能を疑うべき特段の事情がない限りこれに依拠することができるが(信頼の権利),信頼するに足る内部統制組織が存在しない場合には,取締役は,取締役会に提出された資料を信頼するだけでは十分ではなく,自ら会社の帳簿・書類を閲覧するなどする義務を負うとして,信頼の権利による免責を狭く解するものが少なくなかった。神崎・前掲注46) 114頁,122頁を参照。

　しかし,この見解には次の問題点がある。まず,内部統制システムの概念は多義的であり,この見解が前提としてどのようなものを念頭に置いているのかが明らかではないという点に注意が必要である。いわゆるCOSOレポート(1992)にいう内部統制とは,不正の防止を内部統制の目的に含めているが,不正の発見は目的に含めていない。もっとも,一度構築された内部統制システムは,不正の早期発見・是正の仕組みとして運用することが可能であり(不正発見型の内部統制),会社法・金融商品取引法の近年の改正動向に照らせば,上場会社においては,そのように運用することが取締役等の善管注意義務の内容となっていると解される。とはいえ,COSOレポートでは,内部統制はプロセスとして整理されており,内部牽制組織をいうものではないため,現在では「信頼するに足る内部統制組織」という用語法をそのまま用いることには問題がある。

　第2に,損害賠償ルールは事後的には金銭の移転を生じさせるものに過ぎず,社会全体の富を増加させるものではない。事前の観点から損害賠償ルールの抑止力を論じる際も,それが過度の萎縮効果を生じさせることのないよう慎重な考慮が必要である。中小企業を舞台とした対第三者責任の事例で,力関係で劣位にある取締役に過度の行為規範を課すことと,賠償責任を謙抑的に運用することで取引先(第三者)に危ない会社との取引に注意せよと警告することの,いずれが社会全体の厚生を増加させるかは明らかではない。これ

すなわち，「監視義務」の内容は，「監視」という語感（継続的に自分の目で見張ることを想起させる）とは異なり，取締役が認識した事実を前提に適切な行動を取るべき義務がその中心である（先の①②）。厳密には，それに加えて，能動的に業務執行の状況を把握しようとする義務（先の③）も監視義務に含まれるが，それは取締役に不可能を強いるものではないはずである。各取締役は，業務執行取締役であれ，社外取締役であれ，自己に割り当てられた職務を遂行するために相応の時間とエネルギーを注入すべきであり，本来の職務以外に振り向けることのできる時間・エネルギーはおのずと限られたものとなるからである。以上の考え方は，取締役の監視義務違反を肯定した最高裁判決（対第三者責任の事例）と矛盾するものではない[50]。

4 内部統制システムの構築・運用の義務

内部統制システムについては，取締役（会）が適切なシステムを構築すべき義務と，個々の取締役がそれを機能させるべき義務とが区別されることがあ

まで少なくない下級審裁判例が，そのような事例で，力関係で劣位にある取締役に関して悪意・重過失を否定し，あるいは損害との相当因果関係を否定することで賠償責任なしとの結論を導いてきたことには，一定の合理性があるというべきである。注50）および本文Ⅳ参照（もっとも，不正の兆候を把握した場合には，特に監査役は一定の調査活動を行うことが必要となる点について，注48）を合わせて参照）。

[50] 最判昭和48・5・22民集27巻5号655頁は，支配株主でもある代表取締役Aの専横行為によって会社の振り出した手形の所持人が損害を被ったとして，Aのほかに代表権のない取締役B・Cについても監視義務の違反による賠償責任を肯定したものである。判旨が「取締役会に上程された事柄についてだけ監視するにとどまらず」と述べているのは，当時，取締役の監視義務を上程事項に限る裁判例・学説も存在したことから，これを否定するものとして意味がある。また，判旨が「取締役は，……必要があれば，取締役会を自ら招集し，あるいは招集することを求め，取締役会を通じて業務執行が適正に行われるようにする職務を有する」と述べているのは，結論を同じくする原審判決が，もしBCが「取締役会の開催を要求し積極的に会社業務の遂行に意を用いたならば，Aの手形乱発行為を阻止することができたものと思われるから」と述べていることに対応したものと解され，是正措置の例示と解するべきであろう（なお，この判決の当時は，取締役会の招集権者を定めた場合には他の取締役は取締役会を招集できないことだけが規定されていたことから，最高裁のこの判示には，招集権者が定めた場合でも他の取締役が招集を請求できる旨を明らかにしたという意味があったともいえる。この旨は，昭和56年改正商法259条2項・3項で明文化された）。本文で述べたように，取締役が取るべき是正措置の内容は状況によって異なるはずである。

る[51]。しかし，本稿では，制度から見るのではなく，個々の取締役の側から義務を観察することとし，この見解とは別の角度から，内部統制システムの構築義務と運用（改善）の義務を分けて論じることにする。

(1) 構築義務

会社法 362 条 5 項（348 条 4 項・416 条 2 項）は，内部統制システムの基本方針の決定を大会社の取締役会（348 条の場合は取締役の多数決による決定）に義務付けた。このことは，大会社の実務を改善する効果をもたらしたようである[52]。もっとも，これらの規定は構築すべき内部統制システムの内容・水準を定めたものではなく，個々の会社において適切な内部統制システムを構築すべき義務は善管注意義務の一内容と考えられる[53]。

先に 3 (1) で監視義務を①から③に分けて検討したが，内部統制システムの構築はこのうちの③に関連する。すなわち，違法・不当な業務執行を知らず，その兆候を把握していなくても，取締役は能動的に業務執行の状況を把握しようとする義務を負うが，監視義務は取締役が自ら状況を把握することを念頭に置くのに対して，内部統制システムは役員等および従業員が状況を把握する仕組みを指している。中小企業では相対的に前者の比重が高く，大企業では後者の比重が高くなるが，監視義務と内部統制システムの構築義務は連続的な概念である。

正確にいうと，内部統制システムとは単に違法・不当な業務執行を防止するためのものではなく，業務執行の効率性を追求するものでもある。しかし，訴訟で不備が争われることが多いのは前者の側面であるから[54]，ここでは前者に

[51) 野村修也「内部統制システム」百選 112 頁，113 頁。本文で述べたように，本稿はこの分類には従わないが，いわゆる COSO フレームワークを念頭に置くと，この分類には意味がある。この点に関連して，注 49) を参照。
[52) 佐藤丈文「会社法の内部統制システムと実務上の課題」岩原紳作ほか編・会社法施行 5 年　理論と実務の現状と課題（有斐閣，2011）46 頁，47 頁は，旧商法化では内部統制システムの基本方針を代表取締役等が決定していた会社も多かったこと，会社法で明文化されたことが統制環境としての取締役の意向や姿勢に影響を与えたことを指摘している。
[53) 相澤哲ほか編著・論点解説　新・会社法（商事法務，2006）334 頁。
[54) 澤口編・前掲注 1) 136 頁以下。裁判例で，「リスク管理体制」の語が用いられることが多い（同 134 頁以下）のも，同じ理由によるのかもしれない。

絞って検討すると，内部統制システムとは，取締役は違法・不当な業務執行の兆候を誰かが把握し，現場で是正されるか，その兆候が上位者に伝達される仕組みということになる[55]。

裁判例においては，内部統制システム構築にかかる義務違反が認定された事例は1件にとどまるが，この義務が争点となったと推測される事例において，役員が債務を負担する内容の和解が成立したものが少なくないようである[56]。もっとも，内部統制システムの構築は，いわば「見えない敵との戦い」である。違法行為・損害の発覚後に，後知恵で「○○していれば発見・予防できた」と論じることは容易であるが，予めあらゆる不正リスクを拾い出し，そのすべてに対応することは到底不可能である。よって，内部統制システムの構築義務の違反の有無は，各取締役が，その置かれた状況に照らして通常期待される水準の注意を尽くしたか否かによって評価されなければならない。

個々の取締役は，全社レベルでの内部統制システムについて，その基本方針を決定する取締役会のメンバーとして構築義務を負うとともに，それぞれの職務に応じて担当の領域での内部統制システムについて構築義務を負っている。換言すると，職務分掌に応じて，個々の取締役には，（A）能動的に内部統制システムを構築する主体となる場合と，（B）他人が設計した内部統制システムを承認・監視する場合とがあり，両者では義務の具体的内容が異なってくる。

（A）の場合には，取締役は適切な情報収集を行い，それに基づき費用対効果の観点から最適のシステムを設計する義務を負う。すなわち，取締役の義務違反の有無は，経営判断原則により審査される[57]。他方，（B）の場合には，構築

---

55) このような仕組み（体制）には，業務執行部門内において構築されるもの（指揮系統において上位者が下位者を監視する体制や他の部署が業務プロセスの一環として監視する体制等）と，業務執行部門から独立した組織として構築されるもの（内部監査部門等）とがある。佐藤・前掲注52) 51頁注34。

56) 澤口編・前掲注1) 132頁。

57) これに対して，冒険的な内部統制システムの構築を奨励する必要がないとして，システム構築義務には経営判断原則を及ぼすべきではないとの指摘がある。野村・前掲注51) 113頁。冒険的な内容のシステム構築が許されないとの結論は妥当であるが，これは意思決定の過程・内容に著しい不合理があると説明すれば十分ではなかろうか。また，わが国では，経営判断原則は冒険的な経営を許容するものという価値判断は必ずしも共有されていないと思われ，野村教授の説明はやや杞憂とも感じられる。

内部統制システムの構築の経営判断としての性格を論じるものとして，佐藤・前掲注

の担当者でない取締役は，担当者の説明に耳を傾け，システムの基本方針の妥当性について自身の判断を形成すべきであるが，そのために割くべき時間・エネルギーにはおのずと限りがある。取締役の義務違反の有無は，各取締役の置かれた具体的状況が *3* (1) の①②③のいずれに対応するかを見て，そこで挙げられた手法を用いて審査されることになる。

(2) 運用（改善）義務

次に，内部統制システムの運用（改善）についての義務について検討する。内部統制システムは一度作ればそれで足りるわけではなく，その運用のプロセスにおいて，(a)全社的なシステムと(b)各現場における仕組みのそれぞれにおいてPDCAサイクルを実践するとともに，(a)と(b)の間でもフィードバックを行って，それぞれの内容をアップデートすることが期待されている[58]。

たとえば，自社で予期せぬ事故が生じ，あるいは同業他社で不祥事が生じた場合には，類似の問題についての再発防止策を取締役は講じなければならない。もちろん，この義務は無制限のものではない。仮に再発防止策が講じられず，または不十分であったために違法行為・損害が生じたとしても，取締役の義務違反の有無は，各取締役の置かれた具体的状況が *3* (2) の①②③のいずれに対応するかを見て，そこで挙げられた手法を用いて審査されることになろう。

Ⅳ 小規模閉鎖会社について

本稿のⅡからⅣで論じた司法審査の基準・手法は，基本的には小規模閉鎖会社にも妥当すると考えられる。もっとも，上場会社においては，取締役の義務・任務の内容は，その地位・状況にある者に通常期待されるものが何かによって定まるが，非上場会社においては，取締役の義務・任務の内容が，実際に株主が期待しているもの（経営方針，リスク・テイクの程度等）の影響を受ける可

---

52) 49頁を参照。
58) 佐藤・前掲注51) 47頁以下を参照。なお，構築の場合とは異なり，内部統制システムの運用に関する取組みについては開示されない場合が多いという。

能性がある。

　たとえば監視義務について，中小企業において監視義務違反による対第三者責任が問題となった裁判例では，実際上の影響力の大小を考慮して責任の有無を評価するものが多く，取締役として果たすべき監視義務の具体的内容とは無関係に責任の有無が決定される傾向があった，との指摘がある[59]。

　小規模会社における具体的事案の処理においては，会社・事案の特性を踏まえた司法審査が求められるということになろう。

V　対第三者責任について

　会社法429条1項（平成17年改正前商法266条ノ3第1項）の法的性質については，有名な最高裁の判示がある[60]。判旨は，①同条は直接損害と間接損害の両方に適用される，②第三者は，義務違反（＝任務懈怠）につき取締役の悪意・重過失を立証すれば，自己に対する加害につき故意・過失を立証するまでもなく，取締役に損害賠償を請求できる，③代表取締役が，他の代表取締役その他の者に会社業務の一切を任せきりとし，それらの者の不正行為ないし任務懈怠を看過するに至るような場合には，自らもまた悪意・重過失により任務を怠ったと解される，等を述べている（両損害包含説）。そして，②にいう義務（任務）は，判旨の文脈に照らすと善管注意義務・忠実義務を指している。

　この判示は，従来の学説対立に決着を付けたものとして一定の意義を有する[61]。もっとも，②について，特に直接損害類型については，支払見込みのな

---

[59]　笠原武朗「監視・監督義務違反に基づく取締役の会社に対する責任について(1)」法政研究（九州大学）69巻4号（2003）1頁，12頁以下，33頁以下。このような裁判例の傾向には一定の理由があることについて，注50）を，もっとも（特に監査役について）当該会社における慣行にかかわらず一定の職責が求められることについて注48）を，参照。
[60]　最大判昭和44・11・26民集23巻11号2150頁。
[61]　最高裁の立場では，損害が直接損害か間接損害かは原則として（原告が株主である場合を除けば）結論に差をもたらすことがないから，原告はこれを立証する必要がないし，裁判所はこれを判断しなくてよいことになる。このことは，訴訟経済に照らして合理的であると思われる。

い金銭借入等がなぜ取締役の会社に対する義務違反に当たるのか，学説はその説明に苦慮してきた[62]。現時点で振り返ると，会社に対する任務懈怠によって直ちに第三者に対する賠償義務を理由づけようとする大法廷判決の発想には無理がある[63]。会社法429条1項は，取締役としての職務行為（不作為を含む）が第三者との関係で（悪意・重過失という高いレベルでの）義務違反と評価される場合に，取締役等に対第三者責任を負わせるものと考えるのが筋であろう。このように解することは同項の文言に反しないし，その後の最高裁判例にも同項の適用に当たり第三者に対する義務の違反の有無を問題とするものが存在する[64]。

そして，同項の存在意義および大法廷判決[65]の今日的意義については，次のような説明が可能である。不法行為責任に関しては，特に間接損害[66]の類型において，取締役に第三者の損害についての予見可能性がない場合にはこれ

---

[62] 江頭471頁以下，洲崎博史「取締役の第三者に対する責任の法意」江頭ほか編・前掲注51）146頁。

[63] 上柳克郎「両損害包含説」上柳・会社法・手形法論集（有斐閣，1980）116頁，118頁以下。

[64] 最判平成9・9・9判時1618号138頁は，株主の一部（A）に対して株主総会の招集通知が発送されることなく，新株の有利発行を承認する株主総会決議が行われ，新株発行が実施されたのに対して，株主（ABC）が新株発行を行った取締役に対して，平成17年改正前商法266条ノ3第1項に基づき，当該新株発行によって生じた損害の賠償を求めた事案である。最高裁は次のように判示した。「〔被告取締役ら〕は，Aを株主として取り扱い，本件株主総会の招集の通知を行う職務上の義務を負っていたものというべきである。……そして，株主総会開催に当たり株主に招集の通知を行うことが必要とされるのは，会社の最高の意思決定機関である株主総会における公正な意思形成を保障するとの目的に出るものであるから，Aに対する右通知の欠如は，すべての株主に対する関係において〔被告取締役ら〕の職務上の義務違反を構成するものというべきである」（損害に関する当事者の主張を明確にさせるなど，更に審理を尽くさせる必要があるとして，破棄差戻し）。

これは，違法な新株発行により直接損害を被った株主が「第三者」として取締役の責任を追及した事例であるが，上記の判示は取締役が（会社ではなく）第三者に対する義務に違反したかどうかを論じている点で示唆的である。

[65] 最大判昭和44・11・26前掲注60）事件の被告である代表取締役は，業績不振の会社に自己の地位信用を利用させるために代表取締役に就任しているが，業務一切を他の代表取締役に任せきりにしていた。このような作為・不作為は，会社に対する義務違反というよりも，会社債権者全般に対する義務違反と評価することがより実体に即している。

[66] 間接損害事例において，取締役が会社債権者全般に対して負う信任義務（会社の債務超過時以降に，会社財産を維持し，より慎重な経営を行う義務）の違反と理解できると論じるものとして，黒沼悦郎「取締役の債権者に対する責任」曹時52巻10号（2000）2901号。

が成立しないのではないかという解釈上の疑義があるが，429条は損害の予見可能性がなくとも責任を成立させるという特徴がある，と。

そうであれば，実質的には第三者に対する義務違反行為を会社に対する任務懈怠と説明する（ここでの任務懈怠は借用概念に過ぎない[67]）ことで結論の妥当性を図ることができる。言い換えると，直接損害類型においては，特定の第三者に対する義務の違反が[68]，間接損害類型においては，会社債権者全般に対する義務の違反が問題とされるべきであろう。

VI　結びに代えて

本稿では，取締役の任務懈怠責任に関する問題の一部を取り上げて検討した。ここでは，検討から得られた結論の一部を要約しておく。

アメリカ法では，事案の類型によって立証責任が変化し，異なる司法審査基準が適用されるため，経営判断原則の適用範囲を論じる必要がある。そのような事情のない日本法においては，ある場合に経営判断原則が適用されるか否かを論じる実益はなく，個々の事案の特徴に照らして連続的に司法審査のあり方を変化させれば（＝司法審査の密度の濃淡・取締役の裁量の広狭を論じれば）足りる。善管注意義務違反の類型で，取締役に賠償責任を課すことが合理的であるのは金銭的利害の対立や何らかの保身動機が窺われる場合に限られ，偶発的な失敗の場合には賠償責任を課すべきでない。会社法が導入した任務懈怠と帰責事由の概念については，利益相反取引以外の場合には，立証責任の配分の観点から両者が区別され，利益相反取引については，自己取引について利益相反取締役が帰責事由の反対証明を為し得ないというルールとの関係から両者が区別される結果，任務懈怠と帰責事由の内容は，行為の類型ごとに違いが生じ，いわば

---

67)　森本滋「取締役の第三者に対する責任の機能とその適用範囲の拡大（上）」金法1212号（1989）9頁，11頁。
68)　奥宮京子「取締役の第三者に対する責任」江頭ほか編・前掲注5) 246頁，250頁は，直接損害に関する裁判例においては，取締役の対外関係についての悪意・重過失をも判断しているのが実態であるとする。

「帰責事由」の範囲が場合ごとに伸び縮みする。監視義務，内部統制システムの構築・運用の義務については，義務内容の分類から演繹的に論じるのではなく，事案の解決という観点から，どのような事実に着目して義務違反の有無を審査すべきかを論じるべきである。会社法429条のいわゆる両損害包含説については，学説対立に終止符を打ち，理論上の疑義を解消したものとして理解すべきであり，今日では最高裁の判旨と実務の運用にずれが生じていることに留意すべきである。

本稿で検討した問題と密接にかかわるが，本稿では検討できなかった問題として，取締役の損害賠償責任を軽減（調節）するための制度がある。具体的には，取締役に任務懈怠が認められるとしても，相当因果関係の強弱や寄与度に鑑みて裁判所が損害額を調節することの是非・方法[69]，現行法の責任の一部免除・責任限定契約の制度（424条から427条）の解釈論および立法論[70]としてこの制度を拡充することの是非・内容，役員等の損害賠償責任保険の現状と課題等[71]がある。

また，銀行（金融機関）の取締役の義務・責任については，一般の事業会社と異なる考慮が求められるようにも思われるが，この点も本稿では検討できなかった[72]。他日を期したい。

---

69) 笠原武朗「監視・監督義務違反に基づく取締役の会社に対する責任について（5）（6）」法政研究（九州大学）71巻1号（2004）51頁，2号（2004）81頁。
70) 森田章「取締役の民事責任の制限」商事1740号（2005）5頁。
71) 飯田・前掲注45）の論じるように，義務を履行した取締役に報奨を与えるというルールについても検討を進めるべきである。
72) アメリカでも銀行取締役に義務違反・賠償責任を認める裁判例は少なくないが（注4）参照），裁判例の傾向として，内部規程・内部統制システムの不備が問題となる事例において，裁判所は規制監督機関が不備を指摘していたことを挙げて，取締役の責任を認めることが少なくないようである。笠原・前掲注4）（4）51頁，53頁，70頁。また，山田剛志「取締役の善管注意義務をめぐる2つの最高裁基準」金判1389号（2012）2頁，5頁以下を合わせて参照。

　金融機関については，取締役の賠償責任を独立した問題として論じるのではなく，監督官庁による業規制と関連付けて論じる必要があろう。金融機関の取締役には，過度のリスク・テーキングの誘因があり，銀行法などの業規制は，しばしば政治過程において骨抜きにされ，また抜け穴探しにより機能しなくなる（世界金融危機における欧米の金融機関の行動を参照。世界金融危機を受けて，金融機関の監督のあり方について英米の規制当局の間で従来と大きく異なる考え方が勢いを増していることについて，石田晋也・金融危機の本質　英米当局者7人の診断〔きんざい，2011〕を参照）。この問題を解決するために（賠

＊　校正時に，山口利昭・法の世界からみた「会計監査」（同文館出版，2013）163頁以下，田中亘編・数字でわかる会社法（有斐閣，2013）71頁以下〔田中〕，寺田昌弘＝大月雅博＝辛川力太「不祥事に関与していない取締役・監査役の責任（上）」商事1998号（2013）42頁に接した。

償責任の議論には直結しないが），筆者は，経営者はまず法令を遵守した上で株主利益を最大化すべきであるところ，経営者がまず遵守すべき法令には，業規制における形式基準（ルール）だけでなく，その背後にあるプリンシプル（重要な原則）も含まれる（つまり，プリンシプルの遵守は株主利益の最大化に優先する）との解釈を提案している。大杉謙一「会社法と金融規制その他の業規制との関係」法時82巻12号（1028号）（2010）51, 53頁以下。

第Ⅳ部 会計

株式会社法大系

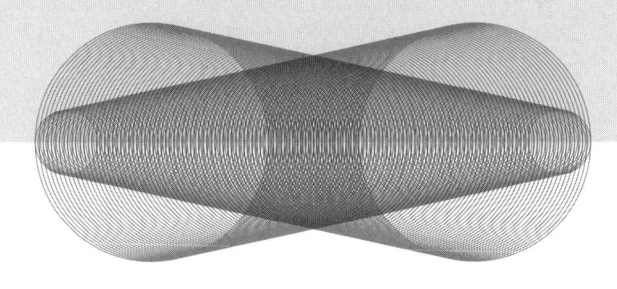

IFRS と会社法会計

I はじめに
II IFRS の導入
III IFRS のアドプションと個別財務諸表の取扱い
IV IFRS と一般に公正妥当と認められる企業会計の慣行
V IFRS と分配規制

秋 葉 賢 一

I はじめに

わが国の会計制度において，IFRS（国際会計基準）[1]の導入に関し，様々な意見等が示されている。これは，そもそも金融商品取引法に基づく資本市場におけるディスクロージャー制度に関するものであるが，これまで会計基準は，関連する諸法令との調整を図りつつ運用されてきていることもあり，会社法上の取扱いが1つの論点とされることが多い。

会社法は，株式会社の会計について，分配可能額算定目的と情報提供目的の観点から規制を加えている[2]。後者の株主や債権者などの利害関係者に対する情報提供については，金融商品取引法に基づく会計の目的と重なることが多いため，この観点からの会計規制は，これまでできるだけ一致するように調整されてきた。これに対し，前者の分配可能額算定目的のための規制については，

---

[1] IFRS は，直訳すれば「国際財務報告基準」であるが，2009年12月に改正された連結財務諸表規則に準じ，本稿では IFRS と IAS の総称を「国際会計基準」と標記している（秋葉賢一・エッセンシャル IFRS〔中央経済社，第2版，2012年〕4頁）。
[2] 江頭541頁，神田250頁。

会社法の問題として，近年，情報提供目的の観点とは分けて押し進められてきている。これらの点は，たとえば，1998（平成10）年公表の「商法と企業会計の調整に関する研究会報告書」を受けて，平成11年商法改正により，金融商品の一部について時価を付すことが認められ，評価差額は別途，分配可能額算定上，考慮することとなったことなどに見られる。

本稿では，わが国において，今後，仮にIFRSが導入された場合の会社法会計に関する課題を考え，その対応についても検討することとしたい。なお，意見にわたる部分は，筆者の私見であることをお断りしておく。

II　IFRS の導入

1　IFRSとのハーモナイゼーション

まず，わが国におけるIFRSの導入について，その意味するところはいくつかに分類される。1996（平成8）年の橋本内閣時代における「金融ビッグバン」の一環として行われた「会計ビッグバン」では，会計基準の国際的調和（ハーモナイゼーション）を図ることが目指されていた[3]。これは，当時，IASC（国際会計基準委員会）の母体であるIASCF（国際会計基準委員会財団）の定款2条(b)（1992年10月改正）において，「IASCの目的は，財務諸表の表示に関する規則，会計基準及び手続の改善と調和（harmonisation）に向けて広く活動すること」という表現にも影響されていたものと考えられる。

2　IFRSとのコンバージェンス

次に，2001年に組織された国際会計基準審議会（IASB）では，2000年5月

---

[3]　たとえば，1999（平成11）年1月に企業会計基準審議会公表された「金融商品に係る会計基準の設定に関する意見書」III「三金融資産及び金融負債の評価基準に関する基本的考え方」では，会計基準の国際的調和化という表現が見受けられる。

に改正された IASCF の定款2条(c)における目的で定められていたように,「各国の国内会計基準と IFRS とを,質の高い解決に向けて,コンバージェンス (convergence) をもたらすこと」を目指していた。コンバージェンスは,わが国では「収斂」「統合」「共通化」などと訳されており,2009 (平成21) 年6月に企業会計審議会から公表された「我が国における国際会計基準の取扱いに関する意見書(中間報告)」(以下「審議会中間報告」という)でも,コンバージェンスは収斂として説明されている。このように,緩やかな会計基準のハーモナイゼーションに代えて,さらにその接近度合いを高め,相互に受け入れ可能となる程度まで会計基準を近づけるプロセスを「コンバージェンス」と呼ぶことが多い[4]。

3 IFRS のアドプション

また,最近では,「アドプション」という用語が使われている。2010年3月改正の IFRSF (これは,IFRS 財団であり,2010年7月から IASCF を名称変更したもの) の定款2条(d)では,「各国基準と IFRS とのコンバージェンスを通じて,IASB によって公表された基準及び解釈指針である IFRS のアドプション (adoption) を奨励し促進する」とされており,「アドプション」は,IFRS をそのまま導入すること,すなわち,IFRS の適用として使われている。

このように,IFRS の導入を巡っては,さまざまな表現が用いられているが,前二者(ハーモナイゼーションとコンバージェンス)は,IFRS との代替性を確保しながら,その成果を受け入れるかどうかを個々に検討するものであり,その差異は縮小していくことを目指しているとはいえ,日本基準と IFRS といった別な会計基準の存在を前提としたものである。これに対し,後者のアドプションは,IFRS そのものの適用・導入を意味していると考えられる[5]。

---

4) なお,コンバージェンスは,わが国の会計基準を IFRS に近づけていくことだけを指すわけではなく,IFRS 自体も他の会計基準,特に,米国基準との差異を縮小していく局面を指す場合もある。
5) もっとも,IFRS そのものの適用・導入においても,個別の基準を承認(エンドース)する過程において,一部を削除(カーブアウト)したり加筆修正(カーブイン)したりす

Ⅲ　IFRSのアドプションと個別財務諸表の取扱い

1　IFRSのアドプション──任意適用と強制適用

　わが国では，2009（平成21）年6月公表の審議会中間報告を受けた2009年12月改正の「連結財務諸表の用語，様式及び作成方法に関する規則」（連結財務諸表規則）に基づき，2010（平成22）年3月期から国際的な財務活動または事業活動を行う一定の要件（例えば，外国に資本金20億円以上の子会社を有していること）を満たしている上場企業（特定会社）につき，IFRS[6]に基づく連結財務諸表による有価証券報告書の提出が認められている。

　このため，わが国ではすでにIFRSのアドプションがなされている。もっとも，審議会中間報告において，これはIFRSの「任意適用」としており[7]，

ることも考えられるため，その程度や手続次第では，積極的にコンバージェンスを進めていくというプロセスと大差はないという局面もありうる。その意味で，2010年10月に米国証券取引委員会（SEC）スタッフから公表されたレポート（SEC Office of the Chief Accountant Division of Corporation Finance, Progress Report "Work Plan for the Consideration of Incorporating International Financial Reporting Standards into the Financial Reporting System for U.S. Issuers" October 29, 2010）では，各国・地域における上場企業の報告規制へIFRSを組み込む（incorporate）にあたって，「IFRSをそのまま適用する方法」に対して，「その国・地域における組込プロセスを経てIFRSを用いる方法」として以下をひとまとめにしているものと考えられる。
① コンバージェンス・アプローチ（IFRSをそのまま組み込むのではなく，現地の基準をIFRSに接近させる方法）
② エンドースメント・アプローチ（個々のIFRSを承認し，現地の基準に組み込む方法）
　わが国の状況を，この2010年公表のSECスタッフ・レポートに照らして整理すれば，コンバージェンス・アプローチを採りつつ，IFRSの任意適用においてはエンドースメント・アプローチを採っている。今後，IFRSが強制適用された場合でも，エンドースメント・アプローチを採るものと想定されるため，本文で「アドプション」としているのは，ここでいうエンドースメント・アプローチを指す。

6)　連結財務諸表規則では，金融庁長官が定めた「指定国際会計基準」としている。なお，2013（平成25）年3月現在，すべてのIFRSがそのまま指定国際会計基準として認められている。

7)　しかし，本文記載のように，一定の要件を満たした上場企業（特定会社）に限られることから，これらは「任意適用」ではなく「限定適用」と呼ぶべきではないかという意見もある。また，IFRSの「限定適用」であるという点からは，すべての上場企業が文字どお

2012（平成24）年を目途としてIFRSの「強制適用」を判断するものとされていたように，IFRSのアドプションという場合には，例えば，すべての上場企業にIFRSに基づく連結財務諸表による有価証券報告書の提出を強制するといったIFRSの「強制適用」の意味で用いられることも少なくない。

2 連結財務諸表に対するIFRSの任意適用において

(1) 金融商品取引法における取扱い

わが国では，1982（昭和53）年から連結財務諸表制度が導入され，連結情報が単体情報に対して副次的なものとして位置づけられてきたが，1997（平成9）年6月に企業会計審議会から公表された「連結財務諸表制度の見直しに関する意見書」に基づき，金融商品取引法の下では，連結情報を中心とする開示制度への転換が図られている。

前述したように，すでに2010（平成22）年3月期から一部の上場企業については，IFRSに基づく連結財務諸表による有価証券報告書の提出が認められている[8]。このIFRSの任意適用においては，IFRSを連結財務諸表のみに適用することとされ，個別財務諸表には適用しないこととされている。この理由について，2009（平成21）年6月公表の審議会中間報告では，以下を挙げていた。

(a) 上場企業の連結財務諸表についてIFRSが強制適用されている諸外国においても，個別財務諸表への適用については，国により区々であること

(b) 国際的な比較可能性，資金調達の容易化，市場の競争力強化等の観点からは，個別財務諸表に任意適用を認めることについては，必ずしもその必要性は高くないこと

り任意適用できるように，任意適用の範囲拡大というニーズが考えられる。この点，審議会中間報告二2（3）①では，「IFRSの改訂状況やそれに対する我が国の投資者等の関係者の評価等も見極めつつ，市場において十分周知されている一定規模以上の上場企業等に適用対象を拡げていくか，当局が適切に判断することが適当である」としていたため，当局が，今後見直す可能性はありうる。

[8] ただし，連結対象会社を有せず連結財務諸表を作成していない特定会社については，わが国の会計基準による個別財務諸表に加えて，IFRSによる個別財務諸表を作成することができるとされている（財務諸表等規則1条の2・127条）。

(c) 個別財務諸表は，会社法上の分配可能額の計算や法人税法上の課税所得の計算においても利用されており，わが国固有の商慣行，利害関係者間の調整や会計実務により密接な関わりのあるものであるため，仮にIFRSを個別財務諸表に適用することを検討する場合には，これらの他の制度との関係の整理のための検討・調整の時間が必要となること

同一の計算・開示の目的を有する金融商品取引法において，連結財務諸表と個別財務諸表を開示する場合，それらには同じ会計基準を適用する（連単一致）ことが原則であることから，IFRSを連結財務諸表のみに適用するものの個別財務諸表には適用しないという取扱いは，これまでの米国証券取引委員会（SEC）への登録企業が，連結財務諸表についての特例として米国式連結財務諸表を提出できていたことと同様に，例外的な取扱いと考えられる。

(2) 会社法における取扱い

会社法においても，2009（平成21）年12月改正の会社計算規則120条により，2010（平成22）年3月期から，連結財務諸表規則93条の規定により連結財務諸表の用語，様式及び作成方法についてIFRSに従うことができる株式会社の作成すべき連結計算書類は，IFRSに従って作成することができることとされた[9]。他方，個別計算書類については，わが国の会計基準を適用することのみが認められていると解されている（後述Ⅳ2参照）。このため，連結計算書類に対するIFRSの任意適用においては，会社法上，個別計算書類については，従来どおりの取扱いとなる。

(3) 中小企業における取扱い

金融商品取引法の適用対象以外の企業や会社法における会計監査人設置会社以外の会社（ここでは，便宜的に中小企業とする）については，資金調達などの事業活動の態様や財務諸表に対する関係者のニーズが異なっていることなどから，IFRS自体の導入に関する議論の前に，IFRSとのコンバージェンスが進められている会計基準を適用することの是非について議論されている。

---

[9] IFRSに従って連結計算書類を作成した場合においても，会社計算規則第1章から第5章までの規定により連結計算書類において表示すべき事項に相当するものを除くその他の事項は，省略することができるが，この場合には，その旨を注記する必要がある（会社計算120条1項・3項）。

金融商品取引法の適用対象以外の企業であって、かつ、会社法上の大会社を含む会計監査人設置会社にも該当しない会社については、様々なものがあるが、これらの中小企業の会計処理に関しては、これまで以下が公表されている。

(a) 中小企業庁「中小企業の会計に関する研究会報告書」(2002年6月公表)

(b) 日本税理士会連合会「中小会社会計基準」(2002年12月公表)

(c) 日本公認会計士協会「中小会社の会計のあり方に関する研究報告」(2003年6月公表)

(d) 日本税理士会連合会、日本公認会計士協会、日本商工会議所、企業会計基準委員会「中小企業の会計に関する指針」(2005年8月公表)

(e) 中小企業庁及び金融庁を共同事務局とする「中小企業の会計に関する検討会」「中小企業の会計に関する基本要領」(2012年2月公表)

特に、(d)は、中小企業が資金調達先の多様化や取引先の拡大等も見据えて、会計の質の向上を図る取組みを促進するために公表された上記(a)から(c)を統合するものとして、金融庁、法務省、中小企業庁がオブザーバーとして参画して公表されたものであり、会計基準等の改正にあわせて、毎年改正されている[10]。

中小企業の会計処理に関する公表物は、過重な負担を課さない範囲で、中小企業の経営者が理解しやすく自社の経営状況の把握に役立つものを目指すなど、啓蒙的な側面を強調している[11]。しかし、そもそも会計監査制度の対象外であるためエンフォースメントは確保されていない。会計基準が国際的なコンバージェンスなどで改正されれば、配当規制や課税の見直しを通じて中小企業へも大きな影響があるといわれることがあるが、Ⅳで後述するように、会社法431

---

10) また、この指針の適用対象は、金融商品取引法の適用を受ける会社およびその子会社並びに関連会社や会計監査人を設置する会社（大会社以外で任意に会計監査人を設置する会社を含む）およびその子会社を除く株式会社であるとされ、とりわけ会計参与設置会社については、この指針に拠ることが適当であるとされている。

11) たとえば、2010（平成22）年9月に中小企業庁の「中小企業の会計に関する研究会」公表の中間報告書 Ⅲ．主要論点「1. 中小企業の会計に関する基本的な考え方」では、「中小企業における会計処理の方法は、中小企業の経営者が理解し、それを活用した結果、自社の経営状況を適切に把握し、経営に役立て、資金調達先の多様化、資金調達の円滑化や取引先の拡大を目指すことができるという点が重要である」としている。

条における「一般に公正妥当と認められる企業会計の慣行」には，金融商品取引法上の「一般に公正妥当と認められる企業会計の基準」は含まれるものの，それに限らない幅の広い概念であって，複数存在しうるものであると解されている。このため，中小企業は，商慣行や会計実務の歴史的経緯を基礎とする会計処理の方法に従っていることが多く，それが「一般に公正妥当と認められる企業会計の基準」と異なっていても，会社法上は許容されると考えられる。

また，2010（平成22）年9月に中小企業庁の「中小企業の会計に関する研究会」により公表された中間報告書Ⅱ．現状認識では，多くの中小企業では，確定決算主義に基づく税務申告が計算書類作成の目的の大きな割合を占めているため，法人税法で定める処理を意識した会計処理が行われているとされている。このため，前述したように啓蒙的な意義はあるとしても，開示制度において，そもそも中小企業会計の議論にどのような意義があるのか定かではない。

(4) 金融商品取引法適用会社以外の会社法上の大会社における取扱い

これに対して，日本商工会議所，日本税理士会連合会，日本公認会計士協会，日本経済団体連合会，企業会計基準委員会を共同事務局とした「非上場会社の会計基準に関する懇談会」が2010（平成22）年8月に公表した報告書では，以下の理由から，「金融商品取引法適用会社以外の会社法上の大会社」について，今後，上場会社に用いられる会計基準を基礎に，一定の会計処理及び開示の簡略化を検討していくことが適当であると考えられるとしている[12]。

　(a) 一般的に，上場会社に比べ利害関係者が少ないと想定されるため，財務諸表の開示の簡略化の必要性があること

　(b) 国際的な資金調達をしていない会社においては会計基準の国際化が負担であること

これまでは，会社法上の大会社の計算書類に会計監査人による監査が義務付けられているため，それらに用いられる会計基準と上場会社に用いられる会計基準とは区別されてはいなかった。また，会社法上の大会社以外を対象とする

---

[12] この報告書では，非上場会社のうち，「金融商品取引法の対象となる非上場会社」については，基本的には広く投資家を対象としているため，上場会社に用いられる会計基準を基本的には適用することとし，金融商品取引法の規定により対応していくことについて，特段の異論はなかったとしている。

「中小企業の会計に関する指針」においても,「中小企業に限らず企業の提供する会計情報には,本来投資家の意思決定を支援する役割や,利害関係者の利害調整に資する役割を果たすことが期待されている。投資家と直接的な取引が少ない中小企業でも,資金調達先の多様化や取引先の拡大等に伴って,これらの役割が会計情報に求められることに変わりはない。その場合には,取引の経済実態が同じなら会計処理も同じになるよう,企業の規模に関係なく会計基準が適用されるべきである」とされてきた。

注記など開示内容の簡略化であれば,現状の金融商品取引法適用会社と会社法上の大会社の関係と相違はない。しかし,仮に会計処理自体の簡略化をしていくとすれば,連単の関係における「連結先行」[13] の考え方であっても,ひとつひとつ調整していく必要があり,具体的に運用していくことは困難と考えられることから,単体同士の関係における「金融商品取引法適用会社以外の会社法上の大会社」の財務諸表に関する別な会計基準の開発が適切に行われていくことになるとは考え難い。

3 連結財務諸表に対する IFRS の強制適用において

(1) 検討状況

2009 (平成 21) 年 6 月公表の審議会中間報告では,内外の諸状況を十分に見極めつつ,わが国として将来を展望し,「投資者に対する国際的に比較可能性の高い情報の提供」「我が国金融資本市場の国際的競争力確保」などの観点から,わが国においても IFRS を一定範囲のわが国企業に強制適用するとした場合の道筋を具体的に示し,前広に対応することが望ましいとしていた。

他方で,審議会中間報告では,「今後の諸情勢については不透明なところもあり,また,IFRS の強制適用については,前記 (2) の諸課題[14] について,

---

13) 「連結先行」は,2009 (平成 21) 年 6 月公表の審議会中間報告において示されていたものであり,連結財務諸表と個別財務諸表の関係を少し緩め,連結財務諸表に係る会計基準については,情報提供機能の強化および国際的な比較可能性の向上の観点から,我が国固有の商慣行や伝統的な会計実務に関連の深い個別財務諸表に先行して機動的に改訂する考え方を指す。

14) これは,審議会中間報告において「(2) IFRS 適用に向けた課題」として挙げられて

全ての市場関係者において十分な対応が進展していることが必要であり，諸課題の達成状況等について十分に見極めた上で，強制適用の是非も含め最終的な判断をすることが適当である」とし，その他の諸点も踏まえ，IFRSの強制適用の判断の時期については，とりあえず2012（平成24）年を目途とすることが考えられるとしていた。

その後，2011（平成23）年6月21日に，金融担当大臣が記者会見において，少なくとも2015（平成27）年3月期についての強制適用は考えておらず，仮に強制適用する場合であってもその決定から5～7年程度の十分な準備期間の設定を行うことという発言があった。また，2011年6月30日以降，企業会計審議会において議論が再開され，2012（平成24）年7月には「国際会計基準（IFRS）への対応のあり方についてのこれまでの議論（中間的論点整理）」（以下「中間的論点整理」という）を公表し，「現時点において，いくつかの論点について委員の意見になおかなりの隔たりがあり，最終的な結論が出ているわけではなく，さらに審議を継続して議論を深める必要がある」としている。

ここでは，IFRSの強制適用自体について検討するというよりも，会社法との関係を考察するために，仮に金融商品取引法における連結財務諸表にIFRSを強制適用した場合に，その個別財務諸表にどのようにIFRSが適用されることになりうるかなどのケースを検討する。

(2) 一部の上場企業の連結財務諸表に対するIFRSの強制適用の場合

2009（平成21）年6月公表の審議会中間報告において，IFRSの強制適用は2012（平成24）年を目途として判断するとしていた際，仮にIFRSが強制適用される場合に対象となる企業の範囲について，「現時点では，国際的な比較可能性を向上するという観点を踏まえれば，グローバルな投資の対象となる市場において取引されている上場企業の連結財務諸表を対象とすることが適当であると考えられる」としていた。

これに対し，中間的論点整理では，IFRSの適用に関しては，投資する際の

いる。①IFRSの内容，②IFRSを適用する場合の言語，③IFRSの設定におけるデュー・プロセスの確保，④IFRSに対する実務の対応，教育・訓練，⑤IFRSの設定やガバナンスへの我が国の関与の強化，⑥XBRLのIFRSへの対応を指す。

Ⅲ　IFRSのアドプションと個別財務諸表の取扱い　351

利便等を踏まえ，市場開設者において，IFRSを適用する市場と日本基準を適用する市場とを区分することについて検討してほしい旨も記載されており，仮にIFRSが強制適用される場合に，市場を分けて部分的に強制適用を行ったり同じ市場であっても一定の区分においてIFRSの適用を必要としたりすることも考えうる[15]。このため，まず，今後，仮に，一部の上場企業につき，IFRSに基づく連結財務諸表による有価証券報告書の提出を強制するものとした場合を考える。

　この場合でも，一部の上場企業における連結財務諸表に対するものであれば，IFRSの任意適用と同様に，例外的にIFRSを連結財務諸表のみに適用するものと位置づけることができる。この場合には，IFRSの任意適用と同様に，IFRSを個別財務諸表には適用しないという取扱いが整合する。しかしながら，2010（平成22）年8月3日開催の企業会計審議会において同審議会会長は，今後，IFRSの連結財務諸表への強制適用の是非を判断する際に，次のステップとして個別財務諸表への任意適用を認めるという方向性を示すことができればと考えている[16]と発言している。これは，金融商品取引法および会社法上，個別財務諸表へのIFRS適用について，経済界からの要望があることを理由として挙げており，今後，特に会社法における制度整備等の検討が必要であると

---

[15]　2011（平成23）年6月30日開催の企業会計審議会総会・企画調整部会合同会議にあたっての金融担当大臣挨拶では，「会計基準適用の前提となる多様な資本市場のあり方」も論点に挙げていた。
　なお，日本経済団体連合会が2008（平成20）年10月に公表した「会計基準の国際的な統一化へのわが国の対応」では，「適用対象会社の範囲については，四半期報告書提出会社や内部統制報告制度の対象会社同様，金融商品取引法上の上場会社とすることが適当と考える」としていたが，2011年6月29日付の「国際会計基準（IFRS）の適用に関する早期検討を求める」では，「企業が上場する市場は様々であり，企業の実態も大きく異なることから，強制適用の是非の判断をする上で，その対象範囲を絞り込むための議論を行うことが現実的である」としている。このため，近年におけるIFRSに関する議論の動向は，経済界の意向を反映しているようにみえる。
　もっとも，実際に，一部の上場企業にIFRSを強制適用する場合には，どのような考え方で区切るのか，それを技術的にどのような方法で確保するのかなどの問題も解決する必要がある。しかしながら，たとえば，IFRSを強制適用する市場と強制適用しない市場をわけて，企業がどの市場に上場するかを選択適用することができるものとすれば，実質的に任意適用と同じでありながら，IFRSを強制適用する市場を創設することができる。
[16]　企業会計審議会総会（2010〔平成22〕年8月3日開催）議事録および同日における企業会計審議会総会における会長発言（骨子）参照。

指摘している。

また，2012（平成24）年7月公表の中間的論点整理では，「連単はあくまで一体が原則であるとの指摘もあるものの，既に連結での米国基準やIFRSの使用が許容されてきているように，連結会計基準の国際的な調和の過程において，いわゆる連単分離が許容されることが現実的であると考えられる」としている。

これらの場合には，IFRSの任意適用と異なり，一部の上場企業とはいえ，連結財務諸表に対しIFRSが強制適用されたものであることから，その企業の個別財務諸表についてもIFRSが適用されるべきところ，一部の企業に限られているため，例外的に日本基準を個別財務諸表に適用することができるという位置づけが考えられる。この場合には，連結財務諸表に対しIFRSが強制適用された一部の上場企業における個別財務諸表については，日本基準によることもIFRSによることもできることとなるが，個別財務諸表に対するIFRSの任意適用ではなく，日本基準の任意適用ということになろう[17]。

図表1

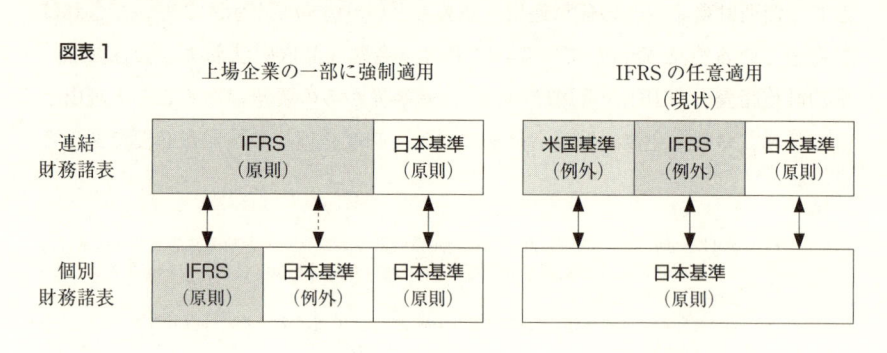

	上場企業の一部に強制適用			IFRSの任意適用（現状）		
連結財務諸表	IFRS（原則）		日本基準（原則）	米国基準（例外）	IFRS（例外）	日本基準（原則）
個別財務諸表	IFRS（原則）	日本基準（例外）	日本基準（原則）	日本基準（原則）		

[17) 逆に，実務的なニーズは乏しいと考えられるが，連結財務諸表に対し日本基準が適用されている（したがって，原則としては，個別財務諸表にも日本基準が適用される）場合に，個別財務諸表に対して例外的にIFRSを任意適用するという組合せも，場合分けとしてはありうる。この場合も，金融商品取引法上，一部の上場企業の連結財務諸表に対し日本基準が適用され，その企業の個別財務諸表についても日本基準が適用されるべきところ，一部の企業に限られているため，例外的にIFRSを個別財務諸表に適用することができるという位置づけが考えられる。この場合には，文字どおり，個別財務諸表に対するIFRSの任意適用となろう。

(3) すべての上場企業の連結財務諸表に対する強制適用の場合

また，仮にすべての上場企業の連結財務諸表に対しIFRSを強制適用する場合には，これまでの任意適用の場合とは異なり，同一の計算・開示の目的を有する金融商品取引法における開示制度において，例外的ではなく原則的にIFRSを適用することになると考えられるため，金融商品取引法における投資者向けのディスクロージャー制度においては，「連単分離」ではなく，個別財務諸表についてもIFRSを適用すること（連単一致）が原則となると考えられる。

他方，仮にIFRSの強制適用が行われた場合，前述したように，企業会計審議会では，「連単分離」という方向性が示されている。この方向性も正当化するには，「IFRSの強制適用」とはいっても，上場企業のすべて（**図表2**の甲）であれ，その一部（**図表2**の乙）であれ，金融商品取引法開示企業のすべてに強制ではないため，例外的に日本基準を個別財務諸表に任意適用することができるという位置づけが考えられる。

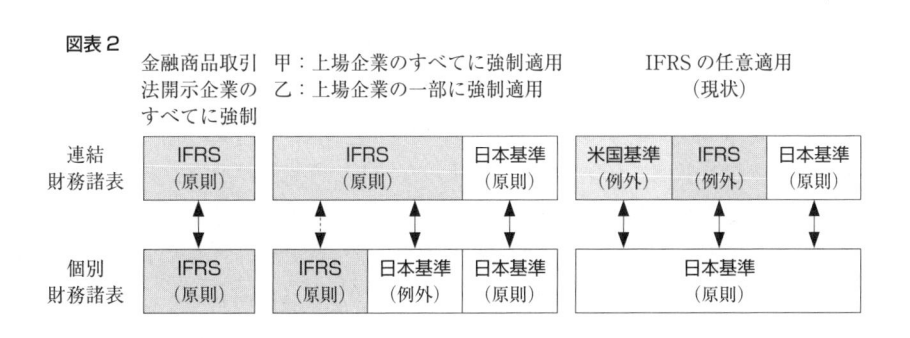

図表2

	金融商品取引法開示企業のすべてに強制	甲：上場企業のすべてに強制適用 乙：上場企業の一部に強制適用		IFRSの任意適用 （現状）		
連結 財務諸表	IFRS（原則）	IFRS（原則）	日本基準（原則）	米国基準（例外）	IFRS（例外）	日本基準（原則）
個別 財務諸表	IFRS（原則）	IFRS（原則）	日本基準（例外）	日本基準（原則）	日本基準（原則）	

IV IFRSと一般に公正妥当と認められる企業会計の慣行

1 「一般に公正妥当と認められる企業会計の慣行」について

(1) 「一般に公正妥当と認められる」について

会社法431条では，株式会社の会計は，一般に公正妥当と認められる企業会計の慣行に従うものとするとして包括規定が定められている。平成17年改正

前商法 (昭和49年商法改正において規定) 32条2項では, 商業帳簿の作成に関する規定の解釈については, 公正なる会計慣行を斟酌すべしとされており,「一般に公正妥当と認められる」の意義は,「公正なる」と変わらないと考えられている[18]。

この「公正なる」は, 商法における計算規定の目的に照らして判断されていたことから,「一般に公正妥当と認められる」かどうかは, その内容が会社の財産および損益の状況を明らかにするという目的に照らして判断されてきたとされる[19]。

これに対して, 会計基準の開発, 設定, 公表などが適正な手続 (デュープロセス) によっているなど, 会計基準設定主体に正当性が認められる場合には,「一般に公正妥当と認められる」という見方もありうる。しかし, この点に関しては,「一般に公正妥当と認められる」という推定は働くが, 例外なく該当するということにはならないという見解が多い[20]。

(2) 「企業会計の慣行」について

会社計算規則3条では,「この省令の用語の解釈及び規定の適用に関しては, 一般に公正妥当と認められる企業会計の基準その他の企業会計の慣行をしん酌しなければならない」としている。従来から,「一般に公正妥当と認められる企業会計の慣行」は, 1つであるとは限らないという見解が通説であるが, 会社法において「企業会計の基準」が認知され, それは会社法431条の「企業会計の慣行」にあたることが前提とされた[21]。

それでは, どのようなものが会社法における「企業会計の基準」に該当することになるのであろうか。「企業会計の基準」は, 企業会計において採用されるべき会計処理方法を成文化したものであり, まず, 企業会計審議会が公表した企業会計原則その他の基準は, 金融商品取引法に基づく「一般に公正妥当と認められる企業会計の基準」に該当し (財務諸表等の用語, 様式及び作成方法に関

---

[18] 弥永真生「会計基準の会社法における受容」會計171巻3号 (2007) 360頁。
[19] 江頭579頁, 弥永・前掲注18) 360頁。
[20] 弥永・前掲注18) 361頁, 岸田雅雄「商法会計第12回 商法と証券取引法」税経通信58巻10号 (2003) 36頁。
[21] 弥永・前掲注18) 357頁。

する規則〔財務諸表等規則〕1条2項，連結財務諸表規則1条2項），「一般に公正妥当と認められる企業会計の慣行」にあたる[22]，または，それにあたると推定される[23]。

次に，企業会計基準委員会が公表した企業会計基準は，金融商品取引法との関係で，2009（平成21）年12月までは，金融庁による財務諸表等規則等に係る事務ガイドラインに基づき，2009年12月以降は，金融庁長官による告示（財務諸表等規則1条3項，連結財務諸表規則1条3項）に基づき，「一般に公正妥当と認められる企業会計の基準」と解され，「一般に公正妥当と認められる企業会計の慣行」にあたる[24]，または，それにあたると推定される[25]。

さらに，米国基準についても，金融商品取引法上，米国式連結財務諸表によることができるとされている会社の作成すべき連結計算書類との関係では，「一般に公正妥当と認められる企業会計の基準」と解すべきことになると考えられている[26]。そうであれば，IFRSについても，同様に解することができるものと思われる。

そのほか，中小企業については，会計参与設置会社は，「中小企業の会計に関する指針」（Ⅲ2 (3) 参照）によることも適当とされており，それ以外の中小企業には，より幅広い会計処理も認められると解されている[27]。

2　会社法の個別計算書類とIFRSの導入

前述したように，会社法では，「一般に公正妥当と認められる企業会計の慣行」は，1つであるとは限らないと解されているため，IFRSが，会社の財産および損益の状況を明らかにするという目的に適合している限り，「一般に公正妥当と認められる企業会計の慣行」にあたると解釈されている[28]。しかし，

---

22) 神田251頁，弥永・前掲注18) 361頁。
23) 江頭578頁。
24) 弥永・前掲注18) 361頁。
25) 江頭578頁。
26) 弥永・前掲注18) 362頁。
27) 江頭578頁。
28) コンメン (10) 51頁，弥永真生「会社法会計の現状と課題」安藤英義＝古賀智敏＝田

計算書類は，会社計算規則に定める用語および様式によって作成されるため，会社法上，個別計算書類との関係では，わが国の会計基準を適用することのみが認められていると解されている[29]。

このような理解を踏まえ，個別財務諸表についてIFRSが任意であっても適用された場合には，2009（平成21）年6月公表の審議会中間報告で示していたように，会社法や法人税法などとの関係の整理が必要となるといわれている[30]。具体的には，以下が問題となりうる。

(a) どのような手当てにより，会社法上，個別計算書類についてIFRSを適用可能とするのか。

(b) 適用可能とされた場合でも，たとえば，個別財務諸表は会社法上の分配可能額の計算や法人税法上の課税所得の計算においても利用されているため，どのような調整計算が必要となるか。

この点，(a)については，前述したように，会社法上の個別計算書類についても情報提供目的があり，また，IFRSが，会社の財産および損益の状況を明らかにするという目的に適合している限り，「一般に公正妥当と認められる企業会計の慣行」にあたると解されていることから，IFRSに基づく個別計算書類の作成を認めるように会社計算規則を改正することは，それほど難しくないの

中建二編・企業会計と法制度（中央経済社，2011）53頁。
29) 弥永・前掲注28) 54頁。
30) もっとも，金融商品取引法における開示制度において，連結財務諸表についても個別財務諸表についてもIFRSを適用したからといって，異なる制度である会社法上，個別計算書類について必ずIFRSを適用するということにはならない。しかし，それらは同じ個別財務諸表について2つの会計基準を適用することになり，金融商品取引法および会社法における個別財務諸表へのIFRS適用というニーズとは相いれないため，実際の選択肢にはならないであろう。

なお，金融商品取引法および会社法における会計基準の適用については，1998（平成10）年に法務省と大蔵省が公表した「商法と企業会計の調整に関する研究会報告書」において，「要求される情報に差異があるとしても，財産計算及び利益計算は基本的に一致するように調整されてきた」「商法における計算規定と企業会計とは相互に密接に関係し，両者が相まって我が国の会計実務が形成されてきた」として，商法と企業会計の接近の傾向について言及していた。その後，商法・会社法の計算に関する規定は，会計処理や表示（監査を含む）については，情報提供を目的とすることから，会計慣行に委ね，独自の規律を設けることを極力避けてきたことからも，個別財務諸表について2つの会計基準を適用することは適当ではないと考える。

ではないかと考えられる。また，(b)のうち会社法上の分配可能額の計算との関係については，Vで述べる。

V IFRSと分配規制

1 現行の分配可能額の規制

　会社法では，剰余金の配当や自己株式の買受け等による会社財産の払戻しは，分配可能額を超えてはならない（461条1項）として，これらを横断的に規制することとしている。この際，分配可能額は，剰余金の額の算出（446条）と分配可能額固有の調整（461条2項）として定められている。これは，前者の剰余金が，一定の会計基準等に従って行われる会計処理による概念であるのに対し，後者は，会社法上の政策的な理由による規定であり，両者の趣旨が異なるからであると説明されている[31]。

(1) 剰余金の額の算出（446条）

　最終事業年度の末日における貸借対照表上に計上されている「その他資本剰余金」と「その他利益剰余金」の合計額から，最終事業年度の末日後分配時までに生じた自己株式処分差額，資本金・準備金の減少額，自己株式消却額，現物の配当額などを差し引いて，剰余金の額を算出する。

(2) 分配可能額固有の調整（461条2項）

　分配可能額は，(1)で算出した剰余金の額から，自己株式の帳簿価額，最終事業年度の末日後に自己株式を処分した場合の処分対価額，法務省令で定める各勘定科目に計上した合計額などを控除する。ここで，法務省令で定める各勘定科目として，会社計算規則158条では，以下などを挙げている。

　(a) のれん等調整額（資産の部に計上したのれんの額の2分の1と繰延資産の部に計上した額の合計額）　のれんは，平成17年改正前商法において，配当可能

---

31) 相澤哲編著・立案担当者による新会社法関係法務省令の解説（別冊商事300号，2006）110頁。

利益から控除することとはされていなかった。しかし，企業結合会計基準が整備され，のれんは，企業結合における支払対価と識別可能資産・負債の差額という側面が強くなっている。また，単独で換価可能性はないものの，将来の収益によって回収可能なものも含まれている可能性は否定できないことから，会社計算規則では，その2分の1を控除対象としている[32]。

また，平成17年改正前商法において，開業費，試験研究費，開発費は，準備金超過部分を配当可能利益から控除することとしていたが，会社計算規則では，繰延資産は換価可能性がないため，すべてを控除対象としている[33]。

(b) その他有価証券評価差損および土地再評価差損　会社法の下で分配可能額の計算の基礎となるのは，「その他資本剰余金」と「その他利益剰余金」であるため，貸借対照表上の「評価・換算差額等」は，そのままでは分配可能額には反映されないこととなる。しかし，「その他有価証券評価差額金」などの評価差損については，平成17年改正前商法と同様の取扱いをし，かつ，保守性の観点から，会社計算規則では，分配可能額から減額することとし，他方，「その他有価証券評価差額金」などの評価差益については，保守性の観点から問題とすべきものではないため，分配可能額の調整は行われていない[34]。

これに対して，売買目的有価証券の評価損益などのように，当期純利益を通じて「その他利益剰余金」に反映されているものについては，その影響を排除するための分配可能額算定上の手当ては行われておらず，そのまま分配可能額に反映されている。これは，平成17年改正前商法において，分配可能額の算定上，評価差益が控除されていたこととは異なるが，その価額での換価可能性が確保されているのであれば，債権者との関係でも，償却資産の未償却分を引当てにして配当を認めていることと比較して，問題が多いとはいえないからと説明されている[35]。

なお，「評価・換算差額等」として計上されている繰延ヘッジ損益は，分配可能額の計算上，考慮されていないが，これは，繰延ヘッジ損益は適正な期間

---

32) 相澤編著・前掲注 *31*) 113-114 頁。
33) 相澤編著・前掲注 *31*) 113 頁。
34) 郡谷大輔＝和久友子編著・会社法の計算詳解（中央経済社，第2版，2008）320-321頁。
35) 相澤編著・前掲注 *31*) 117 頁。

損益対応のための調整勘定にすぎないと考えられるためとされている[36]。

　(c)　連結配当規制適用会社における控除項目　　これは，連結配当規制適用会社が，個別貸借対照表に基づく分配可能額よりも，連結貸借対照表に基づく分配可能額の方が小さくなる場合は，その差額を減額するものである。ここで，「連結配当規制適用会社」とは，連結計算書類を作成している会社が，ある年度において連結配当規制の適用を受けることを，計算書類の作成に際して定めた会社である（会社計算規則2条3項51号）。したがって，連結配当規制適用会社となるかどうかは，会社の任意の選択に委ねられており，かつ，事業年度ごとに選択可能となっている。

　この取扱いは，2005（平成17）年11月公表の「株式会社の計算に関する法務省令案」において，連結計算書類の作成を義務付けられる会社に対し，子会社・関連会社に係る投資について持分法を適用した場合の投資損失を配当可能額から減額することを提案していたが，時期尚早とのコメントを受けて選択制を採用したものと考えられる[37]。また，この規制の趣旨は，連結剰余金が個別剰余金よりも少ないという状況は，保有している子会社株式に含み損がある場合と同視することができ，これは評価損が生じているにも関わらず分配可能額に反映されていない場合と同様と考えられることから，その差額を減額することができるとしている[38]。

　(d)　純資産額が300万円に不足する額　　会社法では，株式会社の最低資本金規制は廃止したが，純資産額が300万円を下回る場合の剰余金の配当を禁止している（458条）。これを受けて，分配可能額においても，会社の純資産額が300万円を下回ることがないように規制を設けているとされる[39]。

---

[36] 郡谷=和久編著・前掲注34）323頁。なお，連結配当規制適用会社における連結貸借対照表に基づく分配可能額の算定において，繰延ヘッジ損益と同様に，「評価・換算差額等」として計上されている為替換算調整勘定は，控除対象とはされていない。
[37] コンメン（11）185-186頁。
[38] 相澤編著・前掲注31）118-119頁。
[39] コンメン（11）146-147頁。

2 分配規制に関する若干の考察

(1) 個別計算書類にIFRSを適用した場合の問題の所在

前述したように，現行の会社法において，分配可能額は，日本基準によって作成された個別貸借対照表における剰余金の額に，分配可能額固有の調整を行って算出するものとされている。これを前提とすれば，仮にIFRSによる個別計算書類の作成が強制または許容された場合でも，原理的には，以下を行えば足りることなる。

(a) まず，IFRSによる個別計算書類と日本基準による個別計算書類との差を調整して，従来同様の剰余金の額を算出する。

(b) さらに，従来同様，分配可能額固有の調整計算を行う。

この場合には，(a)を行う旨の規定を手当てさえすればよいこととなり，「一般に公正妥当と認められる企業会計の慣行」をIFRSとその他に分けるという技術的な問題を解消すれば，分配可能額の算定に関して，わざわざ個別計算書類にIFRSを適用することの問題を検討する必要性はないこととなる。しかし，企業会計審議会会長が示した経済界からの要望（III3(2)参照）は，より簡便に分配規制の目的を満たすような手法の検討であると想定される。また，コンバージェンスが進展し日本基準とIFRSとは異ならないような状況になることも想定される。このため，そもそも会社法上，分配規制の考え方は何かを明らかにしておく必要がある。

(2) 分配規制の意義

株主有限責任の下において，株主に対する会社財産の分配は，債権の弁済原資を減少させることとなる。このため，会社債権者の保護を図るために，会社法では，株主に対する財産分配の限度額を定めているとされる[40]。

しかしながら，それは，会社財産を株主へ払い戻す際に制限するといった局面で機能するという極めて限定的な効果しかないため，会社法による大掛かりな分配限度額の規制を正当化する根拠には乏しいという見方がある。この見方

---

40) 江頭34-35頁，618-619頁。

は，分配可能額の規制がない場合，債権者は，自己の債権を管理するために，株主に対する会社財産の分配行為を常に監視・制限することができるような契約等を締結しなければならないところ，債権者と株主との間の利害を調整するための強行法的な規制を設けることによって，そのコストを軽減すると説明する[41]。このような説明は，債権者が，法律で保護されるべき弱者とはみていない。

さらに，債権者は，資金を貸し付ける時点でリスクに見合ったリターンを要求するように約定金利を引き上げ，自らの利益を保護する立場にあるとみることができる。この場合，分配規制は，債務者である会社自身が自らの行動を縛ることで意図しない債権価値の希薄化を防ぎ，その結果，約定金利の引き上げを避けようという，債権者と債務者である会社との間で行われる私的な契約が，取引費用を節約するために市場のルールへ統合され，法制度にも組み込まれていったと解することができる[42]。

また，分配可能額の規制が債権者を保護するといっても，それは，従来から会社財産の株主への払戻しを制限する限りでいわれてきたことであるし，その限りで債権者と株主との間の利害を調整したものであるため，債権者の保護といっても債権者と株主の間の利害の調整といっても変わりがないとする見解もある[43]。

(3) 分配規制の方法

分配可能額の規制に対するいずれの見方においても，どの程度，会社債権者の保護を図り，または，債権者と債務者である会社やその株主との間の利害調整を図るかは，一義的には決まらないであろう。一般に，具体的な分配規制の仕方は，以下に類型化できるとされる[44]。

(a) 留保利益基準　これは，蓄積された未分配の利益またはそれから処分済を除いた未処分利益に基づく額を分配可能額とし，資本剰余金は除外する。

(b) 貸借対照表剰余金基準　これは，株式会社における株主有限責任制

---

[41] 郡谷＝和久編著・前掲注 34) 297-298 頁。
[42] 斎藤静樹・会計基準の研究 (中央経済社，増補版，2010) 148 頁。
[43] コンメン (11) 165-166 頁。
[44] 伊藤邦雄・会計制度のダイナミズム (岩波書店，1996) 32-34 頁。

度を背景に，債権者に対する債務弁済のための安全弁として資本を維持するという考え方において，源泉が拠出か利益かを問わず，法定資本以外の剰余金を分配可能額とする。

　(c)　支払能力基準　　これは，会社が支払不能または配当支払によって支払不能に陥るおそれがある場合には，分配できないとするものである。ここで，支払不能については，債務超過を意味することもあれば，弁済期に債務を支払うことができない状態を指すこともある。さらに，資産負債比率や流動比率などの財務基準を利用して分配規制を図ることも，この基準の１つと考えられ，たとえば，米国カリフォルニア州で採られている[45]。

　(d)　期間利益基準　　これは，当期またはそれ以前の特定の会計期間における期間利益を分配限度額とするものである。この場合，たとえ資本に欠損が生じていても，当該期間利益から分配することができる。このような配当は，迅速配当（nimble dividend）と呼ばれており，たとえば，米国デラウェア州で採られている[46]。

(4)　実現利益に基づく分配規制

現行の会社法における分配可能額の規制は，(3)で示した(b)の貸借対照表剰余金基準ということができるが，以前は，(a)の留保利益基準であったと考えられる。すなわち，現行の会社法では，その他資本剰余金を原資とする場合もあるが，以前は，利益処分による配当といわれていたように，留保利益に基づく額を原資として配当が考えられていた[47]。なぜ，このように考えられてきたのであろうか。

　(a)　現金利益の分配と債権価値　　会計上の利益は，維持すべき資本を超えて回収された余剰であり，特に，現金に裏付けられた利益であれば，配当等の形で分配しても，債権の価値を減少させないため債権者を害することはない。もちろん，利益の認識時点では現金を伴っていても，その後，他の財に投資されていたり負債の返済に充てられていたりすれば，追加借入により分配せざる

---

45)　江頭 626 頁，コンメン (11) 164 頁。
46)　江頭 626 頁，コンメン (11) 164 頁。
47)　コンメン (11) 116 頁。

をえないため，債権者を害しないとはいえない。しかし，このことは，認識した利益が分配可能な形で存在していたことを否定するものではない。利益を認識したときを基準にその利益を配当しても，それ以前の債権者が有する債権の価値を減少させないという意味で，株主と債権者の間の利害は調整されていることに留意が必要である[48]。

  (b) 含み益の分配と債権価値　これに対して，資産の含み益分に相当する現金を分配した場合，どうなるであろうか。仮に資産の含み益が，会計上の利益に反映されていたとしても，それに見合う現金は流入していないため，当該資産を即時に売却しない限り，分配するための現金は外部から借入れざるをえない。当該資産の価値の増加に伴い企業価値も増加しており，当該増加分を分配しただけであるから，企業全体の価値は，分配の前後で変わらないが，その前後で，値上がり前の資産は，値上がり後の資産と含み益を分配するための外部借入から構成されるため，正味の価値は同じでも，その内容はリスクの高いものに入れ替わっている（いわゆる資産代替）。このため，従来からの債権者の債権価値は，一般に希薄化することから，仮に資産の含み益に見合う分が利益とされていても，分配させないこととすれば，株主から債権者への富の移転は制限される[49]。

  (c) 実現利益の分配と債権価値　(a)のように，現金に裏付けられた利益であれば，入金時に，その利益を配当しても，企業価値は維持されているため，株主と債権者の間の利害は調整されている。さらに，短期債権等を裏付けとする実現基準による利益の認識は，確実性だけではなく，貨幣性資産の裏付けによる分配可能性の考慮によるものであると考えられている[50]。これは，現金に裏付けられた利益の延長線上で，実現利益についても分配可能とすることによって，相対的に，企業による投資の選択（投資政策）への影響を小さくしつつ，債権者の債権価値を減少させないためと考えられる。

  このように，実現利益に基づく分配規制は，企業の投資政策を所与として，

---

48) 斎藤・前掲注42) 141頁。
49) 斎藤・前掲注42) 141-143頁。
50) 森田哲彌・価格変動会計論（国元書房，1979）63頁。

企業価値の増加分に見合う分配を行っても，増加前における企業価値が維持され，既存の債権の価値も維持されるため，その増加分に限定することにより債権者保護または債権者と株主の間の利害の調整を図る趣旨から，市場で支持されてきたものとされる[51]。

その企業価値の増加分を，現金またはそれと同等のもので受領し分配している限り，その趣旨を達成できるが，「現金と同等のもの」の解釈（これは，「実現利益」とは何かに結びつく）[52] は問題になりうる。すなわち，短期債権の受領を伴う実現利益に限らず，たとえば，売買目的有価証券の評価益のように，換金可能性の高い資産を裏付けにしていれば同様に考えることができるかどうかは議論の余地がある[53]。

1つは，売買目的有価証券の保有を「金融投資」と考え，その投資を所与としたまま評価益にあたる分を現金で分配しようとすると，追加の借入を通じた資産代替が生じ，既存の債権価値が希薄化する可能性があるとする見方がある[54]。この点を強調すれば，平成17年改正前商法のように，評価益として当期純利益を通じて「その他利益剰余金」に反映されているものについては，分配可能額から控除すべきこととなる。

他方，売買目的有価証券等については，事業上の制約もなく時価での換金可能性があるところから，時価評価益を当期純利益に反映させているものであり，金銭等と等価とする見方がある[55]。この場合，当該資産は拘束された投資では

---

51) 斎藤・前掲注42) 147頁，大日方隆・アドバンスト財務会計（中央経済社，2007）58-59頁。

52) 連結財務諸表においてすでにIFRSが導入された欧州においては，EU会社法第2号指令が定める分配規制を前提に，未実現利益に相当する額を，分配可能額算定上，控除するという対応をしている場合が多い。たとえば，英国では，2006年会社法において，分配可能な利益は，実現利益の累計額から実現損失の累計額を控除した金額とされている。この場合，実現利益であるかどうかの判断にあたっては，イングランド・ウェールズ勅許会計士協会（ICAEW）とスコットランド勅許会計士協会（ICAS）が作成したガイダンス（TECH 02/10 Guidance on the Determination of Realised Profits and Losses in the Context of Distributions under the Companies Act 2006）が参照され，現金または合理的な確実性をもって最終的に現金として実現すると考えられる資産を受領した時にのみ，その利益は実現したと取り扱われるとしている（コンメン (11) 164頁，猪熊浩子「会計基準の国際化と配当可能利益の動向」国際会計研究学会年報2009年度103-104頁）。

53) コンメン (11) 185頁。

54) 斎藤・前掲注42) 141-146頁。

55) 弥永真生・コンメンタール会社計算規則・商法施行規則（商事法務，第2版，2009）

なく，換金可能性が十分にある余剰資金であるため，現金と同等であり，したがって，分配可能額から控除すべき理由はないこととなる。

いずれにしろ，実現利益に基づく分配規制は，事業活動への影響を排除しつつ，債務者である会社自身が自らの行動を縛ることで意図しない債権価値の希薄化を防ぐため，債権者と債務者である会社の間で行われる私的な契約が法制度に組み込まれたものであるとすれば，その合理性による選択の結果であり，必ずしも，理論的な帰結ではないと考えられる[56]。これまでの市場の合理性を踏まえながら，時価評価益を分配可能額から控除すべきとするという前者の見方は，むしろ，たとえば，IAS 第 40 号に基づき投資不動産が「金融投資」とみられて時価評価差益を当期純利益に反映するような会計基準を導入しようとする際，分配規制において考慮しないと，投機的とはいえ土地や建物に生じた評価益の配当が債権価値の希薄化を招くという危惧がその導入の妨げになりうるという懸念[57]から生じているともいえる。

また，当期純利益に反映された時価評価益を分配可能額から控除しなくてもよいとする後者の見方であっても，将来的には，国際的な会計基準とのコンバージェンス等により，時価評価すべき資産・負債の範囲の拡大が検討されるような場合に，そのような見方を維持すべきかどうかは別問題であり，当期純利益概念の変化が生じれば，分配可能額の計算上，どのように取り扱うべきかについては別途検討する必要があるとしている[58]。このため，いずれの見方においても，この分配規制に関して，IFRS の導入を含めた今後の対応については，大きく異なるところはないと考えられる。

(d) 未実現損失の考慮　前述したように，会社法では，当期純利益に反映されておらず，貸借対照表上の「評価・換算差額等」に計上されている「その他有価証券評価差額金」などの評価差損については，分配可能額から減額することとしている。これは，保守性の観点から，いわゆる含み損が現実化したものと考えて規制しているものと考えられる。この際，どこまでの含み損を反

792-793 頁，郡谷＝和久編著・前掲注 34) 321 頁。
56) 斎藤・前掲注 42) 147 頁。
57) 斎藤・前掲注 42) 150-151 頁。
58) 郡谷＝和久編著・前掲注 34) 321 頁。

映させるかについて，会社法では，「評価・換算差額等」に計上されている項目に限定するという取扱いをしているようである。

　もっとも，「評価・換算差額等」として計上されている繰延ヘッジ損益は，適正な期間損益対応のための調整勘定にすぎないと考えられるため，分配可能額の計算上，考慮されていない（1 (2) (b) 参照）。繰延ヘッジ損益は，平成17年会社法施行以前では，損益計算の観点から資産または負債として繰り延べられてきた項目であったが，資産性または負債性を有しないため，純資産の部に記載することとされたものである（企業会計基準第5号「貸借対照表の純資産の部の表示に関する会計基準」23項）。この観点からすれば，実体資産の評価損ではなく，費用配分や費用収益対応という会計手続の面から計上されている項目は，「評価・換算差額等」に計上されているとしても，分配規制上，保守的な観点からの調整計算には含めていないと考えることができる[59]。

　他方，のれんや繰延資産は，会計手続の面から計上されている費用性資産であり，いずれもそれらの支出を要因として将来キャッシュフローが期待されている項目として，会計上の資産の定義を満たしているが，会社法では，前述のように，分配可能額から減額することとしている。この調整は，換価可能性はないためとされているが，ほとんどの固定資産は換価可能性が乏しいことから，このような説明は必ずしも説得的ではない。平成17年改正前商法において，開業費，試験研究費，開発費は，準備金超過部分を配当可能利益から控除する

---

[59] 2012（平成24）年5月に公表された企業会計基準第26号「退職給付に関する会計基準」では，個別財務諸表上，未認識数理計算上の差異および未認識過去勤務費用を当面の間，負債および「評価・換算差額等」に計上しないこととしている。これは，市場関係者の合意形成が十分に図られていない状況を踏まえ，今後議論を継続することとし，現時点における対応としては，これまでの会計基準の取扱いを継続することとしたためであるとしている（同基準88項）。企業会計基準第26号には，このような取扱いに至った背景として，「会社法上の分配可能額に影響が及ぶ可能性が懸念されるという意見」が示されているが，この「懸念は会計基準の策定にあたり一義的に問題とすべきものではないという意見」も示されている（同基準87項）。
　繰延ヘッジ損益の取扱いを前提とし，かつ，未認識数理計算上の差異および未認識過去勤務費用は，資産の含み損というよりも，会計上の見積りの変更をプロスペクティブに行うための繰延べであり，適正な期間損益対応のための調整勘定にすぎないと考えることができれば，後者の意見の方が，現状の会社法上の分配可能額の算定とは整合的になる（郡谷大輔「IFRS導入・適用に関する会社法上の論点」商事1905号〔2010〕41-42頁）。

こととしていたが、それは、性質上、不確実なものに加え、金額が巨額にのぼる可能性があるからとされてきた[60]。これ自体も十分な説明とはいえないが、そもそも分配規制は一義的に定まるものではなく、市場で合理性による選択の結果であって、それを反映したものと考えれば、その取扱いについては、それ以上の説明は難しいのかもしれない。

そうであるとすると、債権者には、分配限度額がどのように決められるかが事前に知らされ、債権のリスク評価を行うことによって社債等の条件に反映できること、当初のリスク評価の前提が異ならないように、決められた約束を事後的に守らせるといったエンフォースメントが大事であることといった指摘につながる[61]。

(5) 支払能力に基づく分配規制

分配規制については、より債権者の保護を図る観点などから、支払能力に基づいて行うことも考えられる。米国では、1977年カリフォルニア州会社法において、債権者の保護に対する根元的な反省により、資本維持による分配規制から、留保利益基準や一定の資産負債比率と流動性比率を満たすことを要求した実質的な支払能力基準へ移行したといわれている[62]。また、1980年改訂の模範事業会社法（Model Business Corporation Act）では、債務が弁済できない場合での配当の禁止と、資産総額が総負債と優先株への支払合計額を超える場合の配当の禁止を定めており、債権者保護に徹した支払能力基準を導入した[63]。欧州でも、資本維持や実現利益に基づく分配規制から、貸借対照表上の数値や流動性基準による支払能力テスト、取締役による支払可能の書類（solvency certificate）を示すなどの提案もされている[64]。

---

60) 鈴木竹雄・新版会社法（弘文堂、全訂第5版、1994）230頁、248頁。なお、伊藤・前掲注44) 169頁では、1977年改正カリフォルニア州会社法では、分配規制の1つとして資産負債比率を定めるにあたり、資産の総額から、のれん、研究開発費、繰延費用を除外していることに関し、このような措置は、銀行等の金融機関が行う資産の計算方法と酷似しており、同法が金融機関と同様の保守的で堅実な資産計算を要求したことを意味しているとしている。
61) 斎藤・前掲注42) 149頁。
62) 伊藤・前掲注44) 163-166頁。
63) 伊藤・前掲注44) 171-173頁。
64) Report of the High Level Group of Company Law Experts on a Modern Regulatory

わが国でも，現行の分配規制について，実際上の問題が生じているとの意見は特に聞かれず，いまだ有力とはなっていないものの，債権者保護をより図る観点などから，資産負債比率基準や流動性比率基準により分配規制すべきという考え方があるとされる[65]。このような場合には，企業価値の増加分を現金またはそれと同等のもので受領するという要件に加え，その増加分を分配時点でも再投資しないという要件を課すことに留意する必要がある。実現利益に基づく分配規制は，企業の投資政策を与件とするものであったが，支払能力に基づく分配規制は，投資政策自体を制約するものとなるため，より厳しい規制となる[66]。

分配規制が債権者保護に資するためだけのものであれば，のれん価値を生み出す事業投資に関して直接的に規制し，企業価値を低めてもリスクを減らし，債権者から株主への富の移転を制限することも考えられる。しかし，そのような制限は，私的契約でも達成できるため，どの程度強行法規によるべきかが問題となる[67]。他方，実現利益と呼ばれる範囲が大きく拡大する場合，実現利益に基づく分配規制といっても，想定以上に債権者の債権価値を希薄化させ，コストを上昇させる可能性もある。このため，会社法において，どの程度，規制すべきかは一義的には決まらず，市場における取引契約や事後的なエンフォースメントも考慮して決めざるをえないと指摘されている[68]。

Framework for Company Law in Europe, November 2002。
[65] 大杉謙一「負債・資本の新区分と会社法」日本銀行金融研究所 Discussion Paper No. 2009-J-4（2009）5-6頁。
[66] 斎藤・前掲注42）147頁。
[67] 金本良嗣＝藤田友敬「株主の有限責任と債権者保護」三輪芳朗＝神田秀樹＝柳川範之編・会社法の経済学（東京大学出版会, 1998）212頁。
[68] 斎藤・前掲注42）148頁。

会計監査・内部統制監査

I わが国の会社法上の監査の特異性
II 会計監査人と監査役（監査委員会）との関係
III 会計監査人との監査契約・監査報酬
IV 金融商品取引法上の監査・内部統制監査と監査役・監査委員会
V わが国の会計監査制度の問題点

弥 永 真 生

I わが国の会社法上の監査の特異性

わが国の会社法上の監査は少なくとも3つの点で，多くの他の国々の制度とは異なる面を有している。

第1に，監査役・監査役会・監査委員会の監査報告の作成，株主への提供，本店・支店における備置・閲覧等が要求されているという点を挙げることができる[1]。たしかに，欧米諸国においても，監査委員会の設置が求められ，あるいは監査委員会が設置されていることは少なくないし，——監査役会と訳すことが適切かどうかはともかくとして——ドイツを代表例とする，いわゆる二層制の機関構造を採用している国には，業務執行機関から独立した別個の機関が存在する。しかし，監査委員会あるいは日本の監査役会に相当する機関が会計監査を行い，監査報告書を作成することが要求されている例はきわめて少ない[2]。しかも，外部の独立した専門的知識・経験を有する者（以下，独立監査人

---

[1] 片木晴彦「株式会社監査体系と会計監査人の役割」広島法学12巻2号（1988）1頁以下参照。
[2] 日本に近い制度を有する国としてはイタリアがある。

という)による監査である会計監査人監査の方法および結果の相当性を監査役・監査役会・監査委員会が判断するという仕組みになっているという国は,さらに少ない。

第2に,第1点と関連するが,外部監査人による監査が要求されている範囲が狭く,そのエンフォースメントも十分とはいえない。たしかに,アメリカ(の各州)という重要な例外は存在するものの,EU諸国をはじめとする,いわゆる先進国においては,会社法[3]上,株式会社等は,独立監査人による監査を受けることが要求されることが原則であり,中小企業は「例外的に」その義務を免除されるという建てつけになっているのが通常である。

第3に,金融商品取引法上の監査・内部統制監査と会社法上の監査とが並存しているという点もわが国の制度の重要な特徴である。アメリカでは,会社法上の監査報告の制度はなく,他方,ヨーロッパ諸国においては,半期報告書や目論見書に含まれる財務書類に係る監査は格別,各事業年度に係る計算書類・連結計算書類(財務諸表・連結財務諸表)の監査は会社法上の制度である。

II 会計監査人と監査役(監査委員会)との関係

1 会計監査人監査の実効性と独立性を確保するものとしての監査役(監査委員会)

まず,会計監査人設置会社における計算書類等に係る監査役,監査役会および監査委員会の監査報告の内容として,「会計監査人の監査の方法又は結果を相当でないと認めたときは,その旨及びその理由」(会社計算127条2号・128条2項2号・129条1項2号)が定められている。しかも,会社法の下では,「会計監査人の職務の遂行が適正に実施されることを確保するための体制に関する事

---

[3] 本稿では,会社法という名称の法律ではなく,会社の組織・運営を規律する法律を意味するものとして用いる。したがって,会社の組織・運営を規律する規定が市民法典あるいは商法典に含まれている場合も「会社法上」と表現する。

項」も会計監査人設置会社における計算書類等に係る監査役，監査役会および監査委員会の監査報告の内容としなければならないものとされている（会社計算127条4号・128条2項2号・129条1項2号）。

　また，委員会設置会社においては，株主総会に提出する会計監査人の選任および解任ならびに会計監査人を再任しないことに関する議案の内容の決定は監査委員会の職務とされ（会社404条2項2号），それ以外の会社においても，取締役（会）が会計監査人の選任議案を提出することもしくは会計監査人の解任または会計監査人を再任しないことを株主総会の目的とすることについては監査役（会）の同意を要するとされているのみならず（会社344条1項3項），監査役（会）は，取締役に対し，「会計監査人の選任に関する議案を株主総会に提出すること」などを請求することができるものと定めている（会社344条2項3項）。これは実質的には，その限りにおいて，監査役（会）は株主総会に提出される会計監査人の選任議案の内容を決定できることを意味している。したがって，監査役（会）設置会社においても，会計監査人の選任議案の内容の決定は取締役（会）の独占的決定事項ではなく，監査役（会）が株主総会に提出することを要求した議案を取締役（会）が株主総会に提出しないことは許されないのに対して，監査役（会）が同意しない限り，取締役（会）は，自らが作成した選任議案を有効に株主総会に提出することはできないのであって，監査役（会）の意思が，選任等の議案の内容決定については，優先することになっている。

　しかも，法制審議会第167回会議（2012〔平成24〕年9月7日開催）で採択され，法務大臣に答申された『会社法制の見直しに関する要綱』では「監査役（監査役会設置会社にあっては，監査役会）は，株主総会に提出する会計監査人の選任及び解任並びに会計監査人を再任しないことに関する議案の内容についての決定権を有するものとする」とされている（第一部，第二）。

　さらに，会社法399条は，取締役は，会計監査人または一時会計監査人の職務を行うべき者の報酬等を定める場合には，監査役（監査役が2人以上ある場合には，その過半数。監査役会設置会社では監査役会，委員会設置会社では監査委員会）の同意を得なければならないものと定めている。

2 監査役・監査委員会の職務執行と会計監査人

(1) 監査役・監査委員会と会計監査人との間のコミュニケーション

　会計監査人は，その職務を行うに際して取締役（委員会設置会社では，執行役または取締役）の職務の執行に関し不正の行為または法令もしくは定款に違反する重大な事実があることを発見したときは，遅滞なく，これを監査役（監査役会設置会社では監査役会，委員会設置会社では監査委員会）に報告しなければならない。また，監査役（委員会設置会社では監査委員会が選定した監査委員会の委員）は，その職務を行うため必要があるときは，会計監査人に対し，その監査に関する報告を求めることができるものとされている（会社397条）。

　他方，会社法も，監査役・監査委員会の側から会計監査人に対してどのような助力をすべきかについては規定を設けていない。しかし，このことは，監査役・監査委員会が会計監査人に対して情報を提供することなどを禁止するとか，あるいは，情報を提供することなどを要しないということを意味するものではないこともたしかである。会社法施行規則105条2項3号は，監査役は，その職務を適切に遂行するため，「監査役が適切に職務を遂行するに当たり意思疎通を図るべき者」との意思疎通を図り，情報の収集および監査の環境の整備に努めなければならないと定めているが，「監査役が適切に職務を遂行するに当たり意思疎通を図るべき者」の中には会計監査人が含まれることに疑問をさしはさむ余地はないであろう[4]。

　そして，監査役・監査委員としては，会計監査人と連携して，職務を遂行することによって，任務懈怠（会社423条1項）があったと判断されることを避けることが可能となり，また，監査報告に記載し，または記録すべき重要な事項についての虚偽の記載または記録があった場合に，注意を怠らなかったことを証明すること（会社429条2項柱書ただし書および3号）が容易となると考えられる。

---

[4] それでは，なぜ，同条2項1号または2号に会計監査人が例示されていないのかという疑問が生ずるが，会社法施行規則には，事業報告等の監査についての規定が設けられており，計算関係書類の監査についての規定は会社計算規則に設けられていることの影響を受けているのではないかと推測される。

具体的には，監査役・監査委員会と会計監査人がなるべく多くの情報交換・意見交換の場をもつことが求められよう。監査役・監査役会・監査委員会と会計監査人とは，少なくとも，監査契約締結時，監査計画策定時，中間監査時，期末監査時に1回ないし数回の会合をもつことが必要であると考えられるが，上場会社には，四半期報告書の作成が要求されているので，第1四半期，第3四半期の前後にも会合をもつことが考えられる。これに加えて，随時，会合をもって意見交換することが望ましいということができよう。もちろん，会合の形ではないにせよ，情報の交換を行うことが不可欠な場合があることはいうまでもない。すなわち，監査の過程で知りえた異常な取引・事象，会社の財産または損益に重大な影響を及ぼすような事実があるときは，遅滞なく監査役・監査役会または監査委員会に報告することを会計監査人に求めるとともに，監査役・監査委員会からは日常の業務監査で知りえた重要な情報を会計監査人に伝達することが必要であると考えられる。たとえば，監査役・監査委員会としては，会社および企業集団の経営環境の変化，業務執行方針・組織の変更，その他監査の過程で把握した，会計監査人の監査の方法および結果に影響を及ぼすと判断した事項，とりわけ，役員・従業員による不正の事実について，適時に情報を提供し，必要があると認めるときは意見交換することは基本であろう。

また，監査役・監査委員会が，事業所・子会社の監査役の往査結果などについて，会計監査人の監査に必要な範囲内で開示することは監査役・監査役会・監査委員会または会計監査人の監査の効率を高めるのみならず，それぞれの監査の質を確保することにつながるものと期待される[5]。

以上に加えて，会計監査人から質問があれば，取締役会での議論の内容や，代表取締役・代表執行役などの経営者と監査役・監査委員の意見交換の内容のうち，会計監査人の監査の方法および結果に影響を及ぼすと思われる事項につ

---

[5] 日本公認会計士協会「監査基準委員会報告書260 監査役等とのコミュニケーション」（2011〔平成23〕年12月22日）は，監査人に，監査に関する監査人の責任，および計画した監査の範囲とその実施時期の概要について，監査役等と明確にコミュニケーションを行うこと，監査に関連する情報を監査役等から入手すること，財務報告プロセスを監視する監査役等の責任に関連し重要と考えられる監査上発見した事項について，監査役等に適時に伝達すること，および，監査人と監査役等が連携し，有効な双方向のコミュニケーションを行うことを求めている。

いて，監査役・監査委員会の判断と責任の範囲内において説明することが考えられてもよいであろう。

(2) 会計監査人の監査の方法および結果の相当性の判断

　会計監査人設置会社の会計監査は，第一次的に，会計監査人が行い，計算関係書類の適正性について監査意見を表明し，会計監査人の監査の方法および結果の相当性を監査役，監査役会または監査委員会が判断するという二重構造になっている（会社計算127条2号・128条2項2号・129条1項2号）。計算関係書類に係る監査役，監査役会または監査委員会の監査は全くのゼロから行われるわけではなく，会計監査人の監査の方法および結果の相当性を判断することができるように行われれば十分である。計算関係書類の監査に関していえば，監査役，監査役会または監査委員会は会計監査人の監査の結果に信頼を置くことができるのが原則であるということもできよう。すなわち，会計監査人の精神的独立性および経験・能力に問題がなく，「会計監査人の職務の遂行が適正に実施されることを確保するための体制」が整備されており，会計監査人が十分な資源を監査に投入し，会社の財務報告に係るその会社特有のリスクも考慮に入れた監査を行い，十分な監査証拠を入手していることについて，監査役・監査委員会が確信を得ることができれば，会計監査人の監査の方法は相当であると認めてもよいものと思われる。また，監査の結果については，監査役・監査委員会が（会計事項以外の）業務監査の過程において得た情報などを踏まえて，その相当性を判断することになるが，この局面においても会計監査人の精神的独立性および「会計監査人の職務の遂行が適正に実施されることを確保するための体制」，とりわけ，会計監査人における審理体制に問題がないことが前提となると考えられる。

　ところで，会計監査人設置会社における監査役・監査役会・監査委員会の監査報告との関連では，監査役・監査役会・監査委員会と会計監査人との連携が適切になされていることが前提となると考えられる。すなわち，第1に，会計監査人が十分な情報（監査証拠）を入手していないとすれば，会計監査人の監査計画・監査手続が不適切なものとなり，その結果，会計監査人の監査の結果にも問題が残る可能性がある。したがって，会計監査人が十分な情報（監査証拠）を入手していないことに監査役が気づいているにもかかわらず，そのよう

な情報を監査役・監査委員会が会計監査人に提供しないとすれば，監査役・監査委員会としては，会計監査人の監査の方法および結果が相当であるという意見を表明することができなくなり，監査役・監査委員会自ら（会計監査人の監査結果に依拠することなく，ゼロから）計算関係書類の監査を行わなければならないことにつながると考えられる。すなわち，監査役・監査委員会が会計監査人の監査の結果に一応信頼を置いても任務懈怠がないとされるためには，監査役・監査委員会から会計監査人への情報の提供などが必要となると考えられる。

　第2に，たとえば，業務監査において重点を置くべき事項を発見する端緒が会計監査から得られることもある。また，会計監査と会計以外の業務の監査とは連続していることなどを踏まえると，監査役・監査委員会としては，会計監査人に適時に適切な情報を提供することによって，会計監査人の監査の効率性と実効性を高めるだけではなく，監査役・監査委員会自らの監査の効率性と実効性とを高めることができると期待される[6]。すなわち，会計監査人との情報交換を通じて，自らの監査において着目すべき点を発見できるのみならず，会計監査人が監査役・監査委員会から得た情報に基づいて監査を的確に実施することができることによって，取締役（委員会設置会社では，執行役または取締役）の職務の執行に関し不正の行為または法令もしくは定款に違反する重大な事実を発見しやすくなるとすれば，それは監査役・監査役会または監査委員会に報告されることになるからである。監査役・監査委員会と会計監査人は，監査上の必要な事項について情報提供と意見交換を行い，監査役・監査委員会からは日常の業務監査で知りえた情報を会計監査人に伝え，会計監査人からは会計監査で得た情報の提供を受けて，それぞれの監査業務に役立てることが望ましいということができよう。

---

[6]　日本監査役協会会計委員会「会計監査人との連携に関する実務指針」は，「会計監査人が会社外部の職業的専門家の立場で監査することに対して，監査役は会社内部の実態を熟知した企業人の視点から，会計監査人の監査の相当性を判断するとともに，会計監査人の独立性をはじめとする監査環境に留意することを通して会計監査の適正性及び信頼性の確保に努めなければならない。そのことによって，計算関係書類の適正な開示に寄与することが監査役の会計監査の責務である」と指摘する。

(3) 事業報告の監査

　会社法の下では，計算書類等の監査と事業報告等の監査とは別個に規定されており，事業報告およびその附属明細書は会計監査人の監査の対象とはされていない[7]。

　しかし，公開会社の事業報告には，「直前三事業年度（当該事業年度の末日において三事業年度が終了していない株式会社にあっては，成立後の各事業年度）の財産及び損益の状況」（会社則120条1項6号）を含めなければならず，この事項について，会社法施行規則120条3項は，「当該事業年度における過年度事項（当該事業年度より前の事業年度に係る貸借対照表，損益計算書又は株主資本等変動計算書に表示すべき事項をいう。）が会計方針の変更その他の正当な理由により当該事業年度より前の事業年度に係る定時株主総会において承認又は報告をしたものと異なっているときは，修正後の過年度事項を反映した事項とすることを妨げない」と定めている。

　また，会社法の下では，計算書類およびその附属明細書の監査と事業報告およびその附属明細書の監査とを分けて規定しているため，事業報告と計算書類との首尾一貫性について，監査の範囲外であると解されるおそれがあるが，事業報告と計算書類との首尾一貫性が欠けている場合には，そのような首尾一貫性は黙示的に会社法・会社計算規則・会社法施行規則において要求されていると解して，「法令」に従っていないという意見を監査役は表明すべきであると考えられる[8]。

　このように考えてみると，監査役または監査役会が事業報告等に係る監査報告を作成するにあたっては，会計監査人との連携が不可欠である．会計監査人との意見交換などを踏まえて，意見を形成することが必要であると考えられそうである。

---

[7] 事業報告を会計監査人の監査の対象から除くために，事業報告を計算書類ではないと整理したと説明されている。

[8] たとえば，ドイツ，フランス，イギリスなどでは，会社法上，独立監査人の監査報告において，取締役報告書・状況報告書と計算書類との首尾一貫性について意見を述べることが要求されている。

(4) 監査の効率性の確保

　監査役・監査委員会と会計監査人との連携は，会計監査人の監査の実効性を高め，ひいては，監査役・監査委員会の監査の効率を高めることになると期待されるが，このような連携を適切に図ることは，直接的に，監査役・監査委員会および会計監査人の監査の効率を高めることにつながると期待される。とりわけ，監査計画の策定にあたって，監査役・監査委員会と会計監査人との連携を前提とすることには大きな意義が認められる。すなわち，監査役・監査委員会は会社内部の状況に通暁している立場から，会計監査人は外部の職業的専門家としての立場から，率直な意見交換を行い，お互いに監査計画を策定すれば，適切に問題点を把握することができ，その結果，監査の重点を把握し，合理的な監査計画を策定できると期待される。たとえば，会社（企業集団）を取り巻く経営環境や事業内容の変化や会社が利用する情報技術（IT）の進展が会計監査に及ぼす影響について，情報を交換し，それによる監査上のリスクについて意見交換することは有意義であろう。また，事業所・子会社等の往査の計画内容について，情報を交換することも重要である。事業所子会社等の重要性やリスクの高さなどについての意見交換に意味が認められるからである。さらに，監査役・監査役会または監査委員会の監査方針・監査計画について会計監査人に説明し意見交換を行って，会計監査人の理解と協力を求めるとともに，必要があるときは両者の監査計画の調整を図ることは重要である。すなわち，会計監査人と監査役・監査役会または監査委員会がそれぞれの監査方針と監査計画を説明した上で，監査の重点，リスクの認識，内部統制システムへの関与などについて意見交換し，両者の監査計画に反映させることは有意義である。

(5) 会計監査人の交代

　新たな会計監査人が選任された場合，とりわけ，従前の会計監査人が辞任し，解任されまたは再任されなかった場合には，監査役・監査委員会と会計監査人との連携がきわめて重要となると考えられる。すなわち，解任・不再任に伴う新たな会計監査人の選任の場合は，前任会計監査人との引継が十分に行われているかについて説明を受けた上で，前任会計監査人と新任会計監査人の引継が十分に行われるように適切な措置を講じることを求めるとともに，前任会計監査人との連携状況および最近の監査役または監査委員会による監査の要点を説

明し，会計監査人の往査等に同行するなどして，会計監査人交代に伴う監査品質の低下を補いその維持に努めることが監査役・監査委員会には期待される。会計監査人の交代がない場合であっても，その会社の監査を担当する業務執行社員または重要な補助者が交代したときには，その人事の方針，選任の経緯について説明を受けるとともに，遺漏のない引継が行われていることを確認し，また，新任の業務執行社員や補助者が適切に監査を遂行することができるように，監査環境の整備等に配慮することには意味があると思われる。

3 会計監査人の職務の遂行が適正に行われることを確保するための体制

　会計監査人は，特定監査役に対する会計監査報告の内容の通知に際して，独立性に関する事項その他監査に関する法令および規程の遵守に関する事項，監査，監査に準ずる業務およびこれらに関する業務の契約の受任および継続の方針に関する事項，会計監査人の職務の遂行が適正に行われることを確保するための体制に関するその他の事項を通知しなければならないものとされており（会社計算131条），これらの通知事項を参考にして，監査役（監査役会設置会社では，さらに監査役会。委員会設置会社では監査委員会）の監査報告には「会計監査人の職務の遂行が適正に実施されることを確保するための体制に関する事項」を記載しなければならないとされている（会社計算127条4号・128条2項2号・129条1項2号）。

　監査報告には，会計監査人から通知された事項を記載すれば足りるという解釈も可能であるが，会計監査人から通知された「会計監査人の職務の遂行が適正に行われることを確保するための体制」が不適切であると認めた場合には，監査役・監査役会・監査委員会の監査報告においては，会計監査人の監査の方法が相当ではないという意見を表明すべきであることはもちろんのこと，そのような相当性を判断するにあたっては，どのような事項が通知されたかだけに注目するのではなく，通知されたようにその会計監査人がその職務を遂行しているかどうかを監査役・監査委員会としては確かめることになるはずである。

　そうであるとすれば，会計監査人と十分な意思疎通を図り，会計監査人が通知した「会計監査人の職務の遂行が適正に行われることを確保するための体

制」を，どのように，その会社との関係で運用しているのかを監査役としては確認しなければならない。そのためには，会計監査人が職業的専門家として遵守すべき監査基準，監査における不正リスク対応基準，品質管理基準（とりわけ，企業会計審議会『監査に関する品質管理基準』〔平成17年10月28日〕），監査実務指針，監査法人の内規などへの準拠状況やそれらの基準の改訂などを，会計監査人に対する質問や意見交換を通して，監査役・監査委員会としては把握する必要があろう。

　また，「会計監査人の職務の遂行が適正に行われることを確保するための体制」の中核をなすものの1つは会計監査人の精神的独立性を確保するための体制であり，職業的専門家としての会計監査人が，公正不偏の態度および独立の立場を保持しないかぎり，会計監査の適正性・信頼性を確保することはできないし，そもそも，会計監査人による監査を会社法が要求する意義，法定する意義は失われてしまう。そこで，監査役・監査委員会に求められている重要な任務の1つは，会計監査人が精神的独立性を保持して監査を実施していることを確認することであり，そのために，監査環境の状況を監視するとともに，会計監査人に対する質問などを通してその監査状況の把握に努め，必要に応じて取締役・執行役に改善を勧告しなければならない。監査環境に問題があることを認識している監査役・監査委員会としては，会計監査人の監査の方法および結果の相当性を判断する際に，監査環境に問題があるため，会計監査人の監査の方法が不十分になっているおそれがあることやそれが監査の結果に影響を与えているおそれを踏まえて慎重な判断をしなければならないことになる。すなわち，会計監査人の監査の結果に一応の信頼を置いてよいという前提が崩れることになる場合が少なからずあることが予想される。

4　会計監査人の責任

　会社法の下では，取締役，会計参与，監査役，執行役または会計監査人（役員等）は，その任務を怠ったときは，株式会社に対し，これによって生じた損害を賠償する責任を負い（423条1項），役員等がその職務を行うについて悪意または重大な過失があったときは，当該役員等は，これによって第三者に生じ

た損害を賠償する責任を負うとされているが(429条1項),役員等が株式会社または第三者に生じた損害を賠償する責任を負う場合において,他の役員等も当該損害を賠償する責任を負うときは,これらの者は,連帯債務者とするものとされている(430条)。

　また,株主は,株式会社に対し,役員等の責任を追及する訴えの提起を請求することができ,株式会社がこの請求の日から60日以内に責任追及等の訴えを提起しないときは,その請求をした株主は,株式会社のために,責任追及等の訴えを提起することができるものとされている(847条)。すなわち,会社法の下では,任務懈怠に基づく会計監査人の会社に対する損害賠償責任は代表訴訟の対象とされている。このような法制の下では,会計監査人が適切な業務執行をしなかった場合には,監査役・監査委員にとってのリスクも無視できないものと考えられる。

　第1に,監査役・監査委員の損害賠償責任が追及される可能性も高まると考えられる。これは,監査役・監査委員と会計監査人とは連帯して責任を負うという法制になっているからである。たしかに,これまで,監査役・監査委員の責任が代表訴訟によって追及された公表裁判例は必ずしも多くはなかった。しかし,諸外国における経験を踏まえると,ディープ・ポケットとして会計監査人の責任が代表訴訟によって追及される可能性はかなりあると予想され,かつ,会計監査人はほとんどの場合,賠償責任保険に加入しているため,保険金を支払った保険会社は会計監査人に代位することになる。この場合に,保険会社としては,監査役・監査委員にも任務懈怠があるときには,弁済をした連帯債務者の求償権を代位するため,監査役・監査委員に対して求償する可能性がある。これは,保険会社の取締役等としては,求償を怠ることは,それ自体が,任務懈怠として代表訴訟の対象となるおそれがないとはいえないからである。したがって,監査役・監査委員会としては,会計監査人と適切な連携をとって,会計監査人に任務懈怠が生ずるような事態を予防することが,自らが任務懈怠に基づく損害賠償責任を負うという事態を回避するためには重要であるともいえる。

　第2に,会計監査人としても,監査役・監査委員(または監査委員会)が適切に情報を提供してくれていれば,あるいは,情報を入手するために助力してく

II　会計監査人と監査役（監査委員会）との関係　381

れていれば，過失により，虚偽の会計監査報告をすることは回避できたという場合がありうるとすると，会計監査人が監査役・監査委員に対して求償する可能性がないわけではない。特に，監査役・監査委員（または監査委員会）が重要な事実を知っており，かつ，会計監査人がそれに気づいていないことを知っていた場合あるいは気づいていないことを容易に知りえた場合においては，それが，会計監査人側からの過失相殺の主張につながるおそれがあり，かりに，過失相殺の主張が認められるようなことがあると，会社としては，監査役・監査委員の責任を追及しないわけにはいかないという事態も予想されないわけではない。

　第3に，上述したように，会計監査人の監査計画・配員計画が不十分であることを知っていた場合には，監査役・監査委員会は会計監査人の監査の方法および結果について慎重な検討をしなければならず，会計の専門家である会計監査人の監査結果に信頼を置いたから過失がないという主張をしにくくなり，それは，監査役または監査役会（もしくは監査委員会）の監査報告に重要な虚偽記載があった場合における会社法429条2項に基づく役員等の任務懈怠責任を監査役・監査委員が負うことにつながる。すなわち，会計監査人にとっての監査環境を整備し，適切な報酬等を会計監査人が受けられるように同意権を適切に行使し，また，会計監査人に必要と思われる情報を適時に提供した上で，会計監査人の職務の遂行が適正に行われることを確保するための体制に格別の問題がないと監査役（および監査役会）・監査委員会が認識していた場合には，監査役・監査委員としては，注意を怠らなかったことを証明しやすいのではないかと推測されるが（信頼の抗弁），そうでなければ，信頼の抗弁は認められないのではないかと思われ，注意を怠らなかったことを証明することはかなり困難になるのではないかとも考えられる。このような観点から，監査役・監査委員会と会計監査人との連携はきわめて重要になる。

　なお，会計監査人について，会社法427条に基づく責任限定契約を締結しておらず，また，会計監査人の会社に対する責任の一部を免除しない場合には，社外監査役・社外取締役について責任限定契約を締結し，また，会社が監査役・取締役の会社に対する責任の全部または一部を免除した場合に，私法の一般原則（民法の連帯債務についての規定）の適用との関連で，難問が生ずること

になる。すなわち、会計監査人と監査役・監査委員とは連帯して損害賠償責任を負うため、監査役・監査委員にも任務懈怠があり、その任務懈怠と会社の損害との間に相当な因果関係があるかぎり、会社が監査役・取締役の損害賠償責任の全部または一部を免除し、または、社外監査役・社外取締役との間で責任限定契約を締結した場合に、民法437条が適用されるとすれば「連帯債務者の1人に対してした債務の免除は、その連帯債務者の負担部分についてのみ、他の連帯債務者の利益のためにも、その効力を生ずる」ことになる。監査役・監査委員にも任務懈怠があり、その任務懈怠と会社の損害との間に相当な因果関係がある限り、監査役・監査委員には内部的負担部分があるはずであり、監査役・監査委員の負担部分の大きさがどれほどのものとなるかはケース・バイ・ケースで判断されるであろうが、会社としては、監査役・監査委員の負担部分を判断することは難しいからである。もっとも、会計監査人の会計監査報告に虚偽記載が生じたことに監査役・監査委員が寄与していない場合、たとえば、会計監査人に必要な情報を適時に提供し、会計監査人の監査環境の整備に協力していたような場合には、監査役・監査委員には任務懈怠がないとされるか、万一あるとされても、その負担部分は相当少ないものとなることが期待される。したがって、監査役・監査委員会と会計監査人との連携に、監査役・監査委員が留意し、積極的に関与することは、監査役・監査委員に任務懈怠がないとされるためにも、任務懈怠があるとされても、その内部的負担部分を少なくするためにもきわめて重要であると考えられる。

III 会計監査人との監査契約・監査報酬

1 監査契約

*2*でみる監査報酬についての同意権を除き、現在の会社法には、会社と会計監査人との間の監査契約の内容の決定に、監査役または監査委員会が関与すべき旨の明文の規定は設けられておらず、監査契約の締結は業務執行の一環として、取締役または執行役の権限であると解されている（報酬について同意権とい

う構成が採用されている背景にはそのような思考があるとみることもできる）。しかし，Ⅱでみたように，会計監査人設置会社においては，監査役・監査役会または監査委員会は，会計監査人による会計監査を前提として，その職務を執行するという建てつけになっており，会計監査人により会計監査が適切に行われることに重大な利害を有しているのみならず，会計監査人の監査の方法または結果が相当でない場合には，その旨を自らの監査報告に記載・記録しなければならないものとされている。とりわけ，会計監査人の監査の方法が相当でないという意見を表明しつつ，その会計監査人の監査の内容を規定する監査契約の内容には影響を与えられないというのは矛盾であるし，そもそも，取締役等が適切な内容を有する監査契約を締結してくれなければ，監査役等は会計監査人の会計監査の結果に依拠できないことになるとすると，これは，わが国における会計監査人制度の位置づけと首尾一貫しないといわざるをえない。

　ドイツでは，かつては，取締役が監査契約の締結権限を有していると解されていたが，監査役会（Aufsichtrat）がその権限を有するものとするように法改正が行われた。これを参考に，わが国においても，監査契約の締結権限を監査役（会）または監査委員会に与えることを立法論としては検討することが望ましいのではないかと思われる。2でみるように，会計監査人との間の監査契約は，単なるサービスの提供をうける契約ではなく，その締結を業務執行行為と性質決定すべき必然性はないこと，および，取締役・執行役と会社との間の訴訟においては，監査役・監査委員が原則として会社を代表することとされており，監査役等に代表権を与えることがそれらの者の職務執行と矛盾するものではないことは念頭に置くべきであろう。

2　監査報酬

(1)　監査役等の同意権

　取締役は，会計監査人または一時会計監査人の職務を行うべき者の報酬等[9]を定める場合には，監査役（監査役が2人以上ある場合には，その過半数，監査役会設置会社では監査役会，委員会設置会社では監査委員会）の同意を得なければならない（会社399条）。このような同意権が定められたのは，会計監査人の独立性

を担保する一方で，監査品質を確保するためである。すなわち，会計監査人の報酬等が不当に高く定められると，会計監査人はその会社の会計監査人として再任されることを願って，会社の経営者に対しての精神的独立性を堅持することが難しくなる可能性がある一方で，会計監査人の報酬等が低く定められると，会計監査人はその報酬等に見合った資源しか投入できない，投入しないことになるから，会計監査人の監査の品質が低下するおそれがある。

　「同意」とされている以上，監査役・監査委員会が自ら報酬等の額を計算する必要はなく，会計監査人または会社の担当部署が積算した見積額に基づき，その積算の根拠や考え方を確認するなどして，報酬等の額が相当であるか否かを判断すればよい。もっとも，企業人としての経験に基づいて，監査役・監査委員会が会計監査人の報酬等の額が過少であることを認識し，または認識することができたにもかかわらず，同意を与えることは，会計監査人が監査上の失敗を犯した場合に，監査役・監査委員が信頼の抗弁を主張することができないことにつながる可能性を完全には否定できない[10]。すなわち，報酬等の額が相当であるかどうかは積算の根拠なしには判断できない。より具体的には，どのようなレベルの公認会計士，会計士補あるいはそれら以外の補助者をその会社の監査にどれだけの時間振り当てるのかということ，および，会計監査人内部における審理・レビューにどれだけのレベルの公認会計士をどれだけの時間貼

---

9) ここでいう報酬等は，会計監査人としての報酬，すなわち，計算関係書類の監査に係る報酬等をいい，会計監査人が会社に対して非監査サービスを提供した場合のそのサービスに対する報酬等は含まないことはもちろんのこと，金融商品取引法上の監査人としての報酬等も含まれない。しかし，実務上は，会社法上の会計監査人監査に係る報酬等と金融商品取引法監査に係る報酬等を区別できないときは，その総額について，同意するか否かを判断することになる。

10) そして，監査役・監査委員会は，報酬等の額に対する同意を与える際には，必要な場合には，報酬等の額の増額が保証されるように，留意すべきであると思われる。そもそも，必要に応じた監査実施の過程での監査手続の追加が『監査基準』などにおいて要求されていることに鑑みると，固定額の報酬を定めることは，一般的に，適切とはいえないであろうし，会社や業種によって事情は異なるが，会計監査人側のバーゲニング・パワーが弱いと認識している場合には，監査役・監査委員会は同意権を通じて，適切な報酬等の額が決定されるように行動する必要がある。会計監査人が，結局，報酬等の額に見合うように資源を投入するおそれがぬぐえない以上，「会計監査人はきちんとした監査を行いますと約束していましたので，それを信用しました」というのでは，必ずしも，善良な管理者としての注意義務を払って，任務を遂行したとはいえないからである。

り付けるのかということを抜きにしては，会計監査人または会社の担当部署が積算した見積額の相当性は判断できないはずである。たとえば，あるレベルの公認会計士を，1時間，監査業務に貼り付けるための単価については，会計監査人と会社との交渉によってある程度の差が生ずることから，監査役・監査委員会がその相当性を判断する上では，経営者等の裁量を尊重することになろうが，監査時間については，慎重にその相当性を判断すべきであるといえよう。すなわち，会計監査人の報酬等の額について同意を与えるということは，監査計画，中でも，どのレベルの公認会計士等がどれだけの時間をその会社の監査のために割くのかという点に同意を与えるのと同意義であるという面が認められるのである。したがって，会計監査人または会社の担当部署が積算にあたって用いた前提に問題がある場合には，監査役・監査委員会としては，報酬等の額について同意を与えるべきではないということになろう。会計監査人が過少な見積りをしてきた場合であっても，それに同意を与えると，監査役・監査委員は善良な管理者としての注意義務を果たしていないと評価されるおそれがある。また，監査実施の過程で追加的な監査手続が必要となった場合にそれに対する適切な報酬が支払われることが保障されているかを確かめる必要がある。会社法の規定からは，監査役等が「事後的に」報酬増額のイニシアティブを当然にとることはできないと解されるからである。

　たしかに，このような場合にも，会計監査人としては，報酬等の額が少なかったせいで，十分な監査をすることができなかったから責任を負わない，あるいは責任は軽減されるべきだと主張できないのは当然であるが，だからといって，報酬等の額の算定根拠となっている監査計画・人員計画に問題がある以上，監査役・監査委員会としては，会計監査人の監査の方法が相当ではないと判断せざるをえないのであって，結局，自ら十分な会計監査を行わない限り，監査役・監査委員としての任務を怠ったということになるはずである。つまり，報酬等の額の算定の前提となっている監査計画・配員計画に問題があることを放置しつつ，会計監査人の監査の方法が相当であると監査役・監査委員会が意見を表明することはできない。

　そこで，監査役・監査委員会としては，報酬等の額について同意を与えるにあたって，報酬等の額の算定の前提となっている監査計画・配員計画の相当性

について判断しなければならないが，そのためには，会計監査人との間で十分な意思疎通を図り，監査計画・配員計画の相当性について会計監査人と意見交換をすることが必要である。また，監査の過程において，問題が発見された場合には，監査手続の拡張，とりわけ実証手続の追加などが必要とされ，その場合には，報酬等の額の増額の必要性があることを踏まえて，報酬等の額が固定額として提案されている場合には，原則として，同意を与えるべきではないのではないかとも考えられる。

(2) 監査報酬の決定権——立法論として

監査報酬は会社が会社以外の者に金銭等を支払うものであり，監査報酬の決定は業務執行の一環であるから，取締役または取締役会で決定することが筋であるという考え方がこれまでは暗黙の前提とされていたのかもしれない。

しかし，監査役の監査費用請求権（会社388条）・委員会設置会社の委員の費用請求権（会社404条4項）を踏まえると，監査費用の額については，監査役・監査委員が本来判断するものであるという立場を採用していると理解できる。たとえば，会計監査人設置会社以外の会社において，監査役が公認会計士または監査法人を会計監査のための補助者として用いた場合の報酬額は監査役が定め，会社に求償または前払を求めることができることになる。そして，会計監査人設置会社においては，監査役・監査委員会の会計監査は会計監査人の会計監査を前提とすることに鑑みれば，会計監査人の監査報酬は監査役・監査委員にとって一種の監査費用としての面を有するという見方も可能である。そうであれば，監査役・監査委員に会計監査人の報酬の決定権があるが，その額が過大であることを取締役会・代表取締役または執行役が立証した場合には減額できるとしたほうが，立法論としては，平仄があうということができる。

また，監査役が業務執行を行うべきではないと考えられる根拠の1つは，監査役が業務執行を行うと，取締役の業務執行を監査することと矛盾する，中立性が確保できない，あるいは監査にあたっての独立性が確保できないおそれがあるというものであろうが，会計監査人の報酬等の決定は，取締役が行う会社の事業に係る業務執行と不可分のものとは考えられず，むしろ，取締役が作成した計算書類の監査を行う主体を取締役が自ら選任することを業務執行と性質決定することのほうが不自然であるともいえるし，監査役が会計監査人の報酬

等の決定を行うことによって，監査役が取締役の職務執行を監査する上で何らかの支障が生ずる，あるいは，独立性が損なわれるということは考えにくい。また，監査役が業務執行を行うべきではないと考えられる根拠としては，経営判断をするのは取締役（会）の任務であり，監査役がそのようなことに口をさしはさむことは会社の効率的・統一的運営を損なうということも考えられる。しかし，会計監査人の報酬等は，会社の業績によって変動させるべきものではなく，むしろ，会社の財政状態および経営成績が悪化している時にこそ，粉飾の誘因は高まるので，会計監査上のリスク（固有リスク）は高まり，会計監査人としては，より丁寧かつ広範に監査手続を実施しなければならないはずである。このように考えると，会計監査人の報酬等の決定は経営判断の問題ではなく，会社法の下で，要求される水準の監査を実施するために必要な額に係るものであると評価すべきである。監査報酬が多額すぎることによって，会計監査人の独立性が損なわれるという議論との関係でも，取締役等が決定するからこそ，そのような弊害が生ずる可能性があるのであって，会計監査人の報酬等の決定を業務執行の一環として位置付けることは適当ではない。

　以上に加えて，会社法上，会社と取締役との間の訴訟は，本来，会社の業務執行と代表という性質を有するにもかかわらず，監査役が会社を代表することとされているが[11]，訴訟の提起の判断と遂行は，典型的な業務執行行為であり，経営的な判断が働く典型的な行為のはずである。それにもかかわらず，会社法は，取締役と会社との間の訴訟においては，監査役が会社を代表すべきものとしているのであって，ある行為が業務執行の性質を有する場合であっても，監査役に行わせることによって，会社ひいては株主の利益につながると定型的に考えられる場合には，監査役の権限としているのである。すなわち，立法論と

---

11) どのように訴訟追行するか，和解するかなどの意思決定も監査役がなすものと解されている。取締役の会社に対する責任の追及の訴えを提起するか否かの判断が監査役には委ねられているが（会社386条），訴えを提起するか否かは適法性の判断にとどまるものではなく，妥当性のレベルの判断が必要とされる可能性がある。会社法施行規則218条3号は，「請求対象者に責任があると判断した場合において，責任追及等の訴え……を提起しないときは，その理由」を不提訴通知に含めることを要求するが，これは，損害賠償責任があると判断しても訴えを提起しないことが正当であるとされる場合があることを示唆している。

して，ある行為が業務執行にあたるという一事をもって，監査役の権限とすることはできないという立場は現行法においてすら採用されていない。

しかも，取締役の責任の一部免除・責任限定契約の締結に係る定款変更などとの関連でも監査役（会）の同意は要求されている（会社425条・426条・427条）。また，株式会社の支配に関する基本方針および具体的取組みに関する事項が事業報告の内容となっているときは（会社則118条3号），その事項についての意見を監査役監査報告および監査役会監査報告の内容としなければならないものとされている（会社則129条1項6号・130条2項2号）。これも，会社の業務執行という面を併せ有していると考えられる事項について，直接的な介入は認めてはいないものの，監査役の意見を表明させ（，株主総会等によるフィードバックを可能にす）るものである。

したがって，立法論として，監査報酬の決定権を監査役（会）に与えることは現行法の基本的な枠組みと首尾一貫しないというわけでもないし，監査委員は取締役なのであるから，監査委員会に監査報酬の決定権を与えることにはなおさら障害はない。

かつて，竹内昭夫教授は監査役との関係であるが，「制度の実効性を担保する仕組みが制度自体に組み込まれておらず，もっぱらその制度を動かす人の個人的性格にたよろうとしているような場合には，われわれはそのような制度に信頼することはできないわけである。……法律制度としては，できるだけ無理のない仕組みを作り，とび抜けて勇気にあふれた人でなくてもその職責を果たせるような建前にしておかなければならない」と指摘されたが[12]，このような発想を前提とするならば，特に，取締役（会）に決定権を残さなければならない合理的な理由がないのであれば，同意権にとどめることは不適当であると考えられる。

以上に加えて，会計監査人の選任議案および解任・不再任について，監査役，監査役会または監査委員会の判断が取締役会の判断より優先するという枠組みをとっている現行法の下で，取締役会，代表取締役または執行役が，監査報酬

---

12) 竹内昭夫・会社法の理論Ⅱ（有斐閣，1984）129頁．

を含む監査契約の内容を左右できるとすると，監査役等が提出した議案が総会で可決されても，そこで選任された会計監査人との契約の締結を拒める，あるいは会計監査人が監査契約を締結しないと判断するような契約内容を提示できることになり，整合性を欠くということも併せて指摘できよう．

Ⅳ　金融商品取引法上の監査・内部統制監査と監査役・監査委員会[13]

1　金融商品取引法上の監査人

　金融商品取引所に上場されている有価証券の発行会社その他の者で政令で定めるもの（特定発行者）が，金融商品取引法の規定により提出する貸借対照表，損益計算書その他の財務計算に関する書類であって内閣府令で定めるもの（財務計算に関する書類）には，その特定発行者と特別の利害関係のない公認会計士または監査法人の監査証明を受けなければならないものとされている（金商193条の2）．

　しかし，金融商品取引法と会社法の守備範囲のすみ分けを図るためか，金融商品取引法上は，監査人の独立性を担保するための手当て（任期，選任，解任，報酬など）は全くなされていない．もっとも，たとえば，東京証券取引所の有価証券上場規程438条が「上場内国株券の発行者は，当該発行者の会計監査人を，有価証券報告書又は四半期報告書に記載される財務諸表等又は四半期財務諸表等の監査証明等を行う公認会計士等として選任するものとする」と定めていることにより，会社法上，会計監査人の地位を保障することが金融商品取引法上の監査人の地位を保障することにつながっている．

　不必要な重複を回避するという観点などから[14]，会社法上の会計監査人監査と金融商品取引法上の公認会計士・監査法人による監査とを統合することが望ましいことはいうまでもないが，金融商品取引法上の監査人の身分的保障を含

---

13)　たとえば，柿崎環「企業内容開示制度（2）」法教362号（2010）63-64頁参照．
14)　なお，後発事象の取扱いとの関連でも，2つの制度が並存していることから，問題が

む精神的独立性を担保するための制度と監査役等との間の十分なコミュニケーションの確保を実現すること，および，会社法上の計算書類等と金融商品取引法上の財務書類との統合によって，株主に対する情報提供が損なわれないような工夫が必要であり，乗り越えなければならない課題はまだ残っているようである。

2 金融商品取引法上の監査と監査役（監査委員会）

金融商品取引法上，監査役・監査委員は提出者の役員（金商21条1項1号かっこ書）として，開示書類に虚偽記載等があった場合には，記載が虚偽でありまたは欠けていることを知らず，かつ，相当な注意を用いたにもかかわらず知ることができなかったことを証明しない限り，有価証券の取得者に対して損害賠償責任を負う（金商21条・22条・24条の4）。しかし，監査役・監査委員会は，金融商品取引法上の開示書類については監査報告を作成することなく，取締役または執行役の職務執行の監査の一環として監査を行うにとどまり，金融商品取引法上の開示書類との関連では，より一層，監査人の監査結果に依拠せざるをえないと考えられる。

なお，オリンパス事件をはじめとする，わが国における近時の会計不正事案を背景として，2013（平成25）年3月に『監査基準』が改訂され，監査人は，監査の各段階において，適切に監査役等と協議する等，監査役等と連携を図らなければならないものとされた（第三　実施基準，一　基本原則，7）。また，とりわけ，不正リスク対応との関係では，連携の重要性が高いと考えられることもあって，『監査における不正リスク対応基準』（これは，金融商品取引法に基づいて開示を行っている企業〔非上場企業のうち資本金5億円未満または売上高10億円未満かつ負債総額200億円未満の企業を除く〕に対する監査にのみ適用されることが予定されている。平成25年内閣府令第35号による改正後監査証明府令3条4項）においては，「監査人は，監査の各段階において，不正リスクの内容や程度に応じ，

生じている。

適切に監査役等と協議する等，監査役等との連携を図らなければならない」とされ，「監査人は，不正による重要な虚偽の表示の疑義があると判断した場合には，速やかに監査役等に報告するとともに，監査を完了するために必要となる監査手続の種類，時期及び範囲についても協議しなければならない」とされている（第二 不正リスクに対応した監査の実施，17）。

3　金融商品取引法上の内部統制監査と監査役（監査委員会）

(1)　内部統制報告書と業務監査

内部統制報告書の作成は取締役または執行役の職務執行であるから，監査役・監査役会または監査委員会[15]の監査の対象となり，また，その監査の結果は監査役・監査役会または監査委員会の監査報告に反映されるべきこととなる（会社則129条1項3号・130条2項2号・131条1項2号[16]）。したがって，内部統制報告書の承認が取締役会の決議事項とされているか否かにかかわらず，内部統制報告書が，財務報告に係る内部統制の評価について，すべての重要な点において適正に表示している否かを，監査役としては，監査人による監査結果[17]などを踏まえて判断する必要があり，また，必要に応じて，適切な補助者を用いて監査を実施する必要がある。

もっとも，定時株主総会を事業年度の末日後3か月以内に行うという現在の

---

15)　以下，3および4においては，「監査役」について検討するが，監査役会および監査委員会にも同様に妥当する

16)　「当該株式会社の取締役（当該事業年度中に当該株式会社が委員会設置会社であった場合にあっては，執行役を含む。）の職務の遂行に関し，不正の行為又は法令若しくは定款に違反する重大な事実があったときは，その事実」を監査役監査報告には記載しなければならないが，内部統制報告書の虚偽記載は「法令に違反する重大な事実」にあたりうる。

17)　なお，金融商品取引法の下では，監査役も，財務報告内部統制について会社が評価した「内部統制報告書」（金商24条の4の4）に虚偽記載等がある場合，すなわち内部統制報告書のうちに重要な事項に虚偽の記載がある場合または記載すべき重要な事項・誤解を生じさせないために必要な重要な事実の記載が欠けている場合に，内部統制報告書提出時の会社役員として，その虚偽記載等を知らずかつ「相当な注意」を用いたにもかかわらず知ることができなかったことを立証した場合を除き，株主（その虚偽記載等を知らないで株式を取得した者）に対して，その虚偽記載等により生じた損害を賠償する責任を負うとされているが（金商24条の4の6・22条・21条1項1号・2項1号），監査役は内部統制

慣行（と総会招集通知に際しての監査役監査報告の提供）および定時株主総会後に有価証券報告書を提出することが一般的であるということに照らすと，監査役監査報告作成日よりも金融商品取引法上の監査人の内部統制監査報告書の作成日が後になることが通常なのではないかと予想される。したがって，金融商品取引法上の監査人の内部統制監査報告書の内容を契機として監査役が監査報告の内容を訂正する必要性が生じうるが，その場合には，撤回・訂正する余地があると解することが適当であると思われるし，定時株主総会の場で説明をする必要がある。

(2) 統制環境としての監査役

　財務報告に係る内部統制においては，会社の統制環境がその有効性に重要な影響を与えるが，その統制環境には，統制環境の醸成に大きな影響を及ぼす取締役の職務の執行を監査する立場にある監査役の果たす機能も含まれる。すなわち，監査役は，財務報告に係る内部統制の整備等に責任を負う取締役の職務遂行を監査する立場にある者として，取締役の職務執行に対する監査役の監視機能の状況は，金融商品取引法に基づく内部統制監査を行うために必要な範囲内で，監査人による確認対象となる。すなわち，監査人は，全社的な内部統制の整備・運用状況の検討にあたって，監査役の監視機能について，①監査役の責任が記載された規定が存在しているか，②監査役会の開催実績の記録や議事録等が存在しているか，③監査役が経営者を適切に監督・監視する責任を理解した上で，それを適切に実行しているか，および④監査役が内部監査人および監査人と適切な連携を図っているかなどの点に留意して，確認することが重要

報告書の内容について何らの監査意見も表明しておらず，しかも，内部統制報告書の作成責任を負う者でもないため，現実には，どのような場合に損害賠償責任を負うのかという問題が有価証券報告書などの虚偽記載等の責任についてと同様，未解明である。もっとも，公認会計士または監査法人の内部統制監査報告書において，無限定適正意見（内部統制監査の対象となった内部統制報告書が，一般に公正妥当と認められる財務報告に係る内部統制の評価の基準に準拠して，財務報告に係る内部統制の評価について，すべての重要な点において適正に表示していると認められる旨）が表明されている場合には，――監査役が会社法の下での取締役の職務執行（これには適切な内部統制体制の整備が含まれる）の監査を十分な注意をもって行っていることを前提として――内部統制報告書が不適正であることを監査役が知り，または疑うべき合理的な理由がない限り，監査役は「相当な注意」を用いたと評価されてよいのではないかと思われる。

であるとされている。このように，監査役と監査人との連携は財務報告に係る内部統制の構成要素としての重要性を有する。

(3) 財務報告に係る内部統制と業務監査

「会社における財務報告が法令等に従って適正に作成されるための体制」(財務計算に関する書類その他の情報の適正性を確保するための体制に関する内閣府令3条参照) である財務報告に係る内部統制は，会社法に定める「取締役の職務の執行が法令及び定款に適合することを確保するための体制」(会社 362 条 4 項 6 号) に含まれると解するのが自然であり[18]，内部統制報告書の記載が適切になされているかどうかとは別に，「取締役の職務の執行が法令及び定款に適合することを確保するための体制」についての取締役会の決議または取締役の決定が相当であるか否かについて，監査役監査報告において，意見を述べることになる (会社則 129 条 1 項 5 号)。

また，監査役には，財務報告に係る内部統制の整備等にかかる取締役の職務遂行に善管注意義務に違反する重大な事実が認められるか否かなどについて，監査役監査報告において監査意見を述べることが求められると解される (会社則 129 条 1 項 3 号・130 条 2 項 2 号・131 条 1 項 2 号)。これとの関連では，日本監査役協会『内部統制システムに係る監査の実施基準』(平成 19 年 4 月 5 日) などが参考になると考えられるが，『内部統制システムに係る監査の実施基準』の 13 条は，監査役は，財務報告内部統制について，財務担当取締役が主導または関与して不適正な財務報告が行われるリスク，会社の経営成績や財務状況に重要な影響を及ぼす財務情報が財務担当取締役において適時かつ適切に把握されていない結果，不適正な財務報告が組織的にまたは反復継続して行われるリスクおよび会計監査人が関与または看過して不適正な財務報告が行われるリスクといった重大なリスクに対応しているか否かを監査上の重要な着眼点として，監視し検証するものとし (1 項)，また，監査役は，財務報告内部統制が前項に定めるリスクに対応しているか否かについて，①財務担当取締役が，会社経営

[18) 詳細については，たとえば，柿崎環「内部統制──資本市場法と会社法の交錯」上村達男編・企業法制の現状と課題 (日本評論社，2009) 167 頁以下，青木浩子「会社法と金融商品取引法に基づく内部統制システムの整備」争点 152 頁以下。

において財務報告の信頼性およびその実効的体制の整備が必要不可欠であることを認識しているか，財務報告における虚偽記載が適時かつ適切に発見・予防されないリスクの重大性を理解しているか，②財務報告を所管する部署に会計・財務に関する十分な専門性を有する者が配置されているか，③日常的な監査活動を通じて監査役が把握・確認している事項に照らして，売上・原価の実在性と期間配分の適切性，棚卸資産の実在性，各種引当金計上の妥当性，税効果会計の妥当性，減損会計の妥当性，ヘッジ会計の妥当性，オフバランス事項その他重要な会計処理の適正性，重要な会計方針の変更の妥当性などの点について財務担当取締役が適切に判断・対応し，かつ，会計監査人が適正に監査を行う体制が整備されているか，④開示すべき財務情報が迅速かつ網羅的に収集され，法令等に従い適時に正確かつ十分に開示される体制が整備されているか，および，⑤会社の経営成績や財務状況に重要な影響を及ぼす可能性が高いと認められる事項について，財務担当取締役と会計監査人との間で適切に情報が共有されているか。会計監査人の会社からの独立性が疑われる特段の関係が形成されていないか。その他会計監査人の職務の遂行が適正に行われることを確保するための体制が整備されているか，を含む重要な統制上の要点を特定のうえ，判断するとしている（2項）。

　したがって，監査人の内部統制監査報告書において財務報告に係る内部統制に重要な欠陥があるとの指摘を受けた場合には，取締役に善管注意義務違反（任務懈怠）がないかどうかを検討する必要があるし[19]，そもそも，「取締役の職務の執行が法令及び定款に適合することを確保するための体制」についての取締役会の決議または取締役の決定が相当であるかどうかを慎重に検討する必

---

[19]　「内部統制システムに係る監査の実施基準」13条5項は，「監査役は，本条に定める監査の方法その他会社法に定める監査活動を通じて，財務報告内部統制が第1項に定める重大なリスクに対応していないと判断した場合には，必要に応じ監査役会における審議を経て，その旨を財務担当取締役に対して適時かつ適切に指摘し必要な改善を求めるとともに，会計監査人に対して必要な情報を提供する」とするが，「財務報告内部統制が第1項に定める重大なリスクに対応」していると評価できるか否かの判断にあたっては監査人からのインプットが重要であり，他方で，「会計監査人に対して必要な情報を提供する」としている点で，双方向の情報交換が意識されており，監査役と監査人（会計監査人を含む）との連携が必要であることが示されているといえよう。

要があるものと考えられる。したがって、この局面においても、監査役と監査人との間のコミュニケーションおよび連携が不可欠となる[20]。

そこで、「内部統制システムに係る監査の実施基準」13条3項は、「監査役は、会計監査人に対し、財務報告内部統制における第1項に定める重大なリスクへの対応状況その他財務報告内部統制の実効性に重要な影響を及ぼすおそれがあると認められる事項について、適時かつ適切に監査役又は監査役会に報告するよう要請し、情報の共有に努める」とし、同条4項は「監査役は、財務担当取締役と会計監査人との間で、監査の方法又は会計処理等について意見が異なった場合には、財務担当取締役及び会計監査人に対し、適時に監査役又は監査役会に報告するよう要請する」としているのであろう。

4　法令違反事実等の通知

金融商品取引法193条の3第1項は、公認会計士または監査法人が被監査会社における「法令に違反する事実その他の財務計算に関する書類の適正性の確保に影響を及ぼすおそれがある事実」[21]を「発見したときは、当該事実の内容及び当該事実に係る法令違反の是正その他の適切な措置をとるべき旨を、遅滞なく、内閣府令で定めるところにより」その被監査会社に「書面で通知しなければならない」と定めている。そして、同条第2項は、この通知を行った公認会計士または監査法人は、その通知を行った日から政令で定める期間[22]が経過した日の後もなお法令違反等事実が、被監査会社の財務計算に関する書類の

---

20)　日本公認会計士協会「監査基準委員会報告書265　内部統制の不備に関するコミュニケーション」(2011〔平成23〕年12月22日) では、「監査人は、監査の過程で識別した重要な不備を、適時に、書面により監査役等に報告しなければならない」とされ (8項)、また、監査人は、適切な階層の経営者に、重要な不備 (経営者に直接報告することが適切ではない場合を除く) および監査の過程で識別したその他の内部統制の不備のうち、他の者により適切な階層の経営者に報告されておらず、監査人が職業的専門家として、適切な階層の経営者の注意を促すに値すると判断したものについて適時に報告しなければならないとされている (9項)。

21)　「法令に違反する事実その他の財務計算に関する書類の適正性の確保に影響を及ぼすおそれがある事実」(圏点一筆者) とされているので、会社法397条1項とは異なり、金融商品取引法上は、財務計算に関する書類の適正性の確保に影響を及ぼすおそれがないような「法令に違反する事実」の通知義務は定められていない。

適正性の確保に重大な影響を及ぼすおそれがあり，かつ，通知を受けた被監査会社が，その事実に係る法令違反の是正その他の適切な措置をとらないと認め，かつ，財務計算に関する書類の適正性の確保に重大な影響を防止するために必要があると認めるときは，内閣府令で定めるところにより，その事項に関する意見を内閣総理大臣に申し出なければならないものとしている。この場合には，その公認会計士または監査法人は，あらかじめ，内閣総理大臣に申出をする旨をその被監査会社に書面で通知しなければならず，また，申出を行った公認会計士または監査法人は，その被監査会社に対してその申出を行った旨およびその内容を書面で通知しなければならない（金商193条の3第2項後段・3項）。

この規定をうけて定められた財務諸表等の監査証明に関する内閣府令7条は，監査証明を行うにあたり被監査会社における法令違反等事実を発見した公認会計士または監査法人は，当該事実の内容および当該事実に係る法令違反の是正その他の適切な措置をとるべき旨を記載した書面により，原則として，その被監査会社の「監査役又は監事その他これらに準ずる者」に通知しなければならないものと定めている[23]。これは，監査役等が，取締役の不正行為や法令・定款に違反する事実や著しく不当な事実があると認められるときは，取締役（取締役会）に報告する義務を負う立場にあることに照らし，法令違反等事実について監査役等に対する通知が確実になされることが必要と考えられたことによるものである。

通知を受けた監査役等がどのように対応すべきかという点については，会社法上，「取締役の職務の執行に関し不正の行為又は法令若しくは定款に違反する重大な事実」の通知を受けた場合とおおむねパラレルに考えることができよう。すなわち，監査役としては通知において指摘された事実の存否を確かめる

---

22) これをうけて，金融商品取引法施行令36条は，政令で定める期間は，通知を行った日（通知日）から通知日後最初に到来する有価証券報告書の提出期限の6週間前の日または通知日から起算して2週間を経過した日のいずれか遅い日（当該日が当該提出期限以後の日である場合は，当該提出期限の前日）と四半期報告書または半期報告書の提出期限の前日のいずれかの日までの間の日とすると定めている。

23) もっとも，「当該事実に係る法令違反の是正その他の適切な措置」をとることについて他に適切な者がある場合には，その者に対して通知しなければならない（財務諸表等の監査証明に関する内閣府令7条かっこ書）。

必要がある。そして，そのような事実が存在すると認めたときには，業務執行権を有する取締役など適切なマネジメント層に対して，その事実を伝え，適切な措置をとることを要望し，それがなされるかどうかをモニターする必要がある。また，その法令違反等が取締役によってなされているときや適切な措置の要望が無視されたときには，違法行為差止請求権を行使したり，取締役会の招集を請求しまたは自ら招集することも必要とされうる。そのようなアクションをとらないことは，監査役の任務懈怠と評価され，会社または第三者に対する会社法上の損害賠償責任（会社423条・429条）の原因となる場合がある。

V　わが国の会計監査制度の問題点

1　エンフォースメントの弱さ

わが国において，貸借対照表等の公告・公開義務の懈怠が広くみられることは周知の事実であり，また，その違反に対する過料（会社976条2号3号）が実際に科された事例は寡聞にして知らない。その上，監査との関連でも，会計監査人の設置義務の履行を確認する手段は，資本金額5億円以上の会社については，資本金額が登記事項とされているため（会社911条3項5号・915条），存在するものの，負債総額200億円以上であることにより設置義務を負う会社については存在しないし[24]，会計監査人の設置義務懈怠に基づき過料（会社976条22号）が科されたという事案も知られていない。

そもそも，会計監査人の設置義務を課されている会社の範囲が，ヨーロッパ諸国などに比べ狭いにもかかわらず，その不遵守に対するサンクションが適切になされていないのではないかという点を指摘することができよう[25]。

---

24) たとえば，2011（平成23）年2月に破たんした林原の資本金は1億円であったものの，負債が1300億円以上であったにもかかわらず，会計監査人を設置していなかった。朝日新聞2011（平成23）年3月9日朝刊10面，日本経済新聞2011（平成23）年9月17日地方経済面中国11面など参照。

2 中小企業と監査

　中小会社の計算書類の適法性を担保する仕組みとして，会計監査人監査以外の方策を導入することは複数の保証水準をもたらす可能性があり，会計監査人監査をより広範囲な会社に要求すべきであるという考え方（会計監査人監査拡大論）と会計監査人監査とは異なる仕組みを導入するという考え方とがあり[26]，会社法は，会計参与という制度を創設した[27]。

　もっとも，会社法は，会計参与を任意的機関と位置付け（ただし，取締役会設置会社のうち，公開会社でないものは，監査役に代えて会計参与を設置することで足りるとされている），会計参与も会計監査人も設置することを要しない株式会社がほとんどである。会社法が，会社の計算を規律し，貸借対照表等の公告・公開を要求しつつ[28]，——コストの問題を十分に考慮に入れなければならず，慎重な検討を要するが[29]——会社の計算の適法性を担保する制度がほんの一部の株式会社にのみ導入されているという状況が適切なのか，そのような制度なしに，——最低資本金制度が廃止されている現在において——株式会社や合同会社のすべての社員につき有限責任が認められることの合理性[30]はどのように説明できるのかは熟考する必要があるかもしれない[31]。また，公開会社以外の会社（会計監査人設置会社および監査役会設置会社を除く）においては，監査の範

---

25)　裁判所以外には，会社法の法執行機関が整備されていないからである。稲葉威雄・会社法の解明（中央経済社，2010）569頁・722頁参照。

26)　なお，法務省民事局参事官室「大小（公開・非公開）会社区分立法及び合併に関する問題点」（1984［昭和59］年5月）では「専門家による外部『監査』」が，法務省民事局参事官室「商法・有限会社法改正試案」（1986［昭和61］年5月）では「会計調査人による調査」などが，それぞれ提案されていた。

27)　会社法制定前の状況の下で，この2つのアプローチについて概観したものとして，弥永真生「中小企業の監査」税研19巻2号（2003）45頁以下など参照。

28)　この点でも，わが国の制度には課題があることについて，浜田道代「企業と公示制度」竹内昭夫＝龍田節編・現代企業法講座1（東京大学出版会，1984）166頁，弥永真生「計算書類の登記所における公開」商事1474号（1997）8頁以下参照。

29)　竹内昭夫（弥永真生補訂）・株式会社法講義（有斐閣，2001）103頁は「小株式会社といえども株主有限責任の特権を享受する以上は，会社債権者の利益保護の面では規整の簡略化は許されないであろう。……特に計算について『手抜き』を許すことは，小会社自体の健全経営のためにも望ましくないことではないかと考える」としていた。

30)　たとえば，江頭憲治郎「会社の法人格」竹内昭夫＝龍田節編・現代企業法講座2（東

囲を会計事項に限定する監査役を置くことが認められているが（会社389条1項），そのような監査役については，会計監査を行うことができる知見を要求しなければ，制度としての合理性を欠くのではないかという問題もある。

　京大学出版会，1985）76頁，稲葉・前掲注25）231-232頁参照。
31）　経済社会における，それらの会社の重要性が低いというのであれば放置してよいのであろうが，わが国における中小企業の重要性は折にふれて指摘されるところであり，そうはいえないであろう。

第V部
資金調達

株式会社法大系

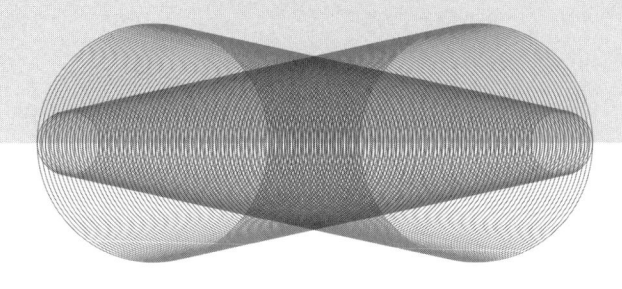

募集株式の発行等

I　序　　論
II　募集株式の発行等の現況
III　第三者割当てに関する取引所の規制
IV　有利発行規制
V　支配権の異動
VI　新株発行の無効
VII　結　　語

中　東　正　文

I　序　　論

　本稿では，募集株式の発行等（以下では，便宜上，「新株発行」ということがある）に関する法規制について，会社法制を中心に，過去，現在および将来を検討する。

　新株発行に関しては，会社法の規制，金融商品取引法による規制，証券取引所（金融商品取引所）による規制がある[1]。

　新株発行においては，会社の資金需要に応じて，機動的に資金調達を行うことができる法制が要請される。他方で，新株発行は既存株式の経済的価値や既存株主の持株比率に影響を与える可能性があるから，既存株主の保護のための

　　本稿の執筆に際しては，久保田安彦大阪大学准教授から各論的な分析も含めて何度もご指導を賜った。心からお礼を申し上げる。すべての文責は，筆者のみに帰する。

[1]　大証金融商品取引法研究会報告「公開会社（上場会社）における資金調達法制」〔洲崎博史報告〕の「添付資料」1-2 頁（2010）〈http://www.ose.or.jp/f/news/19479/wysiwyg/18843_20101109_1.pdf〉を参照。以下の会社法の規制についての叙述も，同資料のほか，伊藤＝大杉ほか294-296頁〔松井秀征〕を参考にした。なお，本論文で示したURLは，2012〔平成24〕年8月31日現在のものである。

規制も必要となる。会社法制は，これらの要請の調整を図ろうとしている。

具体的には，公開会社では，引受人の募集の方式も含めて取締役会が決定することができる（会社199条1項2項・201条1項）。ただし，取締役会限りで決定することができる発行可能株式数には定款による制限がある（会社37条3項・113条3項）。また，払込金額が募集株式を引き受ける者に特に有利な金額である場合（有利発行）には株主総会の特別決議が必要とされ，取締役は，株主総会において，当該払込金額でその者の募集をすることを必要とする理由を説明しなければならない（会社199条2項3項。会社201条1項参照）。

既存株主は，法令または定款に違反する新株発行，および，取締役会の発行権限を濫用して行われようとする著しく不公正な新株発行（不公正発行）の差止めを請求することができる（会社210条）。そして，差止めの機会を確保するため，会社は，どのような新株発行を行うかについて事前に開示をすることが求められる（会社201条3項5項）。新株発行の後は，これを無効とすることができるのは，例外的な事案に限られると解されている[2]。

積極的なエクイティ・ファイナンスは，上場会社に限られるであろうから，本稿では，上場会社のみを念頭において検討を進めることにする。

以下では，募集株式発行等の現況を見た上で（Ⅱ），第三者割当てに関する証券取引所の自主規制の強化について概観する（Ⅲ）。その上で，会社法における有利発行規制（Ⅳ），支配権の異動を伴う新株発行に関する規制（Ⅴ），新株発行の無効原因の解釈（Ⅵ）に関して検討を加える。そして，最後に，本稿の考察から得られた示唆を簡潔に述べる。

---

[2] 江頭713-716頁，伊藤＝大杉ほか313-314頁〔松井〕，龍田303-304頁などを参照。

II　募集株式の発行等の現況

1　新株発行の方法

　新株発行には，株主割当て，公募（時価発行），第三者割当ての3つの方法がある[3]。

　株主割当てとは，既存株主に割当てを受ける権利を与え，持株数に比例して新株を割り当てる方法である（会社202条）。既存株主の経済的価値や持株比率に影響を与える度合が最も低い方法である[4]。

　株主割当ては，現在までに，わが国では主に閉鎖型の会社が利用する方法になっている。他方で，近時，上場会社においても，株主に対して新株予約権無償割当てを行い，その新株予約権に流通性を付与する形での第三者割当てを行いやすくするための法整備が進んでいる。ライツ・オファリングとか，ライツ・イシューと呼ばれるものである[5]。

---

　3)　以下の叙述は，龍田289-291頁，江頭657-662頁を参考にした。
　4)　時価よりも払込価額が低い場合に，新株予約権に譲渡性が与えられていなければ，損失を避けようとする株主は新株の引受けを事実上強制され，発行会社にとっては，成功率が高い増資方法であるとされる。龍田290頁。
　　　なお，株主割当てで低額発行がなされると，総株主としては払込みの強制を免れないとして，「徴収権の亡霊」が存在するとの批判がなされていた（浜田道代「企業金融と多数決の限界」商事1398号〔1995〕32頁）。このような見解に対しては，「現実的な世界では，株主割当てに問題がないわけではないが，それは『払込みが事実上強制されるから非効率なプロジェクトが遂行される』ために生じるのではなく，株主割当に関わるある種の取引費用がもたらす非効率性から生じる」との批判がある（藤田友敬「株式会社の企業金融(1)」法教264号〔2002〕105-106頁参照）。また，ライツ・オファリングに関する議論において，公募であっても悪いプロジェクトのための資金調達を止めることができないのは同じであって，株主割当てによると良くない資金調達を可能とするという非効率性からの批判は，単純な間違いであると評されている（法制審議会会社法制部会第5回会議議事録〔2010（平成22）年9月29日〕PDF版42-43頁〔藤田幹事発言〕）。
　　　株主割当ての成功率が高いとしても，時価発行の公募との比較においてではなく，また，株主割当てが時価発行に比べて非効率な資金調達を可能とするものではない。前掲・法制審議会会社法制部会会議録41-42頁〔中東発言〕で述べた見解は，基本的には改める。
　5)　ライツ・オファリングについては，短期間での新株発行が可能となるように，証券規制が改正されてきた。小長谷章人＝芝章浩「ライツ・オファリング〔上〕」商事1961号（2012）21頁，齊藤将彦ほか「ライツ・オファリング〔下〕，市場の信頼性確保に向けた

公募（時価発行）とは，株主に割当てを受ける権利を与えずになされる新株発行のうち，不特定・多数の者に対して引受けの勧誘をするものである。払込価額は，時価または時価を若干下回る金額と定められるのが通常であるので，時価発行とも呼ばれている[6]。時価で新株が発行されれば，既存株式の経済的価値は損なわれない。新株の割当てを受ける権利を有する者がいない場合には，割当自由の原則が働くと考えられている[7]。特定の者に割り当てることを約定している場合には，第三者割当てにあたる。大規模な公募の場合には，通常，引受証券会社が会社法上の申込者および引受人になって払込期日に払込金額の全額の払込みを行って，新株発行の効力が生じた後に，投資家に対して株式を譲渡する買取引受けの方式がとられる[8]。

見直し等」商事 1962 号（2012）38 頁，清水幸明＝豊田百合子「ライツ・オファリングに係る上場制度改正の概要」商事 1963 号（2012）18 頁などを参照。また，次の会社法改正においても，会社法の障害を減らすことが予定されている（法制審議会「会社法制の見直しに関する要綱」第 1 部第 3 の 3）。会社法改正に関しては，法務省民事局参事官室「会社法制の見直しに関する中間試案の補足説明」（2011）26-27 頁を参照。法制審議会に関する資料は，法務省のウェブから入手することができる（本稿で付した頁番号もアップされている文書の PDF 版によった）。

[6] 新株発行規制を考えるにあたって，「時価」の意義について，①新株発行によって調達した資金を用いてなされる将来のプロジェクトの価値を反映したものを意味するのか，あるいは，②単に従前の株価のことを意味するのか，必ずしも明確に区分して用いられてきておらず，留意が必要である。藤田・前掲注 4）99 頁参照。

[7] 森本滋「新株の発行と株主の地位」法学論叢 104 巻 2 号（1978）15-16 頁参照。森本教授は，「株主の持株比率の維持について，現行法は原則として配慮していないのである。取締役は，新株の割当について，株主割当か公募かの選択をなしうるだけではなく，合理的な理由がある場合には，（特定の株主を含む）特定の第三者に新株を割当てることももちろんできる」（同 15 頁）とされ，「第三者割当により株主の支配関係上の地位に変動が生じても，当然には，不公正発行とはならない。授権資本制度はこのような権限も取締役に委譲することを予定している」（同 16 頁）とされる。しかし，「株主間にいわゆる支配関係上の争いがあり，取締役がこれに介入する意図のもとに，その新株発行権限を行使するときは事情が異なってくる」（同 16 頁）のであって，「合理的理由がなく，単に株主間の争いに介入することのみを目的に新株を発行することは機関の権限分配秩序に違反して不公正発行となることは明らかである」（同 16 頁）とされ，「授権資本制度は取締役に対して株主のいわゆる支配関係上の争いに介入する権限を与えるものではない」（同 16-17 頁）とされる。

[8] 買取引受けは，厳密には第三者割当ての一種である。鈴木竹雄ほか「〔座談会〕株式公募の問題点」ジュリ 233 号（1961）22 頁〔鈴木発言〕，伊藤＝大杉ほか 295 頁〔松井〕。

なお，昭和 41 年商法改正前は，株主以外の者に対する新株発行について法整備がなされておらず，「固有の意味における第三者割当と，公募の一方式としての買取引受けの関係が曖昧であり，実質上第三者割当てであっても公募形式を採用することにより規制の潜脱

2 新株発行の方法に関する開示

新株発行の方法に関して，会社法上の開示によっては，必ずしもどの方法によるのかが分からなくなっている。募集事項の公告または通知（以下，「募集事項の公示」という）がなされるが（会社201条3項4項），会社法においては，「募集の方法」が募集事項に含まれておらず（会社199条1項），したがって，募集事項の公示がなされないことになる。会社法が制定される前は，「募集の方法」が公示すべき事項に含まれていたが（平成17年改正前商法280条ノ3ノ2），会社法では公示事項から除外された[9]。

会社法制における募集事項の公示は後退したが，平成4年証券取引法改正によって，上場会社が行う第三者割当ては証券取引法上の募集に該当することとされ，有価証券届出書の提出が通例となり，有価証券報告書において募集の方法が記載されることになった（金商2条3項，同施行令1条の5・1条の4第1号・1条の7第1号）。

さらに，2009（平成21）年12月11日に，「連結財務諸表の用語，様式及び作成方法に関する規則等の一部を改正する内閣府令」（平成21年内閣府令第73号）が公布され，即日施行された。これには，「企業内容等の開示に関する内

を図ったり，または事実上公募である買取引受について，第三者割当の厳格な規制が適用されるというような不合理な面が問題とされていた」（河本一郎ほか「〔座談会〕企業金融の変遷と法規制の在り方」ジュリ1072号〔1995〕18頁〔森本滋発言〕）。

9) 大証金融商品法研究会報告「公開会社（上場会社）における資金調達法制」9-10頁 (2010)〔洲崎博史報告〕〈http://www.ose.or.jp/f/news/19479/wysiwyg/18843_20101109_houkoku.pdf〉を参照。洲崎教授は，会社法制定時に公示事項が変更された理由は不明であるが，取締役会で決定される募集事項に含まれていない事項まで公示を要求することは不合理であるとの理由ではないかと推測されている（同9頁）。

なお，昭和41年改正前商法280条ノ2第2項は，「株主以外ノ者ニ新株ノ引受権ヲ与フルニハ定款ニ之ニ関スル定アルトキト雖モ与フルコトヲ得ベキ引受権ノ目的タル株式ノ額面無額面ノ別，種類，数及最低発行価額ニ付第343条ニ定ムル決議アルコトヲ要ス此ノ場合ニ於テハ取締役ハ株主総会ニ於テ株主以外ノ者ニ新株ノ引受権ヲ与フルコトヲ必要トスル理由ヲ開示スルコトヲ要ス」として，株主以外の者に新株引受権を与える場合について，一般的に，株主総会の特別決議を必要とするとともに，理由の開示を求めていた。このような整理については，買取引受けとの関係でも，有利発行の問題と不公正発行の問題とを区別して立法されるべきことが指摘されていた（鈴木ほか・前掲注8）21-22頁〔矢沢惇発言，鈴木発言〕）。昭和41年商法改正によって，同条項は，株主以外の者に対する有利発行のみに適用されるよう限定がなされた。

閣府令」の改正が含まれている[10]。施行された改正開示府令のもとでは，有価証券届出書（第2号様式）には，「第3　第三者割当の場合の特記事項」が新設され，割当予定先の状況，株券等の譲渡制限，発行条件に関する事項，大規模な第三者割当てに関する事項，第三者割当て後の大株主の状況，大規模な第三者割当ての必要性，株式併合（キャッシュ・アウト）等の予定の有無および内容，その他参考になる事項が開示されることとされた[11]。

このような金商法上の開示規制の充実に先立って，東京証券取引所は，上場制度整備懇談会が取りまとめた「安心して投資できる市場環境等の整備に向けて」(2009〔平成21〕年4月23日。以下，「上場制度懇談会報告書」という)[12] の提言内容などを踏まえて，2009（平成21）年8月に，第三者割当てに関する制度改正がなされ[13]，開示義務と行為規範が厳格化された。

以上で見たように，新株発行の方法の区分については，会社法制に基づく公示では明らかにされず，証券法制や取引所の自主規制に手掛かりが残されているだけになっている。新株発行における公示ないし開示の義務違反と無効原因の関係については，後で検討することにする。

3　株式発行による資金調達方法の状況

株式発行による資金調達方法は，図表1と図表2で示されているように，長期的には，大きく変化している。

これらの統計からは，次のような傾向を読み取ることができる[14]。わが国の上場会社が株式発行によって資金調達を行う場合に，1970年代初頭までは株

---

[10]　本文の内閣府令等の改正について，谷口義幸ほか「第三者割当に係る開示の充実等のための内閣府令等の改正」商事1888号（2010）4頁なども参照。

[11]　「記載上の注意」も含め，詳細は，谷口ほか・前掲注10) 4-8頁を参照。

[12]　東京証券取引所上場制度整備懇談会「安心して投資できる市場環境等の整備に向けて」(2009〔平成21〕年4月23日)〈http://www.tse.or.jp/listing/seibi/b7gje60000005zc9-att/seibi.pdf〉。

[13]　伊藤昌夫「有価証券上場規程等の一部改正の概要――『2008年度上場制度整備の対応について』に基づく改正」商事1878号（2009）21頁，渡邉浩司「東証による2009年8月制度改正後の第三者割当の開示状況」商事1906号（2010）72頁参照。

[14]　落合誠一編・会社法 Visual Materials（有斐閣，2011）150頁〔後藤元〕。

Ⅱ　募集株式の発行等の現況　409

図表1　上場会社の株式による資金調達の件数

(件)

(グラフ：株主割当て、公募、第三者割当ての推移、1955年～2011年)

〔出所〕東京証券取引所・東証要覧 2012 129 頁（長期統計）から作成

図表2　上場会社の株式による資金調達の額

(億円)

(グラフ：株主割当て、公募、第三者割当ての推移、1955年～2011年)

〔出所〕東京証券取引所『東証要覧 2012』129 頁（長期統計）から作成

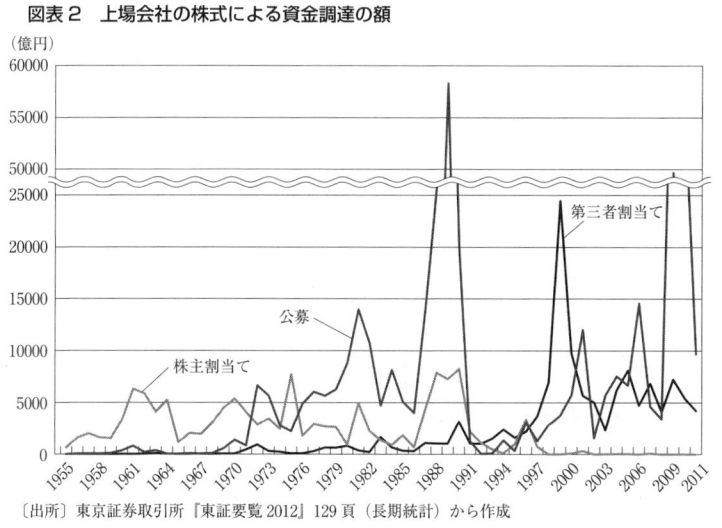

主割当ての方法がよく用いられていた。その後，株主割当ての件数は次第に減少し，近年ではほとんど用いられなくなっている。1970 年代後半から 1990 年までの間に最も用いられていた手法は，公募であったが，1990 年代初頭に激

減している。2000年代になると，第三者割当ての件数が最も多くなっている。公募の件数は，回復しているものの，以前ほどには多くなく，とはいえ，資金調達の額においては，公募が第三者割当てを上回る年も少なくない。

2002（平成14）年以降の10年間について，株式発行による資金調達方法は，**図表3**で示されている通りであり，大きな変化はない。株価の低迷もあってか，優先株式の発行と新株予約権の権利行使による資金調達は低調になっており，相対的に公募と第三者割当てによる資金調達が目立っている[15]。

なお，優先株式による資金調達の件数と金額は，2009年まで相当の割合を占めていたが，東京証券取引所上場会社に関するものは，全てが私募である[16]。

図表3　上場会社の株式による資金調達（2002年から2011年までの分）[17]

年	株主割当		公募		優先株式		第三者割当		新株予約権の権利行使		株式合計	
	件	億円	件	億円	件	億円	件	億円	件	億円	件	億円
2002	—	—	21	1,562	40	10,293	79	5,015	82	2,763	222	19,634
03	3	19	40	5,726	75	25,371	103	2,335	126	397	347	33,850
04	4	44	80	7,544	55	14,105	142	6,242	241	1,041	522	28,977
05	3	42	80	6,661	52	14,312	175	8,101	360	1,819	670	30,937
06	—	—	75	14,546	34	6,003	176	4,736	410	1,647	695	26,933
07	1	80	69	4,629	13	8,115	141	6,841	376	1,716	600	21,423
08	1	1	29	3,419	10	6,437	112	4,101	261	241	413	14,201
09	1	1	52	49,668	30	5,535	135	7,238	189	218	407	62,662
10	1	6	52	33,097	11	865	101	5,423	176	278	341	39,672
11	—	—	45	9,678	7	692	72	4,219	181	273	305	14,864

〔出所〕東京証券取引所『東証要覧2012』118頁（発行市場）から抜粋

---

15) 2007（平成19）年4月以降は，取引所に直接上場する会社が上場の際に行う公募を含んでいる。東京証券取引所・東証要覧2012年118頁（株式による資金調達額（全国証券取引所上場会社））の（注）1。

16) 東京証券取引所「上場会社資金調達額」〈http://www.tse.or.jp/market/data/financing/index.html〉を参照。

17) 新株予約権の権利行使は，新株予約権付社債とストックオプションの権利行使の合計であり，また，大証のヘラクレスとJASDAQを除く統計である。東京証券取引所・前掲注15) 118頁（注）3および4。

Ⅲ　第三者割当てに関する取引所の規制

　東京証券取引所の上場制度懇談会報告書においては，①希釈化・経営陣による株主選択への対応，②割当先に関する問題への対応，④有利発行に該当するかどうか明確でない事例への対応，④資金的裏付けのない第三者割当てへの対応という4つの問題意識が示されていた。

　これを踏まえた東京証券取引所の制度改正の概要については，**図表4**を参照されたい。金商法の開示規制の改革が東証の改革を追随する形になったが，開示内容については，金商法による発行開示と取引所規則による適時開示とでは，大きな違いはないとされている[18]。

図表4　第三者割当てに関する問題意識と制度改革の概要（東証）

問題意識	上場制度上の対応の概要	上場規程等
①希釈化・経営陣による株主の選択	希釈化率＊300％超の第三者割当てについて，上場廃止の実質審査の対象化	規程601条1項17号，施行規則601条13項6号
	希釈化率25％以上または支配株主の異動する第三者割当てについて，株主の納得性を増すための手続の義務化	規程432条，施行規則435条の2
②不透明な割当先	割当先が反社会的勢力と関係がない旨の確認書の提出義務化	施行規則417条1号g
	支配株主との取引に関して，3年間，健全性確保の状況を確認	規程601条1項9号の2
③有利発行の該当性	適法性に関する監査役の意見の開示	規程402条，施行規則402条の2
④割当先の資金的裏付け	割当先の資金手当ての確認状況の開示	規程402条，施行規則402条の2

＊東証の有価証券上場規程等においては，希釈化率（％）は，第三者割当てにより発行する株式等に係る議決権の数を第三者割当ての決定前の発行済株式に係る議決権の総数で除した値に100を乗じた値としている。

〔出所〕渡邉浩司「東証による2009年8月制度改正後の第三者割当の開示状況」商事1906号73頁〔図表1〕（2010年）をもとに作成

---

18)　大証金融商品取引法研究会・前掲注9) 12頁〔洲崎報告〕。

以上の4点は，いずれも，直接的または間接的に，既存株式の経済的価値や既存株主の持株比率に影響を与える可能性に関係するものである。

既存株式の経済的価値を維持するという観点からは，有利発行の該当性に関して（③），第三者割当てを行うときの開示に，「払込金額の算定根拠及びその具体的な内容」，および，「払込金額が割当てを受ける者に特に有利でないことに係る適法性に関する監査役又は監査委員会の意見等」（取引所が必要と認める場合に限られる）を含めることとされた（東証有価証券上場規程施行規則402条の2第2項2号）。

持分の希釈化や経営陣による株主の選択（①），不透明な割当先（②）のうち支配株主との取引の確認などは，第三者割当ての規模と割当先によっては，取締役会決議のみで支配権の異動（支配株主の異動）が生じ得る点において，共通の課題につながるものである[19]。会社法の枠組みでは，一定の支配権の異動に対して，不公正発行に関する規制（会社210条2号ほか）が直接的に対応しており，より一般的な形では，授権資本（株式）制度が大規模な新株発行に関する取締役会の発行権限を制約している（会社37条3項，113条3項）。第三者割当てにおいて，不公正発行と大規模な発行とは，連続的な問題であると理解することができよう。

第三者割当増資に関しては，取引所による対応がなされているが，市場環境の変化に応じて，会社法でも解釈や立法を再検討することが必要である。たとえば，エンフォースメントを考えても，取引所による究極的な制裁は上場廃止であるが，多方面への影響が大きく劇的に過ぎるし，他方で，上場廃止を厭わない発行会社には効果的ではない[20]。会社法の問題としても理解すれば，私法上の効力に連動させやすく，牽制力は強いと考えられる。

以下では，上記の視点を踏まえて，会社法上の有利発行規制，支配権の異動を伴う新株発行に関する規制，新株発行の無効原因について，順次，検討していく。

---

[19] 上場制度整備懇談会・前掲注12）9頁，11頁，渡邉・前掲注13）73頁参照。
[20] 大証金融商品法研究会・前掲注9）32頁〔洲崎発言〕参照。

IV 有利発行規制

1 現行法の規制の趣旨

現行法においては，第三者割当てを「払込金額が募集株式を引き受ける者に特に有利な金額」で行う場合には（有利発行），募集事項の決定を株主総会の特別決議で行い（会社199条2項3号・200条2項・309条2項5号。会社201条1項参照），取締役は，株主総会において，有利発行を必要とする理由を説明しなければならない（会社199条3項）。

有利発行規制の趣旨は，既存株主の利益保護にあり，既存株主から新株取得者への利益移転を防止することにある。この種の利益移転が経営者の裁量によって自由になされ得るとすれば，投資が過小になる危険があり，そのような事態を事前に防止する規制には経済合理性がある[21]。

もっとも，現行法は，有利発行を禁止してはおらず，株主総会決議を要求するという形の規制を行っており，有利発行規制は，一種の権限分配の問題として整理されている[22]。

2 有利発行規制と権限分配

現行法は，有利発行に際して事前の株主総会特別決議を要求しているが，このような権限分配による有利発行規制については，以下の疑問が提示されている[23]。

すなわち，株主総会に付議される新株有利発行は，「非合理的な有利発行」と「合理的な有利発行」のいずれかである。ここで，「非合理的な有利発行」とは，有利発行後，調達資金の運用によっても十分な利益を期待することがで

---

[21] 以上について，藤田友敬「株式会社の企業金融（2）」法教265号（2002）72-73頁。
[22] 藤田・前掲注21) 73頁。
[23] 松井秀征「新株有利発行規制に関する一考察」落合還暦・商事法への提言（商事法務，2004）375-377頁。

きず，既存株主に経済的損害を与える場合などを意味する[24]。

非合理的な有利発行は，取締役の善管注意義務の観点から，そもそも株主総会に議案を提出することすら許されるべきではない。たとえ株主総会に提出されても，株主が反対して議案を否決すれば，株主は経済的損失を避けることができそうである。もっとも，非合理的な有利発行であっても，株主総会決議が成立する可能性がある。たとえば，株主間で情報が共有されないために，合理的無関心の問題が生じる場合である。また，取締役が虚偽の情報を開示するなどすれば，株主の選択が歪められる場合もあり得る。このような場合には，非合理的な有利発行であっても，株主総会の特別決議が成立する可能性がある[25]。

他方で，合理的な有利発行であれば，株主の合理的無関心などは問題にならない。ところが，新株の有利発行の場面において，なぜ株主は調達資金の運用という経営判断事項に関与することができるのか。しかも，新株発行後に得られる利益の期待値が正になるのであれば，なぜ事前の株主総会特別決議を必要になるのか。これらの点は，必ずしも論理的には自明ではない[26]。

現行法の有利発行規制を分析すると，事前の株主総会特別決議という規制手段が機能する場面は限られており，大株主が存在しているなどして，株主に合理的無関心の状態が生じない場合であって，現実に非合理的な有利発行を差し止めることができる場合に限られる。他方で，そのような場合を除けば，現在の有利発行規制は意味を持たないばかりか，株主総会の開催や新株発行の機動性の減少といった費用があるほか，合理的な有利発行に株主が介入することの費用も存する。立法論としては，株主の分散度が高く，これらの費用が大きい会社では，現行の有利発行規制を廃止することが望ましい[27]。

---

[24] 松井・前掲注23) 375頁。あるいは，確率的に利益を期待することができるにしても，調達資金の運用方法のリスクが極端に高くて，株主としてはリスクを許容できない場合なども含まれる。

[25] 以上について，松井・前掲注23) 375-376頁。

[26] 松井・前掲注23) 376-377頁。

[27] 松井・前掲注23) 399-400頁。また，現行法の有利発行規制が完成するまでの立法経緯を検討しても，必ずしも論理的に自明ではなく，他の規制手段との利害得失を検討した上で導入されたものではないと説かれている（同381-386頁）。昭和30年商法改正について，効率的な証券市場の機能を十分に期待することができ，発行会社の新株発行時の株価は有利発行による資金調達の運用まで織り込んで形成されていれば，有利発行が合理的か

以上のように主張されており，論者は，現在の有利発行規制について，実効性と過剰規制に関する疑義を提示している。既存株式の経済的な利益の保護という規制の趣旨と手段とが適切に呼応しているかについて，再検証の必要性を示唆するものでもある。論者も提示しているように，今後の立法論において，考慮されるべき指摘であろう。

もっとも，有利発行規制が伝統的な権限分配論から説明されえないものであると，断言することができるものではない。株主に重大な影響が生じる可能性がある場面においては，取締役会に最終的な決定をさせずに，株主総会の意思決定に委ねることは，会社法の基本的な考え方として維持されている（会社309条2項各号参照）。

論者は，理論を運用する場面において実際上の不都合が生じる可能性を主として問題としているようである。そうであるとすれば，実際上の不都合があるからといって，理論を覆す根拠には当然になるものではなく，理論を具体的な規制に落とし込む方法を再構築することが，第一次的には，求められることになろう[28]。

この点に関して，論者は有利発行を経営判断事項であると割り切っているようでもある。最高裁昭和40年10月8日判決（民集19巻7号1745頁）も，第三者割当一般について株主総会の特別決議が要求されていた時代の事件について，「新株の発行は，元来株式会社の組織に関するものではあるが……会社の業務執行に準ずるもの」であると判示している[29]。しかしながら，最高裁も，

否かの判断の手掛かりとなり，仮に非合理的な有利発行がなされても，事後の責任追及が容易になるから，これに既存株主の保護の機能を委ねる選択肢もありえたが，当時の証券市場は，このような期待を託することができる効率性を有していなかったであろうとされている（同384頁）。

[28] 松井教授も，このような発想に否定的ではないと思われる。それ故に，提示されている立法論では，一律に規制を廃止することまでは提案されていないのであろう。もっとも，株主の分散度が高く，株主総会開催に伴う費用が大きい会社では，現在の規制を廃止するのが実質的に妥当であるとしても，規制の対象となるか否か，つまり規制対象の範囲を明確に規定することができるのか，疑問が残る。

[29] また，最判昭和36・3・31（民集15巻3号645頁）も，「改正商法（株式会社法）〔昭和25年改正〕はいわゆる授権資本制を採用し，会社成立後の株式の発行を定款変更の一場合とせず，その発行権限を取締役会に委ねており，……新株の発行は株式会社の組織に関することとはいえ，むしろこれを会社の業務執行に準ずるものとして取扱つている」と

純粋な経営判断事項と理解しているかは明確でないし,むしろ,会社の業務執行そのものであるとは理解していないと考えられる。さらには,支配権の異動を伴う第三者割当てについては,後述するように,一定の場合に株主総会決議を要求する内容の法改正が予定されており,新株発行が会社の組織に与える影響が重視されている。現時点でも,会社法は,新株発行を会社の組織に関する行為と同列に扱って,これらの無効の訴えに関する規律を整理している(会社828条1項2号3号など)[30]。

また,ある新株発行の適法性や妥当性が問題となる場面に,理論的には,発行価額,持分の希釈化,支配権の異動などに株主に対する影響を分析することができようが,個別の影響に対応する個別の規制に切り分けていくことが実際に可能であるかという課題も残る。規制の過不足が問題であると判断されるのであれば,代替的な規制手段を拡充することも必要であろう。

3 有利発行と時価

有利発行規制が課されることになる「特に有利な金額」(会社199条3項。平成17年改正前商法280条ノ2第2項にいう「特ニ有利ナル価額」)の意味は,最高裁昭和51年3月23日判決(金判503号14頁)によって,以下のような一般論が示されており,学説においても,おおむね好意的に受け取られている[31](下線は,中東)。

　普通株式を発行し,その株式が証券取引所に上場されている株式会社が額面普通株式を株主以外の第三者に対し,いわゆる時価発行をして有利な資本

判示している。
[30] 大隅=今井=小林368-369頁は,「新株の発行が会社の人的物的基礎を拡大する組織法上の行為であることなどを考えると」,適法な決議なしに代表者が募集株式の発行等をしたことは無効原因にならないとする見解には疑問があるとする。なお,組織再編行為の無効に関しては,例えば,合併の無効原因として,合併承認決議の瑕疵が含まれると考えられている(江頭820頁など)。
[31] 藤田・前掲注21) 73-74頁参照。また,大山俊彦「第三者割当における新株の発行価額(東京高判昭和48・7・27判時715号100頁)」竹内昭夫編・新証券・商品取引判例百選(有斐閣,1988) 37頁も参照。

調達を企図する場合に，その発行価額をいかに定めるべきかは，本来は，新株主に旧株主と同等の資本的寄与を求めるべきものであり，この見地からする発行価額は，旧株の時価と等しくなければならないのであつて，このようにすれば，旧株主の利益を害することはないが，新株を消化し，資本調達の目的を達成するための見地からは，原則として発行価額を右より多少低額にする必要があり，この要請を全く無視することもできない。そこで，この場合における公正価額は，新株の発行価額決定前の当該会社の旧株の価格，右株価の騰落習性，従来の売買出来高の実績，会社の資産状態，収益状態，配当状況，発行済株式数，当該新株の発行数，株式市況の動向，これから予測される新株の消化可能性等の諸事情を総合し，旧株主の利益と会社が有利な資本調達の目的を達成するという利益との調和の中に求められるべきものである。

本判決がいう「時価」の意味については，必ずしも明確ではないとの指摘がなされている[32]。すなわち，既存の株主の利益を害することがない「時価」とは，新株発行で調達された資金によってなされる将来のプロジェクトの価値を反映したものを意味するのか，それとも，単に従前の株価のことを指しているのかが，必ずしも明確には意識されてこなかったとされる[33]。

会社が有利な投資機会を実現するために，必要な資金をどのように調達するかは経営判断の問題であるとしても，そこから生まれる利得は，原則として全て既存株主に帰属させるべきであるとの見解がある[34]。時価発行の場合には，新株の割当先を問わず（つまりは，新株発行の方法を問わず），新規投資から生ずる利得は新株発行の情報が市場に伝わった時点で株価に反映し，その市場評価額である企業価値増加分はキャピタル・ゲインの形で全てが既存株主に帰属することになる。現行法は，基本的には，このような立場を採っていると考えられるものの，現実の運用においては，既存株主の利益保護が不十分になっていると評価されている[35]。

---

32) 藤田・前掲注21）73頁，76-77頁，藤田・前掲注4）98-99頁。
33) 藤田・前掲注4）99頁。吉本健一・新株発行のメカニズムと法規制（中央経済社，2007）22-23頁も参照。
34) 吉本・前掲注33）23頁。
35) 吉本・前掲注33）23頁。また，藤田教授は，以下のような分析を示されている。すな

もっとも，第三者割当ての場合には，事業提携などのシナジーによる企業価値増加が生じる場合も少なくないと考えられる。この場合には，従前の株価を基準として新株を発行しても，既存株主もシナジーの分配を受けることができるから，当然には，既存株主にとって不利益であるとか，不公正であるということにはならない[36]。むしろ，将来のプロジェクトの価値を反映した時価が基準にされるのであれば，第三者割当ての引受人にとっては，魅力的ではない投資であると判断される可能性もある。株式交換の場合のシナジー分配の方法として，計画の公表の株価を基準とすることは合理的な方法の一つであろうが，これと同様の発想を用いることもできる。とりわけ，第三者割当てが引受人の株式を対価として行われる場合を考えると，実質的には，株式交換と同じ状況が存するとも理解することができる。上述の最高裁判決は，「時価」の意味を明確にしていないけれども，新株発行の方法などによって異なり得ることを含意しており，この点の解明が今後の課題であるとも考えられる。

　なお，事業提携のためになされた第三者割当てについて，有利発行に該当するか否かが争われたとなった著名な事例として，ソニー＝アイワ事件がある。この事件では，資本参加と事業提携のために，アイワがソニーに対して第三者割当てによる新株発行を行おうとしたところ，その見通しが市場に流れて株価が高騰した。しかし，アイワの取締役会は高騰前の株価を基準にして発行価額を決め，株主総会の承認を得ることなく新株発行を実行した。そこで，アイワの株主が新株を引き受けたソニーに対し，改正前商法280条ノ11（現行の会社212条1項1号に相当する規定）の責任を追及した。

わち，理想的な時価発行が可能であるとすれば，時価発行であろうが，株主割当てであろうが，既存株主の受ける影響は全く同じであり，既存株主の利害に影響しない。ここで，「理想的」とは，「新株発行によって調達された資金によって行われるプロジェクトの価値が直ちに正確に株価に反映し，かつそれが反映した価額で必要な株式数だけが発行され資金調達がなされる」ことを意味する。もっとも，上記の理想的な状態が存在し，しかも取引費用がないとの前提は，現実離れしており，新株発行の方法によって既存株主への影響は異なり得る。現実的な世界での選択は，各々の方法の長所と短所を比較することになるが，当然に望ましい方法が決まる訳ではない。割当自由の原則は，この点の比較については，事案に応じて，経営者に判断する裁量を与えていることを意味する。以上について，藤田・前掲注4）96-103頁。

36）　江頭707-708頁参照。

東京高裁昭和48年7月27日判決（判時715号100頁）は，「発行価額の決定に当たって，訴外会社〔アイワ〕の株価のうち，上記参加，提携の機運を前提とする投機的思惑によって異常に高騰したと認められる部分が考慮されてはならないことはいうまでもないことである」判示し，発行価額は公正かつ適正な発行価額であると認められるとして，請求を棄却した。学説上は，取締役会決議日における高騰した株価を基準とすべきであるとして，このような考え方に対して反対する見解もみられるが[37]，上記の判決を支持する見解が有力である[38]。有力説は，急騰前の市場価格を払込金額とすることは通常は公正であると主張している[39]。企業提携の事実を反映しない株価を払込金額とすることが公正であるのか，あるいは，市場価格を基礎に払込金額を決定すべきであるのかを考えることは，既存株主と新しい株主との間のシナジー分配のあり方を考えることに帰着する[40]。

---

37) 本文で述べた東京高裁昭和48年判決と同趣旨の原判決（東京地判昭和47・4・27判時679号70頁）に反対するものとして，森本滋「商事判例研究（東京地判昭和47・4・27）」ジュリ584号（1975）146頁，宮島司「企業提携のための第三者割当と新株発行価額（東京地判昭和47・4・27）」慶應義塾大学商法研究会・下級審商事判例評釈（昭和45年-49年）（慶應義塾大学法学研究会，1984）322-323頁，327頁。また，神崎克郎「第三者割当と公正な発行価格」商事1191号（1989）8頁など。

38) 江頭707-708頁注(3)，大山・前掲注31）37頁，仮屋広郷「第三者割当増資による企業買収（東京高判昭和48・7・27）」百選197頁。議論状況については，洲崎博史「新株の発行が時価より著しく有利な価額によるものであり，かつ著しく不公正な方法によるものとして，その発行が差止められた事例——忠実屋・いなげや新株発行差止仮処分事件（東京地決平成元・7・25判時1317号28頁）」判評374号（判時1337号，1990）40頁などを参照。

39) 江頭707-708頁注(3)，仮屋・前掲注38）197頁。なお，急騰後の市場価格を基準とすべきとの立場からも，新株の引受人が業務提携の相手方である場合には，別途の考慮が必要であると説かれており（洲崎・前掲注38）44頁注(7)），「騰貴後の時価の相当部分が相手方の提携効果によることが明らかなときは，時価を下回る価額を発行価額としても有利発行とならないと解することが合理的であろう」との見解がある（森本滋「第三者割当を巡る諸問題(2)」金法1240号〔1989〕23頁）。この点に関して，「高騰した市場価格を有利発行の判断の基礎から排除すべき主な場合は，違法な私的利益の獲得が企図されている場合であって，株式利益や違法ではない私的利益の評価に基づく取得によって高騰している場合には排除を認めるべきではない」との見解が示されているが（松中学「市場価格が高騰している場合の有利発行の判断基準」商事1991号〔2010〕33頁。また，同論文30頁も参照），事業提携の相手方への第三者割当ての場合にも，そのように考えてよいか，必ずしも明確な検討が行われていないとも思われる。

40) 仮屋・前掲注38）197頁。また，藤田・前掲注21）77-79頁参照。

4 有利発行の該当性と日本証券業協会の指針

　時価を基準として用いることに関係して，日本証券業協会の「第三者割当増資等の取扱いに関する指針」（以下では，「自主ルール」という）が，実務においては，有利発行に該当するか否かを判断する場面で利用されている[41]。

　日本証券業協会の自主ルールでは，「払込金額は，株式の発行に係る取締役会決議の直前日の価額（直前日における売買がない場合は，当該直前日からさかのぼった直近日の価額）に 0.9 を乗じた額以上の価額であること。ただし，直近日又は直前日までの価額又は売買高の状況等を勘案し，当該決議の日から払込金額を決定するために適当な期間（最長 6 か月）をさかのぼった日から当該決議の直前日までの間の平均の価額に 0.9 を乗じた額以上の価額とすることができる」とされている。裁判例でも，日本証券業協会の指針が参照されている[42]。

　この自主ルールについて，一定期間の株価の平均値を利用することが適切でない場合があることが示唆されている[43]。たとえば，新しいプロジェクトの情報が反映して株価が上昇した後，1 か月で新株発行の決議がなされたにもかかわらず，決議前の 6 か月の平均をとると，プロジェクトの情報が薄められることになる。重要な情報が生じた場合には，原則としてその情報が反映される前の株価を考慮すべきではない。また，逆に，特殊な要因によって株価が高騰を始め企業の客観的価値を反映しなくなったと明確に認定できる場合には，その時期以降の株価は算定の基準から除外すべきであり，平均値をとることで特殊な要因の効果を薄めることでは中途半端である。以上のように，自主ルールに準拠することの懸念が説かれている。

　自主ルールの但書では，「直近日又は直前日までの価額又は売買高の状況等を勘案し，当該決議の日から払込金額を決定するために適当な期間」の平均値

---

[41] たとえば，長島・大野・常松法律事務所編・アドバンス新会社法（商事法務，第 3 版，2010）221-222 頁，瀬戸英男「募集株式の発行等」大系（2）234 頁。

[42] 大杉謙一「大規模第三者割当増資」岩原紳作＝小松岳志編・会社法施行 5 年　理論と実務の現状と課題（有斐閣，2011）83 頁，長島・大野・常松法律事務所編・前掲注 *41*）222 頁参照。たとえば，東京地決平成 16・6・1 判時 1873 号 159 頁（宮入バルブ事件），札幌地決平成 20・11・11 金判 1307 号 44 頁（オープンループ事件）。

[43] 藤田・前掲注 *21*）77 頁。以下の叙述は，同論文による。

を採用することが認められている。上記の前段の懸念については，やや文言から離れるが，状況等を勘案した適当な期間の設定について，プロジェクトの情報の反映時期と決議の時期をも考慮することが求められていると理解することもできるであろう。後段の懸念については，自主ルールでは決議の直前日または直近日の株価を排除することが認められていないから，自主ルールを改正して対応することが必要となる。

かりに上述のように自主ルールを精緻化していったとしても，自主ルールに依拠すれば，当然に会社法上も有利発行には該当しないことにはならない。自主ルールに従えば安心という感覚も一部ではあるようであるが[44]，理論的にも，実務的にも，必要条件であるとも限らないし，まして，十分条件ではあり得ない。自主ルールに依拠した払込金額であっても，有利発行となる場合があると一般的に考えられており[45]，一つの目処であるに過ぎない。

V 支配権の異動

1 従来の議論

東証の規制にも示されているように，大規模な第三者割当ては，支配権の維持や変動を生じさせる可能性がある。現行の新株発行規制のもとでは，取締役が強力な新株発行権限を有しているのに，その権限付与に伴う弊害から株主を保護する手段が備わっていないことが，かねてから問題視されてきた[46]。

---

44) たとえば，大証金融商品法研究会・前掲注9) 27-28頁〔森田章発言，洲崎発言〕，江頭707頁注(3)(「裁判例では……証券業界の自主ルール……に則った払込金額であれば差止めの対象としない，との基準が確立したようである」とする) 参照。
45) 大証金融商品法研究会・前掲注9) 27-28頁〔洲崎発言，森本滋発言〕，江頭707頁注(3)，藤田・前掲注21) 77頁，神崎克郎「第三者割当と株主の保護」ジュリ952号 (1990) 48頁，大杉・前掲注42) 83頁，宍戸善一監修・岩倉正和＝佐藤丈文編著・会社法実務解説 (有斐閣, 2011) 184頁〔中山龍太郎〕。また，東京地方裁判所商事研究会編・類型別会社訴訟 II (判例タイムズ社, 第3版, 2011) 573-574頁, 576-578頁。
46) 洲崎博史「不公正な新株発行とその規制 (2・完)」民商94巻6号 (1986) 745頁参照。

解釈論による対応としては，以下のような提言がなされていた[47]。すなわち，不公正発行の認定に関して，第一に，株主間に支配関係上の争いがあるときに敢えて反対株主を避け，特定の第三者に支配権変動を及ぼす大量の株式を割り当てる場合であることを，株主が主張・立証したならば，取締役の支配目的が事実上推定され，会社がその推定を覆さなければならない。第二に，会社が推定を覆すためには，十分な合理性を持つ説明を行い，証拠を提出することによって，反証を行わなければならない。第三に，資金調達や資本提携などの事業上の必要性は実質的な審査が困難であることから，新株発行の計画策定から実行までの経緯が詳細に審査されなければならない。第四に，不公正発行に対しては，これらの審査基準等を活用して，新株発行無効の訴えを柔軟に運用して対応すべきである。

このような解釈論が示される前から，立法による対応の必要性を説く見解も存在していた。例えば，倍額増資のような大量の新株が発行され，会社の支配関係が絶対的に変更するときには，機関の権限分配秩序からして，株主間の争いや取締役の介入意図にかかわりなく，常に株主総会の特別決議事項とすることが妥当であると主張された[48]。

また，一定割合以上の新株を特定の者に割り当てる場合には，本来的には企業結合法の一環として検討されるべき事項であるとして，払込金額を問わずに，株主総会の特別決議を要求することが妥当であり，一定割合としては，増資後発行済株式総数の20％または25％以上の株式に相当する新株の割当てがなされる場合を一応の目安としてすることが示唆されていた[49]。

[47) 洲崎・前掲注46）726-741頁。

[48) 森本・前掲注7）21頁。発行会社が他の会社の従属会社になることとなる新株発行は，この場合に該当する（同25頁）。なお，大隅＝今井（中Ⅱ）〔新版，1983〕579頁注（1）は，「立法論としては，第三者の過半数支配下に入ることを目的とする新株の第三者割当などについては，合併や営業譲渡と同様株主総会の特別決議を要するものとすることを考慮すべき余地があるといってよい」としている。

[49) 森本滋「商法改正追加事項の検討（3）〔12〕新株発行規制の一般的検討」商事1070号（1986）401-403頁。森本教授は，企業結合関係の形成を目的とする新株発行も，取締役会の経営判断を超える事項として，株主総会の特別決議を要するべきであると主張していた一部の学説（大隅＝今井（中Ⅱ）〔新版，1983〕579頁注（1））を，基本的に支持された上で，慎重な検討が必要であるとされる。

2 近時の立法論

　法制審議会でも，2001（平成13）年4月の「商法等の一部を改正する法律案要綱中間試案」でも，大規模な新株発行について株主総会の特別決議を要するとの試案が提示されていた。すなわち，「株主以外の者に対して，発行済株式の総数の一定の比率（たとえば，5分の1）を超える新株を発行するときは，発行することができる株式の額面無額面の別，種類及び数について，第343条に定める決議〔特別決議〕がなければならないものとする」ことが提言されていた（株式関係第1の2）。しかし，経済界から，企業の資金調達，再建支援，事業再編の機動性を著しく損ない，経営の選択肢を狭めるとの強い批判がなされて，会社法制の改正には至らなかった[50]。

　その後，2011（平成23）年12月に，法制審議会会社法制部会では，「会社法制の見直しに関する中間試案」が決定され，そのなかでは，「支配株主の異動を伴う第三者割当てによる募集株式の発行等」が検討項目として，再び取り上げられた。その後，2012（平成24）年8月に「会社法制の見直しに関する要綱案」が決定され[51]，同年9月に法制審議会総会で決定された「会社法制の見直しに関する要綱」においても，要綱案が原案通り承認された。この要綱に基づく会社法改正法案の今後は明らかではないが，「支配株主の異動を伴う募集株式の発行等」に対する規制が盛り込まれたことが注目に値する。

　この見直しの発端には，典型的にはモック事件[52]のように，不透明な第三者割当増資などが行われて，既存株主の利益が損なわれ，わが国の資本市場に対する内外の批判が集中したという事情がある[53]。

　法制審議会会社法制部会での議論と同時期に，希釈化率25％以上の新株発行については，株主総会の普通決議を要求し，希釈化率100％（倍額増資）以

---

[50]　大証金融商品法研究会・前掲注9）9頁〔洲崎報告〕。
[51]　要綱成立にいたる経緯については，岩原紳作「『会社法制の見直しに関する要綱案』の解説〔I〕」商事1975号（2012）4頁。
[52]　モック事件については，大杉・前掲注42）85-86頁を参照。
[53]　岩原紳作「『会社法制の見直しに関する要綱案』の解説〔II〕」商事1976号（2012）6頁。

上の新株発行については，発行会社を他の会社の子会社にするような新株発行であって基礎的変更に近いといえるから，株主総会の特別決議を必要とするべきであるとの見解が示された[54]。他方で，機関の権限分配秩序と述べるだけであれば，大規模な第三者割当てに株主総会の決議を要求する根拠として抽象的に過ぎるとか，金融や市場の実務を反映して緊急的な場合の例外を法令に書き込むことは困難であることなどから，株主総会の決議事項とすることに消極的な見解も存在していた[55]。

最終的に，法制審議会においては，公開会社において支配株主の異動を伴う募集株式の発行等については，募集株式の引受人が総株主の議決権の過半数を有することになる割当てを行う場合に，情報開示の充実が求められるとともに，総株主の議決権の10分の1以上の議決権を有する株主が反対の通知を会社に行えば，株主総会の普通決議による承認が必要であるとの要綱が取りまとめられた（要綱第1部第3の1(1)）[56]。

上記の改正が成立するに至れば，新株発行の無効原因に関する解釈に影響を与える可能性が大きいと考えられる。前述のように，新株発行の全てが業務執行に準ずるものして評価することができるかについて，疑問が生じるし，むしろ，少なくとも支配権の異動を伴う新株発行については，組織再編行為に準じて取り扱うことが会社法の趣旨であると考えられることになると思われるからである。

---

54) 大証金融商品法研究会・前掲注9) 20頁〔洲崎発言〕。
55) 大杉・前掲注42) 87頁。
56) 経緯や詳細については，岩原・前掲注53) 5-8頁。新株予約権についても，支配権の異動を伴う場合があるから，同様の規制が予定されている（同8-9頁参照）。なお，自己株式取得によっても，支配株主の異動が生じる場合があるから，本来的には，同様の規制を設けるべきであったと思われるが，そのような発想は取り入れられなかった。このため，第三者割当てによって，特定の者に49％を取得させ，その後に，全体の3％の自己株式を取得すれば，この特定の者の持株比率は50％を超えることになるが，形式的には新しい規制には該当しないことになる。全体として一体の取引であると考えられる場合であれば，規制の潜脱を許さないと解釈すべきである。

VI 新株発行の無効

1 開示の欠缺と無効原因

　前述のように，新株発行に関する事項は，会社法上の公示から，相当部分が金商法上または取引所の開示に委ねられることになった。
　そこで，金商法または取引所規則に違反した開示がなされた場合に，会社法上の公示に瑕疵があるのと同等に扱うことができるかが検討されなければならない。というのも，最高裁平成 9 年 11 月 28 日判決（民集 51 巻 1 号 71 号）によれば，「新株発行に関する事項の公示……は，株主が新株発行差止請求権……を行使する機会を保障することを目的として会社に義務付けられたものであるから……，新株発行に関する事項の公示を欠くことは，新株発行差止請求をしたとしても差止めの事由がないためにこれが許容されないと認められる場合でない限り，新株発行の無効原因となると解するのが相当であ」るとされており，金商法または取引所規則に基づく開示を欠く（または虚偽の記載がある）場合には，会社法上の公示の欠缺の場合と同様に新株発行の無効原因を理解すべきではないかが問題となり得るからである。
　この点について，実質論として，「現在では，金商法の発行開示と証券取引所の適時開示による第三者割当てに係る事前の開示が，結果として，会社法の規制の貧弱さを補っているとみることができる」と分析されている[57]。形式的にも，会社法 201 条 5 項は，金商法上の発行開示がなされている場合には募集事項の公示を要しないとしている[58]。
　会社法上の募集事項の公示にせよ，金商法などの開示にせよ，既存の株主が適時に適切な情報を得ることができなければ，差止めの機会が奪われることになり，前述の最高裁平成 9 年 11 月 28 日判決の考え方によれば，新株発行差止請求をしたとしても差止めの事由がないためにこれが許容されないと認められ

---

57) 大証金融商品法研究会・前掲注 9) 16 頁〔洲崎報告〕。
58) 大証金融商品法研究会・前掲注 9) 16 頁〔洲崎報告〕。

る場合でない限り，新株発行の無効原因となるべきことになろう。このような結論が望ましいことについては，学説において，おおよそ理解が共有されていると思われる[59]。

問題は，この結論を得るための法律構成であるが，次の2つの考え方が示されている[60]。第一に，金商法上の開示義務違反を会社法上の公示義務違反と理解する考え方があり得る。この考えによれば，明快ではあるが，裁判所は認め難い構成であり，過激な結論と受け取られると指摘されている[61]。また，会社法201条5項の規定に基づく省令は会社法施行規則40条であり，同条柱書の括弧書は，会社法201条3項に規定する募集事項に相当する事項をその内容とするものに限ると限定しており，会社法上の公示と金商法上の開示とで足並みが揃っている訳ではないという難点もある[62]。ただ，公示事項を実質的に解釈して，余事記載に虚偽があるために，本来の公示事項について誤解を与える場合には，会社法上の公示義務違反があると理解することが示唆されている[63]。

第二に，会社法上の公示義務違反がなくても，金商法上の開示義務違反があれば，実質的に株主は差止めの機会を奪われたとして，公示義務違反を経由せずに，前述の最高裁平成9年11月28日判決の論理に乗せていくという考え方もありうる[64]。この場合には，金商法違反のために株主が差止めの機会を奪われたことを理由として，会社法上も新株発行が無効になると解することになろう。

どちらの考え方であっても，支持されるべきであると考えられる。ただ，これまでのように，無効原因を限定的に解する傾向には，見直しが必要であり，端的に第二の考え方が受け入れられるべきではないか。

---

59) 大証金融商品法研究会・前掲注9) 16-17頁〔洲崎報告〕，32-35頁〔洲崎発言，前田雅弘発言，龍田節発言，森本発言〕参照。
60) 大証金融商品法研究会・前掲注9) 33頁〔北村雅史発言〕参照。
61) 大証金融商品法研究会・前掲注9) 33頁〔北村発言〕。また，同32頁〔森田発言〕参照。
62) 大証金融商品法研究会・前掲注9) 34頁〔森本発言〕。
63) 大証金融商品法研究会・前掲注9) 34-35頁〔舩津浩司発言，洲崎発言〕。
64) 大証金融商品法研究会・前掲注9) 33-35頁〔北村発言，洲崎発言，龍田発言〕。

2 不公正発行と無効原因

　支配権の異動の場面については，問題の本質は不公正発行に該当するか否かであり，公示ないし開示の欠缺は形式的な違反であり，実質的な不公正発行を問題としたきめ細かな議論が必要であることが示唆されている[65]。抜本的な解決策としては，不公正発行と無効原因の考察が深められるべきであり，最終的には，公示ないし開示の欠缺という義務違反行為は，無効となるべき不公正発行を認定する際の一つの要素として考えられるべきことになろう[66]。

　このように，不公正発行が問題の核心であるとすると，どのような場合に不公正発行として無効原因に該当するかの検討が，一段と重要になってくる[67]。

　前述のように，大規模な新株発行に対して，種々の規制が強化されてきており，また，支配権の異動を伴う新株発行に対しては，会社法制の見直しが予定されている。このような動向の基礎には，新株発行の役割についての重点の置き方が変化したという事情が存するのではなかろうか。すなわち，以前は，新株発行は業務執行に準ずる側面が重視されてきたのに対して，今日までに，一定の新株発行においては，支配権の異動などの企業結合としての側面もが重視されるようになってきていると考えられる。

　そうであるとすれば，支配権に影響を与える不公正な新株発行については，無効の範囲を相対的に広く理解することが望ましいことになるであろう。

　換言すれば，不公正発行に対しては，前述のように，新株発行無効の訴えを柔軟に運用して対応すべきであるとの解釈論[68]が一段と説得力を有する状況に至っている。この解釈論を提唱する論者は，「25年改正以降，新株発行制度が大幅に変更されている以上，無効の訴も現行法に合致するよう合目的的に解釈・運用すべき」であると説いており[69]，このような見解が一段と妥当するの

---

65) 大証金融商品法研究会・前掲注9) 35頁〔森本発言〕。
66) 森本338頁は，公示義務違反は新株発行の無効事由とはならないが，公示の懈怠によって無効原因の存在が法律上推定されるとして，証明責任の転換の場面で考慮する。
67) 大証金融商品法研究会・前掲注9) 35頁〔森本発言〕参照。かねてから不公正発行を無効原因と解するものとして，吉本・前掲注33) 78頁のほか，同79頁注(29)で引用されている文献を参照。
68) 洲崎・前掲注46) 739-741頁。
69) 洲崎・前掲注46) 741頁。

が現在の状況であると考えられる。

Ⅶ 結　語

　新株発行については，近時，証券規制のみならず，会社法制においても，新しい規制の動きが見られる。ただ，その基礎となる考え方や問題意識は，従来から提起されてきて，相当に議論されてきたものである。

　このような議論の蓄積は，法規制の動きとともに，再び深く検討され，会社法制の立法および解釈の将来に資することが期待される。本稿で扱った事項は限られており，残された課題も少なくないが，会社法制の将来を考えるための礎の一部になることを願いたい。

資金調達方法の多様化

I　資金調達方法多様化の流れ
II　種類株式の多様化
III　新株予約権の活用
IV　拡がりを欠く普通社債
V　まとめ

大崎貞和

I　資金調達方法多様化の流れ

1　高度成長期までの金融構造

(1)　間接金融への依存

　第二次世界大戦後の日本の金融構造は，現在に至るまで，基本的には銀行などの金融機関を介した，いわゆる間接金融に大きく依存するものとなっている。株式会社にとって最も重要な外部資金の調達方法は，ほぼ一貫して，銀行をはじめとする預金取扱金融機関，生命保険会社，政策金融機関，地方公共団体などからの借入れ（ローン）である。

　もちろん，日本にも古くから株式市場や社債市場が存在し，それらを通じた，いわゆる直接金融が株式会社の資金調達において一定の役割を担ってきたことは事実である。しかし，その役割は，とりわけ高度経済成長期までは，極めて限定的なものにすぎなかった。たとえば，「世界の驚異」といわれるほどの高成長が続いた昭和30年代を通じて，産業資金供給総額の毎年の増加額に占める全国銀行貸出金の割合が44％であったのに対し，株式は15％，社債は4％

にすぎなかったのである[1]。

(2) 直接金融に課された制約

間接金融優位の構造が定着した背景には、法制度の影響もある。かつての商法は、直接金融による資金調達の方法に様々な制約を課していた。たとえば、エクイティ・ファイナンス（資本の調達）については、その大宗は普通株式か転換社債（CB）の発行によるものであり、商法上はそれ以外にも優先株式と劣後株式の概念があったが、後者についてはほとんど実例がなく、前者についてもごく一部の上場会社による活用例がみられただけであった。しかも、自己株式の取得が厳しく規制されていたことから、会社はエクイティ・ファイナンスに対して自ずから慎重にならざるをえなかった[2]。一方、デット・ファイナンス（負債の調達）については、社債の発行限度額規制が存在した[3]。

加えて、法令以外による規制も行われた。株式市場では、大手証券会社の引受部長会申し合わせに基づいて、時価発行増資を行う条件として、直前期の経常利益や配当に関する数値基準を満たすことのほか、配当性向の維持や「増資プレミアム」の資本金への組入れなどが一律に求められていた[4]。また、社債市場では、公募社債は原則的に担保付社債信託法に基づく物上担保の付けられたものとする有担原則がとられ、無担保社債の発行には受託銀行や引受証券会社で構成された起債会の定める適債基準を満たすことが求められた[5]。これらの法令によらない規制は、法令上の規制と共に直接金融による機動的な資金調達に対する大きな制約となった。

---

[1] 有沢広巳監修・日本証券史2（日本経済新聞社、1995）110頁。
[2] 2001（平成13）年6月の商法改正前までは、自己株式の取得は原則として禁止されていた。自己株式取得の禁止は、資金調達の自由度とは関係ないように思われるかもしれないが、株主への資金返還という選択肢が存在しなかったことが、資金調達方法としての増資の活用を躊躇させた面があるだろう。
[3] 1993（平成5）年の商法改正前商法297条および社債発行限度暫定措置法による。
[4] 引受部長会によるルール形成は、株価の急落を受けてエクイティ・ファイナンスが一時中断された1990（平成2）年3月まで続けられ、1992（平成4）年4月のファイナンス再開後は、日本証券業協会の理事会決議と当該決議に関する取扱い要領として継続された。その後、配当金額基準等の数値基準は1996（平成8）年4月撤廃。
[5] 起債会の適債基準は、1987（昭和62）年以降格付機関による信用格付を活用するものに移行したが、最終的に撤廃されたのは1996年1月のことである。

2 アセット・ファイナンスの発達

(1) 1980年代以降の自由化

　こうした構造が変化し始めたのは，金融機関間の競争を促し，効率性を向上させるために預金金利自由化に象徴される金融自由化が動き出した1980年代以降である。預金取扱金融機関への過度なリスクの集中を回避し，より効率的な資金調達を可能とするといった観点から，間接金融に過度に依存する金融構造の変革が求められるようになり，新株引受権付社債（ワラント債）の発行が認められたり[6]，コマーシャル・ペーパー（CP）の市場が創設されたりするなど[7]，まず，直接金融の分野から資金調達方法の多様化が進められることになった。

　その後1990年代に入ると，新たに，会社が保有資産を特別目的会社（SPC）等に売却し，当該SPC等が様々な有価証券を発行することで実質的に会社が資金調達を行うアセット・ファイナンスを可能とするための環境整備が進んだ。アセット・ファイナンスは，資金調達者の信用度ではなく裏付け資産の信用度に依拠しながら資金調達を行うものだが，当初は，もっぱら預金取扱金融機関以外の金融機関（ノンバンク）のための資金調達手段として発達し，後には不動産の証券化など他の資産を活用した資金調達にもその手法が応用されることになったのである。

　世界的にみれば，アセット・ファイナンスの嚆矢となったのは，1970年のアメリカの住宅金融支援機関GNMAによるモーゲージ・パススルー証書の発行である。こうした資金調達方法はセキュリタイゼーション（証券化）と呼ばれ，金融技術の進歩に伴って様々な商品が開発されることになった[8]。

　日本においても1970年代半ばに，住宅金融専門会社等が，住宅ローン債権信託や住宅抵当証券といった金融商品による資金調達を行うなど萌芽的なアセ

---

6) 1981（昭和56）年の商法改正による。ただし，日本証券業協会の理事会決議により，国内発行は非分離型新株予約権付社債に限定され，新株引受権証券の発行される分離型は取扱いを自粛するものとされた。
7) 1987（昭和62）年。
8) 松井和夫・セキュリタイゼーション（東洋経済新報社，1986）参照。

ット・ファイナンスの試みがみられた。しかし，アメリカにおけるセキュリタイゼーションの経験に学びつつ，法制度が整備されたのは1990年代以降のことである。

(2) アセット・ファイナンス関連の法制整備

円滑なアセット・ファイナンスを可能にするための法制整備は，1992（平成4）年に制定され，リース会社およびクレジット会社の売却債権の小口流動化を可能にした特定債権等に係る事業の規制に関する法律に始まる。1998（平成10）年には，不動産等を含む幅広い資産の流動化を可能にするための特定目的会社による特定資産の流動化に関する法律（SPC法）および法人の金銭債権譲渡をめぐる法的安定性を高める債権譲渡の対抗要件に関する民法の特例等に関する法律がそれぞれ制定された[9]。

その後，2000（平成12）年に証券投資信託及び証券投資法人に関する法律（投信法）が改正され，従来の証券投資信託とは異なり主として不動産に投資する投資信託である不動産投資信託（REIT）の設定が可能となる一方，SPC法が改正され，法律の名称が資産の流動化に関する法律と改められた[10]。これにより，アセット・ファイナンスの手段としての不動産の流動化がより容易になるとともに，流動化される不動産を投資対象とする資産運用主体が，個人を含む幅広い投資家層から資金を集めることが可能となったのである。

なお，この時期にアセット・ファイナンス関連の法制度整備が急速に進められた背景には，1990年代に顕在化した金融機関の不良債権問題解決の一助としたいという政策的な意図があったものといえるだろう。

(3) 間接金融における資金調達方法の多様化

不良債権問題が引き起こした有力銀行の経営破綻など1990年代後半の金融システム危機は，より幅広く，銀行など預金取扱金融機関が，貸出先企業が事業活動から生み出すキャッシュフローではなく不動産などの担保や経営者によ

---

[9] 詳しい内容については，高橋正彦「我が国における資産流動化の展開と法制整備」フィナンシャル・レビュー51号（1999）116頁参照。
[10] 詳しい内容については，関雄太「運用対象を拡大する投資信託法改正案」資本市場クォータリー3巻4号（2000）47頁，同「SPC法改正と証券化の潮流」資本市場クォータリー4巻1号（2000）43頁参照。

る個人保証を重視する伝統的な貸出手法を見直す契機となった。

その結果，近年では，間接金融の分野においても，まだ量的に大きな比重を占めるまでには至っていないものの，非伝統的な資金調達方法の利用がある程度の拡がりをみせつつある。たとえば，2006（平成18）年時点の調査によれば，中堅・中小企業の間でも，クレジットスコアリング貸出，ABL（動産担保貸出），シンジケートローン，CLO・CBO（ローン担保証券・社債担保証券）といった新しい資金調達方法が徐々に普及し始めているという[11]。これらの中でも，CLO や CBO は，アセット・ファイナンス関連の法制度が整備されたことで，はじめて導入が可能となった資金調達手段である。

3 多様化の限界

アセット・ファイナンスの発達は，1990年代以降，株式会社による資金調達方法の多様化が進展したことを象徴的に示すものということができるだろう。しかし，これは当事者自治を重視する会社法の制定やそれに至るまでに行われた数次にわたる商法改正の直接的な産物とはいいにくいものである。しかも，資金調達者の信用度だけで資金調達の条件が規定されないというアセット・ファイナンスの特徴を日常的な資金調達に活かすことができるのは，比較的容易に流動化・証券化することが可能な裏付け資産を保有するノン・バンクや不動産業など，ごく一部の業種に限られる[12]。

他方，会社法制の変化が直接影響を及ぼし，アセット・ファイナンスに比べてより幅広い業種での活用が期待される，デット・ファイナンスやエクイティ・ファイナンスについては，前述のように，間接金融を通じたデット・ファイナンスでは変化の兆しがみられるものの，直接金融を通じた資金調達に関し

---

[11] みずほリポート「多様化が進みつつある中堅・中小企業の資金調達」（2006〔平成18〕年12月8日）。

[12] ABL をアセット・ファイナンスの一形態として捉えれば，幅広い業種での活用がなされているといえるかも知れない。また，CLO や CBO は，業種を問わず活用可能だが，その新しさは有価証券の形をとることで資金の出し手が特定の銀行等にとどまらないという点に求められ，資金を取り入れる会社側からみた資金調達方法としては，従来のローンや社債発行と基本的には変わらないものだといえる。

ては，資金調達方法がそれほど多様化したとはいえないのが実情である。

たとえば，直接金融を通じたデット・ファイナンスの代表的な手段である社債についていえば，近年，社債権者に種々の付随的な権利を付与したり，あるいは利率・償還に関する特約を付したりする等の形での新しい形態の社債が開発されてはいるものの[13]，多くの会社による発行が継続的に行われるようになり，商品として市場に定着したという例はほとんどない[14]。エクイティ・ファイナンスについても，会社法制の変化で種類株式の多様化などが実現したが，それが実際の資金調達方法を大きく変えたかというと，そこまではいえないだろう。

そこで次節以下では，上場会社による直接金融を通じた資金調達に限定してではあるが，近年注目された新しい資金調達方法のいくつかを素材としながら，それらの利用が大きな拡がりをみせなかった理由を考えてみることにしたい。また，資金調達方法としては古くから確立された存在であるにもかかわらず，市場活性化へ向けた様々な改革を経てもなお，活発な利用がみられない普通社債についても，検討を加えたい。

II 種類株式の多様化

1 トラッキング・ストック

(1) トラッキング・ストックとは

会社法における資金調達に関する規整の特徴の1つは，種類株式の制度を大幅に拡充していることである。種類株式の制度そのものは古くから存在するが，最近に至るまで上場会社による優先株式発行を除けば利用が拡がらず，平成13年改正以降，大幅な法改正が行われてきた[15]。

---

[13] 江頭664-665頁。
[14] 新種の社債の中には，交換社債のように取引所に上場制度が設けられたものもあるが，発行量や取引の拡大にはつながっていない。
[15] 江頭133頁。

新しい種類株式として最初に登場したのは，2001（平成13）年6月にソニーが発行したトラッキング・ストック（子会社業績連動株式）である。

　トラッキング・ストックは，アメリカのジェネラルモーターズ（GM）が1984年にエレクトロニック・データ・システムズ（EDS）を買収した際に，EDSの業績に連動する株式として発行したのが最初の例とされる。その後，ウォルト・ディズニーやAT&Tといった著名企業による発行が相次いだ。

　GMが発行したトラッキング・ストックは，企業買収の資金調達手段としての活用例だが，1990年代後半のいわゆるドットコム・バブル期には，高成長が期待されるインターネット関連事業部門を実質的に切り出すことで有利な資金調達を行おうとする，価値顕在化型あるいはファイナンス手法型とでもいうべき形でのトラッキング・ストックの活用も拡がった。これは，高成長部門の価値が，多角化した企業グループ内に埋没してしまって市場で適切な評価を受けられず，企業全体の価値が株価に反映されなくなるコングロマリット・ディスカウントの発生に対する対処策とみることもできるだろう。

　これらアメリカで発行されたトラッキング・ストックの多くは，その後，業績連動の対象とされた子会社や事業部門の売却等によって消滅したが[16]，最近でも，2012年8月にリバティ・インタラクティブが，子会社リバティ・ベンチャーズの業績に連動するトラッキング・ストックを発行したように，有力上場会社による発行例がみられなくなったわけではない。

（2）ソニーによる発行

　ソニーがトラッキング・ストックの発行に踏み切った狙いは，ソニー本体による支配権を保ちつつ，グループとしての一体性や戦略の自由度を維持しながら戦略子会社の価値を顕在化させることでグループシナジーを最大限に追求するという点にあった[17]。業績連動の対象とされた子会社は，インターネット接続サービス，コンテンツおよびプラットフォーム事業を手掛けていたソニーコミュニケーションネットワーク（SCN，現ソネットエンタテイメント）であり，アメリカの先行事例との対比でいえば，価値顕在化型あるいはファイナンス手

---

16) たとえばGMは，1996年にEDSを売却した。
17) 同社の2000（平成12）年11月20日付けプレスリリースによる。

法型のトラッキング・ストックの活用法であったということができるだろう。

ただし，ソニーによるトラッキング・ストックの発行決定は，2001（平成13）年の商法改正以前のことであり，当時の商法は，株式の種類を極めて限定的に規定していた（平成13年11月改正前商法222条）。このため同社は，トラッキング・ストックを「配当に関し優先的な内容を有する」株式，すなわち優先株式として位置づけて発行することとしたのである。トラッキング・ストックの設計に係わった関係者は，当時の商法の規定が配当順位の優先を求めたもの，あるいは配当の内容の一部に「優先的な内容」が含まれることを求めたものと解することで，トラッキング・ストックを優先株式として位置づけることに問題はないと指摘している[18]。

しかし，一般に優先株式が，優先配当を受けられる代償として議決権をもたず，優先配当が支払われない場合には議決権が復活する株式であることからすれば，子会社の業績次第では配当金額がゼロになる場合もあるトラッキング・ストックは，優先株式ということはできないだろう[19]。実際，この難点を解消し，トラッキング・ストックの発行を容易にする狙いから，2001（平成13）年11月の商法改正が行われ，「配当に関し内容の異なる株式」の発行が認められることになったのである。

(3) 短期間での退場

このように法的安定性をめぐるリスクをも孕みながら発行されたトラッキング・ストックであったが，発行からわずか4年半で，ソニーの普通株式に一斉転換され，市場から姿を消すことになった。その理由は，インターネット業界における事業環境の変化が急速であることから，SCNの独立性を高めるために株式公開するためとされ[20]，SCNは，2005（平成17）年12月，東証マザーズ市場に株式を上場した[21]。

---

[18] 関谷理記「子会社連動株式（日本版トラッキング・ストック）の開発」商事1581号 (2000) 4頁，11頁注 (18)。

[19] 神田80頁。ただし，ソニーのトラッキング・ストックの場合，議決権のある株式として発行された。

[20] ソニーの2005（平成17）年10月26日付けプレスリリースによる。

[21] SCNは2006（平成18）年10月，ソネットエンタテイメントに商号変更し，2008年1月，東証一部に指定替えとなったが，2012（平成24）年8月，ソニーが完全子会社を目

日本初のトラッキング・ストックが，このように短期間で姿を消すことになった直接的な要因は，発行会社であるソニーの子会社戦略が変化したことである。しかし，上場されたトラッキング・ストックの株価が低迷し，売買も低調であったことも同社の判断に相当影響したように思われる[22]。トラッキング・ストックの存続期間中にSCNの業績が悪化するといった想定外ともいうべき事態もあったとはいうものの，発行会社からすれば，コングロマリット・ディスカウントの解消という所期の目的を達成することができたという実感は抱けなかったのであろう。

　その後，日本市場ではトラッキング・ストックの発行例はない。トラッキング・ストックの母国であるアメリカにおいても，前述のようにドットコム・バブルの崩壊後は発行例があまりみられないことからすれば，トラッキング・ストックという仕組みそのものが，インターネット利用の急速な拡大を背景として一時的に拡がりをみせた徒花的存在だったということなのかも知れない。

　なお，アメリカ市場に関する実証研究によれば[23]，上場会社が事業部門のスピン・オフでなくトラッキング・ストックの発行を選択する動機としては税制上の理由が考えられるという。この指摘が正しければ，アメリカとは税制の異なる日本でトラッキング・ストックが拡がりをみせなかったのも当然と言うべきかもしれない。また，トラッキング・ストックの価格は，業種要因よりも企業要因の影響をより強く受けて形成されていたということであり，アメリカにおいても，コングロマリット・ディスカウントの解消には必ずしも結び付かなかったようである。

　　的とする株式公開買付（TOB）を実施した。
22)　2005（平成17）年4月26日，ソニーがトラッキング・ストックの上場を終了すると発表したのを機に，トラッキング・ストックの売買高が急増し，株価も急上昇した。トラッキング・ストックの売買高や株価が低迷した理由は定かでないが，投資家になじみの薄い仕組みであったことが影響したといった指摘がみられた。
23)　*See* Julia M. D'Souza, John Jacob, *Why Firms Issue* Targeted Stock, 56 Journal of Financial Economics 459（2000）.

2 無議決権株式

(1) 議決権制限株式の解禁

日本の株式会社は，古くから議決権の制約される種類株式を発行することが可能であった。すなわち，優先配当を約束される代償として議決権が無く，優先配当を支払えない場合には議決権が復活するという無議決権優先株式である。

無議決権優先株式は，上場会社に限ってみても，1980年代に日立造船，日本冶金工業による発行事例があったほか，1990年代末には銀行による自己資本増強を目的とする発行例が相次いだ。また，非上場のベンチャー企業の間でも海外の事例に学びつつ，その活用方法が模索されてきた[24]。

一方，海外で一部にみられる優先配当を支払われない無議決権株式や複数議決権株式など株主の会社支配権能について株主平等を破るような種類株式は，トラッキング・ストックの発行を容易にすることになった2001（平成13）年11月の商法改正以前には存在しなかった。この改正によって，一部の事項についてだけ議決権を行使できないような議決権制限株式の発行が認められることとなったのである（平成13年11月改正後商法222条1項5号）。

こうした議決権制限株式は，配当等に期待し議決権の行使には関心のないような株主のニーズに応えた制度であり，会社は，とくに株主総会の全ての事項について議決権を有しない株式を発行すれば，出席を期待できない株主に対する株主総会の招集通知などの費用を節約することができるものとされる[25]。

(2) 国際石油開発と伊藤園による発行

2004（平成16）年11月に国際石油開発（現国際石油開発帝石）が石油公団[26]に対して発行した種類株式（甲種類株式）も，議決権制限株式の変形とみることが可能である。これは，いわゆる拒否権付き株式（黄金株）であり，株主総

---

24) 宍戸善一＝ベンチャー・ロー・フォーラム（VLF）編・ベンチャー企業の法務・財務戦略（商事法務，2010）第8章参照。
25) 神田81-82頁。ただし，東証の企業行動規範では，上場無議決権株式の発行者が議決権付株式の株主に対して議決権行使書面および委任状以外の株主向け書類を交付した場合，速やかに当該書類を無議決権株式の株主にも交付するよう努めることが「望まれる事項」として規定されている（有価証券上場規程447条）。
26) 2005年4月，石油公団が解散したことで，甲種類株式は経済産業大臣に継承された。

会における議決権を有しないが，議決権の20%以上を単独で保有する株主が存在する場合の取締役の選解任など一定の事項については，甲種類株主総会の決議を経なければならないとされている。

　この拒否権付き株式は，2001（平成13）年11月の商法改正で，会社は，定款で，法令または定款の定めにより株主総会または取締役会で決議すべき事項の全部または一部について，その決議のほかに種類株主総会の決議が必要と定めることができるようになった（平成13年11月改正後商法222条9項・10項）ことを受けて発行されたものである。発行は無償ではなく，発行価格46万5000円で行われたが，発行株式数は1株のみであり，実質的な資金調達手段であったとはいいにくいだろう。あくまで国際石油開発の株式公開の可能性をにらみつつ，政府による拒否権を確保することが発行の主な目的だったのである。

　議決権制限株式が，資金調達手段として本格的に活用された例としては，2007（平成19）年9月以降の伊藤園による発行がある。これは，既に東証の上場制度が整備されていた無議決権優先株式に該当するものとして設計され，議決権復活の余地が認められているものの[27]，かつての日立造船等による発行事例とは異なり，投資家の選択による普通株式への転換が認められないという点で，より踏み込んだ議決権制限株式であるということができる。

　伊藤園は，まず，2007（平成19）年7月の定時株主総会において優先株式の発行を可能とする旨の定款変更を行い，8月31日を基準日として全ての株主に対して優先株式（第一種優先株式）の無償割当てを行った。その狙いは，機動的な資金調達を可能とするために，予め優先株式の上場市場を作るとともに，既存株主に対して新たな投資対象を提供することだとされた[28]。同社は，その上で，10月に入って第一種優先株式を新たに発行し，126億円の資金調達を実現したのである。

　同社は，このような資金調達方法を採用した理由として，中長期の事業計画達成に必要な資金調達が狙いであり，資金調達手段の多様化と投資家への新た

---

27) ただし，その要件は優先配当が2年間実施されなかった場合など，緩やかに規定されている。
28) 同社の2007（平成19）年7月26日付けプレスリリースによる。

な投資機会の提供を図るためとしか述べていない[29]。しかし，その決定の背景として，2005（平成17）年以降，ライブドアとニッポン放送が経営支配権の争奪戦を繰り広げたことや村上ファンドを始めとする「もの言う株主」の存在感が高まったことで，日本企業の間で敵対的企業買収の脅威に対する危機感が強まっていたという事実を見逃すことはできないだろう。

(3) 高く評価される議決権

前述のように，議決権制限株式の発行には，もっぱら配当等への期待から株式に投資し，議決権の行使には関心のないような投資家のニーズに応えるという意義が考えられる。そうした投資家の具体像として典型的に想定されるのは零細な個人投資家であり，ペットボトル入り飲料の生産・販売などを通じて消費者にとって身近な会社となっている伊藤園が，自社に親近感をもつ個人投資家による議決権制限株式への積極的な投資を期待したことは容易に想像できる。

しかしながら，市場の受け止め方をみる限り，そうした発行会社の狙いが首尾良く達成されたとは，いいにくいようである。伊藤園の議決権制限株式の価格は，取引所市場への上場後，長期間にわたって普通株式の株価に対して大幅にディスカウントされて推移した。その要因の1つとして，優先株の発行過程で機関投資家の投資制約にかかるような無償割当てが行われたため，機関投資家が優先株市場における売りのみの参加主体となり，株価形成を売り偏重にしたという指摘がなされている[30]。

もっとも，無議決権株式の株価形成をめぐっては，イタリアのミラノ証券取引所市場に関する実証研究でも，優先配当の付される無議決権株式よりも普通株式の方が平均82％も高い価格で取引されていると指摘されており[31]，そもそも市場が議決権の価値を高く評価しているという見方も成り立ちうる。伊藤園の議決権制限株式についても，機関投資家が売りのみの参加主体となったと

---

29) 2007（平成19）年10月19日付けの同社プレスリリースによる。

30) 宇野淳＝山田隆「優先株式のプライシング 無議決権・低流動性・投資制約：伊藤園のケース」早稲田大学ファイナンス総合研究所ワーキングペーパー・シリーズ 08-005 (2008) 参照。

31) See Luigi Zingales, *The Value of the Voting Rights: A Study of the Milan Stock Exchange Experience*, 7 Review of Financial Studies 125 (1994).

いう前述の発行直後の特殊要因がなくなったと考えられる 2012（平成 24）年 1 月になっても普通株式に対して 20％ 程度のディスカウントで取引されていたという[32]。

東証は，伊藤園のケースを踏まえ，類似の発行が行われることを想定して，2008（平成 20）年 7 月，議決権種類株式の上場制度を整備した。すなわち，普通株式を上場する上場会社が無議決権株式を新たに上場することや無議決権株式や議決権の少ない株式を新規上場時に上場することが認められることになったのである（有価証券上場規程 205 条 9 号の 2，302 条の 2 第 1 項）。

しかし，その後，無議決権株式の発行を念頭に置いた定款変更を行った例はあるものの，上場の実例はない。その理由としては，第 1 号となった伊藤園の議決権制限株式が市場の高い評価を受けたとはいいにくいことに加え，無議決権株式や複数議決権株式が広くみられるヨーロッパ諸国やカナダにおいても，株主の権利を軽視しているとして根強い批判があることなどが影響しているのではなかろうか[33]。

III 新株予約権の活用

1 新株予約権制度の意義

新株予約権とは，株式会社に対して行使することにより当該株式会社の株式の交付を受けることができる権利（2 条 21 号）であり，2001（平成 13）年 11 月の商法改正で新たに導入された概念である。

新株予約権は，その経済的機能からみれば，会社がライターとなって付与す

---

32) 日本経済新聞 2012（平成 24）年 1 月 21 日付け朝刊 13 面。
33) *See* Shareholder Association for Research and Education, *Second Class Investors: The Use and Abuse of Subordinated Shares in Canada* (2004). ただし，逆に，支配株主による支配権の強化につながる様々なスキームの中では無議決権優先株式が例外的に機関投資家から肯定的に評価される度合いが高いという指摘もある。岩谷賢伸「一株一議決権原則は貫徹されるべきか――欧州委員会による『EU 上場企業の資本と支配の均整』に関する調査報告」資本市場クォータリー 11 巻 1 号 96 頁参照。

る当該会社の株式のコール・オプションである。2001（平成13）年11月の商法改正までは，そうしたコール・オプションは，インセンティブ報酬としてのストック・オプション付与に利用するほか，転換社債（CB）または新株引受権付社債として発行される場合にのみ許容されていた。

　こうしたオプション発行に対する商法の消極的な姿勢の背景には，オプションが行使される場合には行使価額が常に株式の時価よりも低いはずであるから，会社によるオプションの発行には当然に有利発行類似の問題があるとの発想があったようだと指摘されている[34]。たとえば，新株引受権付社債が例外的に許容されたのは，社債部分の資金がオプションの行使以前に振り込まれており，それが会社資金として運用されて会社財産の増殖に寄与されているから，その限りで既存株主の利益を害していないためであるといった説明がなされていたのである[35]。

　平成13年11月改正で新株予約権が制度化され，会社によるオプション発行が一般的に認められたことは大きな変化であり，株式会社の資金調達方法多様化に大いに資するものと考えられた。

2 MSCB の盛衰

(1) MSCB とは

　新株予約権制度を活用した新たな資金調達方法として，上場会社の間で実際に大きな拡がりをみせたのは，転換価額修正条項付転換社債型新株予約権付社債（MSCB）とそれに類似した機能を発揮する新株予約権の発行である。

　MSCBとは，発行会社の株価が変動した場合に予め定められた算式に基づいて株式への転換価額が随時修正されるCBである。通常，転換価額の修正は，修正日前数日間の株価平均の90％といった形で行われる。

　前述のように，CBに組み込む形での会社のコール・オプション発行は平成13年11月改正以前から容認されており，CB発行自体は決して目新しい資金

---

[34] 藤田友敬「オプションの発行と会社法（上）」商事1622号（2002）19頁参照。
[35] 藤田・前掲注34）注（4）。

調達方法ではない。また，海外市場において私募形式で発行される CB の中には，1990 年前後から発行会社の株価が下落した場合に転換価額の下方修正が行われるレッサー CB が存在していたとされ[36]，転換価額の修正という発想自体も必ずしも新しいものとはいえない。

むしろ，MSCB の新しさは，第三者割当てによって CB の割当てを受けた証券会社が，その後株価への影響を極力抑えながら随時 CB を株式に転換し，投資家との相対取引や市場取引を通じて売却するという仕組みをとった点にあった。また，レッサー CB が，株価下落時にも株式への転換を促進するという観点から株価が下落した場合の転換価額の下方修正だけを定めたものであったのに対し，MSCB では，少なくとも当初は，転換価額が上方修正される場合もあるという仕組みがとられていた。

こうした特徴から，MSCB は，レッサー CB とは異なり，業績不振企業だけでなく，大規模な公募増資を行うことによる既存株主の権利の希釈化とそれによる株価の下落を懸念する会社や業績不振とまでは行かないが格付がそれほど高くないといった会社にも利用可能な資金調達方法となることが想定された[37]。2003（平成 15）年 12 月以降，いすゞ自動車，東京都民銀行などが相次いで MSCB を発行し，それらのディールにおける主幹事会社となった証券会社は，この資金調達方法をマルチプル・プライベート・オファリング（MPO）と名付けて普及をはかった[38]。一連の発行事例の中には，CB ではなく新株予約権のみを発行するケースもあった。

(2) 問題点と対処策

MSCB とは Moving Strike Convertible Bond の略語だとされるが，この言葉は必ずしも欧米の金融市場で一般的に使われていたものではなく，和製英語ともいうべきものである。欧米市場では，転換価額が修正される CB を指す一

---

36) スクランブル「下方修正条項付の CB・優先株式の問題性」商事 1705 号（2004）118 頁。
37) 2005（平成 17）年 2 月にはニッポン放送の経営支配権取得を目指して注目されたライブドアが買収資金調達のために MSCB を発行して話題を呼んだ。
38) 冨永康仁「多様なニーズに応える MPO の仕組みとメリット」旬刊経理情報 1072 号（2005）8 頁。同論文によれば，野村證券を割当先とする MPO は 2004（平成 16）年 11 月末までの約 1 年間で 25 件，発行総額 2288 億円に達したという。

般的な用語としては，Floating-priced Convertible Bond といったものがあったが，むしろ，否定的評価を伴うデススパイラル CB（Death Spiral Convertible Bond）という呼称の方がよく知られていた。それは，MSCB の発行後に発行会社の株価が下落すると，それに合わせて転換価額が引き下げられるため，転換によって発行される株式数が増加し，株式の希釈化が進展して更に株価が下落するという悪循環が生じる可能性があり，事実，1990 年代後半以降のアメリカ市場では，そうした事例が少なからずみられたためである[39]。

他方，仮に MSCB の発行時点で発行会社の株価が割安に評価されているのであれば，会社は，MSCB を発行することで，割安な株価での公募による大規模な希釈化を回避しながら直ちに必要な資金を調達することが可能となるはずである。しかしながら，アメリカにおける実証研究では，MSCB を発行した会社の株価や業績の分析からは，株価が割安に放置されていた会社が MSCB を発行しているというよりも，他に資金調達手段がない状況に追い込まれた会社が利用する傾向や MSCB を購入した投資家が空売りを行って株価を下落させようとする傾向が強くみられるという結論が示されていた[40]。

MSCB の日本市場への導入にあたっても，そうしたアメリカで露わになった問題点が意識されていなかったわけではない。たとえば，MPO の名の下に MSCB の発行を推進した証券会社は，転換価額修正条項に下限を設けるとともに，早期償還条項を付けることで過度の希釈化と株価下落を防止できると考えていた[41]。また，初期の発行例には，日立製作所が 2004（平成 16）年 9 月に発行した MSCB のように，下限転換価額を発行時の時価よりも高く設定したものもみられた[42]。更に，CB をリパッケージ債と新株予約権に実質的に分離し，新株予約権部分だけを証券会社が購入することで証券会社の負うリスクを

---

39) MSCB をめぐっては，購入した投資家による空売りを用いた不公正取引などの問題も生じうる。アメリカでは，SEC が投資顧問業者に対して民事制裁金を科した例がある。See SEC v. Rhino Advisors Inc. et. al., Litigation Release No.18003（Feb.27, 2003）. MSCB に関連した不公正取引について詳しくは，梅本剛正「MSCB と不公正な証券取引」民商 134 巻 6 号（2006）881 頁参照。

40) See Pierre Hillion, Theo Vermaelen, *Death Spiral Convertibles*, 71 Journal of Financial Economics 381（2004）.

41) 冨永・前掲注 38）参照。

42) 日経金融新聞 2004（平成 16）年 9 月 22 日付け 5 面。

限定する代わりに転換に制限を課すことで過度の希釈化を防止するというアイデアも実践された[43]。同じような発想から，発行会社が予め定められた限度額と期間の範囲内で新株予約権を随時証券会社に割り当てるエクイティ・コミットメントラインも登場した[44]。

(3) 顕在化した弊害

このように，MSCB発行に伴う希釈化や株価の下落という弊害を和らげるための様々な工夫が施される一方で，資金調達に窮した会社がMSCBを発行し，それを購入したヘッジファンド等が大規模な空売りを行うなどした結果，株価が大幅に下落するというアメリカで問題視されたデススパイラルCBそのもののような問題含みの発行例も多数みられるようになった。それらの中には投資家や市場関係者の強い批判を浴びたものもある。

また，アメリカでは法制の違いから問題視されなかった点だが，日本では，MSCBが新株予約権の有利発行にあたるのではないかという疑問が，早くから提起されていた。すなわち，転換請求から株券受領までのわずかの期間しか株価下落にさらされることなく，しかも転換権行使の時期を自由に選択できるためリスク・コントロールを柔軟に行うことができるMSCBの引受人の立場は，第三者割当増資の引受人のそれとは大きく異なる。したがって，伝統的に，第三者割当増資において発行決議日の株価に対する10％程度のディスカウントが有利発行に該当しないとされてきたとはいえ，MSCBにおいて転換価額修正時の株価に対してディスカウントされた転換価額を認めることは有利発行に該当するのではないかという指摘がなされたのである[45]。この点は，転換価額の上方修正が行われず，下方修正だけが行われるMSCBにおいては，より深刻な問題となる[46]。

---

[43] 当時，ハイブリッド・プライベート・オファリング（HPO）と名付けられた。
[44] 2008（平成20）年5月20日付け日本経済新聞朝刊16面。
[45] 前掲注32）スクランブル記事参照。なお，新株予約権の有利発行の判断基準をめぐっては，2007（平成19）年11月，オートバックスセブンによるCB発行に対してイギリスの投資ファンドであるシルチェスター・インターナショナル・インベスターズが発行の差止めを求めたケースがある（東京地決平成19・11・12金判1281号52頁）。
[46] 転換価額の上方修正が行われるのであれば，転換価額が固定されている通常のCBよりも不利な条件といえるので，下方修正時のディスカウント享受というメリットを打ち消

MSCB の問題性が指摘されるようになる中で，証券業者の自主規制機関である日本証券業協会（以下「日証協」という）は，2006（平成 18）年 6 月以降，金融庁の要請を受ける形で MSCB を含む新株発行の審査基準強化へ向けた検討を開始し[47]，2007（平成 19）年 5 月，「会員における MSCB 等の取扱いについて」理事会決議の制定について決議を行った（同年 7 月 1 日施行）。この決議は，証券会社が MSCB の買受けを行う場合に発行会社の財務状況等を確認することやヘッジのために行う空売り数量を一定の範囲内に抑えること，1 か月間に転換できる株式数を発行済み株式数の 10％ に制限することなどを求めている[48]。この動きを踏まえて東証も，「上場制度整備プログラム 2007」において日証協の会員証券会社以外が MSCB を買い受ける場合にも協会の自主ルールを尊重することを求める一方，上場会社に対して MSCB を発行する場合には流通市場への影響および株主の権利に十分配慮すること等を要請するといった対応を講じた[49]。

(4) アーバン事件と MSCB

MSCB 発行に対する規制強化の動きは，その検討が始められた段階で，直ちに発行の急減につながった[50]。そこへ更に追い打ちをかけたのが，2008（平成 20）年 8 月に経営破綻したアーバンコーポレイション（以下「アーバン」という）による CB 発行をめぐる不祥事である。

同社はかねてから経営不振に陥っていたが，2008（平成 20）年 6 月，BNP パリバ証券会社に対して 300 億円の CB の第三者割当てを実施すると発表した。多くの市場関係者は，この資金調達でアーバンが当面の経営危機を乗り切った

し，全体としては有利発行にあたらないとみることが可能であろう。
[47] 金融庁の要請は，監督局長の私的諮問機関として設置された証券会社の市場仲介機能等に関する懇談会における検討を踏まえて行われたものである。同懇談会は，2006（平成 18）年 6 月に公表した論点整理の中で，証券会社による MSCB の買い受け時の留意事項を明確化するよう求めた。
[48] 詳しくは，横田裕「MSCB 等の取扱いに関する理事会決議の概要」商事 1805 号 4 頁 (2007) 参照。
[49] 横田・前掲注 48) 参照。その後東証も，日証協の自主ルールと同様の内容を含む MSCB 発行に関する規制を有価証券上場規程の企業行動規範における「遵守すべき事項」に盛り込んだ（有価証券上場規程 434 条，同施行規則 436 条）。
[50] 2007（平成 19）年 8 月 14 日付け日本経済新聞朝刊 15 面によれば，2007 年 1～7 月の MSCB 発行額は前年同期比 95％ の減少となった。

ものと判断したが，同社は同年 8 月，民事再生法の適用を申請するに至った。
その後，明らかになったのは，BNP パリバが割当てを受けた CB にはスワップ契約が付されており，BNP パリバが CB を買い取るのと同時にアーバンが BNP パリバに買取り資金と同額を交付し，BNP パリバが貸株あるいは CB を転換したアーバン株式を市場で売却して資金を調達し，2010（平成 22）年 7 月までの間，時価に基づいて算出した金額をアーバンに支払うことになっていたという事実である[51]。つまり，この CB は，実質的には株価の変動に応じて転換価額が変化する MSCB に等しいものであり，結果的にアーバンは 91 億円の資金しか調達できていなかったのである。

アーバンの CB 発行をめぐっては，スワップ契約の存在を開示しようとしたアーバンに対して BNP パリバが非開示を働きかけた事実も明らかとなり，証券会社の営業姿勢が強い批判にさらされた[52]。この事態を受けて日証協が前述の理事会決議を規則化した第三者割当増資等の取扱いに関する規則を改正し，新たに CB と密接不可分なデリバティブ取引が存在するような場合には MSCB とみなして規制することを定めた（同規則 18 条）。

アーバン事件後も MSCB の発行が皆無となったわけではないが，資金調達手法としてのイメージが著しく低下したことは否定できず，かつてのような上場会社による活発な利用はみられなくなったのである。

---

51) 2008（平成 20）年 11 月 11 日付けの BNP パリバ証券会社東京支店外部検討委員会報告書。
52) 金融庁は，アーバンコーポレイションに対して，当該スワップ契約の内容を開示しなかったことは有価証券報告書虚偽記載にあたるとして課徴金の納付を命じた（2008〔平成 20〕年 11 月 28 日）。一方，BNP パリバ証券に対しては，非開示を働きかけた行為等は法令違反にはあたらないが経営管理態勢・内部管理態勢に重大な欠陥があると認められる状況に該当するとして業務改善命令を発出した（2008〔平成 20〕年 11 月 28 日）。これを受けて日証協が BNP パリバに対して当時の最高額であった 1 億円の過怠金を科すとともに，不当利得の還元を要求した。

3 ライツ・オファリング

(1) 増資に対する批判の高まり

　株式会社による増資の手法は，新株を引き受ける者の違いによって，①既存株主が新株を引き受ける株主割当て，②特定の法人・個人が新株を引き受ける第三者割当て，③広く一般投資家が新株を引受ける公募，の三つに大別される。日本では，かつては株主割当てが主流だったが，1970年代以降，時価による公募増資が行われるようになり，資本提携などの手法としてしばしば用いられる第三者割当てとともに，主要な増資手法となっている。

　ところが，近年，一部の上場会社による第三者割当増資や公募増資が，既存株主の権利を軽視しているとして強い批判を浴びることになった。

　第三者割当増資をめぐっては，既存株主の持ち分権を著しく希釈化する大規模なものや経営支配権の異動を伴うような手法が批判の的となった。とりわけ，既存株主の優先的新株引受権（pre-emption right）が会社法で保障されているイギリスや取引所規則に基づいて一定割合以上の第三者割当てに株主総会の承認が求められているアメリカなど海外の機関投資家を中心に，大規模な第三者割当増資が株主の意思を確認することなく行われることへの不満が表明されたのである[53]。

　そこで2009（平成21）年8月には，東証が，25％以上の希釈化を伴ったり支配権が異動するような第三者割当てについては，経営陣から独立した者からの意見入手や株主総会決議など，株主の納得性を高めるための措置を講じることを義務づけるという制度改正を実施することとなった（有価証券上場規程432条）。

　一方，公募増資についても，大規模な公募増資に伴う既存株主の持ち分割合の希釈化や株価の下落が批判を浴びた[54]。

　公募増資による既存株主の議決権の希釈化については，議決権比率を維持し

---

[53] 前掲注45）のオートバックスセブン事件も第三者割当増資に対する海外ファンドの不信感の一つの表れであったといえる。

[54] 比較的早期の例として，2006（平成18）年7月の日本航空による公募増資があった。前田昌孝「日航増資4つの疑問」日経金融新聞2006（平成18）年8月1日付け1面参照。

たい株主は，公募に応じるなり市場で買い付けるなりして持ち株数を増やすことで回避することが可能である。また，一株当たり利益の希釈化については，少なくとも直前期の利益実績を基準に考える限り，発行済み株式数が増加すれば一株当たり利益が減少するのは算術的に当然であり，その点を過度に問題視されたのでは増資による資金調達自体が，そもそも困難になってしまう。

それにもかかわらず多くの公募増資が株主の批判を受けたのは，増資を行う上場会社の経営者が，増資によって調達した資金を活用して企業価値を向上させるという，いわゆるエクイティ・ストーリーを十分に描けていないか，あるいは描けていてもそれを十分に株主に伝えられないという問題があったためであろう。増資に伴う株価の下落とその後の低迷も，投資家が増資によって調達された資金が会社の成長に有効に寄与するとは判断していないのだと考えられる。

更に，2012（平成 24）年 3 月以降，公募増資の発表前に幹事証券会社から情報を入手した機関投資家が増資銘柄を売却したとされるインサイダー取引事件が相次いで摘発され，公募増資という資金調達手法に対するイメージを一層低下させることとなった。

(2) 未だ拡がらないコミットメント型

こうした中で，活用が期待されるようになったのがライツ・オファリングである。ライツ・オファリングは，ライツ・イシューとも呼ばれ，株式会社が既存株主に対して新株予約権を無償で割当て，その行使を受けて新株を発行することによって資金を調達する増資手法である[55]。イギリスを始めとするヨーロッパ諸国で一般的な増資手法であり，アジア地域でも広く行われている。

ライツ・オファリングでは，既存株主に無償で新株予約権（ライツ）が割り当てられるので，希釈化を嫌う株主は，ライツを行使して払い込みに応じることで希釈化の影響を回避できる。一方，株主割当増資とは異なり，株主はライツを市場で売却すれば，そのオプション価値にほぼ相当する資金を回収できるし，ライツを市場で購入した投資家に行使が期待できるので，発行会社は失権

---

[55] その本場ともいうべきイギリスではもっぱら「ライツ・イシュー」と呼ばれているが，以下では日本の金融庁の用語法に従い，「ライツ・オファリング」と呼ぶ。

による調達資金の不足を抑えることができる。

　こうした特徴を有するライツ・オファリングは，株主の権利を尊重する増資手法として注目されることとなり，2009（平成21）年12月には東証が上場基準を改正して発行済み株式数の整数倍を発行する場合以外にもライツ・オファリングを行える環境を整えたのを皮切りに，情報開示制度の見直しや会社法の規制見直しなど，ライツ・オファリングの円滑な活用を可能にする狙いからの様々な制度改正が行われることとなった。こうした制度改正の具体的内容については，本書の別の章で論じられるはずである。

　もっとも，現在のところ，実際に行われたライツ・オファリングは，2010（平成22）年3月に開始されたタカラレーベンによるものと2012（平成24）年10月に開始されたADワークスによるものをはじめとする数件のみにとどまる。しかも，実施例のほとんどは，証券会社によるコミットメントを伴わないノン・コミットメント型のライツ・オファリングである。

　イギリス等で行われるライツ・オファリングでは，証券会社（投資銀行）によるコミットメントが付されることが一般的である。これは，ライツの行使期間満了時に発行会社が強制取得した未行使のライツを証券会社が買い取って行使することを約束するもので，これにより，発行会社は投資家によるライツの行使比率如何にかかわらず，予定した金額を調達することが可能となる。

　もちろん，コミットメントを与える証券会社は，大きなリスクを負うことになるため，相応の手数料の支払を発行会社に要求するし，投資家によるライツの行使比率を高めるために行使価格を時価から大きくディスカウントされた水準に設定しようとする。結果的にコミットメント型のライツ・オファリングは大幅な希釈化につながりやすく，したがって，希釈化の不利益を回避しようとする既存株主に対してライツを行使するよう強いる強圧性をもちやすい。また，既存株主にアメリカ居住者が多く含まれる場合，発行会社は，ライツの行使に伴う新株の発行がアメリカ市場での公募とみなされないために，アメリカ居住者によるライツの行使を認めない可能性があるが[56]，それを逆手に取って，アメリカ人株主の持株比率低下を狙う買収防衛的な目的で濫用される可能性も否

---

56) 発行会社が一定の金額で強制取得するので，オプション価値に近い代償は支払われる。

定はできない。

　このように，コミットメント型のライツ・オファリングにも問題がないわけではないが，ノン・コミットメント型のライツ・オファリングには資金調達額の不安定さという大きな欠点が伴うだけに，ライツ・オファリングが安定的な増資手法として定着する上では，コミットメント型の実践が不可欠である。

　2013（平成25）年4月には，アイ・アール・ジャパンが日本企業としては初めてのコミットメント型ライツ・オファリングの実施に踏み切った。このディールは，本稿執筆時点ではまだ進行中であり，また，発行会社が証券代行業務を行っていることで実施期間の短縮が可能になったといった側面もあることから，これだけでコミットメント型ライツ・オファリングの日本市場における資金調達方法としての有効性について評価を下すのは時期尚早であろう。とはいえ，ようやく本格的な活用事例が現れたことは，ライツ・オファリングの将来に期待を抱かせるものといえるだろう。

Ⅳ　拡がりを欠く普通社債

1　原則と例外の逆転

　普通社債は，前節までで取り上げた新しい資金調達方法とは異なり，古くから多くの会社のよって活用されてきた資金調達手段である。しかし，2011（平成23）年末時点の日本の社債発行残高は約61.7兆円でアメリカの10分の1程度にとどまる。また，社債の発行が信用格付が相対的に高い一部の企業にとどまっていることや流通市場の流動性が低いことなど，様々な問題点が指摘されている[57]。

---

57)　発行した問題意識の下で，日証協が「社債市場の活性化に関する懇談会」を設置し，2012（平成24）年7月，報告書を取りまとめた。その内容については，日証協ホームページに掲載されている報告書（以下「社債懇報告書」という）本文のほか，日証協「社債懇」事務局『「社債懇」報告書のポイント　活性化へ四つの課題に方向性』週刊金融財政事情63巻34号（2012）10頁参照。

会社法制との関連で注目されるのは，近年，社債市場における顕著な傾向として，社債管理者不設置債の発行が増加していることである。以下では，この点を取り上げ，普通社債の資金調達方法としての活用が拡がりを欠いているという実態との関係について論じてみたい。

(1) 社債管理者とは

会社法は，株式会社が社債を発行する場合には，社債権者保護の見地から，原則として社債管理者を設置し，社債権者のための社債の管理を委託しなければならないものとしている（702条本文）。但し，各社債の金額が1億円以上の場合または社債の総額を当該種類の各社債の金額の最低限で除した数が50未満の場合には，社債管理者を設ける必要がないものとされる（702条ただし書，会社則169条）。

この社債管理者（平成17年改正前商法では社債管理会社）設置強制制度は，1993（平成5）年の商法改正でそれまでの社債募集の受託会社制度が見直されたことを受けて設けられたものである。受託会社が，社債募集の事務を行うだけでなく，社債の発行条件等の事項の決定に深く関与し，社債発行市場の自由化を妨げているといった批判があったことを受け，受託会社に代えて，もっぱら社債権者の利益保護のための権能を有する社債管理会社の設置を求める制度が導入されたのである[58]。

(2) FA債の拡がり

しかし，1995年にソフトバンクが，各社債の金額が1億円以上の場合という例外規定に依拠しながら，社債管理会社に代わるものとして，社債の発行や元利金の支払いなどの事務を行う財務代理人（FA）を置く形で社債を発行したことが端緒となり，社債管理会社（者）を置かない起債が増加し始めた。

社債管理者には債権管理の能力が要求されるため，その資格は，銀行，信託会社または担保付社債信託法3条に基づく受託会社の免許を受けた者等に限られている（703条，会社則170条）。多くの場合，社債発行会社の主取引銀行（メインバンク）が，社債管理者に就任する。一方，FAは，その業務の性質上，

---

[58] 神田295頁。

もっぱら銀行が就任するため，社債管理者，FAのいずれについても，社債発行会社のメインバンクが就任することが多いのが実情である。

　もっとも，FAは，社債管理者とは異なり社債権者保護のための義務や権能を一切有しないことから，同じメインバンクであっても，社債管理者に就任する場合に比べて低率の手数料しか受け取らない。このため，発行会社にとっては，FA債の方が社債管理者設置債よりもコスト負担が小さいとの認識が浸透している。たとえば，2010（平成22）年に発行された公募社債456銘柄の内訳は，社債管理者設置債92銘柄（20%），FA債329銘柄（72%），不設置債35銘柄（8%，銀行社債）となっており，社債管理者が設置されている社債は，主に信用力が高い会社が発行した個人投資家向けの社債に限られているのが現状である[59]。会社法は社債管理者の設置強制を原則としているが，実態においては，原則と例外が逆転してしまっているのである。

2　社債管理者設置の意義

(1)　例外規定の意義付け

　本章の冒頭でも述べた通り，かつての日本の社債市場は，有担原則や適債基準などが存在する制約の大きい市場であった。こうした制約を嫌う会社は，ユーロ市場など海外市場での社債発行を選択し[60]，1989（平成元）年および1990（平成2）年には電力会社など公益企業の発行する社債以外の一般事業債の発行がゼロとなるなど，国内普通社債市場の空洞化が進んだ。

　受託会社制度から社債管理会社制度への移行が社債発行市場の自由化を促し，社債管理者不設置債の登場が社債の発行コストを低下させたことが，国内普通社債市場の拡大につながったことは確かである。とはいえ，社債権者保護の観点から設けられた社債管理者が，多くの社債では設置されていないという現状に問題がないとはいえない。

---

59) 前掲注57) 社債懇報告書23頁。
60) 平成5年改正前の商法が社債の総額について制限を設ける（平成5年改正前商法297条）一方で，社債発行限度暫定措置法では外国で募集する社債について商法の限度を超えて社債を募集することが認められていたことも影響を与えた。

社債管理者設置強制制度の例外である各社債の金額が1億円以上の場合または社債の総額を当該種類の各社債の金額の最低限で除した数が50未満の場合という要件は，金商法上の私募の要件に実質上近いものだと指摘されている[61]。確かに，前者は，社債権者が大口投資家のみの場合であり，金商法上のいわゆる「プロ私募」，すなわち適格機関投資家私募（金商2条3項2号イ，金商令1条の4）にほぼ相当するものといってよい。また，後者は，社債権者が多数になる恐れがない場合であって，金商法上のいわゆる「少人数私募」（金商2条3項1号，金商法施行令1条の5）にほぼ相当する。

金商法の私募概念は，もっぱら投資者保護の観点から，投資判断に必要な情報の開示を法で強制すべき範囲を画するものである。この私募概念によって法定情報開示が不要とされる範囲ともっぱら社債権者保護の観点から社債管理者の設置を強制すべき範囲が同じであることが適切であるかどうかについては，議論の余地がある。

というのも，投資者による投資判断は，基本的には各投資者が単独で個別に下すことができるものである。これに対して社債権者は共同の利益のために団体的行動をとることが想定されており，社債管理者は，社債をめぐる債務不履行（デフォルト）が生じた場合に，社債権者の共同の利益を図るべく社債権者のまとめ役となることを期待されているのである。法定情報開示制度による保護を受けなくても投資判断の下せる投資家だからといって，直ちに社債権者の共同の利益を損なわないよう協調的な行動がとれるという保障はないだろう[62]。

(2) 団体的行動の重要性

社債管理者の役割が，プロ投資家にとっても重要な意義をもつものであることは，プロ投資家だけが取引に参加するユーロ債市場におけるデフォルトの事例からもうかがえる。

ユーロ債市場では日本法の社債管理者にほぼ相当するトラスティ（trustee）

---

61) 江頭 667 頁注 (14)。
62) 会社法は発行会社や少数社債権者にも社債権者集会の招集権を与えているし（717条2項・718条3項），社債権者集会の決議が効力を生じるためには裁判所の認可が必要とされている（732条・734条・735条）ことなどから，社債管理者が設置されていなければ社債権者による共同の利益のための団体的行動が直ちに不可能となるというわけではない。

を設置せずFAのみを置く例が決して珍しくない。しかしながら，トラスティの不在が大きな問題を引き起こした例として，1987年のドーム・ペトロリアム（以下「ドーム」という）のケースが知られている[63]。

　ドームは，1986年に経営困難に陥った当時，5本のユーロ・ドル債と3本のスイス・フラン建て債をいずれも無担保で発行しており，前者にはトラスティが設置されていたが，後者はFA債であった。ドームは，トラスティ設置債について社債権者集会を開催し，利払い停止とデフォルト条項の一時棚上げを認める特別決議を得た。その上で，FA債についても同様の棚上げを求めようとしたが，トラスティが存在しないため全ての社債権者の同意を得る必要が生じた。ところが同意書に署名した社債権者はFA債全体の75%にとどまり，署名を拒否した5万スイス・フラン券を保有する一社債権者がスイスの裁判所にドームの社債の即時償還を求める訴訟を提起したことで，既に棚上げが承認されていたトラスティ設置債を含む全てのドーム社債がデフォルトに陥ってしまったのである[64]。

　もちろん，ドームの社債の背景となった法制は日本法とは大きく異なり，全く同じような事態が日本法の下で直ちに生じるというわけではない。とはいえ，この事例は，たとえ社債権者が投資判断に優れた機関投資家ばかりであったとしても，社債のデフォルトという事態に直面した場合に一部の社債権者が全体の利益に合致しない行動をとるリスクを決して排除できないという事実をよく示しているといえるだろう。

(3) 発行困難な低格付けFA債

　実は日本の社債市場においても，社債管理者が設置されないことによってデフォルト発生時に適切な団体的行動が取れないことのリスクは，機関投資家の間で十分認識されている。たとえば，2008（平成20）年9月のいわゆるリーマン・ショック以降，国内金融資本市場における信用収縮が進み，普通社債のデ

---

63) *See* Josephine Carr, *One Lesson to be Learnt from Dome Petroleum*, 6 International Financial Law Review 15 (1987).
64) デフォルト宣言がなされたことでドームの経営危機乗り切り策は頓挫し，結局，アモコ・カナダへの身売りを余儀なくされることとなった。アモコ・カナダによる買収の成立後，ドームの無担保債権者に対しては，額面の45%が弁済されることになった。

フォルトが相次いで発生するといった状況の中で，それまで社債管理者不設置債に積極的に投資してきた機関投資家の間でも，社債権者集会の開催が困難であるなどとして社債管理者の設置を求める声が高まったと報じられているのである[65]。

それだけに，社債管理者設置債が例外的にしか発行されないということと社債の資金調達方法としての拡がりが欠けているという事実には深いつながりがある。すなわち，デフォルトに陥る可能性が相対的に高い低格付け債の場合，FA債として発行されたのではデフォルト時のリスクが大き過ぎるとして機関投資家に敬遠されるため，なかなか発行が拡がらないという実態がみられるのである。

3 社債管理者はなぜ設置されないか

上の議論はある意味では奇妙に感じられるであろう。単純に考えれば，仮にデフォルト時における社債管理者の役割の重要性がFA債への投資家である機関投資家の間でも認識されているのであれば，格付が相対的に低い発行会社の社債には社債管理者を設置するという慣行が確立されさえすれば，何ら問題はないように思えるからである。

それでは，なぜ格付が相対的に低い発行会社の社債に社債管理者が設置できないのであろうか。この点については，現状では，社債管理者には，多くの場合，発行会社のメインバンクが就任しているが，メインバンクの場合，社債のデフォルト前後に利益相反が生じる可能性が懸念されるのに対し[66]，会社法で

---

[65] 日本経済新聞2009（平成21）年4月17日付け朝刊12面，同2010年3月6日付け朝刊15面。

[66] たとえば，2001（平成13）年のマイカル債のデフォルトをめぐっては，個人投資家が販売証券会社に加えて社債管理銀行にも損害賠償を求める訴訟を提起しているが，これまでのところ社債管理銀行の責任が認められた例はない。しかし，2012（平成24）年9月には，大手電機メーカーの発行するCBの社債管理者である銀行が，自行の同社への貸付金に担保を設定したと報じられるなど，社債管理者をめぐる利益相反の懸念は根強く存在する。日本経済新聞電子版セクション2012（平成24）年9月4日付け記事「シャープ社債があぶり出す『後出し』リスク」参照。

定める善管注意義務（704条2項）の具体的な内容が必ずしも明確ではないためにその責任範囲を極めて広く考えて業務を行わざるをえない状況にあることから[67]，発行会社と与信取引がない銀行や信託銀行は善管注意義務を果たしうるかについて懸念が残るとの指摘がなされている[68]。

つまり，本来であれば，格付が相対的に低い発行会社の社債には社債管理者が置かれるべきなのだが，現状では，その現実的な候補者がメインバンクに限られており，メインバンクには利益相反の発生が懸念されるので低格付債の社債管理者への就任は望ましくなく，結果として社債管理者を置けないので発行そのものが難しいという現象が生じているのである。

こうした問題への対応策としては，アメリカのトラスティ制度の考え方を参考にしながら，デフォルト時点以降に社債権者の代理人として債権の保全・回収のための業務を行う社債管理人（仮称）の制度を設けることなどが提案されている[69]。ここで提案されている社債管理人（仮称）の設置は，現行法の下でも契約によって可能だとは考えられるが，報酬をどのように定めるのかといった実務的な問題も大きいように思われる。今後，こうした方策が普通社債発行会社の裾野の拡大に結び付くのかどうか，市場の動きが注目されるところである。

V　ま　と　め

本章では，会社法を始めとする法制が，株式会社の資金調達方法を多様化する方向で変化してきたにもかかわらず，実際の資金調達方法は，とりわけ直接金融を通じるものについていえば，それほど多様化したとはいえないということをいくつかのケース・スタディを通じて示してきた。

新しい資金調達方法が拡がりをみせなかった理由は一様ではない。トラッキ

---

[67] 社債管理者の義務と責任をめぐる問題については，森まどか・社債権者保護の法理（中央経済社，2009）第5章参照。
[68] 前掲注57）社債懇報告書24頁。
[69] 前掲注57）社債懇報告書27頁以下。

ング・ストックや議決権制限株式といった新しい種類株式については，第一号案件に対する市場の評価がそれほど高いものとはならなかったことで，発行会社の間で，あまりメリットのある資金調達方法とはいえないという認識が定着してしまったと整理することができるだろう。

　新株予約権を活用した資金調達方法については，MSCB が大きな拡がりをみせたものの，株主の権利を損なうような濫用的な利用が目立つようになったことで，画一的な規制の対象とされてしまい，資金調達方法としての機動性が損なわれた。一方，ライツ・オファリングについては，安定的な資金調達を可能にするコミットメント型がまだそれほど実施されていない段階で，真価が問われるのはこれからであろう。

　また，普通社債についても，相対的に格付けの低い発行者にも利用を拡大させるための方策が検討されているが，その成否はまだ明らかでないといったところである。

第VI部
M&A

株式会社法大系

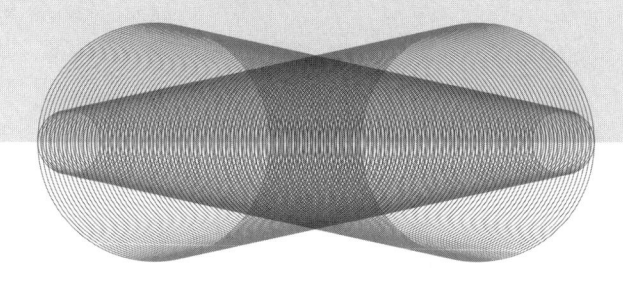

IV

M&Aにおける契約法理の現状と諸課題
――M&A法制と諸裁判例の動向を踏まえて

Ⅰ　はじめに
Ⅱ　M&A契約で規定される主な条項
Ⅲ　M&Aの契約法理に対する法制的修正
Ⅳ　買収対価をめぐるM&A契約上の諸論点
Ⅴ　買収価格（契約自由）に対する法制的修正
Ⅵ　M&Aの契約法理に関する司法審査の現状と論点
Ⅶ　結びとして
　　――M&Aの契約法理における法制的修正と司法審査のありかたについて

武井一浩

Ⅰ　はじめに

　企業買収・M&Aは現状の日本経済の活性化の一手段として，社会的要請は高まる一方である。M&Aの件数が増加するだけ，法的論点や法的紛争も顕在化してくる。
　M&Aといえども，根っこは売買契約であり，民法上の契約法理が妥当する。ただM&Aは，日常的に頻繁に行われる動産売買や不動産売買と異なり当該企業にとって重要性が高い売買であり（場合によっては会社を挙げての一大事），シビアな契約交渉を経て詳細なM&A契約が締結されることが多い。
　M&Aにおける契約法理に対しては，会社法・金融商品取引法（以下，金商法という）などが強行的規律として一種の法制的修正を施している。こうした法制的修正と通常の民法上の契約法理との相違について，あまり詰めた議論が公表されていないことにM&Aの実務現場にいると気づかされる。
　また，M&A実務が日本でもここ10年超の間で進展することで，M&Aの

契約実務も深化し,同時に裁判例も増加している。しかし裁判例を見るに,これまでの裁判例で日常的に取り扱われてきた通常の民法上の売買とM&Aとの相違について,まだ議論が試行錯誤状態ではないかと感じられることがある。

本稿はこうしたM&Aの実務現場での素朴な問題意識を背景に,M&Aにおける契約法理の現状と諸課題について,紙数の許す範囲で分析する。最近増加しているM&A契約をめぐる裁判例も,体系的に検討した論稿はまだ少ないので,M&Aの契約法理というインフラの全体像に組み込む形で検討していく。

詳細な分析に入る前に,企業買収の各手法等について議論に必要な限度で概観する。

1 企業買収 (M&A) と組織再編

「M&A (Mergers and Acquisitions)」とは,対象会社の事業等に対する一定の経営権・支配権が移転される行為を広く指す用語である。「組織再編」とは,M&Aの手法の中で,会社法においてその法的効果を含めてとくに規定が置かれている,合併,株式交換・株式移転,会社分割を指す用語として用いられることが多い。単純な売買等の有償契約を超えた効果が付与されていることから,会社法で特に規定が置かれている法律行為である。本稿でも「組織再編」という言及はこれらの手法によるM&Aを指す。

2 事業取得型と株式取得型

M&Aの手法はいくつかの視点から分類できる。一つには取得される対象(移転する対象)による分類であり,事業上の資産や事業自体が取得される手法(事業取得)と,対象会社の株式が取得される手法(株式取得型)とに分類できる[1]。

---

[1] M&Aの各手法の特徴と選択におけるポイントは,多岐にわたる。本稿では紙数の関係で詳細に触れないが,武井一浩・会社法を活かす経営(日本経済新聞社,2006)230頁以

「事業取得型」は，①事業譲渡（会社467条以下），②資産譲渡，③吸収合併（会社2条27号28号等）[2]，④会社分割（会社2条29号30号）である。

「株式取得型」は，⑤株式譲渡，⑥第三者割当増資による新株発行・自己株式処分，⑦株式交換，⑧（共同）株式移転である。

3 M＆A契約（企業買収契約）

買収である以上，事業なり株式を移転する者と取得する者との間で，必ず何らかの契約が成立する。本稿ではかかる契約を「買収契約」「M＆A契約」等と言及する。また，M＆Aにおいて金銭等の対価を支払って事業・株式の取得を行う者を「取得者」，事業を移転する会社（譲渡会社，合併における消滅会社など）または買収の対象となる事業を有している会社（株式譲渡において当該株式を発行している会社など）を「対象会社」（または移転者）とそれぞれ言及する。「売主」と「対象会社」とは，M＆Aの手法次第で一致する場合と異なる場合とがある（たとえば事業譲渡では両者は一致する。同じ株式移転型でも，株式譲渡契約では両者は異なり，第三者割当なら一致する）。

4 M＆Aの契約交渉プロセス（相対取引，オープンビッド，クローズドビッド）

M＆Aにおける契約交渉プロセスには，相対取引（1：1の交渉），多数の候補先にほぼ公開で打診するオープンビッド，その中間形態ともいうべきクローズドビッド（少数の候補先に非公開で打診して絞り込む）の三タイプがある。買主主導であれば買収価格の面からも情報管理の観点からも相対取引が好まれる（これに対する例外がfiduciary outやgo shop条項の話となる[3]）。オープンビッドは，

---

2) 新設合併は実務でまず行われないので，本稿で単に「合併」と言及する場合には吸収合併を指す。

3) fiduciary outやgo shop条項について近時議論が多いが，紙数の関係で本稿では検討を省略する。

売主側から見ると理論的な売却価格は一番高まるが，情報漏洩リスク（一旦「売りに出た」となって，結局売却がされなかった場合，対象会社の事業価値自体が相応に痛むことになる）や手続の煩雑性からあまり好まれず，破綻企業や公的管理下企業の売却事例などで行われる程度である。なお金商法の公開買付手続は，対抗的 TOB が常に可能であるという点では，オープンビッドといえよう。クローズドビッドは，情報管理の観点からも売却価格の観点からも売主側が近時好んで利用している手法である。ただどこかのタイミングで交渉は相対に移行していく。

5 M&A 契約交渉の時系列

M&A 契約の成立から実行に至る過程は，概ね以下の手順で進む（中小規模の M&A 案件ではここまでかっちりと進まないことも多いが）。

(1) 守秘義務契約（NDA）の締結
(2) 第一段階でのデュー・デリジェンス
(3) 相応の大型案件なら LOI (Letter of Intent) や MOU (Memorandum of Understanding) と呼ばれる覚書の締結
(4) 対象会社・対象事業についてのデュー・デリジェンス（買収監査）
(5) 法的拘束力のある買収契約（Definitive Agreement と呼ばれる）の締結
(6) クロージング前に両当事会社が行うべき事項への対処（下記のクロージング条件の充足に向けた各種行為[4]）
(7) クロージング（買収行為の実行）

---

[4] なお，(5)の段階で初めて当該 M&A 案件が公表される場合，情報アクセスへの制限があったため，(4)で十分な買収監査が困難であった点を埋める買収監査を，(6)の段階で追加で行われることがある。

II　M&A 契約で規定される主な条項

次に M&A 契約において通常規定・合意される事項について概観する。

1　買収対象の特定

買収契約という売買契約において，買収対象物の特定は契約成立の要件事実である。

たとえば，事業譲渡であれば「売主は，○年○月○日をもって，売主の……に関する事業を買主に譲渡し，買主はこれを譲り受ける」等の規定である。偶発債務者遮断の観点から，「……に関する債務は承継しない」など個別具体的な規定が置かれることもある。株式であれば対象銘柄（潜在株式の処遇を含む）と株数である。

2　買 収 対 価

買収対価も，売買契約の要件事実である。

対価の種類は，事業譲渡や株式譲渡では通常は現金である。他方，会社法上の組織再編による場合（合併，会社分割，株式交換）や，平成23年改正で可能となった産活法型株式交換[5]であれば，対価として買主（あるいはその100%親会社）の株式が交付される。

表明保証違反が譲渡後に判明した場合などに備えて，計算式の算定方式での工夫や対価の一部後払い（エスクローなど）等の支払条件が交渉されることもある（後記V参照）。

---

[5] 産活法型株式交換の詳細については，武井一浩＝郡谷大輔編著・株対価 M&A の実務 Q&A（商事法務，2011）。

3 クロージング日

クロージング日とは，当該買収の法的効力が発生する日である。合併ならば合併期日である。

4 表明保証（レプワラ）

一定規模以上の M&A では，表明保証規定（representations and warranties, レプワラ）が合意されることがほとんどである。

表明保証の対象事項としては[6]，①当該買収を行う正当な法的権限に関する事項，②対象会社（株式移転型の場合）や移転対象事業（事業移転型の場合）の資産・負債・契約関係等に関する事項，③売主側が行った説明の正確性等の情報開示に関する事項などがあげられる。②③は主に売主側が行う表明保証である。

株式譲渡のような「売主」と「対象会社」とが異なる場合は，対象会社に関する事項について売主が表明保証する。表明保証の程度は，当該売主と対象会社との関係の強弱によっても異なってくる。

表明保証は，民法が定める瑕疵担保責任規定を補完する機能を果たす。表明保証事項に違背があった場合には，後記9 の補償条項等を通じた損害等の賠償請求，クロージングを実行しないこと（後記6）などの法的効果へとつながる。買主側が時間・コストをかけてデュー・デリジェンスを行ってもすべての瑕疵等を発見することは困難なので，表明保証規定および補償規定を通じた売主・買主間のリスク分配メカニズムは，M&A の合意を促進する効果を果たしているわけである（リスク分担機能）。

表明保証はある特定時点について行われるものである。特段の規定がなければ表明保証は契約締結時点で行ったことになるので，契約締結からクロージングまでの間にある程度の期間が空く場合などには，契約締結時点で行った表明

---

[6] 表明保証としてどういった事項が規定されるのかの解説として，佐藤丈文＝志村直子「M&A 契約における表明保証条項の概観」M&A Review202 号（2008）23 頁以下，藤原総一郎編著・M&A の契約実務（中央経済社，2010）147 頁以下など。

保証がクロージング時点でも重要な点で正しい旨がクロージング条件（下記6）として規定されることがある。

5 誓約条項（コベナンツ）

コベナンツとは，契約当事者がそれぞれクロージングまでに遵守することが求められる事項を定めるものである。

たとえば，対象会社や移転対象事業の重要な価値を構成するヒトや取引先・知財等の契約について，契約移転の承諾を得るよう努力する旨，契約締結後クロージングまでの間に売主が対象事業についてその価値を毀損しかねない実質的変更を加える場合には買主側の事前承諾を要する旨などは典型例である。

重大なコベナンツ違反が一方当事者にあった場合には，他方当事者はクロージングを行わないことができることが通常である（その旨がクロージング条件〔下記6〕の一つとして契約上規定される）。

なおクロージング前のコベナンツについても，独占禁止法上のガン・ジャンピング規制に注意する必要がある。

6 クロージング条件（Condition Precedent）

クロージング条件とは，その条件がクロージング日に充たされていない場合には当該条件を設定した当事者が本契約による事業譲渡行為をクローズさせない権利を有するという規定である。

売主側が有するクロージング条件の典型例は，事業を構成するヒト・モノ・カネ，たとえばキーとなる従業員が雇用契約の移転に同意していることなど，その移転価格で取得するだけの価値を事業が有しているために必要な条件が規定される。その他，当該Ｍ＆Ａの完了に必要な許認可等の取得，表明保証の正確性なども典型的である。

デュー・デリジェンスと買収契約上の表明保証・補償条項，コベナンツ条項，クロージング条件との役割分担について一例を挙げて解説する。たとえば非公開社の100％株主から全株式を株式譲渡で買い受ける場合，買主として法的

デュー・デリジェンスでチェックしておくべき事項として，①対象会社に何か財務諸表等では現れていない瑕疵がないか（偶発債務その他），②対象会社の支配株主が買主に交代することでどういった変化が対象会社に生じうるのか（たとえば重要な取引契約やライセンス契約等が契約解除とならないか）の二点が挙げられる。そのうち②について，取引契約書等にいかなる change of control 条項があるのか等のデュー・デリジェンスを行うこととなるが，この点に関する売主側の情報開示に虚偽等があれば，それは表明保証・補償条項の話になる。他方，対象会社の事業価値に照らして失っては困る重要契約について change of control 条項が規定されていた場合，契約維持（change of control 条項が発動されないことの確認）を当該契約相手方に打診しないといけない。そこで契約締結（かつ当該 M&A 案件公表）後，クロージングまでの間に，買主がこうした契約相手方からの同意取得を行うのに売主も協力することとなる。かかる協力義務の規定がコベナンツ規定である。主要契約相手方から確認がとれなかった場合，買主は買収契約に定めるところに従い，買収自体をクローズしないことが許される（売主に対して損害賠償責任を負うことがない）。これがクロージング条件規定である。

7 クロージングにおいて行う行為

クロージングにおいては，売買対象となるものの移転のために必要なモノや書類等（上記 6 で規定されたクロージング条件が充足されていることが確認できる書類を含む）の交付と，譲渡代金の支払いが同時履行で行われる。

8 クロージング後のコベナンツ

M&A の実行後にも契約当事者に課される一定の義務が規定されることがある。売主側の義務としては，競業避止義務が代表的である。事業譲渡では競業避止義務が会社法 21 条に default rule として規定されているが，通常はテーラーメードの規定（21 条の「当事者の別段の意思表示」）が置かれることが多い。移転した従業員の移籍勧誘禁止なども規定されることがある。買主側につい

ては，解雇制限の努力義務が規定されることもある。

　守秘義務契約が規定されている場合には，守秘義務はクロージング後も一定期間存続させることが多い。

　クロージング後の行為について契約違反があった場合に，損害賠償予約を定めておくこともある[7]。

9　補償条項（Indemnity）

　補償条項（Indemnity）は，一方当事者にコベナンツ違反などの契約違反があった場合の損害等の補てんのみならず，一方当事者の表明保証に違背があった場合の他方当事者の損害等の補てん（たとえば買主側にとっては移転した事業の減価部分の補てん）を規定する。補償対象事由，補償額の算定方法，補償限度額，補償請求可能期間，第三者クレームに対する対応手続などが交渉ポイントとなる。

10　その他

　一定時期までにクロージングに至らなかった場合，買収契約を解消する旨が規定されることも多い。他方，クロージング後は買収契約は解除できない旨を規定することがある。一旦移転した事業を契約解除により遡及的に売主に戻すことは（移される売主側としても）現実的ではないからである。クロージング後はすべて補償条項等の金銭的精算で済ませることとなる。

　その他，完全合意条項（Entire Agreement），紛争解決条項，通知条項，協議条項なども合意されることがある。

---

[7]　損害賠償予約規定の法的有効性が争点となった事例判断として，東京地判平成23・6・7判時2134号68頁（結論は契約文言通りの損害賠償予約の効力を肯定）など。

III M&Aの契約法理に対する法制的修正

前記IIで述べた買収契約での規定事項は，買収において売主・対象会社と買主がいる以上，いかなる手段を選択したとしても，合意をしておく要請が両当事者にある事項である。M&Aといえども契約世界の話であるから，何もなければ民法の契約法理に従って契約解釈がされるだけで済むはずである。

これに対して，M&Aの手法によっては，会社法や金商法等の法規が，民法の契約法理の世界をオーバーライドする形で適用されることがある。その点について概観する。

1 株式譲渡

(1) 民法の契約法理と会社法規定

株式取得型のM&Aの中で，まず株式譲渡契約については，売主と買主との間の契約関係の規律は基本的に民法の契約法理に従うこととなる。

株式譲渡に関して会社法が特に規定を置いているのは，株式という移転対象物の特性に伴う諸規律（たとえば移転の効力発生要件）である。株式の権利内容が会社法により定められていることに伴う話である。

株式譲渡では（第三者割当増資と異なり）売主と対象会社とが別なので，対象会社との関係に関する規律も生じてくる。対象会社に関する瑕疵等が株式という物の売買の民法上の瑕疵担保責任の規定ではどの程度対処されるのか不明確な点がどうしても残るので，民法のデフォルト規定に頼ることなく，前記IIIのとおり，表明保証規定と補償規定が買収契約で明記されることとなる。それ以外に会社法マターとしては，会社に対する移転の対抗要件（株主名簿の書換え等）や譲渡制限株式に対する取締役会等の譲渡承認の規律などが規定されている。

(2) 公開買付規制

対象会社が上場しているなど有価証券報告書を提出していて，売主となる株主が多数存在している場合には，売主となる株主を集団として後見的に法律が

一定の保護を与えるべきという要請が出てくる。そこで金商法が公開買付規制を置いて，買収契約の規定に対する一定の修正を施している。ただあまりに硬直的な保護の規律ではかえって売主（株主）保護にもならず，買収契約と公開買付規制との調整について未解決の問題がまだ多数存在している（詳細は後記9参照）。

(3) 売出規制

2010（平成22）年4月に施行された改正金商法から，有価証券報告書提出会社の株式を10％以上の株式を保有している者が当該株式を売却することに対して売出規制が適用されることとなった。有価証券通知書提出義務と目論見書交付義務，および交付前の勧誘規制がかかる。しかし，元々販売サイドと投資者サイドとの情報格差がある場合を想定している売出規制が，買主が1人しかいない通常のM&Aの場合でも強行法規として広く適用されることには，過剰規制でないかという感覚が実務界にある[8]。

(4) MBO等における構造的利益相反の処理

株式価格は売主と買主との間の交渉で自由に定められるべきであるが，MBOによる非公開化など，株式の買主が経営陣等であって会社の情報に対してアクセス権を持っている者が，不特定多数の一般株主から株式を買い取る場合には，不可避的に懸念される利益相反構造から売主側の株主を一定程度保護すべきではないかという議論が出てくる。経済産業省企業価値研究会が2007（平成19）年8月にとりまとめたいわゆるMBO指針（「企業価値の向上及び公正な手続確保のための経営者による企業買収（MBO）に関する指針」）は，こうした利益相反問題に対処するため，買収決定に至る過程の側面から，求められる事項をソフトローの形で示している[9]。

---

[8] 岩原紳作ほか・金融商品取引法セミナー　開示制度・不公正取引・業規制編（有斐閣，2011）451頁以下の議論を参照されたい。

[9] MBO指針は，スクイーズアウトにおける公正価格の諸裁判例においても実質的に考慮されている。

2 第三者割当増資

同じ株式取得型の買収であっても,第三者割当増資の場合には株式の売主は対象会社となる。そして,株式発行の諸手続等について,そもそも会社法上の諸規律に従う必要がある[10]。また会社法は,新旧株主間の利害調整と株主・債権者間の利害調整等の観点から諸規律を置いており,そうした諸規律も契約法理を修正する方向で働くこととなる。これらの規律は,買収価格(引受価格)の適正性・調整に関する事項が多いので,後でまとめて述べる(後記Ⅵ参照)。

3 株式交換

株式交換は,売主となる対象会社株主(完全子会社となる会社の株主)から,対象会社の株主総会特別決議を経ることで,半強制的に全株式を買主(完全親会社)が取得する手法である。株式の譲渡に関する株主各自の契約法理(契約自由の原則)を集団法理(多数の売主株主という集団)の要請から修正することから,会社法が,対象会社の株主総会特別決議や買取請求権などの諸規律を置いた上で,株式の移転効果を法定している(会社769条1項)。

4 会社分割

会社分割の場合には,移転対象となる対象会社の権利義務が包括承継により移転する。

包括承継は相続でも生じる法現象であるが,移転に関して相手方債権者や契約当事者の個別同意の取得が不要である点にその大きな特徴がある。債務や契約上の地位の移転には相手方の同意を要するという契約法理を,集団法理(多数の契約関係者という集団)の要請から修正することから,債権者保護手続など会社法が諸規律を置いた上で,権利義務の承継の効果自体を会社法が法定して

---

10) 上場会社における第三者割当の実務について,武井一浩監修・上場会社のための第三者割当増資の実務Q&A(商事法務,2011)参照。

いる（包括承継。会社759条1項）[11]。

5 吸収合併

吸収合併も包括承継によって，対象会社の権利義務が全て買主（存続会社）に移転する点で，民法の契約法理を会社法が修正している（会社752条1項）。合併における包括承継は，対象会社が特段の清算手続を経ることなく消滅することから，受け皿となる存続会社に全て承継させる必要がある点から来ている[12]。

また吸収合併では，対象会社（消滅会社）の株主の株式が，対象会社の株主総会の特別決議により，買主（存続会社）の株式などの合併対価と半強制的に交換されることになる。株式交換と同様，こうした株主レベルでの集団法理からも契約法理を修正している。

6 無効の訴えの制度

組織再編行為と第三者割当（募集株式の発行）については，法的権利関係の安定性の要請から，会社法が無効の訴えの制度を法定し，契約法理に従って行われた買収行為の法的効果がクロージング後に否定されることへの制約を課している。

具体的には，組織再編行為等の無効の瑕疵について画一的に判断する形成訴訟の制度として規定し，提訴権者の限定，提訴期間の限定，無効判決の対世効，遡及効の否定（将来効）などを手当てしている。無効事由の範囲については解釈論に委ねられているが，無効判決が与える影響を勘案して，限定的に解釈さ

---

[11] 分割会社の各種契約のうち労働契約については，更に労働契約承継法において，分割契約上は対象会社（分割会社）に残された労働契約者でも移転事業に主として従事していた者は，一定の手続要件の下，買主（承継会社）に移転するという効果が法定されている。

[12] なお消滅会社に一身専属性の認められる権利義務については，包括承継の対象から除かれるのかどうかという論点がある。消滅会社が締結した身元保証契約について検討した論稿として，柴田和史「吸収合併における包括承継と一身専属性の認められる債権債務」前田古稀・企業法・金融法の新潮流（商事法務，2013）265頁。

れている。錯誤，詐欺，心裡留保等の意思表示の欠缺・瑕疵を無効事由として主張することも，会社法51条2項の類推適用により否定されることが多い[13]。第三者割当（募集株式の発行）に関しては会社法211条2項において引受の無効・取消の主張の制限規定が置かれている。

なお，2012（平成24）年度に議論された会社法改正において，株式併合や全部取得条項付種類株式による全部取得などスクイーズアウトの場合にも無効の訴え制度が法定されることとなった。

会社分割については，一部の分社型会社分割について詐害行為取消しを認める下級審判例が出されている。こうした裁判例によって得られている現実の効果は，会社分割全体の効力の否定でなく，相対効の達成である。現在審議されている会社法改正でも同種の効果の法定が検討されている。買主（承継会社）に承継される契約関係の承継の効果について一定の相対効を認めようという判例も出てきている（最判平成22・7・12民集64巻5号1333頁。IBM事件）。

2012（平成24）年度に議論された会社法改正では，詐害的会社分割に対して分割会社債権者に承継会社に対する請求権を付与する改正が行われることとなった。分割会社が法的整理手続に入った場合にはこの新設された会社法上の請求権は行使することができないことから，詐害行為取消権との選択は実務でも重要な論点を提供することになる。

7 事業譲渡および資産譲渡

「事業譲渡」と「資産譲渡」との違いは，移転する対象が会社法に定める「事業」としての一体性を有しているかどうかである。

資産譲渡については特段，会社法で定められている契約法理への修正はない。事業譲渡についても，「事業」への該当性等に伴う株主総会特別決議の要否およびそれに伴う各種手続的な手当てだけである。合併や会社分割のような包括

---

[13] 例外的に会社法51条2項の類推適用を否定して，合併契約の錯誤による合併無効を認めた裁判例として，名古屋地判平成19・11・21金判1294号60頁（解説として陳若嵐「合併契約の錯誤による合併無効の主張の可否」ジュリ1400号〔2010〕165頁）。

承継の規定による修正もなければ[14]，無効の訴えの制度による修正もない（ただかといって，これまでの裁判例の傾向からして[15]，クロージング後に，契約法理の単純な適用で簡単に事業譲渡の無効が認められるものでもない）。

なお，労働契約について，譲渡会社に残された労働契約（特に譲渡会社が解散され解雇となった場合）も，譲受会社に承継されるべきであると主張され裁判に至ることがある[16]。また，2012（平成24）年度に議論された会社法改正において，詐害的事業譲渡についても，譲渡会社債権者の譲受会社に対する請求権が法定されることとなった。

8 組織再編における法定契約と買収契約との関係

(1) 法定契約と買収契約

会社法上の組織再編によるM&Aであっても，買収契約として前記IIの各事項は約定される要請はある。買収契約として規定される事項のうち，会社法で明記されている事項は法定契約事項であり，その是非については，株主総会決議等において承認を得る，事前備置等の情報開示を行うなど，会社法の定めるところに従って取扱う必要がある（事業譲渡も総会決議の承認を要する点で同じである）。

会社法に定められている法定契約事項は，前記IIの事項よりも少ない。したがって，逆に買収契約で定めた事項[17]のうち，どこまでを法定契約事項として総会承認等に付する必要があるのかは，解釈論となる。総会承認から取締役会あるいは業務執行取締役に授権できる範囲の解釈として，事項ごとに検討することになるが[18]，事業譲渡を例に取ると，「契約の内容の概要」（会社則92条。

---

14) ただし，産業活力再生特別措置法などの特別法で円滑性を高める特段の手当てがなされている場合もある。
15) 裁判例として，最判昭和61・9・11判時1215号125頁，東京地判平成18・8・28判時1969号84頁など。
16) 判例の分析として，沢崎敦一＝佐藤直子「事業譲渡解散に際し解雇された従業員の雇用契約の法的取扱いに関する一考察」判タ1372号（2012）41頁など。
17) 会社法で定める法定契約に対して，その余の事項を定めた買収契約のほうを「サイドレター」と呼ぶことも実務では多い。

その他，当該取引を行う理由，譲渡会社が受け取る対価の算定の相当性に関する事項の概要）を株主総会参考書類に記載することが要求されている。譲渡対象事業と譲渡価格などの売買契約の要件事実に該当する事項以外の事項については，ある程度骨格的内容が総会に付議されている限り，その余の細目的事項について譲渡会社の業務執行者に委ねることは法的に可能と考えられよう。

(2) クロージング条件と組織再編規定との関係

クロージング条件の不充足によるクロージングの不実施と会社法の定める組織再編の法定手続との関係も論点となる。

クロージング条件は，買収契約本体では多岐にわたるが，法定契約では，当該買収に要する当局の許認可取得等（たとえば各国の独禁法上の企業結合審査を通過すること等）は規定されることが多いが，その余の事項まで法定契約で規定されるかは状況次第である。

クロージング条件の不充足によるクロージングの不実施に備える手法としては，会社法790条に定める法定公告による効力発生日変更手続がある。この会社法790条による手法は，総会承認手続などを再度やり直すことなく，買収実行自体を延期できる手法である。法定公告期限までに間に合うタイミングで，クロージング条件の不充足が両当事者間に特に争いなく認定できる場合（争いがあっては，公告を行う主体があくまで対象会社側であることが買主側にとってネックとなるため）に活用できる。

また，法定契約を契約法理に従って変更・解除することによって単純に組織再編自体を実行しない手法もある。この手法では，一旦総会承認を得た組織再編（という業務執行行為）を業務執行取締役の裁量だけで中止等できるのかどうか議論がありうるため，「組織再編の実行に重大な支障となる事態が生じた場合その他本契約の目的の達成が困難となった場合には，当事者は協議の上，本契約を変更または解除することが出来る」などの規定（あらかじめ確保しておきたい解除事由をより詳細に書く場合もある）を法定契約に明記し，総会承認決議を得ておくことが通常である。

---

18) 近時の検討として，小舘浩樹＝田中勇気「組織再編に係る法定外契約（上）（下）」商事1906号122頁・1909号11頁（2010）など。

9 公開買付規制からの修正

有価証券報告書提出会社である対象会社の株式譲渡においては，M&A 契約における契約法理は，公開買付規制から多岐にわたる制約を受ける。

第一に，対象会社の株式を 1/3 を超えて取得する場合など一定の場合には，公開買付けに拠ることが金商法により強制されている。いわゆる強制公開買付規制[19]と呼ばれる規制であり，任意に選んだ一部の者（株主）からだけ買い受けるという契約自由が否定されているわけである。

第二に，公開買付けの各種規制が M&A 契約の自由に与える制約である。たとえば公開買付けでは投資家保護の観点から厳格な撤回規制が置かれている。この撤回規制への抵触の観点から，大株主に公開買付けからの応募撤回の約定への規制（金融庁 TOB Q&A[20] 問 37）や，公開買付開始時点で求められる買収ファイナンスの契約の確度に関する規制（金融庁 TOB Q&A 問 32, 問 36）など，通常の M&A 契約では自由に約定可能な事項への規制が生じる（価格に関する規制は，後記 V 2 参照）。

第三に，そもそも論として，公開買付手続が民法の契約の申込・承諾の一連の流れの中でいかなる関係に立っているのかという点で，解釈上不明な論点がいくつか存在している。売買契約の成立時期と効力発生時期，インサイダー規制の適用（既遂時期の認定），公開買付けの各種条件変更の可否，公開買付けの意思表示の瑕疵の処理などであり，未解決の論点が多い[21]。

10 競争法上のガン・ジャンピング規制

契約法理そのものへの修正ではないが，買収プロセスにおける公的規制とし

---

[19] 強制公開買付規制の詳細については，証券法研究会編・金商法大系 I（商事法務, 2011）を参照されたい。
[20] 「金融庁 TOB Q&A」とは，金融庁総務企画局企業開示課「株券等の公開買付けに関する Q&A」（金融庁のウェブサイトで公表されている）である。以下同じ。
[21] 詳細については，岩原紳作ほか・金融商品取引法セミナー　公開買付け・大量保有報告編（有斐閣, 2010）188 頁以下を参照されたい。

て実務が近時特に神経を払っているのが，競争法上のいわゆるガン・ジャンピング規制である[22]。

企業結合がクローズする前に競争業者同士が競争センシティブな情報を交換することは，カルテル規制および企業結合規制[23]の観点から競争法違反の疑義が生じうるという問題である[24]。また，M&A契約締結後でもクロージング前（あるいは企業結合審査の承認前）である限り，M&A契約上のコベナンツ条項を通じて相手方事業者の事業活動を事実上支配してしまうこと等も競争法上の問題を生じさせうるため，M&A契約で合意できるコベナンツ条項の内容にも影響が生じる話である[25]。海外競争法のガン・ジャンピング規制の中には，過剰なまでに厳しい内容のものもある。事業活動がグローバルに展開されるほど，M&A実務でもグローバルの競争法規制に注意を払う必要が生じている。

IV　買収対価をめぐるM&A契約上の諸論点

M&A契約で約定される事項の中で最も重要性が高いのが対価である。そこでM&Aの契約法理に関する事項の中で対価にまつわる論点をまずは集中的に取り上げる。

---

[22] 最近の論稿として，中山龍太郎＝藤井康次郎「企業結合におけるガン・ジャンピング問題への対処法」商事1880号（2009）29頁，内藤裕史＝菊川秀明「米国HSR法に基づくガン・ジャンピング規制と実務」商事1898号（2010）77頁，井上朗「ガン・ジャンピングに関する欧州委員会決定についての一考察」国際商事法務2011年10月号1411頁，服部薫＝関本正樹「企業結合におけるガン・ジャンピング規制にどう対応するか」旬刊経理情報1308号（2012）42頁など。

[23] 競争法上の企業結合審査については，海外独禁当局における審査を含めてM&A実務において重要性が高いが，紙数の都合で本稿では取り上げない。

[24] カルテル規制違反への抵触との調整は，情報の内容，情報交換が行われる時期，情報交換が行われる人的範囲等から，総合的に判断される。通常はホワイトチームを構成する。なお，買収の確実性との兼ね合いに照らすと，買収の当初段階ほどガンジャンピング規制は厳しくなるが，他方で買収の当初段階ではあまりセンシティブな情報は交換されない。

[25] 重要事項に対する拒否権等を超えて，通常の業務内容（ordinary course of business）や価格・製造数量の決定等の事項についてまで支配権を買主が行使していると認められる実態がある場合に，競争法上の問題を生じさせる。

1 現金対価と株式対価との選択

対価の選択は，買収契約の条項の起案以前に，買収のそもそものストラクチャー選択の段階で論点となる。

株式対価と現金対価とは，M&Aの手段としてどちらか一方が常に望ましいというものでなく，状況に応じて選択可能であることが一番望ましい。場合によっては両者を適正な比率で混ぜて用いうることも求められる。

株式対価とする場合の特徴として，以下の点が挙げられる。

(1) 買主側にとって，買収資金の調達の必要性がない。
(2) 買主側から見て，株式対価だと売主側に買収後の（買主を通じた）対象会社へのシナジーのアクセスが残ることから，支払うプレミアム率が現金対価より低くて済む[26]。
(3) 株式発行分に相応した統合後のシナジーが達成されない場合には，一株あたり利益（EPS）が低下する。
(4) M&Aに応じる売主株主側からすると，現金対価のみの場合と異なり，統合後のシナジーを享受できることになる。現金対価のみの場合はいわば「手切金」となる。
(5) 売主株主側の譲渡益課税について，課税繰延べの可能性がある。
(6) 海外買収でオーナー系の企業を買収する場合，買収後もオーナー・現経営陣を対象会社にある程度残して協力を得たいような場合では，全額現金で買収して手切れ金にするよりも，買収者株式も交付して，買収後の対象会社への減価が当該オーナーが保有する買収者株式の減価にもつながる構造とすることができる。

他方，現金を対価とする場合の特徴としては以下の点が挙げられる。

(1) 買主は資金調達の必要があり，負債により調達する場合はM&A後の財務体質の悪化（格付低下等）につながることがある。

---

26) 統計的にこうした傾向を示したものもある。荒木隆光＝武井一浩＝宮坂明宏＝丹羽昇一「株対価M&Aの解禁」MARR 204号（2011）11頁。また花村信也「日本のM&Aの支払手段と買収価格：Q理論か，株価誘因か」慶應経営論集27巻1号（2010）103頁。

(2) 対象会社株主は、統合後にシナジーが達成されるかどうか判断できない場合には、"cash is king" と呼ばれるとおり、現金対価を好む場合がある。
(3) 対象会社株主側に譲渡益課税が実現する。

日本の上場会社が成長戦略として日本企業や海外企業を買収する際の対価としては、組織再編行為を行わない限り、現金対価のほうが主流である。しかし、自社株を対価とするM&Aを買収の手段として選択できないとすれば、それは同じアジア現地に進出している日本以外の企業との競争条件において、日本企業が不利益を受けていることになる。自社株を対価としたM&Aの手法ごとの比較は、表を参照されたい。

表　株対価M&Aの手法の比較

	現物出資型	産活法型	組織再編型（株式交換等）
対象会社株式の取得	買主側が取得したい株数だけ	買主側が取得したい株数だけ	対象会社の全株式を取得（反対株式買取請求の行使分は除かれる）
対象会社株主側の意思確認	個別契約	公開買付けに応募するか否か	株主総会決議
産活法の認定	不要	必要	不要
P社側の総会決議等の要否	取締役会の決議	株主総会の特別決議　ただし、簡易の場合は取締役会決議	株主総会の特別決議　ただし、簡易・略式の場合は取締役会決議
P社株式発行時のP社の決議内容	T社株式の価額（払込金額）とP社の発行株式数	T社株式との交換比率	T社株式との交換比率
有利発行規制	あり	なし	なし
現物出資規制	あり	なし	なし
P社の債権者保護手続	なし	なし	あり
P社株主の差止請求権	あり	あり	民事保全法の一般法理に従う
P社株主の株式買取請求権	なし	あり	あり
T社側の総会決議等の要否	不要	不要	総会特別決議が必要（略式の場合以外）
T社株主の株式買取請求権	なし	なし	あり

＊　買主が会社法上の公開会社である場合

2 現金対価と株式対価との理想的ミックスが現行の Boot 税制で達成できないこと

　株式対価と現金対価とはどちらが常に望ましいという話ではないので，買収契約における経済合理性が自由に達成されるためには，1回の買収取引において現金対価と株式対価とを混ぜることまで行えることが本来は望ましい。先ほど述べた①買主株式がもらえるといわれても，統合後の業績がどうなるのか，シナジーの状況次第で簡単に読めないこと，②他方で，現金対価だけだと逆に統合後のシナジーにアクセスできないという売主株主側の事情と，③株式対価を出し過ぎると買主の EPS が低下しかねない（統合後のシナジーが equity を出した分だけ相応に達成されることが P 株主に納得される必要がある）こと，④現金対価を出し過ぎると統合後の財務体質の悪化（格付低下等）につながりうるなどといった買主側の事情とを総合した上で，たとえば「全ての対象会社株主に，買収者株式 70：現金対価 30」といった理想的ミックスで対価が交付されることを確保したいという場合がある。

　しかし，現行の組織再編税制による制約によって，かかる理想的な条件による株式対価と現金対価とのミックスによる買収はまず行えない状況にある。組織再編では株式対価が基本でそれに対して混ぜる現金等は一般に boot と呼ばれるところ，日本の現行組織再編税制では boot に対する税制適格要件が厳格なのである。

　株式交換を例に取ると，現行の組織再編税制では，配当代わり金，端数処理金，反対株式買取請求以外の現金が対象会社株主に交付された場合，対象会社に資産含み益の法人レベルでの課税（営業権課税）と，対象会社株主に株式譲渡損益課税が生じる。前者の法人レベルでの課税は，株式交換では，対価として支配プレミアム額が含まれることから，法人課税の負担がきわめて重い。この営業権課税は，これから収益を上げるかもしれないという前提で支払ったプレミアム額を，収益が実現する前に前取りで課税をかけてしまうものであり，実現主義に照らしても問題のある課税である。

　現金対価と株式対価とのミックスがなされる，現行法で可能な代替策は下記の三つである。第一が，株式交換の総会決議＋反対株式買取請求の組み合わせ

である（買取請求を行使した株主に現金が交付される）。ただ，買取請求は，総会で反対の議決権行使を行わないと難しい。上記の例の3割分だけを現金対価とすることは買取請求制度を通じてはまず達成できない。

　第二が，対象会社に対して現金対価（3割分）での公開買付けを先行させ，その後に株式交換を行うことである。これは通常よく行われている取引であり，対象会社における総会決議での承認を確保するため，対象会社についてまず公開買付けを先行させる。ただ，公開買付けを経ても，本来求められる理想的な現金とequityとの調合比率に至るわけではない。また公開買付けという金商法上の行為と組織再編という会社法上の行為とは効果が別であり，公開買付けをかけた上で株式交換等の総会特別決議のいずれかが否決されても，公開買付けのほうの効果はもう巻き戻せない。したがって，3割の現金対価での取得だけが放置される懸念がある。

　第三として，株式交換のほうの総会決議を先に行い，総会決議後株式交換日までに対象会社が自社株公開買付けを現金で行うことが考えられる。これも実務では（実行に至らないことが多いが）検討段階では時々俎上に上がる選択肢である。しかしこの手法でも，本来求められる理想的な現金とequityとの調合比率に至るわけではなく，また自社株公開買付けの結果次第でその前の株式交換の総会決議の効力を否定する旨の条件を付しておくことがやはり難しい。また，プレミアム付価格で自社株公開買付けを行うことの法的論点も解決する必要がある。

　したがって，1回の株主意思を諮る形で，「70：30」の調合比率での買収を行うか行わないかが決められる選択肢が現行の日本の制度下では存在しないのである。こうした硬直的な実務につながる法制は見直すべきだろう[27]。

3　買収価格の定め

買収対価は固定額や固定比率で定めるのがもっともシンプルでわかりやすい

---

[27] 詳細について，武井一浩「M&A法制の今後の課題——企業法実務の観点から」新堂幸司＝山下友信編・会社法と商事法務（商事法務，2008）287頁。

が，買収の交渉次第では変動型の定め方が必要となる場面もある。主な例を概観する。

(1) 価格調整条項

第一が，売買契約時点でベースとなった価格算定資料から，クロージング時点までの価値変動の要素を一定程度反映させることを目的とした価格調整条項である。株式譲渡契約の合意時点からクロージングまでの間が一定期間空くことへの対応である。

価格調整条項を定めるには，両当事者から疑義の出ないできるだけ客観的な指標等を規定しておかないと，買収後も延々と争訟が生じることとなる。算定に用いる指標の客観性と算定プロセスの明確化などで工夫することになる。

価格調整条項の解釈に関する裁判例として，東京地裁平成 20 年 12 月 17 日判決（判タ 1287 号 168 頁。アプラス事件)[28] がある。結論は，優先株式を購入した買主（新生銀行）に対して，売主（三菱東京 UFJ 銀行）に対して約 47 億円の買収代金の追加支払を命じている（原契約の買収価格は 300 億円）。争点は多岐にわたるが，買収価格を 2004（平成 16）年 3 月末で作成されている貸借対照表から同年 9 月末時点での中間貸借対照表をベースに調整する価格調整規定が置かれていたところ（価格調整規定は 100 億円を上限に買収価格の増減の双方向に働く規定である），当該中間貸借対照表について，買収した被告側の会計処理方法に対象会社の会計処理も統一することを目的として，大幅な貸倒引当金の積み増し，評価損の計上等が行われた点に関する法的評価である。裁判所は，本件の価格調整規定は，あくまで 3 月末以降 9 月末時点までの純資産の変動を測定しようという目的の規定であり，会計処理の原則・手続まで変更することを許容したものではないと解釈して，3 月末の貸借対照表（すなわち売主側の従前からの会計処理の方法）に従って価格の追加支払を買主に命じている。価格調整条項では算式の客観性が求められるが，算定のベースとなる会計基準の選択という点でさえも不明確性があるということを示した例といえる。買収契約で起案した条項の趣旨が詳細に分析された裁判例であり実務からも関心を集めた。

---

[28] この判例の解説として，久保大作「M&A 取引における株式売買価格調整条項の解釈」ジュリ 1402 号（2010）143 頁。

(2) アーンアウト条項（Earn-out条項）

第二が，アーンアウト条項である[29]。価格調整条項の一種ではあるが，前記(1)の価格調整条項との違いは，クロージング時点からさらに後に時間軸を置いて，クロージング後の対象会社・対象事業の業績に連動した買収価格を規定する条項である。買主側からすると，買収後の事業計画が達成できない場合のリスクをヘッジできる効果があり，対象会社が非公開会社の場合で売主の現経営陣が買収後も一定期間とどまる場合などで，約定に至ることがある。

価格調整条項の一種なので，両当事者から疑義の出ないできるだけ客観的な指標等を規定する必要がある点は同様であるが，さらにアーンアウト条項の存在自体から買収後に対象事業に行われる各種事業戦略の意思決定に影響を与えることがありうる。このことから，買収後の経営に与える影響への複雑性なども考慮され，日本国内のM&A案件ではまだあまり用いられていない。

(3) 変動株式交換比率

組織再編など株式対価の場合における変動型は，算式方式での株式交換比率を定める場合である。2006（平成18）年の会社法改正によって変動型の交換比率の定めが解禁されている（株式交換について会社768条1項2号イ・ホ）。対象会社側の株式価値を固めた上で買主側の株式価値の時価をクロージングに近い時期に算定して比率を算定する方法など，シティグループと日興コーディアルグループとの三角株式交換[30]以降，実務が進んでいる。他方，公開買付けの世界では，硬い公開買付規制のため，変動型の対価はまだなかなか難しい状況にある。

V　買収価格（契約自由）に対する法制的修正

買収価格についても本来，私的自治として両当事者間で自由に交渉して定め

---

29) 解説として，松浪信也「アーンアウト条項における検討事項」商事1917号（2010）35頁など。
30) 事案の概要について，谷川達也＝水島淳「シティグループと日興コーディアルグループによる三角株式交換等の概要（下）」商事1833号（2008）19頁。

ればよい。しかし，後述のようないくつかの場合については，買収価格に関する契約自由の原則を一定の態様で修正する法的規律が，会社法や金商法等から働くことになる。これらの規律は買収契約という観点からは，法定の価格調整機能等を果たしているともいえる。

1 第三者割当における諸規律

(1) 有利発行規制と価額塡補責任

株式取得型の中で第三者割当において，有利発行規制がある。有利発行規制に遵守しているか否かの疑義について，対象会社株主は当該第三者割当増資をクロージング前2週間の間に差止めることができる。

他方，一旦クロージングが行われ株式が発行されると，有利発行規制違反は（差止めの機会を保障した会社法所定の公告がなされている限り）株式発行無効事由とならないというのが現行の判例法である。しかし，有利発行に該当するにもかかわらず対象会社の総会特別決議を経ていない場合には，対象会社取締役（立証責任が転換された過失責任）および買主（無過失責任）が公正価格（公正な払込金額）の塡補責任を負う（会社213条・212条)[31]。買主側からみると，買収価格の追加支払を求められるおそれがあることになる。これらの塡補責任は対象会社株主が株主代表訴訟の形で追及できる（会社847条1項)[32]。

(2) 対価自体の適正性に関する現物出資規制

第三者割当において買収対価が金銭でない現物である場合，裁判所が選任する検査役の調査が原則として求められ，過大な現物評価の元で過大な株式が対価として交付されていないかが検査される。対象会社の他の株主および債権者の保護のためと一般に説明されている。

---

[31] その他，会社に対する損害について会社法423条の責任，残余株主の価値下落分に対する会社法429条の責任なども論点となる。詳細は田中亘「募集株式の有利発行と取締役の責任」新堂＝山下編・前掲注27) 143頁。

[32] 東京地判平成24・3・15判時2150号127頁（アートネイチャー事件）において，有利発行を認定した上で，引受株主に対して追加塡補を命じた珍しい裁判例が出ている。

(3) 第三者割当における補償責任

(2)に述べた現物出資規制は（現物という）対価自体の適正性を確保する法定措置である。これに対して，対象会社に粉飾等の虚偽の情報があったことから買った株式に価値がなかった場合に，買主（株式の引受者）が対象会社から金員の払戻しを受けるM&A契約の条項（補償条項等）も重要である。この手の紛争は従前から発生している[33]。

第三者割当における補償責任規定については，会社法上検討すべき論点がいくつか追加で生じる。代表的には，募集株式発行の無効制度の趣旨，会社法211条2項の引受における無効・取消主張の制限，出資払戻規制，有利発行規制などへの抵触の有無である[34]。また，M&A契約上の補償規定がない場合でも，会社法上，対象会社の事業その他の事項に関する説明資料に虚偽記載があった場合や計算書類等の重要事項に虚偽記載があった場合には，会社法429条2項の規定により買主は損害回復を図ることができる。こうした法規定と契約上の補償規定の範囲・限界も論点となる。ただこれらの会社法の規律がM&A契約上の補償条項の効力を現に否定する必要がある場合は，限定的であると考えられる。

金商法の手続の適用を受ける第三者割当の場合には，有価証券届出書の虚偽記載によって買主は損害回復を図ることができる（金商18条・19条。買主〔引受人〕側に悪意・重過失があった場合を除く[35]）。

---

33) 信用組合の事案であるが，最近も最判平成23・4・22金判1372号30頁（関西興銀事件）において，対象会社が実質的な債務超過状態であって経営破綻の危険があることを説明しないまま出資を募ったことに関する信義則上の説明義務違反の有無（不法行為の時効が徒過していたことから，その法的性格が論点となった）について，契約締結前の説明義務違反は契約締結前の段階で生じたものであり，契約関係に入ったことは説明義務違反により生じた結果なのであるから，当該説明義務違反を契約に基づいて生じた義務であるとは考えられないと判示するなど，注目される裁判例が出されている。

34) この論点について検討したものとして，篠原倫太郎＝青山大樹「出資契約における前提条件と表明保証の理論的・実務的諸問題（上）（下）」金判1370号8頁・1371号8頁（2011），大杉謙一「新株引受けに係る契約を巡る法律関係」金判1371号（2011）17頁など。

35) なお，第三者割当のようなデュー・デリジェンスをフルに行った上で総額引受で買い受けている場合にまで金商法18条・19条の規定をそのまま適用するのがよいのか，また過失相殺の余地はないのか等について問題提起した論稿として，弥永真生「企業買収と証券取引法（金融商品取引法）18条・19条」商事1804号（2007）4頁。

2　公開買付けにおける価格の均一性規制等

　株式譲渡型であっても，公開買付けによる譲渡が行われる場合には，価格の均一性規制（および別途買付規制）に服することで，私的自治を超えた価格に関する公的規律を受けることになる。なお，海外の法制では，公開買付け以外の態様で買主に近接時期に支払われる一定の対価的事項にも，価格の均一性（および別途買付規制）を厳格に求めるいわゆる best price rule が存在する場合があるが（たとえば，オーナー経営者が株式の売主である場合に，当該経営者に買収に伴って支払われる一定の金員も公開付規制を受ける対価とみなす等），日本ではその点は解釈論に委ねられている[36]。

3　組織再編における買収対価の修正措置

(1)　買取請求権

　組織再編では，売主となる対象会社株主は買収対価として交付される交換対価（交換比率）に不満がある場合には，総会決議に反対意思の議決権行使をした上で，買取請求権を行使しさらに多額の買収対価を受け取るチャンスがある。これは，対象会社株主が多数存在する場合があることから，対象会社の総会決議の多数決（集団法理）によって半強制的に手元の株式を手放すことに対して，会社法が規定している保護手当であり，多数の売主（対象会社株主）を想定した一種の法定された価格調整条項といえる。なお現金対価のスクイーズアウト手法として広く活用されている全部取得条項付種類株式についても同様である。買取請求権の価格をめぐる裁判例は事例の集積が急速に進んでいる（紙数の都合もあり本稿ではとり上げない）。

(2)　組織再編における買主側株主の（M&A 契約の枠外での）特別保護措置

　組織再編では，対象会社株主だけでなく，買主側の株主にも一定の限定下で株式買取請求権が付与されている。これは，買主側の一定の総会多数決で過分

---

[36]　金融庁 TOB Q&A 問 24 参照。

な買収価格が支払われることによって買主側のEPSの低下（あるいは現金対価の場合には財務状況の悪化）が生じることに対して，会社法が規定している特別措置だろうか。しかし，他の事業譲受や株式取得といった通常のM&A手法（しかも買主側の総会決議を経たわけでもなく単に取締役会決議のみで行われることが多い）ではこうした保護措置は買主側株主には与えられていないことに比較すると，M&A契約の枠外で置かれている特別な取扱いといえる。

かかる法的取扱いは，M&A手法の選択にあたっての1つの重要な考慮要素となることもある。2012（平成24）年に議論された会社法改正では，買主側の総会決議を要しない組織再編（すなわち簡易組織再編）の場合には，買主側株主の買取請求権を否定する改正が行われることとなっている。

(3) クロージング前の差止め

合併等のクロージングの事前差止めについては，会社法360条の取締役の業務執行に対する違法行為差止め[37]や，対象会社株主総会における特別利害関係人の議決権行使等を根拠に差止め（民事保全法上の仮の地位を定める仮処分）を行う余地はありえるが，第三者割当と異なり，会社法の規定に差止めの訴えの規定が置かれているわけではない。

2012（平成24）年に議論された会社法改正では，法令定款に違反する（ただし取締役の善管注意義務違反は含まれない）組織再編やスクイーズアウト行為に対して，不利益を受けるおそれがある株主に差止請求権が付与されることとなった。

(4) クロージング後の対価の公正性に関する係争

組織再編のクロージング後については，買取請求権制度とのバランス等もあり，対象会社株主（売主）からみた交換対価（交換比率）の不満は，組織再編のクロージング後は，無効の訴え事由としてなかなか認められないというのが現在の判例の傾向である。

組織再編自体の効力はなかなか否定しにくいことから，価格調整としての金

---

37) 第三者割当ての引受けに関する違法行為差止が棄却された例として，東京地判平成16・6・23金判1213号61頁〔解説として土田亮「経営再建支援のための増資引受けと違法行為差止請求」ジュリ1342号〔2007〕183頁など〕。

銭請求が考えられる。近年の裁判例として次のものがある。

東京地裁平成 19 年 11 月 12 日判決（判時 2011 号 145 頁。大塚商会事件）[38] は，株式交換における買主側（完全親会社）に架空取引・利益水増し等があり，買収対価として買主株式の交付を受けた対象会社株主が，買主（完全親会社）等を不法行為（民 709 条）による損害賠償請求で提訴した事案である。原告は株式交換の効力自体を否定するのではなく（交換無効の訴えの提訴期間は徒過していた），不法行為請求の形で追加対価の支払を事実上求めた事案といえる（結論は原告が主張する架空取引等は存在しないとして，事実認定レベルで請求棄却）。

東京地裁平成 23 年 9 月 29 日判決（判時 2138 号 134 頁。NKSJ ホールディングス事件）[39] は，上場会社同士の共同株式移転における移転比率について，一方会社の株主が不適正であるとして会社法 429 条による損害賠償請求を当事会社の取締役に対して行った事案である。市場株価が重視されていない点や金融保証保険に関する代替予想損失，劣後債発行等の比率算定上の取扱いについて，適正な移転比率を定める対象会社取締役の善管注意義務を怠ったという主張であった。裁判所は，独立した企業間の株式移転は相互の事業計画を踏まえたシナジーの検討等の会社経営者としての専門的・総合的判断が必要となるとして，いわゆる経営判断の原則を適用し，対象会社取締役の移転比率算定の業務執行に善管注意義務違反はなかったと判示している。

価格の公正性を含めた買収条件に対する善管注意義務の判断に対しては，いわゆる経営判断の原則が適用されることが最高裁の裁判例等を通じてほぼ確定している[40]。そして，買収当事者の独立した当事者間で真摯に交渉されて価格が決定されたプロセスを経ていることは，交換比率の適正性が司法審査でも支

---

38) 解説として，小林俊明「株式交換における株主価値の毀損と不法行為責任」ジュリ 1401 号（2010）116 頁。
39) 解説として，弥永真生「不公正な株式移転比率と会社法 429 条」ジュリ 1437 号（2012）2 頁，高橋均「株式移転比率の合意と取締役の善管注意義務」ジュリ 1450 号（2013）104 頁など。
40) 大阪高判平成 12・9・28 資料版商事 199 号 330 頁（朝日新聞代表訴訟事件。原審は大阪地判平成 11・5・26 判時 1710 号 153 頁），最判平成 22・7・15 判時 2091 号 90 頁（アパマンショップ株主代表訴訟事件）など。経営判断の原則に照らしても調査義務に懈怠があるとして取締役の善管注意義務違反を認定した事例として，さいたま地判平成 22・3・26 金判 1344 号 47 頁（100％ 子会社への増資の事例。増資引受額相当の損害賠償責任を認定）。

持される上での一つの重要要素となる。ましてや「相互に特別な資本関係がない会社間において、株主の判断の基礎となる情報が適切に開示された上で適法に株主総会で承認され」たことを一般に公正と認められる手続と判示した上で、当該総会決議で承認された交換比率は公正な比率であると判示する最高裁判決が買取請求権の文脈で出されている（最決平成24・2・29民集66巻3号1784頁。テクモ・コーエー事件[41]）。価格決定に対する司法審査のアプローチを示した重要判例である。

VI M&Aの契約法理に関する司法審査の現状と論点

法制的修正以外に、M&Aの契約条項について裁判所がいかなる司法審査を行っているのかも、M&Aにおける契約法理として重要である。裁判で争点となる条項は多岐にわたるが（価格条項についてはすでにIVで述べた）、近時公表される裁判例も増えてきた表明保証・補償条項と、（裁判例は少ないが）どのM&A契約においても何らかの形で規定されているMAC条項について言及する。

1 表明保証条項および補償条項

表明保証条項および補償条項について、通常論点となる売主側の表明保証条項を中心に述べる。

---

[41] テクモ社は2008（平成20）年8月にスクウェア・エニックス社から920円での買収提案（公開買付提案）を受けており、その後、同年11月にコーエー社との共同株式移転が公表され、株式移転比率の公表直後にテクモ社の株価がストップ安となっていた事案である。最高裁は、特別の資本関係がない会社同士が株主総会特別決議を経るなど一般に公正と認められる手続を経て定めた移転比率である以上、当該株式移転比率は公正なものであると判示している（その上で、株式移転比率が公正である以上、買取請求行使またはそれに近接する期間の平均株価が買取請求権の「公正価格」であると判示。株式移転比率が公正でないとして株式移転公表前の1か月間の市場価格を参照して公正価格を定めた高裁判決を法令違反と判示した）。その後の下級審決定としてたとえば大阪地決平成24・4・27判時2172号122頁ほか。

(1) マテリアリティ条項

表明保証条項では重要性や重大性の限定（たとえば「重要な誤りはない」「企業価値に重大な影響を与える紛争はない」など）が規定されることが通常である（英語でいうmaterialityへの該当性であり，以下単に「重要」「重要性」と言う）。そこで，何が「重要」なのかの解釈が重要となる[42]。この点に関する裁判例も出てきている。

なおマテリアリティに似た機能をM&A契約で果たしている概念として「知る限り」「知りうる限り」「最善知る限り」や，「……のおそれもない」などの用語があるが，これらの用語そのものの解釈について公表された裁判例は日本ではまだない。

重要性の解釈は，M&Aにおける関連する全ての事情を考慮してケースバイケースで判断されているのが今の裁判例の傾向である。最近の一事例としては，東京地裁平成22年3月8日判決（判時2089号143頁）[43]がある。本裁判例は後記Ⅵ2のMAC条項のところでも紹介するが，株式評価の前提となる基礎数値に相応に大きな誤りがあったものの，買収価格がすでにトップ同士で10億円とざっくり決められた後の株式評価であるという状況から，当該誤りは重大な誤りに該当しないと判示している。本裁判例はあくまで契約解除権に関する裁判例なのでどうしても重要性の基準は（表明保証を通じた金銭補償よりも）厳しくなり，表明保証条項の文脈にまであまり一般化すべきでない。ただ，買収交渉で先に買収価格をトップ同士である程度握ってから細かい価格評価を後付け的に行っても，契約で起案したとおりの表明保証違反が問えないおそれがあることには注意しておくべきだろう。

(2) 売主から買主への説明（買主側の悪意・重過失）の影響

次に，買主側が当該表明保証事項の違背についてデュー・デリジェンス等で

---

[42] 契約起案上の細かい点であるが，表明保証に「重要性」の限定を付して，さらにクロージング条件や補償条項でさらに重要なものに限ると規定すると，「重要」が二重にかかる事態になる。

[43] この判例の解説として，髙橋美加「株式譲渡契約における表明保証の対象」ジュリ1439号（2012）115頁，貸付契約の視点からの本裁判例の分析として，淵脇大樹「表明保証条項の実務上の論点の検討」金法1935号（2011）102頁など。

知っている場合（知らないことに重過失がある場合を含む）の場合の法的効果である。

　これは活発な議論が展開されている論点である。まず，東京地裁平成18年1月17日判決（判時1920号136頁。アルコ事件）[44]が判示した「売主[45]が表明保証を行った事項に違反していることについて買主側が善意であることが重大な過失によることが認められる場合には，公平の見地に照らし，悪意の場合と同視し，売主は本件表明保証責任を免れると解する余地がある」という規範を述べたこと[46]も一端となって，買主側の悪意・重過失についてセンシティブに捉える議論が出てきた。表明保証責任を「結果責任」的に捉えるのか「行為責任」的に捉えるのかといった二分法の議論など，民法上の法的性格論にまで発展した議論[47]も展開されている。

　実務でのセンシティブな動きの一例としては，契約条項で「買主がデュー・デリジェンスで知りえた事項であっても，表明保証条項に基づく補償条項の効力には影響を与えない」といった規定が明記されることも増えてきた。こうした条項まで明記されている場合にはそのとおりの法的効果が，裁判所でも尊重されるべきだろう。

　ただ，かかる条項まで規定されていなくても，買主の悪意・重過失によって直ちに補償条項の効果が否定されるという単純な話ではない。当該対象事項の内容，買収交渉の経緯などの諸事情次第である。買主がデュー・デリジェンスで表明保証の対象事項を知るといっても，その評価・インパクトが明らかでない場合や，表明保証違反なのか明確でない場合も多い。逆に「買主がデュー・デリジェンスで知った事項については，表明保証条項に基づく補償条項の対象

---

44) この判例の解説として，髙橋美加「株式売買契約における表明・保証条項違反と損害の補償」ジュリ1353号（2008）135頁，渡邊博己「M&A契約における表明保証と契約当事者の補償責任」NBL903号（2009）64頁，金丸和弘＝森田恒平「M&A取引における説明義務と表明保証責任（下）」判タ1370号（2012）55頁。

45) 「買主」「売主」という表記は筆者が理解の便宜のために挿入したものである。その後の判例の紹介箇所についても同様の挿入箇所がある。

46) ただこの事件の結論としては，買主が，わずかの注意を払いさえすれば，争点となった本件和解債務処理を発見し，売主が本件表明保証事項に関して違反していることを知りえたということはできないとして，売主の責任を肯定している。

47) さらにその先に債権法改正における議論も活発である。

外とする」旨の規定があれば買主の悪意・重過失から補償条項の効果が否定されることが増えるだろうが[48]，そうした規定もない場合には，買収契約に規定されている表明保証条項の規定内容を裁判所は文言に従い忠実に解釈していくべきであり，買主側の悪意・重過失が一種の契約に書かれざる解釈規範として一般的に作用すると考えるべきでない。

(3) 買主側の悪意・重過失等のマテリアリティ条項への反映

現在の下級審判例の中には，表明保証条項違反と売主から買主に対する説明（買主側の一定の悪意）の論点をこのマテリアリティの解釈とリンクして考え，買収前に何らかの開示があった事項についてはそもそも「重要な」誤りに該当しないとして，表明保証責任違反を認めなかった事例もみられる。

最近の例として東京地判平成 23 年 4 月 19 日（判時 2129 号 82 頁）では，対象会社が計算書類と試算表に計上していた売上の元となる第三者との取引契約が解約され損害が生じたことに関し，買主が買収契約の「対象会社が第三者と締結している契約について，対象会社の事業，経営，資産，義務，債務またはその見通しに重大な悪影響を及ぼす可能性のある債務不履行が発生している旨の通知を受領していないこと」等の表明保証条項への違背が争点となった。裁判所は，当該取引契約について，デュー・デリジェンスの過程で売主から一部の機器の解約が確実である旨の通知を買主が受けていたことを捉えて，「当該取引契約に係る潜在的な危険の一端が具体的に発現し，これがさらに拡大することも予想されたのだから，買収契約の実行を繰り延べ，実行の確認を行うなどして，本件契約条件を見直す等の対応を行うことも十分可能であったにもかかわらず」買収を実行したと事実認定した。その上で，表明保証条項を買収契約実行後に生じた現実の負担との差をすべて売主の負担とする条項ではないと述べた上で，表明保証責任の重要性も，結局のところ，「買主が本件買収を実行

---

[48] 「売主が，クロージング日前に，買主に対し，明示的に表明保証の違反を構成する事実を開示した上で，買収を実行した場合には，売主は買主に対して表明保証義務を負わない」旨の売主側の免責規定が置かれていたことも踏まえ，当該免責条項の解釈等により売主の補償責任が否定された事案として，大阪地判平成 23・7・25 判時 2137 号 79 頁。米国の議論も踏まえた最近の分析として，辰巳郁「表明保証と当事者の主観的事情——サンドバッキングの可否を中心に」商事 1998 号（2013）88 頁。

するか否かを的確に判断するために必要となる当該取引契約に関する客観的情報が正確に提供されていたか否かという観点から判断すべきである」という解釈を提示した。

(4) 裁判例の事案を過度に一般化して考えるべきでないこと

裁判所の司法審査プロセスの発想は,「買主側の悪意・重過失」という法規範概念を調整弁として,売主から伝えられた事項の具体性や買収における諸状況(実行の延期が出来る状況にあったのか等)を総合的に判断して,補償責任の結論を調整しようというスタンスでないかと推察される。

こうした調整弁の選択については,司法審査の判断基準として1つありうる。しかしその当てはめにおいて,判決の文言をあまりに一般化して読んでしまうと,M&A実務の現場のバランス感覚からはかけ離れた違和感が生じてくる。

第一が,デュー・デリジェンスへの過剰な期待・役割分担である。買主が調べれば調べるほど,リスクが買主に行くという帰結自体がまずバランスを欠く。いくら調べても,あくまで他人の会社の話であり,わからないことはわからない。

第二に,単にM&Aの日程をずらせばよかったのだから,日程をずらさずに買った買主が悪いといった判示内容も,M&Aの現場感覚に照らして違和感がある。買収時期をずらすことは,情報管理や対象会社の事業関係者への混乱を招くこととなり売主側にも多大な不利益が生じる。当初定めたクロージング時期からずらさないことは売主・買主の双方に利益があるわけで,クロージング時期をずらさずに売買が実行されたことを買主側にことさらに不利益に働かせる司法判断だとすると,違和感が生じる。

売主の説明義務・情報提供義務違反の有無は事業・企業を売買の対象とする場合に限らず,有償契約一般で生じている論点である。しかし,企業買収・M&Aの場合には,売主も買主もプロを雇って行うというプロ同士であるという側面のみならず,対象物が「契約関係の束」というある意味で生きているものであり,動産や不動産を前提とした売買での議論をそのまま当てはめると,実務現場からみて違和感の強い司法判断が導かれかねない。

買主側の悪意・重過失を簡単に認定する裁判例の傾向が定着すると,デュー・デリジェンスで何らかの形で知りえた事項について,表明保証条項を通過

させることなく，特別補償規定を個別に規定しておく流れが加速することになろう。しかし，特別補償条項がない限り買主負担になるというのも，M＆Aの実務現場における過剰反応だろう。また，買主側の悪意・重過失を仮に司法審査における利害調整弁として使うとしても，売主から伝わっていたというだけで単純に買主側の悪意・重過失が認められるような判断はなされるべきでない。

(5) 開示情報の正確性に関する表明保証と売主の説明義務

デュー・デリジェンスは売主からの情報開示に依拠して行われることから，デュー・デリジェンス等の過程で売主から買主に開示された情報は，虚偽や不正確な記載を含まない（false）こと，記載されるべき情報や誤解を与えないために記載すべき事項に重大な漏れがないこと（material omission）について表明保証されることが多い。

(6) 完全開示条項と売主の説明義務

(5)で触れた開示情報の正確性に関する表明保証を超えて，「デュー・デリジェンス等で開示されていない情報の中に，対象会社・対象事業に重要な影響を与える（または与えるおそれのある）情報は存在しない」旨の完全開示条項も存在する。完全開示条項まで約定されるのか否かは当事者間の交渉次第である。

売主側の説明義務の範囲については，虚偽の説明をしない消極的説明義務は課されているが，より積極的に情報を開示すべき説明義務まで当然に負うものではなく，買主が相応の調査能力をもった者を採用してデュー・デリジェンスを行うのであれば，デュー・デリジェンスへの対応を超えて売主側が情報開示をすべき局面は限られるという線引きが，下級審判例ではほぼ定着している[49]。

例外的な事案として，東京地裁平成19年7月26日判決（判タ1268号192頁）[50]では，株式譲渡の事案で「売主が買主に対して開示した対象会社に関する情報等は，すべて真実かつ正確な情報を記載しており，重要な事項について欠けていないこと」という旨の情報開示に関する表明保証規定があったところ（なお，

---

[49] 最近の例としてたとえば，大阪地判平成20・7・11判時2017号154頁（船井事件）。解説として，久保大作「企業買収における説明義務と調査協力義務」ジュリ1399号（2010）155頁。

[50] 解説として，梅村悠「株式譲渡契約における表明・保証と説明義務」ジュリ1406号（2010）157頁。

完全開示条項までは規定されていない),売主自らが賃貸人となっている店舗の閉鎖損失について買主に説明しなかったことについて説明義務違反があり,売主は補償責任を負うと判示した。民法でも「瑕疵の存在を知りながら告げなかった」ときは贈与者でも一定の瑕疵担保責任を負うとされており（民法551条1項),故意に告げざる場合とまで評価できる場合には情報開示に関する一定の利害調整が行われるという,信義則に照らした説明義務の特殊事案といえよう。

(7) 第三者割当における補償責任

売主側の情報開示義務は,第三者割当の手法で出資を募る際にも多く問題となっている。会社法特有の規律との関係もある（前記V *1* 参照)。

2 MAC条項[51]

MAC条項とは,Material Adverse Change条項に対する実務での呼称であり,対象会社・買収対象事業（以下「対象会社等」という）に重大な悪影響と認定できる事象が生じた場合における当事者間の法律関係を規定するものである。裁判例は少ないMAC条項をここでとりあげる理由は,どのM&A契約においても何らかの形で規定されているからである。買主側に生じたMACについて売主側に一定の法的効果を与えるMAC条項もあるが,以下では売主側に生じた事象に対するMAC条項を例に説明する。

(1) MAC条項の法的効果

契約締結後クロージングまでの間に対象会社等にMACに該当する事由が生じた場合には,買主側には契約関係からの離脱等の効果（買主側の契約解除権）が与えられる。MACを主張することで買主は,買収契約で規定された対象会社等の買受義務から解放される。

MAC条項と表明保証条項との関係は,M&A契約交渉上の1つの論点となる。1つのバランス論として,MACがあった場合の契約解除権を付与した以

---

51) MAC条項に関する最近のまとまった論稿として,原田充浩＝中山達也＝安井桂大「MAC条項を巡る実務対応に関する一考察（上）(下)」金判1380号（2011) 2頁,1381号（2012) 2頁,中東正文「MAC条項の解釈と裁判所の役割」金判1381号（2012) 16頁。

上，逆に MAC があっても表明保証違反による補償の対象とはしない旨が規定されることも多い。MAC があっても買主が契約を前に進めることを選択した以上，表明保証違反は問わないこととしてくれという，売主側からよく提起される交渉である。

他方，クロージング後に対象会社等に MAC が生じた場合についても規定されるときには，すでに買収行為は実行済なので，契約解除権をトリガーさせるというよりも，表明保証違反としての補償という法的効果（価格調整）とすることが多い。

なお，M&A の手法が組織再編である場合に，MAC 条項のトリガーに伴う契約解除と会社法が定める法定手続との関係が論点となるが，この点については前記Ⅲ 8（クロージング条件の不充足によるクロージングの不実施）と同様である。

(2) MAC の対象事由

MAC の対象となる事象は，対象会社等の事業状況と財務状況が中心である。財務状況については，最終の監査済財務諸表の作成基準日以降から何らかの重大な変更が生じた場合で，それが契約締結後に判明した場合を射程にすることが多い。契約締結前に判明していた事象は，契約締結時点での価格算定において買主側が織込み済みであると売主側は主張するためである。

MAC の対象事案への例外事象についても交渉となる。金利や為替・株式市況や事業に関する市況の変化，法令の変更，政治的状況の変化等，対象会社が何ら関与していない事象があった場合にまで自由に買主が契約から離脱できることを売主側が認めたがらないからである。

対象事象とその例外の定め方は，契約解除権以外に表明保証条項等の法的効果をどこまでリンクさせるかによっても異なってくる。

(3) MAC 条項の解釈

MAC 条項の解釈に関する裁判例は日本ではまだ乏しいが（米国には多数ある），あえて探すと，MAC 条項による契約解除がクロージング後に争われた，前記Ⅵ 1 (1) の東京地裁平成 22 年 3 月 8 日判決（判時 2089 号 143 頁）が挙げられる。株式譲渡契約は平成 20 年 7 月 31 日付で締結され，貸借対照表は平成 19 年 9 月 30 日時点のものが直近であったところ，「平成 19 年 9 月 30 日以後，対象会社の財政状態に悪影響を及ぼす重要な事実が生じていないこと」という

表明保証条項が規定され，同条の表明保証事項に「虚偽がありまたは重大な事項が不正確であった場合，直ちに株式譲渡契約を解除できる」旨の規定があった事案である。クロージング後に生じた事象としては，株価算定の基礎とされた事業計画における営業利益のマイナス幅が1580万円でなく5420万円であったこと，土地の価値が約11億円から5億円弱に下落したこと，4億円あると算定していた無形資産の価値が無かったこと等であり，要は買主が買収価格算定の基礎としていた情報に齟齬がクロージング後に判明した事案である。

　裁判所は，「社会的な不動産市況の下落というような，対象会社の資産に固定に生じるものではない一般普遍的な事象については，譲渡代金の調整の原因になる余地はあるとしても，株式譲渡契約の解除の原因となるものではないと解するのが相当である」，（無形資産について）「原告は非独占的通常実施権の価値についての評価の妥当性を主張するに過ぎず，平成19年9月30日以後，対象会社の財政状態に悪影響を及ぼす重要な事実が生じたものと認めることはできない」などと述べて，買収契約の解除を認めなかった[52]。買収契約自体を事後的に解除するハードルとしては，この程度高いものとなることは致し方ないところである（株式発行の無効事由や合併等の無効事由とならないのと考慮要素は似ている）。

　ただかかる判示が，MAC条項の解釈の各種場面に全て適用されるかどうかは別問題である。クロージング条件の不充足としてクロージングを行わなかったことについてMAC条項の解釈が争点となる場合には，考慮要素が異なってくる。ましてや表明保証条項違背としての補償条項の解釈としての問題（すなわち金銭補償額の問題）なのであれば，裁判例も触れているとおり，MAC条項の文言をあえて狭く読む解釈とはならないだろう。

(4)　MAC条項と事情変更の法理との関係

　(3)の関連で，MAC条項と，契約法上のいわゆる事情変更の法理との関係が議論されることもある。事情変更の法理とは，契約締結後に，契約締結の前提となっていた事情について当事者の予見しえない著しい変化が生じ，そのま

---

[52]　売買価格の一部支払を買主が留保していたため売主から提訴された残余代金支払の反訴も，売主が勝訴している。

ま履行させることが当事者間の衡平を損なう場合には，当該契約内容の修正や契約解除などが認められるという法理である。事情変更の法理は契約法の問題として実務でも（抽象的には）議論されるが，他方であくまで信義則による後見的・例外的修正であり，M&Aのような事業者同士の売買契約で定めてある事項の修正が事情変更の法理でそう簡単に認められる話でもない。ましてやMAC条項である程度具体的に当事者が起案している条項を，事情変更の法理によって裁判所が事後的・後見的に修正する役割を積極的に果たすことは，現実問題としてそう多くないと考えられる。「MAC条項は，事情変更の法理に匹敵するほどの例外的事象がないと（いかにMAC条項を詳細緻密に起案していても）適用されない」とまで考える必要はないだろう。

(5) 組織再編契約の不履行の場合

合併契約などの組織再編契約におけるMAC条項については，さらに未解決の論点が多い。

たとえば組織再編が買収者側の事情によって実施されなかった場合，対象会社の株価が下落する場合がある。その場合に，対象会社株主が買収者側に関して何らかの法的請求権を有するのかという，日本で新しい論点がある[53]。まさに組織再編契約に対する契約法理の適用の論点である。

競合的買収提案があり得る環境にある米国ではいわゆる反対解約料（reverse termination fee）が規定されることがあるが，日本ではこうした事例は係争事案を含めてまだほとんどない。

合併を例にとると，合併契約を第三者のためにする契約（消滅会社が要約者，消滅会社株主が受益者，存続会社が諾約者）と考える余地がある[54]。ただ，いかなる場合に合併契約の債務不履行となるのか，債務不履行となった場合の法的効果（たとえば存続会社株主はいかなる損害賠償請求が可能なのか等）については難しい問題が多い。少なくとも存続会社として総会付議のために誠意を尽くしていたのであれば，MAC事由は存在していると言え，合併の株主総会否決等によ

---

53) 江頭憲治郎「合併契約の不履行——存続会社の不履行と相手方の救済」前掲注12) 前田古稀241頁。
54) なお米国の合併契約では，わざわざ，「消滅会社株主は，合併対価を受領する以外に，第三者のためにする契約の受益者とはみなされない」と規定されることが多い。

る合併中止が，存続会社の合併契約の不履行とは考えられていない。他方，MACに該当する事由がなかったにもかかわらずたとえば存続会社取締役が合併議案を総会に付議しなかった場合，合併契約の債務不履行としていかなる法的効果が生じるのかは，現行の民法の契約法理だけでは解決が付かない論点が多い。

Ⅶ 結びとして——M&Aの契約法理における法制的修正と司法審査のありかたについて

　日本企業が関与するM&Aは，国内案件も海外案件も今後増加を続けるだろう。M&Aも法的には契約法の話であり，M&Aにおける契約法理はM&Aを取り巻く重要な法的インフラである。

　M&A契約の契約法理については，会社法や金商法等による法制的修正と，契約解釈が問題となった場合の司法審査による修正とが行われている。

　前者の法制的修正は，①手続面で当事者の利害を調整するのに法制の出動に合理性がある（たとえば不特定多数の株主がいる場合に個別契約での交渉が困難であることから法制的保護を施すなど）場合と，②価格など合意内容の実体面にまで法制が立ち入る（たとえば買取請求制度，有利発行規制に伴う補償責任，公開買付けにおける価格規制など）場合がある。①②ともに，M&A事例が増えるほど規律のほうも自然増殖的に積み上がる傾向を示すため，定期的（たとえば10年に1回）に見直し，規律内容の合理性を検証する棚卸しを行っていくべきだろう。平成23年産活法改正で行われた株対価TOBの解禁などはその一例である。

　後者の司法判断による修正は，たとえば「買主が相応の調査能力をもった者を採用してデュー・デリジェンスを行うのであれば，デュー・デリジェンスへの対応を超えて売主側が情報開示をすべき局面は限られる」という線引きなど，実務感覚と違和感のない判断基準を概ね示している。また契約の文言を忠実に解釈し，さほど修正を行っていない裁判例も多い。ただ裁判例として公刊されているものの中には，事案自体の特殊性等もあって，契約規定をオーバーライドする後見的判断も散見される。ただ，こうした裁判例は個別事案における結

論の妥当性を追及した結果なのであり，司法判断の後見的修正をM&Aの実務現場において過度に一般化すべきではない。

たとえば，表明保証条項による補償責任に関する買主の悪意・重過失を用いた司法審査手法が採用されている。売主と買主との利害調整の一手法としてありうる基準であるが，そのあてはめにおいて，当事者がM&Aの現場で企図した利害のバランスを事後的考慮で大幅にシフトさせない注意が必要である。また，「買主はデュー・デリジェンスを行ったのだから，ちゃんと調べればわかったはずである」とか「クロージングの日程をずらせばよかったのだから，日程をずらさずに買った買主が悪い」といった判決中の理由を，過度に一般化して考えるべきでもない。いずれの理屈に対しても，「デュー・デリジェンスといえども売主・対象会社側が全ての情報をもっている状況での何らの強制力もない調査である。また最近はクローズドビッドを売主が開催し，デュー・デリジェンスの範囲や時間に関して制約がかかることも多い」，「買収時期をずらすことは，情報管理や対象会社の事業関係者への混乱の観点から売主側にも多大な不利益がある。当初定めたクロージング時期からずらさないことは売主・買主の双方に利益があるわけで，クロージング時期をずらさずに売買が実行されたことを買主側にことさらに不利益に働かせるべきでない」というまっとうな反論があるからである。

ここで重要なことは，M&A契約の実務現場は，こうした諸要素を組み込んだ上で，事業者（およびそのリテインしたプロ）同士で交渉され締結されていることである。私法的な利害調整は契約現場で実質的に済んでいるわけで，それを事後的に修正する司法審査は基本的に謙抑的であることが基本となる。これがM&Aがプロ同士の自己責任の世界の取引であること，M&Aが日常的な売買と異なり当事会社にとって重要性が高い売買であり，シビアな契約交渉を経てM&A契約が締結されていることの真の意義である。同じく価格調整機能を果たしている買取請求等の文脈でも，独立当事者間で妥結された価格を尊重する傾向が判例でも顕著になってきている。こうした司法判断は，M&Aにおける自己責任を深化させる適切な傾向といえよう。

本稿はM&Aにおける契約法理について，法制的修正と司法審査による修正という2つの観点から，現状の諸論点を整理した。日本の経済成長に適う

M&Aを支援するインフラとしてM&Aにおける契約法理が進展していく一助となれば幸いである[55]。

---

[55] 本稿で紹介した裁判例はその多くが,神田秀樹＝武井一浩編・実務に効く M&A・組織再編判例精選（有斐閣,2013）に実務家の解説と共に所収されているので,そちらも参照頂きたい。

M&Aに関する少数株主と会社債権者の保護

I　はじめに
II　キャッシュ・アウトと少数株主の保護
III　濫用的会社分割と会社債権者の保護

山本爲三郎

I　はじめに

　平成17年会社法は従来よりも一層の規制緩和を推し進めた。たとえば組織再編においては，対価が柔軟化され，債務超過会社も組織再編をなしうることとされた。組織再編を利用しやすくなった反面，少数株主や会社債権者の保護の観点からは問題が指摘されている。2012（平成24）年8月に公表された法制審議会会社法制部会の「会社法制の見直しに関する要綱案（案）」（以下，「要綱案」と呼ぶ）では，上記のような問題が強く意識され[1]，監督・監査機能の向上，株主・会社債権者保護のための改正提案がなされている。
　そこで本稿では，本書他稿で検討される項目を除き，M&Aに関する少数株主保護の問題としてキャッシュ・アウト（金銭交付による少数株主の締出し）をとり挙げ，会社債権者保護の問題としては濫用的会社分割を検討課題としたい。
　なお，本稿で検討対象とする会社の種類は，便宜上，株式会社に限定する。

---

[1]　岩原紳作「総論——会社法制見直しの経緯と意義」ジュリ1439号（2012）17-19頁。

II キャッシュ・アウトと少数株主の保護

1 検討課題

　対象会社を買収しようとするときに，公開買付け，市場や相対取引での株式取得によっては，株式の売却は個々の株主の意思による（株式所有を失念している株主すら存在する）ので，完全買収は困難である場合が多い。そこで，対象会社の資本多数決によって少数株主をキャッシュ・アウトして，当該会社の完全買収達成が企図される[2]。買収企業が買収対象会社の株式の大半を取得した後に，株式併合あるいは全部取得条項付種類株式を用いる方法や，買収企業が受皿会社を設立して当該受皿会社と買収対象会社との間で組織再編（吸収合併，株式交換）する方法が考えられる。

　もっとも，現行法においては，キャッシュ・アウト専用の制度はない。株式併合，全部取得条項付種類株式や合併，株式交換はそれぞれ別個の趣旨で設けられた制度である。そして，これらの制度を用いてキャッシュ・アウトできるようになったのは比較的最近である。すなわち，株式併合は，2001（平成13）年6月の商法改正によって自由化されたが，それまでは法定の特定の場合にしか用いることができなかった。全部取得条項付種類株式は，2005（平成17）年の会社法によって新設された種類株式である。同年会社法による組織再編対価の柔軟化は，その施行が2007（平成19）年5月まで1年延期されている（会社法附則4項，平成18年政令77号）。

　このような改正・新設によって，上記の各制度はキャッシュ・アウトにも対応できるようになった。そして，キャッシュ・アウトを規制あるいは禁止する規定はこれらの各制度内には設けられなかった。ただし，一般的制約原理が働

---

[2] キャッシュ・アウトのメリットは，長期的視野に立った柔軟な経営の実現，株主総会に関する手続の省略による意思決定の迅速化，有価証券報告書の提出義務等の法規制を遵守するためのコストや株主管理コストの削減等を実現し得る点にある，と指摘されている（2011〔平成23〕年12月に法務省民事局参事官室から公表された「会社法制の見直しに関する中間試案の補足説明」〔以下，「補足説明」と呼ぶ〕第2部第3の1 (1)）。

くことは排除されない。そこで，一般的制約の射程が検討されなければならない（Ⅱ*2*）。

次に，対象会社を完全買収する手段としてのキャッシュ・アウトには上述のようにいくつかの方法が考えられる。もっとも，各方法で用いられる制度はキャッシュ・アウトに用いられることを目的として創設されたものではない。そこで，キャッシュ・アウトの観点から，各制度間の均衡を検討しなければならない。金銭で少数株主を強制的に締め出すという効果は同じであるにもかかわらず，当該少数株主の保護を図る制度に格差があっては問題だからである。この点，2006（平成18）年に会社法が施行されてからは，実際にキャッシュ・アウトに用いられるのは全部取得条項付種類株式である。種類株式発行会社でない会社がこの方法でキャッシュ・アウトするには，種類株式発行会社になり，従前の普通株式に全部取得条項を付し，新たに普通株式を設ける，これらの各定款変更決議をなし，従前の普通株式の株主による種類株主総会特別決議を経た上で，全部取得条項付種類株式を会社が取得する旨の株主総会特別決議を行う[3]。組織再編行為を用いない方法には株式併合もある。併合比率の大きい株式併合をなし，端数の所有者に過ぎなくなった者（少数株主）を締め出す方法だと，株主総会（特別）決議は株式併合決議だけで行える。それにもかかわらず全部取得条項付種類株式が用いられる理由が検討されなければならない（Ⅱ*3*およびⅡ*4*）。

最後に，要綱案が実現した場合について若干の言及をしたい（Ⅱ*5*）。

2 キャッシュ・アウトの適法性と制約

(1)　キャッシュ・アウトに対応できる各制度は，原則として対象会社[4]の株主総会特別決議を要件としている（会社171条1項・180条2項・783条1項[5]・

---

[3]　山本爲三郎・会社法の考え方（八千代出版，第8版，2011）91-92頁。
[4]　吸収合併存続会社・株式交換完全親会社においても原則として吸収合併・株式交換を承認する株主総会決議を要する（会社795条1項。ただし，796条1項〔略式組織再編〕，同条3項〔簡易組織再編〕）。
[5]　吸収合併存続会社・株式交換完全親会社が買収対象会社の特別支配会社である場合には，

309条2項3号4号12号)[6]。これらの行為によって生じた端数は金銭交付で処理され（会社234条1項2号5号7号・235条1項），吸収合併・株式交換の対価は金銭でもよい（会社749条1項2号ホ・768条1項2号ホ）。正当な価格[7]で対価が交付される限り財産権の侵害にはならない。しかしながら，少数株主にとっては，会社支配権である株式と金銭とを選択できるわけではなく，資本多数決によって強制的に株式を失い金銭交付処理される。出資の見返りとして取得した株式を強制的に取り上げられることになる。

　この点，株式併合に関する規制の変遷をみると，平成13年6月商法改正前は，端数が生じる株式併合は端数を有することになる株主全員の合意がなければなしえない，との株主平等原則を考慮した前提理解がまず存した。そして，資本減少や会社合併など法定された特定の目的のためであれば，株主総会特別決議によって端数を生じる株式併合も許容されていた。目的を限定することによって資本多数決による端数を生じる株式併合を法認していたのである。株式併合を認める必要性・実益の大きさと株主の不利益を比較衡量した上での立法判断だといえよう。平成13年6月商法改正によって，目的による規制が廃された。株主総会における株式併合を必要とする理由の説明が取締役に義務づけ

　　　対象会社での吸収合併・株式交換を承認する株主総会決議は要しない（会社784条1項。略式組織再編）。

6)　なお，産業政策遂行の一環として，産業再生特別措置法20条1項は，その認定計画（同法18条1項）が主務大臣の認定を受けた認定事業者につき，その認定事業者が総株主の議決権の3分の2以上を有している関係事業者（同法2条2項）である株式会社との間で認定計画に従って吸収合併あるいは株式交換をする場合には，当該関係事業者において当該組織再編を承認する株主決議を不要とする旨を規定している。そして，同法21条1項は，認定事業者またはその関係事業者につき，資本金または法定準備金の額の減少と同時に行う場合に株式併合事項を定める権限を取締役会に与える旨を規定している。さらに同法21条の3第1項は，その認定計画が主務大臣の認定を受けた認定事業者が，当該認定計画に従って公開買付けの方法によって他の株式会社の総株主の議決権の10分の9以上の数の議決権を取得した場合には，当該他の株式会社が行う全部取得条項付種類株式を用いたキャッシュ・アウトに関して必要な（本稿本文〔Ⅱ1〕で言及した）株主総会決議を要せず，かつ市場価格のない株式に関する端数の金銭処理につき主務大臣の認定する方法（裁判所の許可は不要）で売却できる旨を規定する。

7)　正当な価格の内容が問題とされる。客観的な価格と公正な価格とは異なる。公正な価格が算定されるべきである（奥島孝康ほか編・新基本法コンメンタール会社法1〔日本評論社，2010〕510-511頁〔落合誠一〕参照）。資本多数決のもと，会社運営にその意思を反映できない少数株主にとってはこの点こそが重要であろう。

られ，株主総会特別決議による株式併合が自由化されたのである。平成13年6月商法改正以降は，キャッシュ・アウトされることになる株主全員の同意がなくても，資本多数決によって端数が生じる株式併合を従来のような法定の個別目的による制限なくなしうることとされたのである[8]。

　平成17年会社法による組織再編対価の柔軟化の趣旨の1つも，組織再編に伴うキャッシュ・アウトを容易にする点にあった[9]。株式併合や組織再編行為を用いた，資本多数決によるキャッシュ・アウトは容認されていると解してよい。全部取得条項付種類株式制度も，その利用が制限されていない以上，キャッシュ・アウトのために用いられること自体は許容されると解してよい。

　(2)　もっとも，キャッシュ・アウトの場合には，基本的に多数株主と少数株主との利益が対立する。当該キャッシュ・アウトを認める必要性・実益の大きさと少数株主の不利益を比較衡量した上で，ことさら少数株主に不利益を被らせるようなキャッシュ・アウトだと判断されるような場合[10]は，多数株主による資本多数決の濫用（実質的には株主平等原則違反[11]）になると解される。条文解釈としては831条1項3号の類推解釈と把握され[12]，株主総会決議の取消しが問題となろう。資本多数決によるキャッシュ・アウトの適法性が基本的に肯定される以上，キャッシュ・アウト対価をどのように判断するかが重要な争点となる[13]。キャッシュ・アウトに用いられる各制度上，対価の算定方法と

---

[8]　コンメン(4)〔山本爲三郎〕141-143頁。
[9]　相澤哲編・立案担当者による新・会社法の解説（商事法務，2006）184頁。
[10]　山本・前掲注[8] 147頁参照。
[11]　森本滋「会社法の下における株主平等原則」商事1825号（2008）7-10頁は，株主平等原則を会社は株主を公正に取り扱わなければならない趣旨だと再構成すべきと主張されている。形式的な株式平等取扱が株主平等原則の基礎であるが，多数決濫用のように実質的平等を問題とすべき局面を株主間の公正性という概念で一般化できるか否かは，理論的に重要な検討課題（公正性の内容，株主平等原則の問題として認識すべきか——支配株主の少数株主に対する義務など）である。なお，高橋英治「ドイツ法における株主平等原則」民商138巻2号（2008）229-230頁参照。
[12]　山本・前掲注[8] 147頁参照。
[13]　この点に関して，東京地判平成22・9・6金タ1334号117頁は，決議「の不当性の要件について検討するに，全部取得条項付種類株式制度を規定した会社法108条1項7号，2項7号，171条ないし173条が多数決により公正な対価をもって株主資格を失わせることを予定していることに照らせば，単に会社側に少数株主を排除する目的があるというだけでは足りず，同要件を満たすためには，少なくとも，少数株主に交付される予定の金員

相当性についての事前・事後の情報備置開示を充実させなければならない。この点，会社が利益相反回避措置など手続の公正性を担保する措置を十分になした場合には，会社側算定のキャッシュ・アウト対価の相当性が推定されよう。ただし，このような場合においても，少数株主は，会社側算定のキャッシュ・アウト対価の公正性を争うことができると解すべきである。

受皿会社が対象会社の特別支配会社（会社468条1項，会社則136条）である場合には，対象会社における株主総会の組織再編（吸収合併，株式交換）承認決議は原則として不要である（会社784条1項）。対象会社の業務執行機関（取締役，取締役会）の判断に委ねられる。取締役は法令を遵守し会社のために忠実にその職務を遂行しなければならない（会社355条）。したがって，この場合にも，当該キャッシュ・アウトを認める必要性・実益の大きさと少数株主の不利益を比較衡量した上で，ことさら少数株主に不利益を被らせるようなキャッシュ・アウトだと判断されるのであれば，実質的な株主平等原則違反として，当該キャッシュ・アウトに違法性を認めることができる。不利益を受けるおそれのある株主は当該組織再編（吸収合併，株式交換）の差止めを請求できる（会社784条2項）ほか，役員等の損害賠償責任（会社429条1項）を追及することもできよう。なお，情報備置開示手続（会社782条，会社則182条・184条）の重要な不備は組織再編（吸収合併，株式交換）無効原因と解すべきである[14]。

が，対象会社の株式の公正な価格に比して著しく低廉であることを必要とすると解すべきである」と判示している。一方，鳥山恭一「上掲東京地判解説」法セ673号（2011）117頁は，「たとえ少数派株主に交付される対価が公正なものであっても，大株主の持株比率，大株主・経営陣と少数派株主との関係，少数派株主の権利行使の状況その他の少数派株主の締め出しがなされるに至った経緯を考慮して，少数派株主を締め出す総会決議を『著しく不当な決議』として取り消す余地はなお認められるべきと解される」と，指摘されている。公正価格に相当する対価が支払われてもなお資本多数決の濫用と判断すべき事案（例えば，多数株主の少数株主への背信行為となる締め出し決議）がある可能性は排除できないと思われる。その意味において，「キャッシュ・アウト対価が公正であれば多数決の濫用とは判断できない」とは断定できない。もっとも，多数決の濫用判断において対価の公正性が重要争点であることに変わりはない。

14) 江頭820頁・880頁。なお，合併目的の不当性も無効原因と解すべき場合があると指摘されている（江頭821頁注（1））。

3 対象会社における少数株主保護制度の均衡

　キャッシュ・アウトによって不利益を受ける対象会社の少数株主の保護として，キャッシュ・アウトに用いられる各制度内に定める方法には，裁判所に対する株式の公正な価格決定の申立て，当該キャッシュ・アウトの差止請求およびその効力を争う訴えを挙げることができる。そしてこれらの前提として，情報備置開示手続が求められよう。

　全部取得条項付種類株式が用いられる場合には，普通株式に全部取得条項を付す定款変更の株主総会決議につき反対株主に株式買取請求権が認められ（会社 116 条 1 項 2 号），これにつき当該株主は裁判所に対する株式価格決定の申立てをなすことができる（会社 117 条 2 項）。そして，全部取得条項付種類株式を会社が全部取得する旨の株主総会決議につき反対株主は，裁判所に対して取得価格決定の申立てをなすことができる（会社 172 条 1 項）。これらによらなければ，全部取得条項付種類株式の全部を会社が取得する際に生じた端数については金銭処理されて株主に交付される（会社 234 条 1 項 2 号）。なお，全部取得条項付種類株式の全部取得に関しては，会社法上，情報備置開示制度を欠くので，後述するように要綱案で該当制度設置の提案がなされている[15]。

　これに対して，株式併合が用いられる場合には価格決定申立制度は存しない。株式併合に際して生じた端数は 235 条によって金銭処理されて株主に交付される。株主に交付される金銭の原資は，競売（あるいは市場価格がある場合には市場価格による売却，市場価格がない場合には裁判所の許可を得て競売以外の方法による売却）によって得られた代金である。必ずしも公正な価格とは限らないし，そもそも競売・売却が成立しない可能性もある。

　このように，裁判所に対する株式の公正な価格決定の申立制度の有無におい

---

15) なお，キャッシュ・アウトの前提として公開買付けを行う者は，公開買付開始公告（金商 27 条の 3 第 1 項），公開買付届出書（金商 27 条の 3 第 2 項），公開買付説明書（金商 27 条の 9），応募株券等の数等の公告（金商 27 条の 13 第 1 項），公開買付報告書（金商 27 条の 13 第 2 項），対質問回答報告書（金商 27 条の 10 第 11 項）による事前事後の情報開示義務を負う。対象会社の意見表明報告書（金商 27 条の 10 第 1 項 2 項）も開示される（金商 27 条の 14）。

て，全部取得条項付種類株式と株式併合とでは，キャッシュ・アウトに用いる場合に制度的に均衡を欠く。会社運営につき影響力を持たない少数株主としては，価格について折り合いがつけば，当該キャッシュ・アウト自体の効力を否定する意思までは有さないことが多いと思われる。株式併合が用いられると，不満があるのは価格であっても，少数株主がその利益を守るには当該株式併合自体を否定するほかない。キャッシュ・アウトによって対象会社の完全買収を達成しようとする側からみれば，全部取得条項付種類株式を用いる方がリーガル・リスクが低い[16]と判断することになろう。

　会社法政策として，キャッシュ・アウトには全部取得条項付種類株式が用いられるよう誘導するのであれば格別，そうでなければ，キャッシュ・アウトに用いられる制度によって株主保護の方策が異なることには問題があろう。

　この点に関して，要綱案は，特別支配株主の株式等売渡請求制度の創設を提案し（第2部第2の1），さらに，全部取得条項付種類株式の取得について情報開示の拡充[17]や株主の差止請求権の創設等（第2部第2の2・第4），株式併合について情報開示の拡充[18]や株主の差止請求権，反対株主の株式買取請求権創設等（第2部第2の3・第4），略式組織再編以外の組織再編について株主の差止請求権の創設（第2部第4）を，それぞれ改正提案している。キャッシュ・アウトに用いることができる制度につき，少数株主を保護する方策を同等水準に

---

16)　実際に，全部取得条項付種類株式が用いられたキャッシュ・アウトに関しては，172条による取得価格の決定を申し立てる著名な事件が重なった。東京高決平成20・9・12金判1301号28頁（レックス・ホールディングス事件），大阪高決平成21・9・1判タ1316号219頁（サンスター事件），東京地決平成21・9・18金商1329号45頁（サイバードホールディングス事件）である。株主総会決議の効力が争われた事例もあるが（東京高判平成22・7・7判時2095号128頁，前掲注13）東京地判平成22・9・6〔「少数株主は，価格決定の申立てにおいて価格の公正さを争う機会を有しているものの，権利行使に必要な手続的要件の具備や，価格決定手続に要する費用・時間を考慮すると，当該決議の効力自体を争う途を閉ざすことは相当でない」と判示する〕），取得価格決定申立制度が存在し機能していることが重要である。

17)　全部取得条項付種類株式の全部を会社が取得する旨の決議をなす株主総会において，取締役は当該取得を必要とする理由を説明しなければならない（会社171条3項）。これに加えて，当該取得事項に関する開示情報備置制度が，組織再編（会社782条，会社則182条・184条）の場合を参考に新設される。なお，株主構成が変化するだけであるから，備置情報の開示請求は株主にのみ認められる。

18)　前掲注17)参照。

する提案である。

4 キャッシュ・アウトと税制

(1) 吸収合併が行われると，法人税法上は，吸収合併存続会社は吸収合併消滅会社の資産・負債を合併時の時価で引き継ぐ（法税62条1項前段）。譲渡損益課税がなされることになる。適格合併（法税2条12号の8柱書）の場合だと，吸収合併存続会社は吸収合併消滅会社の資産・負債を当該合併に係る最後事業年度（消滅会社の合併の日の前日の属する事業年度）終了時の帳簿価額で引き継ぐ（法税62条の2第1項）。譲渡損益課税が繰り延べられるわけである。非適格株式交換（法税2条12号の16柱書参照）を行った場合ついては，株式交換完全子会社が当該株式交換の直前の時において有する時価評価資産の評価損益を益金の額または損金の額に算入する（法税62条の9第1項[19]，法税令123条の10）。株式交換完全子会社に時価評価課税が行われるのである。

適格合併・適格株式交換は，企業グループ内の組織再編成として課税の繰延を認める制度であるから，株式「以外の資産（当該株主等に対する剰余金の配当等（株式又は出資に係る剰余金の配当，利益の配当又は剰余金の分配をいう。）として交付される金銭その他の資産及び合併に反対する当該株主等に対するその買取請求に基づく対価として交付される金銭その他の資産を除く。）が交付され」るものは除かれる（法税2条12号の8柱書・12号の16柱書）。キャッシュ・アウトがなされる場合には，対象会社の株式の対価として対象会社株主[20]に金銭（吸収合併存続会社株式・株式交換完全親会社株式以外の資産）が交付

---

19) 同条項により，株式交換の直前に株式交換完全親会社と株式交換完全子会社との間に完全支配関係（法税2条12号の7の6，法税令4条の2第2項）があった場合には，課税されない。

20) 対象会社（吸収合併消滅会社・株式交換完全子会社）の株主である受皿会社（吸収合併存続会社・株式交換完全親会社）には組織再編対価は交付されない（会社749条1項3号・768条1項3号）。ただし，法人税法上は，吸収合併存続会社が有する吸収合併消滅会社株式（抱合株式）につき合併対価が交付されたとみなされ（法税24条2項，法税令23条5項），これによって計算上生じるみなし配当部分の金額は受取配当益金不算入に関する同法23条1項の適用を受ける。なお，抱合株式についての譲渡損益はないものとして計算される（法税61条の2第3項）。

される[21]ので，適格合併・適格株式交換にはあたらない[22]。したがって，組織再編（吸収合併，株式交換）を用いたキャッシュ・アウトには上述のような課税関係が生じる。

　全部取得条項付種類株式を用いたキャッシュ・アウトにおいては，時価評価課税を行う規定を欠く。全部取得条項付種類株式に代えて発行会社の株式の交付[23]を受ける多数株主は，法人の場合には有価証券の譲渡損益課税（法税61条の2第1項）がなされず（法税61条の2第13項3号〔ただし，「交付を受けた株式又は新株予約権の価額が当該譲渡をした有価証券の価額とおおむね同額となつていないと認められる場合を除く」（同条項柱書）〕)，個人の場合にも事業所得（所税27条）・譲渡所得（所税33条）・雑所得（所税35条）に関して当該有価証券の譲渡がなかったものとみなされる（所税57条の4第3項3号〔ただし，「交付を受けた株式又は新株予約権の価額が当該譲渡をした有価証券の価額とおおむね同額となつていないと

---

21) したがって，キャッシュ・アウトの対価として金銭を交付された株主には株式譲渡損益課税が生じる。
22) なお，法人税基本通達1-4-2は，法人税法2条12号の8の適用に関しては，交付すべき合併存続会社株式・株式交換完全親会社株式に生じた端数を金銭処理して合併消滅会社株主・株式交換完全子会社株主に金銭を交付した場合は株式交付と同様に扱い，ただし，その交付された金銭が，その交付の状況その他の事由を総合的に勘案して実質的に株主に対して支払う合併・株式交換の対価であると認められるときは，当該合併・株式交換の対価として金銭が交付されたものとして取り扱う旨を述べている。法人税法2条12号の8柱書・12号の16柱書の正当な解釈というべきであろう。したがって，受皿会社の株式の経済的価値を高く設定し，対象会社の少数株主には端数しか交付されないようにする合併・株式交換も，非適格合併・非適格株式交換だと解されそうであるが（佐藤信祐「少数株主排除の取扱い」税務弘報59巻9号〔2011〕112頁は，その可能性が高いと指摘される)，この場合における適格と非適格とを区別する基準設定を税務当局がどのように判断するかを予測するのは困難であろう。このような場合は本稿本文後述の典型的な租税回避行為（法税132条の2が適用される）だと解する立場も存するが（太田洋「組織再編行為と否認」租税研究741号〔2011〕87頁)，この場合が租税回避行為にあたるか否かの基準設定の予測も難しいように思われる。結局，実務的には，組織再編を用いたキャッシュ・アウトは，適格組織再編にはあたらないと判断するのがキャッシュ・アウトする側にとっては賢明だということであろう。
23) 全部取得条項付種類株式を会社が取得する対価は金銭でもよい（会社171条1項1号ホ)。あらかじめ全部取得条項付種類株式以外の種類の株式を発行しておくか，全部取得条項付種類株式を会社が取得すると同時に新株を発行すればよいのである。もっとも，当該会社の株式以外の取得対価を交付するには，交付総額は分配可能額の範囲内でなければならない（会社461条1項柱書かっこ書4号)。また，当該会社の株式を全部取得条項付種類株式の取得対価としない場合には，株主に譲渡損益課税が生じる。

認められる場合を除く」（同条項柱書）〕）[24]。

(2) 全部取得条項付種類株式を用いたキャッシュ・アウトでも，受皿会社と買収対象会社間での組織再編（吸収合併，株式交換）によるキャッシュ・アウトでも（株式交換の場合には，株式交換後に受皿会社が買収会社に吸収合併されたとき），達成される結合関係は同じである（買収会社による対象会社の完全子会社化）。それにもかかわらず課税関係が異なる。キャッシュ・アウトする側にとっては，このような税務が全部取得条項付種類株式を用いる動機の1つとなっている[25]。

もっともこれは，租税回避行為（租税の負担を不当に減少させる行為）[26]にあたるのではないかとの疑問が生じる。特に，全部取得条項付種類株式の制度がもともと債務超過会社における株主責任としての総株主交代の手段として用いられることが想定されていたこと[27]を想起すると，キャッシュ・アウトに全部取得条項付種類株式を利用することへの不自然感は拭いきれないようにも思われる[28]。

---

[24] 法人税法61条の2第13項3号（所税57条の4第3項3号）の適用に関しては，端数処理として株主に交付される金銭についても株式交付と同様に扱う（法人税基本通達2—3—1，所得税基本通達57の4—1）。ただし，端数処理として株主が金銭を交付されたときは，端数に相当する株式の交付を受けて直ちに譲渡したものとして譲渡損益課税の対象とされる（法人税基本通達2—3—25，所得税基本通達57の4—1）。

[25] ただし，対象会社に含み益がある場合には一般的には有利であるが（資産の時価評価が強制されないので含み益に対する課税がない），含み損を利用したい場合には時価評価課税される方法を選択することになろう（佐藤・前掲注22）114頁参照）。

[26] 法税132条1項は同族会社等の行為につき，同法132条の2は組織再編に係る行為につき，それぞれ租税回避行為に対して，その行為にかかわらず，税務署長は法人税額を計算することができる旨を規定している。佐藤・前掲注22）113頁は，全部取得条項付種類株式を用いたキャッシュ・アウトに上記両規定が適用される解釈論の可能性を指摘される。これに対して，太田・前掲注22）76-77頁は，全部取得条項付種類株式を用いたキャッシュ・アウトは組織再編行為ではないので132条の2は適用されないと解されている。

[27] 江頭153-154頁。

[28] 全部取得条項付種類株式の取得対価として当該会社の別の種類株式が定められているときには，前述したように課税関係が生じない（ただし，前掲注24）参照）。この点，法人税基本通達2—3—1（所得税基本通達57の4—1）は，端数処理として交付された金銭が，その取得の状況その他の事由を総合的に勘案して実質的に株主に支払う全部取得条項付種類株式の取得の対価であると認められるときは，当該取得の対価として金銭が交付されたものとして取り扱う（株主に譲渡損益課税する）旨を述べている。全部取得条項付種類株式を用いたキャッシュ・アウトでは，少数株主を締め出すために，取得対価とされる株式を1株交付されるには相当数の全部取得条項付種類株式を有していなければならないように設計される（たとえば，東京高判平成22・7・7判時2095号128頁の事案では，全

ただし，上述のように，リーガル・リスクへの対処という観点をキャッシュ・アウトをする側が有しても不合理だとはいえない。全部取得条項付種類株式を用いると対象会社に複数の多数派株主が残る設計をなしうるのに対して，組織再編（吸収合併，株式交換）の場合には，このような設計は受皿会社を利用しなければなせない（株式交換の場合には，株式交換後，受皿会社を解散して残余財産となる対象会社株式を受皿会社の株主に現物分配する方法などが考えられよう）。また，対象会社の少数株主に交付される対価は，全部取得条項付種類株式を用いる場合には端数を競売・売却した代金であるが（会社234条1項2号），受皿会社を介した組織再編（吸収合併，株式交換）では受皿会社が出損する。前者は社団内での株式の再編であるのに対して，後者は複数社団間の組織再編だからである。以上のように，全部取得条項付種類株式を利用するという選択に一定の合理性が認められよう。当該行為の選択を合理的に説明できる場合には，租税回避行為の要件である不当性[29]が充たされないとすると[30]，全部取得条項付種類株式を用いたキャッシュ・アウトが租税回避行為だと断定することは困難であろう[31]。

5 特別支配株主の株式等売渡請求制度

(1) 要綱案は，キャッシュ・アウトに利用されることを念頭に，全部取得条項付種類株式の取得などにつき少数株主保護に関する改正提案をなすとともに（Ⅱ3），特別支配株主の株式等売渡請求制度新設（第2部第2の1）を提案し

部取得条項付種類株式1株につき1850分の1株の割合で取得対価とされた種類の株式が交付された。前掲注13）東京地判平成22・9・6では，全部取得条項付種類株式1株につき12万6380分の8株の割合であった）。このように交換の比率が非常に高くても，それだけでは取得対価として金銭が交付されたものとしては取り扱わない，と考えられているようである。

29) 松丸憲司「租税回避に対する法人税法132条等の行為計算否認規定のあり方」税務大学校論叢51号（2006）408頁は，近時の裁判例を考察すると，租税負担を「不当に減少させる結果」となる行為計算とは，純経済人として「不合理又は不自然」なものであり，「不合理又は不自然」とは，手段として「通常でなく」，内容として「経済合理性を欠く」ことを指すと解されている，と指摘されている。

30) 太田・前掲注22) 77-79頁参照。

31) 佐藤・前掲注22) 113-114頁参照。

ている[32]。

　現行法においてキャッシュ・アウトの手段として用いられる方法は，キャッシュ・アウトそのものを目的とするものではない。これに対して，特別支配株主の株式等売渡請求制度は，キャッシュ・アウトのための制度である。既述のように，かつての商法は資本多数決によるキャッシュ・アウトには消極的であったといえようが，キャッシュ・アウトにも対応できるように制度を整備してきた。その延長上にキャッシュ・アウト専用の制度創設が提案されているのである。

　(2)　特別支配株主とは，ある株式会社の総株主の議決権の10分の9（これを上回る割合を定款で定めることができる）以上をある者および当該者が発行済株式の全部を有する株式会社が有している場合における当該ある者をいう，とされている。そして，特別支配株主の株式等売渡請求制度は，従来の制度を用いたキャッシュ・アウトと異なり，会社の機関決定ではなく，特別支配株主が株式等の売渡（売渡の対象は対象会社の株式あるいは株式および新株予約権である）を請求することによって少数株主を金銭対価で締め出す制度である[33]（売渡請求は，当該株式会社の株主〔当該会社および当該特別支配株主を除く。売渡株主〕の全員に対して行わなければならない）。対象会社の承認を要するが，株主総会決議によることは求められていない（取締役会設置会社では取締役会の専決事項[34]）とされる

---

[32]　要綱案，そしてその前身である「会社法制の見直しに関する中間試案」（平成23年12月法務省民事局参事官室公表）ではとりあげられなかったが，法制審議会会社法制部会ではセル・アウト制度（少数株主に，対象会社株式を特別支配株主に売却する機会を与える制度）創設も検討されていた（補足説明第2部第2の1 (3) イ）。特別支配株主に少数株主に対する株式売渡請求権が認められると，その行使には対象会社の承認を要するとはいえ，少数株主は非常に不安定な立場に置かれることになり（しかも，売渡請求権の行使に期間的制約は課せられない），その保有株式の売却においても不利益を被るおそれがある。セル・アウト制度を設けなくても制度の衡平性を担保しうるのか，なお検討を要すると考える。

[33]　会社の承認を要するが，売渡請求は特別支配株主の権利行使として行われる。したがって，手続に瑕疵がなく，対価が公正な額である限り，売渡株式等取得無効訴訟（要綱案第2部第2の1 (3) ③～⑦）における無効原因は考えにくい。もっとも，この場合においても実質的な無効原因を排除しきれないように思われる（前掲注13）参照）。

[34]　対象会社の取締役が特別支配株主から独立した判断をなせるかが問題となる。地位の独立性がない場合（たとえば，対象会社の取締役が特別支配会社の取締役を兼務している場合）には，特別利害関係取締役として，その者が議決に加わった取締役会決議には瑕疵

予定である)。

　対象会社の承認が要件とされているのは,「特別支配株主による一方的な条件提示のみによって無条件にキャッシュ・アウトを認めることは適切ではなく,キャッシュ・アウトの条件について,一定の制約が必要であると考えられることによる」(補足説明第2部第3の1 (3))。したがって,対象会社の取締役は,「売渡株主の利益に配慮し,キャッシュ・アウトの条件が適正なものといえるかどうかを検討すべきであると考えられる」(同上)と説明されている。対象会社の取締役は,株主に対して義務を負わないから,この検討義務を対象会社の職務として善管注意義務を尽くして行うことになろう(会社330条,民644条)。そうすると,この適正性は対象会社の立場から判断すべきことになる。つまり,特別支配株主(その利益を対象会社の利益と一体化しないようにする必要があろう)あるいは売渡株主の利益のために最善を尽くす義務ではない。そこで,たとえば,公正な対価の額が提示されても,少数株主との資本関係消滅が対象会社の企業価値を低下させる場合が問題となろう。反対に,企業価値を高めるキャッシュ・アウトであっても公正な額よりも低額が提示された場合には,会社承認を要する趣旨からは,会社は承認しないあるいは特別支配株主と交渉することを期待されそうである。これらの場合における取締役の善管注意義務の内容が問われているのである[35]。経営判断であれば幅広い裁量が認められるが,株主の地位の問題であり実質的な株主平等の観点から考えるべきであろう。取締役としては,特別支配株主と少数株主の情報格差を埋めるべく,特別支配株主からの独立性と対価相当性に関して少数株主に情報を開示し説明すべきである。それを前提に,取締役がなした承認・不承認の判断が著しく相当性を欠く場合には善管注意義務違反となる[36],と考えるべきであろう。

があると解されよう。実質的に見ても,9割以上の議決権を有する株主から取締役が自由に判断できるかどうか疑わしい。したがって,特別支配株主に対して独立性を有する者からなる第三者委員会を設置してその意見を尊重する,特別支配株主や対象会社から独立した専門家からなる第三者評価機関から対価相当性に関する算定書を取得するなど,対象会社の取締役(会)の承認判断の独立性・客観性を担保する工夫が求められよう(陳宇「上場会社MBOにおける対象会社の意見表明——取締役が負うべき義務を中心に」山本爲三郎編・企業法の法理〔慶應義塾大学出版会,2012〕357-362頁参照)。

[35]　陳・前掲注34) 348-352頁参照。

対象会社（株式交換完全子会社）の特別支配会社である株式交換完全親会社による金銭を対価とする略式株式交換（対象会社における株主総会の承認決議不要）とは，次の点で相違する。株式交換は会社間の組織再編なので，株式交換完全親会社においては原則として株主総会の承認決議を要すること，および，株式交換完全親会社と株式交換完全子会社との間では株式交換契約を締結することである。これに対して特別支配株主への株式等売渡は，株主間の株式譲渡[37]なので（したがって，端数も生じない），特別支配株主が株式会社であってもその株主総会決議は不要である（業務執行）。対象会社の承認を要するが，当該株式等売渡は組織法上の行為ではない[38]。

特別支配株主の株式等売渡請求制度は，特別な要件の下に認められるキャッシュ・アウトの手段であり，この制度が新設されたからといってキャッシュ・アウトに従来の制度を用いることができなくなるわけではない[39]。そして，要

---

[36] 売渡請求がなされた場合には，売渡株主は，取得日の20日前の日から取得日の前日までの間に，裁判所に対して売買価格の決定を申し立てることができる（要綱案第2部第2の1 (3) ②）。この申立ての期間は短く，申立ての機会を逸した売渡株主であっても，善管注意義務に違反する取締役に対して，少なくとも公正価格との差額の賠償を請求できる（会社429条1項）と解すべきである。

[37] 株式譲渡の当事者には譲渡損益課税が考えられるが，当事者ではない対象会社は時価評価課税されないと思われる。

[38] 株式等の売渡が請求されると，特別支配株主が定めた取得日に，対象となる株式等全部が特別支配株主に取得される。これは会社の行為ではないが，画一的集団的に処理される。売渡株主等に認められる差止請求権（要綱案第2部第2の1 (3) ①）の対象は売渡の対象とされた株式等全部の取得である（差止を請求する売渡株主等の株式等に限定されない）。売渡株式等取得無効の訴えの制度（要綱案第2部第2の1 (3) ③～⑦）も設けられる。その対象は売渡株式等全部の特別支配株主による取得である。そして，取締役，監査役，執行役等も原告適格者とされている。しかし，この無効の訴えは，性質上，会社の組織に関する訴えとはいえない。なお，特別支配株主の株式等売渡請求を承認した対象会社は，売渡株主等に対して，承認した旨および当該株式等売渡請求の内容を通知しなければならず，この通知がなされると，特別支配株主から売渡株主等に対して株式売渡請求がされたものとみなされる（要綱案第2部第2の1 (2) ③④）。売渡株式が振替株式（上場株式）である場合には，対象会社は上記通知に代えて公告をなさなければならないが，この公告によっても通知の場合と同様に株式売渡請求が擬制される（要綱案第2部第2の1 (2) ③（注2）④）。承認は対象会社の機関の決定であるが，株式売渡請求は（特別支配）株主が（売渡）株主に対してなす請求である。株主間の請求が会社のなす公告で行われるのである。

[39] この制度の創設は，他の手法によるキャッシュ・アウトに関する現行法の規律の変更を意図するものではない（補足説明第2部第3の1 (1)）。たとえば，全部取得条項付種類株式や株式併合など他の手法を用いたキャッシュ・アウトにも，多数株主による90%

綱案の提案が実現すると，キャッシュ・アウトに用いることができる各制度において，対象会社の少数株主を保護する方法に大差がなくなる[40]。そうすると，複雑な手順を経なければならない全部取得条項付種類株式を用いるよりも，株式併合を用いたキャッシュ・アウトが増加するようになることも考えられる，と指摘されている[41]。税制や実務の動向を確かめながら，全部取得条項付種類株式の制度の利用は，会社法立法段階で検討されていたように，債務超過会社における株主責任としての総株主交代の手段に限定するなど利用を制限する方向での議論が望まれよう[42]。

III 濫用的会社分割と会社債権者の保護

1 濫用的会社分割

(1) 会社分割では，分割会社の事業に関する権利義務が吸収分割承継会社あるいは新設分割設立会社に承継されるので，会社債権者保護制度として，債権者異議手続が設けられている。もっとも，いわゆる物的分割[43]の場合においては，会社分割後も分割会社に対して債務の履行を請求することができる分割会社の債権者[44]（以下，「残存債権者」と呼ぶ）は，債権者異議手続の対象から

以上の議決権株式の保有要件が解釈上課せられることになるわけではないし，多数株主が90％以上の議決権株式を保有すれば多数決の濫用を認定できなくなるわけでもない。

40) なお，全部取得条項付種類株式を用いるキャッシュ・アウトと他の方法とで異なる扱いを受ける場合につき，久保田安彦＝中東正文「少数株主の締出しと金融商品取引法上の継続開示義務の帰趨」金判1397号（2012）2頁以下参照。

41) 田中亘「資金調達と企業統治」ジュリ1439号（2012）36頁。

42) キャッシュ・アウト以外に用いられることがほとんどないようであれば，全部取得条項付種類株式制度は廃止することも考えられよう。

43) 会社分割は原則として物的分割（分割型分割）であり，分割会社が，分割の対象である事業に関する権利義務に代わる吸収分割承継会社（あるいは新設分割設立会社）の株式等を交付される（会社758条4号・763条6号）。会社分割に伴って，分割会社が交付された上記株式を分割会社の株主に交付することもできる（会社758条8号・763条12号。人的分割）。人的分割の場合には会社債権者はすべて債権者異議手続の対象とされる。

44) 会社分割後も分割会社に対して債務の履行を請求することができる分割会社の債権者には，①吸収分割承継会社あるいは新設分割設立会社に免責的債務引受がなされなかった

除かれている[45]（会社789条1項2号・810条1項2号）。物的分割においては，分割会社は分割資産に代わる吸収分割承継会社・新設分割設立会社の株式等を取得するので，分割会社の資産状況が会社分割によって変更されず上記債権者には特段の不利益を与えない，という立法判断であった[46]。しかしながら，このような債権者異議手続の対象債権者の限定（以下，債権者異議手続の対象となる債権者を「承継債権者」と呼ぶ）は，立法段階から強く批判されていた[47]。資産内容が大きく変更されるので，債権者の債権回収可能性は会社分割によって著しく低下するおそれがあるからである[48]。

　(2)　2000（平成12）年の商法改正によって新設された会社分割制度は，2005（平成17）年の会社法で次のような改正を受けた。まず，会社分割の対象が分割会社の「営業ノ全部又ハ一部」（平成17年改正前商法373条・374条の16）から分割会社の「事業に関して有する権利義務の全部又は一部」（会社2条29号30号）へと変更された。これは，具体的事案における営業該当性の判断は必ずしも容易ではなく法的安定性を害するので，分割対象は営業としての内容を備えなくてもよい趣旨だと説明されている[49]。次に，会社分割についての備置

　　　分割会社債務の債権者（②を除く）のほかに，②重畳的債務引受がなされた債務の債権者，③分割会社が連帯保証した免責的債務引受された債務の債権者が含まれる。
45)　なお，会社分割の対象とする債務につき，重畳的債務引受にするあるいは分割会社が連帯保証することにより，異議を述べることができる債権者がいないようにすることもできる。分割会社にとっては，債権者異議手続に要する費用と時間を節約することができる。一方で，たとえ重畳的債務引受された債務の債権者であっても，会社資産が分割されるので，会社分割前よりも債権回収可能性が実際に低くなる可能性は十分にありうると思われる。
46)　原田晃治ほか著・会社分割法制に関する各界意見の分析――商法等の一部を改正する法律案要綱中間試案（別冊商事223号，1999）6頁・14頁。
47)　原田ほか・前掲注46）25頁参照。
48)　たとえば，分割会社に交付される新設分割設立会社株式は上場株式ではないので換価可能性が低い。新設分割設立会社や吸収分割承継会社で新株の有利発行が行われると，分割会社に交付された株式の価値は希薄化する。さらに，交付された株式を分割会社が安値で売却すると，分割会社の資産が減少するだけでなく，新設分割設立会社・吸収分割承継会社との支配関係も断絶する。会社分割直後にこれらの行為をなすのは，一連の行為と把握すると実質的には一方的な債務切捨てといえよう。この点，例えば，新設分割設立会社の資本を増強するために関係者が増資に応じることは多いと思われる。新会社の経営を軌道に乗せ，分割会社への配当額を高める計画があったとしても，債権者への説明もなしに会社分割が行われるのであれば，債権者としてはその時点での債権回収可能性から判断して行動せざるをえない。

開示資料の1つとして，平成17年改正前商法（374条の2第1項3号・374条の18第1項3号）は「各会社ノ負担スベキ債務ノ履行ノ見込アルコト及其ノ理由ヲ記載シタル書面」を指定していたが，これが会社法（会社782条1項・794条1項・803条1項，会社則183条6号・192条7号・205条7号）では「債務の履行の見込みに関する事項」に改められた。債務超過会社が分割会社になることを制度上認めて，吸収分割承継会社の取締役は，吸収分割を承認する株主総会において，差損が生じる場合にはその旨を説明しなければならない（会社795条2項）ものとした，と説明されている[50][51]。

このような制定法環境の変動の下で，会社分割制度は，企業再生手段として多用されることになる。それに伴い，債権者異議手続の対象外である分割会社の債権者の債権回収可能性が，会社分割によって著しく低下させられる事例も増加した。たとえば，債務超過会社が，その債権者との合意なく（債権者に秘して），優良事業部門を新設分割で独立させたために分割会社の債務超過額が実質的に拡大する場合や，新設分割で独立させる事業から一部の債務を除外するような場合（独立した事業は債務切り捨てによって健全化するが，分割会社の債務超過額は実質的に拡大する）である。これらは，濫用的会社分割と呼ばれるようになる。

(3) 会社分割制度内において会社債権者保護の手段として用意されているのは，債権者異議手続（会社789条・799条・810条）と会社分割無効の訴え（会社828条1項9号10号）である。しかし，前述のように残存債権者は債権者異議手続の対象外であり，それゆえに会社分割無効訴訟の原告適格を有さない（会社828条2項9号10号）[52]。そこで，会社分割によって債権回収可能性を大

---

49) 相澤編・前掲注9) 181-182頁。
50) 相澤編・前掲注9) 185-186頁。
51) これに対して，弥永真生・コンメンタール会社法施行規則・電子公告規則（商事法務，2007）1000-1001頁，江頭840-841頁注(3)は，会社法制定前と変わらず，当事会社のいずれかに債務履行の見込みがないことは会社分割無効原因である，と解されている。
52) 残存債権者は，債権者異議手続の対象外であるから，会社分割につき異議を述べることも承認することもできない。828条2項9号10号の「分割について承認をしなかった債権者」には残存債権者は含まれないと解されている（静岡地浜松支判平成22・7・28金判1363号35頁，この控訴審判決である，東京高判平成23・1・26金判1363号30頁）。

幅に低下させられた分割会社債権者は，会社法 22 条 1 項の（類推）適用，法人格否認の法理や詐害行為取消権（民 424 条）を主張し，また，破産法上の否認（破 160 条・161 条）が主張され，それらを肯定する裁判例も多い[53]。

2 会社分割と債権者異議手続

（1）　会社分割制度の使い勝手の良さやその手続の迅速化のための改正がなされた反面，濫用的会社分割の問題が拡大した。そうであるならば，会社分割要件および債権者異議手続を見直すことが考えられる。債務超過会社は分割当事会社から排除し，会社分割の対象を事業の全部または一部に戻し，また，債権者異議手続の対象債権者を非限定にする，以上の事項につき検討してみよう。

（2）　債務超過会社は分割当事会社になれない，とする平成 17 年改正前の規整に戻すか否かは，会社分割制度のみならず，会社法の規制緩和（紛争の事前防止から規制緩和による事後処理へ）という立法政策に関する問題である。特に，債務超過会社が企業再生の手段として会社分割を利用する途を閉ざすことは必ずしも賢明ではないように思われる[54]。

これに対して，分割対象の事業限定化は再考の余地があろう。まず，会社分割の最大の特徴は，分割対象である権利義務が包括承継される点にある（会社 759 条 1 項・761 条 1 項・764 条 1 項・766 条 1 項）。権利義務などの特定承継の総和である事業譲渡と異なって，事業分割は，合併と反対方向の組織再編である会社分割の包括承継効の基礎づけの 1 つとなる。さらに，逆説的ではあるが濫用的会社分割とされる事例でも事業を分割しているのであり，会社分割の本質は包括承継による事業分割[55]であると考えられる[56]。

---

[53]　裁判例とその分析につき，滝澤孝臣「会社分割をめぐる裁判例と問題点」金法 1924 号（2011）62 頁以下参照。

[54]　民事再生法による民事再生手続など各種企業再生手続の全体構造の中で，債務超過会社の会社分割制度利用をどのように位置づけるかの検討も不可欠であろう。

[55]　事業の同一性が保たれる限り，当該事業を構成する権利義務等のすべてを分割対象とする必要はない。

[56]　宮島司「組織法上の行為としての会社分割と詐害行為取消」山本編・前掲注 34) 14-16 頁参照。

従来，22条 1 項責任が認められた事例は，譲渡人と譲受人が実質的に同一である場合が大半であった，と指摘されている[57]。近年裁判例が多い分割対象をゴルフ場とする事例[58]も，実態的には吸収合併といえよう。少なくとも22条 1 項責任が肯定される限度においては，濫用的会社分割は法人格を代えるだけの事業分割を一部の債務を移転させないで行っている事案である。法人格否認の法理における濫用事例としての第二会社設立事例[59]もまさしくそのような場合にあたろう。

　22条 1 項責任も法人格否認の法理も，それが適用される会社分割の効力を否定せず，吸収分割承継会社・新設分割設立会社に分割会社債権者への弁済責任を負わせる。一方，包括承継と詐害行為取消を整合的に把握できるとは言い切れないので[60]，会社分割に詐害行為取消権を適用した裁判例は注目を集めた。それらの事案も事業を分割したものであった[61]。

　(3)　吸収分割承継会社・新設分割設立会社の責任を肯定する多くの裁判例によって，一方的に債務を切り捨てるような会社分割は濫用的会社分割だとの認識が深まったといえよう。資産内容の変更によって分割会社債権者の債権回収可能性が大幅に低下するような状況を債権者の承諾なく，会社分割によって

---

57)　江頭憲治郎「最判昭和47・3・2判例研究」法協90巻12号（1973）1612頁。

58)　平成17年改正前商法適用事例であるが，最判平成20・6・10判時2014号150頁参照。

59)　福岡地判平成22・1・14金判1364号42頁では，パチンコ店経営事業の一部を新設分割設立会社に承継させた直後，分割会社は廃業している。福岡地判平成23・2・17金判1364号31頁は，経営するパチンコ店を新設分割設立会社に承継させてその経営を温存し，最大債権者の債務を分割会社に残存させて巨額の債務の整理を行おうとした事案である（なお，本件新設分割は平成17年会社法施行前に行われている）。

60)　弥永真生「株式会社の新設分割と詐害行為取消し――東京高判平成22・10・27を契機として」金法1910号（2010）37頁。

61)　東京高判平成22・10・27金判1355号42頁では，クレープ飲食事業を新設分割設立会社に承継させた後，分割会社は実体がなくなっている。名古屋高判平成24・2・7判タ1369号231頁は，事業継続に必要な資産を新設分割設立会社に承継させたが，負債の大部分を占める金融機関に対する負債を残存させ，分割前から債務超過であった分割会社は一層著しい債務超過状態になった事案である。前掲注59）福岡地判平成22・1・14の控訴審判決である，福岡高判平成23・10・27金判1384号49頁参照。また，最判平成24・10・12金判1402号16頁は，債務超過状態にあった分割会社が不動産売買等に関する事業（当該会社にとって見るべき責任財産は承継対象とされた各不動産程度であった）を新設分割設立会社に承継させた後，実体を失った事案である（会社分割のうち上記各不動産の承継にかかる部分が取り消された。現物返還）。

作出する点に，濫用的会社分割の濫用の本体がある。特に債務超過会社が企業再生に会社分割制度を用いる場合には，金融機関などの大口債権者に債権放棄を要請する，あるいは，新たな出資者を募るなど分割会社債権者の債権回収可能性を会社分割前よりも低下させないスキームを策定する，などの集団的な交渉，調整を要しよう。

　切り捨てられることになる債務の債権者（残存債権者）を，債権者異議手続の対象とすることが考えられる。もっとも，異議を述べる機会につき検討しなければならない。

　債権者異議手続（会社789条）として分割会社は，異議を述べることができる債権者が存する場合に，①会社分割（異議申述）の官報公告をなし，②知れている債権者（異議を述べることができる債権者）には各別に催告し，③分割会社が定めた1か月以上の異議申述期間内に異議を述べた債権者に対して弁済し，もしくは相当の担保を提供し，または弁済目的で信託会社等に相当の財産を信託する。②に関しては，官報公告に加えて，分割会社の定款で定められている公告方法（時事に関する事項を掲載する日刊新聞紙に掲載する方法，あるいは電子公告）で公告すると，不法行為債権者に対するものを除いて，各別の催告を要しなくなる。

　上記各公告の情報周知力は必ずしも高いとはいえないのに，異議申述期間[62]内に会社分割に気づかなかった債権者は債権者異議手続によって保護される機会を失う[63]（しかも，会社分割について承認したものとみなされるので，会社分割無効の訴えの原告適格も取得できない〔会社828条2項9号10号〕）。各別催告省略制度を廃止すればよさそうであるが，この省略制度は，各別催告には費用と手間がかかる上に実効性にも疑問があるとの理由で平成16年商法改正時に新設された[64]（同年改正商374条の4第1項但書）。会社再生につき債権者と当該会社が

---

62)　公告日の翌日から1か月以内と定められる例が多いように思われる。
63)　これに対して，22条1項責任は事業譲渡日から2年以内に請求または請求の予告をしない債権者に対しては消滅し（会社22条3項），詐害行為取消権は債権者が取消の原因を知った時から2年間で時効（行為時から20年経過でも同様）消滅する（民426条）。否認権の行使は破産手続開始日から2年（否認対象行為の日から20年）以内である（破176条）。法人格否認の法理の主張には特に制限はない。
64)　別冊商事法務編集部編・株券不発行制度・電子公告制度（別冊商事286号，2005）147

協議中に，突然，会社分割が行われたような場合を除いて，各別催告の強制は有用性を発揮できない（不法行為債権者に対する各別の催告は省略できない）。各別催告省略制度の廃止は実際的ではなかろう[65]。

　残存債権者保護の制度が存しないよりは，債権者異議手続を拡張する立法判断に妥当性があるとはいえよう[66][67]。もっとも，これまでの検討のように，債権者異議手続に債権者保護の実効性を期待することはできそうにない。そもそも債権者異議手続は，会社分割の事前手続であるから，会社分割によって損害を被った債権者を保護するための制度ではない。

3　要綱案の提案と会社分割における債権者保護の在り方

　(1)　要綱案によると，分割会社が吸収分割承継会社・新設分割設立会社に承継されない債務の債権者（残存債権者）を害することを知って会社分割をした場合に，残存債権者は，吸収分割承継会社・新設分割設立会社に対して，承継した財産の価格を限度として，当該債務の履行を請求できる，との残存債権者保護規定の新設を提案している（第2部第5の1）。

　要綱案が提案するのは残存債権者保護のための制度新設である。これには2つの前提がある。まず，①残存債権者を債権者異議手続の対象としないのは，会社分割制度の中での取扱いであって，会社分割による残存債権者の利益侵害に対する会社法や民法などの債権者保護規定の適用を排除する趣旨まではない。したがって，民法の詐害行為取消権類似の債権者保護規定を会社分割制度の中に新たに設けても支障はない[68]。次に，②債権者異議手続は債権者保護の機能

　　　頁〔始関正光〕・280頁〔植野隆発言〕参照。
65)　この点に関して，鈴木千佳子「濫用的会社分割と債権者異議手続の問題点」山本編・前掲注 34）146-147頁は，「債権者異議手続の中で各別の催告が特別の意味をもつことに空虚な何らかの期待が寄せられている」と痛烈に批判されながらも，「現在よりも少しでも改善を考えるとするならば，立法のあり方としては，平成12年の会社分割制度創設当時の債権者異議手続の前提に戻ることが必要ではないだろうか」と主張されている。
66)　吉川信將「新設分割における会社債権者保護」山本編・前掲注 34）172-173頁。
67)　異議申述期間は非常に短いので，異議不申述債権者の会社分割承認擬制も再考する必要があろう。ただし，このような改正がなされたとしても，会社分割無効原因の存否は別問題である。会社分割の無効は制限的に解さざるをえない。

を果たすから，新設予定の債権者保護規定の対象は債権者異議手続の対象とならない債権者に限られる（要綱案第2部第5の1①（注）参照）。

(2) ①は組織法的処理の限界の問題である。多数の利害関係者が生じる組織再編に関する手続は，短期間に一括して行うことが望ましい（情報開示，債権者異議手続，会社分割無効の訴え）。ところが，濫用的会社分割の事案に対しては，残存債権者がなす会社法や民法などの債権者保護規定適用の主張を認めるべきだとの判断が一般化した。それは，会社分割制度自体の再検討を促そう。会社分割要件の再考（Ⅲ2），さらには，企業再生法全体の中での会社分割制度の位置づけの検討である。

(3) ②は会社分割における債権者異議手続の意義の問題である。債権者異議手続の対象外である残存債権者に限って適用される債権者保護規定の新設が提案されている。もっとも，事後に主張される22条1項責任等や新しい債権者保護規定と，会社分割に伴って画一的に行われる事前手続[69]である債権者異議手続とは，同じ意義を有するのだろうか。ともに債権者保護機能を有するとしても，同列に扱われるべきだろうか。たとえば，一方が適用されるのであれば他方は適用されない関係と把握すべきだろうか。

債権者異議手続に従って異議を述べた分割会社債権者は，会社分割によっても当該債権者を害するおそれがないことを分割会社が証明したときを除き，会社分割前に分割会社から弁済等を受けることができる。ただし，異議申述期間は非常に短い。また，制度の前提となる会社分割各別催告には費用と手間がかかるので，二重公告による各別催告の省略が認められている。その上，残存債権者には債権者異議手続が適用されないので，分割会社はすべての承継債務を

---

[68] 詐害行為取消権も対象とされる民法債権法の改正検討が進行中である（法務省法制審議会の民法（債権関係）部会が2011〔平成23〕年4月12日に決定した「民法（債権関係）の改正に関する中間的な論点整理」の第10参照）。詐害行為取消権の改正内容によって残存債権者の保護が左右されるのは好ましくない。会社法に残存債権者保護規定を新設する提案は支持されるべきであろう。

[69] 吸収分割の効力を発生させるには，789条2項の公告・各別催告を行わなければならない（会社759条6項・761条6項）。新設分割の効力は新設分割設立会社成立日，つまり設立登記日（会社49条〔なお，814条1項参照〕）に生じるが（会社764条1項・766条1項），810条2項（会社813条2項）の公告・各別催告を行わなければ新設分割の登記はできない（会社924条1項1号ホ・2号ロ・3号・2項1号ニ・2号ロ・3号）。

重畳的債務引受しておけば債権者異議手続を行わなくてよい。こうした結果，債権者異議手続による債権者保護の実効性は弱いと評される。そこで，せめて債権者異議手続を残存債権者にも適用するよう改正すべきだとの提案もなされている。

22条1項責任，法人格否認の法理，詐害行為取消権や要綱案の債権者保護規定によると，会社分割によって不利益を受ける残存債権者は，帰責性が認められる吸収分割承継会社・新設分割設立会社に債務履行責任を追及できる（承継した財産の価格の限度に制限される場合がある）。債権者異議手続以外には債権者を保護する制度がないのであれば格別，残存債権者の保護はこれらの制度によるのが筋だといえよう。

そうだとすると，会社分割によって不利益を受ける承継債権者の保護も，事後的に，帰責性が認められる分割会社に債務履行責任を追及できる，とする方が良いように思われる。会社分割における債務引受をすべて重畳的債務引受とみなすような画一的な取扱ではなく，帰責性が認められる限度で分割当事会社の責任を認める立法提案である。会社分割における債権者異議手続の必要性が問題となるが，次のような考慮を要するであろう。

他の組織再編（事業譲渡規整も含めて考えるべきであろう）との均衡を検討しなければならない。債権者異議手続による保護は事前の保護なので（会社分割無効の訴えとの連動関係もある），事後的保護と抵触はしない。事前保護と事後保護は両立しうる。会社分割に係る債権者異議手続を廃止する場合にも，債権者に会社分割を知らせる意義は大きいので会社分割の旨の公告義務は重要であろう（会社債権者にとって会社分割の情報備置開示制度と連動することになる）。

公開買付規制の理論問題と政策問題

Ⅰ　はじめに
Ⅱ　市場外買付けの強圧性とただ乗り
Ⅲ　相対取引・市場取引への公開買付規制の適用
Ⅳ　退出権の保障と少数株主保護

黒　沼　悦　郎

Ⅰ　はじめに

1　公開買付規制の展開

　企業買収には，組織再編行為によるものと株式取得によるものがあるが，そのうち株式取得による場合の方法としては，市場で多くの小口の株主から順次買い付ける方法（以下，「市場取引」という），市場外で少数の大株主から交渉により買い付ける方法（以下，「相対取引」という），および市場外で多くの小口の株主から一斉に買い付ける方法（以下，「市場外買付け」という）が考えられる。わが国の公開買付規制は，アメリカの1934年連邦証券取引所法の1968年改正（ウィリアムズ法）にならって，市場外買付けを規制する制度として証券取引法の1971（昭和46）年改正時に導入された。市場外において，多数の投資者（株主）に対して，情報が与えられないままに株式等の提供勧誘が行われると，買付価格が通常，市場価格にプレミアムを上乗せした金額であることと相俟って，投資者が情報に基づいた判断を経ずに株式等を提供してしまい，投資者の利益が損なわれるおそれがある。そこで，買付者に一定の情報開示を強制し，開示

された情報を投資者が熟慮するための取引規制を設け，投資者が正確な情報に基づいて株式等を提供するか否かの判断（提供判断）をなしうるよう確保することによって投資者の利益を図ることが，市場外買付けに対する規制の基本的なコンセプトである。

　イギリスでは，伝統的に金融街（シティ）の自主規制により公開買付けが規制されてきたが，そこでは 30% を超える議決権を取得した者に公開買付けを行うことを義務づける義務的公開買付制度が採用されていた[1]。2004 年に採択された EU の公開買付指令[2]も，基本的にイギリスの制度を採用している[3]。わが国では，1990（平成 2）年の改正で，イギリスのルールを参考にして，相対取引による企業買収を禁止し公開買付けを強制する制度を導入した。ただし，わが国の強制的公開買付制度は，市場取引を適用対象とせず，買付者に全部買付義務を課さず，一定の基準値（わが国の場合は 3 分の 1）を超える買付けを公開買付けの方法で行わせるという規制方式を採用している点で，イギリスや EU の規制と異なっている。このためにわが国の強制的公開買付制度の目的を退出権の保障とみるか，支配権プレミアムの分配とみるか，見解は分かれているが（Ⅳ 1），いずれにしても強制的公開買付制度の導入は，それまでになかった目的を公開買付規制に加えることになった。

　公開買付けの取引規制には，投資者（株主）の平等取扱いを要求するルールが含まれている。平等取扱いそのものに価値があるのか，平等取扱いは情報に基づいた判断の確保とか強圧性の解消等，他の法目的を達成する手段にすぎないのかは議論の余地があるものの，わが国の会社法において自己株式取得の認められる範囲が拡大されるにつれ，平等取扱いルールが備わっていることが，公開買付けの方法による自己株式取得を可能にした。すなわち，1994（平成 6）年の改正により「発行者による上場株券等の公開買付け」が導入されたが，こ

---

1) シティが義務的公開買付制度を導入した経緯については，飯田秀総「公開買付規制における対象会社株主の保護」法協 123 巻 5 号（2006）940 頁以下を参照。

2) Directive 2004 / 25 / EC of the European Parliament and of the Council of 21 April 2004 on Takeover Bids, OJL 142, 30.4 2004 p.12.

3) EU の公開買付規制全般については，北村雅史「EU における公開買付規制」商事 1732 号（2005）4 頁以下，日本証券経済研究所「ヨーロッパ M & A 制度研究会報告書」（2010）を参照。

I　はじめに　529

れは，発行者による公開買付けに投資者保護等の問題があるから規制の対象としたのではなく，公開買付けの方法によれば投資者の平等取扱いルールが適用されるので，上場会社が株主平等原則に違反することなく自己株式を取得する方法として公開買付けの方法が認められたものと理解することができる。

わが国では，制度の導入以来30余年にわたって敵対的な公開買付けが行われたことがなかった。ところが，2005（平成17）年ころから敵対的な企業買収の試みがなされ，実際に規制を適用してみると，規制の不備が目立つようになった。そこで2006（平成18）年に，①市場の内外における急速な買付けの禁止，②買収者が競合する場合の公開買付けの強制，③開示の充実，④買収防衛策への対応，⑤全部買付義務の一部導入を内容とする改正が行われた[4]。①は，市場取引や相対取引による会社支配権の取得を一部制限するものである。②は買収者間の公平の確保という目的を，③は少数株主の保護という目的を新たに公開買付規制に加えるものである。

平成18年改正以来，公開買付制度には大きな改正は加えられていない。ただし，法制審議会の答申において，強制的公開買付規制，全部買付義務・全部勧誘義務の違反者に対して，他の株主が，違反者の取得した株式に係る議決権行使の差止めを求める権利を会社法に設けることが提案されており（「会社法制の見直しに関する要綱」第3部第1），公開買付規制のエンフォースメントの手段として注目されている。

2　本稿の目的

2006（平成18）年の改正以来，EUの公開買付規制の研究が進み，EUにみられる義務的公開買付制度をわが国にも導入すべきではないかという政策論がなされるようになった。たしかに，わが国の公開買付規制は，アメリカ法ともEU法とも異なる中途半端なものと感じられ，そこから生じている問題もあ

---

[4]　改正法の考え方について，金融審議会金融分科会第一部会公開買付制度等ワーキング・グループ報告「公開買付制度等のあり方について」（2005〔平成17〕年12月22日）を参照。

る[5]。しかし，アメリカ法と EU 法のいずれかに合わせるべきだというのは政策論の体をなさないし，仮にアメリカの連邦法上の公開買付規制と州法上の反買収規制を合わせると，アメリカにおいても実態として EU と同様の規制がなされているとしても，それだけではわが国にも同じ規制を導入すべしということにはならない。規制の設計には理論の裏付けが必要である。

　最近は，公開買付けの強圧性についての理論的研究（というよりも理解）が進み，理論による政策論の裏打ちがされるようになった。もっとも，強圧性の概念は多義的であり，概念を整理せずに用いている例もあるように筆者には思われる。そこで，本稿では，理論と政策論とを峻別することを心がけつつ，公開買付けのいくつかの重要問題を検討することを目的とする[6]。Ⅱでは，情報開示だけでは解決されない公開買付けに内在する理論問題として強圧性とただ乗りを取り上げ，その解消策を検討し，公開買付けの手続規制について示唆を得る。Ⅲでは，私的利益の追求という理論問題を検討し，相対取引・市場取引への公開買付規制の適用の是非に関する示唆を得る。Ⅳでは，義務的公開買付導入論を検討する。Ⅳでは政策論しか展開していないが，それは，関係する理論問題については取り出して，すでにⅡとⅢで検討を加えているからである。

---

5) たとえば，種類株式の公開買付けに関する最判平成 22・10・22 民集 64 巻 7 号 1843 頁は，全部買付義務を伴わない強制的公開買付けについて，買付者は全部勧誘義務を負わないという当然の判示をしたものであるが，その結論を奇異に感じる向きは，公開買付けを強制しつつ部分買付けを許容する立法政策を中途半端とみるのであろう。また，資産管理会社の買収により対象会社の議決権の 3 分の 1 超を間接的に取得する行為について，金融庁は，資産管理会社の株式の取得が実質的には対象会社の「株券等の買付け等」の一形態にすぎないと認められる場合には公開買付規制に抵触するとしつつ，資産管理会社の株式の取得とともに買付者または資産管理会社により対象会社株主に対する公開買付け（買付予定数の上限を定めていない）が行われ，取引の全容の開示が行われ，かつ価格が相当である場合は，例外的に許容されるとする（金融庁「株券等の公開買付けに関する Q & A」問 15〔2010（平成 22）年 3 月 31 日〕）。しかし，この例外部分は買付者に全部買付義務を負わせる結果となっており，公開買付けの強制と部分買付けの許容を両立させることの難しさを示している。

6) 公開買付規制については多くの実務上の問題も存在するが，本稿では検討の対象とすることができなかった。

II　市場外買付けの強圧性とただ乗り

1　問題の所在

(1)　強圧性とはなにか

市場外買付けには，強圧性の問題とただ乗りの問題が内在しているといわれている。

強圧性（coerciveness）とは，個々の株主が，買付者による支配権の取得が成功せず，対象会社が独立でいた方が株主の利益になると考える場合であっても，公開買付けが成功すると自己がより不利な立場に置かれると予想し，同様の予想を立てる株主が多ければ公開買付けが成功すると考えて，株式を提供する圧力を受けることをいう。たとえば，対象会社の現在の株価が1株 a，現在，対象会社株式を保有していない買付者が支配権（基準値はいくらでもよいので，議決権の p% と措く）に相当する株式の取得を目指す公開買付け（p% の応募がなければ一切買付けを行わず，p% 以上の応募があれば応募株式の全部を買い付ける「全部買付け」）を行うとして，その公開買付価格を b とする。このとき，ある株主 A が，買付者が p% を取得し公開買付価格が成功した場合に対象会社に残存する株主の有する株式の価値が c になり，買付者が p% を取得できす公開買付けが失敗した場合の株式の価値が x になると予想すると，A が公開買付けに応じる場合と応じない場合の利得状況は次のようになる。

表1

	公開買付けが成功	公開買付けが失敗
公開買付けに応じる	b（買付価格）	x（独立価値）
公開買付けに応じない	c（残存価値）	x（独立価値）

株主 A の持株比率が十分小さいとき，公開買付けが成功するかどうかは，A 以外の株主の多くが公開買付けに応じるか否かによって決まる。公開買付けが失敗した場合の A の利得状況には変化がないので，公開買付けが成功し

た場合の利得状況について買付価格が残存価値よりも高ければ（b＞cであれば），Aには公開買付けに応じるという圧力（強圧性）がかかる。Aが対象会社は買付者の支配下に入るよりも独立でいた方が企業価値が高い（x＞b）と考える場合であっても，Aは公開買付けに応じることになるだろう。この例から明らかなように，応募株式の全部について買付けが行われる「全部買付け」の場合であっても，応募しない株式については買い付けてもらえないことから，強圧性は生じる。

(2) 強圧性のどこが問題か

強圧性の問題点とは，強圧性が生じる結果，Aの投資判断が歪められること自体にあるのではない。そもそもAは利得状況を計算して合理的に行動したのであって，その投資判断は歪められてさえいない。強圧性が生じ，多くの株主がAと同じように行動することによって，企業価値を減少させるような公開買付けが成功してしまうことが，効率性の観点から問題であるとされるのである[7]。ここで用いられる効率性の基準は，いわゆるカルドア・ヒックス基準であり，社会的効用（それは，多くの場合は株主の効用に一致する）が増加すれば効率的，減少すれば非効率的であると考える[8]。

独立価値が買付価格より高い場合（x＞b）に，株主が協同行動をとり（多数意見に従うことに同意するなどして）公開買付けに応じなければ買収を阻止できる。この意味で，強圧性は株主が協同行動をとることができないことから生ずる集合行為問題の一つである[9]。また，株主が協同行動をとれなくても，他の株主が公開買付けに応じないだろうと多くの株主が予想する場合にも，公開買付けに応じないことが合理的となり，やはり買収は阻止される。

それでは，企業価値を減少させる公開買付けとはどういう場合を意味するのだろうか。上記の例で株主の予想が一致している場合を想定しても，企業価値が減少するのは独立価値が残存価値より高くなる（x＞c）場合のすべてでは

---

[7] 田中亘・企業買収と防衛策（商事法務，2012）49頁。

[8] カルドア・ヒックス基準を用いることは，株主間の所得分配の問題について，別個，法的対応が必要となることを否定するものではない。

[9] この理由から，アメリカにおいてポイズン・ピルを消却するための委任状合戦が正当化されたり，わが国において株主総会の決議による買収防衛策の発動が正当化されたりする。

ない。ここでは効率性の基準としてカルドア・ヒックス基準を用いているので，公開買付の前後で企業価値が増加する場合に効率性が改善されると解され，独立価値が「支配株式の価値と少数株式の価値の加重平均」（買収後の企業価値）より高い場合に限って非効率な買収が行われたことになる。つまり，多くの株主にとって強圧性が生じている場合のすべてにおいて，非効率な買収が行われるわけではない。いいかえると，強圧性が生じる場合にこれをすべて解消してしまうと，効率的な買収が妨げられる可能性があるのである。

上の例で，買付価格と残存価値のいずれが高いかは，会社の状況，買収提案の内容，および各株主の主観によって異なる。つまり，実際に強圧性が生じるかどうかは状況によって異なる。これに対して，買付者が，公開買付開始時に，支配権の取得後に合併，株式交換等の組織再編行為を行い対価 d（締出し価格，b＞d）で残存株主を締出すことを公表していたとする。この場合には，公開買付けが成功した場合には必ず締出しが行われるとすべての株主が予想するので，必ず強圧性が生じることになる。そこで，このような二段階買収の場合には，強圧性による弊害が特に強調されてきた。ただし，第二段階を低い対価で行う二段階買収が常に企業価値を減少させるものではないことは，先述した全部買付けの場合と同じである。

わが国では，公開買付後の株券等所有割合が3分の2以上とならない限り，部分買付けが許容されている（金商27条の13第4項，金商令14条の2の2）。部分買付けが行われる場合に提供株数に対する買付割合をqとすると，Aの利得状況は次のようになる。

表2

	公開買付けが成功	公開買付けが失敗
公開買付けに応じる	bq + c (1 − q)	x
公開買付けに応じない	c	x

Aが公開買付けに応じる場合とそうでない場合の利得の差は $(b-c)q$ であり，全部買付けの場合の $b-c$ よりも小さい。利得の差がbとcの差に比例するという点は変わりがなく，部分的買付けの場合に強圧性が激化するとい

うことはない。部分的買収を許容する問題点は，二段階買収の方法と組み合わせることによって，買付者が買収総額をより低く抑えることができ，少数株主から買付者への利益の移転がより大きくなることである。

(3) ただ乗り

ただ乗り (free ride) とは，買付者が対象会社の支配権を取得すると企業価値が増加すると個々の株主が考える場合に，少数株主として残存することを選択し株式を提供しないため，企業価値を増加させるような買収が成立しない問題をいう[10]。(1)の表1において，多くの株主が残存価値が買付価格よりも高い ($c > b$) と考える場合には，買収後に（支配株式の価値と少数株式の価値の加重平均）が独立価値 (x) よりも高くなる場合であっても，公開買付けが成功しないのである。

公開買付けにただ乗りの問題が内在することは古くから指摘されていたが[11]，最近の文献においても，ただ乗り問題へ対処することの重要性が指摘されている[12]。公開買付けが企業価値を減少させる場合には強圧性の問題が生じやすく，企業価値を増加させる場合にはただ乗りの問題が生じやすい。実際の公開買付けが企業価値を増加させているか減少させているかは，実証研究によって確かめることができる[13]。しかし，企業価値を増加させる公開買付けが多いから強圧性への対処は不要であるとか，企業価値を減少させる公開買付けが多いからただ乗りへの対処は不要であるといった議論では不十分である。企業価値を増加させる公開買付けをできるだけ抑制しない配慮をしつつ強圧性への対処を検討し，企業価値を減少させる公開買付けをできるだけ抑制する配慮をしつつただ乗りへの対処を検討することが重要であろう。

---

10) 飯田秀総「株式買取請求権の構造と買取り価格算定の考慮要素（5・完）」法協129巻7号（2012）1460-1463頁。

11) Stanford J. Grossman & Oliver D. Hart, Takeover bids, the free-rider problem, and the theory of the corporation, 6 BELL JOURNAL OF ECONOMICS 42 (1980).

12) 飯田秀総「公開買付規制の改革」商事1933号（2011）14頁以下。

13) そのような研究の例として，井上光太郎「TOB（公開買付け）と少数株主利益」商事1874号（2009）34頁を参照。

2 強圧性の解消策とその検討

(1) 賛否付提供方式

　公開買付けの強圧性を解消する方法としては，公開買付けに対する賛否と公開買付けへの応募を分離する Bebchuk 教授の提案が著名である[14]。Bebchuk 教授は，公開買付けに反対する株主も，かりに公開買付けが成功した場合には，買付けに賛成した株主と同じように買い付けてもらえることが保証されれば，強圧性は生じないと考えた。そこで Bebchuk 教授は，株主が公開買付けに応じる際に公開買付けへの賛否を表明できるようにし，賛成票が提供株数の過半数となった場合にのみ買付者に買付けを許容し，買付けに際して買付者は提供者を平等に取り扱わなければならないとする仕組み（賛否付提供方式）を提唱する。賛否付提供方式によれば，ある株主が，他の株主が公開買付けに応じることをおそれて自らも応じてしまうということはなくなる。

　イギリスでは，買付者がパネルの承認を得て行う部分買付け（買付株数に条件を設ける買付け）において，対象会社の株主に対し，公開買付けに対する応募の意思とは別に，公開買付けを承認するか否かの意思を表明させ，かつ，買付者から独立した株主の議決権の過半数が公開買付けを承認することを公開買付成立の条件にしなければならないとされている（シティ・コード36.5条）。この規制は，少数株主の保護を目的として定められたものであるとされ[15]，強圧性を解消する効果も有する。もっとも，部分買付けに対しパネルが承認を与えることはまれだという[16]。

　Bebchuk 教授の提案については，わが国でも紹介・検討が行われてきているが，最近のものとしては，飯田准教授が Bebchuk 教授の賛否付提供方式に賛成し[17]，田中准教授が，部分買付けについて，イギリスのシティ・コード36.5条に倣った規定を設けることを提案している[18]。しかし，賛否付提供方式

---

14) Lucian Arye Bebchuk, Toward Undistorted Choice and Equal Treatment in Corporate Takeovers, 98 HARV. L. REV. 1695, 1747-1764 (1985).
15) Bebchuk, supra note 14, at 1796.
16) 日本証券経済研究所「英国 M&A 制度研究会報告書」(2009) 5 頁。
17) 飯田・前掲注 1) 1011 頁。同・前掲注 12) 17 頁。

やシティ・コード 36.5 条には，理論的にも政策的にも検討を要する点が少なくないと思われる。

まず，賛否付提供方式は株主に公開買付けの成立を望むか否か票を投じさせるが，株主の過半数が公開買付けに賛成することと，その公開買付けが企業価値を増加させるものであることとは必ずしも一致しない。賛否付提供方式を採用すると，株主は**表 1**において買付価格が独立価値よりも大きい（$b > x$）場合に公開買付けに賛成するが，企業価値が増加するのは，支配株式の価値と少数株式の価値の加重平均が独立価値よりも高い場合だからである。一定割合の賛成票を公開買付けの要件とすることは，たしかに強圧性の解消に役立つが，強圧性の解消が目指している効率的な企業買収を実現するとは限らないのである。ただし，この点は，1 (2) で述べたように強圧性の解消策のすべてに当てはまる限界であろう。

つぎに，Bebchuk 教授は，応募株主の過半数の賛成があれば公開買付けの成立を認めてよいとするが，なぜ応募株主の過半数なのか，必ずしも説得的な議論がされていない[19]。Bebchuk 教授が，過半数の賛成により公開買付けの成立を認める理由を，過半数の賛成を得られれば買収者は通常，対象会社の支配権を獲得できることに求めている点[20]からすると，シティ・コード 36.5 条が定めるように，必要な賛成票数は利害関係者を除く全株主の株式の過半数ではないのか。あるいは，公開買付けの成立に向けた賛否を問うている点を強調すれば，支配権の取得に必要な株数に相当する賛成票を要求するべきではないのか。また，Bebchuk 教授の方式では，公開買付けに賛成するが株式の提供を希望しない株主の意向は公開買付けの成否に反映されない。この株主は企業価値の上昇にただ乗りしようとする者であるが，公開買付けの成否に利害を有している分だけ真摯な判断が期待できるのではないだろうか[21]。このように，

---

18) 田中・前掲注 7) 414-418 頁。
19) Bebchuk, *supra* note *14*, at 1759-1761. もっとも，当該部分について飯田・前掲注 *1*) 1010 頁および田中・前掲注 7) 417 頁は説得的であるとする。
20) Bebchuk, *supra* note *14*, at 1705.
21) ただし，この難点は賛否付提供方式を改良して，株式を提供しない者にも賛否の表明機会を与えれば解消できる。

公開買付けの成立を認める要件について決め手がないのは，個々の株主の主観や会社の置かれた状況によって強圧性の程度や発現に差があり，強圧性をどこまで解消すれば非効率な買収を阻止できるかを，理論上も明確になしえないからであると思われる。

第3に，Bebchuk教授は，買付者が支配権を取得するような公開買付けについてのみ賛否付提供方式を採用し，かつ，支配権の取得に市場取引や相対取引を認めない立場をとる。これは，市場取引や相対取引でも強圧性が生じるとの理解を前提とするものであるが，Ⅲ 1 で述べるように，そのような理解には疑問がある。1985年の論文でBebchuk教授が挙げる設例[22]は，Ⅲ 1 で述べるように，支配株主が会社から私的利益を引き出すことができるために非効率な買収が起こる例であり，強圧性により非効率な買収が起こる例ではない。

第4として，Bebchuk教授は，買付株数に上限を付す部分買付けを許容する。部分買付けにおける強圧性は全部買付けの場合と変わりがないから（1 (1) 参照），部分買付けを許容すること自体は強圧性の解消にとって障害とならない。ただ，買付者が支配権（Bebchuk教授の提案では20％超）を取得する買付けについてのみ公開買付けの方法による義務を負わせ，かつ，部分買付けを許容すると，たとえば，20％までを市場取引または相対取引により買い付けた者が，1％を買い増す場合に公開買付けが必要となる。このような場合には，公開買付けに応募しても買い付けられる確率は低いので少数の株主しか応募しないと予想されるところ，そのような少数の株主に買付者の支配権取得の是非について判断させて良いのだろうか。つまり，Bebchuk教授の提案は，実務上，うまく目的を達成できないおそれがあると考える。

(2) 買付期間延長方式

公開買付けの強圧性を解消するもう1つの有力な手段として，公開買付けの成立後，一定期間，買付者に公開買付期間を延長させて，株式を提供しなかった株主に提供の機会を与えることが知られている。これによれば，公開買付けに反対であるが，買付けが成立した場合には株式を買い取ってもらいたいと考

---

22) Bebchuk, *supra* note 7, at 1789.

える株主は，延長期間に応募すればよいから，当初の買付期間に提供する強圧性を免れることができる[23]。イギリスの規制では，最低応募条件（50％）に達する応募があり公開買付けが成功した場合に，買付者は買付期間を14日間延長しなければならないと定めている（シティ・コード31.4条，10条）。ドイツでは，買付者が設定した最低応募条件が満たされなかった場合を除き，公開買付けに応募しなかった株主は，2週間の延長期間内に応募することができると定めている（ドイツ企業買収法16条2項）。いずれも強圧性を解消する一定の効果があるが，不徹底な部分もある[24]。

田中准教授は，これらを参考にして，わが国でも，買付者が買付株数の上限を設定しない全部買付けの場合には，買付期間内に買付者の株券等所有割合が50％超となるだけの応募があることを公開買付成立の条件とした上で，公開買付けが成功した場合に，延長期間の設定を強制すべきであると提案する[25]。最低応募条件の設定を強制する目的は，田中准教授が提案する部分買付けに対する賛否付提供方式を，全部買付けによって回避することを防止することと，延長期間に強圧性が生じるのを防止することにある。

買付期間延長方式については，次のような懸念が表明されている。すなわち，対象会社の株主は，公開買付けが成立する場合には，当初の買付期間で応募することも延長期間で応募することも無差別であるのに対し，公開買付けが成立しない場合には，現在の株式の価値についての他の株主の評価に従って自己の評価を上方修正するため，株主は，最初の応募期間に応募しないインセンティ

---

23) いわゆるセルアウト権も期間延長方式と同様に強圧性を減じる機能を有する。強圧性解消の手段としてセルアウト権の創設を主張するものとして，中東正文「企業結合法制と買収防衛策」商事1841号（2008）48頁を参照。株主に公開買付後のセルアウト権を付与する場合にも，本文に述べる分析が当てはまると思われる。

24) シティ・コード31.4条については，最低応募条件を付さないで公開買付けを行うときは，延長期間の設定は必要ないとしている点で不徹底であるとの批判がある（田中・前掲注7）404頁）。ドイツ企業買収法16条2項については，最低応募条件を付さない公開買付けについても延長期間の設定を強制しているため，当初の買付期間に買付者が支配権を取得できるだけの応募がない場合には，延長期間に強圧性が生じてしまうとの批判がある（飯田・前掲注1）974-975頁）。上記2つの批判は互いに矛盾するようにみえるが，そうではない。いずれの批判も，本文で述べるように，強圧性の解消のためには，支配権の移転が認められるだけの最低応募条件を付すことが必要であるとの主張につながっている。

25) 田中・前掲注7）418-422頁。

ブを持つ。このため，延長期間方式には，望ましい企業買収をも阻害してしまうという副作用があるというのである[26]。この懸念は理論的な可能性に留まり，説得力があるとは思われない。たしかに，当初の買付期間は様子見をする株主が多いとも考えられるが，その期間に十分な株数の応募がないと公開買付けが成立しないのであるから，公開買付けの成立を望む株主は当初の買付期間に株式を提供する十分なインセンティブを持つのではないだろうか。

買付期間延長方式は，当初の買付期間に株主に公開買付けの賛否を問い，賛成の得られた公開買付けについて，当初買付期間中の応募と延長期間中の応募を同等に扱うという点で，その基本的な性格は賛否付提供方式と同じである。そこで，買付期間延長方式も，公開買付けへの賛成と企業価値の増加とは必ずしも一致しないという，(1) で述べた難点を免れることはできない。

また，買付期間延長方式では設定された最低応募条件を満たす株数の提供があれば公開買付けの成立が認められるので，公開買付けの成立条件が賛否付提供方式とは異なってくる。たとえば，買付者が公開買付前に 40％ を保有している場合には，公開買付期間内に 10％ の応募があれば公開買付けを成立させることができる。このとき，延長期間に 20％ の応募があれば，賛否付提供方式を採用した場合には公開買付けの成立が認められなかったことになる。同じ例で，公開買付期間内に 8％ の応募しかなければ買付期間延長方式では公開買付けは成立しないが，かりに延長期間を実施していれば 4％ の応募があったと認められる場合には，賛否付提供方式では公開買付けが成立することになる。このように公開買付けの成立を認める要件について決め手がないのは，やはり，強圧性をどこまで解消すれば非効率な買収を阻止できるかを，理論上，明確にしえないからではないだろうか。

(3) 私 見

公開買付けに強圧性が内在するために非効率な買収を促進してしまうという強圧性の議論には，いくつかの前提がある。その1つは，公開買付けが失敗し

---

26) 飯田・前掲注 12) 16 頁，同・前掲注 1) 1009 頁，Lucian Arye Bebchuk, *The Pressure to Tender: An Analysis and a Proposed Remedy*, 12 DEL. J. CORP. L. 911, at 945-946 (1987).

対象会社が独立でいた場合の株式価値（独立価値）が買付価格よりも高い場合がありうるという命題である。もし，買付価格が常に独立価値よりも高ければ，残存価値が買付価格より低いために強圧性が生じても，それゆえに非効率な買収が促進されることはない。したがって，強圧性を解消する必要もない。対象会社に残存する株主の保護は，株主間の利益移転，すなわち所得分配の問題であって，別途，会社法等で手当てをすべき問題である。

ふつう，公開買付けは対象会社株式の市場価格にプレミアムを上乗せした価格で行われる。それにもかかわらず，株主の予想する独立価値が，公開買付け前の市場価格を上回る買付価格より高い場合がありうるのは，一般に，公開買付けに接して株主が自社の企業価値に関する従前の予想を修正するからであると説明されている[27]。

しかし，対象会社の経営者はこのような株主の予想の修正を容易く株価に反映させることができる。公開買付けの対象となったことにより，企業経営に改善の余地があることが明らかになったのであれば，経営の改善に着手すればよい[28]。もし，容易く株価に反映させることのできない予想の修正があるとしたら，それは予想の対象の実現可能性が低い場合であるから，独立価値の修正によって生じる強圧性から非効率な買収が促進されることを心配する必要はない。このように強圧性の解消は，対象会社が独立でいることが株主の利益になると考える対象会社取締役が，独立価値を株価に反映させる行動によって図られるべきである[29]。

ただし，公開買付価格よりも低い対価での第二段階の締出しを予告する二段階買収では，対象会社株式の独立価値がいくらであるか，それが市場価格に反

---

27) Bebchuk, *supra* note *14*, at 1703, 田中・前掲注 7) 46 頁。
28) 将来，より好条件の買収提案を受ける可能性が高まったのであれば，対象会社取締役は競合的な買収者を探し出すことにより，株主の予想を株価に反映させることができる。ただし，そのような行為が許されるかという問題は残る。この問題は買収提案に接した対象会社取締役の義務の問題であるので，本稿ではこれ以上，立ち入らない。
29) いったん公開買付けが公表されると，対象会社の市場株価は対象会社の企業価値に関する投資者の予想を反映しないとの指摘もある（Bebchuk, *supra* note *14*, at 1703 n.22）。しかし，公開買付けが成立しない可能性があり，本文のように対象会社の経営者が積極的に情報を開示すれば，対象会社の市場株価はその独立価値を反映すると考えられる。

映されていると否とにかかわらず，公開買付けは強圧的となる（*1*（2）参照）。いわゆる構造的強圧性（structural coercion）[30]である。構造的強圧性のある公開買付けについては，独立価値を株価へ反映させるだけでは強圧性は解消されない。買収提案が構造的強圧性を有するか否かで，買収防衛策の可否や対象会社取締役の義務の判断基準に差を設けるといった議論が，かつてアメリカでは行われていた[31]。同じように，構造的強圧性の有無によって公開買付規制のあり方を変えることは考えられないだろうか。

もちろん，構造的強圧性のある買収提案も株主が協同行動をとることにより阻止することができるし，構造的強圧性のある買収提案が常に企業価値を減少させるわけではない。しかし，構造的強圧性のある買収提案が可能であると企業価値を減少させる買収提案が成立しやすくなるから，これを端的に禁止すべきであると考える。低い対価での第二段階の締出しを予告する買付提案のほか，第二段階の締出しを予告しつつ，その対価については明言しない買収提案も[32]，これとほとんど同じ効果を有するから，禁止の対象とすべきであろう。そして，構造的強圧性のある提案を禁止するには特別の立法は必要でなく，そのような買付提案は「有価証券の売買その他の取引について，不正の手段，計画または技巧をすること」に該当するものとして金融商品取引法157条に違反すると解すれば足りる。

強圧性の2つ目の前提は，対象会社の株主の一部が残存することである。もし，公開買付けが失敗した場合には公開買付者が1株も取得せず，公開買付けが成功した場合には，残存株主のすべてを買付価格と同額で対象会社から締め出す（組織再編行為等により現金を交付する）のであれば，株主は公開買付けへの応募によって公開買付けへの賛否を表明することができる。このようなオール・オア・ナッシング[33]の条件の付いた公開買付けであれば，強圧性は生じ

---

30) Ronald J. Gilson & Reinier Kraakman, *Delaware's Intermediate Standard for Defensive Tactics: Is There Substance to Proportionality Review?*, 44 BUS. LAW. 247, 267 (1989).
31) アメリカにおける議論の現況については，白井正和・友好的買収の場面における取締役に対する規律（商事法務，2013）34-48頁を参照。
32) 加藤貴仁〔判批〕商事1876号（2009）10頁。
33) 田中・前掲注7）191頁，249頁。

ない。また，このような買付け（以下，「100%買収」という）であれば，公開買付けが成功した場合に対象会社に残存できる株主もいないため，「ただ乗り」の問題も生じない。100%買収は，強圧性の問題とただ乗りの問題を同時に解消できる唯一の手段である。しかし，100%買収は，*3*で述べるように政策的見地からこれに賛成することはできない。

　以上の検討から，構造的な強圧性のある買収提案を禁止する以外に，強圧性へ対処する規制を公開買付規制に設けるべきでないというのが，筆者の結論である。

　最後にわが国の裁判例と私見の関係について触れておく。

　わが国の裁判例には，買収防衛策の適法性の審査や株式買取請求における公正な価格の決定において強圧性に言及したものがある。ブルドックソース事件に係る東京地裁平成19年6月28日決定（金判1270号12頁）は，買付者が現経営陣との協議を経ることなく公開買付けを開始したこと，および対象会社の経営方針や投資方針等を明らかにしなかったことをもって強圧性が生じたとみているようである。この判示からは，支配権取得後の経営方針を明らかにしない買収提案には常に強圧性があるとする考え方も出てきうる。しかし，買付者が会社の経営方針を明らかにしないというだけでは，株主によってその評価も異なりうるし，強圧性の受止め方も異なる。このような買収提案に強圧性を感じる株主がいるとしても，それだけでは公開買付規制による対応は必要ないというのが筆者の考えである。また，強圧的な買収提案に対して対象会社が防衛策をとることが許されるとしても，買収防衛策を正当化する買収提案の強圧性と，公開買付規制で対応すべき強圧性の内容・範囲が異なることは，おかしなことではない[34]。

　公開買付けの約5か月後に行われた株式交換に反対する株主の株式買取請求

---

34) 田中准教授は，強圧性解消の仕組みを公開買付規制に導入することを前提として，対象会社取締役会による防衛策を禁止することを提案する（田中・前掲注7）435-442頁）。1つの卓見であるが，買収防衛策の禁止を公開買付けの強圧性と結びつけないやり方（たとえば，取締役会限りの買収防衛策を一切禁止する）もありうるところであり，本稿では，買収防衛策の適否とは無関係に，非効率な買収の阻止という観点から強圧性への対応を検討している。

に係る東京地裁平成21年3月31日決定（判時2040号135頁）は，株式買取請求に基づく株式買取価格が公開買付価格より低い価格とされると，対象会社の株主においては，たとえ，公開買付価格が会社の客観的な株式価値よりも低い価格であると考える場合であっても，公開買付けに応じるように強いられるおそれが生じ，いわゆる二段階買収について指摘される強圧性の問題が生じると指摘する。この判示には賛否がありうるが，もし，すべての裁判所が強圧性を考慮して株式買取請求の「公正な価格」を決定してくれるのであれば，構造的強圧性を含めて強圧性は生じえないことになるようにも考えられる。しかし，二段階買収の提案がされたが，第二段階へ進めるほどの買付けが実現しない場合もありえ，そのような予測の下に行動した株主は強圧性を受けることになるから，なお，構造的強圧性のある買収提案を禁止すべきであると考える[35]。

3　ただ乗りの解消策とその検討

「ただ乗り」の問題は，企業価値を増加させるような買付提案に対しては，残存する方が提供するよりも利得が高いため，多くの株主が株式を提供せず，その結果，公開買付けが失敗するという問題である。事前の観点からみると，失敗しやすいと予想される，企業価値を増加させるような買付提案を誰もしなくなってしまうという問題である。

ただ乗りの解消策としては，①買付者が市場価格で株式を購入できる「足がかり」の範囲を拡大すること，②買収者が支配権取得による私的利益を得られる場合に，その私的利益の獲得を許すことが指摘されている[36]。いずれも，買付者に利益獲得の機会を与えることにより，企業価値を増加させる買付提案を行うインセンティブを与えようとするものであるが，企業価値を減少させる買付提案にもインセンティブを与えてしまうため，解消策としては適当とは思われない。

---

[35]　公開買付けの強圧性・ただ乗りと株式買取請求権の関係については，飯田・前掲注10) 1456-1479頁の議論が参考になる。

[36]　田中・前掲注7) 420頁注 (213)。

構造的強圧性のある二段階買収を認めること（*2* (3)）も，ただ乗り問題を解消する。しかし，強圧的な二段階買収では強圧性の弊害が特に強く顕われるので，ただ乗りの解消を理由としてこれを許容することは妥当でない。

2 (3) で述べたように 100％ 買収は，株主に残存する余地を与えないから，100％ 買収を強制すれば強圧性とただ乗りを同時に解消することができる。ただし，100％ 買収には次のような政策上の問題がある。

第 1 に，100％ 買収を強制すると，対象会社を 100％ 買収できるだけの資金がなければ，支配権を取得する公開買付けはできないことになる。わが国では，買付者が対象会社の支配権を取得して，その財産，業務の状況等を精査した上で，株式を保有し続けるか，売却するか，100％ 買収に進むかを決定することが多い。このような実務を前提として，部分買付けを許容するために，2006（平成 18）年の改正では全部買付義務・全部勧誘義務の適用範囲を買付者の株券等所有割合が買付後に 3 分の 2 以上となる場合に限定した[37]。EU 諸国のような無限定な公開買付義務を課すべきか否かは，企業価値を増加させる公開買付けを成功に導くという観点だけでなく，わが国の企業風土のなかで，市場の経営監視機能を発揮させるにはどれくらいの頻度で企業買収があることが望ましいか（100％ 買収を強制すれば買収頻度は低くなる），上場会社には何％ の支配株主が許されるか（3 分の 1 を超える取得に 100％ 買収を強制することは，原則として 3 分の 1 までの支配株主しか許容しないことを意味する）といった政策的な観点から判断しなければならない。

第 2 は，支配権を有する者の追加取得との関係である。支配権を有する買付者が市場の内外で追加的に株式を取得する場合には，会社支配の状況に大きな変化がなく当該買付者が企業価値を増加させることへの「ただ乗り」のインセンティブは生じないから，100％ 買収を強制する必要はないと考えられる。そうすると，支配権を有する者による株式の追加取得には 100％ 買収を強制しないことになるが，支配権を有しない者が支配権を取得する場合にだけ 100％ を

---

[37] 公開買付制度等ワーキング・グループ報告・前掲注 4) は，「全部買付義務を公開買付者に一律に課すことについては，買付けコストを増加させるとともに，買付けコストに係る公開買付者の予測を困難とする面があり，企業の事業再編行為等の円滑性の観点から，慎重に対応することが適当である。」としていた（同報告 9 頁）。

買収する資金が求めることは，あまりにもバランスが悪くないだろうか[38]。100％買収の強制は，この点も考慮に入れて検討する必要がある。

第3に，相対取引や市場取引による支配権の取得との関係である。相対取引による支配権の取得の際には，対象会社に残存したい株主が株式保有を続け，あるいは市場で株式を取得しても，それにより企業価値を増加させる相対取引が失敗することはありえないから，100％買収を強制する必要はない。市場取引による支配権の取得の際には，ただ乗りを狙って市場で株式を売却する株主の数が減少し，支配権の取得が若干難しくなる可能性はある。しかし，ただ乗り以外の目的で株式を売却する十分な数の株主がいれば，ただ乗りによって企業価値を増加させる市場取引が失敗する可能性は低いであろう。そうだとすると，市場取引による支配権の取得に100％買収を強制する必要はないと考えられる。このように仮に相対取引や市場取引による支配権の取得を許容するときは[39]，市場外買付けにのみ100％買収（公開買付け）を強制することは，買収者を相対取引や市場取引に追いやるだけのことにならないだろうか。

以上の点を総合すると，ただ乗りの解消のために100％買収を強制することは，政策的観点から妥当でないと思われる。

III　相対取引・市場取引への公開買付規制の適用

1　強圧性の有無

市場外買付けの強圧性は，株式の価値が公開買付価格よりも高いと考える株主であっても公開買付けに応じてしまうことから，企業価値を減少させるような公開買付けが成功してしまうという問題であった。

---

[38]　強圧性を解消するための賛否付提案方式は，基準値を超える支配権の取得について公開買付けの方法を強制するが，同時に部分買付けを許容するので（2 (1)），このようなアンバランスは生じない。

[39]　もちろん，ただ乗りの防止以外の理由によって市場取引や相対取引に公開買付けを強制することは考えられ（後述III参照），その場合には本文に記載した問題は生じない。

相対取引や市場取引でも，株主にこのような強圧性が生じるので，これに対処するために，すでに強制的公開買付けの対象となっている相対取引に加えて，市場取引による支配権の取得を禁止して公開買付けを強制すべきだとする見解が，最近では有力である[40]。

しかし，相対取引や市場取引において，市場外買付けと同様の強圧性が生じるという前提には理解しがたいところがある。飯田准教授は，買付者が市場取引を公表して行う場合，市場取引が行われれば株価は上昇し，買付けが予告なく終了して株価が下落するため，株主は株価が下落する前に早く株式を売却してしまおうというインセンティブを持つから，株主に売却圧力が生じるとする[41]。このような理解からすると，買付者が秘密裏に市場取引を行う場合には，売却圧力の問題は生じない[42]。

市場外買付けの強圧性では，株主が不本意にも買付けに応じることによって支配株式の取得が助長されてしまうことが問題であるのに対し，市場取引では，それによって株価が一時的に上昇することを利用して利益を得ようとする株主が株式を売却することが問題とされているようである。しかし，そのような株主は，企業買収の成功によって株価が下落することを恐れて株式を売却するのではないから，市場取引の際の株主の売り急ぎを市場外買付けの強圧性と同列に論じることはできないし，株主の売り急ぎによって非効率な買収が助長されるという状況ではないので，強圧性の解消によって非効率な買収を阻止する必要もない。したがって，市場取引に応じる株主のインセンティブを変更するために市場取引を公開買付規制の対象にする必要はないと考える。

飯田准教授は，市場外での相対取引の場合は，買付者が対象会社株主に対して「早く売却しないと締め切りになる」などと伝えれば，やはり売却圧力の問題が生じるとする[43]。この理解からも，秘密裏に行われる相対取引には売却圧

---

40) 飯田・前掲注1) 1011頁，同・前掲注12) 19-20頁，田中・前掲注7) 411-412頁。
41) 飯田・前掲注1) 996頁。田中准教授は，市場取引を通じた買収は，その「早いもの勝ち」の性質から強圧性を与えやすいとする（前掲注7) 411-412頁）から，同じ見方に立っているようにみえるが，挙げている例（同386-387頁）は，私的利益の追求によって非効率な買収が生じる場合である。本稿では，強圧性と私的利益の追求を区別して論じている。
42) 飯田・前掲注1) 996頁。

力の問題はないということになろう。

　飯田准教授のいう「相対取引」が市場外で少数の者から交渉により株式を取得することだとすると，相対取引の買付者が対象会社株主に売却を急ぐよう伝えることは，考えられない。また，相対取引が事前に開示されるとしても，買付者は多数の一般株主から株式を買い付けるわけではないので，一般株主が市場で株式を売り急ぐことによって非効率な企業買収が成立してしまうという問題は生じない。したがって，相対取引についても，強圧性の解消を理由として公開買付規制を適用する必要はないと考える。

2　私的利益の追求

　相対取引や市場取引によって非効率な買収が行われる可能性があるのは，買付者が対象会社について他の株主と共有しない私的利益を有しており，部分買収（全部買付けをしたが応募が全株に満たない場合を含む）によってそのような私的利益を実現する場合である。

　支配株主が私的な利益を有している場合に，支配権の移動を相対取引に委ねると（公開買付規制を及ぼさないと），企業価値を減少させるような移動が促進されるという分析は，Bebchuk 教授の 1994 年の論文[44]において示された。Bebchuk 教授は，相対取引による支配権の移転の際には，強圧性の問題もただ乗りの問題も生じないが[45]，少数株主に対する外部不経済のゆえに，非効率な移転が起こり，効率的な移転が妨げられる可能性があることを示した。以下では，藤田友敬教授による説明も参考にしつつ[46]，その分析を簡単に紹介する[47]。

---

43)　同前。
44)　Lucian Arye Bebchuk, *Efficient and Inefficient Sales of Corporate Control*, 109 QUARTERLY JOURNAL OF ECONOMICS 957 (1994).
45)　Bebchuk, *supra* note 44, at 958.
46)　Tomotaka Fujita, *The Takeover Regulation in Japan: Peculiar Developments in the Mandatory Offer Rule*, 3 UT SOFT LAW REVIEW, 24, 34-40 (2011).
47)　わが国における分析として，家田崇「支配株式の取得方法」名古屋商科大学総合経営・経営情報論集 46 巻 1 号（2001）23 頁以下，吉本健一＝松中学「強制的公開買付けの

企業価値は，すべての株主が享受する共通利益と支配株主のみが享受する（したがって株価に反映されない）私的利益に分けることができる。相対取引による支配権の移転が可能な法制の下では，買主にとっての支配権の価値（私的利益と共通利益の合計）が売主にとっての支配権の価値（私的利益と共通利益の合計）を上回るかぎり，企業価値（全株主についての私的利益と共通利益の総計）が減少するような支配権の移転も実現してしまう。企業価値が減少する取引が行われてしまうのは，買主が支配権の価値を高く評価する場合のなかに，買主の経営能力が高く共通利益を増大させる場合のみならず，買主が会社から私的利益を引き出す能力が高いだけにすぎない場合が含まれるからである。

　支配権の移転に公開買付規制を適用すると，売主側に平等の条件で一般株主が参加できるために，売主が利益を得られる価格では買主に利益が出ないこととなり企業価値を減少させる取引が行われない場合が生じる。どのような条件が満たされれば取引が行われないかは，部分買付けが許される場合と全部買付けが求められる場合とで差はない[48]。

　同様に，公開買付けが強制されない法制の下では，企業価値を増加させるような支配権の移転は妨げられないが，公開買付けが強制されると，支配株主である売主が満足するような価格を公開買付価格に設定すると買主に利益が出ないので，企業価値を増加させる取引が行われない場合がある。

　以上を要するに，相対取引を許容すると企業価値を増加させる支配権の移転が促進されるが，同時に企業価値を減少させる支配権の移転も促進され，公開買付けを強制すると企業価値を減少させる支配権の移転が抑制されるが，同時に企業価値を増加させる支配権の移転も抑制される[49]。

　Bebchuk 論文は，支配権の・移・転に焦点を当てたため市場取引を分析対象としていない。市場取引では主として支配権の・取・得が問題になるが，この点については田中准教授の分析[50]が参考になる。それによると，買付者にとって私

目的に関する立法論的考察」阪大法学55巻6号（2006）1551頁以下も参照。
48) Bebchuk, *supra* note 44, at 970.
49) Bebchuk 論文は，さらに，市場ルール（相対取引の許容）と平等機会ルール（公開買付けの強制）とのいずれが総合的に好ましいか，それぞれのルールの下で何が効率的な結果の発生に影響を与えるか等の分析も行っている。

的利益が得られる場合には，買収前の企業価値を上回る価格で一部の株式の買付けが行われる結果，企業価値を減少させるような買収が実現してしまう。田中准教授は分析の対象としてないが，同じように考えると，支配権の取得後に共通利益が減少するけれど，企業価値（共通利益と私的利益の総計）は買収が実現しないときのそれを上回る効率的な買収は，市場取引が許容されるときは，買収前の企業価値を上回る価格で一部の株式の買付けが行われる結果，実現するが，これに公開買付けを強制すると，共通利益が減少するため公開買付けは成功しない可能性が高いといえるだろう。つまり，市場取引と公開買付けとの関係についても，相対取引と公開買付けとの関係と同じことがいえる。

3 検 討

以上の分析から，相対取引・市場取引に対する公開買付規制の適用，すなわち強制的公開買付制度について，どのような示唆が得られるだろうか。藤田教授は，市場取引，相対取引，および公開買付けには，一定の条件の下では効率的な結果を生じ，別の条件の下では非効率的な結果を生じるという意味で，それぞれ長所と短所があり，どのルールがベストか明確な答えはないとする[51]。

筆者は，かつて，アメリカの学説[52]に依拠しつつ，支配権の移転にプレミアムの分配を要求すれば企業価値を高めるような移転が抑制されること，支配権プレミアムの分配を求めるルールが支配権移転後の支配権の濫用を抑止できるかどうか疑わしいことを理由に，強制的公開買付制度の廃止を主張したことがある[53]。そこでは，支配株主の私的利益の追求によって非効率な買収が起こ

---

50) 田中・前掲注 7) 386-387 頁。田中論文は，つづけて，部分買付けの場合と全部買付けの場合とを分析し，部分買付けの場合には非効率的な買収が成功する可能性が高く，全部買付けの場合にはその可能性は低いとする (387-390 頁)。この結果は，本文に述べた Bebchuk 論文における相対取引の分析結果と異なっている。このような相違は，田中論文の部分買付けと全部買付けの分析が公開買付けに内在する強圧性についてのものであり，私的利益の追求のみを原因とする効率性の阻害の問題ではないからだと思われる。

51) Fujita, *supra* note 46, at 40.

52) Frank H. Easterbrook & Daniel R. Fischel, *Corporate Control Transactions*, 91 YALE L. J. 698 (1982).

53) 黒沼悦郎「強制的公開買付制度の再検討」商事 1641 号 (2002) 55 頁。

る蓋然性については検討しなかったものの，支配株主の権限濫用により少数株主の利益が害されるおそれについては考察し，少数株主の保護は会社法に委ねる方が妥当な結果を実現できることから，少数株主保護の目的で公開買付けを強制すべきではないと考えた[54]。少数株主を保護する仕組みがどれくらい整っているかが，ここでもポイントになると思われる。

　支配株主と一般株主の利益を乖離させる私的利益には，支配株主と会社の共同事業から生じるシナジーのような正当な利益と，支配株主・会社間の不平等な取引，会社の機会の奪取，高額な役員報酬のような少数株主を搾取して得られる不当な利益とが含まれている[55]。そして，後者の不当な私的利益については，支配株主の信任義務，親子会社間の取引の規律，組織再編行為の規律，役員報酬の規律といった少数株主の利益を守る制度が会社法上，発展してきている。もちろん，わが国では判例上，支配株主の信任義務は認められていないとか，親子会社間の取引の規律が不十分であるといった問題は残されているし，仮に規律が十分なものであっても，私的利益の追求から非効率な買収が起きる可能性を皆無にすることはできない。しかし，支配株主による不当な私的利益の追求が会社法によって制限されたり，事後的な矯正の対象になったりするのであれば，不当な私的利益の追求によって買付者が利益を得られる蓋然性は小さくなり，非効率的な買収をある程度抑止することができる[56]。そうだとすると，効率的な買収も非効率な買収も促進するルール（相対取引による支配権の移転および市場取引による支配権の取得を認めるルール）の方が，いずれをも抑制するルール（強制的公開買付け）よりも，全体として好ましいといえるのではないだろうか[57]。

---

[54] 黒沼・前掲注53) 58-59頁。家田・前掲注47) および吉本＝松中・前掲注47) は，支配株主の私益利益の観点や少数株主保護の観点を含めてこの問題を総合的に検討しており，有益な示唆を与えてくれる。

[55] Bebchuk, *supra* note 44, at 962, Fujita, *supra* note 46, at 34.

[56] 本稿は，効率性の基準としてカルドア・ヒックス基準を用いており，株主間の利益の移転やその矯正は効率性に影響を及ぼさない。しかし，支配株主は，私的利益と自己の享受する共通利益の合計額の最大化を目指すので，株主間の利益移転を制限することにより支配株主の得る私的利益を減少させれば，非効率な買収も抑制されると考えられる。

[57] 筆者も，本文に述べた論理だけでこの問題を解決できるとは考えていない。より深い検討の方向性は2つあると思われる。1つは，相対取引や市場取引の許容によって企業価

IV 退出権の保障と少数株主保護

1 義務的公開買付け

　わが国の強制的公開買付制度の目的については，支配権移転の際のプレミアムの分配にあるとする説[58]と，退出権の保障にあるという説[59]が対立している。目的をどちらとみるかによって，強制的公開買付けの制度設計が異なってくる可能性がある[60]。より重要な立法政策の問題として，3分の1を超える取得のみを公開買付けの方法で行わせるという現在の制度から，新たな支配株主となった者（基準値は30%，3分の1など）に全部買付義務を伴う公開買付けを義務づけることにより株主に退出権を保障するEU型の義務的公開買付制度へ移行すべきではないか[61]，という問題がある[62]。わが国では株券等所有割合が3分の2以上となる公開買付けに全部買付義務が課されているが，公開買付け

値を増加させる取引と減少させる取引のいずれが，より助長されるのかを実証研究によって確かめて，許容の可否を決する方法である。実証研究に依拠するということは，実証の結果が時代によって変わればルールも変更しなければならず，そうしなければ弊害が大きくなることにも注意しなければならない。もう1つは，Bebchuk論文（前掲注44）974-981頁）が試みているように，相対取引を許容する方が効率的な結果を生じる条件を分析し，当該条件を満たす場合にのみ相対取引を許容する方法である。この方法は第1の方法よりも木目の細かい処理を可能にするが，モデルの妥当性を実証研究によって確かめなければならない（そのような実証研究がされていないので，本稿では当該部分を紹介しなかった）。

58) 近藤光男＝吉原和志＝黒沼悦郎・金融商品取引法入門（商事法務，第2版，2011）356頁。
59) 山下友信＝神田秀樹編・金融商品取引法概説（有斐閣，2010）248頁〔加藤貴仁〕，松尾直彦・金融商品取引法（商事法務，2011）198頁。
60) たとえば，プレミアム分配説によれば，第三者割当増資やディスカウント買付けに強制的公開買付制度を適用する必要はなく，退出権保障説によれば，これらによる支配権の移転の際にも既存の株主に退出権を与える必要が出てくる。
61) 奈須野太「経済産業省意見『今後の企業法制の在り方について』」商事1906号（2010）49頁。この提案は「会社法制の見直しに関する要綱」には盛り込まれなかったが，公開買付規制の改正提案としては，現もなお意味があろう。
62) このような論点の存在は広く認識されている。北村雅史「企業結合の形成過程」商事1841号（2008）7頁，中東正文「会社支配市場に関する法の再構築の方向性」石山＝上村還暦・比較企業法の現在（成文堂，2011）167-173頁，飯田・前掲注12）17頁，太田洋「公開買付規制の現在と課題」ジュリ1444号（2012）50頁等を参照。

に反対し応募しなかった者は買い付けてもらえないので，退出権の保障手段としては，EU の義務的公開買付けの方が優れている。

退出権の保障は，企業買収の効率性の問題として現れることもあれば，効率性とは無関係の株主間の利益移転の問題として現れることもある。前者の側面についてはIII 1・2 で検討したので，ここでは，後者の側面，すなわち支配株主による少数株主の搾取という問題への対応として[63]，EU 型の退出権を保障すべきかという問題を扱う。したがって，支配株主が支配権を市場取引，相対取引，公開買付け，第三者割当増資のいずれの方法で取得したかは問われない[64]。また，筆者のように強制的公開買付制度は廃止すべきであると考える場合であっても，支配権を取得した者に公開買付義務を課すことは考えられる。

2 検　討

退出権を保障する意味が少数株主の事前の保護にあるとすると，市場で株式を売却することによって会社関係から退出するのでは，株主の保護としてなぜ不十分なのかが，まず問われなければならない。考えられる理由は，ある者が支配株主となったのと同時に，当該株主が少数株主を搾取するという情報を織り込んで株価が形成されるため，市場で株式を売却しても少数株主が損害を十分に回復できないということであろう。もし，そうだとすると，支配権取得前の一定期間の最高買付価格で，支配権取得者に公開買付けを義務づけること[65]も正当化されるだろう。

---

63) 飯田・前掲注 1) 17 頁。
64) 「会社法制の見直しに関する要綱」第 1 部第 3 の 1 は，公開会社の議決権の過半数を有する支配株主が出現するような募集株式の引受けは，総株主の議決権の 10 分の 1 以上を有する株主が反対するときは，原則として，株主総会の普通決議による承認を受けなければならないことを提案する。この提案は，募集株式の発行が，公開会社において誰が支配株主となるかを取締役が決定できる方法であることに鑑みて，株主総会の承認を求めるものであり，株主は退出権を与えられるわけではない。したがって，当該提案が実現した場合でも，なお公開買付規制による株主の退出権の保障という論点は残る。
65) イギリスの義務的公開買付けでは，買付者が過去 12 か月以内に支払った最高価格での買付けが義務付けられ（シティ・コード 9.5 条），ドイツでは過去 6 か月以内に支払った最高価格で，かつ過去 3 か月間の市場の加重平均以上の価格での買付けが義務付けられている（買収法 39 条）。

しかし，支配株主の経営能力を反映して株価が下落することがあるとしても，具体的にどのような手法でどの程度行われるかわからない「少数株主の搾取」を株価が直ちに反映することが，どれだけあるだろうか。もし，株価の下落が少数株主の搾取可能性以外の事情を反映したにすぎないときは，義務的公開買付けは支配株主から少数株主への利益移転を強制するだけのものとなる。また，仮に少数株主の搾取可能性を反映して株価が下落したとしても，少数株主の搾取がさまざまな形態で行われうるのに，退出権による保護は画一的すぎないだろうか[66]。

支配権取得後の義務的公開買付けでは，部分買付けを認めず，全部買付義務を課さなければ少数株主を保護することができない。そうすると，支配権を取得しようとする者は，100％買収できるだけの資金を用意しなければならず，企業買収のコストを高めてしまうという懸念がある（Ⅱ 3）[67]。

以上のように考えると，支配権の移転が生じると想定される議決権割合（30％，3分の1など）を基準値とする義務的公開買付けをわが国へ導入することには，賛成できない。

現在のわが国の法制では，買付後の株券等所有割合が3分の2以上となる公開買付けについて，買付者に全部勧誘義務（金商27条の2第5項，金商令8条5項3号），および全部買付義務（金商27条の13第4項，金商令14条の2の2）が課せられている。この規制は，上場廃止のおそれという残存株主に常に不利な要素と，少数株主への転落という支配株主による搾取がなければ残存株主の不利にならない要素とがその理由に挙げられているが[68]，後者については少数株主に対する搾取の程度を考慮していない点で上記の批判が当てはまる。しかし，買付者およびその関係者の株券等所有割合が3分の2以上となれば，他の持株比率上位の株主の所有割合と合わせて取引所の定める上場廃止基準に該当することも十分に考えられるので，全部買付義務を課す基準値として穏当なものと評価できる。ただし，全部買付義務では，公開買付けに応募しなかった株主の

---

66) 飯田・前掲注12) 18頁。
67) 飯田・前掲注12) 18-19頁。
68) 公開買付制度等ワーキング・グループ報告・前掲注4) 9頁。

株式は買い付けられないので,公開買付成立後に,短期間の追加応募期間を設けた上で[69],現行の全部買付義務制度を存続させること[70]に賛成したい。

また,支配権の移転の有無にかかわらず,支配株主以外の株主の持分割合が極めて小さい場合には,少数株主から支配株主に対する株式買取請求権(セルアウト権)を認めるべきであろう[71]。基準値としては,略式組織再編が可能となる,支配会社が被支配会社の議決権の90%以上を所有する場合が考えられる。10%未満の少数株主については,支配株主の具体的な権限濫用がなくても恒常的に不利益を受けていると評価できるし,少数株主が当該会社に居残るメリットも考えられないからである。この点で,法制審議会会社法制部会の「会社法制の見直しに関する要綱案」が少数株主のセルアウト権を提案しなかったことは問題である。

---

69) 北村・前掲注62) 7頁。ただし,北村教授の提案は全部買付型の公開買付けのすべてを対象とするものである。
70) 飯田・前掲注12) 17頁。
71) 北村・前掲注62) 10頁。EU諸国におけるセルアウト権については,太田洋=山本憲光「支配株主のバイアウト権と少数株主のセルアウト権〔上〕」商事1910号(2010) 49-52頁を参照。

敵対的企業買収と防衛策

I　課題の設定
II　敵対的企業買収の機能と理論
III　敵対的企業買収にかかる情報開示規制
IV　買収者に対する行為規制
V　対象企業関係者に対する行為規制
VI　日本法に対する評価

松　井　秀　征

I　課題の設定

1　はじめに

　企業が規模を拡大し，あるいは新しい領域に進出する場合，その選択肢の1つとして，すでに存在する他の企業を買収するという方法が考えられる。特に現在のわが国のように国内の産業が成熟し，他方で経済の変化のスピードが速く，規模の拡大や新領域への進出のために相応の時間をかけられないという場合，国内外を問わず企業買収は非常に有効な手段の1つである[1]。

　企業買収というのは相手のある話であるから，これを円滑に実現するには，買収対象となる企業の経営陣と信頼関係を構築し，合意を積み重ねながら実現することが好ましい。また買収が実現した折には，経営者や従業員等の従前か

---

[1] この点の認識については，「〈マール対談〉日本企業のグローバル化とM&A戦略──代表的経営者の視点から」MARR2012年5月号11頁以下〔永守重信発言，長谷川閑史発言〕を参照。

ら存在する人的資源を活用していかなければならないから，その意味でも買収を行う際に相互に良好な関係を維持しておくことは重要である。

　しかし一般論としていえば，企業の経営者は独立して経営を行いたいと考えがちである。それは，従前の経営状態が良好であればあるほど——つまり買収の魅力が高い企業であればあるほど——そうである。このような企業を買収したいと考えても，当該企業の経営陣から合意を得てこれを行うことは容易ではない。それでも買収後のことを考えれば，可能な限り対象企業の経営陣との合意を経て，買収しようとするのが通常であろう。だが，この方法による買収が実現困難に陥り，他方どうしても当該企業を買収したいという場合，市場において流通する株式を取得し，支配権を獲得するという選択肢が現実味を帯びることになる。

　むろんこのような買収——敵対的企業買収——は，買収対象となる企業が上場企業であり，かつその株式の流動性が高いことが前提となるため，いずれの国でも，あるいはいずれの企業でも起こるという話ではない。また，買収にあたっての対価は少なからず巨額に上ることが想定されるから，買収企業においてそのような資金が用意できる環境にあるか，あるいはこれに代わる手段（株式を対価とした買収）が可能でないと実現しにくい。アメリカ（合衆国）のように，上場企業株式の流動性が全般的に高く，また買収の対価として株式その他の証券が容易に利用可能な地域では，まま敵対的企業買収が起こりうる。これに対して，わが国のように株式の流動性がそこそこで，買収の対価が事実上現金でなければならない場合[2]，敵対的企業買収は一定の条件がそろわないと生じない。持ち合い解消の動きにより株式の流動性が高まり，外資系金融機関等を通じた買収資金の供給が可能となった2000年代，とりわけ2005（平成17）年ごろはわが国でも若干の敵対的企業買収の案件が見られたが，近年はあまり

---

[2] わが国の場合でも，法律上は株式等の証券を買収の対価とした公開買付け（exchange offer）が可能である。しかし，当該証券を対価として交付するには証券発行のための手続を経なければならず（株式発行であれば会社法上の現物出資規制と有利発行規制の問題が生じうる），加えて税法上は公開買付けに応募した株主が課税の繰り延べをできないことから，事実上不可能だとされている（この点については，西村総合法律事務所編・M&A法大全〔商事法務，2001〕304頁以下，「《スクランブル》自社株を対価として使うTOB」商事1912号〔2010〕54頁参照）。

目立った動きが見られない。

2 本稿において用いられる概念

　以上に用いた敵対的企業買収という概念は，端的には買収対象会社の経営陣の同意ないし協力を得ることなく行われる企業買収を指す[3]。また，ここにいう企業買収とは，ひとまず当該企業に影響力を行使しうる程度の数——たとえば過半数——の株式を取得する行為を指す[4]。

　企業への影響力を行使することだけを目的とするのであれば，過半数の株式を取得しなくともこれは実現できるし，そもそも株式の取得ではなく委任状勧誘を行っても同様の効果を達成しうる[5]。しかし，たとえば過半数の株式の取得ではない場合を議論の対象に含めた場合，それでは何％の株式であれば影響力を行使できるのかといった閾値の問題が別途生じ，議論は複雑になる。また敵対的企業買収を行おうとする者が，株式の取得という手法を利用するときと委任状勧誘という手法を利用するときでは，当然のことながら，対象会社経営陣のとるべき対策も異なる。本稿では限られた紙幅で検討を行う必要もあることから，ひとまず買収者が過半数の株式を取得することを目指している場合を念頭におきながら議論を進める。

3 本稿における検討対象

　敵対的企業買収という概念は，それ自体に善悪の価値判断を含むものではない。他方，これに対する防衛策の議論は，実現を阻止されるべき敵対的企業買収があることを当然の前提としており，そこには好ましくない企業買収がなさ

---

[3] 田中亘・企業買収と防衛策（商事法務，2012）1頁，武井一浩「企業買収防衛戦略の必要性と正当性——近時の状況と日本企業の特殊性を踏まえて」武井ほか編・企業買収防衛戦略（商事法務，2004）3頁。
[4] この点の定義については，経済産業省＝法務省「企業価値・株主共同の利益の確保又は向上のための買収防衛策に関する指針（平成17年5月27日）」の「Ⅰ　定義」を参照（当該文書については，商事1733号〔2005〕26頁を参照）。
[5] 武井・前掲注3) 3頁。

れているとの価値判断がある。つまり，敵対的企業買収が一般的に否定的な面を有するものではないが[6]，個別的に敵対的企業買収を見た場合にはその否定的な面が存在するか否かを問いうるということである。

そこで本稿では，まずⅡにおいて，敵対的企業買収がどのような場合に行われ，どのような機能を有する行為なのか，そしてこれに否定的な評価が与えられるのはどのような場合なのか，実態および理論の両面から確認する。この問題は，すでに諸外国でもわが国でも議論の蓄積があるところであり，本稿ではアメリカとわが国の経験をひも解きながら，現在までの議論の到達点を簡単にまとめる。もとよりここで導こうとする結論は，アメリカなり日本なりに特有の議論ではなく，もう少し一般的な通用性を持つ議論である。

ある敵対的企業買収について否定的な評価が与えられた場合，それが直ちに防衛策を講ずることを肯定することにつながるわけでもない。かりにある敵対的企業買収が利害関係者の利益を損なう面を有していても，その不利益を救済する手段が制度的に存在していれば，対象会社経営陣が個別に防衛策を講ずべき必要性は減少する。つまり敵対的企業買収に対して防衛策を講ずることが認められるか否かは，利害関係者保護の制度的仕組み——買収者に対する行為規制——がいかに用意されているのかという問題と関係する。

そこで本稿では，次にⅢにおいて，敵対的企業買収の当否を判断するための制度的前提を確認し，Ⅳにおいて買収者に対する行為規制が利害関係者保護に果たしうる機能について検討する。そして，当該行為規制が利害関係者保護のために十分ではない場合において，防衛策がいかなる範囲で許容されるのかにつき，Ⅴにおいて検討する。これらの議論も，わが国を含む各国での制度や理論を背景に有して行われるものの，基本的には敵対的企業買収というものが有するある種の「構造」を前提として，いかなる価値判断の下でいかなる制度が求められるのかにつき一般的に検討を加える。

以上の議論を踏まえて，最後にⅥにおいて，わが国の現行法の制度とその制

---

6) むろん敵対的企業買収がおよそ好ましくないという議論も考えられなくはないが，Ⅱにおいて明らかにするとおり，敵対的企業買収の有する機能の中には社会的に好ましいと評価できるものも含まれていることから，本稿ではこのような議論は行わない。

度の下で行われる解釈について立法論および解釈論の観点から評価を加え，締めくくることとする。

II　敵対的企業買収の機能と理論

　敵対的企業買収とは，Iでも述べたとおり，買収対象会社の経営陣の同意ないし協力を得ることなく行われる企業買収である。その結果，敵対的企業買収が行われると，買収者と買収対象企業との間で少なからず軋轢が生じ，当該企業の人的・物的資源が買収者に対して非協力的な状態に陥りやすい。それでもなお敵対的企業買収を行うには，当該問題を補って余りある利点が求められる。そして何より，理論的にもこれが正当性のあるものとして支えられるものでなければならない。

　本節では，敵対的企業買収がなぜ行われるのか，そしてこれがどのような理論によって正当性を獲得できるのか，歴史的な視点も踏まえつつ，実態および理論の両面から概観する。この点については，従前，膨大な研究がなされてきたところでもあり，以下ではアメリカやわが国の経験を紹介しつつ，可能な限り簡潔に要点をまとめていく。

1　敵対的企業買収が行われる動機

　買収対象企業の経営陣の同意ないし協力なく企業買収を実現するためには，当該企業の株式を市場の内外で買い集めるという方法をとることになる。この市場における株式の買占め行為自体は，古くからある現象である（多くの場合，買占め者は買い占めた株式の高値処分を考えていた）。ただ，これが単なる株式の買占めにとどまらず，企業買収の動機に基づき特別な法的意味合いを持って論じられるようになったのは，さほど古いことではない。以下では，アメリカにおける例から確認しよう。

(1)　アメリカにおけるコングロマリットの形成と解体

　アメリカ企業は，1950年代後半から60年代にかけて，市場需要の伸びが鈍

化する中,異業種部門への経営多角化により企業収益を確保するといった動きを見せた[7]。いわゆるコングロマリットの形成である。この動きについては,経営に関する専門的知識を産業の分野を問わず生かし,かつ企業の抱えるリスクを事業間に分散するといったメリットも説かれた[8]。ただ,本稿との関係で注目すべき点は,このコングロマリット化が既存企業の買収という方向で進められ,かつその中には敵対的企業買収の方法で行われたものが少なからず存在していたという事実である[9]。

興味深いのは,1970年代以降コングロマリットの非効率性が次第に認識される中で,その解体もまた敵対的企業買収の手法によって行われたということである[10]。さらに1970年代から80年代にかけては,資本が効率的に利用されていない企業——必要以上に現金を留保している企業等——をはじめ,その経営が非効率とみなされた企業が次々と敵対的企業買収の標的となっていく。この時期には,ジャンクボンドによる資金調達など敵対的企業買収を支える金融面の支えもあったことから,敵対的企業買収がある種のブームとなった。このブームは,1980年代後半,敵対的企業買収が対象企業のステイクホルダーに与える消極的な影響の認識[11],当該買収を支える金融実務における不祥事の発生[12],あるいは敵対的企業買収に対する対抗策をめぐる法的議論の決着[13]が

---

7) N. Fligstein, The Transformation of Corporate Control 18-19, 192-93 (1990).
8) P. Milgrom & J. Roberts, Economics, Organization & Management (1992). 参照したのは,奥野正寛ほか訳・組織の経済学 (NTT出版, 1997) 543頁である。
9) W. W. Bratton, Jr., The New Economic Theory of the Firm: Critical Perspectives from History, 41 Stan. L. Rev. 1471, 1518 (1989).
10) A. D. Chandler, Jr., Scale and Scope: The Dynamics of Industrial Capitalism (1990). 参照したのは,安部悦生ほか訳・スケールアンドスコープ——経営力発展の国際比較 (有斐閣, 1993) 540頁である。
11) 敵対的企業買収が成功した後,対象企業の保有する現金資産等を取得するため,買収者が当該企業を解体する場合などにステイクホルダー保護の問題が顕在化する。アメリカにおいて生じたステイクホルダーその他の利益保護の観点は,後掲注13) に示されたデラウェア州の法的判断に反映しているほか, J. N. Gordon, Corporations, Markets, and Courts, 91 Colum. L. Rev. 1931, 1971-86 (1991) を参照。
12) 敵対的企業買収の局面でのインサイダー取引,当該買収の資金調達に用いられてきたジャンクボンド市場の崩壊,あるいはこれらを支える証券業者の破たん等が挙げられる (奥野ほか訳・前掲注8) 581頁, M. Roe, Strong Managers, Weak Owners: The Political Roots of American corporate Finance 153 〔1994〕 等参照)。
13) わが国でもよく知られるとおり,1985年のUnocal事件 (Unocal Corp. v. Mesa

見られるまで続いた。アメリカにおいては，その後1990年代以降，敵対的企業買収の数が激減する[14]（むろん今でも行われる例はある）。

アメリカにおける歴史的な経験に照らすと，敵対的企業買収の行われる動機として，次の2つの場合を挙げることができる。第1に，ある企業が自らの事業を拡大するため，水平的・垂直的な事業の統合を図るため，あるいは異業種へ進出するために，敵対的企業買収の方法をとる場合。第2は，ある企業の事業や資産の非効率性を看取した者が，企業買収後に事業や資産の整理を行って当該非効率性を解消し，当該企業ないし事業の収益性を向上させるために敵対的企業買収を行う場合である。

注意しなければならないのは，これらの動機は友好的な企業買収で実現することも可能だということである。つまり，以上の動機を実現するために敵対的企業買収の方法がとられる場合というのは，買収対象企業の経営陣が友好的企業買収の形態を拒絶し，当該企業の株式の市場流動性が高く，かつ当該株式取得のための資金的手当て（あるいは株式対価の買収等これに代わる手段の存在）が十分に存在した場合なのである。また買収対象企業の経営陣が友好的買収の形態を拒絶する場合というのは，買収者の買収提案に存する非合理性ゆえに対象企業がこれを拒絶するか，あるいは買収者の合理的な買収提案を対象企業の非合理な判断により拒絶するか，いずれかの場合である。

(2) わが国において敵対的企業買収が試みられた例

わが国の場合，第二次世界大戦以降に株式相互保有の実務が進展したこともあって[15]，一部のグリーンメイルまがいの株式買占めの事例を除けば[16]，敵対

Petroleum: Co. 493 A. 2d 946〔Del. Supr. 1985〕）から次年のRevlon事件（Revlon, Inc. v. MacAndrews & Forbes Holdings, Inc., 506 A. 2d 173〔Del. Supr. 1986〕）を経て，1989年のTime事件（Paramount Communications, Inc., v. Time, Inc., 571 A. 2d 1140〔Del. Supr. 1989〕）に至るまでのデラウェア州最高裁の法的判断を指す。

14) アメリカにおける1980年代の企業買収と90年代以降の企業買収との違いについては，森田果「ファイナンスからみた企業買収」武井一浩＝中山龍太郎編・企業買収防衛戦略Ⅱ（商事法務，2006，初出2005）229頁以下。

15) わが国において株式相互保有の実務が進展した事情等については，松井秀征「要望の伏在――コーポレート・ガバナンス」中東正文＝松井秀征編・会社法の選択（商事法務，2010）378頁以下，387頁以下，および436頁以下を参照。

16) わが国におけるかつての株式買占め事例（とりわけバブル期までのそれ）は，基本的にこの類のものであったといわれる。この点については，松井秀征「取締役の新株発行権

的企業買収というのはあまり現実味のある問題ではなかった。わが国においてこれが現実味を帯びるようになった背景には，1990年代後半以降，株式相互保有の構造が揺らぐようになり[17]，同時に敵対的企業買収に対して資金を提供するような金融機関（たとえば外資系金融機関）が現れたという事情がある。

わが国の1990年代終わりから2000年代初めごろの状況を確認すると，国外の電気通信事業者がわが国において当該事業に進出するために敵対的企業買収を行った例[18]，あるいは非効率資産を抱えている企業を標的としてファンドが敵対的企業買収を仕掛けた例を見つけることができる[19]。その後も，業界再編や新分野進出の観点から事業会社が敵対的企業買収を試みる例[20]，あるいはファンドによる上場会社株式の大量取得といった動き[21]が存在し，このような

限（2・完）」法協114巻6号（1997）714頁参照。
[17] この点の事情については，田中・前掲注3）7頁以下，中東＝松井編・前掲注15）469頁以下。
[18] 1999（平成11）年5月に英国のケーブル・アンド・ワイアレス（C＆W）が，わが国の国際デジタル通信（IDC）に対して敵対的買収を試みた（商事1525号〔1999〕109頁ニュース欄参照）。
[19] 2000（平成12）年1月にエム・エイ・シー（いわゆる村上ファンド）により昭栄株の公開買付けが行われた事例がある（丸木強「昭栄株式に対する公開買付け――法的な問題点を中心に」商事1570号〔2000〕22頁）。なお当該ファンドは，その後も東京スタイル，阪神電鉄その他多くの上場会社株式を取得し，さまざまな法的手段も駆使しつつ，その経営に対する意見を表明していった（その主宰者が2005〔平成17〕年に行ったニッポン放送株式をめぐるインサイダー取引により逮捕，起訴される頃までその動きは続いた。なお当該事件については，最決平成23・6・6刑集65巻4号385頁を参照）。
[20] 前掲注19）に触れた2005年のライブドアによるニッポン放送株式の大量取得のほか，2006（平成18）年における王子製紙による北越製紙に対する公開買付け（商事1775号〔2006〕75頁ニュース欄参照），あるいは2007（平成19）年以降に対立が激しさを増した楽天による東京放送株式の大量取得（会計帳簿閲覧・謄写請求につき東京地判平成19・9・20判時1985号140頁，東京放送の楽天に対する対応について商事1810号〔2007〕57頁ニュース欄参照）等はこれらの例である。
[21] 前掲注19）に示したエム・エイ・シーの動きのほか，スティール・パートナーズによる上場株式の大量取得（たとえば，2006年の明星食品株式への公開買付けにつき商事1782号〔2006〕57頁ニュース欄，2007年のサッポロホールディングスへの株主提案および委任状勧誘につき商事1791号61頁・1795号73頁各ニュース欄〔2007〕，ブルドックソース株式への公開買付け等につき最決平成19・8・7民集61巻5号2215頁等を参照），ザ・チルドレンズ・インベストメント・マスター・ファンドによる電源開発株式の大量取得（外為法により求められる株式取得にかかる事前届出と財務大臣および経済産業大臣による中止勧告・中止命令について，商事1822号61頁・1831号47頁・1832号104頁・1833号52頁・1839号61頁各ニュース欄〔2008〕，委任状勧誘について商事1834号〔2008〕48頁参照）等の動きが挙げられる。

動きは2008（平成20）年のいわゆるリーマンショックの時期まで続いた。

2　敵対的企業買収の理論的基礎付け

アメリカでは，敵対的企業買収という現象にどのような理論的意味を認めることができるか，盛んに論じられてきた。その嚆矢となる議論として1965年のManneの論文がよく紹介される。これは，当時のコングロマリット形成，およびその後の解体の実務を基礎付けるものとなった[22]。ただ，ここではManneの議論を引き継いで，1980年代における敵対的企業買収のブームを支えたEasterbrookとFischelの議論を紹介する。

彼らは，効率的資本市場の理論[23]を前提として，次のように説いた[24]。敵対的企業買収がなされる場合，プレミアムを付して株式の買付けがなされる点で株主の利益になる。このプレミアムは，非効率な経営をなす経営者を支配権の取得に伴い放逐し，エイジェンシーコストを下げることから生じる。そして，このような敵対的企業買収が行われうるという状況は，結果として企業経営者の効率的な経営に対するインセンティヴを与えることになる。

以上の議論を前提とした場合，敵対的企業買収というのは，効率的な経営によるエイジェンシーコストの低下，そしてこれによる株主利益の向上という観点から理論的な支持を獲得することになる。逆に効率的な経営と無関係に行われる敵対的企業買収，ひいては株主利益を損ないうるそれについては是認されず，これをどのような制度に反映していくかが課題となるわけである[25]。

---

22) H. G. Manne, Mergers and the Market for Corporate Control, 73 J. Pol. Econ. 110 (1965). 当該論文の要点については，松井秀征・株主総会制度の基礎理論（有斐閣，2010）193頁以下を参照。
23) R. J. Gilson & R. H. Kraakman, The Mechanisms of Market Efficiency, 70 Va. L. Rev. 549 (1984).
24) F. H. Easterbrook & D. R. Fischel, The Proper Role of a Target's Management in Responding to a Tender Offer, 94 Harv. L. Rev. 1161, 1165-74 (1981).
25) もっともEasterbrookとFischelの議論においては，敵対的企業買収が行われる場合に取締役が防衛策を講ずることは想定していない（Easterbrook & Fischel, supra note 24, 1174-75）。つまり買収対象企業の株主に提供されるプレミアムが失われる点を指摘して，当該企業の取締役は防衛策を講ずべきでないと説いたのである。
　しかし，不適切な敵対的企業買収が行われている場合には，防衛策を講じながら，株主

3 小　括

　以上確認してきた内容をまとめると，敵対的企業買収が行われる動機は次の2つにある。第1に，ある企業が自らの事業を拡大するため，水平的・垂直的な事業の統合を図るため，あるいは異業種へ進出するために，敵対的企業買収の方法をとる場合。第2は，ある企業の事業や資産の非効率性を看取した者が，企業買収後に事業や資産の整理を行って当該非効率性を解消し，当該企業ないし事業の収益性を向上させるために敵対的企業買収を行う場合である。そして，このような敵対的企業買収が理論的に是認されるのは，当該買収を通じて効率的な経営によるエイジェンシーコストの低下，そしてこれによる株主利益の向上が図られるからである。

　注意すべき点は，これらの目的は敵対的企業買収でなければ実現できないという類のものではないことである。とりわけ企業買収により同じ目的を実現するならば，友好的な企業買収の方法をとったほうが一般的にはコストがかからない。つまり当該企業買収の当事者が合理的な行動をとっている限り，まずは友好的企業買収の方法を選択し，敵対的企業買収の方向には進まないはずである。これを裏返せば，敵対的企業買収という手法は，買収者の買収提案に存する非合理性ゆえに対象企業がこれを拒絶するか，あるいは買収者の合理的な買収提案を対象企業の非合理な判断により拒絶するか，いずれかの場合に生ずることになる。

　したがって敵対的企業買収，およびこれに対する防衛策について法的な規律を考える際には，まずは買収者の提案等の合理性の有無に関する判断が出発点となる。次節では，このような点について制度的な枠組みのあり方を確認することとしたい。

にとってより好ましい競争的買付けを誘引すべきだとの批判がなされ（L. A. Bebchuk, The Case of Facilitating Competing Tender Offers, 95 Harv. L. Rev. 1028〔1982〕），Easterbrook と Fischel による「受身理論」は支持を得るに至らなかった。

III　敵対的企業買収にかかる情報開示規制

　IIにおいて確認したとおり，敵対的企業買収は，現に経営の効率性確保に資するものであり，かつこれにより株主利益の向上が見込める場合，理論的な支えを獲得する。この支えが得られない敵対的企業買収というのは，株主利益につながらないのみならず，他のステイクホルダーの利益も損なう可能性がある。したがって，後者の場合，制度的に制御する仕組みを設けることが好ましい。これを踏まえて検討すべきは，理論的に是認できる敵対的企業買収とそうでない敵対的企業買収とを選別するにはどうすべきか，という点である。そのためには企業買収が行われているという事実，そしてその企業買収の内容についての情報が必要である。そこで本節では，まず *1* において当該情報を獲得するための開示制度のあり方につき確認をする。

　かりにある企業買収が敵対的企業買収となることが明らかになった場合でも，敵対的企業買収を行おうとする買収者が，「この買収をしても経営の効率性を確保できません」とか「株主の利益を損なう企業買収です」と述べてこれを実行することはありえない。むしろ自らの買収によりいかに企業価値が向上するかを語るのが通常である。つまり理論的に是認できる買収とそうでない買収の選別は，実際上困難を極めることが想定できる。そこで，これを誰にどのように判断させるかが重要な問題となる。実はこの点は後に検討する防衛策の発動の問題と密接に関連するのだが，本節でも次節以降の議論を整理するため，*2* において若干の検討を加えておくこととしたい。

1　企業買収にかかる情報の獲得

(1)　大量保有報告制度

　ある敵対的企業買収が理論的に是認できるか否かを判断する場合，その判断のための情報をいかに獲得するか。何も法的な規制が存在しなければ，買収者は株式を買い集めている事実も含めて何も情報を提供しないか，自己に都合の良い情報しか出さないだろう[26]。これでは，そもそも企業買収が行われようと

しているかどうかも明らかにならず，かりに企業買収が行われようとしている場合でもそれが理論的な観点から是認できるかどうか判断ができない。

敵対的企業買収は，買収対象企業の株式を大量取得する方法によって行われる。それは，株式市場において株式を買い増す方法によることも可能であるし，公開買付けの方法でこれを取得することも可能である。株式の大量取得の事実が端的に明らかとなる後者の場合をひとまず措くと，情報取得の観点からまず問題となるのは，株式市場の内外において徐々に株式を買い増していく場合である。この点について何らの規制もないとした場合，秘密裏に株式の買い増しが可能となり，支配権の取得に向けた行為の存在を制度的には知ることができない。そうなると，ある企業買収が理論的に支持できるか否かの判断もおよそできないこととなり，これでは選別以前の問題となる。したがって公開買付けの方法によらず，市場における株式取得により企業買収が行われようとする場合，株式取得・保有状況等を開示させる制度（以下，「大量保有報告制度」という）が必要となる。

この大量保有報告制度は，規制の手法としては比較的穏やかな方法である。当該制度は，通常，ある一定の閾値を超えて株式を保有するに至った者（およびその後一定割合を超えて株式保有状況が変動した者）について，株式保有状況および当該株式保有の目的，あるいは株式取得資金の出所を開示させるという形をとる[27]。市場で株式を買い集めている者に支配権取得目的があるか否かを判

---

26) むろん開示規制がなくとも，真摯に企業買収を行いたい買収者は情報を開示するという考え方もありうるところである。これは資本市場における開示規制が何のために存在するのかという大きな問題に連なるところであるが，従来の研究によれば，強制的な開示規制を設ける必要を根拠付ける理由はいくつか存在しうる（経営者にとって良くも悪くもない情報は開示の誘因がない，開示の費用が大きい場合にはその誘因がない，規制がない場合にはどの時点で開示をするかが裁量に委ねられる，bad news の発生自体を投資家が知らない場合には開示の誘因がない，企業が有する情報が第三者に証明可能でなく開示しにくい場合がある，企業自身以外の情報は当該情報の保有者において開示の誘因がない等）。この点については，松村敏弘「ディスクロージャー問題」三輪芳朗ほか編・会社法の経済学（東京大学出版会，1998）365頁（特に376頁以下）を参照。

27) たとえばわが国でいえば，5％を超えて株券等を保有する者は，株券等保有割合に関する事項，取得資金に関する事項，あるいは保有目的等について報告書を提出する義務がある（金商27条の23以下）。また5％を超えて株券等を保有する者が，その持株割合を1％以上変動させた場合，その変更報告書を提出する必要がある（金商27条の25）。

同様の制度は，諸外国においても見られる。たとえばアメリカの連邦証券規制は，公開

断するには，この開示がなされればある程度の目的は達成できる[28]。

　しかし大量保有報告制度というのは，ある特定時点での株式保有状況を開示させる制度にすぎない[29]。つまり，明白に支配権取得に向けた行為がとられない限り，真に企業買収が行われようとしているかどうかは必ずしも明らかにならない[30]。そこで大量保有報告制度に加えて，支配権取得に向けた株式取得行為の時点で開示を行わせる制度を考えることはできないかが次の問題となる。

(2)　公開買付けに際しての開示

　敵対的企業買収が公開買付けの方法により行われる限り，当該企業買収の当否の前提となる情報は，当該公開買付けにおける開示によって実現できる。むろん当該買収が公開買付けの方法によって行われず，市場における株式の買い集めによって実行されようとする場合は，大量保有報告以外の開示はなされな

　　会社の持分証券の5%を超える実質的所有者に対してスケジュール13Dによる報告書の提出を求め（連邦証券取引所法13条(d)(1)，規則13d-1)，当該報告書では取得資金の由来，保有株式数，保有目的等を開示することになる（この点に関しては，黒沼悦郎・アメリカ証券取引法〔弘文堂，第2版，2004〕182頁以下も参照)。また，当該報告書記載事項に重要な（material）変更があった場合，変更報告書を提出すべき義務が発生し（連邦証券取引所法13条(d)(2)），以上の保有割合について1%以上の変動があった場合はこの「重要な」変更にあたるものとされる（規則13d-2)。

　　ヨーロッパにおいては，EUの透明性指令（DIRECTIVE 2004/109/EC OF THE EUROPEAN PARLIAMENT AND OF THE COUNCIL of 15 December 2004 on the harmonisation of transparency requirements in relation to information about issuers whose securities are admitted to trading on a regulated market and amending Directive 2001/34/EC）の9条以下に基づき，この点の開示規制の調和が図られている。議決権保有をする者について，たとえばイギリスにおいては3%を閾値として，これを超える場合は1%ごとに報告書を提出する義務があり（開示透明性規則5.1.2(1)・英国金融サーヴィス市場法89B条），ドイツにおいては，3%，5%，10%，15%，20%，25%，30%，50%，そして75%を閾値として報告書を提出しなければならない（ドイツ有価証券取引法21条1項)。

28)　わが国の大量保有報告制度について，投資家に対する情報開示とともに，発行会社の経営者に対して株式を大量に保有する株主の状況を情報提供する趣旨であることを指摘するものとして，山下友信＝神田秀樹編・金融商品取引法概説（有斐閣，2010）229頁〔加藤貴仁〕。

29)　なお，現金決済型金融商品が開示対象となっていなかったヨーロッパにおいて生じた問題について，唐津恵一＝神田秀樹「企業買収に関する会社法制及び証券法制の各国比較〔上〕」商事1985号（2012）5-6頁〔ジャック・ビュアール報告〕を参照。

30)　支配権取得に向けた株式取得時点と開示の時点に時間的ずれが生じる場合，対象企業その他の利害関係者にとって，当該株式保有が企業買収に向けたものであることに気付けないこともありうる。

い。このような場合，買収者による株式取得について公開買付けを義務付けて（mandatory offer；強制〔義務的〕公開買付制度），開示を強制することも考えられる。ただ，強制公開買付制度は既存株主に退出機会を与える等，さまざまな機能を有しうる制度でもあり，単なる開示制度ではない。したがって，当該制度を認めるかどうかはその有する他の機能の必要性と併せて検討する必要がある。そこでこの問題は本節で扱わず，IV1 において後述する。

　公開買付けにより企業買収が行われる場合，既存株主にとっての最大の関心事は，自らの保有株式に対するリターンがどうなるかである。これを判断するためには，少なくとも買収者から提示されている買付価格の妥当性とこれに応じなかった場合の自らの株式が有することになる価値が合理的に予測できなければならない。とりわけ買付価格の妥当性との関係でしばしば説かれるのが，強圧性（coerciveness）の問題である。すなわち公開買付けが成功したときに，買付けに応じなかった株主が応じたときより不利に扱われることが予想される場合，大多数の株主が買付価格は客観的な株式価値より低いと考えていても，買付けに応じるよう強いられるという問題のことである[31]。これは，公開買付けにより一定割合の株式を取得した株主が，その後残った少数派株主を現金その他の対価により締め出す際に買付価格より低い価格を提示するような場合に顕著となる[32]。したがって，ある公開買付けが強圧性を有しているか否かを判断できるだけの開示として，買付価格の根拠はもちろんのこと，買収者による支配権獲得後に関する情報——少数株主の扱いや買収者による経営方針等——が明らかにされることは最低限の要求となる[33]。

---

31) 田中・前掲注3) 45 頁。
32) アメリカにおいて敵対的企業買収に対する対抗策に関する先例となっている Unocal 事件（前掲注 13）参照）はこのような事例であった。また，わが国のレックスホールディングス事件では，MBO を行う公開買付者のプレスリリース等において，公開買付けに応じない株主がその後に1株に満たない端数しか受け取れず，株式買取請求権を行使して価格決定申立てを行っても裁判所が認めるか否かが明らかでないといった強圧的な効果を持ちうる表現がとられていたことが指摘されている（この点について，最決平成 21・5・29 金判 1326 号 35 頁における田原睦夫裁判官補足意見参照）。
33) たとえばわが国では，発行者以外の者により公開買付けが行われる場合，公開買付届出書において本文中に示した買付価格の算定根拠，あるいは買収者による経営参加後の方針（これにより少数株主の扱いが推測できる）といった事項は明らかにされることになる（金商 27 条の 3 第 2 項，公開買付府令 12 条・第 2 号様式）。

なお公開買付けに伴う開示については、それがどのようになされるのかも問題となる。敵対的企業買収の局面において、買収者が提示する買付価格や買収に関する情報というのは慎重に吟味することが必要であるから、そのための時間を確保することは必須である。このような時間が確保されることによって、株主は株式の売却に応じるか否かの判断が可能となる。あるいは、後に述べるように防衛策を講じることが認められるのであれば、その当否の判断もできることになる[34]。さらに公開買付けの価格が不当に低い場合に、競争的な買付者を待つ可能性も開かれることになる。

2 企業買収の内容にかかる判断

敵対的企業買収が行われようとしている事実が明らかになり、これに伴う開示も適切になされているとして、当該企業買収の良し悪しは誰がどのように判断すべきか。ここには、当該企業買収に関係する者のうち誰に判断させるかという問題のほか、そもそも何をもって当該企業買収の良し悪しを判断するかという問題が含まれている。この点についてはさまざまな議論の可能性がありうるが、ひとまず株主にこれを判断させるのか、それ以外の第三者に判断させるのかという2つに整理して検討する。むろん、敵対的企業買収の局面において、利害関係者の直面する利害対立はさほど単純ではなく、判断主体についてもこ

　　この点についての諸外国の規制もおおむねわが国と同様の内容は開示対象とされており、たとえばアメリカの連邦証券規制では、買付価格およびその対価のほか、公開買付けの目的は開示の対象となる（連邦証券取引所法14条(d)・規則14d-6・スケジュールTO）。
　　またヨーロッパでも、EU企業買収指令（DIRECTIVE 2004/25/EC OF THE EUROPEAN PARLIAMENT AND OF THE COUNCIL of 21 April 2004 on takeover bids）によれば、買付価格（ただし算定根拠は強制公開買付けの場合にのみ求められる）や買収者の買収対象企業の将来の経営に対する意図（ここには従業員の職や雇用条件についての開示も含まれる）は開示内容に含められている（EU企業買収指令6条3項）。なお当該指令については、末岡晶子「EU企業買収指令における敵対的買収防衛策の位置づけとTOB規制」商事1733号（2005）34頁参照。

34）　たとえばわが国では、公開買付けを行うにあたって法律上要求される買付期間は、公開買付開始公告を行った日から起算して20日以上60日以内である（金商27条の2第2項、金商令8条1項）。この点についてアメリカの連邦証券規制では最低20営業日（連邦証券取引所法14条(e)・規則14e-1）、ヨーロッパのEU企業買収指令では2週間から10週間である（EU企業買収指令7条1項）。

れら2つに整理しきれるものでもない。したがって現実に採用される制度も，これらの議論のいずれかの採用を迫るというものでもない。実際には，各法域におけるさまざまな政策判断等も相まって，以上2つの議論の混合的な制度となる。その意味で，以下の議論は思考の整理のためのものとして読み進められたい。

(1) 株主による判断

問題となる敵対的企業買収の当否を株主に判断させる場合，当該企業買収の良し悪しはひとまず株主利益の問題に還元され，株主は買収者から提示された価格で買付提案に応じるか否かを考えることになる。つまりここにいう株主利益は，ひとまず提案されている株式買付価格に凝縮されるし，ステイクホルダーの利益も間接的に株主利益に反映する限りで考慮されるにとどまる[35]。

この方向性を前提とした場合，企業買収の内容に関する判断は基本的に株主に委ねられることから，株主以外の者が当該買収に対する防衛策を講じるという選択肢は——株主がその採用を認めた場合を除いて——基本的に存在しない[36]。そして株主の利益を保護するための制度として，買収者の行為規制が中心となり，対象企業の経営陣における防衛策採用に対する裁量的判断は制約される[37]（この点はIVにおいて改めて検討する）。

だが，問題となる企業買収について強圧性の問題が生じる場合，株主に十分な情報が与えられ，その判断を委ねたとしても，株主の利益が損なわれうる。この場合，当該株主は株式を売却するほかに合理的な選択肢がなく，個々の株主による判断によっては当該買収を封じることができない。したがって，そも

---

[35] ステイクホルダーの利益が株主利益に反映する限りで考慮されるとの考え方自体は，わが国でも古くよりみられる考え方である。このような考え方については，鈴木竹雄「八幡製鉄政治献金事件高裁判決について」同・商法研究III（有斐閣，1971，初出1966）315頁参照。また，この点の議論に関しては，田中・前掲注3) 43頁の記述も参照。

[36] いわゆる「受身理論」と呼ばれるものは——株主の承認による防衛策の余地も認めるかどうかはひとまず措き——このような考え方である。敵対的企業買収の対象企業の取締役が防衛策をとることを認めない見解として，Easterbrook & Fischel, supra note 24, 1174-80の議論を参照。

[37] EUにおける企業買収指令の考え方は，基本的にこのようなものである。EU企業買収指令によれば，対象企業における取締役会は，競争的な買付けを探索する以外の買収防衛策は株主総会による事前の同意をとって行うべきことを求めている（EU企業買収指令9条2項）。

そも強圧性の問題が生じない制度[38]を採用しない限り——あるいはそのような制度を採用した場合であってもそれが完全でなければ——株主以外の第三者による判断と対応が求められる可能性はある。

(2) 株主以外の者による判断

問題となる敵対的企業買収の当否について，情報および判断力において株主よりも優位にある者（以下，「判断者」という）に判断を行わせるという方法も考えられる。その前提には，個々の株主の獲得できる情報やその判断力には限界があり，株主以外の者に判断をさせた方がより株主にとって好ましい判断ができるかもしれない，という考え方がある[39]。この方向性を前提とする場合，いくつか議論の余地がある。

まず，株主以外の者として具体的にどのような者を想定するかである。自社に対する買収の評価というのは，その買収を受け入れるか拒絶するかも含め極めて高度な経営上の判断となるので，株主価値の保護を注意義務の内容とした上で対象企業の業務執行機関にこれを委ねるというのが1つの方向である。ただしこの場合，当該業務執行機関の地位にある者は自己の保身を図る可能性も高く，会社の利益と自己の利益が相反する可能性があることから，その判断をいかにコントロールするかが問題となる。このことから，そもそも当該判断を非業務執行機関に委ねる[40]，あるいは第三者にその判断の全部又は一部を委ねるという選択肢も可能性として考えることができる[41]。

---

38) この点については，Ⅳにおいて検討する。
39) その他，よりよい条件での買収を引き出すための交渉力も株主は欠いている場合がある。この点の議論については，森田果「企業買収防衛策をめぐる理論状況」武井ほか編・前掲注3)（初出2003）217-219頁参照。
40) アメリカにおいて見られるように，社外取締役を中心とした取締役会の判断に委ねるという考え方はこのようなものといってよいだろう。
　またわが国の監査役（会）は，やはり非業務執行機関であるからこのような判断をすべき地位にあるのかもしれない。しかし，理論的には監査役による監査が違法性監査にとどまるとの考え方による制約があること，あるいは実際上は監査役の取締役からの独立性の弱さがある（代表取締役の意向に沿って監査役人事が決まる）こと等から，監査役（会）に企業買収の内容に関する判断を委ねるということは難しいのが現実である（この点に関しては，岩原紳作「監査役制度の見直し」前田庸喜寿・企業法の変遷〔有斐閣，2009〕37頁以下を参照）。その結果，わが国の場合，より独立性を高める形で第三者委員会による判断に委ねるということが行われてきた（後掲注41）参照）。
41) わが国では，会社経営陣と対立関係にある者による株式大量取得の事実が明らかにな

次に，問題となる企業買収の良し悪しをどのように判断するかも問題となる。端的には第1の場合と同様，買収者から提示された価格が株主の最善の利益にかなっているかどうかを考えることになりそうである。しかし，株主以外の者がその判断を行う場合，株主が自己利益に従って判断する場合とは異なり，判断者が企業買収の良し悪しの判断において株主利益以外の利益を考慮すべきだとの考え方も取り込みうる。つまり株主利益とステイクホルダーの利益が合致しないとの前提——株主利益の追求はステイクホルダーの負担においてなされるとの考え方——のもと，ステイクホルダー保護の判断をする可能性もある。その場合には，防衛策を導入し，場合によってはこれを発動するという選択肢も出てくるところである。ただ，株主利益以外の利益を考慮することが妥当かどうかは自明ではなく，ステイクホルダーの利益をも考慮できるとした場合，誰がどのようにこれを考慮するのが最も公正であるかも問題がある（この点はⅤにおいて改めて検討する）。

った場合，この者によってなされうる企業買収の当否について，社外役員を含む当該対象会社の外部者による第三者委員会で判断するということが行われてきた（わが国の実態について，藤本周ほか「敵対的買収防衛策の導入状況——コーポレート・ガバナンスの諸規則改正を受けて」商事 1915 号〔2010〕41 頁以下参照）。第三者委員会を構成するのは，可能な限り会社との利害関係のない者による判断を確保しようという意図によるものである。しかし，その人選自体はやはり当該対象会社の経営陣によって行われることや，第三者委員会による判断それ自体は会社機関による決定ではない（取締役のように会社に対する忠実義務や善管注意義務を負う者による判断ではない）ことなどから，当該判断の持つ意味を法的にどう評価するかは難しい問題が存在する。

その他，イギリスでは自主規制機関としての性格を有するテイクオーバー・パネル (The Panel on Takeovers and Mergers) と呼ばれる組織が，企業買収に関するルールを定めたテイクオーバー・コードとの適合性について，企業買収の当事者からの適宜の相談に応じている（日本証券経済研究所・英国 M&A 制度研究会報告書〔2009〕11 頁以下参照）。このような第三者の存在はイギリス特有のものであるが，わが国でも近年とみに注目されている仕組みである（イギリスのテイクオーバー・パネル，ないしテイクオーバー・コードに関するわが国の文献として，田中・前掲注 3）394 頁以下のほか，野田博「グローバル化における M&A 制度の変化と持続——イギリスおよびドイツを中心として」柴田和史＝野田博編・会社法の実践的課題〔法政大学現代法研究所，2011〕92 頁以下，渡辺宏之「『制定法に基づかない企業買収規制』とその"変容"——EU 企業買収指令の国内法化と英国テイクオーバー・パネル」中山信弘編集代表＝神田秀樹編・ソフトロー研究叢書第 2 巻市場取引とソフトロー〔有斐閣，2009〕55 頁等参照）。

3 小　　括

(1)　企業買収にかかる情報の獲得

　敵対的企業買収がなされようとしている場合において，そもそも企業買収が行われようとしている事実，そして当該企業買収が敵対的である場合に会社にとって好ましいものか否かについて，対象企業が判断するためには一定の情報獲得手段が必要となる。

　まず公開買付けがなされない段階においては，少なくとも大量保有報告制度のような株式取得状況とその意図を明らかにさせるための開示制度が最低限必要である。

　また，公開買付けによって企業買収の意図が明らかになる場合には，とりわけ株主に対する強圧性の有無が判断可能となるよう，買収者から買付価格の根拠を明らかにさせるほか，支配権取得後の情報を併せて開示させることが重要となる。そして，その開示された情報を株主が十分吟味できるだけの買付期間を確保させる規制も必要である。

(2)　企業買収の内容にかかる判断

　株式の大量保有に関する開示であれ，公開買付けにかかる開示であれ，かりに企業買収にかかる事情が明らかになった場合，当該企業買収の良し悪しを誰がどのように判断するかは難しい問題である。

　1つの方向性は，株主が株主利益の観点からこれを判断するというもので，これは公開買付けがなされる場合であれば買付価格で応じるかどうかの問題となる。この場合，基本的に企業買収に対する防衛策は認めず，むしろ買収者に対する株主保護に向けた行為規制が中心的な制度となる。

　いま1つの方向性は，株主以外の者が株主利益の観点，あるいはステイクホルダー保護の観点も加味してこれを判断するというものである。この場合，買収者に対する行為規制よりも防衛策の採用が中心的な議論となっていくが，当該判断者が防衛策の採用により自己の利益を優先させることのないように制度を構築していく必要がある。

　次節では，以上2つの方向性のうち，敵対的企業買収の局面において株主こそが自らの利益保護のための判断を行うことを前提とする場合，つまり買収者

に対する行為規制が必要となる場合を検討の対象とする。

IV　買収者に対する行為規制

　敵対的企業買収の局面において，買収者から開示される情報を基礎として当該買収の当否を株主に判断させ，これをもって株主利益の保護を完結させる場合，当該買収者に対して一定の行為規制を設けておく必要がある。とりわけここで想定されるのは，当該買収において強圧性の問題が生じないようにするための行為規制である。かりに買収者に対する行為規制が十分ではなく，強圧性の問題が残るとすれば，そこには株主以外の第三者がパターナリスティックに株主を保護する必要が生じる。したがって買収者に対する行為規制のあり方は，敵対的企業買収をめぐるその他の制度設計に大きな影響を与える。

　買収者に対する行為規制としてこれまで論じられてきたのは，おおむね次の3点である。①当該買収を行うにあたって公開買付けを強制するか否か。②当該公開買付けにおいてはどれだけの株式を買い付けさせるべきか。③当該公開買付けに際しての買付価格はどうあるべきか。本節では，これら3点について順次検討を加える。

1　強制公開買付制度

　公開買付けを強制する制度は，法域によっていささかその仕組みが異なるが，基本的には次の2つに整理することが可能である。第1は，一定の閾値——実質的に支配権を取得したと評価できる数値——を超えて株式の取得を行おうとする者について，当該株式の取得を公開買付けの方法によることを義務付ける制度である（支配権取得時の公開買付けの義務付け）。そして第2は，一定の閾値を超えて株式の取得を行った者について，その他の株式について公開買付けを行うよう義務付ける制度である（支配権取得後の公開買付けの義務付け）。わが国における強制公開買付けは第1の場合を指すのに対して[42]，ヨーロッパ（EU）におけるそれは第2の場合を指す[43]。実はこれら2つは，その趣旨においても

果たす機能においても，似て非なる面がある。

(1) 支配権取得時の公開買付けの義務付け

一定の閾値を超えて株式取得を行おうとする者に義務付けられる公開買付けは，端的にいえば株式取得方法と開示に関してなされる義務付けであり，買収の第1段階に公開買付けが現れる。この株式取得に公開買付けが義務付けられる趣旨は，支配権移転時の株式売却機会の提供，そして株式売却に関する判断機会の確保にある[44]。

しかし，こと強圧性の問題から考えた場合，買収者に公開買付けが義務付けられただけでは不十分である。たとえば，公開買付けによって支配権を取得しようとする買収者が部分買付け——たとえば51%あるいは67%の買付けを行い，それ以上は買わないという買付け——を行う場合，株主としては自らの株式を買い取ってもらえず，少数株主に陥る可能性がある。そして少数株主の立場におかれた際のその後の扱い，すなわち第2段階の買収において株主にさらなる不利益が想定される場合，かりに買付価格が不相当であったとしても，これに応じざるをえなくなる[45]。

そうなると強制公開買付制度というのは，単に一定の場合に公開買付けを強制する仕組みだけでは，強圧性回避の観点からの実効性に乏しい。これに加えて，買付対象とする株式の範囲や買付価格に対する規制が必要とならざるをえない。そしてこのような追加的な規制を採用しないのであれば，Vに検討するように各対象企業のレベルで防衛策による対応を行うことが必要となりうる。

---

42) わが国の公開買付規制においては，基本的に取引所金融商品市場外で対象企業株式を3分の1を超えて取得する場合，当該取得にかかる買付けについて，公開買付けによるべきことを求める（金商27条の2第1項2号-6号）。ただし金融商品取引法27条の2第1項は，5%を閾値とする場合（同項1号）も列挙しており，支配権移転時の株主保護という制度趣旨で一様に説明できないものが含まれていることも事実である。当該制度の詳細については，山下=神田編・前掲注28) 250頁以下〔加藤貴仁〕参照。

43) EU企業買収指令5条1項は，ある者が対象会社を支配できるだけの議決権の割合を取得した場合，当該会社の少数株主を保護するための買付けをするよう各加盟国に義務付けている。なお，その支配取得と評価される議決権割合の閾値については，当該指令においては具体的に定められておらず，各加盟国で定めることが想定されている（EU企業買収指令5条3項）。

44) 山下=神田編・前掲注28) 247-248頁〔加藤貴仁〕。

45) 以上については，田中・前掲注3) 387頁以下を参照。

(2) 支配権取得後の公開買付け

　一定の閾値を超えて株式の取得を行った者が，残りの株式に対する公開買付けを義務付けられる場合，当該制度は少数株主に対する株式売却機会の提供を義務付けるものであり，買収の第２段階に公開買付けが現れる[46]。

　これは，まさに少数株主の立場に陥った者の救済を目的とするものである。この場合，以上に述べた不相当な価格による部分買付けが認められてはならず，強制公開買付けを補完する仕組みが必然的に伴う。逆に，ここで不相当な価格による部分買付けが制度的に認められるようなことがあれば，(1)において支配権取得時の公開買付けについて述べた問題点がそのまま生じることになる。

2 **全部勧誘義務・全部買付義務**

　一定の閾値を超えて株式の取得を行おうとする場合であれ，行った場合であれ，公開買付けが義務付けられた場合に部分的にしか株式を買い付けないことを認めると，強圧的な企業買収を行う余地が生ずる。したがって，強圧的な企業買収を行わせないために買収者に対して課すべき次なる規制は，部分的な買付けを認めないことである。すなわち一定の閾値を超えて株式の取得を行おうとする場合，必ず全部の株式に対して公開買付けを行わなければならず（全部勧誘義務），そして応募があった株式についてはすべて買い付けなければならない（全部買付義務）とすることになる。これは，すでに一定の閾値を超えて株式を取得した者について，公開買付けが義務付けられる場合でも同様である[47]。

---

　46) このような規制が置かれると，株式の取得により事後に強制公開買付規制が適用になることを見越して，閾値を超えて株式を取得しようとする段階で任意に公開買付けを行うこともある。たとえば，イギリスにおいて強制公開買付けが少ないのはこのような理由によるものとされている（日本証券経済研究所・前掲注*41*）３頁注（9）参照）。

　47) たとえばわが国の公開買付規制においては，公開買付けによる株式の取得により対象会社株式の３分の２以上を保有することになるときは，当該対象会社が発行するすべての株式に対して申込みの勧誘を行わなければならない（金商27条の２第５項，金商令８条５項３号。全部勧誘義務）。また，以上の場合については実際に応募があったすべての株式を買い付けなければならない（金商27条の13第４項，金商令14条の２の２)。
　　EU企業買収指令においても，すべての証券保有者のすべての保有証券について，強制公開買付けの対象とすべきことが求められている（EU企業買収指令５条１項）。

しかし，これによってもなお強圧的な買収がなされる可能性は残っている。全部勧誘義務や全部買付義務というのは，あくまでも勧誘するないし買い付ける株式の範囲に関する規制であるから，公開買付けを行う買収者がいくらの価格で買付けを行うかは問題とならない。したがって，買収者が不相当な価格で買付けを行い，かつそれにもかかわらず当該買収が成立する可能性がある限り，それが不相当な価格であったとしても買付けに応じざるをえないことになる[48]。

また全部勧誘義務や全部買付義務は，少なくとも企業買収を実行するための資金の手当てが大きくなる。これは，買収を実施する側からすると負担が大きい（ように見える）。加えて，この資金の手当てが十分ではない者により公開買付けが行われると，株主の保護の観点からも市場の混乱防止の観点からも問題が生じる可能性がある。そこで，それが必然ではないにしても，資金の手当てに関する制度枠組みを用意することが好ましいとはいえるだろう[49]。

3　買付価格規制

敵対的企業買収を行う買収者が，対象企業のすべての株式を対象に勧誘を行い，応募があった株式の全部を買い付けるものとして公開買付けを実施する場合，その価格を規制して相当な額を株主に対して提示させれば，ひとまず強圧性の問題は回避できる[50]。あるいはかりに不相当な買付価格が提示されても，当該価格で株式を売却した株主が事後に救済を受けられるのであれば同様である[51]。たとえば不相当な買付価格で公開買付けが開始された後，当該価格が相

---

[48]　この点について，田中・前掲注3) 388-390頁参照。ただし田中の分析によれば，全部買付けがなされる場合，望ましくない買収は相対的に実現可能性が低いという。
[49]　この点について，EU企業買収指令においては，買付けを実施するための資金調達についての情報を開示するよう求めている（EU企業買収指令6条3項 (1)）。
[50]　EU企業買収指令によれば，強制公開買付けの際の買付価格は公正 (equitable) なものでなければならず（EU企業買収指令5条1項），ここにいう公正な価格とは，買付者が過去の一定期間（その期間は6か月から12か月の範囲で各加盟国が定める）に対象となる証券に支払った最高価格を指すものとされている（同条4項）。
[51]　買付価格規制の運用にかかるコストが大きく，かつ当該規制以外の方法で株主の救済が図れるのであれば，何も買付価格規制を導入する理由はないので，ここでは規制運用コストが無視できるほどに小さい場合を想定している。

当な価格に修正され,あるいは株主が株式売却後に相当な価格との差額の給付が受けられるのであれば[52],かりに強圧性の問題が生じてもさほど深刻ではないかもしれない。

もっともこの買付価格規制は,何が相当な価格であるかを買収者や株主以外の第三者が判断するという契機を含んでいる。これは,相当な価格の発見が買収者や株主が行うよりも(少なくとも株主が行うよりも)容易かつ確実であって,コストがかからないということを前提にする必要がある。買付価格規制を有するEUが,少数株主保護という視点から,買収者が過去の一定期間に対象となる証券に支払った最高価格を買付価格とするよう求めるのは(EU企業買収指令5条4項)[53],価格発見プロセスにコストをかけないという点からは理解が容易である。

4 小 括

敵対的企業買収の局面において,当該買収の当否を株主に判断させ,これをもって株主利益の保護を完結させる場合,当該買収者に対して一定の行為規制を設けることが必要となる。

この行為規制として考えられる制度枠組みは,第1に対象企業の支配権取得のための公開買付け,または支配権取得後の公開買付けを義務付けること,第2に対象企業の全部の株式に対する勧誘義務・買付義務を課すこと,そして第3に一部の株主に不利益が生じないような買付価格の規制を設けることである。そして第2の全部勧誘義務・全部買付義務との関係では,買付けの資金繰りに関する開示規制等,買収資金に関する一定の規制を設けることも考えられる。

---

52) わが国では,第1段階で公開買付けにより3分の2以上を取得した後,第2段階で全部取得条項付種類株式等により対象会社から少数株主を締め出す場合,この第2段階の行為によって株主に交付される金銭について,当該株主からの価格決定申立てを受けて(会社172条。全部取得条項付種類株式の場合),裁判所による積極的な(買取価格を増額する方向での)価格調整が行われた例がある(東京高決平成20・9・12金判1301号28頁〔レックスHD事件〕,大阪高決平成21・9・1判タ1316号219頁〔サンスター事件〕,東京高決平成22・10・27資料版商事322号174頁〔サイバードHD事件〕)。

53) この点については,前掲注50)参照。

これらの規制が設けられ，十分に機能するのであれば，敵対的企業買収に対する防衛策は基本的に必要ないし，これを認めることはかえって株主保護に反する結果をもたらす可能性もある[54]。しかし，本節で検討した規制は資金の手当ての面や買付価格規制の面など，制度の運用にコストのかかる仕組みになっているきらいもあり，政治的にこれを導入することが容易ではないことも考えられる。そうなると，買収者に対する行為規制を厳格に設けず，防衛策を講ずることで利害関係者の保護を図るという方向性が現れてくる。次節では，いよいよこの方向性について検討を加えることとしたい。

V 対象企業関係者に対する行為規制

敵対的企業買収を行う買収者に対して，買収にかかる事情を十分に情報開示させ，公開買付けの方法によってこれを実施させても，買付規制のあり方，あるいは利害関係者の保護のあり方によっては，なおその保護に十分ではない場合が考えられる。この場合，まさに対象企業の側で直面している敵対的企業買収に対して防衛策を講ずるという選択肢が登場する。

Ⅲにおける検討を確認すると，敵対的企業買収に対する防衛策が求められうるのは――グリーンメイル等のおよそ株主やその他のステイクホルダーの利益にならない場合をひとまず措くと[55]――次のような場合である。第1に，買付者に対する行為規制が十分ではなく，問題となる企業買収が株主に対する強圧性を有する場合。第2に，株主に対する強圧性の問題は解決されているが，株主以外のステイクホルダーの利益保護の観点から，当該企業買収を阻止すべき必要性がある場合である。本節では，その必要性が肯定されたとき，どのよ

---

[54] EU企業買収指令では，会社が定款等で敵対的企業買収に対する防衛策を導入していた場合でも（株式譲渡に関する制限や議決権の制限等），公開買付けを行う者が当該防衛策による効果を受けないものとする余地を認めている（いわゆる Breakthrough ルール。EU企業買収指令11条参照）。

[55] このような場合は，本文でも触れる「必要性」や「相当性」の原則を満たした上で，基本的に防衛策を講ずることが認められるとの方向性で考えればよいだろう。

うな防衛策を講じうるかについて触れる。

1 強圧性を伴う企業買収

買収者に対する行為規制が，その実行しようとしている敵対的企業買収の強圧性を十分に防止するに足りない場合，もはや株主限りでは自らの利益を守ることが困難となる。この場合には，問題となっている企業買収に対して株主の利益を保護するための防衛策を講ずることを検討せざるを得ない。ここで問題となるのは，いかなる防衛策を導入し，発動することが可能であり[56]，またその判断を行うのは誰かということである。なお，この導入・発動の判断を行う主体に関する議論は，Ⅲ2において行った企業買収の当否の判断主体に関する議論の延長線上にある。

(1) 防衛策の可能性

強圧性を伴う企業買収によって株主に生じる問題は，買収者から株主に対して提示される株式買取価格が不十分であることである。そうであるとすれば，企業買収に対する防衛策について期待されるのは，買収者の提示する株式買取価格を引き上げさせるという機能である。むろん企業買収の対象企業にとって，株式買取価格を直接決定することはできないから，あくまでも間接的に当該価格の引き上げを目指すことになる。

この場合，対象企業に必要なのは，買収者に株式買取価格を引き上げさせるための交渉手段である。ここでは，問題となる企業買収の強圧性が回避されない場合には防衛策を導入し，かつ発動して当該企業買収の成功を妨害するが，その強圧性が回避される場合には防衛策の発動を行わないとする方法である。この観点から防衛策が備えなければならない仕組みは，当該防衛策が「導入されている」が，実際に買収者の保有する株式に「不利益は生じない」という状態をもたらせる仕組みである。防衛策が導入されているという状態が生じない

---

[56] 防衛策の導入と発動の概念は，田中・前掲注3) 2頁による。これによれば，防衛策の「導入」とは，事前の防衛策を採用すること，そしてその「発動」とは，現に敵対的買収が起きたときに，事前の防衛策に基づいて買収の実現を困難にするような具体的な行為を実際にすることを指す。

と，対象企業にとって買収者との間で交渉する手段が存在しない——買収者にとって脅威とならない——ため，あくまでも防衛策導入措置が講じられたことが出発点となる。他方で，当該防衛策の導入が直ちに買収者に対する不利益につながる場合，問題となる企業買収の強圧性が回避されるというのみならず，企業買収それ自体が挫折させられる可能性がある。これは，かえって株主の利益を損ないうる。

　以上を踏まえて，アメリカ等で企業買収に対する防衛策として広く利用されてきたのが，shareholders' rights plan（いわゆる poison pill。以下，単に「rights plan」という）である[57]。アメリカにおいて用いられてきた rights plan を例にとると，次のような仕組みを備えるのが一般的である[58]。すなわち買収者が一定割合の株式を取得し，もしくはその取得に向けた意向（公開買付け等）を公表した場合，当該買収者を除いた普通株主に自動的に優先株式等の引受権が割り当てられる。ただし当該引受権については，取締役会決議により償還することができる，というものである。このような仕組みを備えた rights plan が導入された場合，買収者が株式の取得を強行した場合には株主に割り当てられた引受権が行使され，取得した株式の希釈化が生じる可能性がある。そこで買収者としては，対象企業の取締役会に対して働きかけを行い，株主に割り当てられた引受権を償還し，消却するよう求めることになる。これは対象企業の側からすれば，問題となる企業買収の強圧性を回避することと引き換えに，株主に割り当てられた引受権を償還するという交渉手段を手に入れることになる。

　くどいようだが，ここで注意しなければならないのは，あくまでも防衛策は買収者を含む株主に対し不利益を生じさせうるものだということである。このことは，防衛策の導入や発動がこの不利益を補って余りある利益をもたらす場

57）　むろん敵対的企業買収に対する防衛策は，rights plan に限られるものではない。とりわけ敵対的企業買収が盛んに行われた 1980 年代のアメリカで，その防衛策も多種多様に発展してきた。その中には極めて防御の効果の強いものもあれば，比較的その効果の弱いものもある（その効果の強弱は株主利益を損なう可能性の高低と相関関係にある）。
　　ただ本稿は，これらさまざまな防衛策を紹介し，その機能について検討することを目的とするわけではないので，この点については太田洋「米国におけるポイズン・ピル以外の企業買収防衛戦略と日本への示唆」武井ほか編・前掲注3）141 頁以下に委ねる。
58）　この点については，松井・前掲注 16）692 頁注（28）を参照。

合に限って認められることを意味する。より具体的には，問題となる企業買収が株主に対する強圧性を持っていて，防衛策導入・発動の必要性が明確であり（いわゆる必要性の要件），しかしその防衛策は当該強圧性を回避するのに相当な範囲での効果を持つものに限定される（いわゆる相当性の要件）という考え方につながっていく[59]。つまり，問題となる企業買収が強圧性を伴っていない等，防衛策という方法により対応すべき性格のものではない場合については，必要性の要件を欠くゆえに防衛策は講じることが認められない。また，強圧性を伴う企業買収がなされている場合であっても，防衛策はその強圧性に伴う株主への不利益を回避するのに最低限の範囲でのみ認められ，それを超えて一般的に企業買収を抑圧する等，株主への不利益が不相当に大きくなる場合はやはりその防衛策は正当化されないのである。

(2) 防衛策発動の判断主体

次に問題となるのが，内容においては必要かつ相当と評価される防衛策について，誰がこれを導入し，発動する旨の判断を行うのかである。なぜこれが問題になるか。(1)に検討したように，防衛策の導入と発動は株主利益の観点から肯定されるが，その判断主体によっては株主利益の確保に向けた判断を行うかどうかの疑義が生じうるからである。敵対的企業買収が行われようとしている局面において，対象企業の経営陣は役員の地位を剥奪される可能性がある。このような役員が当該企業買収に対する防衛策を講ずる場合，株主の利益を慮ることなく自己の保身に走っている可能性もあり，これはまさに利益相反の状況にある[60]。したがって，利益相反に伴う弊害を解消するような仕組みが講じられない限り，当該役員は当該敵対的買収に対する防衛策の導入ないし発動にかかる判断はなすべきでない（これを行えば義務違反である）。

では，利益相反を解消する仕組みとしてどのようなものが考えられるか。1つには役員が判断する場合でも，利益相反性の薄い役員――いわゆる独立役員

---

59) この必要性と相当性の枠組みについては，1985年にデラウェア州最高裁がUnocal事件で採用し（Unocal Corp. v. Mesa Petroleum Co., 493 A. 2d 946, 955〔Del. Supr. 1985〕），その後わが国にも強い影響力を及ぼしている（この点の評価については，田中・前掲注3) 271頁以下に詳細な検討がある）。

60) 493 A. 2d 946, 954.

——が意思決定を主導できる場合には，これらの者による防衛策導入の意思決定（たとえばその過半数を独立取締役が占めている取締役会による意思決定）を尊重する方向が考えられる[61]。独立役員という存在が，自らその利益を守ることができない株主に代わってその保護を図る者であり，これと同時に役員によって行われる高度の経営判断の独立性を保護するものであるとすれば[62]，防衛策の導入や発動の判断をこれに委ねることには一定の合理性がある。独立役員でなくとも，利害関係のない第三者による中立的な判断が担保されるのであれば，これを代替しうる場合があるだろう[63]。

かりに，以上のような独立役員（ないしそれに準ずる仕組み）を導入し，その意思決定を法的に尊重することが，実態上も制度上も保障されない場合はどうすればよいか。1つには，防衛策の導入にかかる意思決定に株主が関与する，つまり株主総会における決議による方法がある[64]。むろん敵対的企業買収の局面において，株主は自らの保有株式を売却するか否かの判断を通じ，問題となっている企業買収への賛否を表明することができる。だが，繰り返すように強圧性のある企業買収においてはその判断が難しく，防衛策導入にかかる意思決定への関与という方法が意味を持ちうることにもなる。

2 ステイクホルダーの利益を損なう企業買収

株主に対する強圧性があるとはいえない敵対的企業買収であっても，なお別の考慮から防衛策を講ずる余地はあるか。しばしば説かれてきたのは，株主利益の観点からは問題のない企業買収であるが，それが株主以外のステイクホルダーの利益を損ないうる場合である。敵対的企業買収の局面においては，従業

---

[61] 493 A. 2d 946, 955.
[62] この点については，たとえば原吉宏「独立役員の役割と責任」岩原紳作＝小松岳志編・会社法施行5年 理論と実務の現状と課題（有斐閣，2011）59頁以下参照。
[63] なお第三者による判断にかかる問題については，前掲注41）参照。
[64] EU企業買収指令においては，事前の株主総会の承認により経営陣において防衛策を導入する可能性が認められるほか，買収者により公開買付けがなされた後に防衛策を導入・発動する場合にはその承認を得ることが義務的になるとされている（EU企業買収指令9条2項）。

員の利益保護をどのように考えるかがしばしば論じられ，主に防衛策の導入を肯定する側から次のような議論がなされてきた[65]。すなわち従業員というのは，個々の企業の下でのみ価値を持つ企業特殊的な人的資産であるが，この人的投資に対して経営者が「暗黙の契約」に基づいて報酬や昇進等で報いることで，従業員の人的投資を促進する例がある。これは従業員の経営者に対する「信頼」に基づく投資であり，当該投資によって企業価値を高めることができる。かりに従業員がキャリアの前半で人的投資を行い，その後半で塡補を受けることが想定される場合において，買収者が従業員の「信頼」を裏切り，賃下げや解雇等によってその塡補を行わないとする。これによって買収者は従業員からの利益移転を受ける（人的投資に対する対価を支払わない）形で，買収による利益を得ることが可能となる。このような場合，防衛策を講じて従業員の「信頼」を保護することが買収を妨げることによって生じる費用を上回る限り[66]，防衛策の導入を認めるべきだとの議論になる。

これに対しては，次のような疑問も提起されている[67]。第1に，敵対的企業買収を行う買収者がグリーンメイラー等であっておよそ非合理な買収を行っている場合はともかく[68]，買収によって企業価値の向上を目指している場合，そもそも買収者が従業員の「信頼」を裏切るインセンティヴを有していないのではないか。1980年代にアメリカで実際に起こった敵対的企業買収についてなされた実証研究でも，このような「信頼」の裏切りを基礎付けるに至っていない。第2に，この観点からなされる防衛策の導入は，必然的に株主以外の機関に委ねられざるを得ないが，たとえば独立役員等は従業員利益の保護の判断に適した存在なのか。適切に従業員利益の保護の判断ができない場合，結局のところ，当該利益保護の目的を達せられず，買収を妨げることによって生じる費用のみが生じることになるかもしれない。

---

65) 以下の議論については，田中・前掲注3) 66頁以下参照。
66) 買収を妨げることによって生じる費用として想定されるものの第1は，内部取締役による自己の地位保全等，利益相反の問題である（田中・前掲注3) 82頁）。
67) 以下の議論については，田中・前掲注3) 75頁以下参照。
68) ここで紹介している田中の議論は，買収者が真に会社の支配権の取得を意図している場合のみを念頭においており，このような非合理な買収者はそもそも議論の対象から外されている（田中・前掲注3) 41頁）。

かりに従業員の「信頼」を保護するとの観点から防衛策を導入するとした場合，それは以上の疑問に答えるものでなければならない。ここでも大枠としては防衛策導入の必要性と相当性によって評価をすることになるが，必要性の観点からは，現に従業員の「信頼」が裏切られ，これによって生ずべき企業価値の毀損が防衛策の導入による費用を上回っているかどうかが問われることになる。そして相当性の観点からは，従業員の「信頼」を保護するのに必要な範囲での措置を講ずべきことになる。この場合の防衛策として rights plan を導入して，経営陣に交渉手段を確保する方法も考えられるが，従業員の「信頼」を損なう可能性が高い敵対的企業買収の場合，株主に対する強圧性を有する場合と異なり，交渉による買収条件の変更ということを想定しにくい場合もある。そうなると，より直接的に従業員の「信頼」を保護しうる手法，たとえば white knight との間での事業再編といったことが現実的な選択肢となりえよう。このような防衛策は，高度の経営判断を伴うものであることから，取締役会による判断になじむものであるが，利益相反の回避措置はこの場合も必要となる。

3 小 括

敵対的企業買収の局面において，買収者に対する行為規制では強圧性の観点から株主の利益が十分図れない場合，あるいは株主以外のステイクホルダーの利益保護を別途考える必要がある場合，対象企業の側で防衛策を講ずるという選択肢が生じることになる（防衛策の「必要性」の問題）。他方で，防衛策はそれ自体が株主の利益を損なう可能性を有する措置であり，取締役等の地位保全といった利益相反性も帯びた措置であることから，必要最低限の措置として選択されなければならない（防衛策の「相当性」の問題）。

強圧性を伴う企業買収の場合，防衛策を講ずることで買収者との間で株式買取価格を引き上げさせるための交渉が可能となる。この場合，買取価格の引き上げ等により強圧性が回避された際には，防衛策を取りやめるべきことになる。したがって，rights plan における償還措置のように，防衛策にはあらかじめこのような事後措置が組み込まれている必要がある。またこの場合，防衛策の導入ないし発動については，株主利益の観点から私心なく判断できる主体に委

ねられる必要があるが，可能性としては，
　① 利益相反なき独立役員が意思決定を主導できる会議体における決定
　② 利害関係なき第三者が経営者に対して行う助言
　③ 株主総会における決定
といったところが考えられるだろう。

　ステイクホルダー，とりわけ従業員の「信頼」を損なう企業買収の場合，株式買取価格の引き上げではなく，当該ステイクホルダーの保護を図るための防衛策が必要となる。強圧性を伴う企業買収の場合と同様，防衛策を盾にして当該ステイクホルダーの扱いにかかる条件交渉の余地があれば，先の場合と同じ議論となる。他方で，それが困難な場合はより直接的に当該ステイクホルダーの利益を保護しうるような防衛策を講ずる必要が出てくることになる。

VI　日本法に対する評価

　本稿は，まず敵対的企業買収が有する機能とそれを支える理論を確認するところから出発した。その上で，よい敵対的企業買収と悪い敵対的企業買収を選別するためにどのような制度的な前提が必要か，そして悪い敵対的企業買収によって不利益を被りうる株主やその他のステイクホルダーの保護のためにどのような仕組みが考えられるか，一通りの検討を行った。

　敵対的企業買収は，非効率的な経営を行う可能性がある経営者に対し，効率的経営に向けた規律付けを働かせる機能を有し，ひいては株主利益（考え方によってはステイクホルダーの利益を含む。以下，特に断らない限り，「株主利益」というときには，場合によってはステイクホルダーの利益をも含みうるものとして論ずる）に資する点において是認できるものである。ただし，現実に行われる敵対的企業買収の中にはそのような機能を有していないもの，つまり株主利益を損ないうるものも存在していることから，これに対処するための制度的な仕組みが必要となってくる。本節では前節までの議論を改めて整理した上で，現在のわが国の法制度，あるいはその解釈についてどのような評価を加えることができるか，まとめていくこととしたい。

1 敵対的企業買収にかかる情報開示

Ⅲにおいて検討したとおり，議論の出発点は，具体的に問題となっている敵対的企業買収が株主利益に合致するか否かを判断するプロセスにある。その際に必要とされる制度的な枠組みは，まず一般的な枠組みとして，株式の大量保有状況および保有の意図に関する情報の開示であり，公開買付けが行われている局面での枠組みとしては，当該公開買付けに強圧性が存するか否かを判断できるだけの情報の開示が必要となる。この強圧性の有無を判断するための情報としては，買付価格の根拠や支配権取得後の買収者の対応に関する内容が最低限求められることになる[69]。

敵対的企業買収との関係で問題となる情報開示制度として，わが国でも大量保有報告規制（金商27条の23以下）と公開買付けに際しての開示規制（金商27条の3第2項，公開買付府令12条）が存在している。以下，それぞれについて評価，検討を加える。

(1) 大量保有報告規制

大量保有報告規制は，1990（平成2）年の証券取引法改正で導入された。当該規制によれば，5％を超えて株券等を保有する者は，株券等保有割合に関する事項，取得資金に関する事項，あるいは保有目的等について報告書を提出する義務がある（金商27条の23以下）。また5％を超えて株券等を保有する者が，その持株割合を1％以上変動させた場合，その変更報告書を提出する必要がある（金商27条の25）。

1980年代後半のバブル期，わが国の証券市場では株式の買い集め行為が盛んに行われた。買い集め行為の目的としては，経営参加，取引関係強化，高値による売り抜け・肩代わり等が指摘された。いずれにしても，このような買い集め行為は株価の乱高下を生じさせやすく，この点に関する情報を有しない投資家が不測の損害を被る可能性がある。そこで市場の公正性・透明性を高める

---

[69] なお，ステイクホルダーの利益を保護するという観点から防衛策を講ずることを認めるのであれば，当該公開買付けがステイクホルダーの利益を害するか否かを判断できるだけの情報の開示も問題となる。

という観点から，大量保有報告制度が導入されたというのが表向きの理由である[70]。ただ，当該制度が導入されるにあたっては，素性不明の者に株式を買い占められることに不安を感じていた経済界が，立法に向けての要望を出していたということもある[71]。その意味では，わが国の大量保有報告制度は，まさに本稿で検討の対象としている敵対的企業買収に対応するための制度という文脈で理解することが可能である。

わが国の大量保有報告規制は，比較法的に見ても充実した規制となっているのだが[72]，近時，複数のファンドが大量保有報告規制の「共同保有者」（金商 27 条の 23 第 4 項・5 項）[73]の要件に該当しない形で協調行動をとる例が問題となっている。その際には一定のエクイティ・デリバティブ等を利用して議決権等と経済的権益を切り離し，ファンドの側では伝統的な意味での議決権を外形的に保有せず，しかしこれを実質的には行使できる状況が作出されていることが多い[74]。そして，発行会社に対して最も効果的に圧力をかけうる時期を見計らって開示を行うといった問題も指摘される[75]。大量保有報告規制は，その適用範囲を画するため，規制対象となる主体や金融商品の範囲を形式的に定めなければならない。先の協調行動をとる者は，このことの限界を踏まえて開示規制を回避することから生じる利益[76]をねらっているわけである。

---

[70] 以上については，堀本修「株券等大量保有に関する開示制度の導入」商事 1219 号（1990）9 頁。

[71] この点については，河本一郎＝大武泰南・金融商品取引法読本（有斐閣，第 2 版，2011）171 頁。なお，この点については前掲注 28 も参照。

[72] 他国の同様の制度については，前掲注 27 参照。なお，わが国の大量保有報告規制の厳格さについては，大崎貞和「株券大量保有開示規制の派生効果と機能不全」宍戸善一編・「企業法」改革の論理（日経新聞出版社，2011）280 頁以下も参照。

[73] 金融商品取引法上，大量保有報告規制における共同保有者とは，株券等の保有者が，当該株券等の他の保有者と共同して当該株券等を取得，譲渡，または当該発行者の株主としての議決権その他の権利行使の合意をしている場合の他の保有者をいう（金商 27 条の 23 第 5 項）。

[74] 武井一浩「ヘッジファンド・アクティビズムの新潮流〔上〕──ウルフパック戦術（群狼戦術）と金融商品取引法」商事 1840 号（2008）77 頁。

[75] いわゆるウルフパック戦術といわれるものである。この点については，諸外国で生じた問題との関連で，武井・前掲注 74）75 頁以下参照。

[76] 大量保有報告規制による開示がなされないことで本来であれば上昇したであろう株価が上昇しない，あるいは突如の開示を行って発行会社に対する要求を行う等，相応のメリットがある（この点につき，武井・前掲注 74）76 頁）。

その他にも大量保有報告規制は，機関投資家その他大口投資家の株式保有比率の変動を適切に開示させることも重要な規制目的としている[77]。ただ，頻繁に株式保有割合が変動する機関投資家等の開示の便宜のため，いわゆる通常報告（金商27条の23）の制度のほかに，特例報告（金商27条の26）の制度が用意されている。この特例報告を利用した場合，通常報告の場合と異なり，開示対象となる株券等にかかる最近60日間の取得または処分の状況，あるいは保有株券等に関する取得資金の開示が必要ない点で，簡易な開示で済むことになる（金商27条の26第1項，保有開示府令15条・第3号様式参照）。だが特例報告制度を利用している機関投資家が，発行会社に対する重要提案行為（金商27条の26第1項，金商令14条の8の2第1項）を行う場合，この特例報告制度が利用できなくなる。この重要提案行為は，金融商品取引法施行令列挙事項について役員に対する提案を行った場合をも含んでいることから[78]，機関投資家から発行会社に対する発言等が制約を受ける懸念も生じている[79]。

発行会社に対する積極的な働きかけを行う株主であって，その経営に重大な影響を及ぼしうる者について，株式保有状況や目的に関する開示を行わせるのがまさに大量保有報告規制の趣旨である。したがって議決権と経済的権益を切り離すことで当該規制の規制範囲から外れるのは，その趣旨からすれば過小規制となる。他方，一般の機関投資家における発行会社との平素のコミュニケーションを阻害する結果が生ずるのであれば，これは過剰規制のきらいを免れない。これらは大量保有報告規制が規制範囲を画一的に定めなければならないことから生ずる法技術的な問題ではあるが，いずれにしても過小規制・過剰規制を避けるべく，機動的に立法を行う必要がある。

(2) 公開買付けに際しての開示規制

わが国における公開買付規制は，1971（昭和46）年の証券取引法改正により

---

[77]　堀本・前掲注70) 10頁，武井一浩ほか「大量保有報告制度の概要と基本概念の整理〔上〕」商事1851号（2008）25-26頁。

[78]　金融商品取引法施行令14条の8の2第1項は，発行会社やその子会社にかかる代表取締役の選定・解職，役員の構成の重要な変更，あるいは配当方針の重要な変更等について，株主総会，あるいは役員に対する提案を行う場合，重要提案行為にあたるものとする。

[79]　この点の指摘については，大崎・前掲注72) 280頁以下参照。

導入されている。この規制を導入した背景として，具体的に公開買付規制を必要とする問題があったというわけではない。ただ，資本自由化が進められていた当時，外資による公開買付けがなされる可能性が想定され，問題が生じてから法規制を設けるのでは遅いという認識が持たれていた[80]。そこで，当時のアメリカその他諸外国の立法を参考にして導入されたのがわが国の公開買付制度なのである[81]。

このような経緯もあって，いわば 1960 年代のアメリカの敵対的企業買収の実務を踏まえた開示規制が入っており，公開買付けに関する事項（買付けの目的，対象会社との合意の有無，買付けに要する資金の手当て等）等，当初よりかなり詳細な開示が求められている（昭和 46 年改正証取 27 条の 2，有価証券の公開買付けの届出等に関する省令 1 条・第 1 号様式）。なおわが国の公開買付制度は，平成 2 年の大量保有報告制度の導入時に大幅な改正が行われ[82]，ほぼ現在の規制の原型が整った。ただし，こと開示規制に関していえば，条文の構造等が若干変化したものの（平成 2 年改正証取 27 条の 3 第 2 項，公開買付けの開示に関する省令 12 条・第 1 号様式），その開示すべき内容において抜本的な変化が生じたわけではない。

公開買付けがなされる場合の開示の内容は，ひとまず敵対的企業買収の目的その他，株主にとって必要な情報が出される形になっている。また 2006（平成 18）年の改正では，敵対的な公開買付けの対象となっている会社が当該公開買付けについていかなる意見を有しているかが義務的な開示情報となり（金商 27 条の 10）[83]，株主として獲得できる情報はそれなりに揃ってきている。ただし，従業員をはじめとするステイクホルダーの扱いに影響が生じうるかどうかの開

---

80) 法規制のないところで公開買付けが行われた場合，投資家の利益を損なう形でこれが行われる可能性があり（アメリカの連邦証券規制について，1968 年のウィリアムズ法制定の契機はそうであった。この点については，松井秀征「敵対的企業買収に対する対抗策の基礎」武井ほか編・前掲注 3）〔初出 2003〕188-189 頁を参照），これを回避するために公開買付けを行う際に依るべき制度が必要だということである。

81) 法制定の契機の点については，松川隆志「有価証券の公開買付けの届出制度」商事 556 号（1971）4-5 頁のほか，河本＝大武・前掲注 71）131 頁。

82) この点の立法理由については，内藤純一「新しい株式公開買付制度〔上〕」商事 1219 号（1990）2 頁参照。

83) この点の立法理由については，大来志郎「公開買付制度・大量保有報告制度」商事

示は，これが買付けの目的の中で示されればともかく，さもなければそれが必要的記載事項となっているわけではない。かりにステイクホルダーの利益の観点から防衛策を講ずることを認めていく場合（筆者はこの立場である），この点の開示をさせることは検討の余地がある[84]。

2 買収者に対する行為規制

　敵対的企業買収が行われようとする場合，買収者による情報開示を基礎として株主に買付けに応じるかどうかを判断させ，それをもって規制を完結させるというのも1つの価値判断である。この場合，買収者の行為規制を中心とした規制体系となり，これによって株主利益の保護を目指すことになる。具体的には，まずある企業の支配権を取得しようとするとき，あるいは当該企業の支配を取得した後，買収者に対して強制的に公開買付けを行う義務を課す。その上で，必ず全部の株式に対して公開買付けを行うべき義務（全部勧誘義務），そして必ず応募があった株式に対して買付けを行う義務（全部買付義務）といった仕組みを設けることになる。

　現在のわが国の公開買付規制の中には，強制公開買付規制（金商27条の2第1項），そして全部勧誘・全部買付けの義務を課す規制（全部勧誘義務につき，金商27条の2第5項，金商令8条5項3号。全部買付義務につき，金商27条の13第4項，金商令14条の2の2）が存在している。さらに，強圧性を明確に防止する観点から買付価格規制を設ければ，この点の規制は完結する。わが国はこの点の直接的な規制が存在しないが，これに代替する仕組みとして会社法上の枠組み（全部取得条項付種類株式の株式取得時の価格決定申立て〔会社172条〕や組織再編時の株式買取請求における価格決定申立て〔会社786条・798条〕）が存在し，これがどのように運用されているかは重要な検討対象である。

　　　1774号（2006）40-41頁参照。この意見表明にかかる実務慣行を分析した論文として，三笘裕「公開買付けにおける対象会社による意見表明」新堂幸司＝山下友信・会社法と商事法務（商事法務，2008）337頁がある。

84）　EU企業買収指令において，この点の開示が求められていることにつき，前掲注33）参照。

(1) 強制公開買付規制

わが国における強制公開買付規制は，1971（昭和46）年の証券取引法改正で公開買付制度が導入された際には存在せず，1990（平成2）年の同法改正において導入された（平成2年改正証取27条の2第1項）。当該改正において規定された強制公開買付規制はいくつかあるが，本稿との関係で問題となるのは，現在まで引き継がれている5%基準と3分の1基準にかかる強制公開買付規制である。

　(a)　5%基準にかかる強制公開買付規制　　5%基準にかかる強制公開買付規制とは，有価証券市場外における株券等の買付けにより5%以上の株券等所有割合となる者が当該買付けを公開買付けの方法で行わなければならない，とする規制である（平成2年改正証取27条の2第1項3号〔現・金商27条の2第1項1号〕）。この規制は，大量保有報告制度との平仄をあわせて設けられたという点が重要である[85]。

もともと平成2年改正以前の公開買付制度においては，10%未満の公開買付けには届出がいらないものとされていた（昭和46年改正証取令8条1項1号）[86]。平成2年改正においては，これを強制公開買付制度の形式に改め，また閾値を大量保有報告制度と同じ5%に引き下げたのである。その意味でわが国の5%基準にかかる強制公開買付制度というのは，大量保有報告制度の立法趣旨の延長線上にある。つまり市場外でなされる株式買い集め行為については，買い集めた後の結果を開示させるのみならず，買い集める段階で公開買付けにかかる開示規制を及ぼし，買い集め行為に対する透明性を確保しようとしていると考えることができる[87]。したがって，これは強制公開買付規制の外観をまとってはいるものの，5%という閾値の低さと併せ考えても，支配権移転に際しての株主保護という観点よりは開示規制との親和性を持つように思われる[88]。

---

85)　内藤・前掲注82）4頁。
86)　1971（昭和46）年に制度が導入された時の公開買付規制というのは，「公開買付行為を行うのであれば，証券取引法で定める実体・開示規制に則って行う必要がある」という内容の制度であった（この点につき，証券法研究会編・金商法大系Ⅰ公開買付け（1）〔商事法務，2011〕21頁）。
87)　内藤・前掲注82）4頁。
88)　これに近い見解として，神田秀樹監修・注解証券取引法（有斐閣，1997）258頁。5%基準にかかる強制公開買付規制は，立法時の意図はともかく，理論的にはさまざまにその

ただ 5% の株式を取得すれば，大量保有報告規制により資金の出所も含め開示しなければならず，強制公開買付規制がなくとも透明性は確保できていると考えることもできそうである。それにもかかわらず，市場外取引による 5% の株式取得に公開買付規制を及ぼすということは，当該類型の株式取得の場合にはその取得過程をも開示し，かつその他の株主にも同条件で売却機会を提供することが必要だと考えたということである。では，市場外における 5% を超える株式の取引が，一般にその取引の事実や条件も開示されなければならないほど不透明なのか。かりに不透明な面があるとしても，他の株主にも同じ条件で売却の機会を提供するだけの負担を求める取引なのか。

たとえば A が，6% の甲会社株式を保有する B からこれを市場外で取得したいと考え，B も 6% を一括で売却することを望む場合，金商法上は公開買付けの手続によらなければならない。しかし，公開買付けの方法で 6% を買うという場合，B 以外にも株式を売却したいという株主が出てくる可能性があり，その場合には按分による買付けとなる。その場合には B は 6% を一括で売却できない以上，売却を望まない可能性が高いし，その他の株主からの売却希望が 6% に達しなければ A としても目的を達成できない。むろん現在であれば証券取引所の立会外取引の方法を利用できるので，実際上 A と B の間で 6% の甲社株の売買が可能である。ただそうであるとすれば，なぜ市場外で取引するときだけ規制がかかるのか。次に述べる 3 分の 1 基準には市場外取引と立会外取引の間の差はなく[89]，この点の疑問はさらに募る。結局，5% 基準にかかる強制公開買付規制は，純粋に市場外において 5% を超える株式取引を回避させるための規制だということも可能である。

5% 基準にかかる強制公開買付規制は，これが導入された平成 2 年改正当時

趣旨が説明される。たとえば，当事者に情報格差がある等の理由により対等な交渉を期待できないような場合，株主に提供圧力が生じて不公正となるおそれがあることから公開買付制度を及ぼした（証券法研究会編・前掲注 86）23 頁），といった見解もある。いずれにしても，この規制は必ずしも趣旨が明確ではないとの指摘がなされるところであり，その趣旨の明確化を求める議論もある（宮下央「立会外取引をめぐる金融商品取引法上の論点」商事 1990 号〔2013〕22 頁以下）。

[89] 立会外取引と強制公開買付規制との関係を論じたものとして，宮下・前掲注 88）21 頁以下。

──少なからぬ上場株式が買い集め行為の対象となった時期──には，それなりに理解のできる規制だったのかもしれない。バブル期には，誰がどのような意図で買い集めているのかがわからない，ということがしばしばあったから，大量保有報告規制で事後に開示させるだけでなく，買い集める行為それ自体を「透明化」したいということがあったことは容易に推測がつく。現在では立会外取引のシステムがある以上，5％基準の強制公開買付規制があってもさほどの実害はないのかもしれない。だが，透明性確保の目的を目指した結果の取引抑制効果は強く，立法論的には廃止も視野に入れて検討すべきではないか。

(b) 3分の1基準にかかる強制公開買付規制　3分の1基準にかかる強制公開買付規制は，有価証券市場外において著しく少数の者から株券等の買付けを行う場合であっても[90]，当該買付けにより3分の1以上の株券等保有割合になる者は当該買付けを公開買付けの方法で行わなければならない，とする規制である（平成2年改正証取27条の2第1項4号〔現・金商27条の2第1項2号〕）。これは，相対取引で株券等の取引がなされ，支配権の移動（と同視できる状態）が生じた場合，その他の一般株主の利益に影響が生じうることに鑑みて，公開買付けの方法が義務付けられたものである[91]。その意味で，まさに支配権移転が生じる際の少数株主保護の観点から設けられている規制である。

なおこの規制は，あくまでも導入当初有価証券市場外における取引に限定され，有価証券市場における株券等の買付けによる支配権移転は対象外であった。しかしニッポン放送＝ライブドア事件において，東京証券取引所の立会外取引システム（ToSTNeT-1）を通じた取引が強制公開買付規制の対象外となったことを受けて[92]，2005（平成17）年の証券取引法改正で有価証券市場内の取引でも競売買によらないものが対象に含められるに至った（平成17年改正証取27条の2第1項4号）。ただ，現在でも通常の金融商品市場における取引を通じて3分の1以上の株券等保有割合になった場合は当該規制の対象外である。

---

90) 買付けを行う日より前60日間に有価証券市場外において行った買付けの相手方の人数が10名以下である場合（平成2年改正証取令7条4項），強制公開買付制度の対象外とされる，というのが前提にある。
91) 内藤・前掲注82) 4頁。
92) 当該事件については，東京高決平成17・3・23判時1899号56頁。

3分の1基準にかかる強制公開買付制度の趣旨が，強圧性ある企業買収からの株主保護の点にあるのか，支配権プレミアムの配分の点にあるのか，わが国において必ずしも議論に一致が見られるわけではない[93]。ただ，いずれの趣旨として理解するにしても，3分の1基準にかかる強制公開買付規制は，当該規制のみをもってその趣旨を貫徹するにはいささか不十分である。

まず，強圧性からの株主保護という観点から見た場合，部分買付けが可能となっている限り，2段階買収の第2段階の取引で株主が不利益を被るおそれが存在する。その結果株主としては，第1段階の公開買付けにおいてかりに望まない買付けの条件であったとしても，不本意な売却を迫られる可能性がある。また，支配権プレミアムの配分の問題も同様であり，強制公開買付制度が用意されているだけでは，買付価格に支配権プレミアムが反映される保障はなく，この点で不十分である。この部分買付けの問題と密接に関連する全部勧誘・買付義務の問題は，すぐ後で検討する。

加えて，わが国の3分の1基準にかかる強制公開買付規制は，市場を通じた株式取得がなされる場合，あるいは株式発行により株式取得がなされる場合は対象外である。これはわが国の公開買付規制が，あくまでも既発行の株券等について，市場外で売買することに対する規制として位置付けられてきたことによるものである。しかし，支配権の移転後に少数株主が不利益を受ける可能性は，市場を通じた株式取得の場合や株式発行によるそれの場合でも本質的には変わらないはずであり，釈然としないものが残る[94]。

(2) 全部勧誘義務・全部買付義務

全部勧誘義務および全部買付義務に関する規定がわが国に導入されたのは，

---

[93] この点の議論については，証券法研究会編・前掲注86) 24-26頁のほか，黒沼悦郎「強制的公開買付制度の再検討」商事1641号（2002）56頁以下，森本滋「公開買付規制にかかる立法論的課題——強制公開買付制度を中心に」商事1736号（2005）10頁以下。

[94] 大規模な第三者割当てと公開買付規制との関係については，かつて議論の対象となったことがある（金融審議会金融分科会第一部会・公開買付制度等ワーキング・グループ報告「公開買付制度のあり方について」〔2005（平成17）年12月22日〕2・(3)）。その際には，会社法上，有利発行や著しく不公正な方法による新株発行等の場合に差止請求といった救済制度が設けられていることから，現状において，3分の1基準にかかる強制公開買付規制の対象とする必要はないとされた（ただし，今後の動向を引き続き注視していく必要がある，ともされている）。

平成18年の証券取引法改正においてである。わが国の公開買付制度は，部分買付けを許容し，また応募株券等の数の合計が買付予定数を超える場合には按分比例方式による買付けも許容している（金商27条の13第5項）。ただし，このような方式が採用されることによって不利益を被る可能性がある株主が生じることに鑑みて，当該改正では一定の場合に全部勧誘義務（金商27条の2第5項，金商令8条5項3号），および全部買付義務（金商27条の13第4項，金商令14条の2の2）が導入されるに至った。

全部勧誘義務とは，一般的にはある発行者の発行するすべての株券等を対象として買付けの申込みの勧誘（公開買付け）を行う義務のことを指す。ただしわが国の金商法上，全部勧誘義務が課せられるのは，株券等の買付けにより3分の2以上の株券等所有割合となる者に限られている（金商27条の2第5項，金商令8条5項3号）。3分の2が閾値とされているのは，これにより上場廃止や会社法の特別決議に基づく組織再編行為等が視野に入ってくるため，その影響を受ける零細株主や投資家を保護する目的によるものである[95]。さらに，全部勧誘義務に関する規制を理解する上で重要な点は，これが種類株式発行会社をも念頭においた規制となっている点である。すなわち種類株式発行会社において，特定の種類の株式のみを公開買付けの対象とすることが可能であるところ，この場合に買付けの対象とならない種類の株主を保護するという観点から全部勧誘義務の存在が理由付けられている[96]。この裏返しとして，この場合に公開買付けの手続を省略するには，種類株主総会決議における同意があればよいとされているのである（公開買付府令5条3項1号）[97]。いずれにしても，わが国の全部勧誘義務に関する規制は，上場廃止や組織再編にかかる株主総会特別

---

[95] 大来志郎「公開買付制度の見直しに係る政令・内閣府令の一部改正の概要」商事1786号（2006）9頁。

[96] 大来・前掲注95）9頁。

[97] 同項にはもう1つの例外が定められ，公開買付けの対象となっている株券等の所有者が25名未満であって，公開買付けが行われないことについて当該株券等のすべての所有者が同意書面を提出している場合である（公開買付府令5条3項2号）。この点は種類株式発行会社の場合に難しい解釈問題を惹起するが（種類株主保護の観点からすれば，同意書面を買付対象となっていない種類株主から得るべきではないかという問題），この点について最高裁は，買付対象となっている株券の所有者からの同意書面だけで足りるとしている（最判平成22・10・22民集64巻7号1843頁）。

決議の要件を適用範囲の閾値とし，また種類株式発行会社における種類株主保護の問題も趣旨に取り込んでおり，先の強制公開買付規制と連動した制度にはなっていない。

　全部買付義務とは，公開買付けを行う者における応募株券等の全部について買付けを行う義務を指す。全部勧誘義務の場合と同様，わが国の金商法上，当該公開買付けの後における公開買付者の所有に係る株券等所有割合が 3 分の 2 以上となる場合に限り，全部買付義務が発生する（金商 27 条の 13 第 4 項，金商令 14 条の 2 の 2）。ただし，このような義務が認められた理由については，全部勧誘義務の場合ほど複雑ではなく，上場廃止に至るような公開買付けの局面において，手残り株を抱えて不安定な地位におかれうる零細な株主の保護を想定している[98]。

　強制公開買付規制に全部勧誘・買付義務を連動させれば，強圧性ある企業買収からの株主保護の問題はある程度解決できる。しかしわが国の全部勧誘・買付義務は，その閾値が 3 分の 2 に設定された結果，強制公開買付規制と連動していない。つまり，買い付ける株式数が 3 分の 1 から 3 分の 2 の間で設定される限り，これは全部勧誘義務の対象とならず，また応募のあった株式に対する全部買付義務も発生しないのである。このような全部勧誘・買付義務に関する制度のあり方は，翻って強制公開買付制度の理解にも影響が及ぶ。つまりわが国の強制公開買付制度は，3 分の 2 を超えて株式を取得する場合については，強圧性ある企業買収からの株主保護，あるいは支配権プレミアムの配分という説明がある程度可能になるのだが，3 分の 2 までの部分は以上の方向性で制度が徹底されていない。そうなると制度の目的としては，せいぜい公開買付制度一般に存在する情報開示の機能を有するにとどまるものともいえる。

　筆者は，全部勧誘・買付義務の閾値も 3 分の 1 とした方が強圧性回避の観点からは好ましいと考えている。ただ，かりに買付者に対する行為規制により強圧性の問題が十分に解決できない場合は，防衛策等，敵対的企業買収にかかるその他の仕組みによって適切にこれに対処することが必要となる。

98）　大来・前掲注 95) 9 頁。

(3) 買付価格規制

わが国の強制公開買付規制は，全部勧誘義務や全部買付義務と連動しない部分があり，また買付価格規制を内包するものでもないから，強圧性のある公開買付け（企業買収）が行われる可能性を有している[99]。そうなると全部取得条項付種類株式による少数株主の締め出しや株式交換等，公開買付けが行われた後になされうる買収の第2段階の手続において，対象企業の株主の地位を奪われる者の保護が一応問題となる。

わが国の会社法上，3分の2の議決権を確保できれば，残りの株主を締め出すことが可能となる。特に実務上の需要が高い現金による締め出しにつき，利用しうる方法の1つは現金対価の組織再編であるが，この場合には税法上の適格組織再編とならない[100]。そこで現在の実務では，ほぼ例外なく全部取得条項付種類株式を利用して締め出しを行う（会社108条1項7号・2項7号・171条以下）。

ところで全部取得条項付種類株式を利用して少数株主の排除を行う場合[101]，会社が株主から株式を取得する段階において，株主により価格決定の申立てがなされる例が散見される（会社172条）。この価格決定の判断は裁判所に委ねられるが，ここでは次のような点を基準として会社が株主に提示した価格の当否が判断されるといってよい[102]。第1に，公開買付けの手続において（構造的な）

---

99) わが国の公開買付規制における少数株主保護は十分ではなく，買い手が機会主義的行動をとる余地がある，と指摘する実証分析がある（井上光太郎「TOB（公開買付け）と少数株主利益」商事1874号〔2009〕34頁以下）。また，わが国でも公開買付け後の取引にかかる価格規制が，投資者間の公平性確保の観点から検討されたことはある。しかし過剰規制の可能性があるとして，制度としては採用されていない（金融審議会金融分科会第一部会「公開買付制度等ワーキング・グループにおける論点の整理〔2005（平成17）年12月9日〕」参照）。

100) この点については，伊藤剛志「企業支配権の取得と課税」ジュリ1445号（2012）54頁参照。

101) その手続は，(1) 種類株式発行会社となる定款変更の株主総会決議，(2) 既発行の普通株式に全部取得条項を付すこと等を内容とする定款変更の株主総会決議，(3) (2) の内容にかかる種類株主総会決議（この場合の種類株主とは従前の普通株主。会社466条・111条2項・324条），そして (4) これら定款変更により全部取得条項付種類株式に変更された株式を取得する株主総会決議によることになる（会社171条1項）。当該手続に関しては，さしあたり田中亘「事業再生から見た会社法の現代化 (1)・(2・完)」NBL822号22頁以下，823号22頁以下（2005）を参照。

強圧性が存在するか否か。そして第2に，株主に対して提供される価格は適切かである。とりわけ価格については，強制的取得により失われる今後の株価上昇の期待にかかる評価が反映されているかどうかが問題となる。公開買付けの手続において強圧性が認められず，将来の株価上昇期待のうち締め出される株主が享受しうる部分も含めて買付価格が設定されている場合，裁判所は全部取得条項付種類株式の取得時の価格決定においても買付価格を尊重する[103]。他方で，公開買付けの手続において強圧性が認められる場合，あるいは株主に対して提供される価格が不適切である場合，裁判所は公開買付時の買付価格に一定の増額を行う[104]。

公開買付けにより3分の2を取得する場合，全部勧誘・全部買付義務が課せられ，これによりさしあたり強圧性ある企業買収からの株主の保護を図ることができそうである。しかしわが国の場合，この保護を貫徹するための価格規制がない点で不備があるようにも思われる。ただ，この点については，少なくとも第1段階に公開買付けによって3分の2を取得した買収者が，第2段階に全部取得条項付種類株式を利用して少数株主を締め出す場合，当該株式の会社による買取りの段階で価格決定の申立てがなされ，ここで裁判所が価格調整を行っている。また前記の裁判所の運用は，制度としての価格規制はないものの，一定の範囲でこれと同様の機能を果たしている[105]。直接的な価格規制が買収者に一定の負担を課すもので，企業買収を抑制する機能を持ちうることからすれば，過剰規制を避けるべく裁判所の運用に委ねるというのも1つの解決の可能性ではある。

だが，裁判所が価格発見を行う上で適切な機関なのか否かという問題はある。加えて問題の解決が個別事案での個々の事情に委ねられ，法的安定性の低さが存することも否定できない事実である[106]。公開買付けの際の買付価格を出発

---

[102] 以下の点は学説が主張してきた点であり，前掲注32) 最決平成21・5・29田原睦夫裁判官補足意見において明らかにされている内容でもある。
[103] たとえば札幌地決平成22・4・28金判1353号58頁。
[104] 前掲注52) 掲載の裁判例を参照。
[105] この点の指摘につき，柳明昌「公正な価格——二段階買収・MBO型」岩原＝小松編・前掲注62) 124頁注 (15) 参照。
[106] なお，会社法172条による株式取得価格の決定手続については，会社法上「公正な価

点とし，これを買取価格の基準とできない一定の事情がある場合には当該価格を上方修正するという方向性が実務的に定着すれば，株主の保護は一応図れるだろう。それでも，この場合には株主において裁判所に申立てを行わなければならず，各株主においてその費用負担に見合うと判断する場合だけ申立てがなされることになる。かりに直接的な買付価格規制を行った場合は，この点の費用を一次的には公開買付けを行う側が負担することになるから，株主の救済という観点からは簡便であり，魅力的な考え方である。

3 対象企業関係者に対する行為規制

　敵対的買収者による公開買付けに際して，当該買付けに応じるか否かの判断を株主に委ねるとする。かりにこれが強圧性のある企業買収であってかつ買収者に対する行為規制が十分になされないとすると，株主利益（ここではひとまずステイクホルダーの利益は別とする）の保護の観点から問題が生じうる。あるいは，ステイクホルダーの利益が守られない企業買収のときにはそもそも株主による判断に委ねたのでは対処できない可能性がある。これらの場合は，防衛策を容認することを前提として，これを講ずる対象企業関係者に対する行為規制を中心とした規制体系となる。ここには，いくつか次元の異なる考慮要素がある。すなわち第1に，どのような企業買収に対して防衛策を講じてよいのか（防衛策導入・発動の「必要性」に関する問題）。そして第2に，防衛策を講じてよいとしてそれはどのような防衛策であればよいのか（防衛策導入・発動の「相当性」に関する問題），という点である。さらに，これらと密接に関連して，その防衛策の導入や発動に関する判断は誰が行うのか，という問題もある。

　わが国の場合，会社法上求められる若干の開示規定[107]を除けば，これらの点について何らかの具体的な制度が存在するわけではない。つまり敵対的企業買収に直面して会社が防衛策を講じようとする場合，取締役（会）において防

格」を決定せよとの文言すらなく，すべて裁判所の裁量的な判断に委ねられている。

107) 買収防衛策に関する基本方針を定めている場合，事業報告において開示する必要がある（会社則118条3号）。

衛策の導入・発動の判断を行うことが当然に制限されるわけではない。あくまでも，個別事案で問題となる条文——株主平等原則や新株予約権の不公正発行等——の解釈として，その当否が論じられることになるわけである。

(1) 防衛策導入・発動の必要性

(a) 前提となる考え方　すでに見たとおり，わが国における買収者に対する行為規制によれば，3分の2までの範囲において部分的な公開買付けが可能となっている。この場合，かりに強圧性ある買収となっている場合であっても，制度上，少数株主となりうる者に対する保護措置が乏しい。また市場において株式を買い増していく場合であって，強制公開買付規制の対象から外れている場合，大量保有報告を通じて株式保有の事実が明らかになるものの，その買収者が他の株主の利益に合致しない目的を秘めている可能性もある。したがって，このような場合にはさしあたり防衛策を講ずる余地が生じることになる。

これに対して買収者が公開買付けにより3分の2を超えて株式を取得しようとする場合には，全部勧誘・全部買付義務が発生することから，少数株主となりうる者の保護は一応図られる。また，買収の2段階目に少数株主の締め出しが予定されている場合，会社が株式を取得する際の価格決定手続により，裁判所による価格に対するコントロールがある程度期待できるのが現状である。そうなると，このような場合には少なくとも株主の利益保護の観点からは防衛策を講ずる余地を認める必要がなさそうであり[108]，後はステイクホルダー，とりわけ従業員利益の保護という観点からの防衛策が認められるか否かが問題となる。

ただ，以上の観点から防衛策導入・発動を認めるにしても，これを実際に判断する主体については，自らの地位保全につながりうる経営者ではない者に判断させ，その利益相反問題を回避する必要がある。その可能性としては，

・利益相反なき独立役員が意思決定を主導できる会議体における決定
・利害関係なき第三者が経営者に対して行う助言

---

108) EU企業買収指令が，買収者に対する行為規制を厳格に定めた上で，対象企業の経営陣において防衛策を採用することに制限をかけるのは，以上の行為規制により十分に株主の利益の保護が図られているからだとの考え方によるものである。この点については，前掲注37)参照。

・株主総会における決定

といった選択肢が考えられる。

わが国の場合，防衛策導入や発動に関する具体的な制度が存在しないこともあり，どのような場合にこれが認められるかが必ずしも明確ではない。そこで以下では，過去に敵対的企業買収に直面した企業がとった方策について，裁判所でなされた判断からこの基準を確認することとしたい。第1に，社内の取締役が大半を占める取締役会の決議により防衛策導入・発動の判断がされたニッポン放送＝ライブドア事件の事例，そして第2に，株主総会特別決議により同様の判断がなされたブルドックソース事件の事例を確認する。

　(b)　裁判例の立場①——取締役会決議による防衛策の導入　　ニッポン放送＝ライブドア事件では，東京証券取引所の時間外取引（立会外取引）で大量の株式を取得したライブドア（およびその子会社）に対して，ニッポン放送側が取締役会決議——決議に参加した取締役15名中4名が社外取締役であった——に基づき大量の新株予約権を発行して買収者たるライブドアの持株比率を低下させようとした。そこでライブドアは，当該新株予約権発行の差止仮処分の申立てを行ったところ，東京高裁は次のように述べてこの申立てを認めている[109]。

　まず「会社の経営支配権に現に争いが生じている場面において，株式の敵対的買収によって経営支配権を争う特定の株主の持株比率を低下させ，現経営者又はこれを支持し事実上の影響力を及ぼしている特定の株主の経営支配権を維持・確保することを主要な目的として新株予約権の発行がされた場合」には，原則として著しく不公正な方法による新株予約権の発行（会社247条2号）に該当すると述べる。その上で，「経営支配権の維持・確保を主要な目的とする新株予約権発行が許されないのは，取締役は会社の所有者たる株主の信認に基礎を置くものであるから，株主全体の利益の保護という観点から新株予約権の発行を正当化する特段の事情がある場合には，例外的に，経営支配権の維持・確保を主要な目的とする発行も不公正発行に該当しないと解すべき」であり，

---

[109]　前掲注92)参照。

「具体的には，敵対的買収者が真摯に合理的な経営を目指すものではなく，敵対的買収者による支配権取得が会社に回復し難い損害をもたらす事情があることを会社が疎明，立証した場合」には，新株予約権発行の差止めができないとしている[110]。

　この東京高裁が示した基準の当否はそれ自体問題であるが[111]，当座の議論との関係で重要なのは，次の3点である。第1に，現実に敵対的企業買収に直面した局面において，独立性ある役員が主導できない取締役会であっても，防衛策導入・発動の判断主体となりうること。第2に，以上の取締役会で防衛策導入・発動の判断を行う場合，その判断の当否が例外的に不公正発行に該当しない「特段の事情」という枠組みで非常に厳格に審査されること。具体的には，「敵対的買収者が真摯に合理的な経営を目指すものではなく，敵対的買収者による支配権取得が会社に回復し難い損害をもたらす事情があることを会社が疎明，立証」することが必要であること。そして第3に，以上の取締役会が防衛策導入・発動の判断を行うにあたって，あくまでも株主全体の利益の観点から考慮をなすよう求めていることである。独立性のない取締役が主導する取締役会によって防衛策導入・発動の判断を認めているのは，わが国におけるこの点に関する議論が非常に流動的であった当時（2005〔平成17〕年），理解のできな

---

110) なお東京高裁は，不公正発行に該当しない例外的な場合として，敵対的買収者がグリーンメイラーの場合や焦土化経営の目的を有している場合等，4つの場合を例示している。すなわちこの例外に該当する場合とは，「株式の敵対的買収者が，①真に会社経営に参加する意思がないにもかかわらず，ただ株価をつり上げて高値で株式を会社関係者に引き取らせる目的で株式の買収を行っている場合（いわゆるグリーンメイラーである場合），②会社経営を一時的に支配して当該会社の事業経営上必要な知的財産権，ノウハウ，企業秘密情報，主要取引先や顧客等を当該買収者やそのグループ会社等に移譲させるなど，いわゆる焦土化経営を行う目的で株式の買収を行っている場合，③会社経営を支配した後に，当該会社の資産を当該買収者やそのグループ会社等の債務の担保や弁済原資として流用する予定で株式の買収を行っている場合，④会社経営を一時的に支配して当該会社の事業に当面関係していない不動産，有価証券など高額資産等を売却等処分させ，その処分利益をもって一時的な高配当をさせるかあるいは一時的高配当による株価の急上昇の機会を狙って株式の高値売り抜けをする目的で株式買収を行っている場合など，当該会社を食い物にしようとしている場合」であるとする。

111) とりわけ前掲注110)の4つの例示のうち，第3，第4の類型については，その理解について議論がなされるところである。この点については，藤田友敬「ニッポン放送新株予約権発行差止事件の検討〔下〕」商事1746号（2005）5-6頁を参照。

いことではない。ただ，これには強い利益相反の問題が存在することから，その判断が正当化される場合を非常に限定的に認め，かつ考慮すべき利益を株主全体の利益に限ったものといえそうである。

　(c)　裁判例の立場②——株主総会特別決議による防衛策の導入・発動
では，敵対的企業買収に直面した企業が，株主総会特別決議により防衛策を導入・発動した場合はどうか。たとえば，新株予約権無償割当てに関する事項を定款変更により株主総会特別決議事項とし，そして株主総会特別決議——これは出席株主の議決権の約 88.7％，議決権総数の約 83.4％ の賛成であった——により差別的行使条件の付された新株予約権の無償割当てを行ったというブルドックソース事件において，最高裁は先の東京高裁とは異なる判断を示している[112]。すなわちこの差別的行使条件の付された新株予約権無償割当てが株主平等原則（会社 109 条 1 項）の対象となりうることを前提に，次のように述べる。
「個々の株主の利益は，一般的には，会社の存立，発展なしには考えられないものであるから，特定の株主による経営支配権の取得に伴い，会社の存立，発展が阻害されるおそれが生ずるなど，会社の企業価値がき損され，会社の利益ひいては株主の共同の利益が害されることになるような場合には，その防止のために当該株主を差別的に取り扱ったとしても，当該取扱いが衡平の理念に反し，相当性を欠くものでない限り，これを直ちに同原則の趣旨に反するものということはできない。そして，特定の株主による経営支配権の取得に伴い，会社の企業価値がき損され，会社の利益ひいては株主の共同の利益が害されることになるか否かについては，最終的には，会社の利益の帰属主体である株主自身により判断されるべきものである」。

　以上より最高裁は，敵対的企業買収者の経営支配権取得により会社の企業価値が毀損され，会社の利益ひいては株主の共同の利益が害されるか（必要性の基準），そして当該買収者たる株主を差別的に取り扱うことが衡平の理念に反し，相当性を欠くか（相当性の基準）という枠組みを明確に示している。そして必要性の基準については，株主の 83.4％ の賛成で定款変更および新株予約

---

[112]　前掲注 21）最決平成 19・8・7。

権無償割当ての議案が可決されたことで，当該買収者以外のほとんどの株主が会社の企業価値が毀損され，会社の利益ひいては株主の共同の利益が害されるものと判断しており，これをもって基準が満たされるという考え方がとられている。また相当性の基準については，買収者に割り当てられる新株予約権が相当の価格で会社により取得される点をとらえて，衡平の理念に反し，相当性を欠くものとはならないとしている[113]。

　これを先の東京高裁の判断と比較した場合，次の3点の特徴を指摘できる。第1に，現実に敵対的企業買収に直面した局面において，これに対する防衛策を講ずるか否かは最終的に株主により判断されるべきだとしたこと。第2に，株主によって防衛策導入・発動の判断がなされる場合，必要性と相当性の基準で検討することになるが，特に必要性の基準については買収者以外の株主の大多数（ブルドックソースの事案では80％以上の議決権）が賛成していれば満たされるものとし，いわば手続的な側面からこれを判断できるものとしたこと。第3に，株主によって防衛策導入・発動の判断がなされる場合，会社の企業価値が毀損され，会社の利益ひいては株主の共同の利益が害されるか否かが考慮の前提となるべきことである。

　以上3点のうち，第3の点はおおむね東京高裁と同じ価値判断がなされているといえるが，第1の点，第2の点は大きく前提が異なっている。もっとも第1の点については，ブルドックソースの事件が株主総会特別決議によって防衛策導入・発動の判断がなされた事案であり，最高裁はこれを前提として判断を下したにすぎないから，果たして取締役会限りでの判断をおよそ排除する趣旨かは議論の余地があろう。第2の点については，問題となっている敵対的企業買収の当否をその実質的な側面から審査するのではなく，手続的な側面から審査している点で極めて特徴的である[114]。

　(d)　評価　　構造的に利益相反的な立場にある取締役を中心として防衛策

---

[113]　このブルドックソース事件における最高裁の判断は，従前の企業価値研究会の議論を相当に参照しているものと思われる。当該議論については，企業価値研究会「企業価値・株主共同の利益の確保又は向上のための買収防衛策に関する報告書」（2005〔平成17〕年5月27日）第4章第2節参照。

[114]　当該事件の原審では，ブルドックソース株式の大量取得を行ったファンドを濫用的買

の導入を判断した場合,その判断が極めて厳格に審査される。これに対して,会社利益の究極的な帰属主体である株主の大半が行った防衛策の導入および発動の判断は,それとして尊重される。そして,これらの防衛策の導入・発動はあくまでも会社利益,ひいては株主の共同の利益から認められるものだ,というのが裁判例の立場である。これらについて,ここでは2点ほど残されている問題を指摘しておきたい。

　第1に,ステイクホルダーの利益をどう扱うかである。わが国の裁判所の立場は,会社の利益を株主の共同の利益と理解し,その他ステイクホルダーの利益を勘案する余地を明確には認めていない。しかし相応の規模の企業において,経営者は物的,人的要素のそれぞれを最適に配置,機能させる任務を負い,企業買収の帰趨が株主以外のステイクホルダーにも重要な影響を及ぼす可能性がある[115]。その観点からすれば,かりに敵対的企業買収の結果,特定のステイクホルダーの利益が損なわれる可能性が高く,しかしその影響が株主利益に及ぶかどうかがわからない場合,防衛策を導入,発動する判断を行う者には,必要性の要件の一要素としてステイクホルダーの利益を考慮する余地を認めてよいのではないか[116]。たとえば株主の利益の観点からは相応の買収に見えるが,従業員の「信頼」が損なわれる蓋然性が高い,あるいはそれを超えて従業員その他のステイクホルダーの地位が不当に脅かされる可能性がある場合──企業を解体するおそれがある場合等──は,それを1つの考慮に入れて防衛策を講ずることはあってよいと考える。この判断はすぐれて経営上の裁量との関係で

収者と認定したのだが(東京高決平成19・7・9民集61巻5号2306頁),最高裁はこのような実質的な判断を行わなかった。この高裁の判断については,前提となる事実の分析や評価等,学説からも疑問が示されている(田中・前掲注3) 236-244頁)。

115) このことも踏まえEU企業買収指令は,この点について公開買付けを行う者が開示すべきことを求める(前掲注33)参照)。なお,企業買収の局面において株主以外のセクターの抵抗が生じやすい理由について検討したものとして三笘裕「企業買収におけるコーポレート・ガバナンスについての一試論──力学的視点からの考察に基づく多元主義的な考え方」江頭還暦・企業法の理論(下)(商事法務,2007) 121頁以下。

116) この点については,前掲注13)のUnocal事件をはじめ,デラウェア州が採用してきた態度である。これに対して労働者利益を一つの法益として独立した保護法益とすることは,労働者どうしの利益相反が拡大しつつある現状では問題がある,とするものとして,大杉謙一「敵対的買収と防衛措置の法的効力に関する一試論」落合還暦・商事法への提言(商事法務,2004) 515頁。

なされるものであるから，その判断を行いうるのは取締役であるべきである。しかしこの取締役は利益相反のおそれがあることから，独立性ある者の判断が主導的になる仕組み――たとえば独立性ある取締役が過半数を占める取締役会で判断する，あるいは第三者委員会に独立性ある取締役が入ったうえでその判断を取締役会が尊重するといった仕組み――が必要であろう（この点はすぐ次に確認する）。

第2は，ニッポン放送＝ライブドア事件とブルドックソース事件の類型以外の事案をどのように考えるべきかである。つまりわが国は，社内者中心の取締役会の決議により防衛策が導入された事例と株主総会特別決議によりそれがなされた先例は獲得したのだが，この「中間」がまだよくわからない。たとえば，外形的に中立性が確保されている第三者委員会においてなされた判断を取締役会が尊重した場合はどうか。あるいは独立性ある取締役が過半数を占める取締役会で判断した場合はどうか。この点は，まだ裁判例における判断がなされていない部分である。問題の所在が，構造的な利益相反に基づきバイアスのかかった判断がなされる危険性にあるのだとすれば，基本的にはその危険性が解消されているかどうかが問題である。筆者は，以上の「中間」的場合は，原則としてその危険性が解消されていると評価して，株主総会特別決議がなされた事案に準じてその判断を尊重すべきだと考えているが，どうであろうか[117]。

(2) 導入・発動した防衛策の相当性

次の課題は，かりに防衛策を導入し，もしくは発動すると判断した場合，どのような防衛策であればよいのかという問題である。一般論としていえば，株主に対する強圧性が認められる企業買収の場合には，その強圧性を回避させるための交渉手段となりうるような防衛策であり[118]，従業員の経営者に対する「信頼」を裏切る可能性のある企業買収の場合，当該「信頼」を確保させるために相当な防衛策であることが必要となる。

わが国の場合，敵対的企業買収の動きが現実化してから防衛策を講ずる場合，

[117) この点と関連して，企業価値研究会・前掲注113）第4章第3節3参照。
[118) 企業価値向上のための交渉手段としての防衛策という考え方につき，企業価値研究会・前掲注113）第3章第2節4参照。

株式発行や新株予約権の発行等，その防衛策として採りうる方法が限られる。しかも，それは支配権争いが生じた局面における株式発行，ないし新株予約権の発行であるとして，法的有効性にも疑義があった[119]。このことからわが国の実務では，潜在的に敵対的企業買収のおそれがある会社について，その動きが現実化しない時点において[120]，事前警告型買収防衛策，あるいはライツプランが導入されるのが一般的であった[121]。

事前警告型買収防衛策というのは，端的には敵対的買収を行おうとする者の従うべきルールをあらかじめ定めておき，これに反した場合にとるべき対抗措置をあらかじめ公表しておくものである[122]。この対抗措置として想定されているのは，基本的に新株予約権無償割当て（会社277条以下）であり，当該新株予約権については買収者に対する差別的な行使条件が付されることが想定されている[123]。

ライツプランというのは，あらかじめ新株予約権等の権利を第三者に付与し，敵対的買収者が現れた場合に当該権利の行使により株式を発行して，当該買収者の取得した株式割合の希釈化を図るものである。わが国の場合，「新株予約権付株式」のようなものが認められていないことから，あらかじめ発行した新株予約権を信託銀行に預託する形などが採用される[124]。これは，Ⅴにおいて

---

119) 支配権争いが現実化した局面でその帰趨に影響を与える株式発行や新株予約権発行を行った場合，わが国の伝統的な主要目的ルールの下では，著しく不公正な方法による発行（会社210条2号・247条2号）であると評価される可能性が高かった（ニッポン放送＝ライブドア事件〔前掲注92〕参照）以前は，支配権に影響を与える株式発行ないし新株予約権発行が不公正でないとされる解釈はあまり一般的ではなかったといってよい）。

120) いわゆる有事と平時を分け，平時に防衛策を導入すべきであるとの議論である。この点については，武井一浩「買収防衛策の最新動向と実務対応の指針」武井＝中山編・前掲注14）7頁以下のほか，宍戸善一監修・会社法実務解説（有斐閣，2011）614頁以下参照。

121) その他に買収防衛策の導入，発動，廃止等に関する定款変更を行うという例もよく見られた（三菱UFJ信託銀行証券代行部編・買収防衛策の導入傾向と事例分析——平成20年6月総会社の実態〔別冊商事329号，2009〕23頁以下）。これは買収防衛策の導入や発動について，あるいはこれに関する枠組みについて，いったん株主の意思を確認するという手続だと評価できる。ただこれは，結局のところ，買収防衛策の導入・発動を誰が判断するのかという問題といえるので，独立に紹介はしていない。

122) 三菱UFJ信託銀行証券代行部編・前掲注121) 149頁。

123) 三菱UFJ信託銀行証券代行部編・前掲注121) 153-154頁（具体例については178頁以下）。新株予約権無償割当てのほか，その時点で最も適切と認められる措置を講ずる，といった包括的な対抗措置を公表する例もある。

紹介した rights plan を日本で運用可能な形に調整したものと考えてよい。

　事前警告型買収防衛策であれ，ライツプランであれ，これらの防衛策は「導入」されたからといって，直ちに防衛の効果を発するものではない。防衛策が実際に「発動」されるには一定の要件があり，これを満たした場合にだけ差別的行使条件の付された新株予約権無償割当てが行われたり，新株予約権の行使が行われたりするのである。より具体的には買収者が一定の閾値（多くの場合は20％）を超えて対象企業の株式を取得した場合，買収者は一定の情報（買収目的，買収後の経営方針，買収対価の算定根拠等）を提供すべきものとされ，これにより株主利益が損なわれると判断されてはじめて防衛策が「発動」されることになる。これは，裏返せば対象企業の側に買収者との間の交渉手段が与えられることを意味し，もしその中で株主利益が損なわれないと判断され，もしくはその利益が損なわれないような条件が提示されれば，防衛策を「発動」しないという選択が可能となっているのである。これによって，直ちに敵対的企業買収を拒絶するのではなく，株主利益を守るのに必要な範囲での防衛策を講ずるということが可能になっているというべきである。

4　おわりに

　冒頭にも述べたように，2008年以降の景気後退もあって，わが国における敵対的企業買収の動きは沈静化している。敵対的企業買収のように，多数の利害関係者が深刻な利害対立を見せる問題については，それが具体化しない時期にいかに冷静な議論ができるかが重要である。

　近時は，わが国の敵対的企業買収にかかる制度の枠組みをイギリスのそれを参考に改めよとの大胆な提案もなされている[125]。本稿では，わが国の現在の制度を前提とした評価を行ったことからこの提案について詳細を検討すること

---

[124]　三菱 UFJ 信託銀行証券代行部編・前掲注 *121*）63頁以下（具体例については70頁以下）。

[125]　田中・前掲注 *3*）407頁以下。これに対しては，アメリカ型とイギリス型の企業買収法制の混合形態に合理性があるのかもしれない，とする議論もある（仮屋広郷「企業買収法制のあり方と今後の展望——制度設計への視座」一橋法学11巻1号〔2012〕93頁）。

ができなかったが，これは公開買付規制をめぐる抜本的な改正提案であり，非常に興味深いものである。むろん，部分買付けや買収防衛策に対する制約となる提案も含まれていることから，かりにこれが改正課題となった場合には政治的に抵抗も予想され，一朝一夕に実現する話ではないだろう。しかし，今後の議論の指針として，極めて貴重な提案がなされていることを記して，本稿を終えることとしたい。

第VII部
持分会社・法人格のない企業形態

株式会社法大系

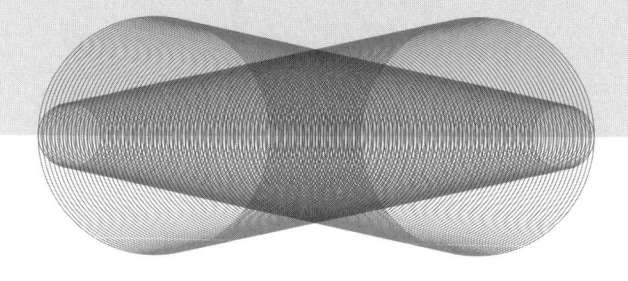

新しい企業形態——合同会社・有限責任事業組合・投資事業有限責任組合

Ⅰ　はじめに
Ⅱ　各制度制定の背景と利用実態
Ⅲ　各組織形態の共通点・特質
Ⅳ　各組織形態の利用の促進への提言
Ⅴ　さいごに

棚　橋　　　元

Ⅰ　は じ め に

　会社は，人々が事業を遂行するための企業組織として法が用意した組織のフォーマットの1つである[1]。

　会社法は，かかる会社として，株式会社，合名会社，合資会社および合同会社の4類型を規定する（会社2条1項）。会社法制定前の旧商法においては，株式会社，合名会社，合資会社の3類型を規定するとともに，有限会社法で有限会社を定めていた。会社法制定に伴い，有限会社と株式会社を統合して，有限会社法を廃止するとともに，新たに合同会社という会社類型を創設した。会社法は，有限会社を統合した株式会社を基本に据えつつ，他の3類型の会社を持分会社と総称するとともに[2]，そのうち新設した合同会社については一部，他

---

[1]　藤田友敬「企業形態と法」岩波講座現代の法7・企業と法（岩波書店，1998）36頁参照。
[2]　持分会社という名称が用いられるのは，立法に際して，区別されるべき会社類型である「株式会社」の名称と対比し，合名・合資・合同会社の3つの会社における社員の地位を表わす「持分」という語を用いることとしたという理由による（相澤哲＝郡谷大輔「持分会社」商事1748号〔2005〕11頁）。

の2類型の合名会社と合資会社とは異なる特則を設けた。

　他方, わが国の法体系上, 事業を遂行するための組織は, 会社に限定されるものではない。民事法の基本法である民法は, 共同の事業を営むことを目的とする事業組織として組合 (いわゆる民法上の組合) を定め (民667条以下), この民法上の組合の特例として,「投資事業有限責任組合契約に関する法律」(平成10年6月3日法律第90号) (以下「LPS法」という[3]) に基づく投資事業有限責任組合 (以下「LPS」という) と,「有限責任事業組合契約に関する法律」(平成17年5月6日法律第40号) (以下「LLP法」という[4]) に基づく有限責任事業組合 (以下「LLP」という) とが認められている。

　合名会社および合資会社は古くより存在するものであるが, 合同会社は前記のとおり会社法制定に際して創設され, また, LPS法は1998 (平成10) 年に制定され, LLP法も2005 (平成17) 年の制定であり, いずれも最近誕生したものである。こうした新たな制度が設けられた背景には, これらの企業組織形態に対する要請すなわちニーズがあったからということになる。

　では, 一定のニーズを背景に誕生した合同会社, LPS, LLPは当初の想定どおり順調に利用されているであろうか。それとも必ずしも利用状況は芳しくないのであろうか, 仮に利用が進んでいないとしたら, その原因はいかなる点に求められるのか。法律の解釈上の問題があるのか, それともそもそもの制度設計すなわち立法上の問題があるのか。

　そこで, 以下本稿では, まず, 各制度制定の背景およびその利用実態に触れたうえで (II) 合同会社, LPS, LLPの三類型のいくつかの共通点・特質について論じた後 (III), 今後の利用の促進に向けた提言・立法上の課題 (IV) に言及し, これらの制度の今後のあるべき姿について検討していくこととする。

---

　3) 一般に, 海外でのLimited Partnershipに相当するものといえるので, LPSという略称を使用する。
　4) 一般に, 海外でのLimited Liability Partnershipに相当するものといえるので, LLPという略称を使用する。

II 各制度制定の背景と利用実態

1 各制度制定の背景

合同会社の導入は，そもそも，米国の各州法で認められているLLC（Limited Liability Company）に類似した組織類型をわが国でも創設しようとする要請に基づいたものであった。米国のLLCは，①私法上の法人格，②出資者（構成員）全員の有限責任，③内部関係につき組合的規律が適用される柔軟性，④税法上のパススルー課税（構成員課税）の4つの特質の全てを備えた組織類型であり，わが国においても，この全ての実現する組織，とくにパススルー課税を備えた会社の創設が目指された。しかしながら，わが国では，私法上の法人格があれば法人課税を受けるという税法上の原則があり，法人格を有することとパススルー課税は両立しないという見解が根強くあるため，合同会社は④の構成員課税の特質は備えず，上記①から③までに限定した特質を有する組織形態として，会社法の制定・施行により導入されることになった[5) 6)]。

このように，合同会社ではパススルー課税は直ちには実現されないこととなったため，創設されたのが，有限責任事業組合（LLP）である。LLPは，法人格を有しない民法上の組合を基礎として，構成員課税を確保しつつ，出資者（構成員）全員の有限責任となる組織形態であり，民法の特別法と位置づけられるLLP法に基づき成立するものである[7)]。

他方，投資事業有限責任組合（LPS）はやや毛色を異にする。LPSは，当初「中小企業等投資事業有限責任組合契約に関する法律」（平成10年法律第90号）の成立により誕生したものであり，その法令名のとおり，ベンチャー企業のよ

---

5) 「会社法制の現代化に関する要綱試案」（平成15年10月22日法制審議会会社法（現代化関係）部会）の「第六部　その他」では「1　新たな会社類型」において，「出資者の有限責任が確保され，会社の内部関係については組合的規律が適用されるというような特徴を有する新たな会社類型を創設する方向で検討する」とされている。
6) 合同会社の導入経緯については，大杉謙一「合同会社」法教304号（2006）85頁。
7) LLP法の制定の背景については，篠原倫太郎「有限責任事業組合契約に関する法律の概要」商事1735号（2005）6頁。

うな未公開企業である中小企業等[8]への投資を専門的に行う組合型のファンドのために創設されたものである。こうしたファンドは，一般に，投資先の発掘，投資の決定，処分等の投資事業の業務執行を担当する組合員と，専ら投資資金を提供してその運用益を享受することを目的とする組合員とで構成される。当時こうしたファンドは構成員課税を実現するため民法上の組合を用いていたが，民法上の組合員は法律上組合員全員が組合の債務について無限責任を負うため（詳細は下記Ⅲの2（2）参照），専ら資金を提供する投資家にとっては望ましい組織形態とはいえず，そのため，組合員の有限責任を担保する組合の創設が望まれた。かかる要請を踏まえて，組合の債務について無限責任を負う無限責任組合員と，有限責任が担保された有限責任組合員とで構成される組合の創設を認めるLPS法が制定されたのである[9]。このように，LPS法は，LLP法と同様に，民法の特別法と位置づけられるが，わが国のベンチャー企業への資金供給の円滑化という政策目的達成のための政策立法として生まれた。したがって，合同会社やLLPと異なり，かかる政策目的に沿うためにLPS法はLPSの事業範囲を制限している[10]。このように制定当初は，ベンチャー・キャピタル・ファンドのみを念頭においた法律であったが，2004（平成16）年の改正により，投

---

[8] 当初LPS法における「中小企業等」は，証券取引所に上場されておらず，かつ店頭登録されておらず，①中小企業基本法上の中小企業者，②資本の額が5億円以下のもの，③常時使用する従業員数が1000人以下のもの，④最終の貸借対照表の負債の部計上の金額の合計額が200億円以下のもの，⑤前事業年度における（試験研究費＋税務上の開発費）／（総収入金額－税務上の固定資産譲渡益－税務上の有価証券譲渡益）が3％を超えるもの，または，設立1年以内であって常勤研究者数が2名以上かつ（常勤研究者数）／（常勤役員数＋常勤従業員数）が10％を超えるもののいずれかの要件を満たすものとされていた（平成16年改正前LPS法〔中小企業等投資事業有限責任組合契約に関する法律〕2条）。

[9] LPS法の制定の背景については，通商産業省中小企業庁振興課編「投資事業有限責任組合法──『中小企業等投資事業有限責任組合契約に関する法律』の解説」（財団法人通商産業省調査会出版部，1998）3頁以下参照。

[10] 当初は，中小企業等の株式，転換社債，新株引受権社債の取得・保有，中小企業等が所有する工業所有権または著作権の取得・保有，一定の範囲内での海外の未公開企業又は他の組合等ファンドに対する投資に限定されていた（平成16年改正前LPS法3条）。なお，LLPは，基本的にはどのような業務にでも用いることができるが，「組合員の責任の限度を出資の価額とすることが適当でない業務」および「組合の債権者に不当な損害を与えるおそれがある業務」として政令で定める業務はLLPの業務として行うことができないとされている（LLP法7条）。具体的には，弁護士，公認会計士，税理士等のいわゆる「士業」，また，競馬の勝馬投票券等の購入業務などが除外されている（LLP法施行令1条・2条）。

資事業を行う組合一般も利用できるように，投資対象先を中小企業等に限定した制約を取り除き中堅企業や公開企業への投資も可能とし，さらに事業範囲も拡大して株式等エクイティー性証券の取得のみならず，融資や金銭債権の取得も可能とされ，現在は，ベンチャー・キャピタル・ファンドのみならず，バイアウト・ファンド等，投資事業を行うファンド一般に幅広く用いられている。

2 各事業体の利用件数

まず，各事業体の利用件数の状況について概観する。法務省は，ホームページで各種登記件数の統計を報告しているが[11]，これによると，合同会社，LPS, LLP の各年度ごとの設立件数の推移は**図表1**の通りである。**図表1**では参考までに同時期の株式会社の設立件数の推移も示し，また**図表2**では有限会社の設立が可能であった 2006（平成 18）年までの有限会社と株式会社の設立件数の推移を示している。

図表 1　合同会社・LPS・LLP の設立件数

	2011 年	2010 年	2009 年	2008 年	2007 年	2006 年	2005 年
合同会社	9,130	7,153	5,771	5,413	6,076	3,392	―
LLP	441	536	637	777	999	1,380	344
LPS	284	228	181	273	434	493	357
株式会社	80,244	80,535	79,902	86,222	95,363	76,570	23,228

図表 2　株式会社・有限会社の設立件数（2006 年以前）

	2006 年	2005 年	2004 年	2003 年	2002 年
株式会社	76,570	23,228	20,146	18,396	15,622
有限会社	34,129	78,293	79,238	74,616	68,990

第1に，合同会社については，2008（平成 20）年，2009（平成 21）年におい

---

11) http://www.moj.go.jp/housei/toukei/toukei_ichiran_touki.html

ては設立件数はやや停滞したものの，概ね増加傾向にあり，直近の2011（平成23）年には9,130件に達している。したがって，その利用は拡大してきていると評価することも可能と思われる。もっとも，2005（平成17）年より前の期間，すなわち有限責任の事業形態としては，株式会社と有限会社が主流であった時期においては，最低資本金等の観点から有限会社のほうが設立が容易であったこと等もあり，株式会社の設立件数が20,000社前後であったのに対し，有限会社の設立件数は，80,000社にも迫る70,000社台であった。それが有限会社法が廃止された後は，2006（平成18）年に株式会社の設立件数は76,570件と，前年2005（平成17）年の23,228件から飛躍的に増大して以来，毎年ほぼ80,000社から90,000社の高い数字で推移しているのに対し，合同会社の設立件数は最もその数字が大きかった直近の2011（平成23）年においてさえ，10,000件に達していない。したがって，合同会社は，従前の有限会社に取って替わる事業体とはなっていない。現在の株式会社は従前の有限会社を統合する形で存在するので，この結果は当然かもしれないが，他方合同会社の設立手続や維持のためのコストは，株式会社と比較して十分に簡易・低廉であること等を勘案すれば，十分な利用が進んでいないという評価もありうる。

　第2に，LLPについては，LLP法が制定されたほぼ直後に当たる2006（平成18）年にその成立件数は，1,380件に達したが，単年度の成立件数としてはこれがピークであり，以後年毎に漸次減少し，直近の2011（平成23）年には，LLP制定直後の2005（平成17）年を除き（LLP法の施行日は2005〔平成17〕年8月1日），最低の441件にとどまっている。他方，解散数も2006年の28件から，以後順次，72件，102件，112件，119件，134件と増加しており，LLPの総数自体が伸びていないことが顕著である。こうした数字からすると，LLPの利用状況があまり振るっていないことは明らかである。

　第3に，LPSについては，その成立件数は，2006（平成18）年，2007（平成19）年においては500件にも迫る勢いで増加したが，その後急激に減少して2009（平成21）年には181件とピーク時の4割にも満たない落ち込みを示している。LPSは，他の事業体と異なり，投資事業を目的とするものに限定されているわけであるが，この減少の理由の1つとして，2007（平成19）年に金融商品取引法（以下「金商法」という）が成立した際に，いわゆる集団的投資スキ

ームが業規制の対象となり，投資事業有限責任組合の無限責任組合員は，一定の要件を満たした適格機関投資家等特例業務に該当しない限り（金商法63条），その募集および運用行為について金融商品取引業者として登録が必要となったこと（金商法2条8項7号ヘ15号ハ・28条2項1号4項3号・29条）が考えられる。すなわち，有限責任組合員に適格機関投資家（いわゆるプロ投資家）を含み，組合員数も限定された本格的なファンドであれば特例業務として単なる届出で済むが，そうではないファンドの場合金融庁への登録が必要となり，この観点からファンドの組成自体が躊躇され減少し，LPSの利用も減ったものと思われる。また，この時期は，いわゆるリーマンショックの直後に当たり，全世界的に新たなファンドの設立が停滞した時期でもあり，その影響も考えられる。ただ，かかる最悪の停滞の時期は脱しつつある昨今，新規ファンドの組成自体も緩やかながら回復基調にあり，

図表3　合同会社の設立件数（2011年）

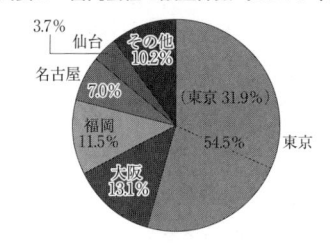

仙台 3.7%
その他 10.2%
名古屋 7.0%
福岡 11.5%
大阪 13.1%
東京 54.5%（東京 31.9%）

図表4　LLPの設立件数（2011年）

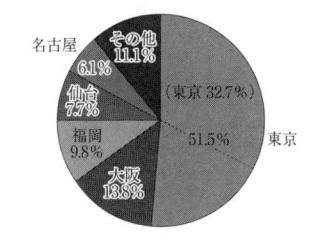

その他 11.1%
名古屋 6.1%
仙台 7.7%
福岡 9.8%
大阪 13.8%
東京 51.5%（東京 32.7%）

図表5　LPSの設立件数（2011年）

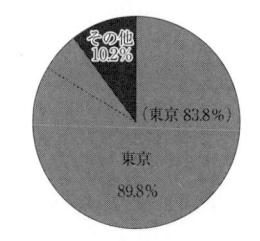

その他 10.2%
東京 89.8%（東京 83.8%）

これが2010（平成22）年，2011（平成23）年における成立件数の増加にも反映されていると思われる。

　以上は，全体の設立件数に関するものであるが，法務省は法務局および地方法務局管内ごとの件数も公表している。これによると，直近の2011（平成23）年において，合同会社の設立件数総数9,130件のうち，東京法務局管内は4,977件であり全体の54.5%，そのうち東京は，2,909件と全体の31.9%となっているが，他方，大阪法務局管内は1,198件であり全体の13.1%，また，福岡法務局管内も1,047件であり11.5%である。また，直近の2011（平成23）年において，LLPの成立件数総数441件のうち，東京法務局管内は227件であり全体

の 51.5%, そのうち東京は, 144 件と全体の 32.7% となっているが, 他方, 大阪法務局管内は 61 件であり全体の 13.8% である。また, 福岡法務局管内も 43 件であり 9.8% である。このように, 合同会社も LLP も, 東京法務局管内がその半数を占め, 東京が約 3 割を占める一方で, 他の地域でも一定数の設立が認められる。これは, 合同会社や LLP といった新しい事業体が必ずしも特定の地域に偏ることなく全国でその利用が広がっていることを示すものと思われる[12] (図表 3, 図表 4 参照)。

他方, LPS については顕著な地域的な特殊性が認められる。直近の 2011 年においては, LPS の成立件数総数 284 件のうち, 東京法務局管内は 255 件であり, そのうち東京が 238 件と, それぞれ全体の 89.8%, 83.8% と圧倒的多数を占める。投資ファンドという金融の中でも特に限られた事業に用いられるという LPS の特殊性上, 前二者と異なり, 金融センターである東京に設立地（組合の主たる事業所の所在地）が偏っているという事実が明らかとなっている（図表 5 参照）。

3 各事業体の利用実態

利用件数は以上の通りであるが, それぞれの事業体はどのような事業や目的に利用されているのであろうか。かかる実態の詳細を明らかにすることは実証的な調査・検証を行わないと難しいが, 概ね以下に述べる点を指摘できると考えられる。

(1) 合同会社

第 1 が小規模な事業体による利用である。合同会社が新たな事業体として登場した際に, 色々な利用法が提案されたり推測されたが, 実際に合同会社を利

---

[12] 株式会社について見ると, 直近の 2011 (平成 23) 年において, 設立件数総数 80,244 件のうち, 東京法務局管内は 41,532 件であり全体の 51.8%, そのうち東京は, 23,123 件と全体の 28.9% となっており, 他方, 大阪法務局管内は 13,604 件であり全体の 17.0%, また, 福岡法務局管内は 7,428 件であり 9.2% である。このように, 合同会社, LLP とほぼ同様の分布となっている。

用する上で最大のメリットを挙げれば，組織体としての仕組みを簡素とすることができ，コストを低廉に抑えることができるということであろう。確かに，有限会社を統合した株式会社を利用するとしても，特に株主と経営者が同一であるような場合には，資本金を極力少額とし，取締役会非設置会社とすれば，相当に簡素化が可能であり，コストも低廉に抑えることができる。しかし，合同会社では株式会社と比べてもより一層の仕組みの簡素化，費用の低廉化が可能である。

　組織の仕組みすなわち機関設計という点からすると，合同会社の場合には，出資者と業務執行者が同一であるのが原則であるので，特段業務執行のための機関を設ける必要がない（業務執行を監査する機関を設ける必要もない）。したがって，定款ひとつをとってみても，株式会社（特に取締役会非設置会社）のものと比べて，合同会社の定款は簡素なものとすることができる（合同会社の定款のフォームとして世の中で流布しているものは，極めて簡素な短いものが多い）。

　費用については，単に設立に関するものにとどまらず，設立後の維持費用が低いという点が合同会社の魅力となる。すなわち合同会社の設立に関しては，登録免許税は最低が6万円であり（株式会社は最低が15万円），定款の認証も不要であるが（株式会社の定款の認証費用は5万円），さらに，一旦設立された後も，株式会社の場合には取締役が選任されるごとに登記が必要となるが（公開会社でない会社であっても最低10年に一度は必要となる。会社332条2項），合同会社の場合には，社員や業務執行社員に変更が生じない限りその必要はない。また，合同会社では決算公告が不要である（株式会社については会社440条）。

　したがって，1人ないしごく少人数の個人の出資者が，小規模の事業を自ら経営者として運営し，有限責任を享受できる事業体を望む場合には，合同会社を利用するメリットは大きいものと思われる。実際に設立された合同会社の多くは，こうした小規模の事業のために利用されているものではないかと推測される。

　第2が，事業会社の完全子会社としての利用である。設立・維持のコストが低廉であることがメリットとなりうることは上記のとおりであるが，株式会社のように取締役会ないし取締役を設置・選任する必要がなく，合同会社の社員となる親会社レベルで完全子会社の業務の意思決定をすることができるので，

法律上の仕組みに縛られない柔軟な運営が可能となる。すなわち，職務執行者の意思決定に委ねることや，任意の社内会議体等の決済に委ねることも可能となる[13]。また，利用実態としてよく言及されるのが，海外会社の日本における完全子会社として合同会社を利用する例である。たとえば，米国会社が，日本の子会社として合同会社を選択すると，米国の税務上パススルー課税のメリットを享受することが可能となり，合同会社から米国会社への利益の配当が米国において配当所得として認識されないといわれる。

なお，（完全）子会社として合同会社を利用する際の留意点として，業務執行社員が第三者責任を負う可能性があることから（会社597条），株式会社の場合と異なり完全な有限責任が担保されないのではないかと論じられることもある[14]。しかし，わが国法制上，有限責任の事業体においては業務執行者が法定の第三者責任を負うとすることは債権者保護の観点から必須という考え方が根強い中，親会社は自ら業務執行を担当する以上この責任を負担することはやむをえないと思われ，また，この責任が生じるのはあくまでも任務懈怠につき悪意又は重過失があるという限定的な場合であるので，有限責任が貫徹されないという指摘も必ずしも正鵠を得ていないと思われる[15]。

第3が，ストラクチャード・ファイナンスの案件での特別目的会社（SPC）としての利用である。SPCとしての性質上，簡素な仕組みであることが望ましいから，その点合同会社はこうした目的に適う。たとえば，こうした案件では資金調達額が多額に上り，案件によっては負債の額が200億円を超える可能性もあるが，こうした場合，株式会社では大会社となり（会社2条6号），公開会社でなくとも会計監査人の設置が強制され（会社328条2項），監査役の設置が必要となり（会社327条3項），また内部統制体制の整備が必要となるが（会社348条4項・362条5項），合同会社ではこうした負担は発生しない。また，合同会社の場合には会社更生法の適用がないので（会社更生1条・4条参照），合同

---

[13]　江頭憲治郎＝大杉謙一＝新家寛＝伊藤剛＝黒田裕「座談会・合同会社等の実態と課題〔上〕」商事1944号（2011）10頁〔伊藤発言〕。

[14]　関口智弘＝西垣建剛「合同会社や有限責任事業組合の実務上の利用例と問題点」法時80巻11号（2008）20頁。

[15]　江頭ほか・前掲注13）13頁〔大杉発言〕，14頁〔江頭発言〕参照。

会社の資産に担保権を有する貸付人等が更生担保権者として会社更生法によりその実行を制限されるといった事態に陥ることはない。こうした点から，合同会社は株式会社と比べ，仕組み案件における事業体としての有用性が高いといえる。

第4が，合弁会社としての利用である。これは合同会社の導入当時から指摘されてきたが，これは，①出資者（社員）のレベルでの意思決定という特性が，多くの合弁会社の実態に一致すると思われる点，②株式会社よりもさらに定款自治の範囲が拡大されており，株式会社では合弁契約で規定するしかない事項も，合同会社では定款で規定することが可能となり[16]，当事者間の合意の法的安定性をより高めることが可能となる点などに，合弁会社の事業体としての有用性が認められることによる。実際に，合弁会社で合同会社の利用が進展しているかについては検証しえないものの，公表事例から一定の程度の利用はうかがえる[17]。

(2) ＬＬＰ

LLPは，構成員課税と出資者全員の有限責任を実現するところにその組織形態としての特色がある（なお，LLPは組合であるから，「内部関係につき組合的規

---

[16] たとえば，株式会社の定款では先買権（ある株主がその保有する株式の第三者への譲渡を望む場合，他の株主が優先的にこれを買い取ることができる権利）を直接規定することはできないと考えられており（定款で定められる株式譲渡の制限の態様については限定されている。会社107条1項1号・2項1号ロ・140条5項），合弁契約等株主間の契約で規定することが通常であるが，当該契約に違反して，株式が第三者に譲渡されてしまうと株式の譲渡自体は有効として取り扱われてしまう。しかし，合同会社の定款では，かかる権利を規定することが可能であると考えられ（持分の譲渡については，定款で別段の定めをすることが許されている。会社585条4項，仮にある社員がかかる規定に違反して株式譲渡を実行した場合，当該株式譲渡は単なる契約違反ではなく，定款違反として無効とすべきものと考えられる。

[17] 2006（平成18）年10月23日付全日本空輸株式会社のプレスリリースで，同社は，インターコンチネンタルホテルズグループとの間で，ホテル運営の合弁会社として「IHG・ANA・ホテルズグループジャパン合同会社」を発足すると公表している。また，2009（平成21）年11月4日付けおよび同年12月21日付東レ株式会社のプレスリリースで，同社は，東燃ゼネラル石油株式会社との間で，「東レ東燃機能膜合同会社」に対して出資し，リチウムイオン電池用バッテリーセパレーターフィルム事業の合弁会社として運営していく旨公表している。なお，2012（平成24）年1月20日付東レ株式会社のプレスリリースにおいて，同社は東レ東燃機能膜合同会社の持分の全てを保有し同社の100％子会社とすることを公表した。

律が適用される柔軟性」が特色として指摘されることもあるが，後述するようにその強固な共同事業性に鑑みると必ずしも「柔軟」ではないように思われる)。LLP の制定当初さまざまな利用目的が提案されていたが，この特色を活かす具体例として確固たるものが想定されていたかというと，必ずしもそのようには思われず[18]，LLP 法施行後の利用実態を整理して説明することも容易ではない。ただ，経産省は，LLP の制度概要等とともに LLP の活用事例を示すパンフレットを公表しており[19]，また，経産省の委託調査によりその活用実態が一定程度明らかにされており[20]，LLP の利用実態を知る上で参考となる。

　まず，LLP は複数の出資者(組合員)が共同事業を行うことが前提となるので，専門技能を有する事業者ないし個人間の連携による事業展開を行う場合に適する事業体と考えられる。実際に，上記委託調査によると，2010（平成 22）年 12 月末現在で存続する LLP4,125 組合のうち，「学術研究，専門技術サービス業」が 1,432 組合と，全体の 34.7% を占めている。

　また，組合員数で見ると，2010（平成 22）年 12 月末現在で存続する LLP4,125 組合のうち，最低数である 2 名の組合が全体の 42.0% を占めるのであるが，3〜5 名の組合が 40.8%，6〜9 名の組合が 11.9% と，組合員が多数となることも決して稀ではない。個人を中心に，地域の活性化や社会的貢献活動を行う際の事業体として選択されている例もあるものと思われる。

　実際に，組合員が個人のみの LLP が，2010（平成 22）年 12 月末現在で存続する LLP4,125 組合のうち 2,720 組合と全体の 65.9% にも上り，個人間の連携に多く用いられていることが明らかであり，合同会社と同様に，小規模の個人レベルの事業体に用いられる事例が多いことを示している。

---

18) ベンチャー企業や中小企業と大企業との連携，大企業同士の共同研究開発，IT や金融分野における専門技能を有する人材による共同事業等を振興し，新たな産業の創造を促進しようとするものであるなどと説明されていた（篠原・前掲注 7）6 頁）。
19) 「LLP パンフレット」（2010〔平成 22〕年 5 月）（http://www.meti.go.jp/policy/economy/keiei_innovation/keizaihousei/pdf/llpPamphlet.pdf）。
20) 平成 22 年度経済産業省委託調査「平成 22 年度有限責任事業組合等の活用実態等に関する調査報告書」（2011〔平成 23〕年 3 月）（http://www.meti.go.jp/meti_lib/report/2011fy/E001308.pdf）。また，LLP 法制定後 1 年に満たない時期のものではあるが，石井芳明「LLP（有限責任事業組合）の活用状況」商事 1770 号（2006）31 頁以下の設立事例参照。

さらに，組合の存続期間の定めがあるため，永続的な事業体というよりは，特定のプロジェクトを遂行するための事業体に向く傾向があり，新事業展開の初期段階の事業者間の連携のための事業体としての利用も見られるようである。特に，法人のみが組合員である場合，存続期間が10年未満のLLPが517件中268件と51.8%に上っており，個人のみが組合員である場合，同じく存続期間が10年未満のLLPが2720件中1131件と41.5%にとどまることからしても，法人が参加する場合には特定のプロジェクトのためという性格のものが多いように思われる。

なお，LLPは構成員課税を実現するため法人格を有しない組合の形態を取るが，民法上の組合との比較においては，出資者の有限責任もさることながら，債権者保護の仕組みを詳細に設けているので，出資者からの出資のみではなく，金融機関を含めた外部からの借入等による資金調達を行って事業を運営するのに適した事業体であるといえる。しかしながら，上記経産省の資料の活用事例等を概観する限りにおいては，そうした特色を意識してLLPという事業体が選択されているようには必ずしも見受けられない（この点については，以下Ⅳの2でさらに触れる）[21]。

(3) LPS

合同会社，LLPと異なりLPSは事業目的が限定されているので，その利用実態は明確である。前述のとおり，LPS法制定当初は投資対象を中小企業等とするベンチャー・キャピタル・ファンドに限定されていたが，現在ではそうした制限は取り払われ，バイアウト・ファンドも含め，投資事業を行うファンドに幅広く用いられている。

ただし，LPSからの外国法人に対する投資は制限されている。すなわち，LPS法は，「事業者」に対する投資事業を行うための組合契約を対象とし，「事業者」への円滑な資金供給を促進することをその目的としているが（LPS法1

---

21) 映画の製作事業は，わが国では出資者が製作委員会を設けて実施することが多い。この製作委員会は一般には民法上の組合とされるが，LLPを利用する事例もあるようであり（「映像コンテンツの資金調達の検討に関する報告書」参照）（http://www.meti.go.jp/policy/mono_info_service/contents/downloadfiles/120816-1.pdf），この報告書で取り上げられている実例では，LLPが製作費用の一部を金融機関の借入により調達している。

条),「事業者」は「法人(外国法人を除く。)及び事業を行う個人」とされ(LPS法2条1項),外国法人の発行する株式等へのLPSからの投資は基本的に念頭に置かれておらず,ただ,組合の事業の遂行を妨げない限度において行う限りで認められているにとどまる(具体的には,外国法人の発行する株式等の取得の価額の合計額の,総組合員の出資の総額に対する割合が50%に満たない範囲内においてのみ認められる)(LPS法3条1項11号,同法施行令3条)。昨今の経済状況を勘案すると,投資ファンドの運営者としても,投資対象を国内会社に限定することなしに,欧米,アジア等の諸外国の企業を対象としていくことが1つの戦略と考えられるが,LPSを利用すると,海外企業への投資は限定的にならざるをえない。したがって,こうした制限を好まない場合には,LPS法に基づくLPSではなく,たとえば,他国の法律に準拠する同様の事業体(limited partnership)等を利用せざるをえないこととなる。

Ⅲ　各組織形態の共通点・特質

　合同会社,LLP,LPSは,それぞれ異なる組織類型として存在するが,多くの制度上の共通点を有する。そこで出資者が当該組織を利用するに当たって関心を有することが多い,①業務執行(下記 *1*),②有限責任(の担保)(下記 *2*),③出資の回収の方法(下記 *3*)という事項に関する共通点を確認していくとともに,一方で各制度間の差異,また解釈上の論点に言及し,各組織形態の特質を明らかにしていく。

1　業務執行

(1)　出資者による業務執行

　合同会社,LLP,LPSはいずれも,出資者が直接に業務執行を行う組織である。株式会社のように,出資者である株主とは別個に,業務執行(その決定を含む)を担当する取締役ないし取締役会に相当する機関を別個に設置することは必要とされない。いずれの組織も,組合的規律のもと,所有と経営が一致し

ており，業務執行の意思決定，業務執行（対外的な代表を含む）という機能が，複数の機関によって担当されるものではなく，全て出資者により担当され（自己機関化），各組織の内部関係は未分化である。

　合同会社は，原則，全ての社員が会社の業務を執行する権利を有するとされる（会社590条1項）。社員が複数である場合には，原則，社員の過半数をもって決定することになる（会社590条2項）。しかし，以上はあくまでも原則であり，定款により，社員のうち一部の者のみを業務を執行する社員と定めることもでき（会社591条1項），また，社員が複数の場合の意思決定方法も，社員の頭数ではなく，たとえば，社員の出資額に応じて資本多数決の原則とすることも可能と考えられる。

　LLPにおいても，業務執行は，出資者である全ての組合員により行われる。ただ，合同会社では，定款をもってすれば全社員による業務執行という原則を緩和できるのに対し，LLPは，組合員全員がそれぞれの個性や能力を活かしつつ，共通の目的に向かって主体的に組合事業に参画するという，強固な共同事業性を有すべき組織形態とされていることから，全ての組合員による業務執行という原則を維持しなければならないという法規制となっている[22]。すなわち，LLP法は，業務執行の決定と，かかる決定に基づく業務の執行とを明確に区分けした上で，業務執行の決定は原則，総組合員の同意によるものとし（LLP法12条1項本文），かつ，具体的な業務の執行については，組合員全員がこれに携わる権利を有するとともに，携わるべき義務を負うとしている（LLP法13条1項）。ただし，業務執行の決定につき，常に総組合員の同意を必要とすると，業務執行の機動性が著しく損なわれる可能性があることから，組合契約書に定めを設けることで，一定の範囲でその要件を緩和することを認めている。具体的には，①特に重要な事項（「重要な財産の処分及び譲受け」並びに「多額の借財」）の決定を除いては，決定の要件を緩和できるとし（LLP法12条1項ただし書），②以上の「特に重要な事項」の決定に関しても，経済産業省令で定める一定の範囲[23]のものについては，その要件を総組合員の3分の2以上の

---

22) 篠原・前掲注7) 13頁。
23) 一定の範囲のものとは，(i)その価額が組合の純資産額（純資産額が20億円を上回る場

同意にまで緩和できるとする（LLP法12条2項）。さらに，具体的な業務の執行についても，全ての業務の執行を全ての組合員で行うことは現実的ではないから，業務執行の一部のみであれば他の組合員に委任することは許される（LLP法13条2項）。しかし，合同会社のように，全ての業務執行権限を一部の組合員（出資者）に集中させることはできないとされ，また，単に形式的に業務執行のわずかな部分のみに携わっているだけであり，実態としては何ら本質的な業務執行に当たっていないような場合には，LLP法13条の要件を満たさないとされる[24]。こうした法規制を前提とすると，たとえば，事業に対して主として出資のみを行う投資家的立場にとどまる者はLLPの組合員とはなれないこととなる[25]。

　LLPの以上のような強固な共同事業性は，同じく構成員課税が認められる事業体である民法上の組合と比しても際立っている。すなわち民法上の組合では，一部の者に業務執行を委任することが明確に認められ（民670条2項），実際にもそうした例は多い[26]。にもかかわらず，こうした要件がLLP法で加重されているのは，組合員が主体的に組合事業に参画するというLLPの前提もさることながら，たとえば損失の取り込みのみを狙った租税回避的な利用を特に防止するためにあるとされる[27]。しかしながら，租税回避的利用を防止するためであったとしてもこうした強固な共同事業性を要求する必要があるのか。この点についてはさらにⅣの2で論ずる。

　　　合には，20億円。以下の(ii)にても同じ）を下回る財産の処分および譲受け（当該処分又は譲受けによる組合の財産上の損害の額が組合の純資産額から組合員による出資の総額〔当該処分又は譲受けの日までにLLP法34条2項の規定による組合財産の分配があったときは，組合員による出資の総額から同条3項の規定により組合契約書に記載された額の合計額を控除して得た額〕を控除して得た額を上回るものを除く）および(ii)その価額が組合の純資産額を下回る借財（当該借財により組合の借入金の額が組合の純資産額以上となるものを除く）をいう（同法施行規則5条）。

[24]　篠原・前掲注7）14頁。
[25]　経済産業省産業組織課「LLPに関する40の質問と40の答え」（以下「LLP・Q&A」という）（2005〔平成17〕年6月）問22の設問参照。
[26]　たとえば，投資事業を行う組合（ベンチャー・キャピタル・ファンド等）は，LPS法の制定前は，わが国では民法上の組合として組成されていたが，その業務執行は，投資家である組合員から，業務執行を担当するベンチャー・キャピタル会社等の組合員に委任されるのが一般的であった。
[27]　篠原・前掲注7）13頁。前掲注25）LLP・Q&A問22参照。

他方，LPSにおいては，組合員のうち，無限責任組合員が組合の業務を執行するとされ（LPS法7条1項），有限責任組合員は業務執行の権限をもたないことが明確にされている[28]。ただし，無限責任組合員も出資者であり[29]，出資者による業務執行であるという点は，他の2つの組織形態と異なるところはない。

(2) 法人出資者の場合の職務執行者の選任

上記 (1) のとおり出資者が業務執行者となるところ，出資者は個人に限らず法人の場合もありうる。業務執行を担当する出資者が法人の場合，合同会社とLLPとではその「職務を行うべき者」，いわゆる職務執行者を選任しなければならない（会社598条1項，LLP法19条）。この職務執行者には，合同会社については業務を執行する社員と同様の義務（会社に対する善管注意義務・忠実義務等〔同593条〕，競業行為に関する規制〔同594条〕，利益相反取引に関する規制〔同595条〕，会社に対する損害賠償責任〔同596条〕，第三者に対する責任〔同597条〕）が課される（同598条2項）。また，LLPにおける職務執行者については組合員と同様に，第三者に対する責任（LLP法18条1項）および民法の委任の規定における受任者の義務に関連する規定が準用されている（LLP法19条2項・56条，民671条・644条ないし650条）。

以上の規定のうち合同会社に関するものは，合同会社のみならず合名会社，合資会社といった他の持分会社一般に適用されるものである。これはそもそも旧商法においては，合名会社の社員および合資会社の無限責任社員といった業務執行者たる地位に，法人は就任することはできないとされていたところ（旧

---

[28] LPSの実務においては，無限責任組合員による個別の投資決定に対して有限責任組合員の承認を要することが組合契約の中で定められたりすることもあるが，予め定められた一定額以上の投資案件についてはかかる承認を必要とするような場合（全ての投資案件について有限責任組合員の承認が必要とするようなものではない場合）には，非業務執行組合員に認められる業務および財産の状況の検査権（LPS法16条，民673条）の行使の一態様等と考えられ，有限責任組合員が業務執行（の意思決定）自体をするものではないと考えられる。経済産業省「投資事業有限責任事業（ママ）組合契約に関する法律に基づく投資事業有限責任組合における『業務執行』の考え方について」（2009〔平成21〕年7月）(http://www.meti.go.jp/policy/economy/keiei_innovation/sangyokinyu/pdf/LPS_shikougainen.pdf) 参照。

[29] 無限責任組合員を含めた全ての組合員に，一口以上の出資が義務付けられている（LPS法6条1項）。

商55条），会社法でかかる制限が撤廃された際に，法人自身は業務執行をできず，その具体的な行為は自然人を通じて行われる必要があり，かつ，法人業務執行社員の取締役・使用人等のうち，どの範囲の者が会社に対して業務執行社員と同等の義務および責任等を負うべきか等の点を明確にするために設けられた制度とされる[30]。

　他方，LPS法には以上に相当する規定は存在しない。LPSにおいても業務執行者である無限責任組合員には法人が就任する可能性はあり，むしろそれが一般的であるが（個人が無限責任組合員となってLPSを管理・運営する事例は，一般的ではないと思われる），当該法人には職務執行者を選任する法律上の義務はない。

　LPSの無限責任組合員は無限責任を負う点が，合同会社の社員およびLLPの組合員とは異なるが，会社法上は，合名会社の社員（並びに合資会社の無限責任社員で業務執行社員となる者）も法人であれば職務執行者の選任が必要となるので，責任の差が異なる取扱いの根拠となるものでもなさそうである。もっとも，法律上職務執行者を必要とする理由が，上記の通り法人出資者が負担する義務・責任と，同一の義務・責任をもって職務の執行に当たる個人・自然人を明確にする点にあることからすると，LPS法の場合には，そもそも出資者（無限責任組合員）の競業行為や利益相反取引に関する規定や第三者責任等の規定がなく，これらの規定の適用を受ける個人・自然人を明確にする必要はないことに鑑みれば，敢えて法律上職務執行者の規定を設けるまではないという考え方になろう[31]。なお，このように法律上はLPSの業務執行を担当する個人は特段の責任・義務を負担することはないが，LPSの実務においては，無限責

30）　江頭憲治郎「『会社法制の現代化に関する要綱案』の解説（Ⅷ・完）」商事1729号（2005）6頁。

31）　ただし，競業取引，利益相反行為，第三者責任にとどまらず，合同会社の場合，上記の通り，職務執行者は会社に対して直接善管注意義務・忠実義務を負い，また任務懈怠による損害賠償責任を負い（会社598条による，593条1項および596条の準用），LLPの場合も職務執行者は組合員に対して民法の委任の規定に基づき善管注意義務を負う（LLP法19条2項による，民671条，民644条の準用）。しかしながら，LPSにおいては，無限責任組合員が法人である場合，組合員に直接善管注意義務等を負って職務を執行する個人の特定はなされないこととなる。

任組合員の一定の役職員が，組合の業務に専属して継続して従事することを組合契約で定め，これが不能になった場合には，組合による新規投資の停止等一定の措置を取ることを定めることがある（キーマン条項などと呼ばれる）[32]。

(3) 競業行為・利益相反取引

会社法594条は，業務執行社員による競業行為は，当該社員以外の社員の「全員」の承認を受けなければこれをしてはならないとする（定款で別段の定めをすることは可能である）。他方，会社法595条は，業務執行社員による利益相反取引は，当該社員以外の社員の「全員の過半数」の承認を受けなければこれをしてはならないとする（定款で別段の定めをすることは可能である）。すなわち，デフォルト・ルールとして，競業行為と利益相反取引で承認を得るべき範囲が異なる。これは，旧商法において合名会社の社員と合資会社の無限責任社員による競業行為および利益相反取引について，同様の規制が存在しており（旧商74条1項・75条1項・147条）[33]，これを継承するものと思われる。すなわち，旧商法では，合名会社の社員の競業行為を規制する74条は，他の全ての社員の同意がある場合には規制が解除されるとしていた[34]。他方，利益相反取引を規制する75条は，旧商法の昭和13年改正で定められたものであるが，それまでは社員は民法の一般原則によって本人（すなわち他の社員全員）の同意があった場合にのみ会社との間で自己取引が認められると解されていたところ，営利企業である会社の場合一律に自己取引を規制するのもかえって不便であるとの観点から他の社員の過半数の承認で足りるとしていた[35]。

しかしながら，競業行為と利益相反行為の弊害の実質を考えた場合，規制の程度を異ならせる程の差異はないように思われる。社員の過半数の承認で足り

---

[32] 経済産業省が公表している投資事業有限責任組合モデル契約（平成22年11月）（以下「LPSモデル契約」という）10条参照。(http://www.meti.go.jp/policy/economy/keiei_innovation/sangyokinyu/lps_model2211.pdf)

[33] なお，合資会社の有限責任社員による競業行為は禁じられないことが明文で規定されていたが（旧商155条），利益相反取引については同様の規定はなく，有限責任社員による利益相反取引が規制されるかについては肯定説と否定説が存した。この点有限責任社員による利益相反取引は規制されないとする見解として，注釈会社 (1) 606頁〔江頭憲治郎〕。

[34] 注釈会社 (1) 251頁〔本間輝雄〕。

[35] 注釈会社 (1) 256頁〔本間輝雄〕。

るとすると持分会社の少数派社員が不当な取扱いを受けるおそれはあるので，利益相反取引についても，競業取引と同様に，デフォルト・ルールとしては当該社員以外の社員全員の同意を必要とするのも一案であろう[36]。

　他方，LLPについては，LLP法で組合員による競業行為や利益相反取引を直接規制する規定はない。したがって，当該取引が組合と組合員との取引となるような場合には，原則，組合の業務執行として総組合員の同意により当該取引の決定が行われることになることは格別（LLP法12条），そうではない場合（たとえば，LLPの組合員が，当該LLPと同種の事業に別途従事すること）には，組合に対して負担する善管注意義務に違反しないかという観点で問題になる。すなわちLLPの組合員は組合に対して善管注意義務を負担するが（LLP法56条，民671条・644条），その一内容として組合の利益の犠牲において自己又は第三者の利益を図ってはならないという義務を一般的に負っていると考えられるからである。ただし，このような一般的な義務のみだけでは組合員の負担する義務の具体的内容は明確ではない。そこで，必要に応じて，競業行為や利益相反取引の取扱いに関する条項をLLP契約に特別に規定して対処することになる[37]。

　また，LPSについても，LLP法と同様にLPS法には，組合員による競業行為や利益相反取引を直接規制する規定はないが，LPSの無限責任組合員もLLPの組合員と同様に，組合に対して負担する善管注意義務の一内容として上記のような義務を一般的に負担していると考えられる（LPS法16条，民671条・644条）。この点特に，投資ファンドを運営する無限責任組合員が，他の同種のファンドを運営することを許容されるかは，当該投資ファンドの投資家（LP）にとって極めて重要な関心事となる。また，無限責任組合員と投資ファンドとの取引，ないしは複数のファンド運営が許容される場合の各ファンド間

---

[36] 社員と会社との間での報酬支払に関連して少数派社員が不当な取扱いを受けることを指摘するものとして，江頭憲治郎＝大杉謙一＝新家寛＝伊藤剛＝黒田裕「座談会・合同会社等の実態と課題〔下〕」商事1945号（2011）28頁〔江頭発言〕。

[37] LLPの組合契約書のサンプル例として示されるものには，こうした規定が定められていることが多い。石綿学＝須田徹編著・日本版LLPの法務と税務・会計（清文社，2006）455頁。

の取引が，それぞれどういう条件のもとで許容されるかは，同様に投資家（LP）の重要な関心事である。したがって，以上の点については個別の案件の特性に応じて詳細な規定が LPS 契約で定められるのが通常である[38]。

業務執行者の競業行為・利益相反取引ということでは同一の局面であるが，LLP，LPS は，あくまでも民法上の組合の特則であり，組合員間内部の権利・義務は組合契約で規律すれば足りると思われることと，競業行為・利益相反取引に関する組合員の利害関係は組合ごとに多岐に亘り定型化がしにくいということからすれば，合同会社のように法律で，予防的・形式的な一律の規制を設ける必要はないということになろう。

2 出資者の有限責任

(1) 有限責任の担保

出資を行おうとする者にとっては出資によりいかなるリスクを負うのか，特に事業に関して事業体が負担する債務について，出資者も債務ないし責任を負担することになるのかは，事業体の選択において重要な意義を有する。他方，事業体の債権者の立場からは，事業体の財産のみが債務の引当てとなるのか，それとも出資者の財産からの回収も望めるのかという問題となる。この点，合同会社，LLP，LPS はいずれも出資者の有限責任が担保された組織形態とされている（LPS の無限責任組合員は除く）。

まず，合同会社では，その全ての社員は有限責任社員であり（会社 576 条 4 項），「有限責任社員は，その出資の価額（既に持分会社に対し履行した出資の

---

[38] LPS モデル契約 18 条参照。なお，LPS の無限責任組合員が金商法上投資運用業の登録を受けて組合財産の運用を行う場合には，金商法上の行為規制の適用を受ける。こうした規制の中には，自己取引の原則禁止，運用財産相互間の取引の原則禁止がある（金商 42 条の 2 第 1 号・2 号。禁止が解除される例外の要件については，金融商品取引業等に関する内閣府令 128 条・129 条）。ただし，わが国の投資ファンドの実務においてはかかる登録をせずに，適格機関投資家等特例業務（金商 63 条）として組合財産の運用を行うのが一般的であり，この場合，特例業務届出者は金融商品取引業者ではないので，特例業務届出者にはごく一部の規制（金商 38 条 1 号および 39 条の規制）を除いてほとんどの行為規制は適用されないため（金商 63 条 4 項），投資家である有限責任組合員としては組合契約の中で必要な制限を明記することを求めていくことになる。

価額を除く）を限度として，持分会社の債務を弁済する責任を負う」とされる（会社580条2項）。同項は，合同会社の社員のみならず，持分会社の有限責任社員すべてに適用される規定であるが，同項にいう「出資の価額」とは，定款で定められた出資の価額（会社576条1項6号）（すなわち社員が払込む出資の金額）と解した上で，合同会社においては，設立時又は社員の加入時に定款で定めた出資の全部を履行するものとされているから（出資の全部履行義務）（会社578条・604条3項），結局出資を全部履行すれば，すなわち社員になれば，会社の債務につき債権者に対して直接責任を負うことはないこととなり（間接有限責任），合同会社の債権者としても，合同会社の財産しか引当てとできないことになる。

次に，LLPについては，「組合員は，その出資の価額を限度として，組合の債務を弁済する責任を負う」とされ（LLP法15条），その規定は合同会社とほぼ同一である。LLPにおいても，全ての当事者が契約で定めた出資の全部を履行をすることが組合契約成立の効力発生要件とされ（LLP法3条1項），また組合員の加入も加入しようとする者が契約で定めた出資の全部を履行することが要件とされているから（LLP法24条2項），一見すると合同会社と同様に，出資を全部履行すれば，すなわち組合員になれば，組合の債権者に対して組合員がその固有財産をもって債務や責任を負担することはないように見える。

また，LPSについても，LLP法と同様に，「有限責任組合員は，その出資の価額を限度として組合の債務を弁済する責任を負う」とされる（LPS法9条2項）。これについても，同様に有限責任組合員は，組合契約の定めに従って出資すべき額につきその全部を履行すれば，組合の債権者に対して有限責任組合員が直接に債務や責任を負担することはないように見える。

しかし，合同会社は法人格を有しその業務活動によって生じた債務を合同会社が負担するという点は明らかであるのに対し，LLPとLPSはいずれも組合であり法人格がないため，組合の事業活動によって生じた債務は誰がどのような責任を負担することになるのかは必ずしも明らかではない。したがって，合同会社の上記規定と，LLP・LPSの上記規定を同様のものとして理解してよいかは，別個の検討が必要である。

(2) LLP と有限責任

　民法は，組合債務について格別の規定を設けておらず，単に，組合債権者は，各組合員に対して損失の負担割合又は均一の割合で権利を行使できると定めるにとどまる（民675条）。したがって，まず，そもそも組合の債務というものが，（組合には法人格はないのであるが）組合員の債務から独立して区別されて存在するのかという問題を検討する必要があるが，この点については，組合財産には一定の独立性が認められることを前提に，組合の債務は，組合員全員に共同に帰属し，組合員全員の共同（合手的）財産である組合財産をその引当てとする合手的債務であると考えられている[39]。このように組合の債務が区別して存することを前提とした上で，民法675条は，こうした組合の債務について各組合員が一定の割合で個人的に責任を負う旨を定めたものであり，組合員は，組合の債務につき，組合員自らもその固有の財産をもって弁済すべき債務を分割的に負担すると考えられている（判例・通説）[40]。

　組合債務を独立に観念するのであれば，当該債務は組合財産をもって弁済すれば足りるとするのが本筋であろう。しかしながら，①組合には一定程度の団体性が認められるとはいえ，組合の活動は，「組合員」全員による活動・共同事業であり，自らの財産を共同運営した結果は自らに帰属すべきであること，②組合財産の独立性は極めて不完全であり，組合債務の責任財産としての組合財産を維持するための規制はほとんどないことから，組合員が個人的に組合債務につき債務を負担することとになると説明される[41]。特に②の点については，民法上は，組合員全員が同意すればいつでも——たとえ債務超過の状態にあっても——組合財産を自由に処分しうるし，業務執行者は，組合の財産状態のい

---

39)　鈴木祿彌編・新版注釈民法 (17)（有斐閣，1993) 81頁，84頁〔品川孝次〕。山本敬三・民法講義IV-1（有斐閣，2005) 789頁。

40)　鈴木編・前掲注39) 129頁〔品川孝次〕。最判平成10・4・14民集52巻3号813頁（「共同企業体は，基本的には民法上の組合の性質を有するものであり，共同企業体の債務については，共同企業体の財産がその引き当てになるとともに，各構成員がその固有の財産をもって弁済すべき債務を負うと解される」）。最判解民事篇平成10年度（上) 441頁参照。なお，かかる債務は原則「分割」債務であるが，組合と第三者との取引契約が商行為となる場合には，商法511条1項により各組合員は分割債務ではなく連帯債務を負うと解される（上記最判参照）。

41)　鈴木編・前掲注39) 130頁〔品川孝次〕。

かんにかかわりなく，組合の収益を組合員に利益配当することができ，組合員は脱退に際して持分の払い戻しを受ける権利を有するという点が指摘されている[42]。さらに，この組合員の債務は組合の債務との関係で補充的なものではなく，併存的なものとされる。実際には組合の債権者は組合財産からの弁済を求めることが通常であろうが，法律上は直ちに組合員の個人財産に対して執行を求めていくことが可能である[43]。この点は，合名会社の社員・合資会社の無限責任社員の会社の債務に対する責任が補充的であるのとは異なっている（会社580条1項各号参照）。

それでは，以上の理は，民法の組合の特則であるLLPとLPSにはどのように適用されるのであろうか。

LLPの事業活動によって生じた債務は，民法の組合と同様組合員全員に合手的に帰属すると考えられる。したがって，LLPの総組合員は合手的債務者として組合財産を引当てとする債務を負担することになる。では，LLPの各組合員は組合員の固有の財産をもって，かかる組合の債務を弁済すべき債務ないしは責任を負担することになるのであろうか。

この点，LLPについても組合員はその固有財産につき組合財産と同順位で組合債務に対し直接責任を負うとする見解がある[44]。特にこれはLLPの構成員課税を行う前提として，組合員に税務上も組合事業の収益および費用を帰属させるべき実質が備わっていなければならないという観点から，組合員が組合債務に対して直接責任を負うという特徴を重視することによるものと思われる。かかる見解によれば，LLPの組合員が出資を履行した後も，組合員は，その出資の価額の範囲内では，組合の債権者に対して，自己の固有財産をもって直接弁済する責任を負うことになってしまう。

しかし，構成員自らの事業としての内実を備えているかを判断する上で，組

---

42) 鈴木編・前掲注39) 130頁〔品川孝次〕。
43) これは，民法上の組合については，上記の通り組合財産を維持するための規制が殆どないことや，組合財産としての公示が不十分であることに起因するものと考えられる（鈴木編・前掲注39) 134頁〔品川孝次〕）。
44) 小原昇「有限責任事業組合契約制度の課税上の取扱いについて」租税研究674号（2005) 12頁。

合員が組合債務に対して直接責任を負っているという要素が重要か否かはひとまず措くとしても，LLPの組合員が組合の債務に対して，（一定の額の範囲とはいえ）直接責任を負っていると考えるのは妥当ではない。

そもそも，民法上の組合において，組合員が組合の債務につき，自らの債務として負担するとされたのは，上記のとおり①組合の活動は組合員個人の活動と考えられること，②組合財産を維持するための規制（すなわち組合債権者保護の規制）がほとんどなされていないことに求められる。この点①については確かにLLPも組合である以上，民法上の組合と異なるところはないが，②についてLLP法は，債権者保護のための規制を大幅に導入している。

すなわち，LLP法は，財務諸表の作成・備置（LLP法31条），債権者による財務諸表の閲覧・謄写（LLP法31条6項），分配可能額を超える組合員への組合財産の分配の禁止（LLP法34条1項），分配禁止に違反があった場合の組合員の組合債務の弁済責任（LLP法35条）等々，民法上の組合とは異なり，組合の債権者保護のため数々の重厚な制度を定めている。また，組合財産の独立性の維持という点でも，組合の成立自体が登記によって公示されるとともに（LLP法57条），上記のとおり出資の際の全額払込義務が定められており（LLP法3条1項・24条2項），さらにLLPの組合員には自己の固有財産と組合財産との分別管理義務が明示的に課され（LLP法20条），組合員固有の債務に対する債権者は，組合財産に強制執行等が行えないことが明示され（LLP法22条），また，不動産が組合財産である場合にはその旨公示できることを可能とするため，LLP契約に基づく共有物分割禁止の登記が可能とされているなど（LLP法74条），組合財産を組合員の固有の財産から明確に区別し，組合債権者にとって排他的な責任財産となるような手当てが多数なされている。

ある事業体の出資者の責任は有限責任であるといった場合，これを利用する当事者の期待は，自己がなすべき出資の履行を全額完了すれば，その後は当該事業体の活動から生じた債務を自己の固有財産をもって弁済する責任を負わないというものであることに疑いはない。LLP法は，利用者のかかる正当な期待を実現するため，上記さまざまな制度上の手当てを準備しており，その結果組合財産のみが組合の債権者の引当てとなっていると考えるべきである。LLP法の文言上も，LLPには民法の組合の規定が数多く準用されているが（LLP法

56条），組合債権者が各組合員に対して権利を行使できると定める上記の民法675条の規定は準用されていない。またこれに相当する規定が別個LLP法で設けられていることもない。したがって，LLP法15条も，以上述べてきたところから理解されるべきであり，組合員がその固有財産をもって債務を負担することを定めたものではなく，組合員は，出資持分の範囲内で，「組合の債務」を合手的に負担し，組合財産（のみ）を引当てとしてその責任を負うことを定めているにすぎないと解すべきである[45]。

(3) LPSと有限責任

上記の通り，LPS法は，LLP法と同様に，「有限責任組合員は，その出資の価額を限度として組合の債務を弁済する責任を負う」と定める（LPS法9条2項）。また，民法675条の規定も同様に準用されていない（LPS法16条）。

また，LPS法においても，財務諸表の作成・備置（LPS法8条），債権者による財務諸表の閲覧・謄写（LPS法8条3項），貸借対照表上の純資産額を超える組合財産の分配の禁止（LPS法10条1項），分配禁止に違反があった場合の有限責任組合員の組合債務の弁済責任（LPS法10条2項）等々，LLPとほぼ同様に，組合の債権者保護のための数々の制度が定められている。細かく見ると，LLPの制度とLPSの制度との間には多少の差異があり，たとえば，LPSは単に純資産額を超えた分配をしてはならないとする一方で，LLPにおいて「分配可能額」とは，分配日における純資産額から300万円[46]を控除した額とされたり（LLP法施行規則37条），LLPにおいては，剰余金相当額[47]を超過した

---

[45] 立法担当者はLLP法15条の「出資の価額」について「実際に各組合員によって払い込まれた出資の金額を指すのではなく，それにLLPの事業活動に伴う組合財産の増減を加味した，いわゆる出資持分の金額を指す」と説明する（篠原・前掲注7）7頁）。この点，「出資持分の金額を指す」とする点の趣旨は必ずしも明らかではないが，これを組合の債務を考慮しない組合の資産（積極財産）の額と解すると，当初組合員の出資のみから構成される組合財産は，当然に組合の事業活動の結果増減するが，組合員はかかる増減の結果である組合の積極財産のすべてをもって，「組合の債務」を弁済する責任を負う（すなわち，「組合の債務」を合手的に負担し組合財産〔のみ〕を引当てとしてその責任を負う）ということを定めたのが本条の趣旨となろう。

[46] 組合員による出資の総額が300万円に満たない場合には，組合員による出資の総額とされる（LLP法施行規則37条）。

[47] 分配日における純資産額から組合員による出資の総額（当該分配日までに，既に剰余金相当額を超える分配があった場合には，当該分配額を控除する）を控除した額である

分配については総組合員の同意（LLP法34条2項）と所定の事項のLLP契約への事後的記載が必要とされたり（LLP法34条3項，LLP法施行規則39条），また，事業年度末に欠損が生じた場合の組合員の責任が定められたり，総じてLLPのほうが手厚い制度となっている（もっとも，LPSにおいては，毎事業年度，組合の財務諸表について公認会計士又は監査法人による外部監査を受けることが義務付けられているが〔LPS法8条2項〕，こうした外部監査はLLPでは法律上強制されない。）。また，LPSも組合の成立自体は登記によって公示されるが（LPS法17条），その他LLP法の定めにあるような組合財産の独立性の維持に関する定めはない。ただし，以上については，①LPSにはLLPと異なり業務執行の専権を有する無限責任組合員が存し，組合の債務について無限責任を負う主体があること，②現行のLPSは事業一般を遂行するために用いることができるものではなく，投資事業に限定されることなどから[48]，債権者の保護の制度に多少の差異があることは不合理なものではないと考えられる。

　LPSの有限責任組合員は，LLPの組合員と異なり自ら業務執行することはなく，投資家として投資事業のための資金を提供する役割を担うものであるから，当該資金の提供を履行すれば，LPSの事業活動すなわち業務執行の結果として組合が負担する債務について自らは全く責任を負うことがないということを所与の前提として，LPSに関与するものと思われる。LPS法は，かかる所与の前提が確保された制度と考えるべきであるし，そうでなければ同法の存在意義自体が失われてしまう[49]。したがって，LPSについても有限責任組合

（LLP法施行規則38条）。
[48]　投資事業は，投資家から調達した資金により，株式等の投資証券等を取得し一定期間保有した後売却する事業であるから，通常の事業と異なり，多数の継続的な取引や資金の借入等が当然に必要となるものではない。
[49]　なお，LPS法に関して経済産業省が公表している逐条解説（平成17年6月1日改訂版）（以下「LPS逐条解説」という）によると（http://www.meti.go.jp/policy/economy/keiei_innovation/sangyokinyu/pdf/konmen.pdf），LPS法9条2項の「出資の価額」とは「民法第674条及び第688条で規定される『出資の価額』と同旨」であるとする。民法の当該条項の「出資の価額」とは，実際に各組合員によって払い込まれた出資の価額と解されており（我妻栄＝有泉亨＝清水誠＝田山輝明・我妻・有泉コンメンタール民法〔日本評論社，第2版追補版，2010〕1210頁参照），前掲注45）にあるようにLLP法の立法担当官が考えるLLP15条の「出資の価額」とは異なることになる。しかし，この逐条解説の記載は，「（よって）単に出資することを約束した金額ではなく，実際に出資された金額を

員の固有の財産は，組合の債権者の引当てとなっていないと考えるべきである。

3 出資の回収の方法

(1) 出資の回収の重要性

　出資者にとって自らの出資をどのように回収することができるかは重大な関心事である。特に，他の出資者と共同して事業を行う場合には，事業を遂行したところ当初の計画・予定とは異なる状況や結果となったときに，自らの出資を回収するにはどのような方法があり，その際いくら回収できるのかは重要である。出資回収の手段が余りに制約されていると，そもそもの出資自体を躊躇させる大きな要因となる。他面，他の出資者がどういう場合にどのような方法で出資を回収できるかは，事業の継続性という観点から重要となる。余りに容易に投資回収が可能となると，それも会社ないし組合の財産からの投資回収が容易となると，他の出資者の離脱により事業の継続性が保たれなくなるという懸念が生じる。また，この点は当該事業体と取引する第三者にとっても懸念事項となる。出資の回収という論点は，これらの相反する要素を勘案の上，どこにその均衡を求めるかという点に尽きる。

(2) 各組織形態における出資の回収の方法

　まず，合同会社は出資の回収として，持分の譲渡と退社という2つの方法を定める。

　前者の持分の譲渡については，原則として他の社員全員の同意が必要とされる一方（会社585条1項），定款でこれと異なる定めをすることができるとされる（同条4項）。社員の氏名・名称は定款の絶対的記載事項であり（会社576条1項4号），定款の変更には総社員の同意が必要とされるが，定款でこれと異な

指す」という文脈でのものであるので，「出資の価額」とは出資約束金額（コミットメント額）を基準とするものではないことを強調する趣旨とも考えられる。したがって，LPS法9条2項の「出資の価額」も，LLPでの議論と整合する形で，「実際に組合員によって払い込まれた出資の金額に，LPSの事業活動に伴う組合財産の増減を加味した結果である組合の資産の額」を指すと考え，同項は，（有限責任）組合員が，「組合の債務」を合手的に負担し組合の積極財産（のみ）を引当てとしてその責任を負うことを定めている規定と考えるべきであろう。

る定めをすることができるとされる（会社637条）。他方，退社については，合同会社の存続期間を定款で定めなかった場合には，事業年度の終了の時において任意に退社することができるのを原則とする一方（会社606条1項），定款でこれと異なる定めをすることが許容される（同条2項）。したがって，定款で任意脱退ができる場合を制限することは可能である。ただし，たとえば定款で任意退社は一切できないと定めても，「やむを得ない事由」があるときは，社員はいつでも退社できるとされる（同条3項）。前者の持分譲渡の場合，譲渡価額は譲受人との間の協議で決定されることになり社員は譲受人から合意された対価を受領するが，退社の場合には，「退社の時における持分会社の財産の状況に従って」計算される持分の額に相当する金銭等の交付を会社から受領することになる（会社611条）。したがって，会社財産の払戻しとなるので債権者の保護が問題となるが，合同会社が社員の退社に伴い持分を払い戻す場合で，持分払戻額が払戻日の剰余金額を超える場合には，会社は債権者の異議の手続を履践しなければならないとされている（会社635条）。

次に，LLPの場合も，組合持分（組合員たる地位）の譲渡と組合の脱退という2つの方法が考えられる。

前者の組合持分の譲渡は，これを認める直接の規定は民法にもLLP法にもないが，民法の組合については組合契約で許容するときは組合員たる地位は譲渡しうると解するのが判例・通説であり[50]，LLPの場合にもこれを否定する理由はない。ただし，LLPの場合，組合員の氏名・名称は組合契約の絶対的記載事項であり（LLP法4条3項4号），その変更には総組合員の同意が必要とされており（LLP法5条1項），組合員の氏名・名称の変更についてはかかる要件を緩和することはできないとされている（LLP法5条2項参照）。したがって，LLPの組合員たる地位の譲渡は，この組合契約の変更を考慮すると他の組合員全ての同意がないと行えないことになる。他方，脱退については，各組合員は「やむを得ない場合」を除いて脱退することはできないとされ，ただし，組合契約でこれと異なる定めをすることは許容されている（LLP法25条）。した

50）鈴木編・前掲注39）159頁〔菅原菊志〕。

がって，任意脱退できる場合を組合契約で別途追加的に規定することが可能となるが，「やむを得ない」事由があっても任意脱退できないと組合契約で規定することは，民法上の組合の任意脱退に関して，「やむを得ない」事由がある場合には常に組合から任意に脱退することができるとする民法678条の規定は強行法規とする判例・通説を前提とすると[51]，許容されず無効となろう。

組合員たる地位の譲渡が認められる場合，譲渡価額は譲受人との間の協議で決定され組合員は譲受人から合意された対価を受領するが，脱退の場合，脱退組合員は「脱退の時における組合財産の状況に従って」計算される持分の価額に相当する額の払戻しを組合から受けることになる（LLP法56条による民法681条の準用）。したがって，組合財産の払戻しとなるため債権者の保護が問題となるが，合同会社とは異なり格別の債権者保護の手続はない。上記の通り，組合財産の分配については一定の場合に禁止や制限があるが，これは「組合員」への分配に関する規制であって，脱退した組合員はもはや「組合員」ではなく，脱退組合員への払戻しは単に組合債務の履行であって上記の規制は適用がないと考えられている[52]。

LPSの場合にも，組合持分（組合員たる地位）の譲渡と組合の脱退という2つの方法が考えられる。前者の組合持分の譲渡はLPSの場合もLLPと同様にこれを否定する理由はない。LLP法と同様に有限責任組合員を含め組合員の氏名・名称は組合契約の絶対的記載事項とされているが（LPS法3条2項4号），組合契約の変更についてLPSでは特段法律上の規制はないので，どのような要件のもとで組合員の地位の譲渡が認められるかは原則組合契約で自由に規定することができる。したがって，たとえば，LPSの有限責任組合員の地位の譲渡は，単に無限責任組合員の承諾のみを必要とし，その承諾も不合理に留保されないなどと組合契約で定めることが可能であり[53]，LLPとは異なり組合

---

51) 「やむを得ない事由があっても任意の脱退を許さない旨の組合契約は，組合員の自由を著しく制限するものであり，公の秩序に反するものというべき」と判示する。最判平成11・2・23民集53巻2号193頁。
52) 石綿＝須田編著・前掲注37) 153頁。脱退組合員の持分払戻請求権は組合の債務として成立する（我妻栄・債権各論中巻二〔岩波書店，1962〕836頁）。
53) LPSモデル契約35条参照。

員たる地位の譲渡を柔軟に設計することができる。他方，脱退については，LLPと同様に，各組合員は「やむを得ない場合」を除いて脱退することはできないとされる（LPS法11条）。法律上は，LLP法と異なり，組合契約でこれと異なる定めをすることを許容する旨のただし書規定はないが，別途任意脱退できる事由を組合契約で追加的に定めることは可能と考えられている[54]。ただし，「やむを得ない」事由があっても任意脱退できないと組合契約で規定することは，民法上の組合，LLPと同様に許容されないと考えられる。脱退の持分の払戻しについても，LLPで述べたところがLPSにも同様に妥当する（LPS法16条による民法681条の準用，債権者保護の規定の不存在）。

(3) 適切な出資回収方法

上記（2）の記載のとおり，いずれの組織形態においても「やむを得ない」場合には出資者は事業体を退社ないし脱退し，その時点の持分の価額をもって持分の払戻し（出資の回収）を当該事業体から受けられることが強行法的に保障されている。これは事業体からすると，出資者たる構成員を失い，また事業体の財産を失うことになるから，事業の継続性に対する脅威となりうる。また，外部の第三者からするとこうした可能性があることは，当該事業体と取引をすることを躊躇させる要因となりうる。とくに，組合であるLLPとLPSにおいては，脱退することにより法律上は組合財産の分配の制限が課せられずに投下資本が回収されることになるから，脱退時の払戻金額の算定次第ではあるが，組合の債権者となる第三者にとっては気になる要素となりうる。他方，仮に出資持分の譲渡による投下資本の回収が仕組み上保障されたとしても，取引市場があるわけでもない合同会社，LLP，LPSの持分を譲り受ける者を見出すのは事実上容易ではない。したがって，出資者の投下資本の回収の（最終）手段として，事業体の財産からの回収という手段が一定の場合であれ強行法的に確保されていることは，出資者の中で少数派となる者が不当な不利益を受けないためにも重要であると思われる。

以上を前提に，出資者の投下資本の回収が強行法的に保障されることになる

---

54) LPS逐条解説11条参照。

「やむを得ない」場合を，いかに解するかであるが，実体面からは，事業体における事業の継続性と，出資者における出資の回収の必要性との比較衡量で決すべきものとなろう。したがって，最終的には個別の事例ごとの判断とならざるをえない。もっとも，それでは予見可能性を欠くし，会社財産や組合財産の払戻しが事業の継続に及ぼす影響を考えると，出資持分の回収は会社ないし組合からの持分の払戻しではなく，持分の譲渡で図られることが一般的には望ましいと思われる。したがって，たとえば，いかなる場合に出資の回収を認めるかその事由を予め合意した上で，これに該当する事態が発生した場合には，まず出資持分の譲渡の方法を追及するものとし（残存する構成員への譲渡を含む），持分の譲渡が不可能である場合の最終的な手段として出資の払戻しを行うといった手続を予め合意し，その旨定款や組合契約で明示的に定めるということが実際的な対処策として考えられる。こうした手続を遵守することなくいきなり持分の払戻しを要求したような場合には，「やむを得ない」場合には該当しないとするように，手続面も考慮してその要件の該当性を考えるアプローチも検討すべきと思われる。さらに，こうした持分の払戻しが行われる場合であっても，払戻しの時期について合意することは可能と考えられるので[55]，退社ないし脱退直後に払戻しをすることは実際上困難であったり，事業の継続的遂行に支障をきたすことが予測される場合には，払戻時期を一定期間後に繰り延べる旨の定めをすることも考えられる[56]。また，払戻しの額についても予め合意することが考えられる。法律は，「退社の時における持分会社の財産の状況」ないし「脱退の時における組合財産の状況」に従って算定される額が払戻額とな

---

[55] 脱退組合員の持分払戻請求権は脱退によって期限の定めのない組合に対する債権となるところ（鈴木編・前掲注 39）180 頁〔菅原菊志〕），組合契約で予めその支払時期を別途合意することは可能と考えられる。合同会社についても，持分の払戻し時期については法律上特段の定めはなく，定款でこの点明示の定めを設けることは禁止されていないと考えるべきであろう。

[56] 実際に LPS の場合には，「やむを得ない場合」であることを理由に組合の存続期間中に任意脱退が認められても，出資者からの資金は投資証券等の取得に利用されており，急な脱退があっても出資者に払い戻す金銭が組合財産中にない場合も考えられる。そこで，脱退組合員への持分の払戻しは，残存する組合員への組合財産の分配時（投資証券等が処分され換価された場合には組合員への組合財産の分配が行われるのが通常である）に同時に行えば足りると定めることが多い（LPS モデル契約 41 条参照）。

ると規定するが，その意味するところは一義的には明らかではなく，その額をめぐって争いとなることも稀ではない[57]。持分の払戻額を具体的に事前にどういう内容で合意するかは，各事業体で遂行する事業の性質により異なり，事前の合意が容易ではない場合もありえよう。しかし，予見可能性の確保という観点からは，予定される事業の特質に応じて合理的な額ないし算定方法につき合意し，その内容を定款や組合契約で明示的に定めておくことが望ましく，こうした事前の定めも，その内容が「やむを得ない事由があるとき」の退社や脱退を実際上困難にさせるようなもの（たとえば，退社・脱退時の持分払戻額を著しく低廉なものとする定め）でなければ，原則有効なものとして扱ってよいのではないかと思われる[58]。

以上のとおり私見は，持分の譲渡を原則的な出資回収の方法とする一方で，最終手段としての持分の払戻しは保障しつつ，その事業の継続性への影響を最小化していくというアプローチを採ることが望ましいとするものである。このアプローチを実現するに当たって，合同会社とLPSの場合には法制度上特段

---

[57] たとえば，合資会社に関して，名古屋高判昭和55・5・20判時975号110頁，東京地判平成7・4・27判時1541号130頁など。前者の裁判例では，持分払戻額算定の基礎となる会社財産の評価に際して，会社の財産を構成する不動産の評価は，帳簿上の簿価によるべきか時価によるべきかが争いとなり（名古屋高裁は時価によるべきと判示），後者の裁判例では，収益方式（DCF方式）か純資産方式のいずれによるべきかが争いとなり，東京地裁は，合資会社の社員が退社する場合，会社自体は継続するから，その払戻持分の評価は，原則として「継続企業価値」によるべきとする一方，合資会社社員の退社による持分払戻しには，組合的な色彩を残すものとして，会社資産の一部清算という側面があることから，収益方式（DCF法）と純資産方式（清算処分時価純資産方式）とを併用し，前者による評価額と後者による評価額を6対4の比で加重平均した金額をもって払戻持分額とするのが相当であるとした。

[58] LPSにおいては，多くの場合，「持分金額」を各組合員につき，その出資履行金額に，事業年度ごとに当該組合員に帰属すべき損益を加減し，当該組合員に分配された金銭等の価額を減じた金額と定義した上で，脱退組合員は，脱退の時点における当該組合員の「持分金額」に相当する金額の払戻しを受けると規定する（LPSモデル契約1条・41条参照）。すなわち，純資産方式で算定することを予め合意していることとなる。これは，LPSの事業形態が，投資資産を取得し，これを売却するというものであることからすれば，合理的な内容と考えられる。また，一部の実務では，さらに，脱退組合員の責めに帰すべき事由による脱退の場合（除名等の場合）には，ペナルティとしてかかる金額が一定額減額される旨定める場合もある。なお，合同会社について，こうした持分金額の払戻に関する定めを予め契約や定款で規定することの可否について検討するものとして，江頭ほか・前掲注13) 18頁。

の支障はないと思われるが，LLP の場合には上記のとおり，LLP 法上組合員の氏名・名称の変更に他の組合員全員の承諾が必要となることとの関係で，結果として組合員たる地位の譲渡が容易ではないことが問題となる[59]。そもそもLLP の共同事業性の過度の強調については以下Ⅳの *2* でも改めて述べるとおり疑問があるところ，組合員の変更をもたらす組合員の地位の譲渡に他の組合員全員の同意を必須とすべきかについては再考の余地があるように思われる。

Ⅳ 各組織形態の利用の促進への提言

1 合同会社

合同会社の利用状況については，上記Ⅱの *2* で見たとおり，その利用が拡大してきていることは明らかである一方，従前の有限会社に取って代わる存在とはなっておらず，十分な利用が進んでいないとの評価もある。では，さらなる利用を促進するために制度上改善すべき点があるか。

これは，合同会社をどのような事業で利用されることが望ましいと考えその促進を図るかという点によるであろう。たとえば，出資者が個人で小規模事業での利用であれば，現行法制度は十分に簡素であり，大きな支障はないように思われる。第三者責任を負う可能性があることが出資者の有限責任性を貫徹することにはならないのではないかとの指摘も，個人が出資者となる小規模事業

---

[59] なお，合同会社の持分の譲渡，また LLP・LPS の組合員たる地位の譲渡の第三者対抗要件について，確定日付ある通知又は承諾が必要であるとする見解として，江頭ほか・前掲注 *13*) 15 頁〔江頭発言〕。他方，契約上の地位の譲渡については，固有の対抗要件は不要であると一般には考えられてきていることを前提に，民法上の組合の組合員たる地位の譲渡（組合契約上の地位の譲渡）についても，同様に不要と考え，組合員たる地位の譲渡は譲渡契約によって効力を生じ，ただし，譲渡したことと譲受人の氏名・名称を組合に通知しなければ，譲渡をもって他の組合員に対抗しえないとする見解として，我妻・前掲注 *52*) 842 頁。なお，ゴルフ会員権の譲渡について，最判平成 8・7・12 民集 50 巻 7 号 1918 頁は指名債権譲渡の場合に準じて，第三者対抗要件の具備が必要としたが，この判例に対しては批判的な見解もある（民法（債権法）改正検討委員会「詳解・債権法改正の基本方針Ⅲ——契約および債権一般 (2)」〔商事法務，2009〕339 頁）。

の場合には，株式会社として設立しても当該個人は取締役に就任して業務執行に当たることが多いと思われるので，合同会社の利用の大きな障害にはならないであろう。また，上記Ⅱの3で見たとおり，合同会社は，一定の領域ではその有用性が認められ，実際の利用も認められる。

　したがって，合同会社の利用を拡大するという観点では，個人の小規模事業から一歩進んで，事業規模が大きく出資者もある程度の数となるような中規模以上の非公開会社での利用を促進できないかということになろう。特に，株式会社を利用した場合，多数派株主が少数派株主の犠牲において利益を得ているにもかかわらず，少数派株主は有効な対抗策をもてず，出資の回収も現実的に難しいという状況に直面することが懸念されるが，合同会社の場合には，業務執行の意思決定や持分の譲渡等について少数社員の保護を定款に定めることで法的安定性が高い形でそうした懸念を解消することが可能となる。

　他方，合同会社は自己機関制を採り機関は未分化であり，また全般に定款自治を幅広く認めることを前提に法律では簡素なルールしか定められていないから，複数の出資者が関与し，相応の規模の事業を運営するとなると利用者自ら一定の制度設計を行うことが必要となる。業務執行の決定ひとつをとっても，法律は，社員は原則全員業務執行権を有し，社員が複数の場合は原則社員の多数決をもって決定し，法人社員の場合には職務執行者を選任すると定めるのみであって，実際にどのように運用するのかは法律を見ても明確にイメージできるものではない。その柔軟性こそが合同会社の特色ではあるのだが，株式会社のように取締役を選任し取締役会で業務執行を決すると決めてもらっていたほうが便利であるという面も，特段の法的素養を持ち合わせていない利用者の観点からすると否定しえない。したがって，相応の規模をもった事業での利用を検討する者に対して，小規模事業の簡素な定款例にとどまらない，ある程度の詳細をもった定款案を含めた，合同会社の運用モデルを提示することが望まれる。この点LPSについては，経済産業省がLPSのモデル契約を数度の改訂を経ながら提示してきている。モデル契約は全てのLPSに当然にそのまま適用できるものではないが，その条項ないし解説の中で必要に応じて選択肢を示すことにより，実務でのLPSの利用を促進してきたことは疑いのないところである。したがって，合同会社においても同様の施策を考える必要があろう。

2 LLP

　LLPは，出資者全員の有限責任が担保されつつ構成員課税が認められるという企業組織に対する実務の強いニーズを実現するものである。にもかかわらず，上記Ⅱの2で見たとおりその利用は残念ながら芳しくない。

　第1に，その法制度上の最大の要因として考えられるのは，共同事業性の過度の強調である。業務執行の決定につき全員の同意が必要ということは，個々の組合員それぞれに拒否権が認められるということである。少数者が多数者の犠牲にならないという点では望ましいといえるが，事業にとって必要な事項の意思決定が行われないおそれがある。上記のとおり，「特に重要な事項」(「重要な財産の処分及び譲受け」並びに「多額の借財」)を除いては決定の要件を緩和でき，「特に重要な事項」についても一定の範囲のものについてはその要件を総組合員の3分の2以上の同意にまで緩和できる。しかし，(多額の)借入が対象となっていることは，LLPの場合追加出資については組合契約書の絶対的記載事項(出資の価額。また，組合員の加入となると併せて組合員の氏名・名称)の変更を伴うので総組合員の同意が必要となっていることと相俟って，組合組成後追加の資金調達が必要となったとき，デットによる調達もエクイティによる調達も容易に行えないおそれがあることを示す。事業の成長・発展ないし維持のためには資金調達は必須であるところ，そのための内部意思決定の要件が法律上極めて厳しく設定されており，当事者でおよそこれを緩和できないということは，相応の規模の事業展開を志向する事業者にとって不安材料となる。

　さらに，LLP法は具体的な業務執行に組合員全員が参加することを強制する。しかし，一口に共同事業に参画するといってもその関与の形態・程度にはさまざまなものがある。たとえば，主として資金を提供する役割を担う一方で，併せて事業方針・戦略・計画の立案といった経営の根幹に関わる重要な事項についてアドバイスをするといった関与はありうるところである。しかし，こうした関与が業務の執行の担当といえるかは必ずしも明らかではない。むしろ，業務の執行の意義を「意思決定された方針を具体的に実行，実現に移すための役務の提供行為を指し，意思決定前に方針案を立案し，これを提供することや意思決定の過程に参画すること自体は，これに該当しない」などと厳格に解す

ると[60]．このような組合員はLLP法13条の定めに反するものとなり，組合員としては参画できないこととなる（外部のアドバイザー等としての関与しか許されないことになる）。これではLLPという企業組織の利用可能性は限定されざるをえない。

以上につきLLP法の立案担当者等は租税回避的利用を防止するためという。しかしながら，LLPと同様に構成員課税となる民法上の組合については，原則として業務の意思決定は組合員の過半数で行われるものとし，さらに一部の者に業務執行を委任することが明確に認められている（民670条1項2項）。すなわち，業務執行に一切関与せず，業務への関与は業務執行に対する監督権限（民673条）の行使のみという組合員の存在が認められ，構成員課税の前提として強固な共同事業性が要求されているようなことはない。

もっとも，このような民法上の組合は，その事業から生じる損失を利用して租税回避に用いられる可能性がある。そこで，現行の租税法は，民法上の組合等（LPSも含まれる）の法人組合員のうち「特定組合員」（組合事業への実質的な関与度合いが低い，いわば投資家的組合員）[61]に該当するものが，組合事業につき相応のリスクを負っていないと認められる場合には，一定範囲の組合損失について損金不算入とするとしており，かかる利用への対抗措置を設けている（租税特別措置法67条の12，租税特別措置法施行令39条の31）。損金不算入とされる金額の範囲は，①組合事業について債務を弁済する責任の程度が実質的に組合財産の価額とされている場合等には，組合事業による損失額のうち出資の価額を基礎として計算した金額（「調整出資金額」。同施行令同条5項。これは，概ね，組合契約に基づいて履行された当初出資および追加出資の金額に，組合事業に係る利益積立金額又は連結利益積立金額の合計額を加算し，出資の払戻し又は利益の分配の累計額を減算した額である）を超える部分に相当する金額であり，また，②組合事業の最終的な損益の見込みが実質的に欠損となっていない場合において，当該組合事業の形態，組合債務の弁済に関する契約，損失補てん等契約その他の契約の内

---

60) 小原・前掲注44) 8頁。
61) LPSの有限責任組合員は，LPS法上組合の業務執行を行うことが認められていないから，特定組合員とされる（小原・前掲注44) 8頁）。

容その他の状況からみて，当該組合事業に帰せられる損益が明らかに欠損とならないと見込まれるときには（同施行令同条7項），出資元本が実質的に保証されており組合事業についてリスクを負担しているとはいえないため，組合損失に相当する金額の「全額」となる（したがってこの②の場合には，調整出資金額の範囲内の額も損金算入できない）[62]。

　LLPについても同様に租税法には損失制限の定めがあるが（租特67条の13，租税特別措置法施行令39条の32），民法上の組合とは若干の差異がある。まず上記①についてはLLPの組合員の責任は法律上制限されているので，特定組合員という限定を設けることなくLLPの法人組合員が損金算入できる組合損失額は組合員の調整出資金額が限度とされる。また，上記②のように組合事業の損益が実質的に欠損とならないと見込まれる場合には，組合損失を全額損金に算入できないといった取扱いはLLPにはない（すなわち，このような場合であっても調整出資金額までは損金算入ができる）。この後者の取扱いは，現行のLLP法では組合全員の業務執行への関与が義務付けられているなど，組合員全員の組合事業への最低限の関与という形で相対的に組合事業が租税回避的に用いられにくい仕組みが法制上確保されているからとされる[63]。

　以上から明らかな通り，業務執行への関与の程度が低い組合員による組合損失の租税回避的な利用は，組合損失の損金算入の制限で対応可能である。LLPの場合は，確かにその強固な共同事業性ゆえに，組合事業の損益が実質的に欠損とならないと見込まれる場合でも損金算入が認められるが，LLP法が現行の共同事業性を制度上要求しなくなったとしても，民法上の組合と同様の規律（上記②の規律）とすれば足りるのであって，LLPの構成員課税自体が否定されることにはならない。現行のLLPの規制は，租税回避的利用を防止するという目的のため明らかに過剰なものとなっており，LLPが本来期待されるところを発揮しえない大きな要因となっている。この点は速やかに是正されるべきであると考える。

---

62)　以上につき，小原・前掲注44）6-12頁，また石綿＝須田編著・前掲注37）253頁以下参照。
63)　小原・前掲注44）13頁。

第 2 に，LLP における資金調達の困難性の点である。しばしば，LLP には法人格がない点と併せて，LLP は取引をしにくい組織形態といわれ，金融機関等からの借入れが難しい点が課題であると指摘される[64]。LLP の債権者は，仮に LLP の組合財産と LLP の組合員の固有の財産との分別が不十分であり，個別の組合員の債権者が LLP の組合財産から回収を図るようなことがあれば不測の損害を被る。しかしながら，上記Ⅲの 2 (2) で述べたように LLP 法は組合に対する債権者を保護する重厚な規定を設けており，民法上の組合と比較すればはるかに安心して取引できる組織形態であるといえ，以上のような指摘は必ずしも正当ではないと考えられる。もっとも，LLP の事業が破綻した場合に破産手続等倒産手続がどのように適用されるかは必ずしも明らかではない（ひとつの方向としては，相続財産の破産等に関する規定の準用が考えられる）。LLP が破綻した場合に債権者間の平等を図って公正な処理がなされることは，LLP と取引に入る金融機関等の第三者にとって重要である。したがって，LLP に倒産手続がどのような形で適用されるかについて法制上明確にすることが望まれる。

　さらには，LLP の有限責任については，上記Ⅲの 2 で議論したとおり現行法の解釈として十分な保障がなされているとは考えられるが，この点を実務の運用においてより明確にしていくことが必要であると思われる。ただし，事業遂行上の無限責任のリスクをいわば机上のものと考え，有限責任であることを重要と感じない当事者にとっては LLP は魅力のある企業組織とはならない。上記Ⅱの 3 (2) で LLP の利用例として触れた映画等の製作事業であるが，有限責任の享受という点を重視すれば LLP を利用するのが合理的な事業であると思われる。しかし，実際には映画製作委員会で LLP の利用が進んでいるといった状況にはないようである。その理由としては，民法上の組合と比較すると，LLP は，組合契約を書面で作成しなければならないといった要式性にはじまり，出資の価額の全額払込み，組合の登記，財務諸表の作成等といったさまざまな手続・要件が，有限責任というメリットを享受するための負担として

---

[64]　関口＝西垣・前掲注 14）23 頁。

は過大であると考えられているふしがある。このように制度を準備しても利用者側の意識が高まらないと実際の利用は促進されない。LPS は，専ら資金を提供する投資家が無限責任を負うことを回避するために創設され，現在は通常の投資ファンドで民法上の組合が利用されることは稀となっていることとは対照的である。

3 LPS

　LPS は，投資事業という限定された事業遂行のための企業組織ではあるが，モデル契約等の存在もあり概ね順調な利用がなされ，その利用を阻害する法制度上の大きな支障はないように思われる。もっとも，以下のとおり，いくつかの点については改善の余地がある。

　第 1 が外部監査の義務付けである（上記Ⅲの 2 (3) 参照）。LPS 法では債権者保護制度の 1 つとして，毎事業年度，組合の財務諸表について公認会計士又は監査法人による外部監査を受けることが義務付けられているが（LPS 法 8 条 2 項），合同会社や LLP と比較して LPS のみがこうした義務付けを法律上受けなければならない根拠は乏しい。監査の必要性，頻度等については，投資家である有限責任組合員と業務執行者である無限責任組合員が組合契約の中で個別の案件ごとに定めていけばよいと思われる。

　第 2 が外国資産への投資の制限である（上記Ⅱの 3 (3) 参照）。これは LPS 法がそもそも国内中小企業の育成を目的とする政策立法として創設されたことに起因するものであるが，資金の提供を受ける事業者の国内・海外に着目するのではなく，国内で投資事業を運営する事業主側のための組織形態という視点で同法を見直すべきでなかろうか。上記のとおり，国内で投資事業を運営する者にとっては，昨今の経済情勢および今後わが国の置かれる立場を考えれば，投資対象としては国内にとどまらず広く欧米，アジア等諸外国の企業を視野に入れていくことが不可欠である。しかし，LPS を利用すると投資対象が基本的に国内事業者に限定されるということでは，投資事業のための組織形態としてはあまりに不十分である。個々の LPS において実際にどの範囲の事業者を投資対象とするかは，これも投資家である有限責任組合員と業務執行者である無

限責任組合員が，当該 LPS の特性，投資家の嗜好等に応じて組合契約の中で定めれば足りると思われる。

なお，以上は LPS の事業目的を投資事業に限定することを前提としての議論であるが，合同会社や LLP と同様に原則として事業目的に制限のない，無限責任組合員と有限責任組合員とが並存するより一般的な企業組織の創設も検討する価値はあろう。

V　さいごに

合同会社，LLP，LPS はいずれも企業組織としては近年創設されたものであり，株式会社のような典型的な法人組織とは異なり組合的規律に基づくことを前提に，出資者による業務執行，出資者の有限責任の担保，持分の払戻しによる出資回収の保障等，共通の要素を有する組織形態である。しかし他方で，その詳細を比較検討していくと，その内容は必ずしも同一のものではなく，制度間の規律の差異も散見され，またその利用実態や実務にも相応の違いが認められる。

新しい組織形態が認められるのは，社会にそのような組織形態に対する要請が存在するからである。今後社会・経済が一層多様化していくことが想定されるわが国においては，事業を遂行する器としての多様な組織形態が認められることは基本的には望ましいことと考えられ，新たに創設された組織形態については，実務での適正かつ円滑な利用が促進されていくことが重要である。そのためには，実務上，合同会社の利用モデルの策定等その利用を促進する工夫をし，個々の論点については適正かつ円滑な利用が促進されるよう適切な解釈を行い，また，制度設計上適正かつ円滑な利用の促進を阻害するものがあれば立法をもって手当てしていくといった不断の努力が不可欠である。特に，上述のとおり，LLP については今後の利用を促進するためには，解釈上留意すべき点，また立法をもって手当てすべき点が多いように思われる。

多くの組織形態が互いに切磋琢磨してその利用価値を高め，多様な人々による多様な事業遂行が可能となり，わが国の社会経済が発展していくことを願ってやまない。

事項索引

あ 行

アーンアウト条項（Earn-out 条項）………484
IASB →国際会計基準審議会
ISO26000 ……………………………………27
相対取引 ……………………………………545
IPO（新規株式公開）………………110, 119
IPO 市場 ……………………………………118
アジェンダ 21 ………………………………41
アセット・ファイナンス …………………431
アット・ウィル（at will）ルール ………126
アドプション ………………………………343
アパマンショップ HD 株主代表訴訟事件最高
　　裁判決 ……………………………………311
暗黙の契約 …………………………………584
EU の新 CSR 戦略 …………………………28
委員会設置会社 ……………………………267
一元説・二元説（任務懈怠と帰責事由）…316
一般に公正妥当と認められる企業会計の慣行
　　……………………………………348, 353
委任状合戦 ………………233, 245, 250, 251
委任状勧誘 ……………………………234, 247, 248
委任状争奪戦 ………………………………221
IFRS（国際会計基準）……………………341
違法行為差止請求権 ………………………397
インセンティブ ………………………108, 124
インセンティブの捩れ ………………………3
ウェブ開示 ……………………………228, 229
ウェブ修正 ……………………………228, 229
ウォール・ストリート・ルール …………6, 9
受身理論 ……………………………………570
売出規制 ……………………………………471
映画製作委員会 ……………………………651
営業権課税 …………………………………481
エクイティ・デリバティブ ………………588
exit 戦略 ……………………………………154
エージェンシーコスト ……………………563
エージェンシー問題 ………………………102
SPC 法 ………………………………………432

FA 債 ………………………………………452
M&A（Mergers and Acquisitions）
　　………………………………110, 119, 462
M&A 市場 …………………………………118
MAC 条項 → MAC（マック）条項
MSCB →転換価額修正条項付転換社債型新
　　株予約権付社債
MBO ……………………………77, 202, 203, 471
MBO 指針 …………………………………471
エリサ法 ……………………………………20
LLC …………………………………………615
LLP（有限責任事業組合）…………614, 615
　──と有限責任 ……………………635, 651
　──における業務執行 …………………627
　──における資金調達 …………………651
　──における出資回収方法 ……………641
　──の活用事例 …………………………624
　──の共同事業性 …………………628, 648
　──の利用件数 …………………………618
　──の利用実態 …………………………623
LLP 法（有限責任事業組合契約に関する法
　　律）………………………………………614
　──における債権者保護制度 …………637
LPS（投資事業有限責任組合）
　　………………………………109, 125, 614, 615
　──と有限責任 …………………………638
　──における外部監査 …………………652
　──における業務執行 …………………629
　──における業務執行外部監査 ………639
　──における出資回収方法 ……………642
　──のモデル契約 ………………………647
　──の利用件数 …………………………618
　──の利用実態 …………………………625
LPS 法（投資事業有限責任組合契約に関す
　　る法律）…………………………………614
　──における債権者保護制度 …………638
empty voting …………………………143, 145
オープンビッド ……………………………463
親会社 ………………………………………67

──の株主保護 …………………61, 92
──の行為規範 ………………………97
親会社取締役等の行為規範 ……………97
親子同時上場 ……………………………75

か 行

回帰分析的手法 ………………………200
会計監査人設置会社 …………………374
会計監査人
　──との連携 ………………372, 374
　──の交代 …………………………377
　──の職務の遂行が適正に実施されること
　　を確保するための体制 ……374, 378
　──の責任 …………………………379
　──の設置義務 ……………………397
　──の選任 …………………………371
　──の報酬 ……………………371, 383
会計規則 ………………………………341
会計参与 ………………………………398
会計ビッグバン ………………………342
外国証券 ………………………………165
解雇権濫用法理 ………………………126
会社共同体 ……………………………315
会社共同体的社会規範 ………………127
会社支配 …………………………114, 119
会社支配権市場 ………………………140
会社の政治活動 …………………………53
会社分割 ………………………71, 465, 472
会社法制の見直しに関する要綱案（要綱案）
　………3, 503, 509, 510, 514, 517, 518, 524, 526
買付価格規制 ……………………577, 598
買取価格算定の基準時 ………………210
買取口座の創設 ………………………212
買取請求権 ……………………………487
買取請求時説 ……………………210, 211
買取引受け ……………………………406
外部大株主 ……………………………139
外部監査人 ……………………………370
外部労働市場の流動性 ………………127
価額塡補責任 …………………………485
価格の均一性規制 ……………………487
課税繰延措置 …………………………126
過大記録 ………………………………172

合併 …………………………………71, 465
加入者保護信託 ………………………173
株式移転 …………………………………71
株式買取義務 …………………………117
株式買取請求 …………………………179
株式買取請求権 …………………76, 77, 554
株式交換 ……71, 180, 465, 472, 504, 505, 506,
　　　　　　508, 511, 512, 513, 514, 517
株式取得 …………………………………71
株式取得型（M&A） …………………462
株式譲渡 …………………………465, 470
株式相互保有 …………………………561
株式対価 …………………………479, 481
株式
　──の消却 …………………………167
　──の分割 …………………………166
株式併合 ………………77, 504, 505, 506, 507,
　　　　　　509, 510, 518
株式持合 …………………………143, 146
株式持合解消信託 ……………………145
株主価値の最大化 ………………………37
株主間契約 ………………………115, 222
株主権の消滅 ……………………………92
株主総会 ………………………………122
　──の議決権 ………………………237
　──の機能 ……………220, 223, 224
　──の権限 ……………220, 222, 223
　──の招集 …………………………226
株主代表訴訟の原告適格 ………………94
株主提案権 ……………179, 221, 232, 234
株主による選択の原則（the shareholder
　choice doctrine） …………………122
株主平等原則 ……………506, 507, 508
株主名簿 ………………………………175
株主有限責任制度 ………………………59
株主有限責任の原則 ……………………65
株主割当て ……………………………405
過料 ……………………………………397
カルドア・ヒックス基準 ……………532
環境と開発に関する国連会議 …………41
環境と開発に関するリオ宣言 …………41
環境に責任をもつ経済のための連合 …47
環境保護促進法 …………………………48

事項索引　657

環境面でのCSRの促進要因 ………………43
関係会社 ………………………………67, 69
勧告的提案 ………………………………234
監　査 ……………………………………254
　──における不正リスク対応基準 ………390
監査・監督委員会 ………………………324
監査・監督委員会設置会社 ……………270
監査委員会 ………………………………369
監査基準 ……………………………379, 390
監査計画 ………………374, 377, 381, 385
監査契約 …………………………………382
監査役・監査委員の損害賠償責任 ……380
監査役会設置会社 ………………………258
監査役監査基準 ………………………90, 103
監査役監査報告 …………………………392
監査役の報酬 ……………………………277
監視義務 …………………………………325
ガン・ジャンピング規制 …………467, 477, 478
完全開示条項 ……………………………495
完全子会社の上場 ………………………74
監　督 ……………………………………254
監督機能 …………………………………325
関連会社 ………………………………67, 68
関連当事者 ………………………………90
機会主義的行動 …………………………113
機関設計 …………………………………253
機関投資家 …………4, 5, 6, 8, 9, 16, 19, 20, 112
企業会計基準委員会 ……………………355
企業会計審議会 ………………343, 345, 350
企業活動の二面性 ………………………40
企業グループ
　──の意義 ……………………………58
　──の定義 ……………………………61
　──の利益 ……………………………84
企業行動憲章 ……………………………28
企業再編行為 ……………………………72
企業組織 ……………………………613, 653
企業の社会的責任 ………………………27
企業秘密 …………………………………91
企業リスク管理 …………………………50
議決権 ……………………………………61
　──の制限 ……………………………237
議決権行使

　──結果 ………………………………243
　──の勧誘 ……………………………251
　──の開示 ……………………………243
議決権行使助言会社（プロクシー・アドバイザー） ………………………………19, 245
議決権拘束契約 ……………………238, 240
議決権種類株式の上場制度に関する報告書
　…………………………………………148
議決権制限株式 ……………………207, 438
議決権代理行使 …………………………245
　──の勧誘 ……………………241, 246, 247
議決権電子行使プラットフォーム ……230, 231
基準日後の株主 ……………………205, 208
寄付（株式会社の行う） ………………36
寄付金・受贈益 …………………………125
基本定款 …………………………………122
義務的公開買付 ……………………528, 551
キャッシュ・アウト ……………76, 503, 504
キャッシュフロー権 ………………134, 157
キャピタル・ゲイン課税 ………………125
キャピタル・コール方式 ………………111
キャリード・インタレスト ……………111
吸収合併 ………473, 504, 505, 506, 508, 511, 512, 513, 514
強圧性 ……78, 531, 535, 539, 568, 575, 580, 595
業規制 ……………………………………127
競業禁止契約（covenants not to compete）
　…………………………………………126
競業行為 …………………………………631
強制公開買付制度（規制） ……568, 574, 592
強制的公開買付 ……………………528, 551
強制的な社会的開示 ……………………55
業績連動型報酬 …………………………289
共通だが差異のある責任 ………………41
共同事業性 ………………………………112
業務監査 …………………………………393
共有物分割禁止の登記 …………………637
拒否権 ……………………………………116
拒否権付種類株式 …………………152, 157
銀行取締役 …………………………309, 336
金融商品取引法上の監査人 ……………389
金融商品取引法上の情報開示規制 ……128
偶発的な失敗 ………………………314, 335

具体的法令違反行為 …………………316
組合員の債務 ……………………………635
組合の債務 ………………………………635
組合の脱退 …………………………641, 642
組合持分（組合員たる地位）の譲渡 …641, 642
グリーン調達 ………………………………51
グリーンメイル（グリンメイラー）
　………………………………561, 579, 603
繰延資産 ……………………………358, 366
繰延ヘッジ損益 ……………………358, 366
クロージング ……………………………464
クロージング条件（Condition Precedent）
　…………………………………………467
クローズドビッド ………………………463
グローバルカストディアン ……………230
経営委任契約 …………………………62, 71
経営者支配 …………………………3, 4, 6, 17
経営判断原則 ………………83, 100, 102, 310
　アメリカにおける―― …………………308
契約コンツェルン法 ………………………65
契約法理 …………………………………461
結果債務 …………………………………316
決議取消事由 ……………………………235
決議取消請求の訴え ……………………233
現金対価 ……………………………479, 481
現金代償制度 ……………………………215
権限分配論 ………………………………415
兼任取締役 ………………………………63
現物出資規制 ……………………………485
公開会社の事業報告 ……………………376
公開買付 …………………………………527
公開買付規制 ………………………73, 470, 477
恒久的施設（PE） ………………………112
口座管理機関 ……………………………165
合手の債務 ………………………………635
構成員課税（パススルー課税）
　……………………………110, 125, 615, 623
公正基準 …………………………………319
公正な価格 ……………189, 192, 196, 203, 320
公正な事業慣行 …………………………53
公正な取扱い ……………………………320
構造的強圧性 ……………………………541
公的年金 …………………………3, 6, 7, 8, 9

合同会社 ……………………………614, 615
　――における業務執行 ………………627
　――における出資回収方法 ………640
　――の利用件数 ………………………617
　――の利用実態 ………………………620
合弁会社 ……………………………113, 623
公　募 ………………………………128, 406
公募増資 …………………………………448
効率的な資本市場理論 …………………563
効率的な権限分配 ………………………150
効率的な支配権の移転 …………………135
合理的無関心（株主の） ………………414
効力発生時説 ……………………………212
子会社 ……………………………………67
子会社業績連動株式　→トラッキング・ストック
子会社債権者 ……………………………91
国際会計基準　→IFRS
国際会計基準審議会（IASB） …………342
国連・ビジネスと人権に関する指導原則 …29
国連環境計画 ……………………………41
国連グローバル・コンパクト …………28
国連人間環境会議 ………………………40
国連ミレニアム宣言 ……………………42
go shop ……………………………………463
個別株主通知 ………………………175, 177
個別注記表 ………………………………90
コベナンツ　→誓約条項
コミットメント …………………………450
コングロマリット ………………………560
コントロール権 ……………………134, 157
コントロールプレミアム ………………137
コンバージェンス ………………………343

　　　　　　　　さ　行

採　決 ……………………………………242
採決行為 …………………………………243
債権者異議手続 …518, 519, 520, 521, 524, 525
債権者代位 ………………………………92
債権者に対する義務 ……………………335
債権者保護手続 …………………………472
裁判所の合理的な裁量 ……………197, 200
財務諸表 …………………………………111

事項索引　659

財務代理人 ……………………………452
財務報告に係る内部統制 ……………393
詐害行為取消し ………………………92
差止め …………………………………488
差止請求権 ……………………………77
サプライチェーン・マネジメント ……51
産活法型（株対価 M&A の手法）……480
産活法型株式交換 ……………………465
産業再生特別措置法 …………………506
参考書類 ………………………………227
サンセット条項 ………………………148
残存株主の排除 ………………………204
残存債権者 ………518, 520, 523, 524, 525, 526
残余財産分配優先種類株式 …………155
残余財産優先分配請求権のみなし清算規定
　………………………………………120
J-SOX　→内部統制報告制度
CSR ……………………………………27
　――にかかるリスク管理体制 ………49
　――の推進力 …………………………45
　――の定義 ……………………………31
CSR 報告 ………………………………46
CSD ……………………………………184
時　価 …………………………………417
私企業化（going private）……………128
事　業 …………………………………474
事業取得型（M&A）…………………462
事業承継 ………………………………151
事業譲渡 …………………………71, 465, 474
事業報告 ………………………………228
自己株式の交付 ………………………166
自己監査 …………………………259, 268, 272
自己機関制 ……………………………647
資産管理型信託銀行 …………………10, 17
資産代替 ………………………………363
事実上のコンツェルン …………………65, 82
事実上の主宰者 ………………………79
事実上の取締役 ………………………79
CCP　→中央清算機関
市場取引 …………………………58, 60, 545
事情変更の法理 ………………………498
事前警告型買収防衛策 ………………608
事前承認条項 …………………………117

持続可能性報告書ガイドライン ……49
持続可能な開発委員会 ………………42
持続可能な消費 ………………………51
持続可能な発展 ………………………39
持続可能な発展に関するヨハネスブルグ宣言
　………………………………………42
持続可能な発展のための世界経済人会議 …41
失念株主 ………………………………208
シティ・コード …………………535, 538
指定国際会計基準 ……………………344
私的年金 …………………………5, 6, 8, 9, 19
私的利益（private benefit）
　………………………113, 136, 140, 547
シナジー ………………………………189, 418
シナジー反映価格 ………………192, 194, 201
シナジー分配 …………………………419
シナジー分配価格 ……………………192
支配（コントロール）による担保権設定 …186
支配・従属関係
　――の解消 ……………………………76
　――の形成 ……………………………74
　――の存続中 …………………………78
支配株主 ………………………………138
　――の異動 …………………………412
　――の異動を伴う募集株式の発行等 …423
支配権 …………………………………65
　――の異動 …………………………421
支配権プレミアム ………528, 551, 595, 597
支配的影響力 …………………………65
私法統一国際協会（ユニドロワ）……181
資本市場 ………………………………129
資本多数決の原則 ………………113, 115
資本多数決の濫用 ……………………507
締出し　→スクイーズ・アウト
社会規範 ………………………………129
社会貢献活動 …………………………30
社会貢献活動的アプローチの限界 ……35
社会の責任
　――の基準 …………………………47
　――の事業への統合 ………………33
社会的責任投資 ………………………44
社会的投資 ……………………………34
社外取締役 ………………………244, 260

社債管理者	452
社債管理者不設置債	452
社債類似株式	157
ジャンクボンド	560
従業員持株会	7
集合行為	532
終身雇用制度	127
従属報告書制度	91
集団投資スキーム	9, 618
集中保有構造	141
重要な子会社株式の譲渡	97
手段債務	316
出資者による業務執行	626
出資者の有限責任	633
出資の価額	634
出資返還禁止の原則	79
取得価格決定申立	202
取得請求権付種類株式	155
主要目的ルール	73
種類株式	115, 117, 121
純粋持株会社	61
ジョイント・ベンチャー　→合弁会社	
小規模閉鎖会社	150, 332
消却義務	173
証券化	431
証券市場	147
招集通知	226
上場維持コスト	119
上場制度懇談会報告書	408, 411
上場制度整備懇談会	408
上場制度整備懇談会中間報告	147
少数株主権	177, 233
少数派株主の締出し	76, 191
焦土化経営	603
譲渡制限株式	195
使用人兼務取締役	259
使用人分給与	284, 294
消費者の責任ある行動	51
情報請求権	94
賞与	285
職務執行者の選任	629
職務分掌	328, 331
書面投票	241

書面投票制度	226, 227, 241, 242, 246
新規株式公開　→IPO	
新株発行の無効	424, 425
新株予約権	116, 441
迅速配当	362
信認義務	79
信頼の権利	328
信頼の抗弁	381
スウェット・エクイティ	114, 116, 124
スクイーズ・アウト	76, 115
ステークホルダー	49, 315, 560, 570, 572, 583, 590, 601, 606
ストック・オプション	116, 121, 289, 290
──と新株予約権の有利発行	290
ストックオプション税制	153
ストラクチャード・ファイナンス	622
スピンオフ・ベンチャー（大企業からの）	126
政治献金	53
誠実義務	79, 309
税制適格ストック・オプション	116
正当な理由	176
税の執行コスト	159
政府系ファンド	20
誓約条項（コベナンツ）	467
赤道原則	44
責任ある政治的関与	54
責任限定契約	381
責任の一部免除	381
セル・アウト制度	77, 515
セル・アウト権	554
善意取得	164, 172
善管注意義務	112, 489
前任会計監査人との引継	377
全部買付義務	544, 576, 595
全部勧誘義務	544, 576, 595
全部取得条項付種類株式	77, 195, 202, 504, 505, 506, 509, 510, 512, 513, 514, 517, 518, 598
──の買取価格決定の申立権	76
──の取得	178
全部取得条項付種類株式制度	507
専門家の賠償責任	311, 313

総会検査役	243
総株主通知	175, 176
相続税	156
相当性の判断	374
双方向のエージェンシー問題（ダブル・モラルハザード）	113
組織再編	462
——等の差止請求権	215
組織再編税制	481
組織再編対価の柔軟化	204, 504, 507
租税回避行為	512, 513, 514
租税回避の利用の防止	649, 650
ソニー＝アイワ事件	418
その他有価証券評価差額金	358

た 行

対価柔軟化	191
第三者委員会	572
第三者責任	622, 646
第三者割当て	73, 405, 485
第三者割当増資	72, 448, 472
退社	640
退出（エグジット）	118
退出権	528, 551
第二種金融商品取引業	127
代表訴訟	380
大量保有報告制度（規制）	565, 587, 592
多国籍企業及び社会政策に関する原則の三者宣言	28
多国籍企業行動ガイドライン	28
多重代表訴訟	95
ただ乗り	534, 543
立会外取引	593, 594
ダブル・モラルハザード 　→双方向のエージェンシー問題	
change of control 条項	468
中央清算期間（CCP）	168
忠実義務	79, 112, 123
中小企業	370, 616
超過記録	165, 172
兆候を把握していた場合	327
調整出資金額	649, 650
直接損害・間接損害	332

定款自治	115, 121
定款の任意的記載事項	155
テイクオーバー・パネル	572
Definitive Agreement	464
適格合併	511, 512
適格株式交換	511, 512
適格機関投資家等特例業務	128, 619
適格組織再編	598
適債基準	430
敵対的企業買収	73, 119
適法性監査	263
撤回規制	477
デュー・デリジェンス	464
転換価額修正条項付転換社債型新株予約権付社債（MSCB）	442
電子株主総会	232
電子投票制度	226, 228, 230, 241, 242, 246
統一商事法典	182
統一的指揮	63
動機付け交渉	107
投資一任契約	19
投資運用業	127
投資運用業者	112
投資事業有限責任組合　→ LPS	
投資事業有限責任組合契約に関する法律 　→ LPS 法	
投資信託	6, 7, 8, 17, 19, 20
投資不動産	365
統制環境	392
同族企業	113
登録義務	128
特定組合員	649
特別株主	170
特別口座	167
特別支配株主の株式等売渡請求制度	510, 514
独立価格比準法	83
独立系ベンチャー・キャピタル	125
独立当事者間取引	62
独立当事者間取引基準	80, 87
独立当事者間の組織再編	198
独立取締役	311
独立役員	5, 21, 245, 261, 583
特例報告	589

富の移転 …………………………363, 368	賠償責任保険 ………………………380
トラッキング・ストック（子会社業績連動株式）…………………………435	配当優先無議決権株式 ……………157
	パススルー課税 →構成員課税
取締役会 ………………………………122	バーゼル規制 …………………………8
利害関係のない── …………………319	パーティション方式 ………………173
取締役	ハンズオン …………………………110
──による選択の原則（the director choice doctrine）………………122	反対解約料 …………………………499
	反対株主
──の選出権 ………………………116	──の株式買取請求権 ……………187
──の対第三者責任 ………………123	──の範囲 …………………………204
事実上の── …………………………79	判断の過程 ………………………308, 312
取引費用 ………………………………60	判断の内容 ………………………308, 312
トレード・シークレット訴訟 ………127	非効率な買収 ………………………138
な　行	ビジネス・ケース ……………………35
	非訟事件手続法 ……………………199
内生的な選択 ………………………142	PDCA サイクル ……………………332
内部大株主 …………………………139	一株一議決権 ………………………134
内部組織 …………………………58, 60	否　認 ………………………………92
内部統制監査 ………………………391	表明保証（レプワラ）………………466
内部統制システム ………………265, 328	ピラミッド …………………………143
──の運用 …………………………332	品質管理基準 ………………………379
──の構築 …………………………329	fiduciary out ………………………463
内部統制体制整備義務 ……………79, 97	Boot 税制 …………………………481
内部統制報告制度（J-SOX）………128	不公正な取引方法 ……………………63
ナカリセバ価格 ………190, 192, 193, 200	不公正発行 ………………………422, 427
二層制 ………………………………369	付属定款 ……………………………122
二段階買収 ……………533, 540, 543	普通株式と種類株式の価格差 ………116
ニッポン放送＝ライブドア事件 ……594, 602	普通社債 ……………………………451
日本サンライズ事件 ………………309	不法行為 ………………………………79
日本証券業協会 ……………………420	不法行為債権者 ………………………59
任意脱退 ……………………………642	プライベート・エクイティ・ファイナンス ………………………………108
任意法規 ……………………………121	
人間環境宣言 …………………………40	ブランド価値 …………………………85
任務懈怠	フリーライド ………………………135
──と帰責事由 …………307, 316, 318, 321, 322, 335	振替株式 ……………………………163, 164
	──の差押え ………………………169
──の推定 …………………………320	──の譲渡 …………………………168
能動的に状況を把握する義務 ………327	──の譲渡担保 ……………………170
野村證券損失補てん株主代表訴訟事件 …309	──の相続 …………………………169
のれん ……………………………357, 366	──の特定承継 ……………………169
は　行	振替機関 ……………………………165
	振替口座簿 …………………………166
バイアウト・ファンド ………………617	振替投資信託 ………………………171

振替の申請 …………………………………168
ブルドックソース事件 ………………542, 604
ブルントラント委員会 ……………………39
ブレークスルー条項 ……………………148
プロクシー・アドバイザー →議決権行使助
　言会社
分散保有 …………………………………135
分配可能額 …………………357, 637, 638
分別管理義務 …………………………637
ベンチャー・キャピタル …………………107
ベンチャー・キャピタル・ファンド ………616
ベンチャー企業 …………………………107
変動株式交換比率 ……………………484
poison pill ………………………………581
防衛策 ………………………………73, 580, 601
　　──の「相当性」……………………582, 585
　　──の「必要性」……………………582, 585
報酬形態 …………………………………278
報酬等 ……………………………………285
報　酬
　　──に関する実証研究 ……………282
　　──の構成（体系）…………………280
　　──の相当性 ………………283, 288
報酬の開示
　　──（個人別）………………295, 298
　　──（事業報告）……………………293
　　──（ストック・オプション）……296, 301
　　──（有価証券報告書）……………295
報酬の確保 ……………………………302
　　──（退職慰労金）…………………303
　　──（賃金・退職金）………………304
報酬の決定
　　──（基本報酬）……………………283
　　──（退職慰労金）…………………284
　　──（代表取締役への一任）………286
法人格否認の法理 ………………………92
法制度 ……………………………………129
法定契約事項 …………………………475
法令違反事実等の通知 ………………395
法令違反の認識 ………………318, 320
法令違反のリスク ………………………317
ホールドアップ …………………………118
募集株式の発行等 ………………71, 403

募集事項の公示 …………………………407
補償規定 …………………………………466
補償条項（Indemnity）…………………469
保身動機 …………………………………314

ま 行

MAC（マック）条項 ……………………496
マテリアリティ ………………………491, 498
みなし残余財産優先分配条項 …………154
みなし有価証券 …………………………127
未認識数理計算上の差異 ……………366
ミレニアム開発目標 ………………………42
無議決権株式 ……………135, 152, 237
無議決権優先株式 ……………………438
無限責任組合員（GP）…………………109
無効の訴え ………………………………473
無　配 ……………………………………24
名義書換 …………………………………164
名義書換未了の株主 …………………206
名目的取締役 ……………………………328
持合い ………………………………………9
持分希薄化防止 …………………………117
持分の譲渡 ………………………………640
モック事件 ………………………………423
モニタリング・モデル ……………………256
モニタリング機能 ………………………225

や 行

やむを得ない事由（合同会社社員の任意退社）
　………………………………………641
やむを得ない場合（LLP組合員の脱退）
　………………………………………641, 642
有価証券上場規程 ……………………389
有価証券届出書の虚偽記載 …………486
有限会社 …………………………………618
有限責任 ……………………………110, 125
有限責任組合員（LP）……………109, 112
有限責任事業組合　→LLP
有限責任事業組合契約に関する法律
　　→LLP法
有限責任社員 …………………………633
優先残余財産分配請求権種類株式 …………154
有担原則 …………………………………430

有利発行 ……………………………413, 416
有利発行規制 ……………………………485
ユニドロワ →私法統一国際協会
ユニドロワ振替証券条約 ……………181
要件事実（論）………………………307
予防原則 ………………………………41

ら 行

ライツ・イシュー ……………………449
ライツ・オファリング ……………405, 449
ライツプラン（shareholders'rights plan）
　………………………………581, 608
濫用の会社分割 ……………………503, 518
利益移転契約 …………………………62
利益共通契約 …………………………71
利益供与の禁止 ………………………79
利益相反 …………………17, 20, 112, 123
利益相反取引 …………………90, 318, 631

リオ＋20 ……………………………42
利害関係のない株主 …………………319
利害関係のない取締役会 ……………319
リスク回避的 …………………………312
立証責任 ………………………………317
リビング・デッド ……………………121
略式組織再編 …………………………76
両損害包含説 …………………334, 336
ルールとプリンシプル ………………337
レッサーCB ……………………………443
レプワラ →表明保証
連結計算書類制度 ……………………104
連結先行 ………………………………349
連結配当規制適用会社 ………………359
連単分離 ………………………………353
労働市場 …………………………118, 129
労務出資 ………………………………116
ロビー活動 ……………………………54

株式会社法大系

2013 年 8 月 10 日 初版第 1 刷発行

編 者	江頭憲治郎
発 行 者	江草貞治
発 行 所	株式会社 有　斐　閣

郵便番号 101-0051
東京都千代田区神田神保町 2-17
電話　(03)3264-1314〔編集〕
　　　(03)3265-6811〔営業〕
http://www.yuhikaku.co.jp/

印刷・大日本法令印刷株式会社／製本・牧製本印刷株式会社
© 2013, 江頭憲治郎. Printed in Japan
落丁・乱丁本はお取替えいたします。
★定価はカバーに表示してあります。
ISBN 978-4-641-13636-6

|JCOPY| 本書の無断複写(コピー)は、著作権法上での例外を除き、禁じられています。複写される場合は、そのつど事前に、(社)出版者著作権管理機構(電話03-3513-6969, FAX03-3513-6979, e-mail:info@jcopy.or.jp)の許諾を得てください。